Stammtafel der Könige von Württemberg

Ferdinand
*1763, †1834
∞ (1.Ehe) 1795
mit Albertine
Prinzessin von
Schwarzburg-
Sondershausen
∞ (2.Ehe) 1817
mit Pauline
Prinzessin von
Metternich

Friederike
*1765, †1785
∞ 1781 mit
Peter I.
Herzog von
Oldenburg

Elisabeth
*1767, †1790
∞ 1788 mit
Franz
Erzherzog von
Österreich
Großherzog
von Toskana
(1792 Kaiser)

Wilhelmine
*1768
†1768

Karl
*1770
†1791

Alexander
*1771, †1833
∞ 1798 mit
Antoinette
Prinzessin
von
Sachsen-
Coburg-
Saalfeld

*Herzog Alexander ist der Stammvater der heutigen Linie des Hauses Württemberg, deren Chef Herzog Carl von Württemberg, *1936, ist.*

Heinrich
*1772, †1838
∞ 1798 mit
Karoline
Alexis –
bei der
Vermählung
zur Freiin von
Rothenburg,
später zur
Gräfin von
Urach
erhoben

Charlotte
*1807, †1873
∞ 1824 mit Michael
Großfürst von Rußland
*1798, †1849
als Großfürstin
Helena Pawlowna

Friedrich
*1808, †1870
∞ 1845 mit Katharina
Prinzessin
von Württ…
(Tochter Kö…

Karl
*1809,
†1810

Pauline
*1810 †…6

August
*1813, †1885
∞ mit Marie Bethge
seit 1868
von Wardenberg

Wilh…
*1848, …
König 1891, v…
∞ (1. Ehe) …
Marie v. Walde… …mont
*1857, †1882
∞ (2. Ehe) 1886 mit
Charlotte
v. Schaumburg-Lippe
*1864, †1946

1.
Pauline
*1877, †1965
∞ 1898 mit
Friedrich Fürst zu Wied
*1872, †1945

1.
Ulrich
*1880, †1880

1.
Tochter
totgeboren
*1882

Reformer auf dem Königsthron

Wilhelm I. (1781–1864)
König von Württemberg,
um 1860.

Paul Sauer

Reformer auf dem Königsthron

Wilhelm I. von Württemberg

Deutsche Verlags-Anstalt Stuttgart

Für Gerlinde

Die Deutsche Bibliothek – CIP-Einheitsaufnahme

Sauer, Paul:
Reformer auf dem Königsthron : Wilhelm I. von Württemberg /
Paul Sauer. -
Stuttgart : Deutsche Verlags-Anstalt, 1997
ISBN 3-421-05084-8

Lektorat: Margot Adrion
Typographische Gestaltung: Brigitte Müller
Reproduktionen: Fotosatz Sauter, Donzdorf
Druck und Bindearbeit: Clausen & Bosse, Leck
Printed in Germany

ISBN 3-421-05084-8

Inhalt

Vorwort

König Wilhelm I. von Württemberg (1781–1864) gehört zu den herausragenden Herrscherpersönlichkeiten unseres Landes. Er war zugleich einer der bedeutendsten Regenten und Staatsmänner des 19. Jahrhunderts und genoß in ganz Europa hohes Ansehen. Bemerkenswert ist der Beitrag, den er zum Werden des modernen Staates leistete. Er formte das in der Napoleonzeit von seinem Vater, König Friedrich, geschaffene, aus vielen heterogenen territorialen Teilen bestehende kleine Königreich Württemberg zu einer staatlichen Einheit, in der sich alle seine Bewohner, Alt- wie Neuwürttemberger, zu Hause fühlten.

Im Laufe der 48 Jahre währenden Regierungszeit König Wilhelms (1816–1864) wandelte sich Württemberg von Grund auf. Aus dem armen, rückständigen Agrarstaat wurde ein wirtschaftlich aufstrebendes Land, in dem die Industrie rasch an Boden gewann und die technische Innovation eine Heimstatt erhielt. Das Gespenst des Pauperismus wurde gebannt, der Massenexodus lebenstüchtiger und arbeitsamer Menschen vor allem nach Nordamerika gestoppt, eine Vielzahl ergiebiger Quellen wirtschaftlicher Prosperität erschlossen. Das geistige und kulturelle Leben blühte trotz mancher überalterter, aber erst allmählich beseitigter staatlicher Reglementierungen auf. Auch der politische Freiheitsraum des Bürgers erweiterte sich, ungeachtet schmerzlicher Rückschläge und fortdauernder obrigkeitlicher Bevormundung, nicht unerheblich. König Wilhelm bildete gewissermaßen den Mittelpunkt des Staats. Doch gebärdete er sich nicht als gewalttätiger, absolutistischer Herrscher, sondern er war ein auf Recht und Ordnung bedachter humaner Regent, bei dem als Regierungsmaximen die Wahrung des äußeren wie des inneren Friedens und die Hebung des Volkswohlstands an erster Stelle standen. Dabei behielt er in der Außen- wie in der Innenpolitik die Zügel fest in der Hand.

Was für ein Mensch war nun König Wilhelm? Wie verlief sein Lebensweg? Was bewirkte er im einzelnen als württembergischer Regent und als europäischer Staatsmann? Wie sahen ihn seine Untertanen, wie seine deutschen und europäischen Standesgenossen, wie die führenden politischen Köpfe seiner Zeit, wie die Repräsentanten der Kirchen, wie die namhaftesten Vertreter des Kultur- und Geisteslebens, der Wirtschaft und der Wissenschaft? Auf viele solche Fragen versucht die hier vorgelegte Biographie Antworten zu geben, und sie will im besonderen die historische Persönlichkeit König Wilhelms I. von Württemberg möglichst unverfälscht und lebensnah ins Bild bringen.

Meine Arbeit beruht auf den einschlägigen Akten des Hauptstaatsarchivs Stuttgart und des dortigen württembergischen Hausarchivs, des Archivs des Hauses Württemberg in Altshausen sowie des Stadtarchivs Stuttgart, auf den gedruckten Quellen und auf der sehr umfangreichen wissenschaftlichen Literatur über König Wilhelm und seine Zeit. Da seit meinem Geschichtsstudium an den Universitäten Tübingen und Freiburg (1951–1957) das 19. Jahrhundert ein Schwerpunkt meiner landeskundlichen Arbeiten ist, hatte für mich die Beschäftigung mit der Biographie des zweiten württembergischen Königs einen besonderen Reiz. Auch konnte ich mich auf eigene Vorarbeiten stützen, in denen ich wichtige Aspekte der politischen und militärischen Aktivitäten König Wilhelms untersucht hatte. Leider ist der Quellenfundus zum persönlichen Lebensbereich König Wilhelms nicht unerheblich dadurch dezimiert, daß der Monarch kurz vor seinem Tod die Vernichtung seiner privaten Papiere, vor allem wohl Korrespondenzen, verfügt hat. Dennoch reichen das erhaltene archivische Schriftgut sowie die im Druck veröffentlichten Dokumente und Quellenwerke als Basis für ein wissenschaftlich fundiertes, detailliertes und ausgewogenes Lebensbild aus.

Bei meinen Archivstudien während der Jahre 1995 und 1996 erhielt ich mannigfache tatkräftige Unterstützung. An erster Stelle habe ich Seiner Königlichen Hoheit Carl Herzog von Württemberg sehr herzlich zu danken. Er gewährte mir Zugang zu den Akten des württembergischen Hausarchivs im Hauptstaatsarchiv Stuttgart, er ermöglichte mir außerdem die Einsicht in die für meine Arbeit wichtigen Dokumente im Archiv des Hauses Württemberg in Altshausen. Mein Dank gilt sodann Herrn Eberhard Fritz, dem Leiter des Archivs des Hauses Württemberg.

Wie schon bei meinen Archivrecherchen über König Wilhelm II. von Württemberg ist mir Herr Fritz auch diesmal mit Rat und Tat zur Seite gestanden. Seine sachkundigen Informationen und weiterführenden Hinweise waren mir außerordentlich wertvoll.

Regen Anteil an meiner Arbeit nahm meine Frau. Sie begleitete mich auf meiner Archivreise nach Altshausen und wertete dort einen Teil der sehr aufschlußreichen Hofdiarien aus. Mein handschriftliches Manuskript sah sie kritisch durch und übertrug es anschließend in eine Computer-Fassung. Herzlich zu danken habe ich Frau Margret Krause, meiner langjährigen Sekretärin im Stadtarchiv Stuttgart. Sie hat mich vor allem während der ersten Arbeitsphase, der Materialsammlung, in vielfältiger Weise und sehr engagiert unterstützt. Großzügige Hilfe im Hauptstaatsarchiv erfuhr ich durch einige mir eng verbundene Kolleginnen und Kollegen, so vor allem durch Frau Christine Bührlen-Grabinger und Herrn Wilfried Braunn.

Sehr zugute kam meinem Forschungsprojekt das Fachwissen meiner Kolleginnen Frau Dr. Christa Mack und Frau Christel Schaaf sowie meines Kollegen Herrn Heinz H. Poker vom Stadtarchiv Stuttgart. Eine Reihe wichtiger Hinweise auf gedruckte Quellen und auf genealogische Zusammenhänge verdanke ich Herrn Dekan i.R. Werner Zeeb und Herrn Kurt Sautter, beide exzellente Kenner der Geschichte der deutschen Fürstenhäuser im 19. und 20. Jahrhundert.

Besonderen Dank schulde ich Frau Margot Adrion. Sie hat mit großer Sorgfalt und bewundernswertem Einfühlungsvermögen mein Manuskript für den Druck bearbeitet. Von ihrer langjährigen Erfahrung im »Büchermachen« habe ich sehr profitiert.

Das Abfassen des Manuskripts meiner Biographie über König Wilhelm I. von Württemberg war meine Hauptbeschäftigung während des ersten Jahres im Ruhestand. Sie kostete mich zwar viel Zeit und Mühe, machte mir aber ungleich mehr Freude. Ich bin dankbar, daß die Deutsche Verlags-Anstalt dieses Forschungsvorhaben angeregt, mich gewissermaßen dafür in die Pflicht genommen hat, und ich wünsche und hoffe, daß das vom Verlag so ansprechend gestaltete Buch dazu beiträgt, der Geschichte unseres alten Landes Württemberg und seines Regentenhauses neue Freunde zu gewinnen.

Stuttgart, im Juli 1997 *Paul Sauer*

Herzogin Auguste Karoline Friederike (1764–1788)
und Herzog Friedrich (1754–1816),
die Eltern König Wilhelms I. von Württemberg.

I

Kindheit und Jugendjahre

Ein überstrenger Vater

Weitab von der schwäbischen Stammheimat seines Geschlechts in dem heute zu Polen gehörenden schlesischen Städtchen Lüben stand die Wiege von Prinz Friedrich Wilhelm Karl, dem späteren König Wilhelm I. von Württemberg. Dorthin hatte es wenige Jahre zuvor seinen gleichnamigen Vater, den königlich preußischen Generalmajor, verschlagen. Als Friedrich Wilhelm, so sein offizieller Name – in der Familie hieß er Fritz – am 27. September 1781 geboren wurde, kriselte es bereits in der erst vor Jahresfrist geschlossenen Ehe der Eltern. Die Ehegatten verstanden sich schlecht. Der hochintelligente, aber rechthaberische und unbeherrschte 27jährige Prinz vermochte sich nicht in die Psyche seiner kaum dem Kindesalter entwachsenen 16jährigen Frau Auguste Karoline Friederike Luise, einer geborenen Prinzessin von Braunschweig-Wolfenbüttel, hineinzudenken. Ihren noch recht unfertigen Charakter suchte er nach seinen Vorstellungen zu formen, die offenkundigen Defizite in ihrer Erziehung durch Belehrungen, die nicht selten anmaßend oder überheblich wirkten, auszugleichen. Die Langeweile des Garnisonsstädtchens, in dem von einem gesellschaftlichen Leben nicht einmal in Ansätzen die Rede sein konnte, steigerte noch die Disharmonie zwischen den beiden so unterschiedlichen jungen Menschen.[1]

Die Geburt des ersten Kindes dämpfte im Haus des Prinzen Friedrich vorübergehend die Spannungen. Glücklich über den gesunden Stammhalter, rühmte Friedrich in einem Brief den heldenhaften Mut seiner Frau bei der Niederkunft.[2] Da er sich schon damals zum engeren Kreis der Anwärter auf den württembergischen Herzogsstuhl zählen durfte, nimmt es nicht wunder, wenn entsprechend dem hohen fürstlichen Rang, der ihn weit über andere Standesgenossen im Militärdienst größerer Länder hinaushob, unter den 24 Taufpaten glanzvolle Namen erscheinen:

Kaiserin Katharina II., die Große, von Rußland; König Georg III. von England; König Friedrich II., der Große, von Preußen und dessen Gattin; die verwitweten Königinnen von Dänemark und Schweden; Herzog Carl Eugen von Württemberg.[3] Gerne erklärte sich auch der Engere Ausschuß der württembergischen Landschaft, die Landstände, bei dem Neugeborenen zur Übernahme der »Gevatterschaft« bereit, und er ließ sich diese ehrenvolle Patenschaft auch etwas kosten. Der »Kindbetterin« gewährte er eine »Kindbettverehrung« von 100, dem Täufling ein »Gevatterschaftspräsent« von 200 Dukaten.[4]

Prinz Friedrich war 1774, zwanzigjährig, in den preußischen Militärdienst getreten. Sein Großonkel Friedrich der Große hatte ihn lange sehr wohlwollend behandelt und ihm zu einem raschen Avancement verholfen. Doch im Lauf des Jahres 1781 hatte sich die Gunst des Königs zu abweisendem Mißtrauen und unversöhnlicher Härte gewandelt. Der Grund lag auf dem politischen Feld, das Friedrich der Große gerne selbst beackerte, von dem er aber jetzt verdrängt war: der im Interesse der Staatsräson liegenden Vermittlung von Ehen zwischen Angehörigen regierender fürstlicher Häuser. Er hatte für Prinzessin Elisabeth von Württemberg, eine Schwester Friedrichs, eine ihm förderlich erscheinende Ehe ins Auge gefaßt, doch der österreichische und der russische Hof hatten seine Pläne vereitelt. Elisabeth wurde die Braut von Erzherzog Franz von Österreich, dem späteren Kaiser Franz II. Nachdem bereits der russische Thronfolger Paul eine Schwester des Prinzen Friedrich geheiratet hatte, brachte diese neue Verbindung die Häuser Romanow und Habsburg über die württembergische Fürstenfamilie in enge verwandtschaftliche Beziehung, in politischer Hinsicht bedeutete dies eine Annäherung der Großmächte Österreich und Rußland bei gleichzeitiger Isolierung Preußens. Friedrich der Große war erbost. Er verdächtigte seinen Großneffen Friedrich, bei der Eheanbahnung zwischen Elisabeth von Württemberg und Franz von Österreich die Hand im Spiel gehabt zu haben, und ließ ihn seinen Groll empfindlich spüren. Der Prinz litt sehr unter dem gänzlich veränderten Verhalten des von ihm verehrten Großonkels, zumal er sich an der ihm zur Last gelegten Verfehlung schuldlos wußte. Widerstrebend mußte er zur Kenntnis nehmen, daß er als preußischer Offizier keine Zukunft mehr hatte, daß er für sich und seine Familie nach einem anderen, seinen Interessen und Fähigkeiten entsprechenden

Betätigungsfeld außerhalb Preußens suchen mußte.[5] Er hatte Glück. Die Schwester Sophie Dorothea, seit 1776 Großfürstin Maria Feodorowna und Frau des russischen Thronfolgers Paul, ebnete ihm den Weg nach Rußland.[6] Kaiserin Katharina nahm den Flüchtling mit offenen Armen auf. Nach einer gemeinsam mit dem Großfürstenpaar unternommenen Italienreise, bei der er eine Fülle neuer Eindrücke in sich aufnahm, reiste Prinz Friedrich nach St. Petersburg und wurde dort mit Frau und Sohn höchst ehrenvoll empfangen. Kaiserin Katharina ernannte ihn zum Generalgouverneur des Gouvernements Finnland, allerdings nur des Bezirks Wiborg, der seit 1743 russisch war. Das übrige Finnland bildete damals noch einen Bestandteil der Krone Schwedens.

Der Krieg mit der Türkei verschaffte dann dem zum Generalleutnant beförderten Prinzen Friedrich die Gelegenheit, seine Ergebenheit gegenüber der Kaiserin unter Beweis zu stellen. Von Juni bis Oktober 1783 befehligte er ein Truppenkorps bei Cherson; doch wurde dieses in keine großen Kämpfe verwickelt. Nach der Rückkehr übernahm Friedrich wieder seinen Gouverneursposten. Allerdings hielt er sich gewöhnlich nur im Sommer in Wiborg auf, den Winter verbrachte er mit seiner Familie am Zarenhof in St. Petersburg. Von einem glücklichen Familienleben konnte indes keine Rede sein. Das friedlich-versöhnliche Miteinander, um das sich die beiden Ehegatten nach der Geburt ihres ersten Kindes bemüht hatten, war nur von kurzer Dauer gewesen. Die früheren Dissonanzen im täglichen Umgang kehrten wieder, verstärkten sich noch. Hieran änderte auch nichts, daß Prinzessin Auguste während der ersten Jahre in Rußland beinahe ständig schwanger war: Im Februar 1783 gebar sie Katharina, die nachmalige Königin von Westfalen, im Dezember desselben Jahres Auguste Dorothea, die allerdings schon während ihres ersten Lebensjahres starb, und im Januar 1785 einen zweiten Jungen, Prinz Paul.

Sicher kann auch jetzt die Schuld an dem schief hängenden Haussegen nicht allein Prinz Friedrich angelastet werden, doch befand sich Prinzessin Auguste in einer weit schlimmeren Situation als ihr Gatte. Friedrich hatte eine hohe militärische Position inne, verfügte über manche hilfreichen Beziehungen und konnte sich öffentlich Geltung verschaffen. Dagegen besaß Auguste am ränkereichen Hof Katharinas niemand, der ihr mit Rat und Tat hätte zur Seite stehen können. Schutzlos war sie Intrigen, Verleumdungen und Zuträgereien ausgesetzt. Bei ihrer verschlossenen Art erwarb sie sich auch keine Freunde. Sie soll sehr hübsch, aber auch kokett gewesen sein. Friedrich hatte jedenfalls Grund zur Eifersucht. Es kam zu häßlichen Szenen. Der Prinz soll seine Frau geschlagen und an den Haaren gezogen haben. Außenstehende sprachen davon, daß das Paar nach Art von Hund und Katze zusammenlebe. Auguste versuchte wiederholt, sich von ihrem Mann zu trennen. Zeitweise gelang ihr dies wohl auch. Zuletzt aber wußte sie sich nur noch dadurch zu helfen, daß sie sich nach einer Schauspielaufführung im Dezember 1786 in der Eremitage schutzflehend der Kaiserin zu Füßen warf. Diese, seit langem in den Ehestreit des Prinzenpaares eingeweiht, hatte mehrmals Friedrich zur Mäßigung ermahnt. Jetzt war ihre Geduld am Ende. Sie behielt Auguste bei sich, Friedrich aber forderte sie zum unverzüglichen Verlassen des Landes auf. Es scheint, daß Katharina bei den Eltern der Prinzessin erreichen wollte, in die Ehescheidung der Tochter einzuwilligen und dieser die Rückkehr nach Braunschweig zu ehrenvollen Bedingungen zu erlauben.

Da zu erwarten war, daß bei den Eltern harte Widerstände gegen eine solche Lösung zu überwinden waren und entsprechende Verhandlungen viel Zeit erforderten, gab die Kaiserin Auguste in die Obhut eines ihrer Vertrauten, des knapp 60jährigen verabschiedeten Hofjägermeisters von Pohlmann, und wies ihr das Schloß Lohde in Estland als vorläufigen Aufenthalt an. Leider mißbrauchte von Pohlmann das in ihn gesetzte Vertrauen. Er verstand es, die Prinzessin nach und nach gänzlich von der Außenwelt zu isolieren und sie schließlich zu seiner Geliebten zu machen. Im Herbst 1788 mußte Auguste an einer Fehlgeburt eines qualvollen Todes sterben. Pohlmann hatte der Schwerleidenden – im Bestreben, ihre Schwangerschaft zu verheimlichen – jeden ärztlichen Beistand und auch jede sonstige Hilfe verweigert. Indes, über das Verbrechen drang nichts nach außen. Die Zarin, zweifellos von dem jähen Tod der jungen Frau, die sich ihrem Schutz anvertraut hatte, zutiefst betroffen, tat nichts zu dessen Aufklärung. Gegenüber einer von Prinz Friedrich geäußerten Bitte stellte sie sich taub.

Der Prinz, zunächst auf ein Jahr aus dem russischen Militärdienst beurlaubt, kehrte Ende 1786 mit seinen drei Kindern und mit seinen nächsten Dienern fluchtartig in die Heimat zurück. Im Jahr darauf wollte er sich beim Ausbruch eines neuen Krieges zwischen Rußland und dem Osmanischen Reich der Kaiserin zur Verfügung stellen, doch diese wies ihn brüsk ab. Damit stand er innerhalb weniger Jahre zum zweitenmal vor den Trümmern einer hoffnungsvollen Karriere. Wirtschaftlich in bedrängten Verhältnissen, mußte er sehen, wie er mit den bescheidenen Mitteln, die er von seinen Eltern, dem regierenden württembergischen Herzog, seinem Onkel Carl Eugen, und den Landständen erhielt, seine Kinder einigermaßen standesgemäß erzog.

Wir wissen nicht, was der kleine Fritz von dem Ehezwist und der schließlichen Trennung seiner Eltern mitbekam. Äußerungen darüber aus seiner Jugendzeit, aber auch aus späteren Jahren sind nicht bekannt. Auch wenn der Knabe, wie bei fürstlichen Familien üblich, zunächst von Kindermädchen betreut und umsorgt wurde und sich die Eltern bei seiner Erziehung und dem tagtäglichen Zusammenleben mit ihm und seinen beiden Geschwistern mehr im Hintergrund hielten, dürfte ihm das ungute Verhältnis von Vater und Mutter nicht ganz verborgen geblieben sein und ihn zumindest unbewußt belastet, ihn in seinen kindlichen Gefühlen unsicher, ja sehr verletzlich gemacht haben. Schmerzlich vermißte er Nestwärme und Geborgenheit. Das grausame Schicksal der Mutter, die schon so früh aus seinem Leben verschwunden war, hat ihn als jungen Menschen wohl nie losgelassen. Möglicherweise war sie für ihn ein verklärtes menschliches Gegenbild zu dem tyrannischen Vater, der seit dem Verlassen Rußlands sein besonderes Augenmerk auf die Erziehung seiner Kinder richtete und diesen durch seine übergroße Strenge eine freudlose Jugend bereitete. So jedenfalls empfand es Fritz, der Älteste. Jahrzehnte später, 1819, nunmehr König von Württemberg, gelang es ihm, die mysteriösen Begleitumstände des Todes seiner Mutter zu klären. Mit Zustimmung seines Vetters, des Zaren Alexander I. von Rußland, ließ er den Sarg öffnen. Erst jetzt stand es mit Sicherheit fest: Die junge Frau war 1788 keines natürlichen Todes gestorben, sondern bei einer Fehlgeburt elend zugrunde gegangen. Der Sohn sorgte dafür, daß 31 Jahre nach der Tragödie auf Schloß Lohde der Toten endlich in Goldenbeck, dem estnischen Kirchspiel, zu dem Lohde gehörte, eine würdige kirchliche Bestattung zuteil wurde.[7]

Der zweite Karriereknick von Prinz Friedrich 1786/87 ließ auch dessen Kinder nicht unberührt. Ohne Mutter, ohne Heimat, ohne festen Wohnsitz und den Launen eines Vaters preisgegeben, der seine nahe Zukunft in düsteren Farben sah, lernten sie früh die dunkle Seite des Lebens kennen. Ende 1787 konnte Friedrich mit dem Geld aus seinem russischen Besitz ein kleines Landgut in Bodenheim bei Mainz erwerben. Doch zu einem Zuhause wurde Bodenheim nicht. Der Prinz suchte nach einem neuen Betätigungsfeld. Seine Blicke richteten sich nach Württemberg. Dort regierte seit über vierzig Jahren der älteste Bruder seines Vaters, Herzog Carl Eugen. Die Aussicht, dort in absehbarer Zeit die Regierungsgewalt übernehmen zu können, war nicht ungünstig. Carl Eugen besaß keine legitimen Söhne, und seine beiden jüngeren Brüder Ludwig Eugen und Friedrich Eugen, beide hoch in den Fünfzigern, hatten gleichfalls längst den Zenit ihres Lebens überschritten. Zudem war Ludwig Eugen in nicht standesgemäßer Ehe verheiratet. Friedrich rangierte als Thronanwärter also an dritter Stelle. Da er sein bisheriges Leben außerhalb Württembergs zugebracht hatte, schien es ihm an der Zeit, das Land seiner Väter persönlich kennenzulernen und hier seinen Kindern eine Heimat zu geben.

1790 übersiedelte er mit seinen beiden Söhnen nach Ludwigsburg. Die Tochter Katharina blieb in der erzieherischen Obhut der Großmutter, der Herzogin Friederike Dorothee Sophie von Württemberg, in Mömpelgard. Herzog Carl Eugen hätte gerne den Neffen von Württemberg ferngehalten, deshalb riet er ihm im Frühjahr 1789, doch wieder in auswärtige Dienste zu treten, nur

In der Residenzstadt Ludwigsburg lebte Herzog Friedrich ab 1790 mit seinen beiden Söhnen Friedrich Wilhelm und Paul.

so könne er seine reiche Begabung voll zur Entfaltung bringen. Friedrich war über diese Willensäußerung sehr verärgert gewesen und hatte, das Mißfallen des Onkels in Kauf nehmend, durch den Erwerb eines Hauses in Ludwigsburg vollendete Tatsachen geschaffen. Die Folge war, daß Carl Eugen die Anwesenheit des Neffen in Württemberg einfach ignorierte, ihn zu keinerlei Dienstleistungen im Militär oder in der Staatsverwaltung heranzog und ihm so die für einen nach Aktivität drängenden, vielseitig begabten Mann kaum erträgliche Rolle eines fürstlichen »Nichtstuers wider Willen« zumutete. Erst kurz vor dem Tod des Herzogs im Herbst 1793 entkrampfte sich das gespannte Verhältnis zwischen beiden. Im Gegensatz zum Landesherrn begrüßten – für Friedrich eine gewisse Genugtuung – die Landstände des Herzogtums ausdrücklich die Niederlassung des Thronanwärters im Land. Für sie war bedeutsam, daß sich Friedrich und ebenso seine Kinder zur evangelisch-lutherischen Konfession bekannten und daß mit seinem Regierungsantritt das Intermezzo der katholischen Herzöge, das mit dem Großvater Friedrichs, Karl Alexander, 1733 begonnen hatte, sein Ende fand.[8]

Prinz Friedrich sorgte dafür, daß seine Söhne, besonders aber der ältere, Friedrich Wilhelm, Erzieher erhielten, die in Württemberg verwurzelt waren, zugleich jedoch ein herausragendes pädagogisches Geschick und eine umfassende, an den Bedürfnissen des praktischen Lebens orientierte Bildung besaßen. Im September 1787 wandte er sich mit einem entsprechenden Anliegen an Hofrat Mögling in Stuttgart. Er stelle sich, so ließ er Mögling wissen, als künftigen Erzieher seines älteren Sohnes einen 25- bis 30jährigen Mann vor, kenntnisreich, weltzugewandt, keinesfalls aber »einen sich selbst genügenden finsteren Gelehrten« mit spekulativer Tendenz. Da seiner Meinung nach die Religion der beste, beinahe der einzige Leitfaden der Rechtschaffenheit sei, sollte der Erzieher, der seinem Sohn »diesen wichtigsten Teil der menschlichen Kenntnisse« vermittelt, »klare, reine, durch die Vernunft geläuterte Begriffe davon« haben. Am liebsten wäre ihm »ein nur wenig ge-

lehrter [junger Mann] mit biederem Herzen«. Kenntnisse erlernten sich durch sich selbst am besten, zumal es seinem Sohn nicht an Fähigkeiten fehle und dieser deshalb leicht zu der Einsicht gebracht werden könne, wie sehr notwendig solche seien. Großen Wert maß Friedrich den Französischkenntnissen des Erziehers bei. Sein Sohn, schrieb er, spreche Französisch »beinahe mit größerer Leichtigkeit« als seine deutsche Muttersprache. Freie Hand ließ er Mögling beim Aushandeln der Anstellungsbedingungen. Wenn ein in jeder Hinsicht geeigneter Erzieher gefunden werden könnte, wären dessen Gehaltsansprüche und sonstige Forderungen großzügig zu erfüllen. Nachdrücklich erklärte Friedrich dem Hofrat, daß das »Geschäft der Erziehung« seiner Kinder für ihn absoluten Vorrang habe. Sie seien alles, was ihm verblieben sei. Daher wolle er auch den größten Teil seiner geringen Mittel auf dieses Geschäft verwenden.

Mögling machte sich auf die Suche und konnte schon wenige Monate später in der Person des erst 23jährigen Theologen und Philosophen Karl Heinrich Gros einen Kandidaten präsentieren. Als Gros im April 1788 seinen Dienst antrat, war Friedrich dennoch ein wenig enttäuscht. Er schien ihm zwar ein vernünftiger Mann zu sein, aber er hielt ihn für etwas zu jung und auch für zu weltfremd – in der Sprache des Prinzen »ganz erschrecklich neu« -, weil Gros bislang »noch nie das Kloster in Tübingen [das Tübinger Stift] verlassen« hatte. Fazit des gestrengen Vaters: »Ich werde nun nicht allein meinen Sohn, sondern auch den Gouverneur erziehen müssen.«[9] Gros, den der große Rechtsgelehrte Savigny einen Mann mit sehr viel Verstand, Charakter und Bildung nannte, besaß zweifellos eine hohe wissenschaftliche Begabung. Er studierte später noch Rechtswissenschaft und wurde Professor in Erlangen. Sein 1802 in Tübingen erschienenes Lehrbuch der philosophischen Rechtswissenschaft fand in der Öffentlichkeit starke Beachtung und erlebte fünf Auflagen.[10] Den Erwartungen des Prinzen Friedrich wurde Gros nicht gerecht. Freilich, auch andere Erzieher vermochten diese nur unvollkommen zu erfüllen. Den idealen Pädagogen, wie ihn Friedrich sich vorstellte, gab es nicht. Gros mußte sich vom Vater seines Zöglings, der, wenn er auf Reisen war, brieflich auf dem laufenden zu halten war[11], immer wieder harten Tadel und herrische Zurechtweisungen gefallen lassen. Erstaunlicherweise hielt er es trotzdem mehr als vier Jahre in dessen Haus aus.

Im Oktober 1792 erteilte Friedrich dem »Erzieher seiner beiden Söhne« eine detaillierte Instruktion. Da er in ihr an frühere Anweisungen erinnerte, war dieser schriftliche Ukas für Gros eine zutiefst demütigende Maßregelung. Vornean, so ließ sich Friedrich vernehmen, habe der Gehorsam der Kinder gegenüber ihren Eltern zu stehen, und in diesem Sinn habe der Erzieher zu wirken. Wichtig sei ein streng geordneter Tagesablauf. Seine Söhne gingen kurz nach 9 Uhr abends zu Bett, sie hätten deshalb morgens um 6.30 Uhr aufzustehen. Gros müsse eine halbe Stunde früher das Bett verlassen und dann, bereits vollständig angezogen, anwesend sein, wenn sich die jungen Prinzen ankleideten. Besonderer Wert sei auf saubere Kleidung und sorgsame Körperpflege zu legen. Daran habe es öfters gehapert. So seien seine Söhne mit schmutzigen Fingern, langen Nägeln, ungewaschen und nicht geputzten Zähnen zu ihm gekommen. Sehr ärgerlich finde er, daß Gros die Prinzen nicht dazu bringe, ihre Zimmer in Ordnung zu halten, allerdings hause der Erzieher selbst in einem äußerst unordentlichen und unaufgeräumten Zimmer. »Gelehrter Staub kann nie für einen Mann von Welt, nie für einen Fürsten, also ebensowenig für einen Arbeiter an ihrer Erziehung passen.« Auf das Ankleiden und nach laut zu verrichtendem Gebet folge um 7 Uhr das Frühstück. Von 7.30 bis 9 Uhr stehe Auswendiglernen auf dem Programm. Während dieser Zeit habe Gros »den übrigen Teil seines Anzugs zu besorgen«, d.h. sich vollends anzuziehen. Nach dem Abhören der Lektion beschäftige sich der ältere Sohn bis 10 Uhr, der jüngere aber dürfe nicht mehr wie bisher spielen, sondern solle die Zeit mit Lautlesen, Rechnen und Auswendiglernen nutzen. Die Stunde von 10 bis 11 Uhr sei dem Religionsunterricht durch einen Geistlichen vorbehalten. Die folgende Stunde bis 12 Uhr, während der Gros ausgehen oder seiner eigenen Beschäftigung nachgehen könne, habe der ältere Prinz mit Schreiben, der jüngere mit Lesen zuzubringen. Die Zeit zwischen 12 und 1 Uhr diene bei jeder Witterung, Regen ausgenommen, dem Spazierengehen. Damit aber dieses »für die Gesundheit so notwendige Geschäft nicht ekelhaft werde«, sei bei den einzuschlagenden Spazierwegen abzuwechseln. Bei Regen sollten sich die Kinder im Eßsaal im »Laufen« oder in »sonst unschädlicher Bewegung« üben. Nach dem Essen um 1 Uhr dürften sie sich im Garten aufhalten oder spazierengehen. Um 3 Uhr erscheine der Schulmeister. Der ältere Sohn widme sich nunmehr dem Übersetzen, der jüngere dem

Auswendiglernen, Lesen oder sonst einer »vernünftigen Beschäftigung«, das sinnlose Herumlaufen sei nicht nur schädlich, sondern steigere zudem noch dessen »ohnehin schon auf das äußerste getriebene Leichtsinnigkeit«. Nach Abschluß der Lehrstunden um 6 Uhr habe er gegen ein kleines Spiel der Jungen mit dem Erzieher nichts einzuwenden, doch sollte der ältere Sohn allmählich des allzu »kindischen Zeitvertreibs« entwöhnt und der jüngere zu etwas anspruchsvollerem, nicht länger ins Gassenbubenartige abgleitendem Spielen gebracht werden. Gerade bei den Betätigungen während der freien Zeit habe Gros, wenn der Vater nicht zugegen sei, strenge Aufsicht über seine Zöglinge zu führen, auf »Sittlichkeit, Höflichkeit und Artigkeit des Betragens« sei bei den zwei Jungen zu achten. Zu Nacht werde um 8 Uhr gegessen. Wenn er zu Hause sei, geschehe dies gemeinsam mit ihm.

Mit dem Benehmen und den Erziehungsmethoden von Gros ging Prinz Friedrich in seiner Instruktion streng ins Gericht. Er warf dem jungen Mann vor, er halte seine Zunge nicht im Zaum, erlaube sich bei der Tafel und wohl auch sonst Äußerungen, die nicht für Kinderohren bestimmt seien, auch schreite er nicht ein, wenn Dritte in Gegenwart seiner Söhne so unverschämt daherredeten. Als höchst ärgerlich empfand es Friedrich, daß Gros ihm manches verschwieg, was er wissen wollte und müßte, ihn überhaupt recht willkürlich über das Verhalten seiner Söhne, über alle Begebenheiten und Vorfälle unterrichtete. Die Entscheidung darüber, was bestraft und was vergeben werde, stehe ausschließlich ihm, dem Vater, zu. Gros sei ihm in allem verantwortlich, habe seine Direktiven zu befolgen. Mit Urteilen vor allem über religiöse, politische und solche Dinge, die nicht in Büchern stünden und nicht auf Universitäten gelehrt würden, solle er sich zurückhalten und Bescheidenheit an den Tag legen, fehle es ihm doch als jungem Menschen noch sehr an Welt- und Menschenkenntnis. »Gewiß«, so war in der Instruktion weiter zu lesen, »ist meine Seele sowie mein äußeres Betragen von Heuchelei und Andächtelei sehr entfernt, ebenso ist Gewissens- und Gedankenzwang in meinen Augen gleich ungerecht und töricht, aber ich glaube mit Billigkeit und Recht von demjenigen, dem ich den Unterricht und die Aufsicht meiner Kinder (welche auch Kinder des Staates sind) anvertraut habe, fordern und erwarten zu können, daß er in meiner und ihrer Gegenwart nicht Meinungen zeige, die meine religiöse Denkungsart sich wünschen muß, auch dereinst als die ihre zu wissen, durch Leichtsinn mehr als durch Ungleichheit [?] beleidigen. Behutsames Verschweigen solcher unglücklichen Denkungsart ist Pflicht.« Friedrich mißfiel, daß Gros sein Äußeres vernachlässigte und wenig Wert auf tadelsfreies Benehmen und gute Umgangsformen legte und daß er in dieser Hinsicht einen nachteiligen Einfluß auf die ihm anvertrauten Zöglinge ausübte. Der gestrenge Vater ermahnte ihn deshalb, Eigendünkel und Selbstzufriedenheit zu überwinden.[12]

Der junge Erzieher empfand diese »Instruktion« als Affront. Umgehend bat er um seine Entlassung. Seit viereinhalb Jahren habe er, schrieb er Friedrich, seine ganze Kraft und Zeit der Prinzenerziehung gewidmet und alles vermieden, was dem Vater seiner Zöglinge hätte mißfallen können. Friedrich hingegen hielt seine »Erinnerungen« für »äußerst gemäßigt« und rügte den lächerlich stolzen Ton, den Gros in seinem Schreiben angeschlagen hatte. »Mit Vergnügen« entließ er ihn aus seinen Diensten. Gros hätte sich vor seiner Abreise aus Ludwigsburg einige Wochen darauf der Form halber noch gerne persönlich von Friedrich verabschiedet, doch dieser weigerte sich, ihn zu einem letzten kurzen Gespräch zu empfangen.[13]

Da Prinz Friedrich die Erzieher und Lehrer seiner Söhne ausschließlich als seine Befehlsempfänger betrachtete, ihre Tätigkeit unablässig überwachte und jedes Abweichen von seinem starren Erziehungskonzept scharf rügte, war es für diese beinahe unmöglich, pädagogische Eigeninitiativen zu entwickeln und das Vertrauen ihrer Zöglinge zu erwerben. Ihr tägliches Brot waren Tadel und Zurechtweisungen. Dem überstrengen Vater konnten sie kaum etwas recht machen. Selbst seine Mutter mußte sich im Oktober 1791 von Friedrich sagen lassen, sie sei zu nachsichtig, lasse ihrer Enkeltochter Katharina zu viel durchgehen. Herzogin Friederike Dorothee Sophie war entrüstet. Sie verbat sich den respektlosen Ton des Sohnes. Es fehlte nicht viel, und sie hätte sich der freiwillig übernommenen Erziehungsaufgabe entledigt.[14]

An die Stelle von Gros traten neue Erzieher. Die Namen von Pistorius, Mühlenfels und Rheinwald sind bekannt.[15] Angenehm überrascht war Friedrich, daß Pistorius, obgleich wie Gros Absolvent des Tübinger Stifts, einen weltgewandten Eindruck machte und sich problemlos in die mit hohen Erwartungen verknüpfte Erzieherrolle hineinfand. Ende 1792 äußerte er sich sehr zufrieden über das Engagement und das Verhalten des jungen Theologen.[16] Leider erfahren wir nicht, ob es bei diesem günstigen Urteil blieb.

Daß sich der Prinz bei der Suche nach Erziehern vor allem außerhalb Württembergs schwertat, nimmt nicht wunder. Bereits Anfang 1791 scheiterte ein Versuch, durch die Vermittlung der Baronin Henriette von Oberkirch, der Freundin seiner Schwester Maria Feodorowna, die seit langem auch sein Vertrauen besaß, einen Erzieher zu gewinnen.[17] Ein zweiter mit Hilfe eines Vertrauensmanns in Lausanne unternommener Versuch im Mai 1793 war gleichfalls vergeblich. Allerdings, so bekam Friedrich aus der Schweiz zu hören, sei es beinahe unmöglich, einen Mann mit sämtlichen von ihm gewünschten Voraussetzungen zu finden: einen Adligen mit einem glanzvollen Namen, zugleich einen deutschsprechenden und vielseitig gebildeten Offizier.[18]

Es scheint, daß Prinz Friedrich im Lauf der Jahre bei der Erziehung seiner allmählich den Kinderschuhen entwachsenden Söhne, die er weiterhin als seine vorrangigste Aufgabe betrachtete, die Zügel noch straffer anzog. Seine harte Hand, sein Mangel an Einfühlungsvermögen in die Psyche junger Menschen sowie seine cholerische Natur förderten bei seinen mutterlosen beiden Jungen, die ohne Nestwärme aufwuchsen, Angst, Verstocktheit, ohnmächtigen Groll, ja Aufsässigkeit und Widerspenstigkeit, außerdem den Hang zu Unaufrichtigkeit. Hinzu kam, daß namentlich Fritz seiner charakterlichen Veranlagung nach, aber auch in seiner äußeren Erscheinung stark der Mutter ähnelte. Für Friedrich vielleicht ein Grund, bei seinem Ältesten unnachsichtige Strenge zu üben und ihm noch weniger als dem jüngeren Sohn, Paul, durchgehen zu lassen.[19]

Das erste persönliche schriftliche Zeugnis des späteren Königs ist ein sehr förmlich gehaltenes Briefchen des Zehnjährigen in französischer Sprache vom 18. September 1791, in dem dieser dem Großvater Friedrich Eugen von Württemberg zum Tode wohl einer nahen Angehörigen kondolierte. Auch wenn zu vermuten ist, daß Hofmeister Gros das Briefchen vor der Absendung zumindest kurz überflogen und den einen oder anderen Verbesserungsvorschlag gemacht hat, wird doch deutlich, wie trefflich sich der kleine Briefschreiber auszudrücken verstand und wie geübt er bereits im höfisch-distanzierten Stil der Zeit war. Bezeichnend dafür ist etwa die Grußformel am Schluß: »Ich bin mit größter Hochachtung, mein sehr lieber Großpapa, Ihr demütigster und gehorsamster Diener und Enkel Friedrich Wilhelm.«[20]

Einen noch sehr viel unterwürfigeren Ton schlug im Herbst 1796 der nunmehr Fünfzehnjährige in einigen erhalten gebliebenen Briefen an, die er – gleichfalls in Französisch – dem eigenen Vater schrieb. Prinz Friedrich, der sich damals in politischer Mission am Kaiserhof in Wien aufhielt, erwartete einen solchen Ton, und der Sohn quälte ihn sich widerstrebend ab. Den ersten dieser Briefe begann Fritz so: »Mein lieber Vater, ich mache bereitwilligst Gebrauch von der Erlaubnis, die Sie mir, mein lieber Vater, erteilt haben, Ihnen durch Herrn von Mühlenfels schreiben zu dürfen.« Natürlich berichtete der Sohn dem Vater über Begebenheiten und Erlebnisse in Stuttgart, wo er sich damals aufhielt, beispielsweise über Besuche bei den Großeltern in Hohenheim, die Einladung zu einem von der Großmutter veranstalteten Hofball oder die Teilnahme an der Jagd, die der Großvater abhielt, sowie die durch das schlechte Wetter sehr ungünstig ausgefallene Stuttgarter Weinlese; doch stets blieb der Vater die unnahbare Respektsperson, der gegenüber jede Art kindlicher Vertraulichkeit unstatthaft war. Ein sprechendes Beispiel dafür ist die Gratulation, die Fritz dem Vater zu dessen bevorstehendem 42. Geburtstag übermittelte: sehr förmlich, übertrieben respektvoll, allzu unterwürfig. In einem ähnlichen Tenor formulierte er den Dank für den Brief, den er vom Vater aus Wien erhalten hatte: »Ich bin von diesen neuen Beweisen Ihrer Güte tief bewegt, und ich werde mich bemühen, Ihre Befehle so gewissenhaft wie nur möglich zu erfüllen.«[21]

Zu den wenigen Männern, die Prinz Friedrich besonders schätzte und denen er freundschaftlich verbunden war, zählte der von 1767 bis 1791 als Prinzenerzieher im Dienst Herzog Friedrich Eugens von Württemberg, seines Vaters, stehende Freiherr Friedrich von Maucler.[22] Der ehemalige preußische Offizier, eine menschlich imponierende Persönlichkeit, hatte sich als Erzieher sein Vertrauen, ja seine Zuneigung erworben. Und der Prinz hatte diesen Mann auch während der Jahre im preußischen und russischen Dienst nicht vergessen. Nach der Rückkehr in die Heimat suchte er wieder den Kontakt zu ihm. 1790 traf er bei einem mehrwöchigen Aufenthalt in Mömpelgard, dem damaligen Wohnsitz seiner Eltern, mit ihm zusammen und legte ihm nahe, sich seiner Umsiedlung nach Ludwigsburg anzuschließen. Maucler war dem ehemaligen Zögling gerne zu Willen.[23] Friedrich empfand es nicht nur als sehr angenehm, wieder vertrauten Umgang mit seinem einstigen Erzieher zu haben und seinen Rat in Anspruch nehmen zu können, sondern er hoffte auch, daß die beiden Söhne Mauclers, Eugen und Ferdinand, Spielkameraden seiner beiden Söhne würden, zumal diese zwei aufgeweckten Jungen etwa gleich alt wie die Prinzen Friedrich Wilhelm und Paul waren. Schon 1790 in Mömpelgard hatte Prinz Friedrich dafür gesorgt, daß die Maucler-Buben täglich mit Friedrich Wilhelm und Paul zusammen waren und die Brüderpaare sich so aneinander gewöhnten.[24]

In Ludwigsburg wurde dann das Verhältnis noch enger. Im Winter blieben sich die vier Jungen, wie Eugen von Maucler berichtet, ziemlich selbst überlassen. Die Hofmeister der jungen Prinzen spielten mit dem Stallmeister und dem Sekretär des Prinzen Friedrich, von Hayn und Menoth, im benachbarten Zimmer L'hombre und kümmerten sich wenig um ihre Zöglinge. Im Sommer spielten die vier Buben in den beiderseitigen Gärten oder unternahmen größere Spaziergänge. Prinz Friedrich sah indes mit Argusaugen darauf, daß die Standesunterschiede streng gewahrt blieben, daß aus dem täglichen Zusammensein der jungen Maucler mit seinen Söhnen keine freundschaftlichen Bindungen erwuchsen, daß diese die Prinzen stets als Prinzen respektierten. Dafür ein bezeichnender Vorfall: Prinz Friedrich ertappte Eugen von Maucler bei einem Kampfspiel einmal dabei, wie er Prinz Friedrich Wilhelm einen Streich auf den Hintern verabreichte. Friedrich war empört und veranlaßte, daß Eugen empfindlich bestraft und längere Zeit vom prinzlichen Haus ausgeschlossen wurde. Eugen von Maucler behielt diese ihm nicht recht verständliche Erfahrung in Erinnerung; er schrieb: »Wir fürchteten darum den alten Prinzen weit mehr als den eigenen, wenn auch strengen Vater.«[25]

Anfang der 1790er Jahre befand sich Prinz Friedrich in einer sehr ungünstigen wirtschaftlichen Situation. Obwohl er 1791 noch eine Pension aus Rußland bezog[26], waren seine sonstigen Einkünfte bescheiden. Der aufwendige Lebensstil, den, wie er glaubte, sein fürstlicher Stand erforderte, aber auch die Erziehung seiner Kinder verschlangen viel Geld. Er sah sich gezwungen, in größerem Umfang Schulden zu machen. 1791 mußte er bei der Landschaft für die Aufnahme eines Darlehens bei den Gebrüdern Bethmann in Frankfurt und beim Grafen von Soden sogar seine jährlichen »Donativgelder«, also seine Apanage, verpfänden.[27] Als

Der junge Kronprinz Friedrich Wilhelm.

Thronanwärter – und hieran konnte jetzt kaum noch ein Zweifel bestehen – hielt er es für recht und billig, daß ihm die Landschaft eine Erziehungsbeihilfe für seine Söhne bewilligte. Doch der Engere Ausschuß lehnte Anfang 1792 eine Erhöhung der Apanage des Prinzen ab. Auch Herzog Carl Eugen verschloß sich dem Anliegen des Neffen, obwohl der Kirchenrat eine positive Stellungnahme abgegeben hatte. Am 22. Dezember desselben Jahres wandte sich der durch die Ablehnung seiner früheren Gesuche »empfindlich Gekränkte« erneut an den Herzog.

Nachdem seine Einkünfte durch »außer ihm liegende Ursachen« um ein Ansehnliches geschmälert seien, könne er nicht länger »leiden und schweigen«. Eine sorgsame Erziehung seiner Söhne sei ihm heilig und für sein Vaterland wichtig. Es sei ihm zwar bekannt, daß er für seine Söhne die Stiftung des Collegium Illustre in Tübingen in Anspruch nehmen könne, aber sie komme für ihn nicht in Betracht. Auch die Universität in Stuttgart – die Hohe Carlsschule – scheide aus, weil er seine Jungen nicht in einer öffentlichen Bildungsanstalt unterbringen wolle. Die Bemerkung über die Hohe Carlsschule, die Schöpfung Carl Eugens, ärgerte diesen sicher. Friedrich erschien eine gute Erziehung seiner Söhne nur dann gewährleistet, wenn er sie in der Hand behielt. Er verlangte eine jährliche Erziehungsbeihilfe von 8 000 fl. Carl Eugen ließ das Schreiben des Neffen unbeantwortet. Erst auf eine weitere Eingabe Friedrichs hin fand er sich zögernd und widerstrebend zu einer Antwort bereit. Ein Erziehungsbeitrag aus dem Kirchengut sei, wie die von ihm veranlaßte Prüfung ergeben habe, nicht möglich. Einer Ausbildung der Söhne Friedrichs am Collegium Illustre oder an der Hohen Carlsschule stehe indes nichts im Wege. Prinz Friedrich war tief enttäuscht. In einem Brief vom 9. September 1793 erklärte er dem Onkel, daß er außerstande sei, die mit der Aufnahme seiner Söhne in das Collegium Illustre bzw. mit den Lehrstunden an der Hohen Carlsschule verbundenen Kosten zu bestreiten, und er schloß mit der Carl Eugen hart treffenden Feststellung: »Bei diesem meinem Vaterherzen so schmerzhaft fallenden mißlungenen neuen Versuch, für das Wohl und die Erziehung meiner Söhne zu sorgen, heischt es die Pflicht von mir, Euer Durchlaucht sowohl als meinem gesamten Vaterland hiemit zu erklären, daß [ich], nachdem ich meinerseits alles getan, was ich gesollt, um Vaterpflicht und Gewissen ein Genüge zu leisten, von aller ferneren Verantwortung frei bin, nicht mir würde der Vorwurf der vernachlässigten Erziehung, nicht mir die getäuschte Hoffnung des Vaterlandes zur Last fallen.«[28]

Nach dem Tod Herzog Carl Eugens im Oktober 1793 gestaltete sich die persönliche und finanzielle Situation von Prinz Friedrich günstiger. Der neue Herzog Ludwig Eugen nahm den Rat des Neffen, der die vorausgegangenen Jahre erzwungener Untätigkeit dazu genutzt hatte, sich profunde Kenntnisse über die Verhältnisse des Herzogtums Württemberg und dessen Bewohner anzueignen, vor allem am Anfang seiner Regierung gerne in Anspruch. Umgehend sorgte er für eine beträchtliche Erhöhung der Einkünfte seines Neffen, und Mitte 1794 gelang es ihm, bei der Landschaft einen Erziehungsbeitrag von 6 000 fl durchzusetzen.[29]

Prinz Friedrich fehlte das Einfühlungsvermögen in die Psyche seiner heranwachsenden Söhne. Er glaubte, auch noch bei Vierzehn-, Fünfzehnjährigen mit harter, unbarmherziger Hand sein hochgestecktes Erziehungsziel erreichen zu können. Doch er täuschte sich. Bei den Söhnen stauten sich Widerwille und ohnmächtige Wut auf. Besonders der Ältere, Friedrich Wilhelm, litt unter der rigorosen Disziplinierung durch den Vater, der den Hang zu unbeschwerter jugendlicher Lebensfreude gewaltsam unterdrückte und keinerlei Verständnis für die besonderen Interessen, Wünsche und Bedürfnisse des ihm – seiner Veranlagung nach – so fremden Sohnes aufbrachte. Seinem Freund Ernst von Phull-Rieppur schilderte Friedrich Wilhelm später, wie freudlos, ja wie qualvoll seine frühe Jugend gewesen sei. Prügel und Mißhandlungen seien sein und seines Bruders Paul tägliches Brot gewesen. Jedes Vierteljahr hätten sie sich einem Examen unterziehen müssen, manchmal seien es aber auch acht bis zehn solche Prüfungen gewesen. Da Prinz Friedrich mit den Lernerfolgen seiner Söhne nie zufrieden gewesen sei, habe er sie, sobald die Resultate vorlagen, mit Faustschlägen so hart traktiert, daß die Köpfe hätten verbunden werden müssen, oder er habe sie durch andere Strafen gequält und gedemütigt. Bei ihm, Friedrich Wilhelm, hätten diese Mißhandlungen sklavische Furcht und Haß bewirkt. Und obgleich sein Herz zuweilen für den Vater gesprochen habe, wenn dieser ein wenig väterliche Liebe habe spüren lassen, was allerdings höchst selten der Fall gewesen sei, so habe neue Gewalt doch rasch solch scheue Zuneigung erstickt.[30] Sicher spielte bei dieser rigorosen Disziplinierung mit, daß Prinz Friedrich argwöhnte, sein Ältester, der ihn ohnehin in manchem an seine verstorbene Frau erinnerte, habe als mütterliches Erbe eine ausgeprägte Neigung zu Leichtlebigkeit und unbelehrbarer Rechthaberei mitbekommen.[31]

Nach dem Tod des Herzogs Ludwig Eugen im Mai 1795 fiel die Regierung des Herzogtums an dessen Bruder Friedrich Eugen. Prinz Friedrich wurde Erbprinz. Als enger Ratgeber des Vaters erlangte er nunmehr die schon lange ersehnte politische Schlüsselstellung; sie erlaubte es ihm, sich auf die Übernahme der Herrschaft in Württemberg vorzubereiten, zumal man allgemein davon ausging, daß der gesundheitlich angeschlagene 63jährige Friedrich Eugen wie sein Vorgänger lediglich ein Interimsherzog war. Dem Herzogsstuhl um ein gut Stück näher gerückt, war mit der Regierungsübernahme des Großvaters in Württemberg auch der 14jährige Friedrich Wilhelm. Für den Vater, Prinz Friedrich, hieß dies, seinen Ältesten noch strenger als bisher an die erzieherische Kandare zu nehmen, ihm aber andererseits in der Öffentlichkeit das seinem Stand entsprechende Renommee zu verschaffen. Bereits 1794 hatte er für ihn beim Schwäbischen Reichskreis die Ernennung zum Oberst mit »Vorantritt« vor dem Erbprinzen von Baden, der denselben militärischen Ehrenrang bekleidete, durchgesetzt.[32]

Drei Jahre später, im November 1797, erteilte Friedrich seinem Freund, dem Reichsgrafen Johann Karl von Zeppelin, als dieser in offizieller politischer Mission nach Wien reiste, die geheime Instruktion, eine Familienverbindung zwischen dem württembergischen Herzogshaus und dem österreichischen oder auch russischen Kaiserhaus zustande zu bringen. Als Heiratskandidaten von württembergischer Seite sollte Zeppelin den jetzt 16jährigen Prinz Friedrich Wilhelm ins Gespräch bringen.[33] Offenbar war man am Wiener Hof einer solchen Eheverbindung nicht abgeneigt. Ernst von Phull-Rieppur nennt eine häßliche Schwester von Kaiser Franz II. als die von habsburgischer Seite favorisierte Kandidatin. Der junge Prinz soll sich indes kategorisch geweigert haben, die geplante Ehe einzugehen, wobei ihn nicht einmal die Drohung des Vaters, ihn auf die Festung zu bringen und ihn von der Thronfolge auszuschließen, zu einem Sinneswandel bewegen konnte.[34] Friedrich, seit dem Tod seines Vaters Friedrich Eugen am 23. Dezember 1797 als Friedrich II. regierender Herzog, wagte nicht, seine Drohungen wahrzumachen. Er sah wohl selbst ein, daß er im Zorn entschieden zu weit gegangen war.

Eine ganz andere Version der frühesten, beinahe grotesk anmutenden Versuche, den nunmehrigen Erbprinzen nach den Geboten der Staatsräson zu verheiraten, gibt Herzog Friedrich II. in einem Brief vom 21. Mai 1799 an seine Schwester Kaiserin Maria Feodorowna von Rußland. Danach hatte Kaiser Franz II. gegenüber seinem Schwager Friedrich 1797 eine Eheverbindung seiner Schwester, der Erzherzogin Amalie von Österreich, mit Prinz Friedrich Wilhelm – allerdings stets vertraulich – ins Gespräch gebracht. Von diesem Plan seien nicht nur er, Friedrich, sondern auch sein Sohn Friedrich Wilhelm angetan gewesen. Leider habe der frühe Tod der Erzherzogin eine Verwirklichung des Eheprojekts verhindert. Wenig erbaut hingegen seien er und sein Sohn vom Vorschlag der

Kaiserin, einer Tochter des Königs Ferdinand I. beider Sizilien gewesen, Friedrich Wilhelm solle eine ihrer jüngeren Schwestern heiraten, denn sie hätten keine ihnen wesensfremde Italienerin in der Familie haben wollen. In seinem Brief übermittelte Herzog Friedrich II. der Schwester nunmehr den Wunsch, sie möge über eine Verbindung seines Sohnes Friedrich Wilhelm mit ihrer Tochter Marie ernsthaft nachdenken und für diesen Plan auch ihren Mann, den Zaren Paul, gewinnen.[35] Zwei Jahre später äußerte Herzogin Charlotte Auguste Mathilde, die zweite Frau Friedrichs und Stiefmutter Friedrich Wilhelms, den Gedanken, eine Eheverbindung zwischen der allerdings noch sehr jungen Großfürstin Anne (Anna) von Rußland und dem Erbprinzen anzustreben. Eine solche Ehe wäre für Württemberg sehr vorteilhaft.[36]

Der längst dem Kindesalter entwachsene und bereits als Heiratskandidat gehandelte Erbprinz Friedrich Wilhelm war indes nicht willens, sich vom Vater ständig malträtieren und demütigen zu lassen. Es kam zu heftigen Auseinandersetzungen. Herzog Friedrich bezichtigte den Sohn der Rebellion, drohte wiederum mit Festungshaft und anderen schweren Strafen.[37]

Trotz der starken Beanspruchung durch Regierungsgeschäfte verlangte Herzog Friedrich II. nach wie vor detaillierte Berichte über den Unterricht, den sein Ältester erhielt, und über die Fortschritte, die er bei seinen Studien machte. Am 28. September 1798 schrieb Oberbibliothekar Schott, der die Fächer Weltgeschichte Europas, Statistik und Württembergische Staatsgeschichte lehrte, der Erbprinz besitze eine leichte Auffassungsgabe, ein gutes Gedächtnis und ein sicheres Urteil. Er rühmte sein gesetztes und gefälliges Wesen, ebenso den Respekt, den er den Lehrern entgegenbringe. Drei Monate später legte Gouverneur Oberst von Mühlenfels dem Herzog das angeforderte Verzeichnis der Lehrer und der Lehrstunden des Erbprinzen vor. Friedrich II. prüfte das Verzeichnis und gab genaue Anweisungen über die zu erteilenden Unterrichtsfächer, bei denen der Schwerpunkt auf Reichsgeschichte, Staatsrecht, Religion sowie auf die italienische und französische Sprache zu legen war, über den Stundenplan und über die für die einzelnen Fächer besonders geeigneten Lehrer.[38]

Schon früh fühlte sich Friedrich Wilhelm zum weiblichen Geschlecht hingezogen. Die strenge Überwachung machte es ihm aber schwer, Kontakte zu Mädchen und Frauen zu knüpfen. Er beschaffte sich deshalb pornographische Schriften – der Freund Phull-Rieppur nannte sie schweinische Bücher –, die er »mit Begierde verschlang«. Phull-Rieppur suchte gegenzusteuern, mit Hilfe des Geheimen Rats Üxküll den Lesehunger des Prinzen durch entsprechende Lektüre in geistig und sittlich förderliche Bahnen zu lenken, fand aber, wie er berichtet, keine Unterstützung durch den Bibliothekar Petersen. Dem Herzog fiel das vom Sohn erworbene pornographische Schrifttum in die Hände. Er war außer sich. Da er glaubte, Phull-Rieppur sei schuld, daß Friedrich Wilhelm auf solch schlimme Abwege geraten war, schickte er diesen für einige Zeit auf die Festung Hohenasperg. Phull-Rieppur fühlte sich jedoch zu Unrecht bestraft. Er hatte sich nach eigener Aussage bemüht, den Prinzen im gegenteiligen Sinn zu beeinflussen. So hatte er ihm als abschreckendes Beispiel den Tod seines Großvaters – wohl Herzog Friedrich Eugen – vor Augen gestellt, der in den »Armen der Wollust« hinweggerafft worden sei. Auch hatte er dahingehend auf Friedrich Wilhelm einzuwirken gesucht, daß sich dieser mit dem Vater versöhnte. Außerdem hatte er ihm dringend geraten, doch auf der Hut zu sein, damit er dereinst nicht in dieselben Fehler wie sein Vater verfalle.[39]

Die Konfirmation Friedrich Wilhelms am 11. April 1798 ließ kurzfristig die Konfrontation Vater-Sohn in den Hintergrund treten. Herzog Friedrich II. sorgte dafür, daß die Feier entsprechend dem Erbprinzenstatus seines Ältesten einen recht pompösen Rahmen erhielt. Neben der Familie, dem Herzoglichen Haus, waren auch das Kollegium des Geheimen Rats, das Konsistorium sowie der Engere Ausschuß der Landschaft eingeladen.[40] Schon bald aber ließ sich Herzog Friedrich, gereizt durch das aufmüpfige Verhalten des Sohnes, zu neuer Gewalttätigkeit hinreißen. Nach einer in den 1870er Jahren gängigen Version der »Geschichte« soll Herzog Friedrich während einer Parade den Sohn in einer Dienstangelegenheit so hart gerügt haben, daß sich dieser scharf dagegen verwahrte. Als er daraufhin Friedrich Wilhelm ins Gesicht schlug, zog dieser empört den Degen gegen den Vater. Herzog Friedrich, jetzt völlig außer Kontrolle geraten, wollte den Sohn vor ein Kriegsgericht stellen. Nur mit Mühe gelang es den nächstverwandten Höfen, den Herzog von diesem Entschluß abzubringen, der für Friedrich Wilhelm möglicherweise ein Todesurteil zur Folge gehabt hätte.[41]

Lassen wir dahingestellt, ob der für das württembergische

Fürstenhaus so blamable Vorfall im nachhinein noch kräftig aufgebauscht wurde und in Wirklichkeit eine sehr viel weniger dramatische Dimension hatte. Unbestritten indes ist, daß 1798/99 die Auseinandersetzungen zwischen Herzog Friedrich und seinem Ältesten eskalierten. Der Herzog hatte wohl Grund, wenn er Friedrich Wilhelm offene Rebellion vorwarf. Andererseits wußte der Sohn, daß ein gewaltsames Aufbegehren gegen den Vater einem sinnlosen Anrennen gegen eine Wand gleichkam. Er entschloß sich deshalb zur Flucht, erklärte, lieber wolle er in Rußland betteln gehen, als sich in der Heimat weiterhin den Mißhandlungen des Vaters aussetzen. Freund Phull-Rieppur beschwor ihn, wie er in einem Brief vom 22. Januar 1799 berichtet, von seinem Fluchtplan abzulassen. Er wies ihn darauf hin, daß sich ein solches Unternehmen nur dann mit Erfolg durchführen lasse, wenn hinreichend Geld zur Verfügung stehe, doch gerade daran fehle es.[42] Friedrich Wilhelm beharrte auf seinem Fluchtplan. Herzog Friedrich bekam von der Sache Wind und ließ den Sohn vorübergehend arretieren. Der Mitwisserschaft verdächtigte er nicht nur Phull-Rieppur, sondern auch Eugen von Maucler, dem jedoch eine solche nicht nachzuweisen war. Nach seiner Freilassung bezog der Erbprinz mit seinen Hofmeistern Mühlenfels und Rheinwald die Universität Tübingen.[43]

Ernst August von Phull-Rieppur (1768–1828), der Freund des Erbprinzen Friedrich Wilhelm von Württemberg.

Das Hochschulstudium scheint indes bloß ein kurzes Intermezzo gewesen zu sein. Der 1797 ausgebrochene Zweite Koalitionskrieg, in dem Frankreich den Verbündeten Großbritannien, Österreich und Rußland gegenüberstand, warf seine düsteren Schatten auch über das mit der habsburgischen Kaisermacht verbündete Herzogtum Württemberg. Im Frühjahr 1800 stießen die Franzosen nach Südwestdeutschland vor. Herzog Friedrich mußte sich mit seinem Truppenkorps dem Rückzug der Österreicher anschließen und sein Land dem Feind preisgeben. Erbprinz Friedrich Wilhelm hatte die Gelegenheit genutzt und war als Freiwilliger in das österreichische Heer eingetreten. Erstmals lernte er den Krieg aus eigener Anschauung kennen. In der Schlacht von Hohenlinden am 2./3. Dezember 1800 erhielt er seine Feuertaufe. Wenn wir späteren, vermutlich etwas geschönten Berichten glauben können, dann zeichnete er sich in dieser Schlacht durch Draufgängertum, Mut, Unerschrockenheit und zähes Beharrungsvermögen aus, also durch Eigenschaften, die er auch bei Kampfeinsätzen in späteren Kriegen bewies.[44]

Der landflüchtige Erbprinz

Nach der Rückkehr Friedrich Wilhelms in die Heimat – vermutlich im Lauf des Jahres 1801 – flammte der Vater-Sohn-Konflikt rasch und sehr heftig wieder auf. Nunmehr übernahmen junge Frauen, die beiden Töchter des Landschaftskonsulenten Konradin von Abel, einen entscheidenden Part. Im Dezember 1801 machte Herzog Friedrich, noch immer davon überzeugt, daß er für seine Söhne nur das Beste wollte, seinem Ärger über das seiner Ansicht nach an Wahnsinn grenzende Verhalten Friedrich Wilhelms in zwei Briefen an die Gattin Luft. Der Erbprinz hatte nicht nur dem Vater einen anmaßenden Brief geschrieben, sondern auch seine militärischen Vorgesetzten brüskiert und seine Entlassung aus dem württembergischen Heer gefordert, in dem er eine höhere Offiziersposition bekleidete. Der Herzog warf dem Sohn vor, er verletze die heiligen Pflichten und mißachte gänzlich die väterliche Güte. Keinesfalls lasse er sich dies länger gefallen. Herzogin Charlotte Auguste Mathilde, stets bestrebt, sich dem Gatten zur Seite zu stellen, bestärkte diesen noch in seiner harten Haltung. Der Sohn, äußerte sie, erweise sich des väterlichen Wohlwollens unwürdig.[45]

Kurz vor dem Einfall der Franzosen in Südwestdeutschland im Frühsommer 1800 kam Herzog Friedrich dahinter, daß seine beiden Söhne in einem sehr vertrauten Verhältnis zu den Töchtern des Landschaftskonsulenten von Abel standen und im Landschaftshaus ein- und ausgingen. Er war empört, und dies nicht nur, weil sich Friedrich Wilhelm und Paul mit Mädchen abgaben, die trotz des »von« vor ihrem Namen zu den Familien der bürgerlichen Oberschicht, der »Ehrbarkeit«, zählten und deshalb kein Umgang für herzogliche Prinzen waren, sondern vor allen auch, weil der Vater der Mädchen zu seinen gefährlichsten landschaftlichen Widersachern gehörte.[46] Die Besetzung Württembergs durch französische Truppen bereitete dem in den Augen des Herzogs ärgerlichen Treiben der jungen Leute ein rasches Ende. Doch kaum waren Friedrich Wilhelm und Paul im Frühjahr des nächsten Jahres nach Stuttgart zurückgekehrt, knüpften sie aufs neue enge Kontakte zu den Töchtern Abel. Besonders Erbprinz Friedrich Wilhelm verliebte sich bis über die Ohren in die vier Jahre ältere Therese von Abel. Die sehr hübsche, allgemein aber auch als recht ehrgeizig beurteilte junge Frau ließ sich die Huldigung des Prinzen gerne gefallen und geizte ihrerseits nicht mit Zeichen der Zuneigung. Einiges spricht sogar dafür, daß die Initiative zu der anfänglich recht romantisch anmutenden Liebesgeschichte von ihr ausging und daß sie die Fäden so geschickt spann, daß Friedrich Wilhelm rasch Feuer fing und in ihr die Frau seines Lebens sah.[47]

Herzog Friedrich gelang es lediglich, seinen jüngeren Sohn Paul am weiteren Zugang zum Haus Abel zu hindern. Er schickte ihn in Begleitung der Erzieher Mühlenfels und Pistorius, die seit einigen Jahren nur noch die Obhut über Paul, aber nicht mehr über Friedrich Wilhelm hatten, zum Studium nach Tübingen und ließ ihn streng bewachen. Der Grund für diese Strafmaßnahme waren freilich nicht nur die Abelschen Töchter gewesen, sondern ein Tagebuch Pauls, das anzügliche und despektierliche Bemerkungen über den Vater enthielt und das diesem in die Hände gefallen war.[48]

Herzog Friedrich befand sich als Regent zu Beginn des 19. Jahrhunderts in keiner beneidenswerten Situation. Die selbstbewußten Landstände nahmen in allen Regierungsangelegenheiten ein Mitspracherecht in Anspruch. Sie übten nicht nur einen maßgeblichen Einfluß auf die Innenpolitik aus, sondern betrieben auch ihre eigene Außenpolitik, die häufig der des Landesherrn stracks zuwiderlief. Die Landstände setzten damals auf die französische Karte, der Herzog trotz mancher bitterer Enttäuschung als Reichsfürst weiterhin auf Kaiser und Reich und damit auf Österreich. Als Affront mußte es Friedrich empfinden, daß der Landschaftskonsulent von Abel die Interessen der Landstände in Paris vertrat und daß diese nach dem Übertritt von Abels in den diplomatischen Dienst der Hansestädte 1802 zu dessen Nachfolger den ehemaligen Erzieher seiner Söhne, Karl Heinrich Gros, wählten, an den er keine gute Erinnerung hatte und der ihm für diesen Posten ungeeignet erschien. Abel wie Gros standen dem Erbprinzen nahe. Ihre Unterstützung war Friedrich Wilhelm sehr förderlich, zumal sie ihm gegen seinen Vater auch Rückhalt bei den Landständen verschaffen konnten. Es nimmt daher nicht wunder, wenn Herzog Friedrich zwei Jahre die Bestätigung von Gros im Amt des Landschaftskonsulenten verweigerte und wenn andererseits der Erbprinz bereits im Frühjahr 1802 ein eindeutiges Votum zugunsten der ständischen Außenpolitik abgab, wie der französische Gesandte in Karlsruhe, Massias, nach Paris berichtete.[49]

Seit dem Frieden von Lunéville am 9. März 1801, der den Zweiten Koalitionskrieg beendete, vermochte Herzog Friedrich mit der ihm eigenen Zähigkeit und Zielstrebigkeit, alle sich bietenden Möglichkeiten nutzend, seine Machtposition nach außen wie nach innen grundlegend zu verbessern. Dagegen sahen sich die Landstände, ungeachtet ihrer fieberhaft gesteigerten außenpolitischen Aktivitäten, zunehmend in die Defensive gedrängt. Der nach langwierigen Verhandlungen zustande gekommene Reichsdeputationshauptschluß vom 25. Februar 1803, das letzte Reichsgrundgesetz, machte dies offenkundig: Er kam einseitig dem Landesherrn zugute. Als Ersatz für die von Frankreich annektierten linksrheinischen württembergischen Herrschaften wurden dem Herzog neben der Fürstpropstei Ellwangen eine Reihe anderer geistlicher Territorien sowie neun Reichsstädte mit einer Gesamtbevölkerung von 120 000 Menschen zugesprochen. Außerdem erlangte Friedrich wie sein greiser Nachbar, der badische Markgraf Karl Friedrich, die vom württembergischen Herzogshaus seit langem angestrebte Kurfürstenwürde. Er stieg damit in den Kreis der ersten Fürsten des Reiches auf.

Keinen Augenblick hatte der nunmehrige Kurfürst daran gedacht, den Landständen ein Mitspracherecht in den neuerworbenen Landen zuzugestehen oder gar die altwürttembergische Verfassung auf diese Gebiete auszudehnen. Die intensiven Bemühungen des landständischen Ausschusses, dies mit Hilfe Frankreichs zu erreichen, waren vergeblich gewesen. Friedrich hatte das Recht auf seiner Seite. Die von Frankreich annektierten linksrheinischen württembergischen Besitzungen waren dem Herzogtum nicht inkorporiert gewesen. Daher konnte er die ihm zugefallenen Entschädigungslande auch seinem uneingeschränkten Herrschaftsanspruch unterwerfen, und er beeilte sich, dies zu tun. Ohne Rücksicht auf lokale oder regionale historisch gewachsene Besonderheiten faßte er sie unter der Bezeichnung »Neuwürttemberg« zu einem absolutistisch regierten Staat zusammen. Sitz der Oberlandesregierung wurde Ellwangen. Daß der Landesherr das militärische und wirtschaftliche Kräftepotential dieser neuwürttembergischen Gebiete seinen Machtzwecken uneingeschränkt nutzbar machen und notfalls auch zur Beseitigung der althergebrachten Verfassung des Herzogtums einsetzen konnte, bedeutete für die altwürttembergischen Landstände einen schweren Schlag. Dennoch gaben sie ihren Konfrontationskurs nicht auf.[50]

Anfang April 1803, einen Monat vor der offiziellen Annahme der Kurfürstenwürde durch Friedrich, kam es zwischen Vater und Sohn zum Eklat. Der Herzog entdeckte, daß sein Ältester entgegen seinen strengen Anweisungen zu Therese von Abel nicht bloß eine enge freundschaftliche Verbindung aufrechterhalten hatte, sondern daß sie längst seine Geliebte geworden war und daß Friedrich Wilhelm ernsthaft daran dachte, sie zu heiraten. Den Zorn des Vaters fürchtend, floh Friedrich Wilhelm aus Württemberg.[51] Keinesfalls wollte er das Mädchen aufgeben, das ihm so viel bedeutete, und erst recht nicht wollte er, der fast Zweiundzwanzigjährige, sich nochmals der harten Disziplinierung des Vaters unterwerfen und sich erneut einen von diesem ausgesuchten Hofmeister gefallen lassen. Er hatte es endgültig satt, wie ein kleiner Junge behandelt zu werden. Eigenverantwortlich sein Leben zu gestalten, dazu fühlte er sich wahrhaft alt genug.

Für den nunmehrigen Kurfürsten war die Flucht des Sohnes eine außerordentlich peinliche Angelegenheit, zumal sie rasch in der Öffentlichkeit bekannt wurde und unerfreuliche Gerüchte sowie Schuldzuweisungen die Runde machten. Friedrich bemühte sich, durch gezielte Fehlinformationen die Geschichte zu verharmlosen und zu verschleiern. So erklärte Minister Wintzingerode in seinem Auftrag dem Stuttgarter Stadtoberamtmann, das Gerücht von der Flucht des Erbprinzen hätten übelgesinnte Leute aufgebracht, der Prinz sei vielmehr mit Erlaubnis des Kurfürsten verreist.[52] Insgeheim aber unternahm Kurfürst Friedrich große Anstrengungen, den Sohn »zur Räson zu bringen«. Am 8. April 1803 befahl er seinem Flügeladjutanten Major von Varnbüler, Friedrich Wilhelm zu folgen, ihn schnellstmöglich einzuholen und ihm »den ernstlichen Willen und Befehl seines Vaters und Regenten bekanntzumachen«, daß er unverzüglich »von seinen verkehrten Wegen zu seiner Pflicht, schuldigem kindlichen Gehorsam, zurückkehre«, wieder nach Württemberg komme und hier an der Grenze weitere Weisung bezüglich seines Aufenthalts erwarte, denn er werde wohl einsehen, daß ihn der Kurfürst nach dem Vorgefallenen weder in seiner Nähe noch unter seinen Augen dulden könne. Sollte er jedoch in seinem sträflichen Ungehorsam verharren, sei er nachdrücklich auf die »unausbleiblichen Folgen« hinzuweisen, »welche die gekränkten Rechte des Vaters und des Regenten unausbleiblich über ihn herbeiführen« müßten. Dem Hauptmann und Flügeladjutanten von Gültlingen, der den Prinzen begleitete, hatte Varnbüler lediglich in Erinnerung zu rufen, welche Strafen die Gesetze für die Desertion eines Offiziers vorsähen, und ihm zu erklären, daß der Kurfürst entschlossen sei, dem Kriegsrecht ihm gegenüber seinen Lauf zu lassen.[53] Harte Strafen verhängte der Kurfürst über die Männer, die dem Erbprinzen bei der Flucht behilflich gewesen oder sie zumindest nicht verhindert hatten. Der wachhabende Unteroffizier[54] erhielt 100 Stockhiebe und wurde auf die Festung gebracht. Auch der Sekretär des Kurprinzen mußte mit Festungshaft büßen.[55]

Mit der Festnahme durch kurfürstliche Häscher nach der Flucht des Kurprinzen hatte auch Therese von Abel zu rechnen. Sie verließ deshalb umgehend Stuttgart und fand eine erste Zuflucht bei der Frau seines Freundes Ernst von Phull-Rieppur in Mönsheim. Am 11. Oktober 1803 dankte Kurprinz Friedrich Wilhelm in einem sehr herzlich gehaltenen Brief einer »Wohltäterin« von Paris aus, weil diese seine teure Therese vorübergehend bei sich in Mocholsheim [?] aufgenommen habe und weil diese zudem noch zu einer zeitweiligen Trennung von ihrem Mann gezwungen worden sei.[56]

Die Versuche des Kurfürsten, den Sohn zur Rückkehr in die Heimat zu bewegen, scheiterten. Friedrich Wilhelm suchte Zuflucht am Kaiserhof in Wien. Sein Onkel Kaiser Franz II., der mit der allerdings bereits 1790, 23jährig, verstorbenen Prinzessin Elisabeth von Württemberg, einer Schwester von Kurfürst Friedrich, verheiratet gewesen war, nahm sich des Flüchtlings freundschaftlich an und ernannte ihn zum österreichischen Generalmajor. Die kaiserliche Regierung hoffte, ihn durch großzügig gewährten Schutz politisch für Österreich gewinnen zu können. Doch Kurfürst Friedrich durchkreuzte diese Pläne. Er nutzte alle persönlichen wie diplomatischen Möglichkeiten, dem Sohn den Aufenthalt in Wien zu verleiden und ihn zur Rückkehr nach Württemberg zu veranlassen. Der Kaiser mußte seine schützende Hand von ihm abziehen, und auch sein Onkel Ferdinand, der als General in kaiserlichen Diensten stand und sich bemüht hatte, besänftigend auf den kurfürstlichen Bruder in Stuttgart einzuwirken, konnte nichts mehr für ihn tun. Anfang August 1803 verließ Friedrich Wilhelm Wien.[57] Vor der Abreise von dort schrieb er dem Vater und teilte ihm seine Bedingungen für eine Rückkehr in die Heimat mit. Wir kennen diese Bedingungen im einzelnen nicht, es scheinen jedoch recht anmaßende Forderungen gewesen zu sein, denn der Kurfürst war darüber aufgebracht. Er nannte den Sohn einen verbrecherischen Narren und wies alle seine Forderungen zurück. Entgegen seinen Erwartungen war der Sohn keineswegs in sich gegangen, auch hatte er die Gnade, Nachsicht und Verzeihung, die er, der Kurfürst, bereit war, ihm zu gewähren, verschmäht, ebenso die Straffreiheit, die seinen »Mitgenossen« in Aussicht gestellt worden war. Nie, so äußerte der Kurfürst, werde er es hinnehmen, daß sich der Sohn und Untertan der »tiefverletzten Vater- und Regentenwürde frech zur Seite« stelle. Kurfürstin Charlotte Auguste Mathilde meinte, die schlechte Gesellschaft, in der sich der Prinz befinde, verführe ihn zu unüberlegten Handlungen, die er später bereuen werde.[58]

Therese von Abel war dem Kurprinzen vermutlich bereits nach Wien gefolgt. Im August 1803 begleitete sie ihn dann wohl nach Schaffhausen und später nach Saarburg. Dort brachte sie Ende August/Anfang September zwei Kinder, einen Knaben und ein Mädchen, zur Welt. Ernst von Phull-Rieppur fand beide Säuglinge hübsch; sie starben aber bereits in den ersten Lebenswochen. Phull-Rieppur wunderte sich, daß ihr Tod Therese kaum berührte. Er nannte sie kalt, gefühllos und andererseits beinahe krankhaft ehrgeizig. Nach ihm hatte sie Friedrich Wilhelm so geschickt umgarnt, daß sie dieser unbedingt und möglichst rasch heiraten wollte. Vergeblich warnte er – so stellte er es wenigstens dar – den Kurprinzen vor einer solchen Mesalliance, die nicht nur ihn ins Unheil stürze, sondern auch Unheil über das ganze württembergische Regentenhaus bringe.[59] Kurfürst Friedrich, ein Meister in der Kunst, alle nur möglichen Quellen für die Beschaffung von Informationen zu erschließen, war offenbar über den flüchtigen Sohn und dessen Lebensverhältnisse stets auf dem laufenden. So scheint er recht schnell von der Niederkunft Thereses und dem Tod der beiden Kinder unterrichtet worden zu sein. Deshalb hielt er den Zeitpunkt für günstig, dem noch in Saarburg weilenden Sohn durch drei von ihm bevollmächtigte hochrangige Vermittler Vergleichsvorschläge zu unterbreiten. Zweifellos hatte ihn ein solches Entgegenkommen schlaflose Nächte gekostet, allein das Verlangen, die skandalöse Geschichte endlich aus der Welt zu schaffen, muß in ihm so mächtig gewesen sein, daß er seine Bedenken überwand.[60] Doch Friedrich Wilhelm blieb unzugänglich. Von einer Heirat mit Therese war er nicht abzubringen. Seine ganze Hoffnung setzte er nun auf Napoleon Bonaparte, den Ersten Konsul der Französischen Republik. Anfang Oktober reiste er nach Paris. Dort bezog er in der Rue St. Honoré eine luxuriöse Wohnung. Phull-Rieppur war erstaunt, daß der Kurprinz plötzlich überreich mit Geld versehen war. Dieser nannte ihm nicht den Namen des Geldgebers, ließ ihn aber wissen, daß er für das Darlehen, das ihm angeboten worden sei, 5 Prozent Zinsen zahlen müsse.

Napoleon I.,
Kaiser der Franzosen, und
seine Gemahlin Josephine.

Bereits am 14. Oktober 1803 empfing Napoleon Kurprinz Friedrich Wilhelm zu einem ersten halbstündigen Gespräch in St. Cloud. Ein Höflichkeitsbesuch bei dessen Frau Josephine folgte. Vermittelt hatte die Begegnungen Außenminister Talleyrand, den der Prinz durch ein exorbitantes Geldgeschenk von 25 000 Francs für sein Anliegen gewonnen hatte. Für die Übergabe hatte Friedrich Wilhelm die Dienste des alten Börsenmaklers Sainte-Foy, eines Vertrauten des Außenministers, in Anspruch genommen.[61] Napoleon und Talleyrand hatten keine Einwände gegen die Heirat des württembergischen Kurprinzen mit seiner »teuren Therese«, im Gegenteil, sie bestärkten Friedrich Wilhelm in seinem Vorhaben und versprachen ihm, die letzten Hindernisse, die einer Verwirklichung entgegenstanden, aus dem Weg zu räumen.[62] Der russische Gesandte in Paris, Graf Morkow, verübelte es Napoleon sehr, daß er dem gegen den eigenen Vater rebellierenden Sohn einen ehrenvollen Empfang bereitet hatte, und er fand es höchst ärgerlich, daß der österreichische Gesandte in Paris, Graf Cobenzl, den Besuch des Kurprinzen erwidert hatte. Er wollte dies keinesfalls tun. Für einen Prinzen, der sich so weit vergaß, daß er sich an die Tochter eines seiner »Diener« (so die Vorlage) hängte, ihr ein Kind machte und ihr die Ehe versprach, hatte er nur Verachtung.[63]

In Stuttgart zeigte sich Kurfürst Friedrich empört über Napoleon. Er fürchtete, daß die Skandalheirat jetzt nicht mehr zu verhindern sei, zumal ihm zu Ohren gekommen war, der Sohn habe geäußert, daß er die Hochzeit bislang nur deshalb aufgeschoben habe, weil er beweisen wolle, daß er seine Entscheidung für Therese von Abel nicht aus Leidenschaft, sondern mit klarem Kopf treffe. Den früheren Landschaftskonsulenten und jetzigen Legationsrat Konradin von Abel, seinen alten Widersacher, beschuldigte Friedrich, die Heirat der Tochter Therese mit dem Kurprinzen mit allem Nachdruck zu betreiben.[64] Dies traf indes nicht zu. Durch Ernst von Phull-Rieppur, der in einem Brief an seine Frau von der »heillosen Amour« sprach und nach wie vor bemüht war, den Kurprinzen von einer Heirat abzuhalten, wissen wir, daß sich Abel lange gegen die Pläne der beiden Liebenden sträubte. Abel war sich bewußt, daß sich seine Tochter in ein Abenteuer mit verhängnisvollem Ausgang stürzte. Erst die vorbehaltlose Unterstützung des Heiratsplans Friedrich Wilhelms durch Napoleon bewirkte bei ihm eine Sinnesänderung. Er öffnete nunmehr dem Kurprinzen sein Haus, und dieser nutzte die Gelegenheit, täglich drei, vier oder auch mehr Stunden mit der Geliebten, allerdings stets in Anwesenheit einer dritten Person, zusammenzusein. Auch zeigte sich Abel jetzt mit dem angehenden Schwiegersohn öffentlich.[65]

Am 20. Oktober 1803 schloß Phull-Rieppur nicht aus, daß der Kurprinz innerhalb der nächsten vierzehn Tage heiraten werde, und er begründete dies mit der sarkastischen Bemerkung, »weil sie [Therese von Abel] ihn im Sacke hat und Napoleon ihm den Kopf schwindeln gemacht hat«[66]. Zwei Tage später hatte sich der Wind gedreht. Phull-Rieppur hatte davon Kenntnis bekommen, daß »das hiesige Gouvernement nicht weiter kuppeln« werde und jetzt auf den Prinzen einzuwirken beginne, er solle sich nicht zu einer solchen »Sottise« (Dummheit) hinreißen lassen. Doch er blieb mißtrauisch. Am 15. November 1803 meinte er, der Erste Konsul könnte den Kurprinzen doch noch durch ein »eingeworfenes Wort« zu der ihn mit allen Höfen »brouillierenden« Ehe mit der Abel ermutigen.[67] In Stuttgart glaubte Kurfürst Friedrich, die Katastrophe in Paris kaum noch abwenden zu können. Am 7. November berichtete er der Gattin, einer Falschmeldung vertrauend, Friedrich Wilhelm habe am 1. November geheiratet. Er bezeichnete sich als tief unglücklichen Vater. Zwei Tage später war er wieder etwas ruhiger. Die Heirat war bislang nicht erfolgt. Jetzt hatte er durch einen seiner Brüder erfahren, daß seine Schwester, Kaiserinmutter Maria Feodorowna, dem Kurprinzen einen sehr harten Brief geschrieben, ihn zur Rückkehr zu seinen Pflichten aufgefordert und zugleich versucht hatte, zwischen Vater und Sohn zu vermitteln.[68]

Seit Kurfürst Friedrich wußte, daß Friedrich Wilhelm in Paris war, hatte er eine fieberhafteTätigkeit entfaltet. Er hatte den württembergischen Gesandten in der französischen Hauptstadt angewiesen, durch Kontaktaufnahme mit Außenminister Talleyrand sowie mit den Gesandten Österreichs, Rußlands und Preußens alles zu tun, um eine Heirat des Kurprinzen mit Therese von Abel zu vereiteln. Talleyrand erklärte zwar, er mißbillige das Vorhaben von Kurprinz Friedrich Wilhelm, wollte ihm aber höchst ungern entgegentreten. Hingegen unterstützten vor allem der russische und der preußische Gesandte tatkräftig die Bemühungen ihres württembergischen Kollegen. Sie ließen an ihrer eindeutigen Parteinahme weder gegenüber dem französischen Außenminister noch gegenüber Kurprinz Friedrich Wilhelm einen Zweifel.[69] Eine unmißverständliche Sprache führte der russische Gesandte, Graf Morkow. Der konzertierten Aktion blieb der Erfolg nicht versagt. Kurprinz Friedrich Wilhelm, assistiert von Legationsrat von Abel, war auf ein klares Ziel fixiert: eine möglichst baldige Trauung mit der Geliebten durch den Kaplan der schwedischen Gesandtschaft oder durch den Geistlichen der Protestanten in Paris. Allein, der schwedische Gesandte untersagte seinem Kaplan eine solche kirchliche Handlung, und ein protestantischer Geistlicher namens St. Alban, an den sich der Kurprinz wandte, war zunächst nicht ganz ablehnend, verlangte dann aber die für eine Trauung gesetzlich erforderlichen Zivilregisterauszüge, die Friedrich Wilhelm naturgemäß nicht vorlegen konnte. Auch beim Geistlichen der Protestantischen Kirche in Paris, Raban St. Maure, hatte der

Kurprinz kein Glück. Dieser verlangte für die Trauung eine höhere Legitimation, das heißt, eine letztlich vom Ersten Konsul erteilte Genehmigung. In der gleichen Zeit setzten der russische und der preußische Gesandte den Vater Abel unter Druck; sie drohten, bei den Hansestädten seine Abberufung vom Pariser Gesandtenposten zu veranlassen, falls er in die Heirat seiner Tochter Therese mit Kurprinz Friedrich Wilhelm einwillige. Doch ehe Abel eindeutig Stellung bezog, untersagte Napoleon am 14. November 1803, dem Druck Rußlands, Preußens, aber auch Österreichs nachgebend, eine kirchliche Einsegnung des Paares.

Kurfürst Friedrich nützte die Situation, um den Sohn in einem eigenhändigen Schreiben, das der Gesandte von Steube zu übergeben hatte, zu beschwören, er möge doch von seiner gesetzwidrigen Eheverbindung abstehen. Indes, Friedrich Wilhelm blieb auch jetzt standhaft. Seine Ehre und sein häusliches Glück, so erklärte er, erlaubten ihm nicht, anders zu handeln, er lebe seit vier Jahren mit Mademoiselle Abel in der innigsten Verbindung, sie habe ihm alles aufgeopfert, was ein Mädchen opfern könne, er liebe sie zärtlichst und zweifle nicht, daß er mit ihr ein glückliches Leben führen könne. Er habe Therese die Ehe versprochen, und was würde die Welt und sein zukünftiges Land von ihm denken, wenn er sein frei gegebenes Wort, das die Ehre von ihm gefordert habe, nicht hielte. Der Kurfürst selbst sei schuld, daß es so weit gekommen sei. Er habe die Familie Abel verfolgt und ihn, Friedrich Wilhelm, dadurch gezwungen, der Tochter eine angemessene Entschädigung zu geben. Der Kurprinz war sich sehr wohl bewußt, daß eine Ehe mit Therese von Abel für ihn nachteilige politische Folgen hatte. Allein, erklärte er weiter, wenn er zwischen Glück und Ehre wählen müsse, so gebe er jederzeit der Ehre den Vorrang. Napoleon, an dessen Meinung ihm am meisten gelegen sei, habe sie ausdrücklich gutgeheißen. Er bedaure, daß er seinem Vater Kummer bereite. Er verlange doch nur, Mademoiselle Abel heiraten zu dürfen. Da die Reichsverfassung bei einer Ehe, wie er sie eingehen wolle, die Thronfolge ausschließe, finde er sich auf alle Fälle, solange diese Verfassung noch bestehe, damit ab. Seinem Land füge er keinen Schaden zu, wie die Beispiele seiner beiden Großonkels und des Kurfürsten von Baden bewiesen.[70] An nachfolgeberechtigten Prinzen fehle es im übrigen dem württembergischen Regentenhaus nicht. Seine Onkels besäßen Kinder genug, außerdem habe er einen Bruder.[71]

Im Dezember 1803 reiste Kurfürst Friedrich nach München, wo er höchst ehrenvoll empfangen wurde. In München lernte er die älteste Tochter des Kurfürsten von Bayern, Auguste Amalie, kennen, die später Eugen Beauharnais, den Stiefsohn Napoleons, heiratete. Er war von dem jungen Mädchen sehr angetan und äußerte in einem Brief an seine Frau, die Prinzessin wäre eine ihm zusagende Schwiegertochter geworden, hätte sich der Kurprinz nicht so übel verhalten.[72] Nicht ahnen konnte er, daß Friedrich Wilhelm wenige Jahre danach die Schwester Auguste Amalies, Charlotte, heiraten sollte. Am 2. Januar 1804 übergab Kurfürst Friedrich mit einem sehr förmlich gehaltenen Begleitschreiben seiner Frau die beglaubigte Abschrift einer »Familienakte«, in der er »aus väterlicher Macht und Gewalt« auf Grund der in seinem »Kurhause« sich ereignenden sehr unangenehmen Vorfälle für seine Nachkommen rechtlich bindende Verfügungen erlassen hatte.[73] Vermutlich hatte er Bestimmungen über die Erbfolge im Kurfürstentum Württemberg für den Fall getroffen, daß der Kurprinz auch weiterhin auf dem Vorsatz beharrte, Therese von Abel zu heiraten.

Kurprinz Friedrich Wilhelm blieb in Paris. Um seine Heiratspläne wurde es überraschend still. Rückhalt in Württemberg fand er bei den Landständen, denen der Vater-Sohn-Konflikt bei ihrem Konfrontationskurs gegenüber dem Kurfürsten nicht ungelegen kam. Umgekehrt brauchte der Kurprinz die Stände »insbesondere in finanzieller Hinsicht«, lebte er doch, wie Kurfürst Friedrich schon im Oktober 1803 mißbilligend feststellte, auf großem Fuß und dies, obwohl er zunächst über keine nennenswerten Geldquellen verfügte. Unbedenklich stürzte sich Friedrich Wilhelm in Schulden. Allein, auch der Verschuldung eines Prinzen waren Grenzen gezogen. Friedrich Wilhelm, der sich in vertraulichen Briefen eines geheimen Zahlenschlüssels – Zahlen für bestimmte Persönlichkeiten, Begriffe, Orte – bediente[74], wußte dies sehr wohl. Einen teilweisen Ausweg aus der Geldmisere bot die einseitige Parteinahme für die Stände.

So machte er sich beispielsweise, wie Elias G. Steeb, einer der Wortführer der Stände, zu berichten wußte, dem eigenen Vater gewissermaßen in den Rücken fallend, zum Fürsprecher der Stände bei Napoleon. Er dankte dem Ersten Konsul für die Wiederherstellung der Rechte der Landstände in Württemberg und bat ihn, sich diesen bei ihrer Auseinandersetzung mit dem Kurfürsten zur Seite zu stellen.[75] Der Engere Ausschuß der

Landschaft vermerkte dies mit Genugtuung. Er setzte daher in der für die Landschaft sich verschlechternden Position seine Hoffnung auf den Kurprinzen und verpflichtete sich diesen durch großzügige Geldzuwendungen. Insbesondere Landschaftskonsulent Kerner, der die politische Situation der Landschaft mittelfristig recht ungünstig beurteilte, riet mit Blick auf die weitere Entwicklung, den Kurprinzen in dessen Notlage zu unterstützen.[76] Schon am 22. November 1803 übersandte der Engere Ausschuß »zur Bezeugung seiner untertänigsten Devotion« Friedrich Wilhelm einen Wechsel über 27000 Livres, verband aber damit den Wunsch, der Kurprinz möge ins geliebte Vaterland zurückkehren, dessen Stolz und Hoffnung er sei.[77] Die »Verehrung« von 600 Livres, die der Engere Ausschuß Friedrich Wilhelm zusammen mit seinem Neujahrsglückwunsch am 24. Dezember 1803 zukommen lassen wollte, wurde jedoch beschlagnahmt. Der Kurfürst hatte angeordnet, daß dem Sohn während dessen unerlaubter »Abwesenheit« in Paris kein Geld zugestellt werden dürfe.[78]

Napoleon blieb Kurprinz Friedrich Wilhelm weiterhin gewogen. Doch für eine Zustimmung zu dessen Ehe mit einer nichtebenbürtigen Frau war er nicht mehr zu gewinnen. Im Begriff, sich die Kaiserkrone aufs Haupt zu setzen, war ihm an einem guten Einvernehmen mit den Höfen gelegen, die seither bereitwillig geübte Protektion der württembergischen Stände und die Unterstützung ihres Kampfes gegen den Landesherrn waren ihm jetzt eher lästig. Um dem Kurprinzen dennoch seinen guten Willen zu zeigen, suchte er ihm in finanzieller Hinsicht zu helfen, und eine solche Hilfe hatte der überschuldete Kurprinz bitter nötig. Die Situation war günstig. Im März 1804 hatte Kurfürst Friedrich einen Landtag einberufen, und die versammelten Stände entsprachen gerne dem ihnen durch den französischen Gesandten in Stuttgart, Didelot, übermittelten Wunsch Napoleons. Sie bewilligten dem Thronfolger ein verzinsliches Darlehen von 200000 fl sowie ein jährliches »Donativ«, eine jährliche Apanage, von 20000 fl.[79]

Kurfürst Friedrich war außer sich. Die Argumente »gesamter Prälaten und Landschaft« in einer Art von Verteidigungsschrift vom 18. Juni 1804, daß es zu den ersten Pflichten der Landstände gehöre, dem Land das Wohlwollen des künftigen Regenten und dessen Anhänglichkeit an die Verfassung auf jede nur mögliche

Weise zu sichern, ließ er nicht gelten. Besonders erbost war er über die Bemerkung, die Landstände seien weder fähig noch befugt, die »Verhältnisse zwischen Kurfürst und Kurprinz« zu beurteilen, in ihrem Interesse aber liege eine baldige Rückkehr des Thronfolgers nach Württemberg. Friedrich machte kurzen Prozeß. Am 20. Juni 1804 löste er den Landtag auf, gegen die führenden Mitglieder ordnete er eine strenge Untersuchung an, den finanziellen Beschlüssen der Stände zugunsten des Kurprinzen versagte er seine Zustimmung. Indes gab der Engere Ausschuß keineswegs klein bei. Er beharrte auf der Unterstützung des Kurprinzen, wie sie der Landtag beschlossen hatte, und kündigte dem Kurfürsten eine Beschwerde beim Kaiser an.[80]

Kurprinz Friedrich Wilhelm lobte in einem Schreiben vom 22. Juli 1804 die patriotische Denkungsart der Stände und nannte die Maßnahmen seines Vaters verfassungswidrig.[81] Ja, er ging noch weiter. Er drohte allen denjenigen, die sich als Handlanger bei einer derart gewaltsamen Politik hatten gebrauchen lassen, im Fall seiner Regierungsübernahme an, sie »auf das Nachdrücklichste zur Verantwortung zu ziehen und der Gerechtigkeit den vollen Lauf zu lassen«.

Einen Monat nach der Auflösung des Landtags pochte der Engere Ausschuß am 19. Juli 1804 in einem Schreiben gegenüber dem Kurfürsten darauf, daß er auch ohne landesherrliche Genehmigung dem Thronfolger namhafte Verehrungen machen dürfe, nachdem solches bereits in früherer Zeit nachweisbar geschehen sei. Im jetzigen Fall befinde er sich in einer besonders günstigen Situation, weil ihn die gesamte Landesversammlung dazu autorisiert habe.[82] Für den Kurfürsten war dies ein schwerer Schlag. Dennoch blieb er nicht untätig. Von dem Kredit von 108 000 fl, den die Landschaft im Juli 1804 aufgenommen hatte, konnten Friedrich Wilhelm nur 60 000 fl überwiesen werden.[83]

Im Juli 1804 erkrankte der Kurprinz. So groß die Entfremdung zwischen Vater und Sohn auch war, blieb doch Kurfürst Friedrich keineswegs gleichgültig, als ihn aus der französischen Hauptstadt beunruhigende Nachrichten über die Krankheit Friedrich Wilhelms erreichten. Er veranlaßte umgehend, daß als weiterer Arzt zur Behandlung des Sohnes Dr. Plouquet zugezogen wurde, der das besondere Vertrauen des Kranken besaß.[84] Friedrich Wilhelm genas indes rasch wieder. Es scheint, daß er anschließend nach Italien reiste, wo er sich längere Zeit in Neapel aufhielt und ein recht zurückgezogenes Leben führte. Als Spion Napoleons, der die österreichische Armee und deren Einrichtungen auskundschaften sollte, wie gelegentlich gemunkelt wurde, hat er sich sicher nicht betätigt. Die Geldnot zwang ihn gegen Jahresende zur Rückkehr nach Paris, und da die württembergischen Stände als Geldgeber fast gänzlich ausfielen, sprang jetzt großzügig Napoleon ein. Er streckte dem Kurprinzen die hohe Summe von 450 000 Francs vor.[85] Dieser Kredit sollte ursprünglich durch die zu erwartenden landschaftlichen Gelder abgelöst werden. Da sich dies jedoch als illusorisch erwies, blieb die Rückzahlungsverpflichtung Friedrich Wilhelms viele Jahre in der Schwebe, bis sie 1820 der »Trésor Royal« anmahnte und sich der nunmehrige König Wilhelm ihrer entledigte. Die Schuld wurde mit den Forderungen der ehemaligen Königin von Westfalen, der Schwester des Königs, verrechnet.[86]

Napoleon und Talleyrand sahen es nicht ungern, daß der württembergische Kurprinz wiederum seinen Aufenthalt in Paris nahm. Kurfürst Friedrich galt in den Augen Napoleons als reichstreu und wenig Frankreich-freundlich. Der Sohn dagegen schien Frankreich mehr zuzuneigen und für seine politische Zukunft auf Napoleon, den nunmehrigen Kaiser der Franzosen, zu setzen. Indes war wenig wahrscheinlich, daß dieser mit Hilfe der Landstände einen Regentenwechsel in Stuttgart erzwang. Die württembergische Landschaft hatte in Paris zudem ihren politischen Rückhalt weitgehend eingebüßt. In Napoleons Konzept des expansiven politischen Machtstrebens rangierten jetzt an erster Stelle Fürsten, die kraftvoll regierten und insbesondere in der Lage waren, die militärischen und wirtschaftlichen Ressourcen ihrer Staaten zu aktivieren. Stände jedoch, die die Handlungsfähigkeit der Regenten lähmten, hatten für ihn keine Daseinsberechtigung mehr.[87]

Im Oktober 1804 unternahm Napoleon eine Kaiserfahrt nach Aachen, Köln und Mainz. Er wollte damit seinen Anspruch auf die Nachfolge Karls des Großen sinnfällig demonstrieren. In Mainz machten ihm verschiedene Fürsten ihre Aufwartung. Kurfürst Friedrich war nicht unter ihnen. Der Kaiser der Franzosen vermerkte dies offensichtlich recht ungnädig. Auch wenn er seine Enttäuschung darüber nicht direkt aussprach, so konnten die württembergischen Gesandten in Paris und Karlsruhe bei einem Empfang in Mainz sie doch aus seinen Äußerungen über den Vater-Sohn-Konflikt im württembergischen Kurfürstenhaus deutlich heraushören. Wenn dieser Zwist nicht bald ende, müsse man ihm ein Ziel setzen, erklärte der Kaiser.[88]

Für Kurfürst Friedrich hatte inzwischen der Konflikt mit dem Sohn an Schärfe verloren. Seinem Pariser Gesandten und anderen Informanten, die er auf den Landflüchtigen angesetzt hatte, war nicht verborgen geblieben, daß sich das Verhältnis Friedrich Wilhelms zu Therese im Lauf des Jahres 1804 abgekühlt hatte. An eine Heirat dachte der Kurprinz längst nicht mehr. Spätestens Ende 1804 trennte er sich von Therese. Er hatte bereits eine neue Geliebte, eine Madame Visconti, unterhielt zu ihr, die einen festen Liebhaber besaß, aber lediglich lockere Beziehungen.[89] Der Weg für eine Aussöhnung mit dem Vater, zumindest aber für eine Annäherung schien frei, und Kurfürst Friedrich nahm zögernd die sich bietende Chance wahr. Da Friedrich Wilhelm aber erst dann zur Rückkehr in die Heimat bereit war, wenn der Kurfürst nicht nur ihm, sondern auch den Freunden und Gefährten, die ihn auf der Flucht begleitet und während der ganzen Zeit im Ausland treu zu ihm gehalten hatten, eine großmütige und ehrenvolle Behandlung zusicherte, zogen sich die Verhandlungen monatelang hin, bis es schließlich zu einer befriedigenden Einigung kam. Es scheint, daß der Onkel in Wien, Herzog Ferdinand von Württemberg, in dem Friedrich Wilhelm lange einen schlimmen Intriganten gesehen hatte, als Vermittler wesentlich zu dieser Einigung beigetragen hatte.[90]

Therese von Abel behielt ihren Wohnsitz in Paris bei, wo ihr Vater bis zu seinem Tod 1823 als Ministerresident die deutschen Hansestädte bei der französischen Regierung vertrat.[91] 1820 bestätigte König Wilhelm I. von Württemberg Konradin von Abel auf dessen Antrag den einem seiner Vorfahren 1627 vom Kaiser verliehenen erblichen Adel.[92] Bald nach dem Ableben des Vaters kehrte Therese mit der Mutter nach Stuttgart zurück und bezog in der Königstraße 45 eine Mietwohnung, in der sie bis zu ihrem Tod am 4. Mai 1866 wohnen blieb. Zusammen mit ihrem Bruder Ludwig Friedrich erbte sie das aus Stockmayerschem Besitz, der Familie ihrer Mutter, stammende Schloßgut in Großheppach, wo sie sich wahrscheinlich auch zeitweise aufhielt.[93] Therese blieb unverheiratet. Nach Decker-Hauff, der sich auf eine mündliche Familienüberlieferung beruft, soll sie über eine bedeutende Gemäldesammlung verfügt haben, die König Wilhelm gelegentlich besuchte. Ferner soll sie sich durch das bescheidene und zurückgezogene Leben, das sie führte, den Respekt der pietistischen Kreise Stuttgarts erworben haben.[94]

Therese hat offensichtlich die kurze stürmische Liebesbeziehung zu Kurprinz Friedrich Wilhelm, dem späteren König Wilhelm I., seelisch nie ganz bewältigt. Dem einstigen Geliebten dürfte dies nicht verborgen geblieben sein, und da er ein Mann war, der zeitlebens verantwortungsbewußt dachte und handelte, hat ihn das widrige Geschick Thereses nicht unberührt gelassen. Er hat sie vermutlich viele Jahre finanziell unterstützt und ihr in seinem geheimen Testament als jährliche Pension die beträchtliche Summe von 3 000 fl ausgesetzt – keine andere seiner früheren Geliebten hatte er so reichlich bedacht.[95] Von 1863 bis zu ihrem Tod drei Jahre später erscheint sie im Stuttgarter Adreßbuch nicht wie bislang als Fräulein, sondern als Freifräulein.[96] Es scheint, daß König Wilhelm I. kurz vor seinem Tod 1864 die einstige Geliebte noch in den freiherrlichen Stand erhoben hat. Leider ließ sich trotz intensiver Nachforschungen im Hauptstaatsarchiv Stuttgart ein Nachweis über diese Standeserhöhung, durch die der damit Ausgezeichneten zu verstehen gegeben werden sollte, wie sehr sich der greise König noch immer in ihrer Schuld wisse, nicht erbringen. Therese überlebte den Monarchen um knapp zwei Jahre und fand 88jährig ihre letzte Ruhestätte auf dem Hoppenlau-Friedhof neben ihrer Mutter Marie Elisabeth von Abel geb. Stockmayer (1758–1836) und ihrer Schwester Charlotte Franziska Vreede geb. von Abel (1785–1858). Der Grabstein auf dem Familiengrab hat sich bis heute erhalten.[97]

Rückkehr in die Heimat

Am 11. September 1805 verließ Friedrich Wilhelm nach zweijährigem Aufenthalt Paris, um sich zunächst nach Braunschweig zu seinen Großeltern zu begeben und von dort in die Heimat weiterzureisen.[98] Als er Ende Oktober 1805 in Stuttgart anlangte, erhielt der Kurfürst das Hofverbot für ihn nicht aufrecht, wohl aber für seinen Freund Ernst von Phull-Rieppur, was allerdings ein Aufenthaltsverbot für Stuttgart nicht einschloß. Dem Herrn von Gültlingen wollte der Kurfürst die Rückkehr nach Stuttgart gestatten, wenn er »um Pardon schreibe« und dann »ohne Uniform wieder erscheine«, sich aber sonst bei Hof und »in der höchsten Gegenwart«, also in Anwesenheit des Landesherrn, nicht zeige.[99] Zu einer Aussprache zwischen Vater und Sohn – und wahrscheinlich auch zu ihrem ersten Zusammentreffen seit der Flucht Friedrich Wilhelms – kam es Anfang November 1805. Kurfürstin Charlotte Auguste Mathilde, der sehr an der Versöhnung zwischen ihrem Mann und ihrem Stiefsohn gelegen war, bat den Gatten, bei der Aussprache Ruhe zu bewahren und seine verständlichen Emotionen zu unterdrücken.[100] Sie wußte aus leidigen Erfahrungen nur zu gut, wie schwer es Kurfürst Friedrich bei seiner cholerischen Wesensart fiel, dem Sohn, der ihn durch sein »rebellisches« Verhalten in den letzten Jahren so sehr herausgefordert hatte, gelassen und verständnisbereit gegenüberzutreten.

Bei dieser ersten Begegnung in den Gemächern der Kurfürstin wollte es Kurfürst Friedrich vermeiden, daß im Gespräch das Vergangene berührt wurde. Ob er dieses Zugeständnis gemacht hatte, um dem Sohn seinen guten Willen zu bekunden und um ihm den Neuanfang in der Heimat zu erleichtern oder ob ihm der Sohn für die erste Begegnung einen entsprechenden Wunsch übermittelt hatte, ist nicht bekannt. Der Kurfürst war allerdings nicht bereit, über das Vergangene hinweg einfach zur Tagesordnung überzugehen. Der Sohn sollte spüren, welch schwere Überwindung es den Vater gekostet hatte, ihm sein Verhalten während der letzten beiden Jahre zu verzeihen, und Friedrich Wilhelm sollte dem Vater erst noch beweisen, daß es ihm mit der Versöhnung und Verständigung ernst war. Nach den Aufzeichnungen des Generalmajors und Generaladjutanten von Varnbüler vom 20. August 1805[101] erhielt der Kurprinz Gelegenheit, zur Regelung seiner Angelegenheiten einige Tage in Ludwigsburg zu bleiben. Danach war ihm der Aufenthalt weder dort noch in der kurfürstlichen Hauptresidenz Stuttgart gestattet. Sonst durfte er aber seinen Wohnsitz überall in den kurfürstlichen Staaten wählen. Auch hatte der Kurfürst keine Einwände dagegen, daß der Sohn für einige Zeit auf Reisen ging. Den jungen Offizieren, die Friedrich Wilhelm auf seiner Flucht begleitet hatten, unterstellte Kurfürst Friedrich, sie hätten seinen Sohn in unverantwortlicher Weise beeinflußt und bei seinen leichtfertigen Plänen unterstützt. Da sich jedoch der Kurprinz für seine Freunde eingesetzt und seine Rückkehr von einer fairen Behandlung dieser Männer abhängig gemacht hatte, mußte der Vater, so schwer es ihm auch fiel, hier gleichfalls Nachsicht üben. Hauptmann von Gültlingen bekam seinen Abschied aus württembergischen Diensten, auch hatte er zugleich den persönlichen Dienst des Kurprinzen zu verlassen, wobei es Friedrich Wilhelm zugestanden war, ihm eine Pension auszusetzen. Ernst von Phull-Rieppur durfte ungehindert zu seiner Familie nach Mönsheim zurückkehren. Es wurde ihm aber das Versprechen abverlangt, keinen persönlichen oder schriftlichen Kontakt mehr mit dem Kurprinzen zu unterhalten. Einige Überwindung kostete es den Kurfürsten, dem Sohn die freie Wahl eines Oberhofmeisters zuzugestehen. Er rang sich schließlich dazu

Charlotte Auguste Mathilde (1766–1828),
Königin von Württemberg, die Stiefmutter des Kronprinzen.

durch, machte aber zur Bedingung, daß dies ein »Kavalier« sein solle, der sein Vertrauen besitze. Diese grundsätzliche Übereinkunft befriedigte Friedrich Wilhelm nicht. Im Lauf der folgenden Wochen vermochte er noch günstigere Bedingungen durchzusetzen.

Daß Friedrich Wilhelm nicht länger in Paris hatte bleiben wollen und daß er einen Modus vivendi mit seinem Vater suchte, lag nicht zuletzt an Napoleon. Lange hatte er seine persönlichen Hoffnungen und Erwartungen mit dem Ersten Konsul und dem jetzigen Kaiser der Franzosen verbunden. Spätestens aber im Sommer 1805 hatte er erkennen müssen, daß er in dem von diesem virtuos beherrschten politischen Spiel lediglich eine Art Schachfigur bildete. Damals nämlich kündigte sich neues kriegerisches Unheil an. England, bereits seit zwei Jahren wiederum im Krieg mit Frankreich, war es gelungen, Rußland und Österreich für eine Koalition zu gewinnen. Napoleon, an der Kanalküste damit beschäftigt, eine großangelegte Landung auf der britischen Insel vorzubereiten, änderte seine militärischen Pläne abrupt. In einem Blitzfeldzug gegen die Österreicher und Russen wollte er die Koalition zerschlagen, ehe sich ihr weitere Länder, so Preußen, anschlossen. Geschickt nutzte er die Gelegenheit, um durch ein Wechselspiel von Versprechungen und Drohungen zuerst Bayern, dann Baden auf seine Seite zu ziehen. Am längsten widerstand ihm Württemberg. Kurfürst Friedrich unternahm verzweifelte Versuche, seinem Land die Neutralität zu erhalten. Am 27. August 1805 forderte der französische Gesandte in Stuttgart, Didelot, den Kurfürsten zu einer unmißverständlichen Stellungnahme für oder wider Frankreich auf. Weil jedoch der Kaiser der Franzosen damit rechnen mußte, daß der halsstarrige Württemberger nicht oder erst nach schweren Pressionen nachgab, verfiel er auf den Gedanken, ihn abzusetzen. Bereits am 19. August schrieb er seinem Außenminister: »Was den Kurfürsten von Württemberg betrifft, so scheint es mir, falls sich der Vater gegen uns entscheidet, das Einfachste, ihn davonzujagen [chasser] und seinen Sohn an seinen Platz zu setzen.«[102]

Talleyrand sollte bei dem Kurprinzen, der sich ja noch immer in bedrängten finanziellen Verhältnissen in Paris aufhielt, und damit leicht unter Druck gesetzt werden konnte, sondieren, ob er für Frankreich Partei ergreife, und er sollte ihm bei dem Gespräch das Kommando über ein französisches Regiment in Aussicht stellen.

Am 25. August verlieh Napoleon Kurprinz Friedrich Wilhelm den Rang eines Generalmajors und das Große Band der Ehrenlegion. In seinem Begleitschreiben präsentierte er sich in der Rolle des ränkevollen Versuchers. Er forderte den Prinzen auf, sich seinen Plänen zu fügen. Zugleich versprach er ihm, falls er sich bereitfände, den Vater aus dem Kurfürstensessel zu stoßen, die österreichischen Besitzungen in Schwaben und weitere Gebietserwerbungen. Zwei Tage darauf bat Talleyrand den Kurprinzen zu sich. Über den Inhalt des Gesprächs, das die beiden Männer miteinander führten, ist nichts bekannt. Sicher wiederholte der französische Außenminister das Verlangen Napoleons, Friedrich Wilhelm solle an der Stelle des Vaters mit französischer Rückendeckung die Regierungsgewalt in Württemberg übernehmen.[103] Der Kurprinz hat dieser verlockenden Versuchung offensichtlich mannhaft widerstanden, er hat es abgelehnt, als Thronusurpator in die Heimat zurückzukehren, um so als Regent von Anfang an gänzlich von der Gnade Napoleons abhängig zu sein, sich gleichzeitig aber den eigenen Vater zum Todfeind zu machen. Das unwürdige, ja demütigende Intrigenspiel von Napoleon und Talleyrand im Sommer 1805 ist wohl die Ursache für die später so ausgeprägte Abneigung des selbstbewußten Kurprinzen/Kronprinzen, der auf seinen ererbten fürstlichen Stand stolz war, gegenüber dem Kaiser der Franzosen. Für das Große Band der Ehrenlegion hat sich Friedrich Wilhelm erst Monate später, am 3. Januar 1806, bedankt.[104]

In Stuttgart rang sich Kurfürst Friedrich in der ersten Septemberwoche 1805 zu der Erkenntnis durch, daß kein Weg an einer Allianz mit dem übermächtigen Frankreich vorbeiführte. Er bot, nachdem er alle Möglichkeiten einer bewaffneten Neutralität ausgelotet und sich vergeblich nach einem wirksamen Schutzschild für sein kleines Land bemüht hatte, die Hand zu Bündnisverhandlungen. Zum Abschluß eines Bündnisvertrags kam es indessen erst, als Napoleon an der Spitze einer gewaltigen Streitmacht Anfang Oktober 1805 in Ludwigsburg erschien. Der Feldzug gegen Österreich dauerte nur wenige Wochen. An seinem Ende stand der Sieg des Kaisers der Franzosen. Kurfürst Friedrich profitierte in hohem Maß von der ihm abgetrotzten Allianz. Er erlangte vor allem durch österreichische Territorien einen großen Gebietszuwachs und durfte sich den Königstitel zulegen. Friedrich Wilhelm wurde Kronprinz. Freilich, die enge Bindung Württembergs an das napoleonische Frankreich mißfiel ihm, und er zeigte wenig Verständnis für den Vater. Dabei suchte dieser aus der schwierigen politischen Situation für sein Land das Bestmögliche zu erreichen.

In Napoleon sah Friedrich Wilhelm jetzt seinen Hauptfeind. Und weil Württemberg notgedrungen mit diesem, seinem Hauptfeind paktierte, tadelte er auch den Vater scharf und übte hämische Kritik an dessen Politik. König Friedrich empfand es als sehr bitter, daß der Thronfolger alles, was er zuwege brachte, herabsetzte, ja lächerlich machte. Doch bei Tadel und kritischen Äußerungen gegenüber Vertrauten, Verwandten und Freunden beließ es Friedrich Wilhelm nicht. Er ließ den österreichischen wie den französischen Gesandten wissen, er lehne die väterliche Politik ab, betrachte sie für das Land als verhängnisvoll. Er warf also Freund und Feind gewissermaßen in einen Topf. Der kompromißlose Gegner Napoleons fand indessen nichts dabei, dem französischen Gesandten Interna der württembergischen Regentenfamilie anzuvertrauen und den eigenen Vater in politischen Mißkredit zu bringen. Dieses unbegreifliche Verhalten macht deutlich, daß sein Oppositionsgeist gegenüber dem Vater ungebrochen war, sich durch die französisch-württembergische Allianz sogar noch verstärkt hatte.[105] Freilich war er wohl auch darüber verärgert, daß ihn König Friedrich von allen Staatsgeschäften fernhielt, daß der Vater seine Entscheidungen allein traf und daß er ihm, dem Sohn und Thronfolger, die jämmerliche Rolle eines hochgestellten Privatmannes zumutete. Im April 1806 trug er sich – wie er dem französischen Gesandten andeutete – sogar mit dem Gedanken, eine Reise nach Paris zu unternehmen.[106] Möglicherweise tat er solche Äußerungen wie diese nur, um den Vater herauszufordern. Ernsthaft dachte er schwerlich an einen weiteren längeren Aufenthalt in der französischen Hauptstadt. Von einer wirklichen Aussöhnung zwischen Vater und Sohn konnte danach keine Rede sein. Statt Frieden und Versöhnung gab es allenfalls einen brüchigen Waffenstillstand, der leicht in eine neue Auseinandersetzung umschlagen konnte.

König Friedrich zeigte sich, was die standesgemäße Lebenshaltung des Sohnes anbetraf, großzügig. Friedrich Wilhelm durfte sich einen kleinen Hofstaat zulegen. Seinen Freund Ernst von Phull-Rieppur stellte er als Oberhofmeister an dessen Spitze. Zu seinen Tischgenossen gehörten August von Phull, Ernst von

Gültlingen sowie die Ärzte Cramer und Fiedler. Zum Bibliothekar und Vorleser bestimmte er den aus Tübingen stammenden Philipp Joseph Rehfues, dessen Bekanntschaft er 1805 in Neapel gemacht hatte. Sehr zugetan blieb er seinem Jugendfreund Eugen von Maucler. Manche Stunde war er mit Maucler zusammen und vertraute ihm vieles an, was er anderen gegenüber verschwieg.[107]

Der in die Heimat zurückgekehrte beschäftigungslose Kronprinz hatte viel Muße. Diese nutzte er zu Reisen, zur Vertiefung und Verbreiterung seiner Allgemeinbildung. So las er viel. Er liebte die Natur. Freude hatte er an edlen Pferden. Sein Reitlehrer war übrigens Stallmeister Bühler aus Tübingen, einer der hervorragendsten Schulreiter seiner Zeit. Oft unternahm er ausgedehnte Ritte, oder er fuhr in dem von ihm selbst gelenkten Wagen aus. Gern hielt er sich auf dem Gut Scharnhausen oder in den Gestüten Marbach an der Lauter und Weil bei Esslingen auf. Damals entdeckte er seine Liebe zur Landwirtschaft, der er zeitlebens treu blieb. Er eignete sich umfassende Kenntnisse in Ackerbau, Viehzucht und Weinbau an. Schon zu jener Zeit vertauschte er häufig die Uniform mit der Kleidung des Bürgers.[108]

Prinz Paul von Württemberg (1785–1852).

1806 gab das Königreich Preußen seinen seitherigen Neutralitätskurs auf. Allein, sein Versuch, dem Expansionsdrang Napoleons militärisch Einhalt zu gebieten, scheiterte. Innerhalb weniger Wochen zerschlug der Kaiser der Franzosen die preußische Kriegsmacht und besetzte den größten Teil des Königreichs. Die Division, die König Friedrich ins Feld zu stellen hatte, wurde vorwiegend bei der Belagerung der preußischen Festungen in Schlesien und Pommern eingesetzt. Nur widerwillig fand sich der König damit ab, daß, wie schon 1805, seine Feldtruppen dem Befehl eines französischen Generals unterstellt wurden. Noch mehr verstimmte ihn, daß die

Franzosen einzelne Regimenter zeitweilig für Sonderaufgaben außerhalb des Divisionsverbandes verwendeten. An den Friedensverhandlungen mit Preußen beteiligte Napoleon seine Verbündeten nicht. Er nahm, ohne sie zu fragen, verschiedene nord- und mitteldeutsche Fürsten bei gleichzeitiger Standeserhebung in den Rheinbund auf, den er gegen den Willen vor allem König Friedrichs geschaffen hatte, und bildete aus preußischen, hessischen und anderen Territorien ein neues Königreich, Westfalen, das er seinem Bruder Jérôme übertrug.

Für König Friedrich war es ein harter Schlag, daß, nachdem Kronprinz Friedrich Wilhelm die offene Rebellion gegen ihn aufgegeben hatte und sich wieder in der Heimat aufhielt, der zweite Sohn Paul unmittelbar vor Ausbruch des Krieges von 1806 nach Preußen eilte, um in preußischen und englischen Diensten gegen Napoleon zu kämpfen. Trotz seines Hasses auf Napoleon und seiner starken Vorbehalte gegenüber dem eigenen Vater erkannte der Kronprinz, auf welch gefährliches, für das württembergische Königshaus verderbliches Abenteuer sich der Bruder hier einließ. Am 26. September 1806 forderte er ihn dringend auf, diesem leichtfertig-riskanten Spiel sofort zu entsagen und in die Heimat zurückzukehren.[109] Doch Paul beharrte auf seinem Entschluß. Es kam, wie es kommen mußte. Er wurde im Verlauf des Feldzugs von französischen Truppen gefangengenommen und nach Stuttgart ausgeliefert. König Friedrich ließ ihn auf die Comburg bringen und dort jahrelang unter strenger Aufsicht halten. Bei der Entscheidung des Prinzen Paul, sich auf preußischer Seite am Krieg gegen Napoleon zu beteiligen, dürfte das jugendliche Aufbegehren gegen das strenge Regiment des Vaters eine erheblich stärkere Rolle gespielt haben als die Feindschaft gegen Napoleon, die er mit seinem Bruder Friedrich Wilhelm teilte.[110]

II

Schwierige Rolle des Thronfolgers

Erste Ehe des Kronprinzen

Seitdem Napoleon sich und seiner Gemahlin Josephine am 2. Dezember 1804 in feierlichem Pomp in der Kathedrale Notre Dame in Paris die Kaiserkrone aufs Haupt gesetzt hatte, lag ihm sehr daran, seine bescheidene Herkunft – er entstammte einem korsischen Patriziergeschlecht – durch hochfürstlichen Glanz zu verschleiern und im Kreis der europäischen Regentenhäuser als ebenbürtig anerkannt zu werden. Dieses hochgesteckte Ziel ließ sich seiner Meinung nach am raschesten und am sichersten durch Heiraten von Mitgliedern seiner Familie und von Freunden, die ihm besonders eng verbunden waren, mit Partnern altfürstlichen Geblüts erreichen. In seinem machtpolitischen Kalkül boten solche Ehen zudem die Gewähr einer Bindung bedeutender Herrschergeschlechter und deren Länder an sein expansives Imperium. Im Blickpunkt hatte er zunächst das Haus Wittelsbach, dann aber auch die Häuser Baden und Württemberg.[1]

Bereits kurz nach dem Abschluß der französisch-württembergischen Allianz im Oktober 1805 tauchten in Stuttgart erste Gerüchte auf, Napoleon strebe eine Ehe seines Bruders Jérôme mit Prinzessin Katharina, der Tochter von Kurfürst Friedrich, an. Der Kurfürst war einer solchen Verbindung wenig geneigt. Ihm schwebte vor, die Tochter mit dem Kurprinzen von Bayern oder Baden zu vermählen. Indes änderte sich die Situation grundlegend, als es Napoleon um die Jahreswende 1805/06 gelang, den Widerstand des nunmehrigen bayerischen Königshauses gegen eine Ehe zwischen Prinzessin Auguste von Bayern und seinem Stiefsohn Eugen Beauharnais zu brechen, und als wenig später der badische Erbprinz Karl bei einer Begegnung mit dem Kaiser der Franzosen in Augsburg im Einverständnis mit seinem Großvater der ihm nahegelegten Eheverbindung mit Stephanie Beauharnais, der Nichte der Kaiserin Josephine, zustimmte. Minister Normann-Ehrenfels schrieb am 6. Januar 1806 aus München, Bayern habe sich durch die »Überlassung« der Prinzessin Auguste den überwiegenden Einfluß auf Napoleon verschafft. Kurfürst Friedrich konnte sich nicht länger den Heiratsplänen des Kaisers der Franzosen, die sein Haus betrafen, verschließen. Prinzessin Katharina hatte sich notfalls dem Willen des übermächtigen Alliierten ihres Vaters zu beugen.[2]

Bei dem Besuch Napoleons in Stuttgart am 20. Januar 1806 kam auch das Heiratsprojekt Jérôme-Katharina zur Sprache. König Friedrich erklärte sich grundsätzlich damit einverstanden, wünschte aber zum einen, daß Katharina selbst entscheide, und zum andern, daß Jérôme zum eigenständigen Fürsten erhoben werde. Ein sehr viel größeres Interesse als an der »Heiratskandidatin« Katharina hätte Napoleon an dem »Heiratskandidaten« Friedrich Wilhelm gehabt. Als Frau hätte er dem württembergischen Kronprinzen gerne eine seiner Verwandten zugedacht. Obwohl sich die Einstellung Friedrich Wilhelms dem Kaiser der Franzosen gegenüber gewandelt hatte – die einstige Bewunderung war in Abneigung, ja in verächtliche Feindschaft umgeschlagen – lehnte der Kronprinz die ihm offerierte Heirat keineswegs von vornherein ab. Vielleicht schmeichelte es ihm, in verwandtschaftliche Beziehungen zu dem mächtigsten Mann Europas zu treten. Möglicherweise war es aber auch nur jugendlicher Trotz, um den ungeliebten Vater mit etwaigen anderen Heiratsplänen in Verlegenheit zu bringen. Um sich keinem Zugzwang auszusetzen, entschloß sich König Friedrich im Februar 1806, Napoleon zu signalisieren, daß er einer Ehe Katharina-Jérôme zustimmen werde. Gleichzeitig ließ er den französischen Hof wissen, daß Kronprinz Friedrich Wilhelm die Absicht habe, seine Kusine Luise, die Tochter Herzog Wilhelms von Württemberg, zu heiraten. Doch wiederum mußte er erleben, daß ihn der Sohn brüskierte. Kaum hatte er von der Zustimmung des Kronprinzen diplomatischen Gebrauch gemacht, ließ dieser verlauten, er denke überhaupt nicht an eine Ehe mit seiner Kusine, ziehe vielmehr eine Französin als Gattin vor, die er dann nach dem Tod Napoleons zum Teufel jagen könne.

Indes verfolgte der Kaiser der Franzosen seine Heiratspläne konsequent weiter. Im Mai 1806 hatte der französische Gesandte in Stuttgart, Didelot, König Friedrich konkrete Vorschläge zu unterbreiten. Didelot tat dies offensichtlich in recht forscher

Weise, die jedes diplomatische Fingerspitzengefühl vermissen ließ. Neben einer Ehe Jérôme-Katharina brachte der Gesandte auch eine solche von Kronprinz Friedrich Wilhelm mit Stephanie Tascher de la Pagerie, einer angeheirateten Nichte Napoleons, zur Sprache.[3] Katharina hatte keine Einwände gegen eine Ehe mit Jérôme, und auch Friedrich Wilhelm neigte dazu, dem Wunsch Napoleons zu entsprechen. König Friedrich befand sich in einer fatalen Lage. Eine doppelte Familienverbindung mit dem Kaiser der Franzosen erschien ihm mit Blick auf seine engen verwandtschaftlichen Beziehungen zum österreichischen und zum russischen Kaiserhaus sowie zum englischen und preußischen Königshaus äußerst riskant. Er war sich bewußt, daß man in Wien und St. Petersburg sowie in London und Berlin allenfalls eine Ehe von Prinzessin Katharina mit einem Angehörigen der Familie Bonaparte tolerierte, weil man die politischen Zwänge erkannte, denen er sich fügen mußte. Für eine Heirat des Kronprinzen mit einer Anverwandten des französischen Usurpators hingegen war von dort kein Verständnis zu erwarten. Zudem lief König Friedrich Gefahr, daß er sein Regentenamt gegenüber seinem Sohn nicht zu behaupten vermochte, wenn dieser durch seine Ehe die besondere Protektion Napoleons genoß. Geschickt taktierend, akzeptierte er beide Heiratsprojekte, verknüpfte aber mit dem des Sohnes unerfüllbare territoriale Forderungen: die Annexion weiterer süddeutscher Gebiete sowie die Souveränität über die Schweiz. Dieser Preis war, wie er richtig vermutet hatte, Napoleon zu hoch. Die Schweiz stand für den Kaiser der Franzosen nicht zur Disposition.

Indes kamen nicht einmal die Verhandlungen über eine Ehe Katharinas mit Jérôme voran. Friedrich sah in ihnen gleichfalls eine günstige Gelegenheit, sich ansehnliche Gebietserweiterungen zu sichern. Allein, hierzu war Napoleon nicht bereit. Der württembergische Monarch mußte schließlich mehr oder minder klein beigeben. Am 9. September 1806 wurde in Paris der Heiratskontrakt unterzeichnet. Mit der Hochzeit hatte es Napoleon jedoch nicht eilig. Vorübergehend hielt er sogar Ausschau nach einer anderen Frau für seinen jüngsten Bruder. Im Auge hatte er die Tochter des ihm sehr viel ergebeneren sächsischen Königs. Der Plan scheiterte aber am Einspruch von Zar Alexander und an der katholischen Konfession der Prinzessin. Für eine Katholikin war es ausgeschlossen, die zweite Frau eines zum Zeitpunkt der Sondierungen noch nicht einmal rechtsgültig geschiedenen Mannes zu werden.[4] Endlich im Sommer 1807 waren die letzten Hindernisse, die der Ehe Jérôme-Katharina entgegenstanden, aus dem Weg geräumt. Die kirchliche Trauung in Stuttgart am 13. August 1807 fand ohne den Bräutigam statt. Jérôme ließ sich durch seinen künftigen Schwager Kronprinz Friedrich Wilhelm vertreten. Friedrich Wilhelm führte als »Bräutigam par procuration« die Schwester, ihr damit einen besonderen Dienst erweisend, zum Traualtar. Ihm gegenüber legte Katharina das feierliche Liebes- und Treuegelöbnis für Jérôme ab. In seinem Glückwunschschreiben teilte Friedrich Wilhelm dieses dann dem Bräutigam in Paris mit und übersandte ihm als »heiliges Pfand« den Ehering.[5] Im Anschluß an die Stuttgarter Vermählungszeremonie reiste Katharina nach Paris. Dort wurde dann am 23. August 1807 mit großem Gepränge die eigentliche Hochzeit gefeiert.[6] Jérôme, inzwischen König des neugeschaffenen Königreichs Westfalen, übersiedelte mit seiner Frau in seine Haupt- und Residenzstadt Kassel, die bald auch für einige Zeit zu einem Lieblingsaufenthalt von Kronprinz Friedrich Wilhelm werden sollte.

Auch wenn Napoleon nach dem Scheitern der ersten Sondierungen den württembergischen Thronfolger von seinen Heiratsprojekten ausnahm, war dennoch damit zu rechnen, daß er sich bei der nächsten günstigen Gelegenheit wieder an ihn erinnerte. König Friedrich schwante für die nahe Zukunft nichts Gutes, und Kronprinz Friedrich Wilhelm hatte bei allen Vorbehalten gegenüber dem Vater ähnliche Befürchtungen. Wahrscheinlich war es Friedrich, der den Sohn schließlich dazu brachte, um die zweite Tochter von König Max Josef I. von Bayern aus dessen Ehe mit der frühverstorbenen Auguste Wilhelmine von Hessen-Darmstadt, die erst 16jährige Charlotte Auguste, zu werben. Eine solche Familienverbindung zwischen dem bayerischen und dem württembergischen Herrscherhaus konnte, und hieran war König Friedrich sehr gelegen, die zwischen beiden Staaten bestehenden Spannungen abbauen und ein Klima der Verständigung und der guten Nachbarschaft zuwege bringen. Freiherr Eugen von Maucler, den König Friedrich im November 1807 nach München entsandte, um erste Vorverhandlungen zu führen, wurde am dortigen Hof mit offenen Armen aufgenommen. Charlotte machte auf den Sondergesandten einen guten Eindruck. Ihr Charakter und ihr Benehmen gefielen ihm. Betroffen war er von ihrer »Häßlichkeit«.

Bei dem Hang des Kronprinzen zu schönen Frauen erschien ihm eine unglückliche Ehe vorprogrammiert. Charlotte machte sich über ihr unvorteilhaftes Äußeres keine Illusionen. Sie wünschte deshalb, daß sich Friedrich Wilhelm mit ihr treffe, ehe er sich entscheide. Nach der Rückkehr Mauclers nach Stuttgart zollte König Friedrich dem Sondergesandten zu der erfolgreichen Mission hohes Lob. Nicht so der Kronprinz. Ihn reute bereits wieder, daß er auf den väterlichen Heiratsvorschlag eingegangen war.[7]

Den Wunsch Charlottes nach einer umgehenden persönlichen Begegnung fand er unverständlich, und hier stellte sich ihm König Friedrich zur Seite. Durch seinen Gesandten ließ der König den bayerischen Hof wissen, es sei ganz unüblich, daß sich königliche Prinzen und namentlich Kronprinzen einer solchen Förmlichkeit unterzögen, die Heirat sei ja bereits eine beschlossene Sache, zudem habe der bayerische König schon einige Personen in sie eingeweiht.[8] Doch Charlotte beharrte auf ihrem auch von ihrem Vater unterstützten Wunsch, und Friedrich gab grollend nach. Sein Einlenken wollte er, wie er den bayerischen Herrschaften zu verstehen gab, als Beweis dafür gewertet wissen, wie sehr ihm die Verbindung seines Sohnes mit Prinzessin Charlotte am Herzen liege. Am 19. Januar 1808 reiste Kronprinz Friedrich Wilhelm unter dem Namen eines Grafen von Hohenberg, also incognito, nach Neuburg an der Donau und traf dort mit der bayerischen Königsfamilie zusammen. Kronprinz Ludwig von Bayern, der Friedrich Wilhelm zum erstenmal sah, beschrieb den künftigen Schwager als steif und zugeknöpft. Ähnlich ungünstig fiel auch das Urteil der bayerischen Königin, der Stiefmutter Charlottes, aus.[9] Prinzessin Charlotte nutzte die erste persönliche Begegnung mit ihrem künftigen Mann – so erinnerte sich der leitende bayerische Minister Graf Maximilian von Montgelas –, um diesen eindringlich zu bitten, seine Entscheidung, nachdem er sie gesehen habe, nochmals zu überdenken. Friedrich Wilhelm habe ihr beinahe unwirsch geantwortet, sein Heiratsentschluß sei unwiderruflich.[10]

Die ersten Monate des Jahres 1808 waren in München mit langwierigen Verhandlungen, die für Württemberg Freiherr von Bothmer führte, ausgefüllt. Hierbei nahmen finanzielle Fragen wie der vom bayerischen König aufzubringende Brautschatz, die von Kronprinz Friedrich Wilhelm seiner Frau nach vollzogenem Beilager zu entrichtende Morgengabe, der standesgemäße Unterhalt der Prinzessin, eine vorrangige Stelle ein. Endlich im März war der

Vertrag unterschriftsreif. In den Verhandlungen hatte die bayerische Seite durchgesetzt, daß Charlotte römisch-katholisch bleiben durfte. Als Frau von Kronprinz Friedrich Wilhelm waren ihr außerdem eine katholische Kapelle sowie ein katholischer Kabinettsprediger, ebenso Hofdamen nach ihrer Wahl zugestanden. Die aus der Ehe hervorgehenden Kinder mußten jedoch evangelisch getauft und erzogen werden.[11]

König Friedrich entsandte Ende März als »Großbotschafter« seinen Oberststallmeister Graf Ernst Eugen von Görlitz, begleitet von dem »Botschaftskavalier« Freiherr Eugen von Maucler, »zur förmlichen Anwerbung« der Prinzessin Charlotte nach München.[12] Das beim Empfang des Großbotschafters zu beachtende Zeremoniell war zuvor von beiden Höfen in allen Details ausgehandelt und festgelegt worden. Nach diesem hielt der Großbotschafter bei der ihm vom bayerischen König gewährten Audienz im Namen des Kronprinzen um die Hand der Prinzessin an. König Max Josef I. gab durch ein bejahendes Zeichen zu der »Anwerbung« seine Zustimmung. Anschließend erklärte die Prinzessin, daß sie den Antrag annehme. Das wohl wertvollste Präsent hatte Graf Görlitz im Auftrag von Kronprinz Friedrich Wilhelm Prinzessin Charlotte zu übergeben. Es war das mit Brillanten verzierte Bildnis des Kronprinzen. In München stellte Graf Görlitz fest, daß noch weitere Persönlichkeiten mit Geschenken zu bedenken waren. Am 17. April 1808 unterbreitete er dem König entsprechende Vorschläge.

Obwohl Graf Görlitz am bayerischen Hof mit allen ihm zustehenden Ehren empfangen wurde, beschwerte sich im nachhinein König Friedrich darüber, daß dieser bei der Abstattung seines Besuchs von dem in München akkreditierten diplomatischen Korps nicht mit der einem Großbotschafter gebührenden »Distinktion« behandelt worden sei.[13] Mit der Entsendung des Grafen Görlitz in die bayerische Hauptstadt gestattete Friedrich dem Sohn, mit seiner künftigen Braut und deren Eltern brieflich in Verbindung zu treten. Die in einem sehr förmlichen, aber schwülstigen Hofstil abgefaßten Briefentwürfe mußten allerdings dem König vorgelegt werden, der sie »mit einigen Abänderungen« genehmigte. In seinem Brief an Charlotte, die er mit »Eure Königliche Hoheit« anredete, sprach Friedrich Wilhelm von seinem Herzenswunsch, der künftigen Gattin »bei dieser interessanten Gelegenheit« zu bezeugen, wie sehr ihm am Erfolg der Mission des Grafen Görlitz, die sein Glück begründe, gelegen sei. Ähnlich überschwenglich äußerte er sich im Brief an König Max Josef I.: Die Tugenden und liebenswürdigen Eigenschaften der Prinzessin Charlotte würden ihn zeitlebens zutiefst glücklich machen. Auch wisse er es sehr zu schätzen, daß er sich künftig zu den Kindern des Königs zählen dürfe.[14]

Friedrich Wilhelm machte von Anfang an kaum einen Hehl daraus, daß die Ehe mit Charlotte von Bayern ein ihm aufgezwungener Akt der Staatsräson war. So stieß er seinen künftigen Schwiegervater bereits im März 1808 vor den Kopf, als er allen Ernstes verlangte, die Trauung in München solle »par procuration«, also durch einen Stellvertreter, erfolgen. König Max Josef I. lehnte dies empört ab. Um dem Kronprinzen aber entgegenzukommen, verfügte er, daß mit Rücksicht auf dessen Zugehörigkeit zur evangelischen Konfession die Vermählungszeremonie in der evangelischen Hofkapelle durch den evangelischen Hofprediger vorgenommen werde und daß diesem ein katholischer Hofgeistlicher lediglich zur Seite stehe. König Friedrich zeigte sich sehr ungehalten darüber, daß es wegen der Trauung zu Unstimmigkeiten gekommen war. Er schob die Schuld daran dem mangelhaften Verhandlungsgeschick der württembergischen Bevollmächtigten zu.[15] Wenn Friedrich Wilhelm statt der ihm als verheiratetem Thronfolger nach dem Hausgesetz im Jahr zustehenden 60 000 fl mit Rückendeckung durch den bayerischen Hof 100 000 fl forderte und damit drohte, falls er diese Summe nicht bekomme, die ihm angeratene Ehe »platzen« zu lassen, hatte dies seinen Grund in der Absicht des Kronprinzen, von Anfang an eine Scheinehe zu führen, also eine Trennung von Tisch und Bett zu praktizieren. Zwei getrennte fürstliche Haushalte aber kosteten, selbst bei bescheidenem Aufwand, zusätzlich Geld. König Friedrich durchschaute den Plan des Sohnes rasch und bewilligte ohne längeres Widerstreben die 100 000 fl.[16]

Nach einigem Hin und Her wurde die Hochzeit zwischen Friedrich Wilhelm und Charlotte auf den 8. Juni 1808 festgesetzt. Wenige Tage vorher ließ König Friedrich durch den württembergischen Gesandten in München Prinzessin Charlotte bei einer von ihr gewährten Audienz kostbaren Schmuck übergeben und ihr seine Glückwünsche zur bevorstehenden Hochzeit übermitteln.[17] Mit stattlichem Gefolge reiste Kronprinz Friedrich Wilhelm nach München. Begleitet war er unter anderem von

Oberhofmeister von Phull-Rieppur, Kammerherr von Phull, Rittmeister und Flügeladjutant von Amerongen und Hofrat Vellnagel. Als dienstbare Geister fungierten mehrere Kammerdiener, Livreebediente und Kuriere.[18] Die Hochzeit selbst fand in einem glanzvollen höfischen Rahmen statt. Graf Taube, der württembergische Außenminister, berichtete allerdings König Friedrich sehr abfällig über sie. Die Anordnungen der Zeremonien, schrieb er, seien ihm wie ein einzigartiger Unsinn vorgekommen, von Ordnung und Sachkenntnis habe keine Rede sein können.[19]

König Friedrich sah in der Ehe seines Sohnes mit Charlotte von Bayern einen besonderen Glücksfall für sein Haus und Land. Er befahl deshalb, daß nach der Vermählung der beiden Königskinder in allen württembergischen Kirchen Dankgebete gesprochen wurden. In seinem Dekret vom 10. Juni präzisierte er dies: Am Sonntag, dem 12. Juni, sollte nach der Predigt und nach dem Gebet, in dem mit Dank gegenüber Gott des vollzogenen Beilagers der Kronprinzessin gedacht werden sollte, in allen Ludwigsburger und Stuttgarter Kirchen das Loblied »Herr Gott, Dich loben wir« gesungen werden. Dazu habe sich in der Stuttgarter Hofkapelle die königliche Hofmusik einzufinden.[20] Schon Monate vor der Hochzeit hatte Friedrich Wilhelm gewünscht, daß bei seiner Rückkehr aus München in Stuttgart auf Festlichkeiten verzichtet werde. Er wolle mit seiner Frau umgehend das ihnen als Wohnung bestimmte Palais beziehen. Der Tod des Königs von Dänemark, der zum Zeitpunkt der Münchner Hochzeit bekannt wurde, kam diesem Wunsch entgegen. Wegen der vom König angeordneten Hoftrauer mußten die Feierlichkeiten beim Empfang des Kronprinzenpaars eingeschränkt werden. König Friedrich ordnete an: Es bleibe zwar bei der feierlichen Begrüßung des jungen Paars an der Landesgrenze und in der Residenz Stuttgart, ebenso bei den »Präsentationscouren, dem Cercle und den Soupers«, ferner bei der in der königlichen Residenz befohlenen Opernaufführung, doch würden die öffentliche Oper sowie der Hofball am Ankunftstag und am Tag darauf gestrichen, im übrigen sollten die Neuvermählten in den Kreis der königlichen Familie aufgenommen werden.[21]

Am 17. Juni, nachmittags 4 Uhr, erfolgte der feierliche Einzug des Kronprinzenpaars in Stuttgart. Auf der Galgensteige hatte sich eine riesige Menge Schaulustiger eingefunden. Sie erwartete den königlichen Wagen und folgte ihm sodann. Graf Taube berichtete dem König, daß die Menschen von der Liebenswürdigkeit und der Höflichkeit der Kronprinzessin sehr angetan gewesen seien, daß sie sich aber andererseits nicht genug über den höchst unzufrieden dreinschauenden Kronprinzen hätten wundern können und daß sich über letzteres jeder seinen eigenen Vers mache. Nachdem das junge Paar sein Palais an der oberen Königstraße[22] betreten hatte, zeigte es sich der dort versammelten Menge auf dem Balkon und wurde mit einem »Vivat« begrüßt. In aufwendigem Glanz illuminierte der bayerische Gesandte sein Haus. Der Wirt zum »König von Württemberg« wollte es ihm gleichtun, wobei es zu einem Brand kam, der jedoch rasch gelöscht wurde.[23]

König Friedrich nahm die Vermählung seines Sohnes zum

Das »Hohenheimsche Palais«,
die Wohnung des Kronprinzenpaares in Stuttgarts
oberer Königstraße, um 1800.

Anlaß, um nach Art eines Großherrschers vier Kronerbämter zu schaffen: das Reichserbmarschallamt, das Reichshofmeisteramt, das Reichsoberkammerherrenamt und das Reichserbpanneramt. Die drei ersten Ämter übertrug er den fürstlichen Häusern Hohenlohe, Waldburg und Löwenstein, das vierte Amt der neugräflichen Familie Zeppelin, den Nachkommen seines frühverstorbenen Freundes Zeppelin.[24]

Daß Kronprinz Friedrich Wilhelm die Ehe, die er eingegangen war, als ein lästiges Zwangskorsett betrachtete und seine kaum dem Kindesalter entwachsene Frau kühl, ja abweisend behandelte, fiel bereits Königin Karoline von Bayern, der Stiefmutter Charlottes, auf.[25] Im Juli 1808 reiste Kronprinz Ludwig von Bayern, ohne offizielle Vorankündigung, nach Stuttgart. Minister Graf Taube vermutete nicht zu Unrecht, daß Ludwig die Schwester besuchen wollte, um ihre »nicht angenehme Lage« durch liebevolle Anteilnahme menschlich erträglicher zu gestalten.[26] Charlotte litt sehr unter der Vereinsamung, namentlich aber unter der Lieblosigkeit ihres Mannes und unter der Vernachlässigung durch ihn. Sie führte ein stilles und zurückgezogenes Leben. Ihr beispielhaftes Engagement in der Armenfürsorge dokumentieren im Hausarchiv verwahrte Spendenverzeichnisse. Von ihrer Mildtätigkeit profitierte in besonderem Maß die Stuttgarter Privatgesellschaft freiwilliger Armenfreunde; ihr ließ sie jährlich 1 000 fl zukommen.[27] Eng verbunden fühlte sie sich ihrer Kirche. Ein Freudentag für sie war deshalb der 27. September 1812, an dem sie der Fürstbischof von Hohenlohe firmte.[28]

Im Gegensatz zum Lebensalltag von Kronprinzessin Charlotte war der ihres Mannes vielgestaltig, abwechslungsreich, interessant und weltzugewandt. Friedrich Wilhelm liebte Geselligkeit und unbeschwerten Lebensgenuß; über religiöse und moralische Skrupel setzte er sich leicht hinweg. Viel Zeit brachte er in Scharnhausen zu. Er gründete dort ein kleines Gestüt mit zunächst fünf Stuten, deren Zahl er bis 1816 auf 19 erhöhte. Die Stuten waren meist ungarischer, polnischer und russischer Herkunft. Seit 1814 hielt er zur Zucht den arabischen Hengst Emir, der ihm als Reitpferd im Feldzug gegen Napoleon gute Dienste geleistet hatte.[29] Engeren Kontakt pflegte er zu seinem Onkel Herzog Wilhelm und zu dessen Frau, einer geborenen Freiin von Tunderfeldt, die er gerne auf ihrem Landsitz Stetten im Remstal besuchte, ebenso wie schon früher zu Freiherrn Eugen von Maucler und zu dessen Frau.[30]

Häufig weilte er am Hof seines Schwagers Jérôme und seiner Schwester Katharina in Kassel. Er schätzte die Leichtlebigkeit in der Umgebung Jérômes, des »Königs Lustig«. Das Neujahr 1811 etwa feierte er zusammen mit dem Königspaar auf Schloß Katharinental (früher Wilhelmstal), dem Lieblingsaufenthalt der Schwester.[31] Am Kasseler Hof brauchte er auch seine Neigung zu attraktiven Frauen nicht zu zügeln. Der stattliche junge württembergische Thronfolger war bei den Damen des Hofes gerne gesehen. »Eroberungen« wurden ihm nicht allzu schwergemacht. Hier lernte er auch die langjährige Geliebte Jérômes, die Baronin Blanche von Keudelstein, besser bekannt unter dem Namen La

Jérôme Bonaparte und Katharina von Württemberg, das Königspaar von Westfalen. Gemälde von Sebastian Weygandt um 1819.

Flèche, kennen. Die hübsche und kokette Frau zog ihn sofort in ihren Bann. Ähnlich war es schon 1801 Jérôme ergangen. Gleich bei der ersten Begegnung war er den Reizen des jungen Mädchens, damals noch Blanche Carréga, erlegen. Um sie ständig in seiner Nähe zu haben, hatte er sie 1807 zur Ehrendame seiner Frau ernannt und mit dem Kaufmann La Flèche aus Marseille verheiratet. Dem zum Baron von Keudelstein erhobenen La Flèche übertrug Jérôme das Amt des Generalintendanten des königlich westfälischen Hauses. Da dieser aber seiner Stellung in keiner Weise gewachsen war, enthob Jérôme ihn schließlich seines Postens, behandelte ihn aber, wohl mit Rücksicht auf seine Frau, mit großer Nachsicht. Blanche La Flèche behauptete unter den Mätressen des Königs den ersten Platz. Kein Wunder, daß sie Königin Katharina besonders verhaßt war. Katharina sah es deshalb offensichtlich nicht ungern, daß der Bruder Friedrich Wilhelm, den sie dem kritischen Vater gegenüber als gutherzig und sensibel, wenn auch als verschlossen charakterisierte, Feuer fing und La Flèche gleichfalls zu seiner Geliebten machte. Beim Wegräumen von Hindernissen, die dieser Liebesbeziehung des Bruders im Wege gestanden hatten, hatte sie ziemlich sicher ihre Hand im Spiel gehabt. Jérôme gegenüber stritt Friedrich Wilhelm zunächst ab, daß er eine Liaison mit Blanche habe. Als dieser schließlich doch hinter das neue Liebesverhältnis seiner Favoritin kam, richtete sich der Zorn des Getäuschten mehr gegen diese als gegen den Schwager. Als Kronprinz Friedrich Wilhelm wieder nach Stuttgart zurückgekehrt war, schrieb er Blanche, die übrigens neben den beiden Fürsten zeitweise auch noch zahlreiche andere Liebhaber besaß, glühende Liebesbriefe, die allerdings alle Jérôme übergeben wurden. Später kam sie nach Württemberg[32], und es dauerte eine Reihe von Jahren, bis sie ihren verführerischen Einfluß auf den nunmehrigen König verlor.[33]

Friedrich Wilhelm als württembergischer General

1809 mußte Württemberg Napoleon bei dessen neuem Waffengang gegen Österreich militärische Gefolgschaft leisten. Die württembergischen Truppen, die bereits Mitte April 1809 zusammen mit den bayerischen dem Kaiser der Franzosen zur Verfügung standen, als das Gros der französischen Kriegsmacht erst im

Anmarsch begriffen war, taten sich in mehreren Gefechten und Schlachten hervor. Napoleon erkannte die Leistungen der Württemberger in dem von ihm nach knapp drei Monaten siegreich beendeten Feldzug hoch an. Während jedoch die Feldtruppen in Bayern und Österreich kämpften, geriet die Heimat selbst in eine prekäre Situation. Von Nordosten drohte für kurze Zeit der Einfall von Böhmen her vorstoßender österreichischer Kräfte, der indes schon weit vor der württembergischen Grenze vereitelt werden konnte. Der Südosten des Landes war durch aufständische Tiroler und Vorarlberger gefährdet. König Friedrich handelte rasch und entschlossen. Er mobilisierte aus aktiven Militär- und aus Reserveeinheiten unter Einbeziehung seiner Garde sowie der sogenannten Landbataillone ein starkes Korps zur Landesverteidigung und unterstellte dieses seinem direkten Oberbefehl. Sein ursprünglicher Plan, die Tiroler und Vorarlberger im eigenen Land anzugreifen und kampfunfähig zu machen, scheiterte an der Weigerung des bayerischen Königs, ihm zu diesem Zweck einen größeren Truppenverband zur Verfügung zu stellen. Er mußte sich deshalb mit einer – allerdings recht erfolgreichen – Defensivstrategie begnügen.[34]

Als König Friedrich nach dem Waffenstillstand von Anfang Juli zwischen Frankreich und Österreich die schlimmste Gefahr im Südosten des Königreichs für beseitigt hielt, schickte er den größten Teil der Truppen nach Hause und übertrug den Oberbefehl über die zur Grenzsicherung noch erforderlich erscheinenden Kampfverbände Kronprinz Friedrich Wilhelm. Die Vorarlberger mißtrauten jedoch den Nachrichten vom österreichisch-französischen Waffenstillstand und setzten ihren Kleinkrieg fort. Der Kronprinz drang über die Grenze bis nach Bregenz und Immenstadt vor. Die Vorarlberger, die gegen die ihnen aufgezwungene bayerische Herrschaft rebellierten, erkannten jetzt die Aussichtslosigkeit ihrer militärischen Lage. Dr. Schneider, ihr Führer, ergab sich, um nicht in die Hände der Franzosen zu fallen, dem Kronprinzen, und dies rettete ihm das Leben. Statt durch die Kugeln eines Erschießungskommandos zu sterben, wie es die Franzosen beabsichtigt hatten, wurde er für etliche Tage auf den Hohenasperg gebracht und dann an die Bayern ausgeliefert, die ihn nach wenigen Monaten freiließen. Bald konnte Kronprinz Friedrich Wilhelm die ihm unterstehenden mobilen Truppenverbände aus Vorarlberg wieder abziehen und zusammen mit seinem Bruder Paul, der gleichfalls an der Militäraktion teilgenommen hatte, nach Hause zurückkehren. Politisch zahlte sich der Vorstoß nach Vorarlberg nicht aus. Wie auch Tirol fiel dieses Land an Bayern zurück. Württemberg ging leer aus.[35] Kronprinz Friedrich Wilhelm nutzte die folgenden Friedensjahre, um sich weitere militärische Kenntnisse anzueignen, insbesondere um sich mit Führungsaufgaben bei großen Truppenverbänden vertraut zu machen. Gelegenheit dazu bekam er namentlich bei Manövern. König Friedrich begrüßte das wachsende Interesse des Sohnes am Militärwesen und förderte es nach Kräften.[36]

1810/11 kündigten sich bereits neue kriegerische Auseinandersetzungen an. Die französisch-russischen Beziehungen verschlechterten sich infolge der von Napoleon gegen Großbritannien verhängten Kontinentalsperre, der Ausdehnung des französischen Imperiums in Norddeutschland und Italien sowie der Interessengegensätze der beiden kontinentalen Großmächte in Polen und im Orient. 1812 entschloß sich der Kaiser der Franzosen zu einer Invasion des Zarenreiches, das er bislang noch nie hatte entscheidend schlagen und dem er deshalb auch nicht seinen Willen hatte aufzwingen können. König Friedrich kannte Rußland. Ohnehin über den zunehmend stärker hervortretenden Hang Napoleons zum politisch-militärischen Vabanquespiel beunruhigt, beurteilte er die Erfolgschancen der französischen Kriegsmacht bei einem in die Weiten Rußlands vorgetragenen Feldzug wenig günstig. Nur schweren Herzens entschloß er sich im März 1812 zur Stellung des ihm vertragsgemäß vorgeschriebenen Kontingents. Um die Unterstellung seiner Truppen unter das Kommando eines französischen Generals zu verhindern, wie dies in den vorausgegangenen Feldzügen der Fall gewesen war, übertrug er den Oberbefehl über sie seinem Sohn Friedrich Wilhelm.[37]

Napoleon war keineswegs erfreut darüber, daß Kronprinz Friedrich Wilhelm an der Spitze des württembergischen Truppenkorps stand. Er wußte um dessen abweisend-feindselige Haltung gegen ihn. Auch mißfiel ihm, daß er bei dem bevorstehenden Feldzug auf die Empfindlichkeiten eines selbstbewußten Thronanwärters Rücksicht nehmen mußte; ein solcher Mann ließ sich nur schwer den strengen militärischen Regeln von Befehl und Gehorsam unterwerfen. Der Kaiser der Franzosen legte es deshalb von Anfang an darauf an, Friedrich Wilhelm zu brüskieren, um ihn möglichst bald loszuwerden. In Kowno kam es am 25. Juni 1812 zum ersten schweren Zusammenstoß. Nach dem Bericht des Kronprinzen ritt der lediglich von einer kleinen »Suite« begleitete Kaiser, als Friedrich Wilhelm an der Spitze seiner Division im Parademarsch durch die Stadt zog, auf ihn zu und überschüttete ihn mit Vorwürfen. In der württembergischen Division herrsche, fuhr er ihn an, große Unordnung. Zudem fielen einige württembergische Generale durch Franzosen-feindliches Gerede auf. Diese würde er am liebsten erschießen lassen. Er rate ihnen aber, sich aus dem Staub zu machen, er brauche sie nicht. Friedrich Wilhelm war durch die Worte Napoleons so sehr vor den Kopf gestoßen, daß er zu keiner Erwiderung fähig war. Er suchte sich jedoch später in einem Schreiben zu rechtfertigen. Statt einer Antwort ließ ihn der Kaiser durch den Fürsten von Neuchâtel auffordern, den General von Walsleben verhaften und ins kaiserliche Hauptquartier bringen zu lassen. Der Kronprinz schickte jedoch die Generale von Walsleben und von Woellwarth zurück nach Württemberg, damit König Friedrich über ein eventuelles kriegsgerichtliches Verfahren gegen sie entschied. Vermutlich hatte ein an die Marschälle Ney und Berthier gerichtetes Schreiben des Kronprinzen, in dem sich dieser darüber beschwert hatte, daß die Franzosen erneut über die württembergische Kavallerie verfügt, sie der württembergischen Befehlsgewalt entzogen und dadurch die Generale von Walsleben und von Woellwarth ihrer Funktion beraubt hatten, den Unwillen Napoleons erregt. Marschall Berthier stritt allerdings entschieden ab, daß die Maßnahmen, die die württembergische Kavallerie betrafen, mit der Person Friedrich Wilhelms in irgendeinem Zusammenhang stünden. Napoleon hatte den württembergischen General von Breuning der Plünderung und des Raubs bezichtigt und behauptet, unter Friedrich Wilhelm gebe es Generale, die eine schlechte Gesinnung an den Tag legten.[38]

Kronprinz Friedrich Wilhelm betonte in einem Schreiben an Napoleon den in der württembergischen Division herrschenden guten Geist. Alle ihm zu Ohren gekommenen Exzesse habe er bestraft. Zu den Vorwürfen gegen die württembergische Kavallerie und gegen deren Generale könne er sich nicht äußern, da die Kavallerie ja seinem Kommando entzogen worden sei. Er schlage daher die Einsetzung einer Untersuchungskommission vor.[39] Napoleon beharrte auf seinem Standpunkt und stellte fest, der Geist der Württemberger entspreche nicht mehr dem früherer

Feldzüge; er schloß mit einer scharfen Zurechtweisung: »Alles hängt von Eurer Hoheit ab. Wenn Eure Hoheit nur will, werde ich sehr zufrieden mit Ihren Truppen sein. Die Soldaten und der Kern der Offiziere sind gut«. In einem sehr geschickt formulierten Schreiben vom 13. Juli sicherte Friedrich Wilhelm dem grollenden »Protektor des Rheinbunds« zu, wie sein Vater bei all seinen Entscheidungen die politischen Interessen seines Hauses und seines Landes im Auge zu haben. Im übrigen möge der Kaiser das württembergische Feldtruppenkorps nicht nach irgendwelchem unverantwortlichem Gerede einzelner, sondern nach seinen Taten beurteilen.[40] Ganz aus der Luft gegriffen waren die Vorwürfe Napoleons nicht. Die Stimmung unter den württembergischen Offizieren war schlecht. Hierzu trug die Benachteiligung der Division bei der Zuweisung von Quartieren und bei der Versorgung mit Lebensmitteln bei. Namentlich aber bezweifelten Einsichtige den militärischen Erfolg des Rußlandfeldzugs Napoleons. Sie sahen in dem Feldzug ein höchst riskantes Abenteuer, das vielen Tausenden von Soldaten zum Verhängnis werden konnte.[41]

Der rasche Vormarsch verursachte in den folgenden Wochen gravierende Versorgungsengpässe. Der Nachschub stockte. Lediglich Fleisch war zeitweise noch in ausreichender Menge verfügbar. Jetzt drohte tatsächlich die Gefahr, daß sich die Truppe »im Räuberhaufen auflöste«. Der Kronprinz griff hart durch. In flagranti angetroffene Plünderer wurden standrechtlich erschossen. Dennoch nahm vor allem bei den Nachzüglern ihre Zahl zu. Disziplinwidrigkeiten und Auflösungserscheinungen ähnlicher oder noch gravierenderer Art zeigten sich auch bei den Kontingenten anderer Rheinbundstaaten und nicht zuletzt bei den Franzosen selbst.[42] Durchfallerkrankungen und Nervenfieber breiteten sich aus. Viele Soldaten starben an Entkräftung. In den kaum den Namen Spitäler verdienenden Unterkünften drängten sich die Kranken. Auch hier hielt der Tod reiche Ernte.[43] Mitte Juli überfiel den Kronprinzen selbst eine lebensbedrohende Ruhrkrankheit.[44] Er mußte in das Spital nach Wilna gebracht werden. Dort betreuten ihn Generalarzt Dr. Schuntter und Leibarzt Dr. Fiedler. Zu seinem Schutz blieb lediglich eine Kompanie zurück. Die württembergische Division, die nunmehr von General von Scheler interimistisch geführt wurde, setzte im Verband der Großen Armee ihren Vormarsch ins Innere Rußlands fort. Die Krankheit und die durch sie bewirkte Schwäche hielten den Kronprinzen über einen Monat in Wilna fest. Erst am 10. September 1812 konnte er die Heimreise antreten, und am 9. Oktober traf er, noch immer gesundheitlich schwer angeschlagen, wieder in Stuttgart ein.[45]

König Friedrich hielt sich über seine im Osten kämpfende Division vor allem durch die ihm von General von Theobald, dem Ersten Adjutanten des Kronprinzen, erstatteten Berichte auf dem laufenden. Verärgert reagierte er auf die Mißachtung der militärischen Eigenständigkeit des württembergischen Truppenkorps durch die Franzosen. Am 8. Juli ordnete er an, daß die Generale von Walsleben und von Woellwarth ins Hauptquartier des Kronprinzen gebracht und dort vor Gericht gestellt werden sollten. Freilich, als sein Befehl bei der Division eintraf, hatten sich dort die Verhältnisse grundlegend geändert. Die beiden Generale waren auf dem Weg in die Heimat, der Kronprinz schwer erkrankt. Vorübergehend stockten jetzt auch die Berichte von der Truppe. Ohne nähere Nachprüfung lastete König Friedrich die Schuld daran General von Theobald an, der dem Kronprinzen zur Seite geblieben war und ihn nach Wilna begleitet hatte. Theobald mußte den Militärdienst quittieren.[46]

König Friedrich empfahl dem Sohn, die Generale und möglichst viele Offiziere um sich zu versammeln, sie von dem Mißtrauen Napoleons gegen sie wegen kritischer bis feindlich-ablehnender Äußerungen eines Teils von ihnen über seine Politik und Kriegführung in Kenntnis zu setzen und sie bei Androhung strengster Strafen aufzufordern, sich künftig keine solchen Pflichtverletzungen mehr zuschulden kommen zu lassen. Am Schluß seines Briefes appellierte der König an den Sohn, jede Gelegenheit zu nutzen, um sich dem Kaiser »wieder zu nähern und ihm zu versichern, wie sehr er seiner Person und seiner Sache zugetan« sei. Auf solche Weise würde Friedrich Wilhelm den nachteiligen Eindruck verwischen, den er auf Napoleon gemacht habe, und er würde zugleich ihm, seinem Vater, die Ruhe, die er vollständig verloren habe, zurückgeben.[47]

In der Tat beunruhigte der Gedanke König Friedrich zutiefst, der Groll Napoleons gegen Kronprinz Friedrich Wilhelm könnte seinem Haus zum Verhängnis werden. Bereits am 23. Juli hatte er sich deshalb in einem Schreiben an den Kaiser der Franzosen gewandt und hierin den Sohn in Schutz genommen: »Der Umstand, daß Eure Kaiserliche Majestät nur einen Augenblick meinen Sohn, den Kronprinzen, der Hintansetzung und Vernachlässigung seiner militärischen Pflichten fähig halten konnten, hat ihn tief geschmerzt. Sie wissen es, mein Herr Bruder, ich bin kein schwacher, weichherziger Vater, aber in diesem Fall kann ich Bürgschaft leisten für meinen Sohn, daß er in demselben Maße alles das verabscheut, was geeignet ist, den Namen des Soldaten zu entehren, was eine Armee herabwürdigt und sie zu einer Räuberhorde macht.«[48]

Aller Wahrscheinlichkeit nach hatte dieser Brief wenig bewirkt. Beim Kaiser der Franzosen überwogen in seinem persönlichen Verhältnis zu Kronprinz Friedrich Wilhelm Mißtrauen sowie eine auf gekränkter Eitelkeit beruhende Abneigung, zumal ihm nicht verborgen geblieben war, daß die Bewunderung des jungen Fürsten längst in eine Mißachtung und in Feindseligkeit gegenüber seiner Person umgeschlagen war. Indes verlor all dies mit der Erkrankung Friedrich Wilhelms seine zerstörerische Brisanz. Napoleon war den lästigen württembergischen Thronfolger los, und die französischen Generale konnten nunmehr nach Gutdünken über das württembergische Truppenkorps verfügen, es ihrer Befehlsgewalt gänzlich unterordnen. Zu spät kam auch der an den Sohn gerichtete Brief König Friedrichs vom 9. August. Der im Spital von Wilna liegende Kronprinz bedurfte zumindest jetzt nicht der Ermahnungen des Vaters. Seine Rolle als Befehlshaber der württembergischen Truppen im Rußlandfeldzug war abrupt beendet worden. Es scheint, daß er darüber nicht weniger als Napoleon erleichtert war. Jetzt brauchte er sich keine so hämischen und demütigenden Bemerkungen mehr gefallen zu lassen wie die beim Übergang der Großen Armee über den Njemen (die Memel). Damals hatte ihn Napoleon – es war dies wohl bei dem bereits geschilderten Zusammenstoß in Kowno – gefragt: »Prinz, können Sie ein Bataillon kommandieren?«[49] Bei anderer Gelegenheit soll er ihn für die Plünderungen der württembergischen Truppen verantwortlich gemacht und ihn, als er sich zu verteidigen versuchte, angeschrien haben: »Schweigen Sie, oder kehren Sie zu Ihrem Vater zurück, ich brauche Sie nicht.«[50] Mit der Erkrankung Friedrich Wilhelms schien der so hart angeprangerte Oppositionsgeist bei den Offizieren der württembergischen Felddivision plötzlich verschwunden zu sein. Der Kommentar Napoleons: »point de difficulté« – »überhaupt keine Schwierigkeit [mehr].«[51] Der Kaiser der Franzosen hatte hinfort an den Württembergern nichts mehr auszusetzen, im Gegenteil, wiederholt rühmte er die Tapferkeit, mit der sie sich bei verschiedenen Treffen hervortaten. König Friedrich zog – und dies mutet bei seiner sonst so strengen Denkungsart erstaunlich an – keinen der von Napoleon schlimmer Pflichtverletzungen bezichtigten Generale zur Rechenschaft.[52] Er wußte sicherlich, daß der Zorn des Kaisers in erster Linie dem Kronprinzen und nicht ihnen galt.

Daß die württembergische Division 1812 geradewegs in die Katastrophe marschierte, daß von 15 800 Mann nur wenige hundert die Heimat wiedersahen, alle übrigen aber in den Weiten des russischen Winters elend zugrunde gehen sollten, ahnte im Frühsommer jenes Jahres kaum jemand. Die Ruhr hat Kronprinz Friedrich Wilhelm wahrscheinlich vor Schlimmerem bewahrt. Den Strapazen des Herbstes und des Frühwinters wäre seine zuvor schon geschwächte Gesundheit schwerlich gewachsen gewesen. Wir haben keine persönlichen Zeugnisse über seine Reaktion auf den Untergang der von ihm ins Feld geführten württembergischen Truppen, wir können jedoch annehmen, daß ihn diese Katastrophe erschütterte, daß er sich in seiner feindselig-ablehnenden Einstellung gegenüber dem »Protektor des Rheinbunds«, dessen Machtbesessenheit all dies verschuldet hatte, bestärkt sah. In Württemberg gewann eine napoleonfeindliche Stimmung die Oberhand. Die Menschen hofften auf den baldigen Sturz des »Tyrannen«. Der diese Erwartung teilende Kronprinz gewann zunehmend Popularität. Dem österreichischen Gesandten Binder gegenüber äußerte Friedrich Wilhelm, sein Wunsch sei, das »alle politischen und moralischen Verhältnisse verletzende Gebäude des ›Grand Empire‹« zusammenbrechen zu sehen. Ein französischer Agent bezeichnete ihn in einem Bericht als »Anhänger der deutschen Unabhängigkeit«[53].

Da Napoleon aller Wahrscheinlichkeit nach auch zuvor schon den Kronprinzen hatte »beschatten« lassen, war ihm bereits vor dem Rußlandfeldzug dessen feindselige Einstellung bekannt. Eingeweiht war Friedrich Wilhelm übrigens im Frühjahr 1812 in den von Freiherr Karl August von Wangenheim, dem damaligen Kurator der Universität Tübingen und nachmaligen Kultminister, entwickelten abenteuerlich anmutenden Plan, mit Hilfe neuerfundener Flugmaschinen Deutschland von der Herrschaft Napoleons zu befreien. Kenntnis von dem Plan hatten außerdem der große Verleger Cotta sowie mehrere Professoren der Universität Tübingen. König Friedrich, der sich zweifellos an den mißglückten

Versuch des Ulmer Schneidermeisters Albrecht Ludwig Berblinger, des »Schneiders von Ulm«, mit einem halbstarren Hängegleiter im Vorjahr erinnerte, versagte jedoch dem ihm fragwürdig erscheinenden Projekt – auch mit Blick auf ein französisches Eingreifen – seine Unterstützung. Wangenheim bot daraufhin seine Erfindung Österreich an, doch auch dort blieb diese ein Stück Papier.[54]

Im Kampf gegen Napoleon

Die Katastrophe des Rußlandfeldzugs lastete König Friedrich, der die Vernichtung seines Truppenkorps als einen der härtesten Schläge seines Lebens empfand, Napoleon an. Er hielt mit seiner Kritik an dessen Politik und Kriegführung nicht hinter dem Berg. Es kam vorübergehend zu einer scharfen Konfrontation zwischen dem übermächtigen »Protektor des Rheinbunds« und dem Monarchen des kleinen Königreichs Württemberg. Indes befanden sich Friedrich und sein Land nach wie vor in der Gewalt Frankreichs. Der König war deshalb gezwungen, äußerste militärische Anstrengungen zu unternehmen, um dem Kaiser der Franzosen seine unveränderte Gefolgschaftstreue zu beweisen. Ein neues Truppenkorps wurde in aller Eile organisiert, notdürftig ausgebildet und ausgerüstet. Im Krieg gegen Rußland und Preußen, denen sich im Sommer 1813 auch noch Österreich zugesellte, erlitten die Württemberger in Sachsen, Schlesien und in der Mark Brandenburg schwere Verluste. Nach der Schlacht bei Leipzig (16. bis 18. Oktober 1813), die das Ende der französischen Militärherrschaft im rechtsrheinischen Deutschland bedeutete, nutzte König Friedrich seinen geringen militärisch-politischen Handlungsspielraum, um sich aus der Allianz mit Napoleon zu lösen und unter ehrenvollen Bedingungen den Krieg auf der Seite der alliierten Mächte fortzusetzen.

Jetzt trat auch Kronprinz Friedrich Wilhelm aus der ihm seit Sommer 1812 aufgezwungenen politisch-militärischen Statistenrolle heraus. In den vorausgegangenen Jahren hatte er zunehmend mehr Verständnis für die kluge, stets am Wohl Württembergs orientierte, dabei härtesten Zwängen unterliegende Politik des Vaters aufgebracht. Zögernd näherte er sich ihm. Freilich, mißtrauische Vorbehalte hielten sich bei ihm wie auch bei König Friedrich. Symptomatisch für die Vorbehalte des Königs war beispielsweise, daß Friedrich Wilhelm noch immer weitgehend von den Staatsgeschäften ausgeschlossen blieb, und dies, obgleich sein Votum, wenn er einmal um seinen Rat gefragt oder zu Entscheidungen beigezogen wurde, ähnlich wie das des Vaters auf dem Interesse des Staates basierte.[55] Sicher mißfielen dem König die freiheitlich-deutschpatriotischen Gedankengänge Friedrich Wilhelms. Wenn er, wohl im Frühherbst 1813, den Vorschlag des Sohnes ablehnte, dessen Freund Eugen von Maucler nach Wien zu entsenden, um dort Sondierungsgespräche wegen des Übergangs von Württemberg zu den Alliierten zu führen, so mag bei dieser Entscheidung sein Mißtrauen gegen die politische Einstellung Friedrich Wilhelms mitgespielt haben, von größerem Gewicht dürfte aber gewesen sein, daß er Maucler, wie dieser selbst meint, nach früheren Erfahrungen nicht für den geeigneten Unterhändler hielt.[56] Bitter für König Friedrich dürfte auch gewesen sein, daß man damals im preußischen Lager im Hinblick auf sein langes Ausharren bei Napoleon erwog, den Sohn an seiner Stelle zum König zu erheben.[57] An dem rasch wieder in der Versenkung verschwundenen Plan hatte Kronprinz Friedrich Wilhelm keinen Anteil, dennoch konnte diese Episode den Vater, falls er von ihr erfuhr, in seinem bestehenden Mißtrauen gegen ihn bestärken.

Nach dem Übergang Württembergs zu den alliierten Mächten übernahm Friedrich Wilhelm den Oberbefehl über die württembergischen Feldtruppen. Ende November 1813 entschied Kaiser Franz I. von Österreich, daß die Württemberger durch Österreicher verstärkt werden und zunächst das VII., dann aber das IV. Armeekorps der Alliierten bilden sollten. Friedrich Wilhelm blieb der Befehlshaber dieses Korps, eine Auszeichnung, die König Friedrich bei all seinen Vorbehalten gegenüber den Großmächten Österreich, Preußen und Rußland sehr wohl zu würdigen wußte. Zum Kommandeur des württembergischen Kontingents wurde der kriegserfahrene und befähigte General Graf von Franquemont, ein natürlicher Sohn Herzog Carl Eugens, und zu dessen Generalstabschef Oberst von Bangold ernannt.[58] Am 28. Dezember 1813 nahmen die Kaiser von Österreich und Rußland sowie der König von Preußen bei Freiburg den Vorbeimarsch des neuformierten Armeekorps ab, und zwei Tage darauf überschritt Kronprinz Friedrich Wilhelm mit seinen Truppen unterhalb von Hüningen den Rhein. Nach der Einschließung von Neubreisach stieß das IV. Armeekorps durch die Vogesen nach Epinal vor.

Dieses fiel am 11. Januar 1814 nach kurzem Gefecht, bei dem zahlreiche Gefangene gemacht wurden. Wie durch ein Wunder blieb der Kronprinz unverletzt, als aus einem Haus in Epinal ein Schuß auf ihn abgefeuert wurde.[59] Nächstes Operationsziel war die Hochebene von Langres. Bei Chaumont kam es zu einem für die Württemberger erfolgreichen Gefecht. Am 1. Februar suchte Napoleon dem weiteren Vordringen der Alliierten Einhalt zu gebieten. Doch der preußische Heerführer Blücher nahm nach vorübergehendem Rückzug den Angriff wieder auf und besiegte die Franzosen bei La Rothière. Die Württemberger beteiligten sich an diesem Gefecht; sie erstürmten – allerdings mit empfindlichen Verlusten – das Dorf La Giberie. Hier war es übrigens das erste Mal, daß sie Napoleon direkt gegenüberstanden. Der Kaiser der Franzosen zog sich bis hinter Troyes zurück. Das IV. Armeekorps blieb ihm auf den Fersen.[60]

Der Oberbefehlshaber der österreichischen und der mittelstaatlichen Truppen, Fürst Schwarzenberg, dem auch Kronprinz Friedrich Wilhelm unterstand, war ein Zögerer. Der unerwartete Angriff Napoleons mit seiner Hauptstreitmacht auf die von Blücher geführte Armee, dem diese nicht standhalten konnte, drohte einen Keil zwischen die alliierten Heere zu treiben. Die den Österreichern gegenüberstehenden relativ schwachen französischen Kampfverbände hatten ihren Hauptstützpunkt in der Stadt Sens. Kronprinz Friedrich Wilhelm erhielt vom Oberbefehlshaber die Ordre, Sens zu erobern. Dies gelang ohne größere Verluste. Der Weg die Yonne talabwärts bis zur Einmündung dieses Flusses in die Seine bei Montereau war nunmehr frei. Dennoch entschloß sich Schwarzenberg zu einem begrenzten Rückzug, durch den die Verbindung zu Blücher wiederhergestellt werden sollte. Nach seinem Plan waren die Seine-Übergänge noch kurze Zeit zu halten. Kronprinz Friedrich Wilhelm befahl er, zur Deckung des Rückzugs bis zum Abend des 18. Februar dem Feind hinhaltenden Widerstand zu leisten. Diesen Befehl erteilte er, weil er wohl der Ansicht war, der Hauptschlag des Feindes werde an anderer Stelle erfolgen. Kronprinz Friedrich Wilhelm beurteilte die Lage anders, doch er hatte keine Gelegenheit mehr, dies Schwarzenberg mitzuteilen.

Dem ersten Ansturm hielten die kräftemäßig unterlegenen 8500 Verteidiger verbissen stand. Als jedoch Napoleon selbst mit seinen Garden in den Kampf eingriff – die feindliche Übermacht belief

Der junge König Wilhelm von Württemberg.

sich jetzt auf 30 000 Mann und 60 Geschütze – mußten sie weichen. Der Rückzug bergabwärts auf die neue Brücke von Montereau zu war riskant und sehr verlustreich. Der Feind drängte ungestüm nach. Beinahe wäre der Kronprinz einer französischen Reiterabteilung in die Hände gefallen. Nachdem er mit Mühe die Brücke überquert hatte, organisierte er den Widerstand neu. Er schickte ein frisches Regiment über die Brücke zurück, um durch dieses den Fliehenden Feuerschutz zu geben und ihnen die Möglichkeit zu verschaffen, sich dem Zugriff des Feindes zu entziehen. Napoleon war von dem unerwartet starken Widerstand des von Kronprinz Friedrich Wilhelm befehligten Korps überrascht und glaubte, es stehe ihm das Hauptheer von Fürst Schwarzenberg gegenüber. Schwarzenberg hatte sich indes bis Troyes zurückgezogen. Der von Friedrich Wilhelm organisierten Abwehr war es zuzuschreiben, daß der Angriff Napoleons bei Montereau zum Stehen kam. Freilich die Verluste des Korps waren hoch: 800 Gefallene oder Verwundete, 2 000 in Gefangenschaft geratene Soldaten.[61]

Als König Friedrich wenige Tage später Einzelheiten vom Treffen bei Montereau erfuhr, äußerte er sich empört. Als alter Soldat, der bei seinem Großonkel, Friedrich dem Großen von Preußen, eine gute militärische Schule durchlaufen hatte, machte er dem Sohn indirekt heftige Vorwürfe. Auch wenn er Gehorsam, schrieb er, gegenüber den Befehlen eines Oberbefehlshabers zu den ersten soldatischen Pflichten rechne, so hätte er hier dennoch eine eigenständige Entscheidung des Korpskommandeurs erwartet. Die Stellung des IV. Korps bei Montereau sei unhaltbar gewesen, deshalb hätte man sie aufgeben müssen, ehe der Feind Zeit gehabt hätte, seine Streitkräfte zu konzentrieren, mit großer Übermacht anzugreifen und mit seiner überlegenen Artillerie die schwächere Artillerie des Korps zum Schweigen zu bringen. Bei einem rechtzeitigen Zurückweichen hätte man allenfalls das letzte Bataillon geopfert. »Aber die braven Württemberger zur Rettung opfern, so zu opfern, würde ich mir ein Gewissen gemacht haben.« Graf von Franquemont, dem Kommandeur des württembergischen Kontingents, dankte er, weil er ihm wenigstens seine Artillerie und Kavallerie gerettet habe, und er attestierte ihm, daß er die Schwarzenbergschen Befehle »nicht so pünktlich respektiert« habe. Für König Friedrich war es keine Frage, daß Napoleon bei der Art der Kriegführung, wie sie der österreichische Oberbefehlshaber betreibe, noch lange nicht die Hand zu einer Beendigung des Feldzugs biete, vielmehr den Krieg mit neuer Zuversicht fortsetze.[62]

In einem anderen Schreiben stellte der König fest: »Wer Montereau zu behaupten befahl, muß weder das Terrain kennen, noch die hier sehr richtige Cassinische Charte auch nur eines Blickes gewürdigt haben. Ein Korps von etwa 11 000 Mann gegen die ganze Armee des Kaisers Napoleon ohne Soutien [Unterstützung] und ohne Flankendeckung vorzupoussieren [entgegenzustellen] und nur ein schmales Defilee [Engpaß] ganz nahe an der Position als einzigen Rückzug anzuweisen, dies sind Fehler, die Kaiser Napoleon keinem seiner Marschälle würde nachgesehen haben. Gefangenschaft und Tod von vielen Tausenden, das sind die Resultate dieses militärischen Kunstwerks, bei welchem dem Kronprinzen zur Last fällt, sich den auf Unkunde und Unwissenheit gegründeten Befehlen unterworfen zu haben, anstatt sich durch Lokalkenntnis und taktische Gesetze bestimmen zu lassen und [sich] über törichte Befehle hinwegzusetzen. So muß ich nach den beispiellosesten Anstrengungen meine schönsten Truppen aufopfern sehen, nicht etwa, um bei einer Hauptschlacht den Sieg zu erringen, sondern um die Fehler und abgeschmackten Mißgriffe anderer zu büßen.«[63]

Der harte Tadel König Friedrichs an der Kriegführung des Fürsten Schwarzenberg war berechtigt. Dieser freilich fühlte sich durch »stolze, eitle, unwissende Soldaten-spielende Souveräns«, zu denen er sehr wahrscheinlich auch den württembergischen König zählte, in seinem strategischen Konzept stark eingeengt. Er werde sich aber dadurch, so schrieb Schwarzenberg am 26. Februar seiner Frau, nicht beirren lassen.[64] Obwohl Montereau als Niederlage galt, empfand es Kronprinz Friedrich Wilhelm als eine Art Gesellenstück, mit dem er erstmals sein Feldherrntalent nachgewiesen hatte, und wenn er sich zeitlebens für einen bedeutenden Heerführer hielt – den einzigen unter den damaligen deutschen Fürsten –, so stand ihm dabei Montereau vor Augen. Zum Kriegsruhm des nachmaligen Königs Wilhelm I. trug andererseits bei, daß sich der beiden feindlichen Heerführer (Napoleon – Kronprinz Friedrich Wilhelm) später die Legende bemächtigte. So wurde in den Kreisen der königstreuen Württemberger erzählt, Napoleon habe während der Schlacht eigenhändig eine Kanone auf die Stelle gerichtet, an der er den verhaßten Kronprinzen vermutet habe, und nach der Schlacht habe er erklärt, hätte er einen Marschallstab zu vergeben, so könnte er ihn nur Kronprinz Friedrich Wilhelm überreichen.[65] Gegen Ende Februar ergriffen die Alliierten wieder die Initiative. Am 28. Februar eroberte Kronprinz Friedrich Wilhelm, der jetzt neben dem IV. auch das III. Armeekorps befehligte, die von Marschall Macdonald verteidigte Stellung bei La Ferté sur Aube. Macdonald zog sich nach Bar sur Seine zurück.[66]

König Friedrich mißtraute Österreich. Die schwunglose Kriegführung Schwarzenbergs enttäuschte ihn. Anfang März rechnete er zeitweilig mit einem österreichisch-französischen Separatfrieden. Einen solchen Frieden hielt er für verhängnisvoll, weil er davon überzeugt war, daß ohne einen vollständigen Sieg über Napoleon eine Friedensordnung in Europa nicht geschaffen und auch die Existenz Württembergs nicht dauerhaft gesichert werden konnte. Da er sicher war, daß Zar Alexander von Rußland den Krieg unter allen Umständen fortsetzte, ordnete er in einem Geheimbefehl an, Kronprinz Friedrich Wilhelm solle im Falle einer österreichisch-französischen Übereinkunft die württembergischen Truppen aus dem Verband des österreichischen Heeres herauslösen und sie der russischen Armee angliedern. Da er eine solche Order dem in österreichischen Diensten stehenden Kronprinzen nicht direkt erteilen konnte, ließ er sie Graf von Franquemont zustellen. Dieser hatte sie gegebenenfalls Kronprinz Friedrich Wilhelm unverzüglich zuzuleiten.[67] Indes war die Sorge König Friedrichs unbegründet. Bereits am 1. März – die Übermittlung der neuesten Nachrichten vom französischen Kriegsschauplatz nach Stuttgart nahm einige Tage in Anspruch – hatten sich die Kaiser von Österreich und Rußland sowie der König von Preußen in Chaumont vertraglich verpflichtet, den Kampf gegen Napoleon mit vereinten Kräften fortzusetzen und nur gemeinsam Frieden zu schließen.[68]

Mitte März gelang es den Alliierten, endgültig das Gesetz des Handelns an sich zu reißen. Napoleon wurde nicht nur in die Defensive gedrängt, sondern zum Rückzug gezwungen. Am 20. März griff Kronprinz Friedrich Wilhelm, der die Vorhut der Schwarzenbergschen Truppenmacht befehligte, mit der Kavallerie des ihm jetzt unterstellten III., IV. und VI. Armeekorps bei Arcis sur Aube die französische Gardekavallerie an und warf sie mit für ihn unbedeutenden Verlusten zurück. Bei den heftigen Kämpfen an diesem und dem folgenden Tag vermochte sich Napoleon gegen die überlegenen Kräfte der Alliierten nicht zu behaupten.[69] Vergeblich versuchte der Kaiser der Franzosen die Heere der Alliierten von ihrem Angriffsziel Paris abzudrängen. Am 25. März wollten die französischen Marschälle Marmont und Mortier bei Fère Champenoise mit starken Kräften den weiteren Vormarsch der Alliierten auf die französische Hauptstadt stoppen. Doch sie mußten nach harten Kämpfen weichen. Neun Generale sowie zwischen 9 000 und 10 000 Soldaten wurden gefangengenommen, 60 Kanonen und eine große Zahl von Munitionswagen erbeutet. Maßgeblichen Anteil an dem Sieg bei Fère Champenoise hatte Kronprinz Friedrich Wilhelm. Er hatte die entscheidenden Angriffsaktionen, so eine kühne Reiterattacke, befohlen und mit den ihm unterstellten Korps die Hauptlast der Kämpfe getragen.[70] Die Alliierten stießen nun rasch auf Paris vor. Am 30. März eroberte Kronprinz Friedrich Wilhelm mit dem IV. Armeekorps, dem das III. zur Verstärkung beigegeben war, St. Maur und, nachdem er heftigen feindlichen Widerstand gebrochen hatte, auch Charenton. Sein nächstes Nahziel war Vincennes. Württembergische Reiter zeigten sich bereits in der Pariser Vorstadt St. Antoine.[71]

In der Morgenfrühe des 31. März öffnete die französische Hauptstadt den Alliierten kampflos ihre Tore. Um 12 Uhr mittags erfolgte der feierliche Einzug von Kaiser Alexander von Rußland und König Friedrich Wilhelm III. von Preußen. Kronprinz Friedrich Wilhelm erwartete die Majestäten an der Pforte St. Martin und schloß sich ihnen an. Sein Pferd, ein prächtiger Araber, erregte Aufsehen, es galt als das schönste Reittier unter den insgesamt ausgesucht edlen Pferden der Fürstlichkeiten. Bei den alliierten Truppen, die als erste in Paris einzogen, befanden sich zwei württembergische Infanteriebataillone.[72]

Napoleon erkannte die Sinnlosigkeit einer Fortsetzung des Krieges. Er entsagte wenige Tage darauf in Fontainebleau der Herrschaft über Frankreich, so wie dies die gekrönten Häupter der Alliierten gefordert hatten. Nun bewahrheitete sich, was der Kaiser der Franzosen im Sommer 1813 zu dem österreichischen Staatsmann Fürst Metternich geäußert hatte: »Eure Herrscher, geboren auf dem Thron, können sich zwanzigmal schlagen lassen und doch immer wieder in ihre Residenzen zurückkehren; das kann ich nicht, ich, der Sohn des Glückes. Meine Herrschaft überdauert den Tag nicht, an dem ich aufhöre, stark und folglich gefürchtet zu sein.«[73]

Nach dem Waffenstillstand bezog das IV. Armeekorps Quartiere in den Departements Aube und Yonne. Im Juni 1814 kehrten die württembergischen Fronttruppen in die Heimat zurück. In Vaihingen/Enz wurden sie von König Friedrich feierlich begrüßt. Enttäuscht war die Bevölkerung darüber, daß der Kronprinz seine Württemberger nicht ins Vaterland zurückführte.[74] Dieser hatte jedoch eine Einladung des britischen Regenten angenommen und war nach Großbritannien gereist. Dort wurde er mit großen Ehren empfangen. Die Universität Oxford verlieh ihm den Doktortitel.[75] Als der Kronprinz schließlich im Juli 1814 wieder in der Heimat anlangte, ließen es sich die Stuttgarter nicht nehmen, ihm am 13. Juli einen glanzvollen Empfang zu bereiten. Über dem Königstor prangte ein aus Blumen geflochtenes »Salve«. Die Straßen säumte eine riesige Menschenmenge, die dem Einziehenden zujubelte. Am Abend erstrahlte die Stadt im Schein unzähliger Lichter.[76]

Im März 1815 schreckte die Welt hoch. Napoleon hatte die ihm zum Aufenthalt angewiesene Insel Elba verlassen und war an der Küste der Provence gelandet. Die ihm entgegengeschickten Truppen waren zu ihm übergelaufen. Am 20. März war er im Triumph in Paris eingezogen. König Ludwig XVIII. hatte Hals über Kopf seine Residenzstadt verlassen und in den Niederlanden Zuflucht suchen müssen. Ohne Schwertstreich war dem großen Schlachtengott die Herrschaft über Frankreich wieder zugefallen. Zwar sicherte der alte und der neue Kaiser der Franzosen zu, den äußeren Frieden zu wahren, das heißt, sich mit der Herrschaft über das derzeitige französische Staatsgebiet zu begnügen und die Nachbarländer nicht mehr mit Krieg zu überziehen. Die alliierten Mächte schenkten jedoch seinen Beteuerungen keinen Glauben. Napoleon hatte durch seine Rückkehr nach Frankreich ihre Großmut arglistig mißbraucht. Mit dem immensen französischen Militärpotential, das nunmehr wieder in seiner Verfügungsgewalt stand, bildete er nach ihrem übereinstimmenden Urteil eine Gefahr für Europa. Die Alliierten mobilisierten ihre Streitkräfte; ein neuer Waffengang stand bevor. König Friedrich war sich bewußt, daß die Existenz seines Hauses und seines Landes auf dem Spiel stand, wenn es Napoleon erneut gelang, die Vorherrschaft in Europa zurückzugewinnen. Er zögerte deshalb keinen Augenblick, sich den Großmächten anzuschließen. Militärisch unternahm er die größten Anstrengungen. Bereits Anfang April stand eine Streitmacht von 24000 Mann für den kriegerischen Einsatz bereit, um wie im Vorjahr im Verband des österreichischen Heeres ins Feld zu ziehen. Freilich erst Mitte Mai war das Gros der österreichischen Armee in Süddeutschland aufmarschiert. Der Oberbefehl lag wiederum in der Hand von Fürst Schwarzenberg.[77]

Für Kronprinz Friedrich Wilhelm war es keine Frage, daß er erneut eine leitende militärische Position übernahm. Fürst Schwarzenberg betraute ihn mit dem Kommando über das III. Armeekorps, mit insgesamt 43 000 Mann, dem neben Württembergern Österreicher sowie Hessen-Darmstädter angehörten. Die Kaiser von Österreich und von Rußland unterbrachen ihre Reise von Wien zum Schwarzenbergschen Hauptquartier in Heidelberg, um Friedrich Wilhelm kurz zu besuchen und seine Truppen zu inspizieren. Das württembergische Kontingent, an dessen Spitze wiederum Graf von Franquemont stand, umfaßte zwei Divisionen Infanterie, eine Division Reiterei, außerdem Artillerie- und Pioniereinheiten, insgesamt 20 Bataillone, 20 Schwadronen, 5 Batterien sowie eine Pionierkompanie.[78]

Es dauerte lange, bis die vereinigte österreichisch-russische Streitmacht am Oberrhein militärisch aktiv wurde. Am 17. und 18. Juni berichtete General Neuffer, der württembergische Militärbevollmächtigte im Hauptquartier des Fürsten Schwarzenberg, jetzt beginne es nach endlosen Konferenzen ernst zu werden. Fürst Metternich sei in Heidelberg eingetroffen.[79] Doch am 18. Juni, als Fürst Schwarzenberg seiner Streitmacht den Einsatzbefehl gab, kam es bei Waterloo in Belgien bereits zur entscheidenden Schlacht. Der preußische Feldherr Blücher und der englische Feldherr Wellington fügten Napoleon eine vernichtende Niederlage zu. Der Hunderttage-Kaiser hatte das Spiel verloren. Er mußte der Herrschaft über Frankreich endgültig entsagen. Die Engländer, bei denen er Zuflucht suchte, um der drohenden Gefahr für Leib und Leben zu entgehen, verbrachten ihn als Gefangenen auf das Felseneiland St. Helena im Südatlantik. Dort starb er 1821.

Am 22. Juni 1815 überschritt Kronprinz Friedrich Wilhelm mit seinem Korps den Rhein. Er hatte den Auftrag, die von dem französischen General Rapp verteidigte Festung Straßburg einzuschließen und zur Übergabe zu zwingen sowie das Elsaß vom Feind zu säubern. Am 27. Juni erreichte er Hagenau. Am folgenden Tag stellte sich die französische Rheinarmee bei Suffelweihersheim am Suffelbach, sieben Kilometer nördlich von

Straßburg, zum Kampf. Es kam zu einem langwierigen blutigen Gefecht. Kronprinz Friedrich Wilhelm führte selbst drei Reiterregimenter gegen den Feind. Bis zum Abend gelang es dem III. Armeekorps, den Feind zurückzuschlagen und das Schlachtfeld in Besitz zu nehmen. Das Gefecht, übrigens das einzige im Bereich der Schwarzenbergschen Armee im freien Feld 1815, verursachte recht hohe Verluste: an Toten sieben Offiziere und 200 Mann, an Verwundeten 42 Offiziere und 1047 Mann. Die meisten Verluste an Toten und Verwundeten hatten hierbei die Württemberger zu beklagen. Der Kronprinz verlegte sein Hauptquartier nunmehr nach Vendenheim. Am 5. Juli wurde das III. Armeekorps abgelöst. Zugleich erhielt es den Befehl, in das Innere Frankreichs zu marschieren und dort neue Stellungen zu beziehen. Zu blutigen Zusammenstößen mit französischen Truppen kam es nicht mehr.[80] Mit dem Inkrafttreten eines allgemeinen Waffenstillstands wurde den Württembergern das Departement Nièvre mit der Hauptstadt Nevers zugewiesen.[81]

Seit dem 19. Juli hielt sich Kronprinz Friedrich Wilhelm in dem erneut von den Alliierten besetzten Paris auf. Dort unterstützte er die Forderung Preußens nach einer Loslösung des Elsaß von Frankreich.[82] Er betrachtete das Elsaß als eine Art Einfallspforte der französischen Kriegsmacht nach Süddeutschland, und diese für Württemberg fatale Situation sollte nach seiner Ansicht wie auch nach der seines Vaters nicht länger bestehen bleiben. Indes setzte sich Preußen mit dieser Forderung gegenüber seinen Verbündeten nicht durch. König Friedrich hatte dies vorausgesehen. Nach dem Gefecht am Suffelbach hatte er geäußert, es sei höchst bedauerlich, daß die von Württemberg gebrachten Opfer wiederum vergeblich gewesen seien, denn es lasse sich klar erkennen, daß es wie im Vorjahr gehe und Frankreich mit Samthandschuhen angefaßt werde.[83] Eine vom württembergischen Außenminister Graf Wintzingerode unter maßgeblicher Beteiligung von Kronprinz Friedrich Wilhelm erarbeitete Denkschrift, die nachwies, daß eine Abtrennung des Elsaß von Frankreich für Südwestdeutschland sichere Grenzen gewährleiste, fand vor den Augen des Kaisers Alexander keine Gnade. Er sei, so ließ sich der Kaiser vernehmen, gegen jede Abtrennung französischer Gebietsteile, und sein politischer Vertrauter Kapodistrias fügte hinzu, es sei Rußlands Vorteil, wenn Frankreich stark bleibe.[84]

Kronprinz Friedrich Wilhelm war zweifellos ein tüchtiger

Soldat. Er besaß Mut, exponierte sich im Kampf. Auch hatte er als General gezeigt, daß er einen größeren Kampfverband führen konnte. Ob er aber das Zeug zu einem bedeutenden Feldherrn besaß, läßt sich nicht sagen. In den beiden Feldzügen, in denen er ein und zeitweise sogar mehrere Armeekorps kommandiert hatte, war er letztlich Befehlsempfänger gewesen, und er hatte sich auch als solcher verhalten. Ob er als Feldherr später vor- und umsichtiger agiert hätte, ob aus dem militärischen Taktiker ein Stratege geworden wäre, wissen wir nicht, da ihm als König eine kriegerische Bewährungsprobe erspart blieb. Als Regent wurde ihm verantwortungsbewußtes, durch den Intellekt bestimmtes Handeln zur politischen Maxime, deshalb liegt eine solche Entwicklung zumindest nahe. Der spätere österreichische Feldmarschall Radetzky, 1814 Stabschef Schwarzenbergs, urteilte, die Alliierten hätten in den Feldzügen gegen Napoleon nur einen einzigen wirklich guten General gehabt, und dies sei der württembergische Kronprinz gewesen.[85]

Nun war Friedrich Wilhelm der einzige Angehörige eines der regierenden deutschen Fürstenhäuser, der 1814/15 militärische Lorbeeren erlangt hatte. Seine persönliche Tapferkeit verschaffte ihm große Popularität.[86] Hofdichter verherrlichten seine Kriegstaten in panegyrischen Gedichten, so Johann Friedrich Schlotterbeck.[87] Der Dichter Wilhelm Hauff setzte dem tapferen fürstlichen General in seinem »Prinz Wilhelm« ein literarisches Denkmal.[88]

Auf dem Wiener Kongreß

Im September 1814 versammelten sich in Wien die europäischen Fürsten und Staatsmänner, um auf einem Kongreß unter dem Vorsitz des österreichischen Staatskanzlers Fürst Metternich Europa eine neue dauerhafte Ordnung zu geben. Entscheidendes Gewicht kam hierbei den Großmächten Großbritannien, Österreich, Preußen und Rußland zu, denen sich bald das von Talleyrand, dem nunmehrigen Sachwalter der restaurierten bourbonischen Königsfamilie, mit ungewöhnlichem diplomatischen Geschick vertretene besiegte Frankreich hinzugesellte. Die Tatsache, daß insbesondere Preußen und Rußland ihren territorialen Machtbereich erweitern wollten, rief auch die kleineren Staaten auf den Plan. König Friedrich strebte eine wesentliche Vergrößerung seines Landes vor allem durch badische und elsäßische Gebiete an, und er wurde hierbei von seinem Sohn Friedrich Wilhelm unterstützt. Württemberg sollte eine Bevölkerung und einen Gebietsumfang bekommen, der es instand setzte, ein Heer zu mobilisieren, das einem französischen Angriff so lange standhalten konnte, bis die Truppen Österreichs, Preußens und Rußlands herangerückt waren und in den Kampf eingriffen. Indes fand diese Forderung König Friedrichs und seines Sohnes kaum Unterstützung. Zar Alexander beispielsweise lehnte eine Loslösung von Gebietsteilen von Frankreich ab, ebenso eine Vergrößerung Württembergs auf Kosten seiner Nachbarländer Baden und Hohenzollern. Württemberg mußte sich mit dem Status quo zufriedengeben. Für König Friedrich, der in der Vergrößerung seines Landes sowie in der Steigerung des Ansehens und der Macht seiner Dynastie eines seiner wichtigsten politischen Ziele sah[89], aber auch für Kronprinz Friedrich Wilhelm eine wahrhaft bittere Pille, die sie zu schlucken hatten. Der König brachte es zwei Jahre später, kurz vor seinem Tod, in einem Gespräch mit Graf Wintzingerode auf den Punkt: »Der Fluch des Schwachen ist es eben, daß er nicht aufkommen kann gegen die Fehler der Stärkeren.«[90] Der Sohn sollte dieselbe schmerzliche Erfahrung Anfang der 1820er Jahre machen, als er gegenüber den Großmächten einen eigenständigen politischen Kurs zu steuern suchte.

Die Tatsache, daß nach der Niederwerfung Napoleons die Einwohner der früheren gefürsteten Grafschaft Mömpelgard mit Zustimmung der Alliierten Kronprinz Friedrich Wilhelm huldigten[91] und Württemberg damit seinen Anspruch auf dieses bedeutsame Territorium öffentlich bekundete, wollte man jetzt außerhalb der schwarzroten Grenzpfähle nicht mehr wahrhaben. Mömpelgard und die anderen einstigen linksrheinischen württembergischen Besitzungen blieben bei Frankreich. Auf einem ganz anderen Blatt stand, daß Zar Alexander vorübergehend mit dem Gedanken spielte, Kronprinz Friedrich Wilhelm, den künftigen Mann seiner Schwester Katharina, zum König von Frankreich zu machen.[92] Der mit den restaurierten Bourbonen unzufriedene Zar hätte gerne eine politisch hochbefähigte Persönlichkeit auf den Königsthron in Paris gebracht. Kronprinz Friedrich Wilhelm wäre zweifellos diese Persönlichkeit gewesen. Freilich hätte Friedrich Wilhelm als französischer König auf die Nachfolge in seinem Stammland Württemberg verzichten müssen. Dies wäre für das kleine Königreich nachteilig gewesen. Lediglich auf die Dynastie wäre neuer, wäre europäischer Glanz gefallen. Wir wissen nicht, wie Friedrich Wilhelm auf das Projekt reagierte. Sehr wahrscheinlich schmeichelte es ihm. Freilich hätte er bei seiner damals ausgeprägt deutschpatriotischen Gesinnung schwerlich einen so aufsehenerregenden Schritt tun können. Nun, die schwierige Entscheidung blieb ihm erspart, da es für Zar Alexander wohl nur eine momentane Eingebung gewesen war, die rasch wieder von anderen Überlegungen verdrängt wurde. Daß der württembergische Kronprinz für weite, vor allem deutschpatriotisch-liberale Kreise als Hoffnungsträger galt, nimmt nicht wunder. Friedrich Wilhelm hatte militärischen Ruhm errungen, er trat selbstbewußt auf. Beim Wiener Publikum gewann er rasch Beliebtheit. Kaiser Franz I. ernannte ihn, Alexander I. und König Friedrich Wilhelm III. von Preußen zu Oberstinhabern österreichischer Regimenter.[93]

Enge Kontakte pflegte Friedrich Wilhelm zum Reichsfreiherrn vom Stein, dem politischen Berater von Zar Alexander und Verfechter einer nationalen Einigung Deutschlands in der Form des Bundesstaats.[94] Der große politische Reformer und dessen politische Sicht der Dinge imponierten ihm. Doch war es keineswegs so, daß er ganz von Stein abhängig war, wie der Wiener Polizeibericht vom 19. Dezember 1814 feststellte.[95] Wenn er um ein vertrautes Verhältnis zu dem Reichsfürsten bemüht war, dann nicht zuletzt auch aus Opposition gegen den eigenen Vater und gegen dessen selbstherrliche, auf die einzelstaatliche Souveränität fixierte Politik. Ihm lag daran, ein eigenständiges politisches Konzept zu entwickeln, das sich deutlich von dem König Friedrichs von Württemberg unterschied und das den politischen Strömungen der Zeit Rechnung trug.[96] Auch wußte er, daß er sich durch die Verbindung zu Stein die Sympathien der liberal und deutschpatriotisch gesinnten Kreise erwarb. Besonders zustatten kam ihm seine Bindung an Großfürstin Katharina, die Schwester Zar Alexanders. Man ging davon aus, daß dieses ehrgeizige junge Fürstenpaar, dessen Heirat noch einige größere, aber nicht unüberwindbare Hindernisse entgegenstanden, dereinst eine bedeutsame politische Rolle in Deutschland, sehr wahrscheinlich sogar in Europa spielen werde, zumal es Friedrich Wilhelm und Katharina verstanden, ihre hohe Intelligenz und ihre große politische Befähigung eindrucksvoll zur Geltung zu bringen. Manche

Fürstlichkeiten und Staatsmänner sahen in Kronprinz Friedrich Wilhelm den künftigen Kaiser Deutschlands, andere in ihm den Regenten eines von Frankreich losgelösten Elsaß. Der Freiherr vom Stein schlug vor, Friedrich Wilhelm wenigstens zum deutschen Feldmarschall und zum Befehlshaber des Waffenplatzes Mainz zu ernennen.[97] Auch wenn Stein später von dem einstigen Kronprinzen – inzwischen König Wilhelm I. – und dessen wenig freiheitlichem Regiment enttäuscht war, so hat dieser doch seinem einstigen Mentor hohen Respekt bewahrt. 1859 steuerte König Wilhelm I. zu dem für den Reichsfreiherrn geplanten Denkmal die ansehnliche Summe von 1 000 fl [Gulden] bei.[98]

In Wien eröffnete sich Kronprinz Friedrich Wilhelm die Welt der Großen Politik. Diese schlug ihn nicht nur sofort in ihren Bann, sondern sie behielt für ihn zeitlebens ihre Faszination. Das Mitmischen in politischen Angelegenheiten Deutschlands und Europas wurde ihm schon als Thronfolger zur Leidenschaft. Freilich war sein politisches Denken und Handeln von Anfang an zwiespältig. Einerseits nahm er als Thronerbe eines kleinen Königreichs engagiert dessen Interessen wahr und unterstützte das Streben seines Vaters, Württemberg durch territoriale Vergrößerung ein stärkeres politisches und militärisches Gewicht im Konzert der deutschen und der europäischen Staaten zu verschaffen, andererseits mühte er sich um eine Lösung der deutschen Frage, das heißt, um die Errichtung eines deutschen Gesamtstaats auf föderalistischer Basis. Beide Ziele miteinander zur Deckung zu bringen, war außerordentlich schwierig, dennoch behielt er sie in gleicher Weise im Blickfeld. Schon früh hatte er erkannt, daß selbst ein stark vergrößertes Württemberg des Schutzschilds einer festgefügten politischen Organisation in einem gesamtdeutschen Rahmen bedurfte, wenn es sich als Staat günstig entwickeln sollte. Keinesfalls aber wollte er die Hand zu einer Art politischer Mediatisierung seines Stammlandes reichen. Württemberg, dessen Wohl in jedem Fall für ihn Vorrang hatte, sollte ein eigenständiger Staat bleiben, doch zugleich Glied eines deutschen Bundesstaates werden. Außenstehende haben diesen inneren Zwiespalt im politischen Denken und Handeln Friedrich Wilhelms häufig nicht erkannt; sie sind deshalb über ihn zu falschen, zumindest schiefen Urteilen gelangt, sie haben ihm Unaufrichtigkeit, Neigung zu Intrigen und zu Doppelzüngigkeit vorgeworfen.

Der bekannte Publizist Friedrich von Gentz, damals im Dienst

Beim Wiener Kongreß trafen sich die bedeutendsten Staatsmänner der Zeit (von links): Talleyrand, Montgelas, Hardenberg, Metternich; rechts der Publizist Friedrich von Gentz. Ausschnitt aus einem Gemälde von Engelbert Seibertz.

des österreichischen Staatskanzlers Metternich, dessen Politik er erläuterte und verteidigte, erkannte Friedrich Wilhelm eine große intellektuelle Begabung und bemerkenswerte militärische Talente zu, auch attestierte er ihm im Blick auf den Feldzug gegen Napoleon 1814 ein hohes Maß an Mut, an Tapferkeit und Unerschrockenheit. Indes schienen ihm solche herausragenden positiven Eigenschaften gefährlich bei einem Fürsten, der wie Friedrich Wilhelm »einen ungemein ehrgeizigen, unsteten, ränkesüchtigen, wenig Vertrauen erweckenden Charakter« besitze. Vor dem württembergischen Kronprinzen galt es also auf der Hut zu sein, und dies auch deshalb, weil er durch seine enge Bindung an Großfürstin Katharina zu deren Bruder, Zar Alexander, in einem vertrauten Verhältnis stand. Die Schlußfolgerung von Gentz: »Diese beiden hochstehenden Persönlichkeiten [Friedrich Wilhelm und Katharina] könnten daher, ihren Einfluß auf den Kaiser benützend, eines Tages vielerlei unternehmen und zu manchen Umwälzungen beitragen.«[99] Freilich, Zar Alexander verhielt sich gegenüber einer politischen Einflußnahme durch die Schwester und erst recht durch den künftigen Schwager abweisend. Auf kritische Äußerungen Katharinas zu politischen Entscheidungen, die er treffen wollte oder getroffen hatte, reagierte er nicht selten allergisch. Nach außen wollte er sich in jedem Fall als Herr seiner Entschlüsse präsentieren.[100] Das Verhältnis von Zar Alexander zu Kronprinz Friedrich Wilhelm verschlechterte sich auf dem Wiener Kongreß und in der Zeit danach zunehmend. Einmal versagte der Zar allen Bemühungen des Kronprinzen, eine territoriale Vergrößerung Württembergs durch die Angliederung badischer und elsässischer Gebiete zu erreichen, seine Unterstützung, und zum andern sah er es offensichtlich nicht sonderlich gerne, daß Katharina gerade Friedrich Wilhelm zu ihrem zweiten Ehemann erkor.[101]

Beinahe noch ungünstiger als das Urteil von Gentz sind die Äußerungen, die Erzherzog Johann von Österreich über den Charakter und das Verhalten von Kronprinz Friedrich Wilhelm auf dem Wiener Kongreß in seinem Tagebuch festhielt. Allerdings sind diese Äußerungen stark von der Enttäuschung Johanns darüber beeinflußt, daß der württembergische Thronfolger seinem Bruder, Erzherzog Karl, die Braut, nämlich die Großfürstin Katharina, »ausgespannt« hatte.[102]

Zunächst kreidete Johann dem Kronprinzen an, daß er sich in der Frage der von Österreich abgelehnten Annexion Sachsens durch Preußen auf die preußische Seite geschlagen habe und sich zu Unrecht damit herausrede, er vertrete den Standpunkt seines Vaters, in Wirklichkeit aber habe man ihn wohl mit der Aussicht auf die Übertragung der Stelle »des Befehlshabers des deutschen konföderierten Heeres« geködert. Das Fazit Johanns: »Der Kronprinz von Württemberg mit all seinen Talenten und Eigenschaften spielt eine garstige Rolle. Ehrgeiz frißt ihn auf.« Der Erzherzog warf Friedrich Wilhelm des weiteren vor, daß er sich in Opposition zu seinem Vater, geblendet durch Versprechungen, zu Preußen halte und diesem sogar die Kaiserkrone habe verschaffen wollen. Dagegen sehe er in Österreich keinen deutschen Staat, und er vertrete die Ansicht, dieses solle sich in die Angelegenheiten Deutschlands nicht einmischen.[103] Es scheint, daß Friedrich Wilhelm auf dem Wiener Kongreß erstmals der Gedanke kam, unter Ausschluß von Österreich, aber auch von Preußen einen engeren Bund deutscher Staaten, das sogenannte Dritte Deutschland, zu schaffen, ein Gedanke, der maßgeblich seine Deutschlandpolitik nach der Übernahme des Königsamts in seinem Heimatland Württemberg bestimmen sollte. Den Anstoß zu seiner Triasidee erhielt Kronprinz Friedrich Wilhelm wahrscheinlich durch Freiherrn vom Stein. Dieser forderte 1814 den Ausschluß sämtlicher österreichischer und preußischer Länder östlich von Inn und Elbe, da der Charakter des ostelbischen Preußens und der der österreichischen Kronländer von dem des westlichen Deutschlands zu stark abweiche, um alle diese Territorien in einer Verfassung zu vereinigen. Zwar wollte Stein, daß Österreich und Preußen sogar als Direktorialmächte an dem Deutschen Bund Anteil haben sollten, doch hielt er es für ausgeschlossen, dessen Gesetze auf ihre Kronländer auszudehnen.[104] Der Reichsfreiherr vertrat also die Idee eines verhältnismäßig straff organisierten engeren Deutschen Bundes, der im wesentlichen die deutschen Mittel- und Kleinstaaten umfaßte, und eines sich diesem in lockerer Form anschließenden weiteren Bundes, in dem die Großmächte Österreich und Preußen bestimmend waren. Für Erzherzog Johann wurden die Aktivitäten des württembergischen Kronprinzen, dessen Motive ihm undurchsichtig, wirr, oft sogar widersprüchlich erschienen, zunehmend suspekter. Er schrieb sie einem fast krankhaften Selbstbewußtsein zu. Er, der Kronprinz, »will mit Gewalt eine Rolle spielen und spielt eine schlechte... Die Unterredungen zwischen mir und dem Kronprinzen werden täglich kälter; unsere Ansichten sind sehr verschieden.« An anderer Stelle seines Tagebuchs bemerkt er über Friedrich Wilhelm: »Er scheint sich von Rußland zu entfernen. Die Hoffnung auf einen eigenen Länderbesitz am Rhein ist zerflossen, sein militärischer Ehrgeiz bleibt unbefriedigt. Nun hält er sich an das früher geschmähte Österreich, um eine führende Stellung in der Lombardei oder gar den Oberbefehl gegen Murat zu erhalten... Was nützen Mut, Kenntnisse, Talente, wenn der Charakter nicht gerade, fest und unerschütterlich ist.«[105]

Sehr kritisch über Kronprinz Friedrich Wilhelm äußerte sich der preußische Offizier Graf August Ludwig von Nostiz, der im

Feldzug von 1815 Adjutant von Generalfeldmarschall Blücher war und diesem das Leben rettete. Für ihn war der dominierende Wesenszug des Kronprinzen ein geradezu krankhafter Ehrgeiz. Friedrich Wilhelm spekuliere, so vermutete Graf Nostiz, auf das »Generalat« einer künftigen Reichsarmee, doch wolle er sich mit einer solchen herausragenden Rolle nicht begnügen, diese solle ihm vielmehr dazu dienen, sich die deutsche Kaiserkrone zu verschaffen.[106]

Kronprinz Friedrich Wilhelm konnte in Wien die Politik seines Vaters wie die des Königs von Bayern auf ungeschmälerte Erhaltung der einzelstaatlichen Souveränität[107] schwerlich kompromißlos vertreten, doch er widersetzte sich ihr auch nicht. Seine öffentlichen Äußerungen hierüber waren zwiespältig. Auch ihm lag daran, daß Württemberg weiterhin ein eigenständiger Staat blieb, freilich eingebunden in eine Föderation, über deren Organisationsform er indes nur vage Vorstellungen besaß. Obwohl er sich zu den liberalen, deutschpatriotischen Plänen Steins bekannte, wäre ein straff organisierter deutscher Bundesstaat wohl kaum in seinem Sinne gewesen. Wichtig war ihm ein wirksamer militärischer Schutz Süddeutschlands vor einer französischen Invasion, nachdem es die Großmächte, insbesondere Rußland, abgelehnt hatten, durch die Abtrennung des Elsaß von Frankreich den süddeutschen Staaten das zu ihrer Verteidigung erforderliche Glacis zu verschaffen. Eine derartige militärische Sicherung ließ sich jedoch nur durch militärpolitische Maßnahmen in einem gesamtdeutschen Rahmen erreichen. Im Hinblick darauf beschloß der Kongreß die Bildung einer Kommission zur Planung der Militärverfassung des künftigen Deutschen Bundes. In diese Kommission wurde neben dem österreichischen General Graf Joseph Wenzel von Radetzky und dem bayerischen Heerführer Fürst Karl Philipp von Wrede auch Kronprinz Friedrich Wilhelm berufen. Der württembergische Thronfolger empfand über die ihm zuteil gewordene ehrenvolle Berufung nicht nur große Genugtuung; er sah in ihr auch einen ersten Schritt auf dem Weg zu dem von ihm angestrebten Amt eines deutschen Bundesfeldherrn.[108] Ein Anliegen Friedrich Wilhelms war die Errichtung eines Befestigungssystems an der deutschen Westgrenze, um vor allem Baden und Württemberg vor Frankreich besser schützen zu können.[109] Die Realisierung dieses schwierigen Unternehmens zog sich indes wegen stark divergierender Interessen der einzelnen süddeutschen Staaten mehrere Jahrzehnte hin.

Die Absichtserklärung des Wiener Kongresses, auf die Einführung von landständischen Verfassungen in den deutschen Ländern hinwirken zu wollen, gab den ersten Anstoß zu dem Versuch König Friedrichs, in Württemberg verfassungsmäßige Zustände herzustellen. Kronprinz Friedrich Wilhelm begrüßte diese staatspolitisch bedeutsame Entscheidung des Vaters. Bereits Ende September 1814 wies er in einem Gespräch mit dem württembergischen Gesandten in Wien, von Linden, auf die Gefahr hin, die Großmächte könnten die mindermächtigen Länder zu Verfassungen nötigen, deren Inhalt sie ihnen im wesentlichen vorschrieben. Man solle daher, so meinte er, handeln, solange man noch frei sei.[110] König Friedrich ging tatkräftig zu Werk: Die Verfassung, die er im März 1815 den Landständen vorlegte, erregte in ganz Deutschland Aufsehen. Gerade von ihm, dem bisher unbeugsamsten Vertreter absolutistischer Staatsgewalt, hatte man dies am wenigsten erwartet. Daß die Stände dann dieses Staatsgrundgesetz, das immerhin moderne Verfassungsgrundsätze wie die Rechtsgleichheit der Untertanen verwirklichte, ablehnten, weil sie in ihm ein Gnadengeschenk des Herrschers sahen, und daß sie statt dessen die Wiederherstellung der Ende 1805 vom Monarchen aufgehobenen altwürttembergischen Verfassung forderten, empfand König Friedrich als bittere Kränkung. Auch Kronprinz Friedrich Wilhelm, den der König über die Entstehung des Verfassungswerks auf dem laufenden gehalten hatte, war von dem negativen Votum der Stände unangenehm berührt. Am 12. April 1815 berieten Vater und Sohn in Stuttgart, welche Maßnahmen zur Überwindung der akuten Staatskrise ergriffen werden könnten. Beide waren sich darin einig, daß dem Landesherrn die Zurücknahme der oktroyierten Verfassung nicht zuzumuten sei, daß jedoch durchaus Bestimmungen aus der altwürttembergischen Verfassung, die den Anforderungen der Gegenwart entsprächen, in das neue Staatsgrundgesetz übernommen werden könnten. Friedrich Wilhelm stimmte dem Vater auch darin zu, daß die Landstände ihr Einverständnis zu Geld- und Kreditwünschen für den bevorstehenden Waffengang gegen Napoleon nicht von Zugeständnissen des Königs in der Verfassungsfrage abhängig machen dürften.

Kronprinz Friedrich Wilhelm hielt die Minister für die Hauptschuldigen an dem gegenwärtigen Verfassungskonflikt. Ihre Pflicht, stellte er fest, wäre es gewesen, den König über die im Volk herrschende Unzufriedenheit und über die fast allgemeine Erwartung einer Wiederherstellung der alten Verfassung rechtzeitig aufzuklären. Gegen solche Anschuldigungen verwahrten sich die königlichen Kommissarien: Der starke Rückhalt, den die frühere Verfassung im Volk finde, sei erst nach der Einberufung der Landstände bekannt, großenteils sei er sogar erst durch sie bewirkt worden. Der Geist des Mißvergnügens und der Gärung sei nicht nur in Württemberg, sondern auch in den anderen deutschen Ländern anzutreffen, nicht die Regierungen hätten ihn hervorgerufen, sondern die unermeßlichen Leiden, die die Untertanen in den vergangenen Kriegen hätten erdulden müssen, ebenso die Verarmung, die aus den der Bevölkerung auferlegten Lasten erwachsen sei. Die Minister hätten dem König keine Informationen vorenthalten. Die Ankündigung des Monarchen, eine Verfassung zu erlassen, habe »anfänglich allgemein eine angenehme Sensation hervorgebracht«. Zudem habe »in einem unabhängigen, unumschränkt regierten Staat die Initiative zur Einführung einer beschränkten Verfassung von dem Souverän auszugehen«.

Der Kronprinz warnte davor, die so machtvoll sich äußernde öffentliche Meinung in der Verfassungfrage zu mißachten. Da die Würde des Königs auch nicht im geringsten kompromittiert werden dürfe, bleibe nur die Möglichkeit von Verhandlungen mit den Ständen. Dem Thronfolger war jedoch nicht zweifelhaft, daß sich letztlich die vom Monarchen aufgestellten Verfassungsprinzipien durchsetzten. Er meinte, man solle in den Ständen »Kranke und Hypochondristen« sehen, »die eine fixe Idee der alten Verfassung hätten«. Wie schwer gegen eine solche »fixe Idee« anzukommen war, sollte indes Kronprinz Friedrich Wilhelm, seit Ende Oktober 1816 König Wilhelm I., in einem schwierigen Lernprozeß während der bis zum Jahr 1819 anhaltenden Verfassungskämpfe bewußt werden.[111]

Das bittere Ende einer Unglücksehe

Seit ihrer Hochzeit im Sommer 1808 führte Kronprinzessin Charlotte ein sehr zurückgezogenes Leben in dem 1720 von Herzog Eberhard Ludwig errichteten und 1807/08 von Thouret umgebauten alten Kronprinzenpalais an der oberen Königstraße, das 1926 dem Mittnachtbau weichen mußte.[112] Kronprinz Friedrich Wilhelm überließ seine junge Frau gänzlich sich selbst. Er betrachtete seine Ehe von Anfang an als eine ihm von Napoleon aufgezwungene und damit als eine rein auf dem Papier stehende Verbindung. Charlotte trug schwer an der Mißachtung durch den Gatten. Sie sah Friedrich Wilhelm allenfalls bei der Tafel und bei wichtigen öffentlichen Anlässen. Wenn er mit ihr sprach, dann nur, um sie, wie sich der leitende bayerische Minister Graf Montgelas erinnert, zu verletzen oder sie vor den ihr Nächststehenden herabzuwürdigen. Charlotte bemühte sich dennoch immer wieder, Friedrich Wilhelm für sich zu gewinnen. Sie bekundete ihm trotz aller Zurücksetzung ihre Zuneigung und Ergebenheit. Zuletzt geschah dies im Sommer 1814, als er aus dem Feldzug gegen Napoleon und von einer anschließenden Reise nach England in die Heimat zurückkehrte. Allein, der Kronprinz zeigte ihr wie oft schon früher die kalte Schulter.[113] Königin Karoline von Bayern rührte bei einem Besuch in Stuttgart während jener Jahre der Jammer der Stieftochter an. Aber auch sie wußte keinen Rat, wie das Verhältnis der beiden jungen Eheleute zueinander verbessert werden könnte.[114] Einen Halt in ihrer trostlosen Lage gewährte Charlotte ihr christlicher Glaube. Ein Glück für sie war, daß König Friedrich und Königin Charlotte Mathilde sie sehr schätzten und rege freundschaftliche Kontakte zu ihr unterhielten.[115]

Der Übertritt Württembergs zu den Alliierten im Herbst 1813 und der Sturz Napoleons ein halbes Jahr später verschafften Kronprinz Friedrich Wilhelm die erwünschte Gelegenheit, sich von Charlotte zu trennen. Hinzu kam, daß er, obwohl noch rechtsgültig verheiratet, bereits wieder auf Freiersfüßen wandelte. Angetan hatte es ihm seine selbstbewußte und vielseitig begabte Kusine Großfürstin Katharina von Rußland, die Witwe des Prinzen Georg von Oldenburg. Sie wollte er möglichst bald zum Traualtar führen. Eine solche neue Verbindung setzte aber die Auflösung seiner seit sieben Jahren mit Charlotte bestehenden Ehe voraus.[116] Bereits im Dezember 1813 war dem österreichischen Staatskanzler Metternich die Absicht des Kronprinzen bekannt, sich von seiner Frau Charlotte scheiden zu lassen. Im Januar 1814 besuchte Charlotte ihre Eltern in München. Offensichtlich konnte und wollte sie die jämmerliche Situation, in der sie sich befand, nicht mehr verbergen. Der Vater, König Max Joseph, wies seinen leitenden Minister Graf Montgelas an, beim Papst Schritte zur Auflösung ihrer Ehe zu unternehmen. Die Schuld an dem Unglück der Tochter schrieb Max Joseph Kronprinz Friedrich

Wilhelm zu. Er nannte ihn einen »vilain homme«, einen schändlichen Menschen.[117] Charlotte bekam von ihrem Ehemann zu hören, von Liebe zwischen ihnen beiden könne keine Rede sein, ihre Verbindung sei ohne Zukunft. Da begriff sie, daß an der von Friedrich Wilhelm gewünschten Ehescheidung kein Weg vorbeiführe.[118] So waren sich beide darin einig, König Friedrich von dieser fatalen Situation zu unterrichten und ihn zu bitten, ihnen die Möglichkeit zur Ehescheidung zu eröffnen.[119]

Der König war sehr betroffen, ebenso Königin Charlotte Mathilde. Beide hätten die vortreffliche Schwiegertochter, wie sie sich ausdrückten, weiterhin gerne an der Seite des Kronprinzen am Stuttgarter Hof gesehen.[120] Andererseits machten sie keinen Hehl daraus, daß die von Friedrich Wilhelm nachdrücklich betriebene Heirat mit Großfürstin Katharina für Württemberg und sein Königshaus jetzt in einer Zeit politischen Umbruchs eine große Chance bedeutete.[121] Diesen Plan wollten sie nicht verhindern, und sie wollten ihn erst recht nicht scheitern lassen. Am 31. Juli 1814 teilte König Friedrich die beabsichtigte Ehescheidung des württembergischen Thronfolgerpaares dem König von Bayern mit Worten ausdrücklichen Bedauerns mit. Er rühmte die Prinzessin Charlotte auszeichnenden hervorragenden Eigenschaften des Herzens und des Geistes. Wenn er, schrieb König Friedrich, eine Ehescheidung befürworte, dann vor allem deshalb, weil nur eine solche der Prinzessin den Weg zu einer neuen und diesmal glücklichen Ehe freimache. Nun sei Prinzessin Charlotte Katholikin. Dies erschwere eine Ehescheidung. Doch denke er, daß König Max Joseph hier eine Lösung finde. Wichtig war König Friedrich, daß die bayerisch-württembergischen Beziehungen durch diese höchst delikate Angelegenheit nicht dauerhaft belastet wurden. König Max Joseph half dem württembergischen Nachbarn rasch aus seiner Verlegenheit. Bereits am 1. August 1814 erklärte er in Baden (sehr wahrscheinlich in dem bekannten Schweizer Kurort), wo er sich gerade aufhielt, sein grundsätzliches Einverständnis zu der beabsichtigten Ehescheidung seiner Tochter.[122]

Da sich Kronprinz Friedrich Wilhelm zur evangelisch-lutherischen Konfession bekannte, schienen der württembergischen Seite einer Auflösung der Ehe des Thronfolgerpaars keine größeren Hindernisse entgegenzustehen. Am 9. August 1814 berief König Friedrich gemäß den Gesetzen und Rechtsvorschriften des württembergischen Königshauses ein ordentliches Ehegericht ein und betraute mit dessen Vorsitz Staats- und Justizminister von der Lühe.[123] Großen Wert legte der König darauf, bei der Eröffnungssitzung des Gerichts, dem außer mehreren profilierten Juristen auch einige hervorragende evangelische Theologen angehörten, unmißverständlich festzustellen, daß er als Vater und Regent alles getan habe, um die Ehe des Kronprinzen zu retten. Angesichts der unüberwindbaren Abneigung seines Sohnes gegen Prinzessin Charlotte, erklärte Friedrich, seien jedoch alle seine Bemühungen vergeblich gewesen. Er rühmte seine Schwiegertochter als eine charaktervolle, tugendhafte, menschlich vornehme junge Frau. Wider Erwarten erregte das Ehegericht gleich zu Beginn seiner Beratungen den »allerhöchsten Unwillen«. Es wünschte vom Kronprinzen, von der Kronprinzessin oder »in deren Ermangelung« von König Friedrich als Chef des königlichen Hauses eine Erklärung darüber, daß es zu einer Abneigung zwischen Friedrich Wilhelm und Charlotte nicht erst nach der Hochzeit gekommen sei, sondern daß schon vor der Eheschließung der eine oder der andere Partner oder auch beide in der zu einem rechtsbeständigen Eheversprechen erforderlichen vollen Freiheit der Wahl beschränkt gewesen seien. Wenn eine solche Erklärung vorliege, hielt es das Gericht für ohne weiteres möglich, die Ehe des Thronfolgers für ungültig zu erklären.

König Friedrich verwahrte sich am folgenden Tag vor dem versammelten Staatsministerium gegen eine derartig respektwidrige, wahrheitswidrige, ja empörende Unterstellung. Eine solche Freiheitsbeschränkung hätten doch nur die Eltern ausüben können, es sei nicht der geringste Zwang ausgeübt, noch sei die väterliche Gewalt in irgendeiner Weise mißbraucht worden. Kronprinz Friedrich Wilhelm und Prinzessin Charlotte hätten ihre Entscheidung völlig frei und nach eigenem Ermessen getroffen. Erst nachdem sich beide völlig einig gewesen seien, hätten die beiden Väter ihre Einwilligung zu der Eheschließung gegeben. Auf Befehl des Königs mußte sich das Staatsministerium mit der Sache befassen. Es schlug dem König vermutlich einen Wechsel in der Leitung des Ehegerichts vor: Minister von Lühe, der für König Friedrich der »Hauptsünder« war, mußte »krankheitshalber« den Gerichtsvorsitz dem neuberufenen Graf Mandelsloh abtreten.[124]

König Friedrich empfand es als unerhörte Anmaßung, daß Untertanen in die Privatsphäre von Angehörigen des Herrscherhauses Einblick zu erlangen suchten, auch wenn es sich um

Mitglieder eines von ihm persönlich eingesetzten Ehegerichts handelte. Selbst diese hatten sich mit den Fakten zu begnügen, über die sie zu unterrichten der Landesherr für gut hielt. Am 31. August 1814 fällte das Ehegericht unter seinem neuen Vorsitzenden Graf Mandelsloh das erwartete Urteil. Bei lediglich einem »dissentierenden Votum«, der Gegenstimme des Prälaten von Süskind, der auch jetzt Mannesmut vor dem Königsthron bewies, erklärte das Gericht die Ehe des Kronprinzen für »annulliert«.[125]

König Friedrich sorgte dafür, daß Prinzessin Charlotte für den Verzicht auf ihre ehelichen Rechte großzügig entschädigt wurde. Bei ihrer Abreise im September 1814 aus Stuttgart nach Würzburg, wo ihr der Vater, König Max Joseph, eine vorläufige repräsentative Aufenthaltsmöglichkeit verschafft hatte, erhielt sie 15 000 fl. Außerdem wurde ihr von der Krone Württemberg bis zu einer Wiederverheiratung vertraglich eine Jahrespension von 40 000 fl zugesichert.[126]

Ob nun die Ehe von Kronprinz Friedrich Wilhelm und Prinzessin Charlotte von Bayern tatsächlich nie vollzogen worden war oder ob dies beide Ehegatten nur beteuerten, um die rechtsgültige Auflösung ihrer Ehe zu erleichtern und um die nach kanonischem Recht bestehenden Hemmnisse für eine Wiederverheiratung zu beseitigen, sei dahingestellt. Als sicher kann gelten, daß von einer ehelichen Gemeinschaft zwischen Friedrich Wilhelm und Charlotte schon in den sogenannten Flitterwochen keine Rede sein konnte und daß die gänzliche Zerrüttung dieser Ehe rasch offenkundig war.

Am Münchner Hof hatte der württembergische Thronfolger fast nur noch Feinde. Nicht zu Unrecht gab man ihm die Schuld an dem Ehefiasko von Prinzessin Charlotte. Besonders verhaßt war der seitherige Schwager dem bayerischen Kronprinzen Ludwig. Ihn bedrückte die Schmach, die Friedrich Wilhelm der Schwester zufügte. Freilich gab es für den Haß Ludwigs auch noch andere Gründe: Friedrich Wilhelm trat sicher auf; er besaß Witz, Schlagfertigkeit sowie eine hohe Intelligenz. Ludwig hingegen hatte nach dem Urteil von Erzherzog Johann die Natur »das Gehör sowie die Geläufigkeit der Zunge versagt«, er war aber dafür sehr reizbar. Der Württemberger nutzte häufig die Gelegenheit, um sich über den schwerfälligen Bayern lustig zu machen. Auf dem Wiener Kongreß stürzten sich die zwei

Kronprinzen in das überaus rege gesellschaftliche Leben. Bei einem Empfang der Fürstin von Thurn und Taxis kam es zum Eklat: Ludwig fühlte sich durch die hämische Bemerkung Friedrich Wilhelms, er habe beim Blindekuh-Spiel die Augen nicht ordentlich zugebunden gehabt, öffentlich brüskiert. Er forderte ihn zum Duell mit Pistolen. Als sich Friedrich Wilhelm verabredungsgemäß am nächsten Morgen im Prater einfand, wartete er vergeblich auf seinen Gegner. Dafür wurde ihm ein Brief (Billett) des Fürsten Wrede übergeben. Der Inhalt des Briefes ist nicht bekannt, doch dürfte sich Ludwig entschuldigt und seine Duellforderung zurückgenommen haben.[127]

Die Katholikin Charlotte legte größten Wert auf die rechtsverbindliche Nichtigkeitserklärung ihrer Ehe. Eine solche konnte aber nur durch die Kurie ausgesprochen werden, und diese bedurfte hierzu des glaubhaften Nachweises über den Nichtvollzug der Ehe. Doch auch für Kronprinz Friedrich Wilhelm genügte der von König Friedrich erwirkte Spruch des Stuttgarter Ehegerichts nicht, wollte er doch bald wieder eine neue Ehe eingehen und diese nicht mit einer Protestantin, sondern mit seiner der russisch-orthodoxen Kirche angehörenden Kusine Großfürstin Katharina von Rußland. Katharina aber und mehr noch ihre Mutter sowie ihr Bruder Zar Alexander wünschten vor dieser Heirat eine rechtsgültige Annullierung der ersten Ehe des Kronprinzen, und eine solche war nur zu erlangen, wenn ein kirchliches Gerichtsverfahren den Nachweis erbracht hatte, daß die erste Ehe Friedrich Wilhelms nie bestanden, also nie vollzogen worden war.[128]

König Friedrich erwartete im Sommer/Herbst 1814, daß der bayerische König das Verfahren bei der Kurie umgehend einleitete, mit dem Ziel, die Ehe seiner Tochter Charlotte für nichtig zu erklären, und daß er es mit allem Nachdruck betrieb. Doch er sah sich getäuscht. In einem Dekret vom 30. Juni 1815 an seinen Staats- und Konferenzminister Graf von Wintzingerode, den er zur Beschleunigung der leidigen Angelegenheit nach München entsandt hatte, bezichtigte er den bayerischen Hof, das Verfahren in Rom bewußt zu verschleppen. Er sprach vom »mauvaise volonté«, vom »schlechten Willen«, das heißt von Böswilligkeit.[129] Die Entsendung von Graf von Wintzingerode nach München hatte indessen den erwünschten Effekt. König Max Joseph bekräftigte, er werde die erforderlichen Schritte beim Heiligen Stuhl unternehmen. Zu seinem Bevollmächtigten für die Verhandlungen in Rom ernannte er Hofbischof Haeffelin. Der württembergische Gesandte in München, Baron von Steube, dämpfte dennoch die Erwartungen König Friedrichs. In einem Bericht vom 28. Juni 1815 schrieb er, wie ihm Kardinal-Staatssekretär Consalvi mitgeteilt habe, dauerten die Verhandlungen über eine Ehenichtigkeitserklärung, selbst wenn der Papst keine unvorhergesehenen Schwierigkeiten mache, gewöhnlich ein Jahr. Der bayerische König wolle aber alles in seiner Macht Stehende tun, um das Verfahren zu beschleunigen.[130]

Im Gegensatz zum Münchner Hof befand sich König Friedrich in einer schwierigen Situation. Der Sohn und vor allem auch dessen Braut Katharina drängten auf eine schnelle Heirat, und eine solche Eheverbindung lag im wohlverstandenen Interesse seines Hauses und Landes. Er suchte St. Petersburg zu beschwichtigen. Am 3. Juli 1815 ließ er den Neffen Alexander wissen, die Verhandlungen mit der Kurie hätten begonnen.[131] Mit Erleichterung nahm er andererseits die Zusicherung des Zaren vom 5. Oktober 1815 auf, er, Alexander, beteilige sich aktiv an den Verhandlungen in Rom.[132] Dies traf auch zu, hatte er doch schon im August den russischen General Hitroff in Sondermission nach Rom entsandt, der am 7. September von Kardinal-Staatssekretär Consalvi in Audienz empfangen wurde.[133]

Ende Juli 1815 hatte der württembergische Gesandte in München den Eindruck, daß das »bayerische Gouvernement« die Verhandlungen mit der Kurie erneut auf die lange Bank schiebe. Diesem Eindruck widersprach der württembergische Bevollmächtigte in der Eheauflösungsangelegenheit des Kronprinzen, Geistlicher Rat Johann Baptist von Keller, der nachmalige erste Bischof von Rottenburg. Zu diesem Zeitpunkt noch in München, schrieb Keller, er meine, nachdem für die protestantische, die württembergische Seite, die Auflösung der Ehe von Kronprinz Friedrich Wilhelm mit Prinzessin Charlotte rechtlich entschieden sei, liege es vor allem im Interesse der katholischen, der bayerischen Seite, bei der Kurie das anhängige Verfahren rasch zum Abschluß zu bringen.[134] Am 25. Juli 1815 wandte sich die immer noch in Würzburg lebende Prinzessin Charlotte in einem Schreiben, das sie mit Carolina Augusta unterzeichnete, direkt an den Papst. Sie schilderte, wie der Kronprinz von Württemberg, obwohl der Wunsch nach einer ehelichen Verbindung von ihm ausgegangen sei, vom Augenblick ihrer kirchlichen Trauung am 8. Juni 1808 an gegen sie eine unüberwindliche Abneigung empfunden und deshalb jedes innigere Lebensverhältnis mit ihr vermieden habe, ohne daß sie ihm dazu Grund gegeben habe. Dieses unglückliche Los habe sie mit Geduld und mit Hilfe des Allmächtigen bis zum Sommer des vergangenen Jahres ertragen. Als damals aber der aus dem Feld heimkehrende Kronprinz das Verlangen nach der Auflösung ihrer ihm stets lästig gewesenen Ehe geäußert habe, habe sie mit Blick auf das unschuldige Volk, das er dereinst regieren werde, zugestimmt. Dabei hätte sie bei »einem günstigeren Geschick« gerne zum Wohl seiner künftigen Untertanen beigetragen. Charlotte versicherte dem Papst, daß ihre Ehe nie vollzogen worden sei, und sie bat ihn, diese Scheinehe, die sie sieben Jahre habe führen müssen, für nichtig zu erklären. Keine Frage war es für sie, daß Kronprinz Friedrich Wilhelm schon vor der priesterlichen Einsegnung den Vorsatz gehabt habe, auf jede eheliche Gemeinschaft mit ihr zu verzichten.[135]

Anfang August 1815 stellte sich Kardinal-Staatssekretär Consalvi auf den Standpunkt, die Ehe Charlottes könne nur dann durch Dispensation des Papstes aufgelöst werden, wenn dafür schwerwiegende Gründe geltend gemacht werden könnten. Für eine solche Dispensation sei ein dreifacher Nachweis erforderlich: 1. ein körperlicher Eid durch die beiden seitherigen Ehegatten; 2. ein entsprechender Eid durch sieben Zeugen aus dem Kreis der Verwandten; 3. eine anatomische Inspektion, d.h. eine ärztliche Untersuchung der Prinzessin, bei der die Kurie die Grundsätze des berühmten Haller anwende.[136] Das Ansinnen Consalvis, durch eine »körperliche Visitation« Charlottes ihre unversehrte Jungfräulichkeit festzustellen, befremdete in München sehr. An der Kurie wollte man es mit dem bayerischen Königshaus nicht verderben, der Papst verzichtete deshalb schon wenige Wochen später wegen der »Frömmigkeit und Zartheit des Gewissens« von Prinzessin Charlotte auf diese peinliche medizinische Prozedur.[137] Charlotte hatte lediglich eine eidesstattliche Erklärung darüber abzugeben, daß ihre Ehe nicht vollzogen worden sei.[138]

Kronprinz Friedrich Wilhelm sollte sich zunächst einem »Informationsprozeß« durch einen päpstlichen Delegierten unterziehen. Doch auch hier gab die Kurie nach, und dies, obwohl sie damals auf den württembergischen König schlecht zu sprechen war, weil dieser eigenmächtig das katholische Generalvikariat Ellwangen errichtet und dessen Leitung Fürst Franz Karl von Hohenlohe-Waldenburg übertragen hatte. Sie begnügte sich gleichfalls mit einer detaillierten eidesstattlichen Erklärung. In dieser am 5. Oktober 1815 schriftlich abgegebenen eidesstattlichen Erklärung bestätigte der Kronprinz nochmals ausdrücklich, daß er schon bei der Heirat gegen Prinzessin Charlotte Auguste von Bayern eine tiefe Abneigung empfunden habe. Diese Abneigung, die er auch in der Folgezeit nie habe überwinden können, sei der einzige Grund gewesen, warum es nie zum Vollzug der Ehe gekommen sei.[139] Am 12. Oktober 1815 wurde dann noch von württembergischer Seite die verlangte »eidliche Erklärung« von sieben Zeugen nachgereicht. Auch sie begründete den Nichtvollzug der Ehe des Kronprinzen mit dessen unüberwindlicher Abneigung gegen seine Frau Charlotte. Bei den sieben Zeugen handelte es sich um die Minister Graf von Mandelsloh, Freiherr von der Lühe, Graf von Zeppelin und Freiherr von Jasmund sowie um den Hofmarschall von Kronprinzessin Charlotte, den Freiherrn von Mühlenfels, den Hofmarschall des Kronprinzen, den Freiherrn Ernst von Phull, und den königlichen »Cubicularius« (Kammerherrn), den Freiherrn August von Phull.[140]

Nachdem nunmehr von württembergischer Seite alle Forderungen der Kurie erfüllt waren, erwartete König Friedrich eine rasche positive Entscheidung Roms. Am 13. Oktober 1815 bedankte er sich in einem Schreiben an Kardinal-Staatssekretär Consalvi für dessen Bemühungen, aber auch für die »Seiner Heiligkeit« des Papstes in dieser leidigen Angelegenheit.[141] Allein, das Verfahren kam auch jetzt nur schleppend voran. In der zweiten Novemberhälfte äußerte sich der russische Sondergesandte von Hitroff beunruhigt über die zögerliche Haltung Bayerns. Ein päpstlicher Prälat sprach von »kleinlichsten Schwierigkeiten«, die die bayerische Seite mache.[142] Für den württembergischen und den russischen Hof drängte die Zeit. Kronprinz Friedrich Wilhelm und Großfürstin Katharina wollten endlich heiraten. Der Termin für die Hochzeitsfeierlichkeiten in St. Petersburg lag bereits fest. König Friedrich und die kaiserlich russische Regierung äußerten in ihrer Korrespondenz mit ihren Vertretern in Rom ihre wachsende Ungeduld nachdrücklich.[143] Schon am 2. Dezember 1815 wies der württembergische König den Geistlichen Rat von Keller an, dafür zu sorgen, daß die päpstliche Entscheidung in der Eheauflösungsangelegenheit des Kronprinzen an diesen über

Wien direkt nach St. Petersburg gesandt werde. Neue Unruhe löste das Gerücht aus, Prinzessin Charlotte sei im Begriff, den Großherzog von Toskana zu heiraten, und wolle ihre Hochzeit ebenso wie Kronprinz Friedrich Wilhelm und Großfürstin Katharina am 20. Januar 1816 feiern.[144] Am 2. Januar 1816 schließlich konnte Keller berichten: »Das Ehetrennungsgeschäft ist seinem vollkommenen Abschlusse nahe.«[145] Zehn Tage später war es dann soweit. In dem auf Befehl König Friedrichs dem Kronprinzen direkt nach St. Petersburg übermittelten Bericht schrieb Keller: »Die Ehe-Annullierungssache ist endlich erledigt.« Eine »Kongregation« von fünf mit der Angelegenheit betrauten Kardinälen hatte das gewünschte Urteil gefällt: Die Ehe des Kronprinzen Friedrich Wilhelm von Württemberg und der Prinzessin Charlotte von Bayern ist nie vollzogen worden, sie hat daher im kirchenrechtlichen Sinne nie bestanden. Dank des Entgegenkommens von Kardinal-Staatssekretär Consalvi wurde das päpstliche Dispensationsbreve nicht nur umgehend ausgefertigt, sondern Keller konnte dieses Breve auch noch am selben Tag mit einem Schreiben des Kardinal-Staatssekretärs dem Kronprinzen übersenden.

König Friedrich zeigte sich insgesamt zufrieden, und er wies Keller an, dem Papst in einer Audienz »Unsere Erkenntlichkeit für den schnellen und erwünschten Gang, welcher der Sache gegeben worden, auszudrücken«.[146] Die guten Dienste Kellers in Rom ließ der König nicht unbelohnt. Im Einverständnis mit der Kurie stellte er ihn als Provikar dem Generalvikar von Ellwangen, Fürst Franz Karl von Hohenlohe-Waldenburg, zur Seite. Im Juni 1816 wurde er zum Titularbischof von Evara geweiht.[147]

Zwar zerschlug sich der Plan einer Ehe Prinzessin Charlottes mit dem verwitweten Großherzog von Toskana, doch schon am 29. Oktober 1816 trat der bereits dreimal verwitwete Kaiser Franz I. von Österreich mit ihr vor den Traualtar. Als Kaiserin Karolina Augusta stand sie ihrem Gatten bis zu dessen Tod am 2. März 1835 zur Seite; sie selbst starb am 9. Februar 1873.[148] Als Königin Charlotte Mathilde von Württemberg im September 1816 von der bevorstehenden Hochzeit der einstigen Schwiegertochter, die sie menschlich so sehr schätzte, mit dem österreichischen Kaiser hörte, hielt sie mit ihrer Freude nicht hinter dem Berg. Sie war zuversichtlich, daß Charlotte bei ihrem guten Charakter die Liebe des Kaisers gewinne. Kurios fand sie die künftigen Verwandtschaftsverhältnisse: Die einstige Schwiegertochter König Friedrichs wurde seine Stiefschwägerin (Kaiser Franz war in erster Ehe mit Elisabeth von Württemberg, einer Schwester Friedrichs, verheiratet gewesen), für Kronprinz Friedrich Wilhelm wurde seine Ex-Frau zu seiner Stieftante.[149] Friedrich Wilhelm war erleichtert, daß das Leben von Prinzessin Charlotte nach dem von ihr unverschuldeten Fiasko ihrer ersten Ehe jetzt eine so erfreuliche Wende nahm. Seine tiefen Schuldgefühle ihr gegenüber nicht verbergend, bekannte er: »Ich würde mich vor jeder anderen Frau fürchten, die an ihre nunmehrige Stelle gelangte und der gegenüber ich so viel Unrecht getan hätte wie in diesem Fall. Aber ich bin ihrer sicher. Der Edelmut ihres Herzens dient mir zur Gewähr, und sie wird mit ritterlicher Nachsicht mein seinerzeitiges Benehmen vergessen.«[150] Am Münchner Hof hielt sich nach der Auflösung der Ehe von Prinzessin Charlotte und Kronprinz Friedrich Wilhelm die Verstimmung gegenüber Württemberg und seinem Königshaus noch lange. Erst in den 1820er Jahren gelang es dem württembergischen Gesandten von Schmitz-Grollenberg, die Beziehungen zwischen beiden Ländern und auch zwischen beiden Herrscherhäusern freundnachbarlich zu gestalten.[151]

Der lange Weg zur zweiten Ehe

Seit Sommer 1814 drängte also Kronprinz Friedrich Wilhelm auf eine rasche Auflösung seiner Ehe mit Prinzessin Charlotte von Bayern vor allem auch deshalb, weil er eine neue Verbindung eingehen wollte. Die Auserwählte war seine 26jährige Kusine Katharina, die Witwe des Prinzen Georg von Oldenburg und die Tochter des Zaren Paul und der Zarin Maria Feodorowna von Rußland, einer Schwester seines Vaters.[152]

Einig waren sich die Zeitgenossen darüber, daß Großfürstin Katharina von Rußland eine ungewöhnliche Frau war. Der Diplomat Fürst Kurakin attestierte 1807 der damals Neunzehnjährigen Verstand und Geist sowie eine starke Willenskraft. Furcht kenne sie nicht, und die Kühnheit, mit der sie reite, könnte selbst bei Männern Neid erwecken.[153] Ihrer charakterlichen Veranlagung, aber auch ihrer anziehenden äußeren Erscheinung nach ähnelte sie ihrer Mutter, zu der sie ein besonders enges Verhältnis hatte.[154] Nach den Berichten des französischen Gesandten in St. Petersburg, gleichfalls aus dem Jahr 1807, war sie im Volk sehr beliebt, sie galt aber zugleich als halsstarrig und ehrgeizig.[155] 1810 wurden als bestimmende Züge ihres Persönlichkeitsbilds neben ihrer Eigenwilligkeit ihr klarer Blick, ihr treffliches Urteilsvermögen, ihr Streben nach Wahrheit und Gerechtigkeit sowie ihr soziales Engagement, ihre vielseitigen geistigen Interessen und ihre Freude an Geselligkeit genannt.[156] Sie sprach und schrieb ausgezeichnet Französisch und besaß in der englischen und in der deutschen Sprache hervorragende Kenntnisse. Im Gegensatz zu vielen ihrer Standesgenossen in Rußland beherrschte sie – wenn auch offensichtlich nicht fehlerfrei – in Wort und Schrift das Russische.[157] Sie gab ihre Meinung unverblümt und oft recht impulsiv kund. Manchmal wirkte sie stolz, hochfahrend und überspannt. Der Freiherr vom Stein beschrieb sie nach einer Begegnung 1812 als eine hübsche, großgewachsene junge Frau, deren Unterhaltung von einem außerordentlich gebildeten Geist und von Gemütstiefe zeuge. Sie verfüge über ein hervorragendes Talent im Zeichnen. An den großen politischen Begebenheiten nehme sie lebhaften und entschiedenen Anteil. Auf ihre Brüder Zar Alexander und Großfürst Konstantin übte sie einen starken Einfluß aus.[158]

Johann Georg Müller, Professor und Oberschulherr in Schaffhausen, Bruder des berühmten Schweizer Historikers Johannes Müller, schrieb am 2. Januar 1814 nach einer Begegnung mit Katharina in Schaffhausen in sein Tagebuch: »Sie hat nichts weiblich Tändelndes (ihr Leibarzt sagte mir, ihr einziger Fehler sei, daß sie so wenig Weib sei), sondern einen männlichen Geist, eine besondere Kraft des Ausdruckes, helle Gedanken, ein hohes, ernstes Interesse, das sich in ihren Augen verrät, und, wenn sie freundlich wird, eine natürliche und recht süße Anmut.« Elf Tage später ergänzte Müller diese knappe Charakterisierung Katharinas in seinem Tagebuch durch die folgenden Bemerkungen:

»Religiöse Empfindelei, selbst jene wache Empfindung, die Weibern so gut steht, hat sie nicht; es muß alles in hellem Verstand, männlich gedacht sein. Überhaupt Tändelei, Schmeichelei und dergleichen sind ihr unausstehlich. Bach [ihr Leibarzt] sagte mir, sie würde keinen Augenblick anstehen, wenn's ihr erlaubt würde, an der Spitze ihres Bataillons (oder Regiments, das sie dem Kaiser geschenkt hat und unterhält) in die Schlacht zu ziehen.[159] Wie Müller von ihrem Leibarzt erfuhr, war sie sehr hart gegen sich selbst. Sie schlief auf einem kleinen, schmalen Sofa, arbeitete, schrieb und las meist bis Mitternacht und stand morgens um fünf Uhr auf.[160]

Einige Monate später, während eines Aufenthalts in England, traf Katharina wiederholt mit der Fürstin Lieven, der Frau des russischen Botschafters, zusammen. Die Fürstin zeichnete ein sehr zwiespältiges Charakterbild von der Großfürstin. Katharina, so schrieb sie, besitze einen maßlosen Geltungsdrang und ein übersteigertes Selbstbewußtsein. Noch nie habe sie eine Frau erlebt, die wie Katharina ein derartiges Bedürfnis habe, sich zu betätigen, im Mittelpunkt zu stehen und andere auszustechen. Sie sei verführerisch im Blick und in ihren Manieren, habe einen sicheren Gang, in ihrem Gesichtsausdruck wirke sie stolz und zugleich anmutig, ihre Gesichtszüge seien nicht eben klassisch, aber sie habe einen blendend frischen Teint, glanzvolle Augen und die schönsten Haare der Welt. Bei ihrer ausgezeichneten Erziehung wisse sie sich sehr gut zu benehmen und ihren Empfindungen Ausdruck zu geben. Sie drücke sich knapp, treffend und gefällig aus, habe sich aber im Ton und Ausdruck stets in der Gewalt. Sie besitze einen reichen, glänzenden und kühnen Geist, einen festen und herrischen Charakter.[161]

1807 machte sich die Zarenmutter Maria Feodorowna Sorgen um ihre 19jährige Tochter Katharina. Offensichtlich war ihr zu Ohren gekommen, daß Katharina ein für eine Kaisertochter ungewöhnlich freizügiges Leben führte und amourösen Abenteuern nicht abgeneigt war. So unterhielt sie längere Zeit ein Liebesverhältnis zu dem Fürsten Bagration, einem Georgier, der 1812 in der Schlacht bei Borodino gegen Napoleon sein Leben verlor.[162] Maria Feodorowna beauftragte deshalb den Fürsten Kurakin und den Grafen Golowkin, auf einer Rundreise Ausschau an den europäischen Höfen nach einem standesgemäßen Ehepartner für die hochintelligente und vielseitig begabte Tochter zu halten.[163] Damals geriet neben den Erzherzögen Ferdinand und Johann von Österreich auch der württembergische Kronprinz Friedrich Wilhelm, der spätere Mann Katharinas, ins Blickfeld der »Kundschafter« aus St. Petersburg. Fürst Kurakin berichtete im November 1807 an Maria Feodorowna, der königliche Prinz von Württemberg, ihr Neffe, nehme eine glänzendere Stellung als die beiden Erzherzöge Ferdinand und Johann ein. Man lobe sein Äußeres, er sei verständig und liebenswürdig. Allerdings bezweifelte Kurakin, daß Friedrich Wilhelm in seinem Geschmack und in seinen Grundsätzen so rein und streng wie die beiden Erzherzöge sei, durchlaufe er doch die sehr harte Schule seines Vaters, und es sei zu befürchten, daß er später eine dem Vater ähnliche Entwicklung nehme. Indes sei Katharina von der Heirat ihres Vetters, des württembergischen Kronprinzen, nicht allein deshalb abzuraten, sondern auch wegen der weiten Entfernung von der Heimat, die sie bei einer solchen Eheverbindung in Kauf nehmen müsse, und schließlich deshalb, weil Rußland mit dem Kaiserstaat Österreich sehr viel größere politische Interessen verbinde als mit dem kleinen Württemberg.[164]

Zar Alexander I. (1777–1825).

Als im April 1807 Kaiserin Marie Therese (Maria Theresia), die zweite Frau Kaiser Franz' I. von Österreich, gestorben war, dachte man in Wien an eine baldige Wiederverheiratung des Monarchen. Zu den jungen Fürstinnen, die als geeignete Ehepartnerinnen gehandelt wurden, gehörte Großfürstin Katharina. Es scheint, daß Katharina zumindest zeitweise den Gedanken verlockend fand, zur österreichischen Kaiserin erkoren zu werden. Doch Zar Alexander war gegen eine solche Verbindung. Er hielt nicht zu Unrecht Franz für schwächlich, willenlos, furchtsam und geistig unbedeutend. Außerdem war der österreichische Kaiser häßlich. Bei einer Ehe mit ihm schien das Unglück Katharinas vorprogrammiert.[165] Ungleich mehr als durch Kaiser Franz und seine Umgebung wurde Katharina durch den Kaiser der Franzosen bedrängt, der auf dem Höhepunkt seiner Macht stand. Napoleon hatte sich von seiner seitherigen Frau Josephine getrennt, weil sie seinen Wunsch nach einem Thronerben nicht hatte erfüllen können, und strebte nun eine Ehe mit einer Prinzessin aus einem der vornehmsten regierenden Fürstenhäuser Europas an. Auf dem glanzvollen Erfurter Fürstenkongreß im Herbst 1808 übernahm es der französische Außenminister

Talleyrand, Zar Alexander den Wunsch seines Herrn und Gebieters nach einer Familienverbindung mit dem Haus Romanow zu übermitteln. Napoleon denke an die nunmehr 20jährige Großfürstin Katharina. Der Zar geriet in arge Verlegenheit. Er wußte von vornherein um das entschiedene Nein seiner Mutter, einer der unbeugsamsten Feindinnen des genialen korsischen Usurpators, außerdem konnte er davon ausgehen, daß die Schwester unter dem Einfluß der Mutter auf das Werben Napoleons strikt ablehnend reagierte, und so kam es: Katharina äußerte entrüstet, als sie von dem Heiratsantrag des Kaisers der Franzosen erfuhr, lieber als diesen Emporkömmling würde sie den geringsten russischen Ofenheizer heiraten, und, so setzte sie sarkastisch hinzu: »Er mag schmutzig sein, aber ich kann ihn ja waschen«. Alexander konnte den Wunsch des damals mächtigsten Mannes Europas, wenn er dessen Demütigung und die daraus erwachsenden politischen Turbulenzen vermeiden wollte, nicht einfach zurückweisen.[166] Andererseits hatte er das Nein von Mutter und Schwester zu respektieren. Hinzu kam, daß ihm Katharina längst vertraute Beraterin in außen- wie in innenpolitischen Fragen war und er sie deshalb möglichst in seiner Nähe behalten wollte.[167] Den Ausweg aus dem Dilemma ermöglichte eine rasche anderweitige Eheschließung: Katharina heiratete den in Rußland im Exil lebenden Prinz Georg von Oldenburg, einen Sohn des Herzogs Peter von Oldenburg. Georg war ein geistig vielseitig interessierter, gebildeter junger Fürst, ein Kenner der deutschen Literatur, der selbst recht ansprechende Gedichte im Stil der Zeit publizierte, und ein großer Schiller-Verehrer.[168] Für eine Zarentochter freilich war er alles andere als eine glänzende Partie. Als nachgeborener Prinz besaß er allenfalls geringe Aussicht auf den nicht eben bedeutenden Herzogsstuhl im heimatlichen Oldenburg. Er mußte sich, um ein einigermaßen standesgemäßes Leben führen zu können, in russischen Diensten bewähren. Der nunmehrige Schwager, Zar Alexander, war ihm gewogen. Er machte ihn zum Gouverneur der russischen Provinz Twer (Kalinin) sowie zum Direktor der russischen Straßen- und Schiffahrtswege. Wahrhaft großzügig stattete Alexander die Schwester aus; sie erhielt ein Heiratsgut von 2 242 000 Rubel.[169] Zur allgemeinen Überraschung wandelte sich die ursprünglich politische Liaison Katharina-Georg rasch zu einer Neigungsehe. Georg war davon überzeugt, daß er mit Katharina das Glückslos gezogen hatte. Schon vor der Hochzeit stellte er anerkennend fest: »Ihr Körper und ihr Verstand sind gleich gerade.« Sein Vater urteilte kritischer: »Die Dornen sind ohne Zahl, die diese Rose umgeben, und dies trübt die Freude unendlich.«[170]

Katharina nahm engagiert Anteil an den ihrem Mann vom Zaren übertragenen Aufgaben. Sie wurde seine wichtigste Beraterin und Mitarbeiterin. Die beiden Ehegatten machten das Schloß Twer, in dem sie residierten, zum Mittelpunkt anspruchsvollen geistigen und gesellschaftlichen Lebens. Deutsche und russische Professoren der Universität Moskau waren dort gern gesehene Gäste, doch auch andere Persönlichkeiten, die im geistigen und wissenschaftlichen Leben Bedeutendes geleistet hatten, wurden ohne Rücksicht auf Rang und Stand aufgenommen.[171] Katharina beschäftigte sich damals auch viel mit Malen. Die künstlerische Begabung war ein Erbe ihrer Mutter.[172] 1812 kam der Freiherr vom Stein nach Twer; er war von der Persönlichkeit Katharinas sehr beeindruckt. Georg gefiel ihm weniger gut. Zwar fand er, daß der Prinz »einen reinen, rechtlichen Charakter« habe, gutmütig sei und dank einer guten Erziehung über mannigfache Kenntnisse verfüge, sich durch Fleiß sowie durch »Eifer zum Gemeinnützigen« auszeichne, doch störte ihn sein »hoher, selbst lächerlicher und höchst lästiger Grad von Selbstzufriedenheit«, seine beinahe krankhafte Einbildung, Dichter, Feldherr und Staatsmann zu sein, der von ihm immer wieder geltend gemachte »Anspruch auf vollkommene Freiheit von Vorurteilen«. Stein hatte den Eindruck, daß die beiden jungen Leute eine starke Liebe verband. Georg zeigte dem Besucher 70 Briefe, die ihm Katharina in den letzten beiden Monaten geschrieben hatte, darunter Briefe mit neun Blättern.[173]

Im August 1810 brachte Katharina ihr erstes Kind zur Welt: Friedrich Paul Alexander. Obwohl Zar Alexander dem Neffen den Titel eines Großfürsten beilegen wollte, wenn dieser die Taufe nach dem Ritus der russisch-orthodoxen Kirche empfing, entschied sich Prinz Georg, diesen Gunsterweis auszuschlagen. Da er kurz zuvor das Protektorat über die lutherische Gemeinde St. Petri in St. Petersburg übernommen hatte, ließ er den Sohn lutherisch taufen. Es war dies übrigens die erste lutherische Taufe in der russischen Kaiserfamilie.[174] Zwei Jahre später, im August 1812, schenkte Katharina ihrem Mann wiederum einen Sohn: Peter.[175]

Auch nach ihrer Heirat blieb Katharina in ständigem Kontakt mit ihrem Bruder Alexander. Sie hielt sich, wie sie ihm am 13. Januar 1811 schrieb, für verpflichtet, ihm selbst über recht belanglose Aktivitäten Rechenschaft zu geben.[176] Einige Monate später versicherte sie ihm, seine Freundschaft für Georg und sie trage wesentlich zu ihrem Glück bei.[177] Ihre feindselig-abweisende Einstellung gegenüber Napoleon steigerte sich nach dessen Einfall in Rußland 1812 zu unerbittlichem Haß. Sie empfand es als tiefschmerzlich, daß sie kein Mann war und es ihr so verwehrt blieb, sich am bewaffneten Kampf gegen den Eindringling zu beteiligen.[178]

Als der Kaiser der Franzosen nach dem Brand von Moskau den Rückzug antrat, gab die glühende russische Patriotin in einem Brief an ihren Berater Karamsin ihrer Entschlossenheit Ausdruck, den Krieg mit aller Härte fortzusetzen: »Unsere ruhmvolle Hauptstadt ist untergegangen, aber wir sind unerschüttert geblieben. Ihr habt Frieden erwartet, aber nein, wir sagen Tod.«[179] Monatelang bedrängte Katharina den Bruder, ihrem Mann die Möglichkeit zu einer aktiven Teilnahme am Kampf gegen Napoleon zu geben. Doch Alexander weigerte sich. Schließlich ließ er sich erweichen. Allein, jetzt war es zu spät. Georg hatte sich beim Besuch der von ihm eingerichteten Lazarette mit dem grassierenden Flecktyphus angesteckt; er starb bereits nach einigen schweren Leidenstagen im Dezember 1812 in Twer.[180] Für Katharina war der Tod des geliebten Mannes, den sie während seiner Krankheit aufopfernd gepflegt hatte – sie war nicht von seinem Bett gewichen –, ein furchtbarer Schicksalsschlag. Dem Bruder schrieb sie: »Er ist tot, ich habe alles verloren!« Sie dachte daran, Georg eine Grabeskirche bauen zu lassen, und bat Alexander dazu um Erlaubnis.[181]

Der Verlust des Gatten löste bei Katharina eine schwere psychosomatische Krise aus, die ihr Leben lange verdüsterte. Viele Tage, ja Wochen war sie nicht ansprechbar. Immer wieder verfiel sie in eine starrkrampfähnliche Ohnmacht. Es wurde deutlich, daß sie zur Lebensbewältigung und -gestaltung, daß sie zur Behauptung ihrer Selbstsicherheit des menschlichen Rückhalts durch den geliebten Mann bedurft hatte. Dieses Rückhalts war sie jetzt plötzlich beraubt worden.[182] Noch Anfang Februar 1813 schrieb sie dem Bruder Alexander: »Es geht mir nicht besser, ich werde täglich schwächer.« Nach und nach trat, nicht zuletzt durch die Fürsorge der Mutter, die Katharina in ihrem Schloß in Pawlowsk bei Petersburg aufnahm, eine Besserung ein. Die Ärzte schlugen nunmehr eine ausgedehnte Kur in den böhmischen Bädern vor. Doch von der heilenden Wirkung dieser Bäder versprach sich Katharina wenig. General Franz Dewolan gestand sie, ihre Gesundheit sei, mit Ausnahme der Schwäche und der fast täglichen Ohnmachten, eigentlich gut. Sehr viel förderlicher als Bäder erschienen ihr Reisen.[183] Und in der Tat, die Reisen, die sie in den folgenden drei Jahren durch halb Europa, zeitweise den gegen Napoleon kämpfenden russischen Truppen folgend, unternahm, trugen entscheidend zur Rückgewinnung ihres psychosomatischen Gleichgewichts bei. Vielseitig interessiert, führte sie Gespräche mit Gelehrten, Verwaltungsleuten und Militärs, besichtigte sie Bildungseinrichtungen, informierte sie sich über soziale Einrichtungen und technische Neuerungen. Auch unterhielt sie eine rege Korrespondenz mit bedeutenden Persönlichkeiten. Wie wenige andere ihrer fürstlichen Standesgenossen konnte sie für sich die oft getroffene Feststellung in Anspruch nehmen, daß Reisen bildet. Ihr Augenmerk galt indes besonders auch der Entwicklung der politischen Verhältnisse. Wie früher war sie dem Bruder Zar Alexander, die vertraute, sachkundige Beraterin. Alexander profitierte in hohem Maß von ihrer Beobachtungsgabe, ihrem Urteil, ihren Anregungen.[184]

Zunächst reiste Katharina nach Prag und nach Teplitz. Dort traf sie ihre ältere Schwester Maria, die Erbprinzessin von Sachsen-Weimar. Auch machte sie die Bekanntschaft von Johann Wolfgang von Goethe, der sie offensichtlich sehr freundlich empfing.[185] Bei Gesprächen mit österreichischen Persönlichkeiten, die sie Anfang Mai 1813 in Prag führte, zeigte sie sich sehr erfreut, daß ihr diese von einer ausgeprägt Napoleon-feindlichen Stimmung in ihrem Land berichteten.[186] Dies bewog Katharina offenbar, die Hemmnisse vollends zu beseitigen, die dem Beitritt des bisher noch neutralen österreichischen Kaiserstaats zum Kriegsbündnis gegen Napoleon im Wege standen. Im Juni 1813 brachte sie eine Begegnung zwischen Zar Alexander und Fürst Metternich auf Schloß Opotschno zustande. Dieses Treffen, an dem sie selbst teilnahm, bewirkte den entscheidenden Durchbruch. Kurze Zeit später trat Österreich auf der Seite Rußlands und Preußens in den Krieg ein.[187] Anschließend reiste sie nach Karlsbad, doch vermochte sie dem dortigen mondänen Badeleben nichts Positives abzugewinnen. Sie fand es »allerermüdigendst und müßigst«. »Die hiesigen Wasser« schrieb sie, »bringen mir mehr Schaden als Nutzen.« Sie kehrte deshalb Karlsbad bald den Rücken und reiste nach Wien, wo sie das Kaiserpaar freundlich empfing. Dort blieb sie, ihre Kenntnisse auf den verschiedensten Gebieten erweiternd, längere Zeit.[188]

Im November 1813 hielt sie sich, vermutlich von Weimar kommend, vorübergehend in Frankfurt am Main auf, wo die Häupter der Alliierten, so auch Zar Alexander, ihr Hauptquartier aufgeschlagen hatten. In Frankfurt traf sie erstmals mit ihrem Onkel, König Friedrich von Württemberg, und möglicherweise auch mit Kronprinz Friedrich Wilhelm zusammen.[189] Im Dezember 1813 besuchte sie auf dem Weg nach Schaffhausen zu ihrem Bruder Alexander Württemberg und wurde von König Friedrich in Stuttgart und Ludwigsburg höchst ehrenvoll aufgenommen. Im Januar 1814 war sie nochmals in Stuttgart. König Friedrich führte diesmal mit ihr ein längeres politisches Gespräch. Da er um ihr vertrautes Verhältnis zu ihrem Bruder Alexander wußte, machte er keinen Hehl daraus, daß Württemberg auf Rußland als Schutzmacht baue, um sich gegen territoriale Begehrlichkeiten und den sonstigen politischen Druck Österreichs und Bayerns behaupten zu können.[190] Bei ihrem zweiten Aufenthalt in Stuttgart nahm sie sich auch die Zeit für eine Besichtigung der königlichen öffentlichen Bibliothek und für einen Besuch des berühmten Ateliers des Bildhauers Johann Heinrich von Dannecker.[191] In Schaffhausen, wo sie um die Jahreswende 1813/14 drei Wochen weilte, machte sie die Bekanntschaft von Johann Georg Müller, einem Freund von Johann Gottfried Herder. Die langen Gespräche mit diesem hochgebildeten Mann hatten wohl vor allem pädagogische und bildungspolitische Themen zum Gegenstand.[192] Für Katharina wurden die Stunden, die ihr diese bedeutende Persönlichkeit »von Geist und Seele«, wie sie sich ausdrückte, widmete, zum tiefen Erlebnis.[193]

König Friedrich war von der Intelligenz und dem hohen politischen Sachverstand Katharinas sehr angetan, und er brachte dies in dem Schriftwechsel, den er mit der Nichte führte, zum Ausdruck. Katharina ihrerseits nahm lebhaften Anteil an den Erfolgen der alliierten Armeen. Besonders anerkennend äußerte sie sich dem Onkel gegenüber über den militärischen »Ruhm«, den sich Kronprinz Friedrich Wilhelm auf dem Schlachtfeld erwarb.[194] Freilich, der Vetter Friedrich Wilhelm stand ihr damals noch fern, die

Heiratspläne, mit denen sie sich jetzt zunehmend mehr beschäftigte, gingen in andere Richtung. Sie dachte an eine Ehe mit Erzherzog Karl von Österreich. Zar Alexander hatte gegen eine solche Verbindung keine Einwände, wohl aber die Mutter, Kaiserin Maria Feodorowna, und über deren Nein konnte sich Katharina schwerlich hinwegsetzen.[195]

Von Stuttgart aus reiste Katharina nach Göttingen. Dort interessierte sie vor allem die Universität. Mit den bekanntesten Göttinger Gelehrten suchte sie während ihres kurzen Aufenthalts das Gespräch.[196] Den Februar 1814 verbrachte sie bei ihrem Schwiegervater in Oldenburg. Anfang März fuhr sie nach Holland. Wie schon in Oldenburg war sie bestrebt, ihre Kenntnisse auf den verschiedensten Lebensgebieten stetig zu verbessern, so im Bereich des Schul- und Bildungswesens, in Handel und Gewerbe, in der Sozialfürsorge. Sie nahm sich Zeit für Sehenswürdigkeiten, ebenso für technische Bauten wie Dämme, Schleusen und Mühlen. In Zaandam besichtigte sie das Häuschen, in dem Peter der Große als Schiffsbaulehrling gelebt hatte.[197] Ihr nächstes Reiseziel war England; in London erreichte sie die Nachricht von der Übergabe der Stadt Paris an die Alliierten am 31. März 1814. Diese Nachricht übte auf sie eine erstaunliche Wirkung aus. Sie legte jetzt endlich die Trauerkleidung ab, öffnete sich wieder den Freuden des Lebens, zeigte Frohsinn und Zuversicht. Die Anfälle von Starrkrampf, die sie bislang immer wieder, wenn auch in deutlich größeren Intervallen, heimgesucht hatten, verloren sich ganz.[198]

In London trat Katharina überaus selbstbewußt, ja selbstherrlich auf. Sie verstand sich als Repräsentantin des Landes, das entscheidend zum Sieg über Napoleon beigetragen hatte. Ihre Eigenständigkeit, ihre Weltgewandtheit, ihre vielen Interessen imponierten den Engländern, nicht so ihr überhebliches, oft taktloses Verhalten, ihre einseitige Parteinahme. Sie legte sich mit dem Prinzregenten an, mißachtete Fürst Lieven, den russischen Botschafter in London, zeigte den englischen Ministern die kalte Schulter, behandelte die Marquise de Hertford, die Mätresse des Prinzregenten, deren Mann die erste Stelle am Hof einnahm, unhöflich. Die Führer der liberalen Opposition hofierte sie und pflegte Umgang mit Prinzessin Charlotte, der mit dem Vater zerstrittenen Tochter des Prinzregenten. Gegenüber Personen, die mit dem Hof verfeindet waren, entfaltete sie ihren größten Charme.[199] Daß sie mit dem Prinzregenten schon bei der ersten

Begegnung übers Kreuz kam und sie ihn fortan mit ihrem Haß verfolgte – wie übrigens auch er sie mit dem seinen –, hätte man in England noch verstanden, genoß doch der ausschweifende Prinz mit seinem unfürstlichen Gehabe und seinen absolutistischen Neigungen, der, wie die Fürstin Lieven schreibt, geradezu einen Horror vor der englischen Verfassung wie vor jeder Verfassung überhaupt hatte, im Land wenig Ansehen.[200] Daß sie sich jedoch in die inneren Angelegenheiten Großbritanniens einmischte und sich sogar an Hofintrigen beteiligte, dies nahm man ihr übel, und dies schadete auch ihrem Ruf. Heiratsanträge, die ihr am Anfang ihres Englandaufenthalts vom Herzog von Sussex und dann von dessen Bruder, dem Herzog von Clarence, gemacht wurden, wies sie zurück.[201]

Anfang Juni 1814 kamen auf Einladung des Prinzregenten Zar Alexander und König Friedrich Wilhelm III. von Preußen mit größerem Gefolge nach England. In der Begleitung des Zaren befand sich Kronprinz Friedrich Wilhelm von Württemberg. König Friedrich hatte dem Sohn einen Brief für die Nichte Katharina mitgegeben.[202] Großes Aufsehen erregte, daß Zar Alexander das ihm während seines Aufenthalts in London zur Verfügung gestellte Palais ablehnte und bei seiner Schwester abstieg. Diese unfreundliche Entscheidung empfand der Hof von St. James als Affront, und sie vergiftete von Beginn an das Verhältnis zwischen dem Zaren und dem Prinzregenten und belastete die in der britischen Hauptstadt vorgesehenen politischen Gespräche über die Neuordnung Europas nach dem Sturz Napoleons, andererseits war sie, wie der russische Botschafter Fürst Lieven, zu Recht feststellte, Wasser auf die Mühle der Staatsmänner, die wie Metternich oder Castlereagh Rußland feindlich gesinnt waren.[203] Für die Fürstin Lieven war es keine Frage, daß Großfürstin Katharina ihren Bruder völlig beherrschte und daß er sich ihre Sicht der Dinge zu eigen machte.[204]

Kronprinz Friedrich Wilhelm hingegen verstand es, sich bei den Engländern ins rechte Licht zu setzen. Zwar konnte er sich nicht mit dem preußischen Feldmarschall Blücher vergleichen, der gleichfalls mit nach London gekommen war und als siegreicher Heerführer stürmische Ovationen erhielt, doch auch sein Kriegsruhm wurde gebührend gefeiert. Die Universität Oxford verlieh dem bereits mit zahlreichen Orden wie dem Großkreuz des Eisernen Kreuzes und dem Leopoldsorden sowie dem Ritterkreuz des Maria-Theresia-Ordens Ausgezeichneten die juristische Ehrendoktorwürde.[205] Übrigens wurden auch Zar Alexander und Großfürstin Katharina in Oxford die höchsten akademischen Würden zuerkannt. Großen Eindruck machte es, als Katharina mit Gelehrten in englischer Sprache über wissenschaftliche und künstlerische Fragen diskutierte.[206]

Schicksalhaft wurde die Begegnung Katharinas mit ihrem Vetter Friedrich Wilhelm in England. Wie der württembergische Gesandte in Großbritannien, Graf Beroldingen, berichtete, hatte die Großfürstin die Ankunft des Kronprinzen, dessen militärische Leistungen im Kampf gegen Napoleon sie bewundert hatte, ungeduldig erwartet, wollte sie ihn doch gerne näher kennenlernen. Es scheint, daß sich Katharina bereits bei dem ersten Zusammentreffen in den Vetter verliebte, und sich auch Friedrich Wilhelm, soweit er nicht schon zuvor den Plan gefaßt hatte, sie für sich zu gewinnen, zu der vielseitig begabten und interessierten, selbstsicher auftretenden, leidenschaftlichen Frau hingezogen fühlte.[207] Zu einer stürmischen Offenbarung ihrer Gefühle kam es offensichtlich in Portsmouth. Doch kurz darauf erfuhr der Kronprinz, daß Erzherzog Karl ernsthaft eine Ehe mit Katharina anstrebte und daß diese bislang für das Werben Karls nicht unempfänglich gewesen war. In einem Brief, den er ihr daraufhin schrieb, präsentierte er sich als großmütig Verzichtenden. Dabei ahnte er vielleicht bereits, welche Hindernisse einer Heirat Katharinas mit Erzherzog Karl entgegenstanden. Jedenfalls war sein »Verzicht« eine ihre Wirkung kaum verfehlende Werbung. Sein Brief endete: »Sie werden stets das Idol meines Lebens sein. Alle meine Gedanken sind jetzt traurig, aber im Unglück oder Glück ist meine Neigung, Sie zu lieben, für mich ebenso unwiderstehlich, wie ich das lieben muß, was schön und groß ist.«[208] Friedrich Wilhelm hatte die richtige Saite angeschlagen. Katharina wandte sich ihm noch mehr als bisher zu, und bald war offenkundig, daß sie es vorzog, ihr Leben mit dem seinen und nicht mit dem von Erzherzog Karl zu teilen. Am 22. Juni 1814 trat sie zusammen mit Friedrich Wilhelm die Rückreise an. Die Überfahrt von Dover nach Calais machten beide gemeinsam. Dann reiste Katharina über Brüssel und Aachen nach Köln. Dort traf sie wieder mit Friedrich Wilhelm, ebenso mit Zar Alexander und mit ihrem Schwiegervater, dem Herzog von Oldenburg, zusammen, die eine andere Reiseroute gewählt hatten.[209]

Ihre Liebe zu dem württembergischen Vetter vertraute sie ihrem Bruder an. Doch Alexander reagierte darauf nicht sonderlich erfreut. Am 3. August 1814 schrieb er ihr: Ein Geheimnis könne das, was sie ihm mitgeteilt habe, nicht mehr sein, denn König Friedrich von Württemberg habe sich bereits offiziell an die Zarenmutter Maria Feodorowna, seine Schwester, gewandt, um deren Zustimmung zu einer Ehe Katharinas mit seinem Sohn zu erlangen. An sich, so meinte Alexander, wäre gegen eine solche Verbindung nichts einzuwenden, wenn Friedrich Wilhelm von seiner seitherigen Frau geschieden und wenn diese Scheidung schon vor einiger Zeit erfolgt wäre. Leider sei dies nicht der Fall. Andererseits aber, so fügte er an, sollte sie den Plan einer Heirat mit Erzherzog Karl nicht weiter verfolgen, denn einer solchen Verbindung widersetze sich ihre Mutter mit aller Entschiedenheit.[210]

Friedrich Wilhelm erkannte in der Ehe mit der sehr attraktiven russischen Kusine, die ihn durch ihre Intelligenz, ihre breitgefächerte Bildung und ihren politischen Sachverstand beeindruckte, für sich und seine Familie eine einmalige Chance. Für Katharina dürfte diese Ehe eine Herzensangelegenheit gewesen sein, für Friedrich Wilhelm war sie es allem Anschein nach nicht. Verstandesgemäß nüchtern, um nicht zu sagen gefühlskalt, wog er die Vorteile gegenüber den Nachteilen einer solchen Verbindung gegeneinander ab. Im August 1814, also bald nach der schicksalhaften Begegnung in England, schwankte er noch, ob er Katharina oder lieber die Erzherzogin Leopoldine, die spätere Kaiserin von Brasilien, heiraten sollte. Bei Katharina fürchtete er ihre Unruhe und ihre Herrschsucht, auch glaubte er, er würde durch die Ehe mit ihr das Verhältnis zu Österreich belasten, hatte ihm doch Metternich gesagt, die Heirat Katharinas mit Erzherzog Karl sei eine beschlossene Sache. Reichsfreiherr vom Stein, den er ins Vertrauen zog, riet ihm, eine Frau mit gesundem Verstand und gesundem Körper zu heiraten, die ihn glücklich mache und die ihm gesunde Kinder schenke. Deutlich war, daß Stein die Geisteskrankheit von Zar Paul, dem Vater Katharinas, und die Krampfanfälle von Katharina selbst als schwere erbliche Belastung bei gemeinsamen Nachkommen der Großfürstin und des württembergischen Thronfolgers ansah. Friedrich Wilhelm hatte offensichtlich genau dies hören wollen, meinte er doch, dem Reichsfreiherrn für seinen Rat dankend, er müsse auf gesunde Kinder sehen, denn es wäre verderblich, wenn ihm sein Bruder Paul dereinst auf den Thron folgte.[211]

Von Köln fuhr Katharina rheinaufwärts. Sie genoß die zauberhaft schöne Landschaft. General Dewolan schrieb sie: »Die Ufer des Rheins lassen bedauern, daß Deutschland ganz aus kleinen Stückchen besteht.«[212] Vermutlich war dies vor allem auf Württemberg, das kleine Königreich, gemünzt, dessen Regierung der geliebte Friedrich Wilhelm dereinst übernehmen sollte. Sie war davon überzeugt, daß Friedrich Wilhelm, aber auch sie selbst zur Herrschaft über ein größeres Land berufen seien. Nach einem ihrer Gesundheit sehr förderlichen Kuraufenthalt in den böhmischen Bädern, traf sie im September 1814 bei Beginn des großen europäischen Kongresses in Wien ein.[213]

In der Hauptstadt des österreichischen Kaiserstaats, inmitten der hier versammelten gekrönten Häupter und der führenden Staatsmänner Europas, hofiert, verehrt, umschwärmt, im Glanz der Bälle und der sonstigen gesellschaftlichen Veranstaltungen selbstsicher und unbeschwert sich bewegend, erregte die junge verwitwete Großfürstin Aufsehen. Fürst Koslowski fand, daß niemals ein Diadem eine schönere Stirn geschmückt habe.[214] Auf Menschen, die sie bislang nicht gekannt hatten, wirkte sie in ihrer zur Schau getragenen Lebensfreude und in ihrer Weltgewandtheit eher wie eine Österreicherin als wie eine Russin.[215] Andererseits verstand es Katharina, nicht nur durch ihre anziehende äußere Erscheinung und ihren weiblichen Charme, sondern auch durch ihre umfassende Bildung, ihre weitgespannten Interessen, ihre große politische Begabung auf sich aufmerksam zu machen und als ebenso beredte wie sachkundige Gesprächspartnerin ernstgenommen zu werden.[216] Karl von Nostiz, der ehemalige Adjutant des Prinzen Louis Ferdinand von Preußen und jetzige russische Kavallerieoffizier, der sie auf dem Wiener Kongreß erlebte, schrieb ihr eine gewisse Dreistigkeit und einen herrischen Sinn zu. »Sie hat«, so äußerte er ferner, »besonders schöne Partien, als Mund, Gestalt, das brennende Auge; ihr Geist ist sehr gebildet, aufgeweckt und scharf, ihre Sprache aber nicht weiblich genug, mehr in Sentenzen und Phrasen. Ich sehe in dieser Prinzessin Peter den Großen, Katharina und Alexander, je nach den Eindrücken ihrer folgenden Seiten, bald greller, bald sanfter gemischt.«[217] Auf dem Kongreß blieb Katharina nicht untätig. Sie und ihre Schwester Marie, die Herzogin von Sachsen-Weimar, hatten wesentlichen

Anteil daran, daß Oldenburg und Sachsen-Weimar zu Großherzogtümern erhoben wurden. Ihren Bruder Alexander beriet Katharina weiterhin in politischen Angelegenheiten, und der Zar zeigte sich dafür erkenntlich: An ihrem Namensfest am Jahresende gab er im prachtvollen Palais des russischen Botschafters Andrej Rasumowskij ein märchenhaftes Fest, das alles in den Schatten stellte, was Wien an glanzvollen gesellschaftlichen Veranstaltungen bis dahin erlebt hatte.[218]

In Wien traf Katharina wohl ihre endgültige Entscheidung für den Vetter Friedrich Wilhelm, obwohl noch immer über eine Verbindung mit Erzherzog Karl – auch Erzherzog Johann, der spätere Reichsverweser von 1848/49, und Erzherzog Joseph, der Mann ihrer verstorbenen Schwester Alexandra, waren im Gespräch – spekuliert wurde und sie anfänglich vielleicht selbst bei dem ihr eigenen großen Selbstbewußtsein noch insgeheim mit diesem Gedanken spielte. Der württembergische Kronprinz gehörte zu den jungen fürstlichen Hoffnungsträgern. Der Kriegsruhm, aus dem er geschickt Kapital schlug, sein vertrautes Verhältnis zum Reichsfreiherrn vom Stein und seine zur Schau getragene deutschpatriotische Einstellung verschafften ihm ein hohes Renommee. Manche sahen in ihm den künftigen deutschen Kaiser. So meinte der schon zitierte Nostiz, Friedrich Wilhelm könnte über das Generalat der Reichsarmee zum Kaiser aufsteigen. Sehr zustatten kam Friedrich Wilhelm, daß die Großfürstin Katharina aus ihrer Liebe zu ihm jetzt keinen Hehl mehr machte, ihm daher auch, zumindest nach außen, die Sympathie von Zar Alexander sicher war.

Österreichischen Hof- und Regierungskreisen mißfiel die russisch-württembergische Liaison. Man fürchtete, daß das junge Fürstenpaar, nach Großem strebend, mit der Rückendeckung durch den Zaren auf der europäischen politischen Bühne manches Unliebsame bewerkstelligen werde. Nach dem bereits erwähnten Urteil des Publizisten Friedrich von Gentz besaß Friedrich Wilhelm einen ehrgeizigen, unsteten, ränkevollen und rachsüchtigen Charakter, und Katharina war ihm in manchem nicht unähnlich. Jedenfalls konnte bei ihr – so Gentz – von einer sanften und ruhigen Gemütsart, wie manche ihrer späteren Biographen glaubhaft machen wollten, keine Rede sein.[219] Erzherzog Johann, der gleichfalls an eine Verbindung mit der Großfürstin gedacht hatte, prophezeite Katharina eine unglückliche Ehe. Bei den zahlreichen

Zuträgern, die über alle Details des gesellschaftlichen Lebens in Wien unterrichtet waren, wußte er wahrscheinlich, daß Kronprinz Friedrich Wilhelm gerade in der Zeit, als er sich endgültig für Katharina entschied und um sie warb, in glühender Leidenschaft der Fürstin Katharina Bagration zugetan war, der Witwe des einstigen Liebhabers von Prinzessin Katharina und Großnichte der Kaiserin Katharina II., die einem freizügigen Lebensstil huldigte und übel beleumundet war.[220] Die Fürstin Bagration, wegen ihrer unkonventionellen Kleidung auch der schöne nackte Engel genannt, war übrigens zeitweise auch die Geliebte Zar Alexanders und des Fürsten Metternich sowie manch anderer hochgestellter Kongreßteilnehmer. Wenn Zar Alexander damals nicht immer sonderlich gut auf Kronprinz Friedrich Wilhelm zu sprechen war, so hatte dies möglicherweise seinen Grund darin, daß der Kronprinz dem Zaren bei der Fürstin Bagration, die für die russische Geheimpolizei eine wichtige Informantin war[221], als Liebhaber Konkurrenz machte. Nicht auszuschließen ist aber auch, daß der Zar auf Friedrich Wilhelm wegen dessen starkem Einfluß auf Katharina eifersüchtig war. Dazu kam noch, daß Zar Alexander gegen die politischen Vorstellungen und Initiativen von Kronprinz Friedrich Wilhelm Vorbehalte hatte, sie zum Teil auch gänzlich ablehnte. Indes scheint es, daß die Liebesaffäre Friedrich Wilhelms mit der Fürstin Bagration Katharina weitgehend verborgen blieb oder daß sie in dieser Affäre lediglich ein Strohfeuer sah.

Seit König Friedrich von Württemberg einigermaßen sicher war, daß Katharina seine Schwiegertochter werde, intensivierte er seinen Briefwechsel mit ihr und sprach persönliche wie politische Angelegenheiten an. Ihm lag daran, ihr seine politische Sicht der Dinge in der Erwartung zu vermitteln, daß sie seine Anliegen und Interessen bei ihrem Bruder Alexander vertrete und so seine Fürsprecherin werde. Sehr angenehm klang ihm der Brief Katharinas vom 9./21. Dezember 1814 in den Ohren, in dem sie sich, so wie er es sich gewünscht hatte, als die seinen Sohn liebende und ihm besonders eng verbundene Schwiegertochter bezeichnete.[222] In einer Vielzahl von Briefen und Billetts, in denen mancher reizende Einfall festgehalten ist, versicherten sich Friedrich Wilhelm und Katharina im Winter 1814/15 ihrer gegenseitigen Liebe. »Tout à vous, chère amie« (Ganz der Ihrige, liebe Freundin) wiederholte Friedrich Wilhelm immer wieder, und Katharina schrieb ähnlich verliebt.[223] Gelegentlich schickte Katharina auch dem Geliebten ihr wichtig gewordene Bücher. Friedrich Wilhelm las sie und sandte sie zurück.[224]

Zar Alexander zeigte sich der Schwester gegenüber nicht selten abweisend. Da sie dies früher kaum einmal erlebt hatte, litt sie sehr unter dem Verhalten des Bruders. Und wäre nicht der Geliebte gewesen, hätte sie wohl Wien den Rücken gekehrt.[225] So aber blieb sie. Die Rückkehr Napoleons nach Frankreich im März 1815 schreckte sie auf. Kronprinz Friedrich Wilhelm verließ Wien umgehend, um im deutschen Südwesten militärische Führungsaufgaben in dem zu erwartenden neuen Waffengang der Alliierten gegen Napoleon zu übernehmen. Katharina schrieb König Friedrich sehr besorgt, hoffentlich stoße Friedrich Wilhelm kein Unglück zu. Schon der Gedanke daran sei für sie entsetzlich. Nach den schmerzlichen Erfahrungen ihrer Jugend habe ihr die Zuneigung des Kronprinzen den Blick in eine angenehme Zukunft eröffnet und sie gesundheitlich wieder gefestigt.[226] Friedrich Wilhelm übersandte sie als eine Art Talisman einen Schal, und dieser, »in Abmarsch-(reise-)hektik« begriffen, dankte überschwenglich: »Ich hoffe, daß er [der Schal] mir als Schutz dienen und mich glücklich in die Arme [derer] zurückführen wird, die ich über alles liebe ... Ich wünschte, zu Dir zu fliegen und Dich von ganzem Herzen zu umarmen.«[227] Zum Glück wußte Katharina nicht, daß der von ihr so heiß geliebte Mann sich noch immer willig von den raffinierten Verführungskünsten der Fürstin Bagration umgarnen ließ, und daß ihn die Fürstin bei seiner Abreise aus Wien in seiner Kalesche bis Purkersdorf begleitete, obwohl über sie wegen ihrer horrenden Schulden Hausarrest verhängt war.[228] Immerhin scheint es, daß mit dem Abschied in Purkersdorf diese mehrmonatige Liebesaffäre ihr abruptes Ende fand. Bald darauf verließ auch Katharina Wien. Zuvor hatte sie einen Abstecher nach Ungarn gemacht, wo sich das Grab ihrer Schwester Alexandra, der einstigen Frau Erzherzog Josephs, befand. Im Juni besuchte sie Stuttgart – unmittelbar nach ihrem Bruder Alexander sowie Kaiser Franz I. und Kaiserin Maria Ludovica von Österreich; die beiden Kaiser waren auf dem Weg zu ihrem Hauptquartier in Heidelberg. In der württembergischen Residenz wußte offenbar der wichtigtuerische, wenig taktvolle Obersthofmeister Friedrich Wilhelms, Ernst von Phull, in Abwesenheit seines mit der Truppenaufstellung am Oberrhein beschäftigten Chefs nichts Besseres, als ihr die »chronique scandaleuse«, die galanten Abenteuer ihres künftigen Mannes, zu schildern.[229] Kurze Zeit hielt sie sich in Weimar auf; dann reiste sie nach Wiesbaden, wo sie sich einer mehrmonatigen Badekur unterzog.[230] Goethe, mit dem sie dort zusammentraf, gewann den Eindruck, ihr Interesse konzentriere sich auf die Politik, dagegen bedeute ihr Kunst wenig.[231]

Mit wachsender Ungeduld verfolgte sie den schleppenden Gang der Eheauflösungsangelegenheit des Kronprinzen. Wiederholt bat sie König Friedrich, alles zu tun, damit endlich die Hindernisse vollends aus dem Weg geräumt würden, die ihrer Heirat mit Friedrich Wilhelm im Weg standen.[232] Zar Alexander versprach der Schwester, sich für ihr Anliegen einzusetzen, riet ihr zugleich aber, nichts zu überstürzen. Noch versagte Zarenmutter Maria Feodorowna ihr endgültiges Ja, und ohne dieses wollte und konnte Alexander nichts Entscheidendes unternehmen.[233] Seit der Abreise Friedrich Wilhelms aus Wien wechselte das junge Paar Briefe und Billetts in großer Zahl.[234] Blieb etliche Tage ein Lebenszeichen von dem Geliebten aus, wurde Katharina sogleich unruhig. Dabei geschah es nicht selten, daß Briefe unterwegs verlorengingen. Neben sehr Persönlichem enthielten die wechselseitigen Briefe Berichte über Kriegsereignisse, über bedeutsame Begegnungen, auch wurden in ihnen politische und militärische Fragen aufgeworfen und diskutiert. Jeder der beiden Briefpartner war dankbar für den Rat, das Urteil des anderen. An die Stelle des formalen Sie (vous) war das vertrauliche, dem engen freundschaftlichen Verhältnis Ausdruck gebende Du (tu) getreten. In Briefen an König Friedrich nannte Katharina Friedrich Wilhelm jetzt »mon Fritz« (mein Fritz).[235]

Am 30. September 1815 drängte Katharina in einem Brief König Friedrich, ihrem Bruder doch klarzumachen, daß Friedrich Wilhelm seit mehr als einem Jahr rechtlich als frei, das heißt als unverheiratet gelte, er also die Ehe mit ihr eingehen könne und daß es ihn nicht tangiere, wenn Prinzessin Charlotte von Bayern als Katholikin auf einer Nichtigkeitserklärung ihrer Ehe durch die Kurie in Rom bestehe. Allein, schon vier Tage später mußte sie einräumen, daß Zar und Zarenmutter nach wie vor mit Rücksicht auf das religiöse Empfinden in Rußland als Voraussetzung für eine Heirat von ihr und Kronprinz Friedrich Wilhelm die päpstliche Nichtigkeitserklärung der ersten Ehe des Kronprinzen wünschten, zumal sie es für selbstverständlich hielten, daß die Hochzeit in

Rußland stattfinden werde.[236] Katharina wollte indes nicht länger tatenlos zusehen. Im Oktober 1815 traf sie mit dem aus Frankreich zurückgekehrten und sehnlichst erwarteten Vetter in Frankfurt zusammen. Sie gab ihm jetzt ihr endgültiges Ja-Wort und erlaubte ihm, bei ihrer Mutter um ihre Hand anzuhalten. Ihrem künftigen Schwiegervater schrieb sie, Fritz und sie hätten sich in allen ihre Heirat betreffenden Punkten geeinigt. Es sei nun an der Zeit, einen Heiratsvertrag abzuschließen.[237] König Friedrich zeigte sich über den Brief Katharinas, eine Art Verlobungsanzeige, hocherfreut. Er informierte seine Minister umgehend über dieses für das Haus und Land Württemberg so bedeutsame Ereignis und nahm deren Glückwünsche gerne entgegen.[238]

Katharina hielt es nicht mehr in Deutschland. Über Berlin und Königsberg reiste sie in die russische Heimat. Anfang Dezember 1815 erreichte sie St. Petersburg. Schon wenige Tage später traf dort auch Kronprinz Friedrich Wilhelm mit einigen hochrangigen Begleitern ein. Er fand bei der kaiserlichen Familie eine sehr freundliche Aufnahme. Am 22. Dezember (nach dem russischen Kalender am 10. Dezember) berichtete Katharina König Friedrich, ihr Bruder, der Zar, habe die offizielle Verlobung auf den 8. Januar 1816 (27. Dezember 1815), die Hochzeit aber auf den 20. Januar (8. Januar) 1816 festgelegt.[239] Zur Abfassung des Heiratsvertrags wurden Graf von Wintzingerode der Jüngere, der zugleich den württembergischen Gesandtenposten am Zarenhof wieder übernehmen sollte, der Jugendfreund des Kronprinzen, Staatsrat Eugen von Maucler, und der Legationsrat Schaul nach St. Petersburg entsandt. Wintzingerode, Maucler und Schaul leisteten gute Arbeit. Bereits am 22. Januar 1816 konnten sie und der russische Bevollmächtigte, der Geheime Rat und Staatssekretär Graf von Nesselrode, den Ehevertrag mit dem diesem angefügten Zusatzartikel zum Abschluß bringen. Nach genauer Prüfung wurde der Vertrag dann am 17. Februar 1816 auch von Württemberg ratifiziert.[240] Übrigens stattete Katharina ihre beiden Söhne aus erster Ehe mit Vermögenswerten erheblich besser aus, als dies die »Ehepakten« bestimmten. Sie überließ ihnen die »größere Hälfte« ihrer beträchtlichen Kapitalien und Besitzungen und machte sie so zu den reichsten Prinzen Deutschlands.[241]

Am 24. Januar 1816 fand in St. Petersburg die glanzvolle Hochzeit Katharinas und Friedrich Wilhelms statt. Die hochrangigen Gäste aus Württemberg, die vom Zaren und von der Zarenmutter mit erlesenen Geschenken bedacht wurden, staunten über die verschwenderische Pracht, die der Zarenhof aus diesem Anlaß entfaltete. Besonderen Eindruck auf sie machte das grandiose Feuerwerk.[242]

Auch im fernen Stuttgart wurde der Vermählung des Thronfolgers gebührend gedacht: Am Sonntag, 21. Januar, war Große Gala bei Hof, anschließend der Festgottesdienst, in dem das »Te Deum« gesungen wurde, am Mittag folgte das Lever und Große Tafel im Weißen Saal, 50 Kanonenschüsse, am Abend gab es »Freitheater« mit Aufführung der »mit dem größten Pomp zu gebenden« Oper »Ferdinand Cortez« sowie »Frei-Redoute« (eintrittsfreier Festball/Maskenball). Am 7. Februar gab König Friedrich die Heirat des Kronprinzen in einem sehr feierlich gehaltenen Reskript öffentlich bekannt. Hierbei brachte er den Wunsch zum Ausdruck, daß »die königlichen Diener, Vasallen und Untertanen, nach ihren Gesinnungen der Treue und Anhänglichkeit, an diesem für Uns und Unser Königliches Haus sowie für das gesamte Vaterland so frohen Ereignisse treudevotesten Anteil« nehmen. Gleichzeitig ordnete er die Aufnahme der Kronprinzessin Katharina in die öffentliche kirchliche Fürbitte an.[243]

Zar Alexander gab als Chef des Hauses Romanow seine Zustimmung, daß die beiden Söhne Katharinas der Mutter nach Stuttgart folgen und dort von ihr erzogen werden sollten. Falls jedoch Katharina starb, ehe ihre Söhne volljährig waren, ging die Vormundschaft an ihren Großvater, den regierenden Herzog von Schleswig-Holstein-Oldenburg, und im Fall von dessen Ableben an den jetzigen Erbprinzen. Von der Apanage, die Katharina vom Zaren am 18. April 1809 ausgesetzt wurde, hatten die beiden Prinzen die Hälfte zu beanspruchen.[244]

In Stuttgart hatte man bereits vor der zweiten Heirat des Kronprinzen mit dem gründlichen Umbau und der Vergrößerung des 1720 von Herzog Eberhard Ludwig errichteten ehemaligen Hohenheimer Palais begonnen, das Franziska von Hohenheim, die Geliebte und spätere zweite Frau Herzog Carl Eugens, bewohnt hatte und das seit den 1790er Jahren dem jeweiligen Erb- bzw. Kronprinzen als Residenz diente. Katharina sollte ein Palais als Wohnsitz bekommen, das seiner äußeren Gestalt wie seiner Ausstattung nach ihren hohen fürstlichen Repräsentationsbedürfnissen gerecht wurde.[245]

Im März 1816 verließ das Kronprinzenpaar St. Petersburg. Bei seiner Ankunft in Stuttgart am 13. April wurde es mit großer Freude begrüßt. Kanonen schossen Salut. Sämtliche Kirchenglocken läuteten. Der Gouverneur und Kommandant der königlichen Residenz sowie der Stadtmagistrat begrüßten »Ihre Kaiserliche und Seine Königliche Hoheit«, die sich nach der amtlichen Verlautbarung trotz der recht strapaziösen Reise in den Übergangswochen vom Winter zum Frühjahr »in höchstem Wohlsein« befanden, am Stadttor.[246] Im Neuen Schloß, wo sich der »Männliche Hof in Gala« versammelt hatte, erwarteten sie König und Königin.[247]

Vom 17. bis 20. April ordnete der königliche Vater und Schwiegervater Große Gala am Hof an. Ein Hofball, ein Konzert, aufwendige Diners und anderes mehr gaben diesen Tagen ein besonders festliches Gepräge.[248] Den wohl eindrücklichsten Willkommensgruß entbot der russischen Großfürstin und nunmehrigen württembergischen Kronprinzessin der Schweizer Gelehrte Johann Georg Müller, mit dem Katharina um die Jahreswende 1813/14 in Schaffhausen lange Gespräche geführt hatte. Müller

schrieb: »Eure Kaiserliche Hoheit leben nun in einem Land, das nicht nur zu den schönsten und fruchtbarsten in ganz Deutschland gehört und bewohnt ist von einem fleißigen, talentreichen und gutmütigen Volk, aus welchem seit drei Jahrhunderten eine Reihe ausgezeichneter großer Geister in verschiedenen Fächern der Wissenschaft sowohl als der Künste ausgegangen sind, sondern bei welchem eine angeerbte Anhänglichkeit, Achtung und Liebe für Religion herrscht und das eben darum auch gewohnt ist, seinen Regenten treu ergeben zu sein, und Eurer Kaiserlichen Hoheit mit Liebe und Ergebenheit zuvorkommen wird.«[249]

Auch wenn Württemberg die Heimat ihrer mütterlichen Vorfahren war, so kam ihr, die sie in den Weiten des Russischen Reichs aufgewachsen und im Glauben der russisch-orthodoxen Kirche verwurzelt war, dieses vor allem in seinem geistig-religiösen Habitus durch die evangelisch-lutherische Konfession geprägte kleine und enge Land doch fremd vor. Um sich ein Stück Heimat zu bewahren, brachte sie ihre eigene kostbar ausgestattete orthodoxe Kapelle nach Stuttgart mit, die dann ihren neuen Platz

Das Landhaus Bellevue über dem Neckar bei Cannstatt, ein Geschenk König Friedrichs an Kronprinzessin Katharina, wurde zu deren Lieblingsaufenthalt.

im umgebauten Kronprinzenpalais an der oberen Königstraße erhielt.[250] Beinahe wie ein Märchen aus Tausendundeiner Nacht mutete die Stuttgarter die überreiche Brautausstattung ihrer neuen Kronprinzessin an; sie durften diese Fülle kostbarer Kunst- und Gebrauchsgegenstände, die auf vielen Wagen aus St. Petersburg hierher transportiert worden waren, für kurze Zeit in einigen Zimmern des Palais bewundern. Katharina selbst machte sich aus dem Prunk wenig, sie bevorzugte eine einfache Lebensweise.[251] Große Freude bereitete ihr das oberhalb der Stadt Cannstatt am Neckar, nahe der späteren Wilhelma, gelegene Landhaus Bellevue, das ihr der königliche Schwiegervater zu ihrem 28. Geburtstag am 22. Mai 1816 zusammen mit einem hübschen Park schenkte. Das Landhaus Bellevue wurde ihr Lieblingsaufenthalt, dort verbrachte sie mit ihrem von Amtsgeschäften noch wenig belasteten Mann unbeschwerte Wochen.[252]

Katharina lebte sich in Württemberg rasch ein. Mit wachen Augen nahm sie ihre Umgebung wahr. Schon wenige Wochen nach ihrer Ankunft in Stuttgart äußerte sie: »Württemberg bietet dem denkenden, dem fühlenden Menschen viel Stolz. Gott scheint es reichlich begabt zu haben, mögen nur Seine Erschaffenen nicht die Väterliche Güte verkennen, ein frommer Sinn herrscht doch im ganzen, und durch den muß man wirken können.«[253] Sie sah also mit Blick auf die ihr in absehbarer Zeit zufallende Rolle als Königin ein reiches Betätigungsfeld vor sich. Obwohl schwanger, war sie bestrebt, Land und Menschen kennenzulernen, ihre Kenntnisse auf den verschiedenen Lebensgebieten zu erweitern. Im Juli 1816 unternahm sie mit ihrem Mann eine Reise nach Oberschwaben und in die Schweiz. Der berühmte Verleger Cotta, der Kronprinz Friedrich Wilhelm sehr schätzte, kündigte am 14. Juli Dr. Usteri, wohl einem vertrauten Bekannten in Zürich, den Besuch des Thronfolgerpaars an. Der Kronprinz reise incognito, er werde außer von seiner Frau von seinem Oberhofmeister von Phull begleitet und wünsche, in Zürich einige bekannte Persönlichkeiten kennenzulernen. Bei ihm wie bei seiner Gattin handle es sich um höchst liebens- und verehrungswürdige Menschen, so daß sich jeder bedeutende Mann freuen müsse, wenn er von ihnen »gekannt« sei.[254]

III

Die ersten Regierungsjahre König Wilhelms

Die Thronbesteigung

Am 30. Oktober 1816 starb nach kurzer schwerer Krankheit König Friedrich. Kronprinz Friedrich Wilhelm bestieg als Wilhelm I. den Thron. Noch am selben Tag, elf Stunden nach dem Hinscheiden des Schwiegervaters, den sie zuletzt, obwohl selbst gesundheitlich angeschlagen, hingebungsvoll gepflegt hatte, schenkte die junge Königin Katharina einem Mädchen das Leben: Marie, der nachmaligen Gräfin von Neipperg. Wie oft früher schon im württembergischen Fürstenhaus machte auch dieser Herbsttag 1816 deutlich, wie eng Tod und neues Leben miteinander verwoben waren.[1]

Eine Stunde nach dem Tod König Friedrichs, morgens 2.30 Uhr, berief der Oberhofmeister des seitherigen Kronprinzen, Ernst von Phull, auf Anordnung seines Chefs, des nunmehrigen Königs, das provisorische Staatsministerium zu einer Sitzung auf 8.00 Uhr »in der Frühe« ein. In dieser Sitzung sollte das Testament des verstorbenen Monarchen eröffnet werden. Ausdrücklicher Wunsch Seiner Majestät König Wilhelms sei es, wie Phull weiter bekanntgab, daß die Staatsgeschäfte ohne Bruch in der Weise fortgeführt würden, wie wenn der »Höchstseligen Majestät auf Reisen gegangen seien«.[2]

In den letzten Lebensjahren König Friedrichs hatte zwischen Vater und Sohn, zwei schon in ihrer äußeren Erscheinung gegensätzliche Naturen, der eine von überquellender Körperfülle, der andere schlank und wohlgestaltet[3], ein leidliches Einvernehmen bestanden. Es gab keine harten Auseinandersetzungen mehr. Der Sohn hatte sich zu einem gewissen Verständnis für den politischen Kurs des Vaters durchgerungen, zumal er erkannt hatte, daß der Vater selbst bei gewalttätig-despotischen Handlungen stets das Wohl seines Landes und seiner Untertanen im Auge hatte und daß ihm eine gedeihliche Zukunft seines Hauses, seiner

Familie, ein vorrangiges Anliegen war. Ein distanziertes Verhältnis, ein wechselseitiges Mißtrauen blieb. Schon die ersten Regierungsmaßnahmen des jungen Königs ließen indes klar erkennen, daß mit ihm eine neue Ära für Württemberg begann, die von der des Vaters durch eine scharfe Zäsur geschieden war. Allerdings hatte Wilhelm keineswegs die Absicht, den Staat Friedrichs zu zerstören, er wollte ihn aber entsprechend den Erfordernissen einer gewandelten Zeit umbauen.

Um sich bereits in der Anrede deutlich vom Vater zu unterscheiden, dessen Taufnamen Friedrich Wilhelm Karl auch die seinen waren, nannte er sich als König nicht Friedrich oder Friedrich Wilhelm, sondern Wilhelm. Nicht wie der Vater, der in seinem offiziellen Titel neben dem König von Württemberg und dem souveränen Herzog in Schwaben eine Vielzahl Namen von den seinem Land einverleibten Herrschaften geführt hatte, bezeichnete er sich schlicht als »Wilhelm von Gottes Gnaden, König von Württemberg«. Auch das seither aus zahlreichen Einzelwappen bestehende prunkvolle Staatswappen reduzierte er auf den Mittelschild des Wappens: im linken Feld des gespaltenen Schilds die angestammten drei Hirschstangen und im rechten die drei staufischen Löwen, entsprechend als Schildhalter Hirsch und Löwe. An die Stelle der seitherigen Staatsfarben Schwarz-Rot-Gold (das alt-württembergische Schwarz-Gold und das Mömpelgarder Rot-Gold) traten die Staatsfarben Rot-Schwarz.[4] Im Manifest anläßlich seiner Thronbesteigung erklärte Wilhelm, daß »die Wohlfahrt und das Glück der ihm anvertrauten Untertanen« das einzige Ziel seiner Bemühungen sei und daß er, um dieses hochgesteckte Ziel zu erreichen, alles daransetzen werde, Württemberg bald eine dem Zeitgeist und den Bedürfnissen des Volkes entsprechende und dessen Wohlstand erhöhende Verfassung zu geben.[5]

Trotz seiner ausgeprägten Vorbehalte gegen den Vater und dessen Regierungsstil sowie seines Bestrebens nach einem ihm gemäßen Neubeginn tat er doch alles, dem toten König in einer würdigen Form die letzte Ehre zu erweisen. Bei den Trauerfeierlichkeiten entfaltete sich königliches Gepränge. Der Sohn bekundete damit respektvoll: Mit Friedrich war ein großer und verdienter Regent dahingegangen.[6] Am 5. November 1816 errichtete Wilhelm eine dem Andenken des Vaters gewidmete Stiftung: Solange er regierte, sollten alljährlich am Geburtstag König Friedrichs 4 000 fl von der königlichen Hof- und Domänenkasse an die

Stuttgarter Stadtdirektion ausbezahlt und von dieser an die Armen der Stadt verteilt werden.[7]

Großmütig verfügte König Wilhelm am 14. und 19. November 1816 für eine große Zahl von Militärsträflingen und für 254 Zivilgefangene die sofortige Begnadigung oder eine wesentliche Herabsetzung der über sie gerichtlich verhängten Strafen. Für sämtliche Deserteure erließ er am 17. November 1816 einen Generalpardon, den er dann am 17. März 1817 noch verlängerte. Die strengen Strafen wegen Widersetzlichkeit, Hofdiebstählen und unordentlicher Kassenführung (»Kassenreste«) milderte er. Auch schaffte er die Geheime Polizei ab. Er ordnete die Wiederherstellung des Brief- und Postgeheimnisses an und gab das in Württemberg seit alters bestehende, von seinem Vater abgeschaffte Botenwesen wieder frei.[8] In einer ganzen Reihe von Fällen machte er Strafversetzungen von Beamten rückgängig, die sein Vater verfügt hatte. So durfte der Esslinger Oberamtmann Majer, den König Friedrich zusammen mit dessen Stellvertreter, Amtmann von Killinger, 1811 nach Neuenbürg strafversetzt hatte, auf seine alte Stelle zurückkehren. Der Anlaß für diese Strafversetzung war gewesen, daß Majer die vom König befohlene Reparatur einer in schlechtem Zustand befindlichen Straße mit Rücksicht auf die dringenden Feldarbeiten um einige Wochen aufschieben wollte, damit keine Zwangsmaßnahmen ergriffen werden mußten. Dies hatte den »Allerhöchsten Unwillen« zur Folge gehabt.[9] Wilhelm I. ordnete auch die Freilassung eines seit vier Jahren in der Psychiatrischen Landesanstalt Zwiefalten zwangseingewiesenen Magisters Harter an. König Friedrich hatte in diesem Mann – wohl ohne zureichenden Grund – einen äußerst gefährlichen Menschen, einen »Hochverräter«, gesehen.[10]

Sympathien bei der Bevölkerung erwarb sich der junge Monarch zum einen dadurch, daß er am 19. November 1816 allen seinen Untertanen, gleichgültig welchen Standes, das Recht einräumte, Bitten und Wünsche bei ihm persönlich vorzubringen[11], zum anderen aber dadurch, daß er durch Verordnung vom 23. Januar 1817 das den Württembergern seit 1809 auferlegte Verbot des Waffenbesitzes erheblich milderte. Im Gegensatz zu seinem Vater förderte er Schützengesellschaften, die jetzt mancherorts neu entstanden. Um den Übungen im »Schießen aus freier Hand« einen Anreiz zu geben, stellte er für die besten Schützen Prämien in Form von Schützengewehren in Aussicht.[12] Allgemeinen Beifall bekam er auch für die Aufhebung der »Menagerie«, des Tiergartens König Friedrichs in Stuttgart, der seit langem ein öffentliches Ärgernis war. Im Herbst 1816 herrschte große Teuerung. Die armen Weingärtner und ihre Familien, bei denen selbst in guten Jahren Schmalhans Küchenmeister war, lebten in bitterster Not. Sie hatten deshalb auch nicht das geringste Verständnis dafür, daß jeden Morgen ein langer Zug von Mauleseln die Tiere in der Menagerie mit Weißbrot, Fleisch und Gemüse in reicher Fülle versorgte. Daß ihnen nun ein solches groteskes morgendliches Schauspiel erspart blieb, registrierten die Stuttgarter mit Genugtuung.[13]

Sein Bestreben mit dem politischen Regiment des Vaters zu brechen und am Hof wie in der Regierung und Verwaltung neue Akzente zu setzen, zeigte sich daran, daß er die meisten Minister sowie einen erheblichen Teil der anderen obersten Repräsentanten des Hofes und des Staates entließ und in die führenden Positionen durchweg Männer seines Vertrauens berief. Seinem Jugendfreund Eugen von Maucler übertrug er die bisher von dem Grafen Dillen, dem Günstling König Friedrichs, bekleideten Hofämter. Die Einwände Mauclers, er bezweifle, daß er in Ämtern, auf die er sich niemals vorbereitet habe, nützliche Dienste werde leisten können, ließ Wilhelm nicht gelten.[14] Das bürokratisch organisierte Staatsministerium Friedrichs schaffte der Sohn ab und rief dafür als Kollegialbehörde den Geheimen Rat ins Leben. Ihm gehörten Männer an wie der liberal gesinnte Kultminister Freiherr von Wangenheim, der ehemalige General Karl von Kerner als Chef des Innenressorts, die Räte von Neurath und Lempp.[15]

Das Volk setzte große Erwartungen in den neuen König. Seine liberale und deutschpatriotische Einstellung hatten ihn als Kronprinz weit über Württemberg hinaus populär gemacht. Er hatte als Hoffnungsträger vor allem auch mit Blick auf das Land gegolten, das er dereinst regieren sollte. Ihm hatte man zugetraut, daß er das harte Regiment König Friedrichs durch ein freiheitlicheres ablösen werde. Deshalb empfanden weite Bevölkerungskreise den Tod des alten Königs als eine Art Befreiung. Mit Mühe nur wurden Freudebekundungen unterdrückt.[16] Das Manifest bei der Regierungsübernahme, die Wiederherstellung der Pressefreiheit, die Abneigung des jungen Monarchen gegen übertriebene fürstliche Repräsentation und vieles andere mehr schienen diese Erwartungen zu bestätigen. Trotz Wirtschaftsmisere, wachsender Not und Armut am Anfang des Hungerjahrs 1816/17, verbreitete sich neue Zuversicht.

Der Sekretär Huber in Ludwigsburg, der die finanziellen Interessen des in Paris lebenden Prinzen Paul von Württemberg, des Bruders von König Wilhelm, am württembergischen Hof wahrnahm[17] und sehr gut über die dortigen Verhältnisse informiert war, berichtete Ende Dezember 1816 dem Prinzen: »Der König gewinnt sehr an Popularität, sein bisheriges Benehmen zeugt von großer Ruhe und dem besten Willen, das Beste zu wollen. Dieses Zutrauen hat das Publikum zu ihm. Hingegen hat dieses viele Einwendungen gegen seine Wahl von Leuten, die er zum Regieren um sich anstellt und die das besorgen sollen, was er nur im Umriß geben kann und wovon er die Ausführung den obigen überlassen muß. Schon das, daß es lauter neue Leute sind, die also keine Lokalkenntnisse haben können, nimmt gegen sie ein.«[18]

Ein junges Königspaar

Katharina brachte ihrem Mann aufrichtige Liebe entgegen, die er bei allem Respekt für sie nicht in gleichem Maße zu erwidern vermochte. Er kam auch jetzt nicht ohne erotische Abenteuer aus. Attraktiven Frauen machte er gerne den Hof. Mancher ließ er eindeutige »Anträge« zukommen, so der beliebten Schauspielerin Auguste Brede, die sich aber taub stellte. Im Mai 1817 berichtete Sekretär Huber Prinz Paul von alten und neuen Liebschaften des Königs und einige Zeit darauf von Italienerinnen, die sich der besonderen Gunst des Monarchen erfreuten. Es scheint indes, daß es Wilhelm gelang, seine Seitensprünge vor Katharina, die für diese zutiefst demütigend waren, weithin, wenn auch nicht ganz zu verheimlichen. Jedenfalls kam es schon im Frühjahr 1817 zwischen den Ehegatten zu leidenschaftlichen Ausbrüchen, die ihre Hauptursache sehr wahrscheinlich in der Eifersucht Katharinas hatten. Der von Huber erwartete Eklat blieb aber glücklicherweise aus.[19] Nach dem Eindruck Außenstehender herrschte beim württembergischen Königspaar eitel Sonnenschein. Wer freilich die starken Charaktere näher kannte, dem schien die nach außen zur Schau getragene eheliche Harmonie zumindest auf längere Sicht recht brüchig. Wilhelm war ein eigenwilliger, befehlsgewohnter Mann, dem eine Partnerschaft selbst mit einer hochintelligenten und vielseitig gebildeten Frau mit politischem Gespür nicht leichtfiel. Hinzu kam, daß Katharina ihrer charakterlichen Veranlagung nach in manchem ihrem Mann ähnelte. Sie war eine eigenwillige, willensstarke, ja herrische Frau, die gewohnt war durchzusetzen, was sie für richtig hielt oder für richtig erkannt hatte. Für Wilhelm konnte die sachkundige Ratgeberin und Helferin leicht zur unbequemen Konkurrentin werden. Der Diplomat und Schriftsteller August Varnhagen von Ense, der sie 1817 in Baden-Baden kennenlernte, wo sie mit ihrem Mann zur Kur weilte[20], charakterisierte sie treffend: »Sie hatte einen scharfen, klaren Verstand, der alles Gemeinnützige, alles auf Menschen und Verhältnisse Wirksame lebhaft ergriff und so leicht als richtig behandelte. Indes war sie zugleich entschiedene Herrscherin, gewohnt, ihren Willen mit der Gewißheit auszusprechen, daß die schleunigste Erfüllung folgen müsse, und sie fand es nur natürlich, mit Dienern, auch mit den höchsten, nicht viele Umstände zu machen... Diese Mischung von Hoheit und Offenheit gab der schönen Frau, die doch zugleich die feinste Weltbildung besaß, einen außerordentlichen Reiz, und ihre Unterhaltung übte bisweilen einen wahren Zauber aus.«[21] Varnhagen fand ferner bemerkenswert, daß Katharina, die Ernst Moritz Arndt einmal »Kaiser Pauls edelstes Kind« nannte, Widerspruch sehr gut ertrug, daß sie sich über eigene Irrtümer gerne berichtigen ließ und daß sie fremde mit Nachsicht behandelte.[22]

Das große Vorbild der jungen Königin war ihre Mutter, die Kaiserin Maria Feodorowna. Diese bedeutende Frau, die in ihrer Tatkraft und Zielstrebigkeit ihrem Bruder König Friedrich glich, schuf in Rußland ein ausgedehntes Sozial- und Bildungswerk. Sie errichtete Waisenhäuser, Hospitäler sowie Mädchenbildungsanstalten und stattete diese Einrichtungen mit einer tragfähigen wirtschaftlichen Basis aus. Mit ihren Initiativen auf den Feldern der Wohltätigkeit und Erziehung leistete sie in Rußland, ja in Europa Pionierarbeit.[23] Im Herbst 1818 besuchte Maria Feodorowna zur großen Freude der Tochter Stuttgart und Württemberg. Die Kaiserin zeigte sich beeindruckt darüber, daß sich Katharina in ihre Rolle als Königin und Landesmutter so ausgezeichnet hineingefunden hatte. »Ich freue mich«, schrieb sie, »meine Tochter in ihrem neuen Wirkungskreise so glücklich, geliebt, mit dem Vertrauen so vieler belohnt... zu sehen. Es macht mich glücklich, überall, wohin ich komme, wahrzunehmen, daß die Königin ihren Beruf zu erfüllen sucht.«[24] Um ihre Befriedigung über das heraus-

Katharina (1788–1819), Königin von Württemberg.

ragende soziale Engagement der Tochter zu bezeugen, trat die Kaiserin dem württembergischen Wohltätigkeitsverein bei und ließ ihm fortan im Rahmen einer Stiftung jährlich 200 Rubel zukommen.[25] Ähnlich wie die Mutter sah Katharina als Königin von Württemberg ihre Hauptaufgabe im Kampf gegen Not, Armut und Unwissenheit. Bei der Überwindung der Unwissenheit ging es ihr insbesondere darum, die Benachteiligung der weiblichen Jugend durch größere Chancen im Bildungsbereich zu verbessern. Daß sie sich bei der Minderung von sozialen Problemen mit ihrer resoluten Art indes nicht nur Freunde machte, liegt auf der Hand.[26] König Wilhelm schätzte die Aktivitäten seiner Frau auf sozialem Gebiet und förderte sie. Hier zogen die beiden Ehegatten gewissermaßen an einem Strang, ging es doch um das Wohl des Landes und seiner Menschen. Reichsfreiherr vom Stein war 1817 davon überzeugt, daß Katharina und Wilhelm miteinander außerordentlich glücklich waren, daß es ihnen gelingen werde, mit den Landständen in der Verfassungsfrage zu einer Einigung zu kommen, und daß sie in ihrem Land Einrichtungen schaffen würden, die ihren Nachbarn vorbildlich, ja nachahmenswert erschienen. Hohe Anerkennung zollte vom Stein dem Königspaar dafür, daß es wirtschaftlich einen rigorosen Sparkurs steuerte, Fehlentwicklungen stoppte, Mißbräuche beseitigte, und daß die Königin die Herzen der Menschen gewann, weil sie in der Hilfe und Fürsorge für Arme neue zukunftsweisende Wege eingeschlagen hatte und dadurch die schlimmen Auswirkungen einer Mißernte milderte.[27]

Als die Zarenmutter Maria Feodorowna sich im Oktober 1818 in Stuttgart aufhielt, organisierte das Königspaar für die vielseitig interessierte Fürstin ein aufwendiges Besuchsprogramm. Dasselbe geschah, als einen Monat später Zar Alexander in die württembergische Haupt- und Residenzstadt kam.[28] Katharina war über das Wiedersehen mit dem Bruder glücklich. Der lange Zeit außerordentlich enge Kontakt zwischen den beiden Geschwistern hatte sich, seitdem sich Katharina für die Heirat mit Kronprinz Friedrich Wilhelm entschieden hatte, stark gelockert. Ihre Korrespondenz beschränkte sich, soweit dies der gedruckte Briefwechsel zwischen Katharina und Alexander dokumentiert, auf wenige Schreiben. Der letzte Brief des Zaren an die Schwester datiert übrigens vom 28. November/6. Dezember 1818: ein sehr herzlich gehaltener Gratulationsbrief zum Namenstag Katharinas. In ihm bedankte sich Alexander auch für die liebenswürdige Gastfreundschaft, die er kurz zuvor in Stuttgart durch das Königspaar erfahren hatte.[29] Eine gewisse Entfremdung zwischen den beiden Geschwistern ist unverkennbar. Katharina sah ihr politisches und soziales Betätigungsfeld nunmehr in Württemberg; die russischen Verhältnisse verloren für sie an Interesse. Wichtig für sie wie für ihren Mann aber blieb das Schutzschild des großen Zarenreichs für Haus und Land Württemberg. Der Besuch des Zaren in Stuttgart rangierte für sie deshalb wesentlich höher als das Wiedersehen mit einem nahen Verwandten.

Hingezogen fühlte sich Katharina zu Herzogin Henriette von Württemberg, der Witwe Herzog Ludwigs, der Tante ihres Mannes. Sie besuchte sie mehrmals im Fürstenhaus.[30] Henriette, eine kluge, menschlich warmherzige Frau, hatte schon König Friedrich sehr geschätzt[31], und jetzt gehörte sie zu den Angehörigen des Königshauses, die der russischen Großfürstin das Einleben in Stuttgart erleichterten. Nicht allzu schwer fiel es Katharina, das Vertrauen und die Zuneigung ihrer Stiefschwiegermutter, der Königin Charlotte Mathilde, einer intelligenten und gebildeten, zugleich einfühlsamen und rechtlich denkenden Frau, zu erlangen. Charlotte Mathilde hatte Ludwigsburg, wo ihr Mann seine letzte Ruhestätte gefunden hatte, zu ihrem Witwensitz gewählt, obwohl es König Wilhelm gerne gesehen hätte, wenn sie in Stuttgart geblieben wäre.[32] Sie legte großen Wert auf ein gutes Verhältnis zu ihrem Stiefsohn Wilhelm und zu dessen Frau. Umgekehrt behandelte das junge Königspaar die Stiefmutter, die es immer wieder in Ludwigsburg besuchte, liebenswürdig und respektvoll. Wilhelm wie Katharina waren bemüht, ihre Anliegen und Wünsche zu erfüllen. König Wilhelm redete sie mit »Madame ma très chère Mère«, meine sehr liebe Frau Mutter, an.[33] Charlotte Mathilde war längst zur Württembergerin geworden. Ihre reichen Mittel erlaubten ihr, viel Not zu lindern, und dies tat sie wahrhaft königlich. Doch auch für das Wohl des württembergischen Königshauses engagierte sie sich. So stellte sie 1817 der Hofdomänenkammer ein Darlehen von 80 000 Pfund Sterling zur Verfügung und versetzte diese dadurch in die Lage, nach und nach die damalige hohe Schuldenlast des Hofkammerguts zu verringern.[34]

Viel Ärger verursachte Prinz Paul, der Bruder Wilhelms. Paul hatte sich schon zu Lebzeiten seines Vaters von seiner Frau getrennt und sich für ein sehr unstetes Leben entschieden. König Friedrich hatte nicht einmal mit massiven Drohungen und einem zeitweiligen Entzug der Apanage erreicht, daß er zu seiner Frau zurückkehrte. Im August 1816 wandte sich Paul an den Bruder und an die Schwägerin. Kronprinz Friedrich Wilhelm sollte für ihn beim Vater vermitteln, und Katharina bat er, sich bei Zar Alexander dafür zu verwenden, damit er wieder sein »traitement annuel«, die vom Zaren bewilligte, aber vor einiger Zeit entzogene jährliche Pension erhalte.[35] Friedrich Wilhelm konnte offenbar nicht viel für Paul erreichen, denn schon gut zwei Monate später starb König Friedrich, und auch Katharina tat eine Fehlbitte.

Zar Alexander schrieb der Schwester im Januar 1817, er wolle und könne für Paul nichts tun, denn der Prinz habe sich der Desertion schuldig gemacht, da er aus der russischen Armee, in der er als Offizier diente, heimlich entwichen sei.[36] 1817 lebte Prinz Paul mit seinen Kindern in Paris. Wirtschaftlich befand er sich in einer sehr ungünstigen Situation. Durch Darlehen suchte er sich über Wasser zu halten. Wiederholt verlangte er von König Wilhelm für sich und seine Kinder einen angemessenen Anteil an der Hinterlassenschaft König Friedrichs. Wilhelm zeigte sich jedoch lange gegenüber seinen Forderungen taub, und auch die Drohungen Pauls mit rechtlichen Schritten ließen ihn unbeeindruckt.[37] Den Wunsch Pauls nach einer förmlichen Ehescheidung lehnte er unter Berufung auf das von König Friedrich 1808 erlassene Hausgesetz in seiner Eigenschaft als Oberhaupt der königlichen Familie kategorisch ab. Paul hatte sich mit einer faktischen Trennung von seiner Frau, die zu ihrem Vater, dem Herzog von Sachsen-Hildburghausen, zurückkehrte, zu begnügen, und mußte ihr weiterhin einen bereits vereinbarten »Sustentationsbetrag« zukommen lassen.[38] Den württembergischen Gesandten in Paris, Graf Galatin, wies Wilhelm an, jeden Besuch bei Prinz Paul zu vermeiden und sich auf keine Verhandlungen einzulassen, doch sollte er sich über das »Benehmen des Prinzen... Notizen verschaffen« und diese dem Hof in Stuttgart von Zeit zu Zeit zuleiten.[39]

König Wilhelm lag die Erziehung der vier Kinder Pauls, zweier Mädchen und zweier Jungen, am Herzen und er erreichte mit dem oft bewährten Wechselspiel von Versprechungen und Drohungen, daß Paul schließlich einer Erziehung seiner Kinder am Stuttgarter Hof zustimmte.[40] Am 16. Juni 1818 schrieb er ihm: »Überlegen Sie mit Ruhe die furchtbaren Ereignisse Ihres zurückgelegten Lebens und retten Sie, wenn es noch möglich ist, Ihr Gewissen von den unausbleiblichen Folgen der folternden Verzweiflung. Der Taumel Ihrer Leidenschaften wird einst verschwinden, und Ihre als Gatte und Vater hintangesetzte[n] Pflichten werden laut Sie als die einzige Ursache alles Vorgefallenen anklagen.«[41] Zum Vormund der Kinder Pauls bestimmte König Wilhelm Staatsrat von Riedesel und nach dessen Tod im Februar 1819 Graf von Reischach. Die Aufgabe des »Beistands« des Vormunds übertrug er dem Direktor der Justizsektion des Kriegsdepartements Kapff.[42] Paul fühlte sich durch den Bruder höchst ungerecht behandelt. Vor allem war er darüber empört, daß dieser ihm gedroht hatte, er werde ihm seine

Apanage aberkennen lassen, wenn er mit seiner Familie nicht nach Württemberg zurückkehre. Doch der Bundestag in Frankfurt, an den sich Paul 1817 und 1819 beschwerdeführend wandte, weigerte sich, in die Souveränitätsrechte des Königs von Württemberg einzugreifen und empfahl dem Prinzen, sich mit dem Bruder direkt zu einigen.[43] Die Streitigkeiten um Erbansprüche an die Hinterlassenschaft König Friedrichs legte ein am 12. Mai 1819 von König Wilhelm nach Anhörung des Geheimen Rats sowie mit Zustimmung von Prinz Paul und von dessen Erben erlassenes Hausgesetz bei. Nach diesem Gesetz hatte jeder Thronfolger aus der Nachkommenschaft König Friedrichs den Privaterben des Vorgängers für ihre Ansprüche auf die als Einkünfte zu betrachtenden Vorräte des Hof- und Domänenkammerguts 175 000 fl zu entrichten, wie sie kraft des Vergleichs vom 14. August 1818 an die Kinder von Prinz Paul als Testamentserben König Friedrichs bezahlt wurden. Diese Regelung galt jedoch nicht, wenn sich der finanzielle Grundstock der Hof- und Domänenkammer durch »unvorhergesehene Unglücksfälle« um mindestens ein Drittel gegenüber seinem jetzigen Stand verminderte.[44]

In der Öffentlichkeit zeigten sich König Wilhelm und Königin Katharina häufig gemeinsam. Mehrmals in der Woche besuchten sie Schauspiel- und Opernaufführungen im Hoftheater. Es gab jetzt zwar keine so aufwendigen Operninszenierungen mehr wie zu König Friedrichs Zeiten, doch überrascht das reiche Repertoire an Opern und Schauspielen. Im Schauspielbereich erfreuten sich die Werke Schillers, aber auch zahlreiche Lustspiele, insbesondere die Stücke Kotzebues, großer Beliebtheit. Die Hofgesellschaft, aber auch die kunstliebenden Kreise der Stuttgarter Bürgerschaft nahmen mit Erleichterung zur Kenntnis, daß von einer anfänglich befürchteten Theaterfeindlichkeit Wilhelms und Katharinas keine Rede sein konnte. Zu den auf den Hof beschränkten Kammerkonzerten und Teegesellschaften lud die Königin in ihre Gemächer ein. Katharina liebte Hofbälle. 1817 und 1818 fanden acht solcher Bälle statt, der größte am 25. Oktober 1818, dem Geburtstag der in Stuttgart weilenden Kaiserin Maria Feodorowna.[45] Beim sonntäglichen Gottesdienst gingen Katharina und Wilhelm gewöhnlich getrennte Wege. Wilhelm nahm am Gottesdienst in der Schloßkirche teil, Katharina an dem in der russisch-orthodoxen Kapelle im Kronprinzenpalais. Nur bei besonders festlichen Anlässen schloß sich Katharina ihrem Mann an.[46] Das Amt des

Oberhofpredigers hatte von 1814 bis 1819 A.H. d'Autel inne, »ein Prediger der natürlichen Religion mit einer von biblischer Schlichtheit weit entfernten Rhetorik«, wie Heinrich Hermelink schreibt.[47] Gerne übernahm das Königspaar die Patenschaft bei Kindern ihm nahestehender Männer, so am 1. März 1817 bei einem Kind des Ministers von Wangenheim und am 10. Mai 1818 bei einem Kind Eugen von Mauclers. Zu der Taufe kamen Katharina und Wilhelm in die Wohnung der auf solche Weise ausgezeichneten Familien.[48]

Katharina interessierte sich sehr für Land und Leute, ebenso für technische Neuerungen und Entdeckungen. Im April 1818 besichtigte sie zusammen mit ihrem Mann die Saline in Kochendorf.[49] Am 14. September desselben Jahres besuchte das Königspaar den Rotenberg, auf dem damals noch die Ruine der Stammburg des Hauses Württemberg stand. Das Panorama, das sich dem Beschauer von der Höhe dieses Berges bot, faszinierte Katharina.[50] In den Jahren 1817 und 1818 unternahmen Katharina und Wilhelm lediglich drei größere Reisen: um die Jahreswende 1816/17 und im Oktober 1817 nach Frankfurt am Main; im September 1817 über Friedrichshafen in die Schweiz. Meist hielten sie sich in Stuttgart auf. Ihr Tagesablauf war streng geregelt: Arbeit bis zum Frühstück um die Mittagszeit, dann gemeinsamer Spaziergang oder gemeinsame Spazierfahrt. An der im Vergleich zur Zeit König Friedrichs recht bescheidenen Mittagstafel um 17 Uhr nahmen die am Hof verköstigten Personen sowie Gäste teil. Abends besuchten König und Königin häufig das Theater.[51]

Die Liebe zu Pferden teilte Katharina mit ihrem Mann. Am 12. Dezember 1817 erteilte sie dem damals in Istanbul weilenden polnischen Grafen Reschwusky, den sie von früher her kannte, den Auftrag, je drei arabische Hengste und Stuten der besten Klasse für sie zu kaufen und nach Württemberg zu liefern. Auf diese Weise gelangten solche edlen arabischen Pferde in größerer Zahl erstmals in die württembergischen Gestüte.[52] Mehrmals in der Woche ritt oder fuhr sie mit ihrem Mann zu den Gestüten in Scharnhausen und Weil bei Esslingen.[53] Sie war es wohl auch, die den entscheidenden Anstoß zum Bau des Schlößchens in Weil durch den Hofbaumeister Giovanni Salucci gab, der seit Juli 1817 im Dienst König Wilhelms stand. Mit den ersten Planungen für das »Landgebäude Weil« hatte 1809 der damalige Kronprinz Friedrich Wilhelm den badischen Oberbaudirektor Friedrich Weinbrenner beauftragt, als dieser sich in Stuttgart aufhielt. Als nun Weinbrenner erfuhr, daß Salucci der Bau übertragen war, schickte er König Wilhelm eine gesalzene Rechnung, die auf diplomatischem Weg schließlich auf die Hälfte reduziert werden konnte.[54]

Sehr gern hielt sich Katharina im Landhaus Bellevue auf. Nachdem sie und ihr Mann aber im Mai 1817 bei einem gefährlichen Neckarhochwasser dort in Lebensgefahr geraten und das Gebäude selbst stark beschädigt worden war, nahm ein schon 1815 von König Friedrich ins Auge gefaßter Plan, auf dem Bellevue überragenden Kahlenstein als Abschluß der vom Stuttgarter Residenzschloß, dem Neuen Schloß, nesenbachabwärts führenden Allee ein Schloß zu erbauen, konkrete Gestalt an. Auch die Realisierung dieses Projekts wurde Salucci übertragen. Die Erstellung des Bauprogramms für das neue Schloß, das Schloß Rosenstein, erfolgte unter der entscheidenden Einflußnahme der Königin Katharina.[55] In den Akten des Hausarchivs im Hauptstaatsarchiv Stuttgart befindet sich noch ein sechsseitiger handschriftlicher Vorschlag der Königin für das auf dem Kahlenstein zu errichtende Schloß.[56]

Katharina hatte stets anspruchsvolle Wünsche und Vorstellungen. Nicht leicht war ihr etwas recht zu machen. Nach dem Regierungsantritt König Wilhelms mußte Baumeister Thouret das Neue Schloß für die Bedürfnisse des jungen Regenten und seiner Frau herrichten. So erhielt er genaue Vorgaben für die Zimmer der kleinen Prinzessin Marie. Er und die unter ihm arbeitenden Bauhandwerker taten ihr Bestes und erwarteten Lob. Allein, das Gegenteil war der Fall. Katharina äußerte in harten Worten ihr Mißfallen: »Pfui, was soll das sein, hier herein kann das Kind nicht ... das ist eine Einrichtung für gemeine Leute, die Zimmer sind viel zu nieder.« Der König suchte zu beschwichtigen. Ihm gefalle die Sache gut, sagte er, und dann an seine Frau gewandt: »Aber, mein Schatz, du hast es ja mit mir im Plan angesehen und gut geheißen«. Doch Katharina beharrte auf ihrem Standpunkt und verlangte eine rasche bauliche Änderung.[57] Im Februar 1817 regte sie sich erneut auf. Diesmal ging es um den Bezug der unteren Zimmer im Schloß. Die Stellen, die mit der Einrichtung der Zimmer beauftragt gewesen waren, bekamen ihren Unwillen zu verspüren.[58] Im November 1817 war sie schwanger; nach Huber befand sie sich in einem psychisch desolaten Zustand und fürchtete, bald sterben zu müssen. Solche Ängste waren zu einem Teil in ihrer schwächlichen Gesundheit begründet, zum anderen aber hatten sie ihre Ursache darin, daß in letzter Zeit mehrere ihrer Standesgenossinnen während der Schwangerschaft vom Tod hinweggerafft worden waren. Hinzu kam ihr starker Aberglauben. So sah sie darin, daß sie beim Spazierengehen ihren Ehering verloren hatte, ein fatales Omen. Dem Finder hatte sie ein Geschenk von 1 000 fl oder aber eine Anstellung bzw. Pension in Aussicht gestellt.[59] Kurz darauf bezweifelte Huber eine Schwangerschaft der Königin. Er meinte, es handle sich um die Symptome einer Scheinschwangerschaft, als Folge des allgemeinen krankhaften Zustands von Katharina. Ihm schien das Ganze auf eine rasch und gefährlich voranschreitende Auszehrung oder Schwindsucht hinzudeuten.[60] Indes konnte von einer körperlichen Krankheit Katharinas keine Rede sein. Die Königin war tatsächlich schwanger und deshalb psychisch besonders labil. Am 17. Juni 1818 schenkte sie einer zweiten Tochter das Leben: Sophie, nachmalige Königin der Niederlande. Schon bald nach der Geburt dieses Kindes formulierte sie zusammen mit ihrem Mann die Anforderungen an die Gouvernante, der die Erziehung der Prinzessinnen Marie und Sophie übertragen wurde: Die Gouvernante sollte einen durch Vernunft und Umsicht bestimmten festen Charakter besitzen, über eine resolute Gesundheit verfügen, der selbst eine widrige Witterung im Freien nichts anhaben konnte, auch sollte sie von froher und ausgeglichener Sinnesart sein, gut aussehen und tadellose Manieren haben.[61]

König Wilhelm war ein den praktischen Dingen des Lebens zugewandter Mann. Alles Theoretisieren, namentlich alles Spekulative lag ihm fern. In Wort und Schrift vermochte er sich gleichermaßen vorzüglich auszudrücken. Er war vielseitig interessiert und ständig bemüht, so durch Reisen, seinen geistigen Horizont zu erweitern.[62] Wenn Jean Paul 1819 bei einem Besuch in Stuttgart behauptete, König Wilhelm lese wenig und habe nur wenige Offiziere um sich, deshalb wolle er sich ihm auch nicht vorstellen lassen[63], fällt er ein vorschnelles und schiefes Urteil. Gewiß war Wilhelm an literarischen Dingen wenig interessiert, doch bildete er sich durch Lektüre auf den ihm am Herzen liegenden Gebieten intensiv weiter. Auch besaß er ein Gespür für Kunst, und er war ein Kunstkenner von Format. Sein Umgang beschränkte sich keineswegs bloß auf eine kleine Zahl von Offizieren, im Gegenteil: Menschen von hoher, vor allem praktischer Intelligenz faszinierten ihn. Er zog sie gerne ins Gespräch, ließ sich von ihnen oft sogar zu schnell einnehmen.[64] Jean Paul hat sich jedenfalls durch seine überhebliche Voreingenommenheit die Begegnung mit einem interessanten Zeitgenossen und bedeutenden Fürsten entgehen lassen.

Wenn der Maler E. Wächter im November 1818 in einem Brief an den Freiherrn K. F. E. Üxküll dem König »Kunstmord« vorwarf, weil dieser so verdiente Hofbaumeister wie Thouret, Barth und Fischer nach dem Tod seines Vaters aus dem Hofdienst entfernt hatte, so war dies grotesk. Alle diese Männer bekamen im Staatsdienst ein neues und durchaus befriedigendes Betätigungsfeld. Auch nahm König Wilhelm ihre Dienste später bei wichtigen Bauvorhaben und bei Fragen der Stadtgestaltung immer wieder in Anspruch. Ihre Entfernung aus dem Hofdienst hing in gleicher Weise wie die von ihm verfügten Neubesetzungen von hohen und höchsten Regierungsämtern mit seinem Bestreben zusammen, sich möglichst mit Männern zu umgeben, denen er sein uneingeschränktes Vertrauen entgegenbringen konnte, und dies schien ihm bei Männern nicht gewährleistet, die unter seinem Vater Schlüsselpositionen am Hof und in der Regierung innegehabt hatten.[65] Zu seinem neuen Oberhofbaumeister berief der König G.M. Klinsky, der nach kurzer Verwendung im Hofdienst König Friedrichs seit 1811 das Amt eines Landbaumeisters in Schwäbisch Hall bekleidete. Allerdings hatte er schon bald den ersten Platz im Hofbauwesen an Giovanni Salucci abzutreten.[66]

Das rigorose Sparprogramm, das König Wilhelm der Verwaltung auferlegte, um die spärlichen finanziellen Ressourcen des durch eine lange Folge von Kriegen und durch Mißernten verarmten Landes zu schonen, erlegte er auch sich selbst und seinem Hof auf. Manche Künstler und Kunstliebhaber fürchteten deshalb, daß dieser konsequente Sparkurs besonders hart die Kunstpflege treffen würde. Dies war aber zumindest im Bereich der Architektur nicht der Fall. Zwar hielt sich der König zunächst mit Großprojekten zurück. Auch gab er der Errichtung von Gebäuden wie der einer Bibliothek oder eines Krankenhauses zur Verbesserung der Infrastruktur Stuttgarts den Vorrang. Und es spricht für ihn, daß er für künstlerische Zwecke eigene Mittel großzügig einsetzte, wie der Bau des Schlößchens in Weil oder das Projekt Schloß Rosenstein zeigt.[67]

Kein Gespür hatte Wilhelm für die Erhaltung historisch bedeutsamer Bauten. Freilich bildete er hier keine Ausnahme, viele seiner fürstlichen Standesgenossen dachten ähnlich. 1818 beschloß er den Abbruch des Schlosses Hohenheim, wobei er davon ausging, daß der Verkauf der wieder verwendbaren Baumaterialien die Abbruchkosten decken werde. Dies war jedoch nicht der Fall. Baumeister Barth, der die Abbrucharbeiten leiten sollte, errechnete, daß der Abtransport des Bauschutts fünf Monate beanspruche, daß der Aufwand für die Abbrucharbeiten und der Fuhrlohn mehr als das Doppelte des Erlöses aus den noch brauchbaren Baumaterialien ausmachte. So unterblieb die Beseitigung dieses Juwels spätbarocker Baukunst. Ein Glücksfall war es, daß sich gerade zu dieser Zeit ein neuer Verwendungszweck für das Hohenheimer Schloß anbot: die Verlegung der Landwirtschaftlichen Anstalt von Denkendorf nach Hohenheim.[68] Allgemein bedauert und später auch heftig kritisiert wurde, daß König Wilhelm 1819 das Stammschloß seiner Familie, die Burg Wirtemberg auf dem Rotenberg, abtragen ließ. Im Frühjahr 1819 wurde der Quartiermeisterleutnant von Martens mit der Fertigung eines genauen Lageplans der Burg beauftragt; durch seine Arbeit besitzen wir eine genaue Vorstellung von der topographischen Lage der Burg und von ihrer baulichen Gestalt. Ein Teil der Kosten für den Abriß sollte durch den Verkauf von brauchbaren Baumaterialien wie Holz oder Ziegel wieder hereingebracht werden.[69] Im Württembergischen Jahrbuch 1820 äußerte der Landeskundler Memminger, die noch vorhandenen Überreste der Burg hätten weder historisch noch architektonisch besondere Bedeutung besessen, so daß gegen ihre Beseitigung wenig einzuwenden gewesen sei.[70]

Bald nach der Regierungsübernahme König Wilhelms mehrte sich die Zahl der Stimmen, die Stuttgart unter dem neuen Regenten eine wenig verheißungsvolle Zukunft voraussagten. Bemängelt wurde, daß der glanzvolle Hof, der so viele Fremde angezogen und Einheimischen Nahrung gegeben habe, verschwunden sei. Das Königspaar pflege in dem kleinen Landhaus Bellevue einen schlicht bürgerlichen Lebensstil, das Theater habe seinen hervorragenden Ruf eingebüßt, Einrichtungen wie der königliche Tiergarten, die vielbestaunte – aber auch vielgeschmähte – »Menagerie«, die sehenswerte Meierei seien aufgehoben, die Kadettenanstalt aufgelöst und das Invalidenhaus aus der Hauptstadt entfernt worden. Die Wirklichkeit sah jedoch anders aus, wie bereits 1819 in Memmingers Württembergischem Jahrbuch festgestellt wurde. Stuttgart, so hieß es dort, blühe, es blühe mehr als je, die

Zahl seiner Einwohner wachse, die Bautätigkeit floriere, die Wasserleitung werde verbessert, die königlichen Anlagen würden verschönert und erweitert, die Preise für Bauplätze kletterten nach oben, die Hausmieten lägen »unmäßig hoch«. Im Jahrbuch hieß es dann weiter: »Wenn nun die neuen Institute, von welchen die Rede ist, zustande kommen, werden insbesondere, wie es der Wille des Königs ist, die Kunst- und Naturaliensammlungen in einem angemessenen Lokal aufgestellt werden, so wird die Stadt gewiß noch ungleich mehr zunehmen. Das einzige, was man wünschen muß, ist, daß die Stuttgarter nicht ferner fortfahren möchten, so schlecht und armselig wie bisher zu bauen und daß das Beispiel auch dem Privatbauwesen eine andere Richtung geben möchte.«[71]

Der Regent

Im Frühjahr 1817 äußerte sich die Schriftstellerin Friederike Brun in einem Brief an den einstigen Hofdichter König Friedrichs, Friedrich von Matthisson, begeistert über Wilhelm von Württemberg: »Ich habe eine sehr große Meinung von dem neuen Könige. Er geht mit einer großen Offenheit zu Werke, in welcher er mir auf dem Bundestage [in Frankfurt] keinen Nebenbuhler zu haben scheint. Die wackeren Schwaben verdienen auch einen solchen König, und die ihn nicht verdienen, wird hoffentlich seine Festigkeit in ihre Grenzen zurückweisen.«[72] Ein Jahr danach nannte Hans Christoph von Gagern König Wilhelm anerkennend den Zeitgenossen »so vieler fürstlicher Schwachköpfe.«[73] Gagern wollte damit sagen, daß sich der württembergische Monarch höchst vorteilhaft von einem erheblichen Teil seiner Standesgenossen unterschied. Er verband Augenmaß mit zäher und zugleich geschmeidiger Zielstrebigkeit, verfügte über gute Nerven und eine stabile Gesundheit.[74] Neben Nüchternheit, Sachkompetenz und Willensstärke gehörte auch Sparsamkeit zu seinen Regententugenden[75] und gerade diese war in einem so armen Land, wie es Württemberg damals war, wichtig. Obwohl er und insbesondere auch seine Frau Katharina, nach Höherem strebten, galt doch seine Politik in erster Linie dem Wohl Württembergs. 1818 bekannte er, seine Politik könne nur eine württembergische sein.[76]

Welch große Erwartungen das Volk in seinen Monarchen setzte, wußte König Wilhelm. Seine zur Schau getragene liberale und deutschpatriotische Einstellung als Kronprinz hatte ihn über Württemberg hinaus zum politischen Hoffnungsträger werden lassen, und die ersten Regierungsjahre des selbstbewußten, agilen Monarchen schienen zu bestätigen, daß ein liberaler Musterfürst die Zügel der Herrschaft ergriffen hatte. Freilich tat Wilhelm auch alles, sich in diesem Licht zu präsentieren.[77] Geschickt nutzte er seine langjährigen Verbindungen zum Reichsfreiherrn vom Stein, um sich von diesem seinen Regierungskurs gewissermaßen absegnen zu lassen. Nachdem er kurz nach der Thronbesteigung den großen Reformer in Frankfurt aufgesucht hatte, um ihn um Rat im württembergischen Verfassungsstreit zu fragen, folgte vom Stein schon bald darauf einer Einladung der Königin Katharina nach Stuttgart.[78] Nach außen hieß dies: Zwischen dem Reichsfreiherrn und seinem einstigen Musterschüler herrscht ein ungetrübtes politisches Einvernehmen.

König Wilhelm war sehr arbeitsam und war dank seines sorgsamen Aktenstudiums oft besser als seine Minister über wichtige Sachverhalte informiert. Manchmal hatten diese von ihm entworfene Schriftsätze nur zu unterzeichnen. Seine Lieblingsdomäne war die Außenpolitik: Hier waren die Ressortchefs häufig nur Erfüllungsgehilfen seines Willens. Für fähige Köpfe hatte er einen vorurteilsfreien Blick. Eine Günstlingswirtschaft gab es unter ihm nicht, und auch der Adel genoß keine Vorzugsstellung. Überwiegend adlig waren die Minister des Kriegswesens und der Auswärtigen Angelegenheiten, meist bürgerlich hingegen die Chefs der anderen Ressorts. Bei der Besetzung der Spitzenpositionen in Regierung und Verwaltung war die Befähigung das entscheidende Kriterium. Freilich, eigenwillige und unabhängige Persönlichkeiten hatten es schwer. Sie gerieten bei Wilhelm, der gewohnt war, auf seiner Sicht der Dinge zu beharren und seinen Willen durchzusetzen, leicht ins Abseits. Am besten arbeitete er mit Männern zusammen, die sich an den von ihm konzipierten Leitlinien der Politik orientierten, ihm uneingeschränkte Loyalität entgegenbrachten und auf Grund langjähriger Erfahrungen in ihren Verwaltungsämtern effektive Arbeit leisteten.

Die Vorliebe des Königs, sich bei besonders schwierigen Problemen der Hilfe von Spezialbeauftragten und Agenten zu bedienen, war für die zuständigen Minister demotivierend. Wilhelm selbst aber sicherte sich durch solche Agenten zusätzliche Informationen und Einflußmöglichkeiten.[79] Er regierte nicht durch harten Zwang, verfolgte aber seine Ziele zäh und beharrlich. Offenen Widerspruch ertrug er nur schwer, auch war er mißtrauisch und nachtragend.[80] Als das ihm gemäße Herrschaftsinstrument hatte er den Geheimen Rat geschaffen, auf dessen sachlich beratende Funktion er den Hauptwert legte. An den Sitzungen dieses Gremiums, das gewöhnlich im Alten Schloß tagte, nahm er regelmäßig teil.[81] Die Zügel der Regierung gab er nie aus der Hand. Weilte er für einige Wochen außerhalb des Landes, mußte er über alle wichtigen Vorkommnisse unterrichtet werden. So ordnete er für die Zeit eines Kuraufenthalts in Baden-Baden im Sommer 1817 an: Von den eingehenden Briefen und Paketen waren ihm »unerbrochen« durch Kuriere nachzusenden: a) alle eingehenden Berichte der württembergischen Gesandten und Geschäftsträger an auswärtigen Höfen, b) alle eingehenden Schreiben von Souveränen und fürstlichen Personen, c) alle sonstigen »Einkommen«, die äußerlich den Eindruck »persönlich« erweckten. Sämtliche sonstigen Briefe und Pakete hingegen sollten in Stuttgart entsiegelt und den Behörden nach der deshalb mit dem Geheimen Rat getroffenen Absprache zur Erledigung oder Berichterstattung übergeben werden.[82]

Auch wenn er zu einem autoritären Regiment neigte, auf Kritik und abweichende Meinungen empfindlich reagierte, war König Wilhelm kein Vertreter des aufgeklärten Absolutismus. Er legte großen Wert auf eine ihm und seinem politischen Handeln günstige öffentliche Meinung. Keinesfalls wollte er die geschichtliche Entwicklung hemmen oder gar anhalten, wie dies Fürst Metternich mit seiner reaktionären Politik versuchte. Eine gesunde Weiterentwicklung seines Staates erschien ihm unerläßlich. Nach seiner Auffassung hatte der Regent die Erfordernisse der Zeit zu erkennen und ihnen im Einklang mit den nach Entfaltung drängenden Kräften Rechnung zu tragen. Sein geistig-politisches Leitbild war ein sublimierter Bonapartismus, der sich jedoch grundlegend vom Bonapartismus Napoleons unterschied, denn dieser Bonapartismus war an der Maßlosigkeit seines Urhebers gescheitert.[83] Schon 1815 beschäftigte er sich mit pronapoleonischen Schriften und kam dabei zu neuen Einsichten. Das bonapartistische Herrschaftssystem begann ihn zu faszinieren. Es wurde für ihn zu einer Art politischem Programm. Ähnlich wie er sahen auch viele andere in Napoleon, obwohl dieser letztlich versagt hatte, den Exponenten einer verheißungsvollen neuen gesellschaftlichen Ordnung. Sie traten für die Schaffung eines straff organisierten, auf das Wohl seiner Bürger bedachten autoritären Staates ein, in dem die entscheidenden Direktiven vom Regenten ausgingen. Stuttgart wurde zu einem Zentrum einer Napoleon idealisierenden Literatur.[84]

Zu den Verehrern Napoleons zählte in der Umgebung des Königs eine größere Zahl einflußreicher Offiziere, so General Joseph von Theobald, Adjutant des damaligen Kronprinzen Friedrich Wilhelm im Feldzug 1812, der Reitergeneral Graf Friedrich Wilhelm von Bismarck, Oberst Joseph Konrad von Bangold, Adjutant des Königs, und General Freiherr Ernst Eugen von Hügel, Vizepräsident des Kriegsratskollegiums, ferner der Verleger Cotta und der Kunstmäzen Rapp.[85] Otto-Heinrich Elias, der unter Anführung gewichtiger Indizien Wilhelm von Württemberg als Bonapartist auf dem Königsthron vorstellt, macht auch darauf aufmerksam, daß Wilhelm während seiner ersten Regierungsjahre als Mitarbeiter Männer ins Land geholt hat, die durch ihre frühere Tätigkeit mit dem bonapartistischen Milieu vertraut waren, so seinen Finanzminister Freiherr Karl August von Malchus, seinen außenpolitischen Berater Trott, seinen Hofarchitekten Giovanni Salucci und seinen zeitweiligen »ghostwriter« Lindner. Salucci realisierte in seinen Bauten eine Art württembergisches Empire: einen Staatsklassizismus, der trotz seiner bescheidenen Ausführung von hohem politischem Anspruch war.[86] Gewissermaßen aus der Konkursmasse des bonapartistischen Königreichs Westfalen übernahm König Wilhelm den ehemaligen Finanz- und Innenminister Malchus und übertrug ihm die Leitung des Finanzressorts. Malchus, der aus kleinen Verhältnissen stammte, war ein befähigter und gewandter Praktiker, aber ein schlechter Charakter. König Jérôme hatte ihn zum Grafen von Marienrode erhoben und reich mit Geldzuwendungen bedacht. In Württemberg erlangte er die besondere Gunst König Wilhelms, konnte sich aber nicht lange in seinem neuen Amt behaupten. Immerhin sah Wilhelm anfänglich in ihm einen seiner fähigsten Minister und sachkundigsten Berater.[87] In westfälischen Diensten hatte zuvor auch der Geheime Legationsrat und Kammerherr von Trott gestanden. Nach dem Untergang des Königreichs Westfalen war er der Veruntreuung von Staatsgeldern beschuldigt worden. Doch sorgte die württembergische Regierung dafür, daß das gegen ihn von der kurfürstlich hessischen Regierung veranlaßte Gerichtsverfahren niedergeschlagen wurde. König Wilhelm ernannte Trott 1821 zum Staatsrat.[88]

Nach der Thronbesteigung gab sich König Wilhelm zunächst als freiheitlich gesinnter Reformer. Zwei Persönlichkeiten, die er in Regierungsämter berief, unterstützten ihn hierbei in besonderer Weise: Kultminister Freiherr von Wangenheim (1816/17) und der frühere General und nunmehrige Chef des Departements des Innern, Freiherr Karl von Kerner, der Bruder des Dichters Justinus Kerner (1817), beide weitschauende, fortschrittlich gesinnte Männer. Sie waren die führenden Köpfe eines Reformministeriums, das sich als konstitutionelle Regierung verstand, und dies, obwohl Württemberg noch keine Verfassung besaß und die Aussichten, daß eine solche bald zustande komme, wenig günstig waren.[89] Ihr Bestreben war darauf gerichtet, durch Reformen konstitutionsmäßige Verhältnisse herzustellen, also die Macht der Regierung zu beschränken und dem Volk staatsbürgerliche Rechte zuzugestehen. Indes konnten sie nur kurze Zeit das Vertrauen des in konservative Bahnen einlenkenden Monarchen behaupten. Sie wurden ersetzt durch Malchus, seiner Funktion nach Finanzminister, in Wirklichkeit aber der maßgebliche Berater König Wilhelms und der »Motor« der durch Wangenheim und Kerner schon auf den Weg gebrachten Reformen. Bei seiner Vereidigung nahm ihn der König in einer feierlichen Ansprache gegen den Vorwurf, ein »Französling« zu sein, in Schutz. Er übertrug ihm die große Aufgabe der Staatsreform. Für die deutsche Reformbewegung hatte Malchus nichts übrig. Ihm schwebte ein moderner bürokratischer Staat nach französischem Muster vor. Das Wangenheim-Kernersche Reformwerk gestaltete er nach seinen Vorstellungen um. Den altständischen Staat, dessen Idealbild die Altrechtler vor Augen hatten, lehnte er kategorisch ab. Schwerpunkt seines Reformkonzepts bildeten die Verbesserung der Staatsmaschinerie sowie die Neuordnung des Finanzwesens. Der Hochadel nahm gegen Malchus Partei, weil er fürchtete, dieser werde das Feudalsystem beseitigen. Die immer noch sehr mächtige Beamtenschaft, einschließlich des Schreibertums, sah ihre herrschende Stellung im Staat bedroht, ließ doch Malchus keinen Zweifel, daß der Verwaltung ein harter Sparkurs auferlegt werde, um die finanziellen Lasten des Volkes zu erleichtern. Die Altrechtler bekämpften ihn erbittert, und den »Volksfreunden«, den Wortführern des Volkes,

Karl von Kerner
(1775–1840).

Karl August von Wangenheim
(1773–1850).

Eugen von Maucler
(1783–1859).

August von Weckherlin
(1767–1828).

war dieser Landfremde suspekt. König Wilhelm, in dessen Sinn die Modernisierung des Staates nach den von Malchus vertretenen Grundsätzen war, vermochte seinen bonapartistischen Reformer gegen eine derart starke und geschlossene Widerstandsfront nicht zu halten, zumal die Partei des Alten Rechts angesichts der ihrer sozialen Basis gefährlich werdenden Neuerungen Kompromißbereitschaft signalisierte und der Monarch andererseits eine Möglichkeit sah, aus der verfahrenen Situation in der Verfassungsfrage herauszukommen.[90]

Inzwischen war es dem Freiherrn Eugen von Maucler, dem Jugendfreund des Königs, gelungen, den entscheidenden Einfluß auf die Regierungsgeschäfte zu erlangen, und Maucler behielt seine herausragende Position jahrzehntelang bis zur Revolution von 1848/49. Nicht ganz zu Unrecht legt ihm Robert von Mohl die Bezeichnung »Vizekönig« bei.[91] König Wilhelm machte den im württembergischen Verwaltungsdienst und Gerichtswesen innerhalb weniger Jahre in leitende Stellen aufgestiegenen Juristen (Landvogt in Calw 1811, Vorsitzender des Kriminaltribunals in Esslingen 1812) 1816, wie bereits erwähnt, zum Hofkammerpräsidenten, 1817 holte er den 34jährigen in den Geheimen Rat, 1818 ernannte er ihn zum Justizminister. Von 1831 bis 1848 stand Maucler als Präsident dem Geheimen Rat vor. Er starb 1859.[92]

Maucler war ein wissenschaftlich gebildeter Mann und zugleich ein harter Arbeiter von mitunter beinahe krankhafter Geschäftigkeit, der durch seine vielseitige Verwendung während der Regierung König Friedrichs über umfassende Erfahrungen in Verwaltungsangelegenheiten verfügte. Er besaß eine ausgesprochen praktische Begabung, ein sicheres Urteil und ein starkes Durchsetzungsvermögen. Rasch arbeitete er sich in neue Aufgabengebiete ein. Mißtrauisch gegenüber allem Doktrinären, verstand er sich auf wechselnde Situationen einzustellen, und er konnte mit Menschen umgehen. Gesellschaftliche Gewandtheit und witzige Schlagfertigkeit schätzte er. Wenn es ihm hilfreich erschien, ging er auch einmal opportunistische oder intrigante Wege. Schon gleich nach seiner Berufung in den Geheimen Rat beeindruckte er dadurch, wie geschickt er Sachverstand und Interessenkalkül miteinander verband.[93] Daß in Württemberg alte Verkrustungen aufgebrochen werden mußten, daß sich auf den verschiedensten Lebensgebieten ein freierer zeitgemäßer Geist durchsetzte, war für den mit einem sicheren Machtinstinkt begabten, nach einem strategischen Konzept handelnden politischen Kopf keine Frage. Deshalb akzeptierte er die vom Reformministerium Wangenheim-Kerner angestoßenen und von Malchus formulierten November-Edikte 1817.

Im Mai 1818 übernahm Maucler auf Anordnung des Königs den Vorsitz in der neu konstituierten Ämterorganisationskommission, in die auch die Altrechtler Georgii, Bolley und Weishaar berufen wurden. Diese Kommission hatte die Aufgabe, die Rechte der Oberämter, der Gemeinden und der Stiftungen neu zu ordnen, also die November-Edikte von 1817 durch die erforderlichen Organisationsnormen zu unterstützen. Dieses Unterfangen war schwierig, denn hier waren Grundpositionen der Altrechtler berührt: die Stellung der Oberamtleute, der Wahlmodus der Magistrate und namentlich die Herrschaft der Schreiber. Die Arbeit der Kommission zeitigte als erste bedeutsame Ergebnisse die Edikte vom 31. Dezember 1818.[94]

Diese Edikte sowie die ein gutes Jahr zuvor erlassenen Organisationsedikte gestalteten die württembergische Staatsverwaltung um, sie erleichterten die Ablösbarkeit von Abgaben, Lehen und Frondiensten, sie beseitigten die Leibeigenschaft und ermöglichten eine effektivere Tilgung der Staatsschulden. Das Königreich wurde in vier Kreise eingeteilt, denen eine eigene Gerichtsbarkeit, eine eigene Polizei- und Finanzverwaltung eingeräumt war, sowie in 64 Oberämter. Die Ministerien und der Geheime Rat erhielten exakt bestimmte Geschäftskreise. Eine Oberrechnungskammer führte künftig die Aufsicht über die Finanzverwaltung. Die Anstellungsverhältnisse der Staatsbediensteten wurden rechtlich abgesichert. Die fünf Edikte vom 31. Dezember 1818 regelten die Verwaltung der Gemeinden und der Amtskörperschaften, wobei diesen eine verhältnismäßig große Eigenständigkeit bei der Entscheidung über ihre Belange zugestanden wurde. Die Rechtspflege wurde von der Verwaltung getrennt. Die Verwaltung der Stiftungen oblag künftig wieder den Gemeinden.[95]

Schon am 30. Januar 1817 war durch die Reformer Wangenheim und Kerner ein liberales Gesetz über die Pressefreiheit erlassen worden. Es verfügte die vollständige Abschaffung der Zensur. Ausnahmen waren lediglich in Kriegszeiten zulässig. Besonderen Schutz gegen eine publizistische Verunglimpfung genossen die Religion, die Sittlichkeit, die [künftige] Verfassung, die öffentliche Ordnung, die Ehre des Staatsoberhaupts sowie die von Privatpersonen und Beamten, von »auswärtigen« Regenten und Regierungen, schließlich war noch das Amtsgeheimnis besonders geschützt. Presseorgane, die dagegen verstießen, hatten mit empfindlichen Strafen zu rechnen.[96] Die Pressefreiheit gab den Anstoß zur Gründung einer größeren Zahl von allerdings großenteils nur kurzlebigen Zeitungen und Zeitschriften, so vor allem in Stuttgart.[97]

Als seine besondere Domäne betrachtete König Wilhelm die Außenpolitik. Auch wenn der Posten des Außenministers nie vakant war – von 1816 bis 1819 hatte ihn Graf Ludwig von Zeppelin inne, von 1819 bis 1823 Graf Heinrich Levin von Wintzingerode –, so war der eigentliche Außenminister er selbst. Der von ihm ernannte Leiter des Ressorts der Auswärtigen Angelegenheiten, der zugleich die Funktion des Ministers des Königlichen Hauses versah, hatte im wesentlichen seine Weisungen auszuführen, der eigenständige politische Gestaltungs- und Handlungsspielraum des Ministers war minimal. Im allgemeinen berief König Wilhelm in dieses Amt Männer, die sein besonderes Vertrauen besaßen und von denen er auf Grund ihrer bisherigen Laufbahn im Staatsdienst sicher sein konnte, daß sie über die fachlichen Voraussetzungen verfügten und daß sie auch willens waren, seine politischen Direktiven auszuführen. Am ehesten konnten sich Minister halten, die, wie in den fünfziger Jahren Freiherr Karl Eugen von Hügel, dem König »mit der äußersten Behutsamkeit etwas zu leiten und zu beeinflussen verstanden«, also ihre eigenen außenpolitischen Vorstellungen geschickt dem Monarchen suggerierten und ihm so das Gefühl gaben, daß er die Zügel der Außenpolitik fest in Händen halte.[98]

König Wilhelm war sich bewußt, daß Württemberg allenfalls eine bescheidene mittlere Macht darstellte. Unter den fünf deutschen Königreichen war es das kleinste und schwächste, mit dem österreichischen Kaiserstaat vermochte es sich erst recht nicht zu messen. Sein Wohl und Wehe hing von dem politischen Wechselspiel der Großmächte Preußen, Österreich, Frankreich und Rußland ab. Wenn es dennoch im Konzert der europäischen Staaten etwas mehr als eine »quantité négligeable« war, dann verdankte es dies seinen engen dynastischen Beziehungen zum russischen Zarenhaus. Rußland hatte seit dem Ende des Zwangsbündnisses mit dem napoleonischen Frankreich im Herbst 1813 für das kleine Königreich im deutschen Südwesten die Rolle der

Schutzmacht übernommen, und es übte diese Schutzmachtfunktion, mit starken Schwankungen allerdings, während der 48 Jahre währenden Regierung König Wilhelms aus.[99] Immer wieder suchte Wilhelm seine Politik mit St. Petersburg abzustimmen oder beim Zaren doch wenigstens um Verständnis für seinen politischen Kurs zu werben. So geschah dies im September 1818 bei seinem Treffen mit Zar Alexander in Frankfurt am Main.[100]

König Friedrich hatte als Monarch durch glanzvolle fürstliche Repräsentation trotz der geringen Ressourcen seines kleinen und armen Landes den Anspruch auf eine gewisse Gleichrangigkeit mit den größeren Mächten geltend zu machen gesucht. Der Sohn dachte hier realistischer. Er beschränkte die fürstliche Repräsentation auf das Unerläßliche. Doch obgleich er als Regent von Anfang an vorrangig das Wohl seines Landes und seiner Untertanen im Auge hatte, fühlte er sich – und mehr noch seine Frau – zu Größerem berufen. Württemberg war beiden zu eng und zu klein. Die Großfürstin Katharina hatte sich mit ihrer Entscheidung, den politisch und militärisch talentierten württembergischen Vetter zu heiraten, keineswegs aus der großen Politik zurückgezogen und die kleinstaatliche Idylle zu ihrem neuen Lebensinhalt gemacht. Im Gegenteil, sie war sicher, zusammen mit ihrem Mann Einfluß auf die politische Entwicklung Deutschlands und Europas nehmen zu können. 1818 äußerte sie gegenüber Varnhagen von Ense, sie rechne mit politischen Veränderungen in Deutschland zugunsten von Württemberg.[101] König Wilhelm gestand bei einer Begegnung mit dem bekannten Diplomaten und Schriftsteller, sein Ehrgeiz gehe auf Vergrößerung, wo nicht seines Landes, so doch auf die seines Ansehens und seiner Wirksamkeit, und er glaube, die Zukunft trage noch viele Umwälzungen in ihrem Schoße, und diese sollten ihn nicht unvorbereitet treffen. Er gab freimütig zu, daß er im Kriegsfall die Stelle eines Oberbefehlshabers der deutschen Streitkräfte beanspruche. Als Fazit des Gesprächs hielt Varnhagen von Ense fest, dem König und mehr noch seiner Frau sei es in Württemberg zu eng, sie betrachteten das kleine Königreich nur als den festen Grund, von dem aus sie zu weiteren Dingen, also zu Größerem, gelangen wollten. Einem König, der sich zum Feldherrn berufen, und einer Königin, die sich immer noch Rußland zugehörig fühlte, die die Enkelin der Zarin Katharina der Großen und die Schwester des kinderlosen

Zaren Alexander war, fiel es nicht schwer, sich in vielfältiger Gestalt Chancen zu solch höheren Dingen vorzustellen. Varnhagen zweifelte nicht daran, daß Katharina seit der Thronbesteigung ihres Mannes die württembergische Außenpolitik maßgeblich beeinflußte.[102]

Daß das kleine Württemberg im Konzert der europäischen Mächte mitsprechen, daß es sich zumindest aber über politische Entwicklungen auf dem laufenden halten wollte, um wenigstens im Rahmen seiner beschränkten Möglichkeiten auf sie reagieren zu können, zeigte sich daran, daß es Gesandtschaften an elf Höfen bzw. Hauptstädten unterhielt: in Berlin, Wien, Paris, St. Petersburg, Karlsruhe, Dresden, Frankfurt (Bundestag), Den Haag, London, Rom und München.[103] Für besonders wichtig hielt König Wilhelm Wien. Deshalb ersetzte er dort den alten, verdienten Gesandten Graf Beroldingen durch einen Mann seines Vertrauens, den Grafen Wintzingerode den Jüngeren, zuvor württembergischer diplomatischer Vertreter in St. Petersburg. Er wußte, daß Fürst Metternich seine liberalen Reformen in Württemberg mit mißtrauischen Augen verfolgte und ihm deshalb wenig gewogen war. Entsprechend kühl verlief daher auch die Antrittsaudienz des neuen württembergischen Gesandten bei dem allmächtigen österreichischen Staatskanzler.[104] Bezeichnend für Wilhelm war, daß er 1817 seinen Gesandten in Paris anwies, den inneren Zustand Frankreichs, besonders »den Geist der Nation«, sorgsam zu beobachten, der sich seiner Ansicht nach vornehmlich in der Hauptstadt widerspiegelte. »Ein dauernder ruhiger Zustand« im Inneren dieses großen Landes, das unter Napoleon Europa immer wieder mit Krieg überzogen hatte, erschien ihm sehr wichtig.[105] Daß in Frankreich im Herbst 1819 das Zustandekommen der württembergischen Verfassung von liberalen Zeitungen wie von Regierungsblättern begrüßt wurde und daß sich der französische Gesandte am Bundestag, Karl Friedrich Reinhard, ein gebürtiger Württemberger (geboren 1761 in Schorndorf), über den Verfassungsvertrag vom 25. September 1819 sehr anerkennend äußerte, veranlaßte König Wilhelm zu einer vorsichtigen politischen Annäherung an das wieder erstarkende Frankreich, erhoffte er sich doch dadurch einen gewissen Rückhalt gegenüber den reaktionären Großmächten Österreich, Preußen und Rußland.[106]

Von Kälte, wochenlang anhaltendem Regen und Hagelschlägen bestimmte extreme Witterungsverhältnisse im Frühjahr und Sommer 1816 hatten eine katastrophale Mißernte und einen gänzlichen Ausfall des Weinherbstes zur Folge. Bereits am 17. Oktober 1816 fiel der erste Schnee, und er blieb liegen. So verdarb das noch zu einem guten Teil auf dem Feld stehende Getreide, und die Kartoffeln verfaulten im Ackerboden.[107] Die Lebensmittelpreise erhöhten sich sprunghaft und erreichten Rekordmarken. Der Scheffel Dinkel beispielsweise stieg von 4 fl auf 15 fl und schließlich auf 45 fl und mehr an, der Scheffel Hafer bis auf 44 fl, der Scheffel Gerste bis auf 66 fl. Für ein Simri Kartoffeln mußten zeitweise 2 bis 3 fl, für einen sechspfündigen Laib Brot 52 kr, für ein Pfund Butter 30 bis 52 kr, für ein Pfund Rindfleisch 17 kr, für ein Pfund Schweinefleisch 20 kr, für ein junges Huhn 48 kr, für ein Ei bis 3 kr, für ein Maß Milch 8 bis 9 kr bezahlt werden.[108] Wenn man bedenkt, daß der gesetzlich festgelegte Taglohn, die »Lohntaxe«, für einen Maurer- oder Zimmergesellen im Sommer 46, im Winter 44 kr, der für einen Steinhauer 52 und 50 kr, der für einen Taglöhner 48 kr, mit Trunk und Brot 24 kr betrug[109] und daß mit diesem Lohn in der Regel noch eine mehrköpfige Familie unterhalten werden mußte, kann man leicht ermessen, daß bei den ärmeren Bevölkerungsschichten bitterste Not einkehrte, waren sie doch außerstande, zu solchen exorbitanten Preisen das Lebensnotwendigste zu kaufen. Manche Menschen fristeten ihr Leben mit Gras, Klee, Heu und Wurzeln, die sie anstelle des fehlenden Gemüses abkochten. Zur Brotzubereitung verwendeten sie Mehl, das sie mit Kleie, Mehlstaub oder Sägemehl vermischten. Im Januar 1817 war im Regierungsblatt zu lesen, daß Bäckermeister Dürr in Untertürkheim Backversuche unternahm, bei denen er dem Mehlteig gemahlene Wurzeln und Rübensirup beigab. Die Verzweiflung trieb Habenichtse in den Wahnsinn oder in das Verbrechen.[110]

Durch Verordnungen wurde die Ausfuhr von Nahrungsmitteln sehr erschwert, schließlich ganz verboten, die Einfuhr dagegen erleichtert. Zugleich bemühte sich die Regierung, das Horten von Lebensmitteln und deren Veräußerung zu Wucherpreisen zu unterbinden. Im Rheinland und in Holland, später auch noch in entfernteren Gegenden, so an der Ostseeküste, in Polen und in

Rußland, wurde Getreide aufgekauft – Seybold beziffert die aufgekaufte Menge auf 70 000 Scheffel[111] – und meist auf dem Wasserweg über Holland rhein- und neckaraufwärts bis Heilbronn transportiert, von wo aus es weiter verteilt wurde. Dieses Getreide sowie die staatlichen Getreidevorräte wurden zu exakt festgelegten Preisen an die Verbraucher abgegeben. Geringbemittelten ließ die Regierung den sechspfündigen Brotlaib zu 30 kr zukommen. Sie tat auch alles, um die Bauern und die Bäcker auf dem Land dazu zu bewegen, Getreide und Brot nach Stuttgart zu bringen, wobei sie ihnen nicht bloß Abgabefreiheit zusicherte, sondern für die leistungsfähigsten Lieferanten auch Preise zwischen 4 und 16 fl aussetzte. Im Land, vor allem in den Städten, wurden Suppenanstalten eingerichtet. Um die Funktionsfähigkeit der Küche in Stuttgart zu gewährleisten, verpflichteten sich die Stuttgarter Bäcker, ihr während drei Monaten wöchentlich 15 Pfund Mehl und 448 Pfund Brot zu überlassen. Anfang 1817 zwang die ihrem Höhepunkt zustrebende Notsituation – in manchen Oberämtern waren bis zu zehn Prozent der Einwohner unterstützungsbedürftig – zu einer Erfassung und Registrierung aller privaten Getreide-

Nach der Mißernte des Jahres 1816 wird am 28. Juli 1817 mit großer Freude der erste Erntewagen nach Stuttgart gebracht.

vorräte und zu einer erneuten Festsetzung der Höchstpreise. Beamten, die sich dabei nachlässig zeigten, wurde die Entlassung angedroht.

Daß die Ernte des Jahres 1817 gut ausfiel, wurde überall mit großer Erleichterung und Dankbarkeit begrüßt. Das Einbringen des ersten Erntewagens am 28. Juli jenes Jahres gab der Stuttgarter Bürgerschaft Anlaß zu einem Freudenfest. Die Fahrt des mit Inschriften und Kränzen geschmückten Wagens durch die Straßen der Stadt gestaltete sich zu einem Triumphzug: Musik, Gesang der Schuljugend, Glockengeläut, Empfang durch die geistlichen und weltlichen Behörden, Dankgottesdienste in allen Kirchen.[112]

Erstmals in der Geschichte Württembergs geschah es, daß der Landesherr und mehr noch seine Frau Not und Elend der Untertanen zu ihrer eigenen Sache machten und nicht nur wirksame Hilfe leisteten, sondern auch Einrichtungen schufen, die von Dauer waren und wesentlich zum wirtschaftlichen Aufstieg des Königreichs in den folgenden Jahrzehnten und zu einem sozial verhältnismäßig ausgeglichenen Klima des Landes beitrugen. Königin Katharina wollte nicht wie die meisten ihrer Standesgenossinnen ihr Leben in oberflächlichem Firlefanz von Festen, Empfängen und in der Pflege verwandtschaftlicher Beziehungen vergeuden, sie wollte als Königin Aufgaben übernehmen, die dem Wohl des Landes und seiner Menschen förderlich waren. Einen Anstoß dazu hatte die eigene Mutter gegeben, dann aber auch der Schweizer Pädagoge und Bildungsreformer Johann Heinrich Pestalozzi (1746–1827).[113] Nach Pestalozzi hatte die Erziehung die entscheidende Hilfe bei der Entfaltung des Menschen zur sittlich verantwortlich handelnden Persönlichkeit zu leisten. Er wies dabei der Arbeit einen wichtigen Part zu. Angeregt durch die von Kaufmann Lotter und Hospitalprediger Rieger 1805 ins Leben gerufene Gesellschaft freiwilliger Armenfreunde in Stuttgart, faßte Katharina den Plan, im gesamten Königreich auf Vereinsbasis eine wirksame Armenpflege zu organisieren.

In den einzelnen Gemeinden wurden Lokalwohltätigkeitsvereine gegründet, die die Begüterten zu Spenden und zur Errichtung von Speiseanstalten anregten. Ihnen waren in den Oberamtsstädten Bezirksleitungen übergeordnet. In Stuttgart selbst bekam die Zentralleitung des (Landes-)Wohltätigkeitsvereins ihren Sitz. Sie führte die Aufsicht über die Lokalwohltätigkeitsvereine, koordinierte die Hilfsmaßnahmen, sorgte für eine angemessene

Verteilung der Unterstützungsbeiträge und erteilte sachkundigen Rat. Am 29. Dezember 1816 lud die Königin die von ihr ernannten Mitglieder der Zentralleitung zur ersten Sitzung ins Alte Schloß ein. Hierbei nannte sie als Zweck der neuen Wohltätigkeitsorganisation die Hilfe für die »Dürftigen«. Katharina hatte klar erkannt, daß das Wohltun vor allem darin bestehen müsse, Hilfe zur Selbsthilfe zu leisten. Einer ihrer Grundsätze war: »Arbeit verschaffen hilft mehr, als Almosen geben.«

Allenthalben im Königreich wurden Beschäftigungsanstalten, Spinn- und Nähstuben gegründet. In Stuttgart ließ die Königin, um »zuvorderst die verschämte Armut« aufzuspüren, ein »Industrielager« zum Verkauf von Handarbeiten »verschämter Armer« und von handgefertigten Gaben wohltätiger Frauen und Mädchen einrichten. Mittellose Handwerker erhielten kostenlos Rohmaterialien zur Verarbeitung, um sich so die Grundlage für eine eigenständige berufliche Existenz zu schaffen.[114]

Um die von der Zentralleitung benötigten Mittel aufzubringen, stiftete vor allem das Königspaar aus seiner Privatschatulle große Beträge. So verpflichtete sich König Wilhelm ab 1817 zu einem jährlichen Beitrag von 10000 fl. Auch andere Mitglieder des Königshauses, ebenso Zarenmutter Maria Feodorowna steuerten namhafte Summen bei. An Kollektengeldern brachte die Zentralleitung 1817 annähernd 35000 fl zusammen, wobei die von den Lokalwohltätigkeitsvereinen und von deren Bezirksleitungen gesammelten Gelder nicht berücksichtigt waren.[115]

Wenn es Katharina notwendig erschien, bediente sie sich bei der Durchsetzung ihrer Pläne harten obrigkeitlichen Zwangs, auch gegenüber Beamten, und es war für sie selbstverständlich, daß sie ihr Mann dabei unterstützte. Enttäuscht darüber, daß nur wenige Staatsbedienstete den von ihr geschaffenen Einrichtungen vorstanden, scheute sie selbst nicht davor zurück, die Oberämter durch die Mitglieder der Zentralleitung visitieren zu lassen.[116] Sie äußerte auch die Absicht, das Betteln polizeilich verbieten zu lassen, damit jedem Untertanen klar werde, daß er nicht über seine Verhältnisse leben dürfe.[117]

Die beiden von der Gesellschaft freiwilliger Armenfreunde 1807 und 1813 ins Leben gerufenen Kinderbeschäftigungsanstalten, die später die Bezeichnungen »Katharinen- und Marienpflege« bekamen, gingen in die Obhut des Stuttgarter Lokalwohltätigkeitsvereins über. Weil sie aber nicht ausreichten, gründete die Königin eine »Armenschule für vierhundert Knaben und Mädchen«. Durch zweckmäßige Beschäftigung und ausreichende Verpflegung wollte sie die Kinder vor Müßiggang und Verwahrlosung bewahren. Sie erkannte bereits die Notwendigkeit der Schaffung von Kinderrettungsanstalten, die dann in den folgenden Jahrzehnten in Württemberg zu großer Bedeutung gelangten.[118] Um Auswanderer, die aus Rußland zurückkehrten, weil es ihnen dort nicht gelungen war, wirtschaftlich Fuß zu fassen, nicht in ein asoziales Milieu absinken zu lassen, errichtete sie auf der Domäne Ottenhof in der Gemeinde Adelmannsfelden (Ostalbkreis) eine kleine Armenkolonie. Hier fanden vor allem Remstäler Rückkehrer Aufnahme.[119]

Nicht überall hatten die von der Zentralleitung ergriffenen Maßnahmen, die Situation der Armen durch die Schaffung von Ausbildungs- und Beschäftigungsmöglichkeiten zu verbessern, das »Gemeinbeschäftigungs- und Industriewesen«, den gewünschten Erfolg. Um allerorten ein gleiches Niveau zu erreichen, verfügte König Wilhelm am 8. Mai 1818 die Errichtung einer dem Ministerium des Innern unterstellten fünfköpfigen Armenkommission. Der Zentralleitung, die der unmittelbaren königlichen Leitung unterstand, wurde mit dieser Kommission eine obere staatliche Behörde eingegliedert. Dies ermöglichte ihr, in bestimmten Bereichen Anordnungen gegenüber Staatsbehörden zu treffen.[120]

Königin Katharina befaßte sich auch mit der Errichtung moderner Krankenhäuser. Das 1828, fast neun Jahre nach ihrem Tod, eingeweihte Stuttgarter Katharinenhospital verdankt seine Gründung ihrer Initiative.[121] Ihr Mann unterstützte sie hier von Anfang an. 1817 schenkte sie der Stadt Stuttgart die namhafte Summe von 60 000 fl, damit diese ein allgemeines Krankenhaus, eben das Katharinenhospital, bauen konnte.[122]

Eine der bedeutendsten Schöpfungen Katharinas war im Mai 1818 die Württembergische Landessparkasse, die Vorgängerin der heutigen Landesgirokasse. Diese Gründung fügte sich bestens in das Gesamtkonzept der Königin ein, durch konstruktive Maßnahmen Not und Armut im Land wirkungsvoll zu bekämpfen. In der Landessparkasse konnten auch »geringe Kapitalien mit Leichtigkeit und Sicherheit untergebracht« werden. Die wenig bemittelten Untertanen erhielten so die Möglichkeit, sich durch beharrliches Sparen einen finanziellen Rückhalt zu schaffen, der sie instand setzte, sich aus ihrer wirtschaftlichen Misere zu befreien. Die Anregung zu dieser segensreichen Einrichtung, deren erster Vorsteher der Kaufmann und Kunstmäzen Gottlob Heinrich Rapp, der Schwager Danneckers, wurde, hatte Königin Katharina in der Schweiz, in England und im Land ihres ersten Schwiegervaters, in Oldenburg, bekommen, wo bereits ähnliche Sparkassen bzw. Sparbanken bestanden. Der Verleger Freiherr Johann Friedrich von Cotta, der neben dem Präsidenten der Oberrechnungskammer, dem Geheimrat August von Hartmann, einer der wichtigsten Berater des Königspaars bei dessen sozialpolitischem Engagement war, hatte die Königin in ihrem Sparkassenplan nachdrücklich bestärkt. Eine solche Einrichtung für die ärmeren Bevölkerungsschichten hielt er für höchst wünschenswert, und er stimmte Katharina zu, wenn diese im stolzen Selbstgefühl der geborenen Fürstin feststellte: »Das Institut verspricht eine vielseitige Einwirkung auf den ökonomischen Wohlstand einer bedeutenden Volksklasse und auf die frühe Gewöhnung zur Sparsamkeit mit allen daraus entspringenden sittlichen Folgen.«[123]

Im Zusammenhang mit den Bemühungen von König Wilhelm und Königin Katharina, den Volkswohlstand zu heben, ist 1817 auch die Gründung eines Landwirtschaftsvereins mit einer Zentralstelle in Stuttgart zu sehen. Das Königspaar zählte selbstverständlich zu den ersten Mitgliedern des Vereins. Hauptzweck der Zentralstelle war die sachkundige Beratung der Landwirte. Auf Vorschlag von Königin Katharina wurde der Zentralstelle eine mechanische Sektion angegliedert, in die der Tübinger Professor Bohnenberger sowie der Maschinenbauer Grundler ihre Sachkenntnis einbrachten. Bis zur Gründung der Zentralstelle für Gewerbe und Handel 1848 deckte die Zentrale des Landwirtschaftsvereins deshalb den technischen und gewerblichen Bereich ab, so war sie für das Patentwesen, ebenso für das Ausstellungs- und Prämierungswesen zuständig.[124] Im Jahr 1819 wurde von König Wilhelm auch noch ein Verein für Handel und Gewerbe errichtet, der sich hauptsächlich mit handels- und zollpolitischen Fragen beschäftigte. Der 1848 aufgelöste Verein beschränkte sich auf eine Zentralstelle, in die vom König zwölf angesehene Handelsleute berufen wurden; er trat jedoch öffentlich wenig hervor.[125]

Die Freigabe der Auswanderung nach beinahe zehnjährigem Verbot 1815 (offiziell im August 1817) wirkte wie ein Paukenschlag. Fast hatte es den Anschein, als säßen Tausende auf gepackten Koffern. Die langen Kriegsjahre, die wirtschaftliche Misere und die Bedrückung durch die Behörden, dazu der Wunsch nach größerer religiöser Freiheit und die vor allem in pietistischen und separatistischen Kreisen weitverbreitete eschatologische Erwartung der unmittelbar bevorstehenden Wiederkunft Christi, die im Heiligen Land erfolgen sollte, lösten einen Massenexodus aus. Allein zwischen Januar und Juli 1817 verließen 17200 Württemberger die Heimat. Indes wanderten im allgemeinen nicht die Ärmsten, die Besitzlosen, aus, sondern die wagemutigsten, lebenstüchtigsten und fleißigsten Untertanen, die in der Regel über ein kleineres oder mittleres Vermögen verfügten und als Landwirte Grund und Boden besaßen oder eine handwerkliche Ausbildung hatten. Ein Großteil von ihnen fürchtete, bei dem anhaltenden wirtschaftlichen Desaster vollends um Besitz und Vermögen zu kommen oder die letzte Chance zu verpassen, im Handwerk Fuß zu fassen. Von großer Zuversicht erfüllt, sich in der Fremde eine Existenz aufbauen zu können, und von zweifelhaften Auswanderungsagenten in ihren optimistischen Erwartungen noch bestärkt, verkauften sie ihre Habe. Mit dem Erlös bestritten sie die Reisekosten für die Überfahrt nach Nordamerika (130 bis 150 fl) oder aber die naturgemäß wesentlich geringeren Aufwendungen für den langen Treck zu Fuß oder mit Pferd und Wagen, streckenweise auf Donauschiffen, nach dem Osten, nach Ungarn, nach Polen und besonders nach Rußland. Das russische Zarenreich zog württembergische Auswanderer besonders stark an, stellte doch Zar Alexander, der Bruder von Königin Katharina, deutschen Siedlern günstige Ansiedlungsbedingungen in Aussicht. Hinzu kam, daß Rußland dem Heiligen Land, wo die Wiederkunft Christi stattfinden sollte, erheblich näher lag als Deutschland. Für Auswanderer, bei denen religiöse Motive vornean standen, war dies der gewichtigste Gesichtspunkt.

Die überwiegende Mehrheit der württembergischen Emigranten in den ersten Regierungsjahren König Wilhelms ließ sich in Bessarabien, in der Ukraine und im Kaukasus nieder. Ihre enge Verbundenheit mit der alten Heimat und mit dem dort regierenden Herrscherpaar bekundeten sie dadurch, daß sie manchen ihrer Siedlungen Namen von Schlachten der napoleonischen Kriege gaben, an denen Württemberger beteiligt gewesen waren, wie Borodino oder Brienne, aber auch Namen, die König Wilhelm und

Königin Katharina ehren sollten, so Wilhelmsdorf oder Katharinenfeld. Für Nordamerika als Zufluchtsland entschied sich damals nur eine Minderheit der Auswanderer aus Württemberg. Die Anfänge in der Fremde, in Osteuropa wie in Amerika, waren übrigens sehr schwer. Viele starben und verdarben, ehe sie sich eine neue Lebensbasis hatten schaffen können.[126]

König Wilhelm beunruhigte die Massenauswanderung aus seinem Land. Er war sich bewußt, daß diese einen beträchtlichen Abfluß von Kapital, das das kleine Königreich dringend benötigte, ins Ausland bedeutete. Doch weitaus am meisten schmerzte ihn der Verlust unzähliger arbeitsamer und lebenstüchtiger Menschen. Dazuhin sah er im Exodus eines erheblichen Teils der Auswanderungswilligen oder -süchtigen ein ungenügend vorbereitetes, riskantes Unternehmen, ja ein verderbliches Abenteuer. Über die Beweggründe, die die Menschen zum Verlassen der Heimat bewogen, hatte er sich ein exaktes Bild verschafft. In seinem Auftrag ließ im April/Mai 1817 der Regierungsrat Friedrich List 500 bis 600 Auswanderungswillige in Heilbronn befragen.[127] Er suchte aufklärend, warnend zu wirken. Indes vermochten die von ihm initiierten Regierungserlasse und -verlautbarungen sowie die Bekanntmachungen nachgeordneter Behörden das Auswanderungsfieber nur wenig zu dämpfen.[128] Um den Menschen, die sich von einer Auswanderung mehr Freiheit in religiöser Hinsicht versprachen, eine Alternative zu bieten, ermöglichte er die Gründung der von der evangelisch-landeskirchlichen Aufsicht großenteils befreiten Gemeinde Korntal.

Königin Katharina und ihr früher Tod

1818 war für Königin Katharina ein durch rastlose, kräftezehrende Arbeit ausgefülltes Jahr. Ihre labile Gesundheit schien äußerlich gefestigt, seit sie sich mit ihrem zweiten Mann menschlich aufs engste verbunden fühlte. Dennoch glaubte sie nicht, daß die erfreuliche Stabilisierung ihrer Gesundheit von längerer Dauer sei. Sie fürchtete, früh sterben zu müssen. So äußerte sie schon bald nach ihrer Hochzeit gegenüber dem Gatten: »Ich muß mit der Zeit geizen, das Ende kann früh herbeikommen.«[129] Gerade deshalb wollte sie wirken, solange es Tag war, solange ihr die Möglichkeit dazu gegeben war. Das Jahr 1818 hatte für sie eine Reihe beglückender Ereignisse gebracht: am 17. Juni die Geburt der Tochter Sophie, der späteren Königin der Niederlande, im Oktober der Besuch ihrer Mutter, der Kaiserin Maria Feodorowna, im November das Wiedersehen mit ihren Brüdern Zar Alexander und Großfürst Konstantin in Stuttgart.[130] Am 17. August nahm sie an der Eröffnung der »Lehr- und Erziehungsanstalt für Töchter gebildeter Stände«, dem späteren Katharinenstift, teil.[131] Am 28. September bekundeten ihr und ihrem Mann in Cannstatt viele Untertanen auf dem erstmals stattfindenden Cannstatter Volksfest ihre Dankbarkeit und Verehrung.

Trotz der zahlreichen öffentlichen Verpflichtungen, die sie übernommen hatte, stand die Erziehung ihrer Kinder vornean, namentlich die ihrer beiden nunmehr acht und sechs Jahre alten Söhne, der Prinzen Friedrich Paul Alexander und Peter von Oldenburg, aus erster Ehe. Sie berief als deren Erzieher Johannes Ramsauer, einen Schüler Pestalozzis. Großen Wert legte sie auf die körperliche Ertüchtigung der zwei Knaben. So sorgte sie dafür, daß diese Turnunterricht erhielten.[132]

Die Erwartung Katharinas, mit ihrem Vetter auf Dauer eine harmonische, auf gegenseitiges Vertrauen gegründete Ehe führen zu können, erfüllte sich nicht. Schon bald nach der Hochzeit kam es zu Spannungen; hieran trug Wilhelm nicht die Alleinschuld. Die selbstbewußte, eigenwillige und rechthaberische Art Katharinas gestaltete das Zusammenleben der beiden hochintelligenten, in vielem aber recht unterschiedlich denkenden Menschen schwierig. Gewiß, der König hatte in ihr eine großartige Partnerin. Sie unterstützte ihn bei seinen politischen und wirtschaftlichen Projekten, ebenso bei seinen weit über Württemberg hinausreichenden Plänen und Wünschen. Allein, sie wollte nicht im Hintergrund bleiben, sie wollte sich neben dem Gatten profilieren, selbst im Rampenlicht stehen. Nach außen traten solche Disharmonien kaum in Erscheinung, zumal Katharina wie Wilhelm bemüht waren, den Eindruck einer glücklichen Ehe zu vermitteln.

Schlimmer jedoch war, daß es Wilhelm mit der ehelichen Treue nicht eben genau nahm. Katharina, die stolze Zarentochter, hielt dies anfänglich für kaum möglich. Allmählich aber schöpfte sie Verdacht. Neben flüchtigen »Amouren«, über die der österreichische Gesandte in Stuttgart in seiner Korrespondenz mit Fürst Metternich wiederholt mehr oder minder versteckt Andeutungen machte[133], nahm der König erneut die Beziehung zu seiner früheren Geliebten Blanche La Flèche auf, der ehemaligen Hofdame seiner Schwester Katharina, die er 1810 seinem Schwager Jérôme »ausgespannt« hatte. Diese Beziehung war ernsterer Natur, und Wilhelm setzte sie noch weit in die 1820er Jahre hinein fort. So reiste er 1820 und 1821 in strengstem Incognito nach Genua »zum Gebrauch« der dortigen Seebäder, 1823, 1826 und 1827 in derselben Absicht nach Livorno. In Wirklichkeit suchte er dort wohl die dem Genueser Adelsgeschlecht der Carrega entstammende und jetzt wieder in Italien ansässige Blanche La Flèche auf. Jedenfalls berichtete Graf Trauttmannsdorff, der österreichische Gesandte in Stuttgart, am 28. Juni 1820, der König werde sich in Italien mit der »durch ihren früheren Aufenthalt in Stuttgart bekanntgewordenen Madame La Flèche treffen.«[134] Leider hat König Wilhelm einen Großteil seiner Privatpapiere, die möglicherweise nähere Hinweise auf seine Liebesaffären mit Blanche La Flèche und mit anderen Frauen enthielten, kurz vor seinem Tod verbrennen lassen.[135]

In Ludwigsburg wurde am 26. Februar 1818 dem Hofgärtner Gottlob Kallee und seiner Ehefrau Eleonore geb. Schüßler ein Junge geboren, der in der Taufe den Namen Eduard erhielt. Eduard genoß schon als junger Offizier die besondere Protektion König Wilhelms. Der Monarch ermöglichte dem begabten jungen Mann die Offizierslaufbahn, in der dieser bis zum Generalmajor aufstieg, und er verwendete Kallee wiederholt bei besonders delikaten Missionen. Schon diese Indizien legen die Vermutung nahe, daß Eduard Kallee ein natürlicher Sohn König Wilhelms war, doch es kommen noch weitere Indizien hinzu: die ungewöhnliche Fürsorge des Königs für den jungen Offizier bei verschiedenen Gelegenheiten, die bevorzugte Behandlung, die er ihm zuteil werden ließ – beispielsweise gab ihm der König bei einer Truppenschau in Heilbronn 1859 die Hand, nicht aber einem der anwesenden Generäle –, das außerordentlich große Vertrauen, das er ihm entgegenbrachte, die starke äußere Ähnlichkeit Kallees mit dem Monarchen. Noch vor siebzig, achtzig Jahren galt es in Stuttgart als offenes Geheimnis, daß König Wilhelm der Vater des bekannten Generals und Limesforschers war.[136] Doch ein schriftlicher Nachweis ließ sich dafür bis jetzt nicht beibringen. Standesregister, Personalakten und sonstige persönliche Unterlagen Kallees schweigen sich aus. Auch die Nachkommen des Generals haben es vermieden, einen königlichen Ahnherrn für sich in

Anspruch zu nehmen.[137] Falls Eduard Kallee der natürliche Sohn König Wilhelms war, dann »leistete sich« Wilhelm schon im zweiten Jahr seiner Ehe mit Katharina einen Seitensprung mit einer Bürgerlichen, der nicht ohne Folgen blieb, und andere Seitensprünge sind bekannt.

Äußerlich schien zu Beginn des Jahres 1819 im Königshaus alles in Ordnung. Nichts deutete auf Außergewöhnliches, gar auf eine bevorstehende Katastrophe hin. Am Neujahrstag wurden zum feierlichen Gedenken an die Erhebung Württembergs zum Königreich am 1. Januar 1806 50 Kanonenschüsse abgefeuert. Am 3. Januar 1819 besuchte Königin Katharina das Hoftheater. Auf dem Programm stand die Tragödie Schillers »Die Verschwörung des Fiesko zu Genua«.[138] Der folgende Tag brachte Katharina aus ihrem seelischen Gleichgewicht. Ein für sie kaum glaubliches Gerücht hatte sie zutiefst getroffen. Ungeachtet des scheußlichen Winterwetters ließ sie anspannen und fuhr im offenen Wagen, die Pferde zu größter Eile antreibend, zum Gestüt nach Scharnhausen. Dort überraschte sie ihren Mann mit einer Geliebten – es war sehr wahrscheinlich Blanche La Flèche.

Völlig verstört fuhr sie sofort nach Stuttgart zurück. Dort mußte man der von Eis- und Schneewasser ganz Durchnäßten die Stiefel von den Füßen schneiden. Eine heftige Erkältung stellte sich ein. Ihr folgte nach offizieller Verlautbarung eine Gesichtsrose, die auf das Gehirn übergriff und einen Gehirnschlag auslöste, dem die junge Königin am 9. Januar morgens, kurz vor 9 Uhr, erlag. Die Ärzte von Hardegg, von Jäger und von Ludwig, die vom König mit der Sektion des Kopfes der Verstorbenen beauftragt wurden, kamen zu einer abweichenden Diagnose der Todesursache. Sie wiesen darauf hin, daß bei Katharina seelische Erschütterungen lebensbedrohende starrkrampfartige Ohnmachtsanfälle zur Folge hatten, so nach dem Tod ihres ersten Mannes, und daß diese jetzt wohl auch ihren abrupten Tod durch einen Gehirnschlag herbeigeführt hatten. Katharina starb, weil die Untreue des geliebten Mannes, die sie zuvor wahrscheinlich schon vermutet hatte und ihr jetzt zur Gewißheit geworden war, ihrem Leben die menschliche Basis entzogen hatte. Ein Briefpartner Varnhagen von Enses brachte es auf den Punkt, wenn er unter dem Eindruck des Todes der württembergischen Königin das fürstliche Dasein als »eine jämmerliche Lumperei, wenig mehr als die eines Bettlers« bezeichnete.[139]

König Wilhelm traf der letztlich durch ihn verschuldete Tod seiner Frau hart. Seine tiefe Trauer war aufrichtig. Er wußte, was er und sein Land mit Katharina verloren hatten. Nach außen hielt er am Bild einer glücklichen Ehe fest, die ein grausamer Schicksalsschlag zerstört habe. Spuren, die auf Disharmonien zwischen seiner Frau und ihm schließen ließen, beseitigte er mit Erfolg. In Nachlaßangelegenheiten zeigte er sich großzügig. Die ihm persönlich zukommende eine Million Rubel in Bankassignaten, etwa 500 000 fl, überließ er seinen Töchtern Marie und Sophie. Um einem Stimmungsumschwung am Zarenhof vorzubeugen, der für ihn nachteilig sein konnte, entsandte er Graf Beroldingen, den späteren Außenminister, nach St. Petersburg. Dieser sollte die Zarenfamilie über den Tod Katharinas und über die Beisetzungsfeierlichkeiten, über das Ergebnis der ärztlichen Untersuchung der Toten, die Nachrufe in den öffentlichen Blättern, ebenso über den geplanten Bau der Grabkapelle auf dem Rotenberg für Katharina informieren, vor allem aber sollte er die Briefe Katharinas an ihre ehemalige Hofdame und Zeichenlehrerin Aledinsky sicherstellen, in denen er ihm abträgliche Bemerkungen seiner Frau vermutete. Die einstige Hofdame wurde durch großzügige Geschenke zum Stillschweigen veranlaßt, und nach ihrem Tod 1823 gelang es, die gesamte Korrespondenz zu vernichten, ehe die Zarenmutter Maria Feodorowna in sie Einblick nehmen konnte.[140] Vergeblich bemühte sich König Wilhelm, den Briefwechsel Katharinas mit ihrem Bruder Alexander an sich zu bringen. Der Sekretär der Königin, Buschmann, hatte die ihm von Katharina erteilte Anweisung befolgt und diese Briefe sofort nach ihrem Ableben der Großherzogin Maria von Weimar, ihrer Schwester, übersandt.[141]

König Wilhelm hatte sich nicht getäuscht. Der plötzliche Tod von Königin Katharina gab am Hof in St. Petersburg Anlaß zu schlimmen Verdächtigungen. Manche gingen von einem Giftmord aus, andere sprachen von einem völligen Versagen der Ärzte.[142] Zar Alexander forderte jedenfalls einen detaillierten Bericht über die Krankheit und den Tod der Schwester.[143] Zu seinem Schwager Wilhelm ging er deutlich auf Distanz.[144]

Die verstorbene Königin wurde zunächst in ihrem Schlafzimmer aufgebahrt. König Wilhelm ordnete eine 24wöchige Hoftrauer an. Das Hoftheater blieb ein Vierteljahr geschlossen. Am Montag und Dienstag, dem 11. und 12. Januar erhielten Hof und

Untertanen Gelegenheit, von der im offenen Sarg ruhenden Toten Abschied zu nehmen. Am Abend des 12. Januar wurde der Sarg in die orthodoxe Hauskapelle gebracht, wo die Geistlichen nach dem Ritus der orthodoxen Kirche die Sterbezeremonien zelebrierten. Am Donnerstag, dem 14. Januar fand dann die Beisetzung statt.[145] König Wilhelm schritt zu Fuß mit den beiden Söhnen der Verstorbenen an der Spitze des Trauerzugs, der sich durch die von Fackeln beleuchteten nächtlichen Straßen Stuttgarts zur Stiftskirche bewegte. In der Kirche war trotz erheblicher Bedenken protestantischer Kreise durch Hofbaumeister Salucci in aller Eile nach Art des antiken Götterkults mit Opferaltären, Dreifüßen und fackeltragenden Genien, die einen tempelartigen Katafalk umgaben, ein für die Trauerfeier würdiges künstlerisches Ambiente geschaffen worden. Im Anschluß an die Feier, in deren Mittelpunkt ein Gottesdienst stand, wurden die sterblichen Überreste Katharinas in der dem württembergischen Herrschergeschlecht vorbehaltenen Gruft der Kirche vorläufig beigesetzt, bis die Grabkapelle auf dem Rotenberg fertiggestellt war.[146]

Die Bestürzung und die Trauer über den Tod Katharinas waren groß. Varnhagen von Ense nannte die Verstorbene »eine Fürstin von außerordentlichen Eigenschaften, eine wahre Landesmutter und zugleich eine politische Größe, deren Einwirkungen schon überall bemerkbargeworden und deren Entwicklung nicht zu berechnen war«.[147] Fürst Metternich sprach von Katharina als von einer »in mehrfacher Hinsicht außerordentlichen Persönlichkeit«.[148] Der Verleger Cotta beklagte den Tod der Königin als einen für König und Land unersetzlichen Verlust. Charlotte Schiller, der Witwe des Dichters, schrieb er: »Noch nie hat ein Thron eine solche Frau besessen; so viel reinen, guten, kräftigen Willen bei einem solchen Verstand und Gewalt über sich, so viele Tätigkeit und Überblick, so große Gewandtheit, die Menschen zu beherrschen durch die Macht eines englischen Wollens finden wir nicht wieder. Sie vertraute mir zuerst ihre Wohltätigkeitspläne [an], sie war's, die alle die meinigen unterstützte, daß sie Früchte tragen konnten als Hilfskassen, Sparkassen, Landesvisitationen, sie wollte noch alle ins Leben rufen, die ich ihr vorgetragen hatte – sie war Königin, Ministerin, Freundin, Weib, Mutter – alles, alles, dem König und uns... Wille, Klugheit, physische und finanzielle Kräfte standen ihr zu Gebot.«[149] Der tiefen Betroffenheit ihrer Landsleute Ausdruck gebend, widmeten Ludwig

Uhland, Gustav Schwab, Karl Philipp Conz und andere hervorragende Persönlichkeiten des geistigen und kulturellen Lebens in Württemberg Königin Katharina Nachrufe.[150] Selbst die politisch aufmüpfigen Tübinger Studenten gedachten Katharinas in Trauergottesdiensten.[151] Ganz vereinzelt gab es freilich auch Stimmen, die sich über den Tod von Königin Katharina erleichtert zeigten, so der Kreis um Prinz Paul, dem in Paris lebenden Bruder des Königs. In einem an Prinz Paul gerichteten Brief schrieb Sekretär Huber, mit Katharina sei ein großes Hindernis beseitigt, und es lasse sich viel Gutes erwarten, wenn sich die gemäßigte Richtung durchsetze.[152] Wir wissen nicht, was Huber unter »der gemäßigten Richtung« verstand. Vielleicht hoffte er, daß jetzt Paul als nächster Thronanwärter in Württemberg wieder mehr Einfluß erlange.

König Wilhelm erklärte den Tag der Beisetzung seiner Frau zum »Tag der Mildtätigkeit«. Namhafte Stiftungen, die dadurch angeregt wurden, kamen dem Stuttgarter Lokalwohltätigkeitsverein, den Beschäftigungsanstalten für arme Kinder sowie den Waisenhäusern in Stuttgart und Ludwigsburg zugute. In Sulz am Neckar wurde ein Verein für Waisen, in Ludwigsburg ein Suppenverein ins Leben gerufen, in Tuttlingen ein Armen- und Krankenhaus gegründet, in Welzheim wurden für die Bedürftigen Holz, in Heilbronn für sie Brot gesammelt. Große Geldsummen wurden für das zu erbauende Katharinenhospital aufgebracht, so durch den König, durch die beiden Söhne Katharinas, Peter und Alexander, sowie durch deren Großvater und auch durch die Stadt Stuttgart.[153]

Ob König Wilhelm, der noch bis Ende 1820 Trauer trug[154], nach dem Tod Katharinas tatsächlich ans Abdanken dachte, wie er in einem Brief äußerte, scheint fraglich. Man habe aber, so weiß Palm zu berichten, erzählt, Wilhelm habe mit seinem Bruder Paul Kontakt aufgenommen, um Paul dazu zu bewegen, auf seinen Thronanspruch zugunsten seines Sohnes, Prinz Friedrich, zu verzichten. Doch Paul habe sich gegen eine solche Lösung gesperrt.[155] Wilhelm rechnete damals auch für seine Person mit einem frühen Tod.[156]

Gerne hätte er den Sekretär seiner Frau, Gerhard Buschmann, in seiner Nähe behalten. Doch dieser entschied sich – wie er der Königin versprochen hatte – bei den beiden jungen Prinzen von Oldenburg zu bleiben, die schon einige Monate nach dem Tod ihrer Mutter, an den Hof ihres Großvaters nach Oldenburg über-

Die Stammburg des württembergischen Königshauses auf dem Wirtemberg (Rotenberg).

siedelten, wo sie ihre weitere Erziehung erhielten. König Wilhelm hat Buschmann dennoch besondere Gunst bezeugt. Er verlieh ihm den Friedrichsorden und kaufte ihm später auch noch sein Haus um denselben Preis ab, zu dem es der Sekretär erworben hatte.

In ihrem Testament hatte Katharina bestimmt, daß ihre Söhne nach Abschluß ihrer Erziehung nach Rußland gehen, doch von Zeit zu Zeit Württemberg besuchen sollten, damit sie sich dem Königshaus nicht entfremdeten.[157] Bereits im März 1819 hatte Zar Alexander den Vetter in Stuttgart wissen lassen, wie sehr ihm an einer guten Erziehung seiner Neffen gelegen sei. Mit der von König Wilhelm getroffenen Wahl des Gouverneurs für die zwei Prinzen erklärte er sich einverstanden.[158] Leider starb der Ältere, Prinz Friedrich Paul Alexander, schon 1829. Der Jüngere, Prinz Peter, stieg im russischen Militär-, Hof- und Staatsdienst zu hohen Würden auf. Mit seinem Stiefvater, König Wilhelm, erhielt er bis zu dessen Tod 1864 den Kontakt aufrecht.[159]

König Wilhelm säumte nicht, mit dem angekündigten Bau der Grabkapelle auf dem Rotenberg (Wirtemberg) zu beginnen. Er

Die Grabkapelle auf dem Rotenberg, erbaut von Giovanni Salucci zwischen 1820 und 1824.

wollte damit möglicherweise einen Wunsch erfüllen, den Katharina am 14. September 1818 beim Besuch des Berges geäußert hatte.[160] In Stuttgart herrschte, wie der »Schwäbische Merkur« zu berichten wußte, wenig Freude über die Beseitigung der Ruine des Stammschlosses der Württemberger, um an deren Stelle eine Grabkapelle für die verstorbene Königin zu errichten.[161] Doch König Wilhelm ließ sich in seinem Entschluß nicht beirren. Zunächst dachte er daran, die Kapelle in »teutsch-gotischem Geschmack« nach den Entwürfen eines »teutschen Künstlers« erbauen zu lassen. Sein außerordentlicher Gesandter beim Vatikan, Freiherr Philipp Moritz von Schmitz-Grollenberg, wurde beauftragt, einen in Rom lebenden geeigneten deutschen Architekten ausfindig zu machen. Doch die Entwürfe, die die vom Gesandten angesprochenen Künstler vorlegten, befriedigten den Monarchen nicht. Er übertrug deshalb das Bauvorhaben seinem Hofbaumeister Salucci.[162] Die deutschen Künstler in Rom waren befremdet und enttäuscht. Der Architekt Knapp brachte dies auch in einem Schreiben an den König vom 21. Mai 1820 zum Ausdruck. Er meinte, das öffentliche Wirken Katharinas sei zutiefst christlich gewesen, deshalb sollte sie auch ein »christliches Denkmal im christlichen Stile » bekommen, keinesfalls aber eines in »antik-heidnisch-griechisch-römischer Bauart«. Ein derartiges Bauwerk könne aber nur ein Deutscher schaffen.[163]

Doch König Wilhelm hielt an seiner Entscheidung fest. Freilich auch die ersten gigantischen Entwürfe Saluccis mißfielen ihm. Er wollte kein riesenhaftes Mausoleum, das die ganze Bergkuppe einbezog. Abgesehen von dem hohen finanziellen Aufwand, widerstrebte dem schwäbisch-sparsamen Monarchen auch, sich einem ins Maßlose gesteigerten Totenkult hinzugeben, der die Landschaft verschandelte.[164] Als ihm dann aber der italienische Baumeister den in seinen Dimensionen bescheidenen Bau einer klassischen Rotunde nach dem Muster griechischer Tempel vorschlug, war er damit sofort einverstanden. Allerdings mußte Salucci aus Gründen der Sparsamkeit an seiner Konzeption noch einige Abstriche machen.[165] Am 29. Mai 1820 legte der König in Anwesenheit seines älteren Stiefsohns Friedrich Paul Alexander und des russischen Gesandten in Stuttgart den Grundstein zu der Kapelle.[166] Vier Jahre später, am 5. Juni 1824, wurden die sterblichen Überreste Katharinas unter dem Geläut der Glocken von Stuttgart auf den Rotenberg überführt und nach einem von russisch-orthodoxen Priestern zelebrierten Gottesdienst in der neuen Kapelle beigesetzt. In dem Mausoleum fand auch die von Katharina von Twer nach Württemberg gebrachte russisch-orthodoxe Privatkapelle ihre endgültige Bleibe.[167] Auch wenn es etwas eigenartig berührt, daß König Wilhelm als Inschrift über dem Portal der Grabkapelle die Worte wählte »Die Liebe höret nimmer auf«[168], so soll die Wahl dieses Spruches durch den Monarchen nicht psychologisch analysiert, sondern lediglich hier festgehalten werden.

Der Kampf um die Verfassung

Der Regierungsantritt König Wilhelms wurde von den Landständen mit großen Erwartungen begrüßt. Sie waren zuversichtlich, daß der neue Landesherr die Verfassungsangelegenheit zu einem guten Ende bringen, das heißt, daß er die altwürttembergische Verfassung wiederherstellen werde.[169] Hieran dachte Wilhelm jedoch nicht. Schon als Kronprinz hatte er die Altrechtler als

Kranke und »Hypochondristen« bezeichnet, die sich von einer fixen Idee leiten ließen, und er hatte ihr Verlangen nach Wiederherstellung der altwürttembergischen Verfassung unrealistisch genannt, wobei er darauf hingewiesen hatte, daß wesentliche Bestimmungen dieser Verfassung mit den neuen Verhältnissen des Königreichs unvereinbar seien.[170] Justinus Kerner schätzte die Situation richtig ein, wenn er nach dem Thronwechsel in Württemberg seinem Freund Uhland voraussagte, Wilhelm werde ebensowenig wie sein Vater in konstitutioneller Hinsicht zu altwürttembergischen Verhältnissen zurückkehren. Ganz andere Vorstellungen von einer künftigen württembergischen Verfassung machten sich die Exponenten der deutschen Bewegung. Sie versprachen sich von dem jungen Monarchen, der sich bislang so liberal und deutschpatriotisch gegeben hatte, eine zeitgemäße Landesverfassung, die, wie es Cotta ausdrückte, anderen deutschen Ländern zum Muster dienen könnte. Der Reichsfreiherr vom Stein dachte ähnlich. Er prophezeite, Wilhelm, der ein »Mann von Geist und Kraft« sei, werde einen »wohltätigen Einfluß« auf den Gang der ständischen Verhandlungen in Württemberg ausüben.[171] Und in der Tat, der neue König stellte in seiner ersten Ansprache »eine dem Zeitgeiste und den Bedürfnissen des Volkes entsprechende und seinen Wohlstand erhöhende Verfassung« in Aussicht.[172]

In seinem Reskript an die Stände vom 9. November 1816 zeigte er die Marschroute für die zu schaffende Konstitution des Königreichs auf. Von der alten Verfassung sollte übernommen werden, was »Denkmal einer schönen Vergangenheit« sei, was aber unter veränderten Umständen die Kraft der Regierung und zugleich die Bildung des Volkes lähmen sowie die Entwicklung wahrer bürgerlicher Freiheit hemmen würde, das müsse der Kraft der besseren Einsicht und der Macht der gegenwärtigen Bedürfnisse weichen. Die Stände ermahnte der Monarch, das begonnene Werk gewissenhaft und verantwortungsbewußt fortzusetzen mit dem Ziel, in gemeinsamem Bemühen eine Verfassung zustande zu bringen, »die den Völkern Deutschlands ein belehrendes und erhebendes Beispiel echter Vaterlandsliebe geben werde«[173]. Der Regierung wies er die Aufgabe zu, einen Verfassungsentwurf zu erarbeiten, der den Verhältnissen der Gegenwart Rechnung trug, dabei aber das Brauchbare aus der alten Verfassung übernahm. Die Ständeversammlung vertagte er vom 7. Dezember 1816 auf den

3. März 1817. Einen hohen Anspruch erhob der freiheitlich gesinnte Minister Wangenheim im Geheimen Rat am 31. Januar 1817. Die Verfassung Württembergs, so forderte er, solle mehr oder weniger die Normalverfassung für Deutschland sein, und sie solle daher zwischen den Herrscher- und den Volksrechten einen gerechten Ausgleich herbeiführen.[174] Bis Ende 1817 hatte der Geheime Rat unter maßgeblicher Beteiligung des Königs den angekündigten Entwurf erarbeitet.[175]

Am 3. März 1817 versammelten sich nach einem Gottesdienst in der Stiftskirche die Stände im Landschaftshaus, vor dem die Stuttgarter Stadtreiterkompanie Stellung bezogen hatte. In seiner Eröffnungsrede legte König Wilhelm seine Ansichten über Sinn und Zweck des in Angriff genommenen Verfassungswerks dar. Schon sein Vater, so führte er aus, habe das Ziel verfolgt, durch eine Verfassung die Regierungsgewalt in den wichtigeren Staatsangelegenheiten zu begrenzen. Als seine Pflicht sehe er es nun an, das große Werk zu Ende zu bringen. Seiner Überzeugung nach könne nur ein fester Rechtszustand, also eine Verfassung, das Glück des Volkes dauerhaft begründen. Eine solche Verfassung müsse auf dem Grundsatz der Redlichkeit beruhen. Dies sei bei dem jetzt vorgelegten Entwurf der Fall. Er bewahre das Gute der alten Verfassung, führe nützliche Verbesserungen ein, verschmelze die verschiedenen Landesteile und zeichne sich durch Verständlichkeit aus. Im einzelnen bestimme er die Rechtsverhältnisse der Staatsbürger, insbesondere die Freiheit der Person und des Eigentums, die Gleichheit vor dem Gesetz, die Freiheit der Rede und der Schrift, und er gewähre eine ausgedehnte ständische Mitwirkung in der Gesetzgebung und bei der Steuerbewilligung, was den Ständen eine wirksame Kontrolle der Verwaltung ermögliche. Die ständische Repräsentation werde nicht mehr durch Angehörige der sich selbst ergänzenden Stadt- und Dorfmagistrate gebildet, sondern durch Männer, die das Volk frei wähle. Er habe sich für das Zweikammersystem entschieden, weil es dem Wohl des Landes am förderlichsten sei, wenn der Adel dadurch in den Staat eingebunden werde, daß er in einer eigenen Kammer die Angelegenheiten des Vaterlandes berate. Ständische Ausschüsse, die früher jahrelang das Staatsvermögen verwaltet hätten, gebe es nicht mehr. Künftig solle das Volk auf jährlich abzuhaltenden Landtagen erfahren, wofür es seine Steuern bezahle, und es solle sich davon überzeugen, »daß es nur solchen Gesetzen gehorche, die durch seine eigenen Bedürfnisse hervorgerufen worden sind«. Die Ständeversammlung genieße die größtmögliche Unabhängigkeit und ihr Vorstand sichere die »Permanenz der Repräsentation«. Falls der Deutsche Bund beschließe, daß alle Verfassungen seiner Mitgliedsstaaten »seiner Gewährleistung« zu unterwerfen seien, werde er dies tun, denn er sehe es als eine seiner ersten Pflichten an, sich »an die Sache von Deutschland stets eng und herzlich anzuschließen«. Seine Rede schloß der König mit der Mahnung an die Adresse der Landstände, den Blick vom Einzelnen auf das Ganze zu richten und sich die hohen Ansprüche bewußtzumachen, »welche die Kultur des deutschen Volkes an die Verfassung macht«[176].

Nach der Sitzung waren die Ständemitglieder Gäste des Königs bei einem Festmahl im Residenzschloß, und für den Abend lud sie der Monarch zusammen mit dem Hofstaat und dem Geheimen Rat zu einer Vorstellung des Hoftheaters ein.[177]

Die Altrechtler waren über das »Machwerk« empört. Ludwig Uhland schrieb seinen Eltern: »Dieser Entwurf ist über alle Erwartung schlecht ausgefallen: Zwei Kammern, keine Kasse, kein Ausschuß. Die Stände müssen ihn verwerfen.« Hämisch bemerkte Uhland in seinem Brief auch: »Der Minister Stein [der Reichsfreiherr vom Stein] ist schon gestern oder vorgestern wieder abgereist. Ohne Zweifel wollte er mit einem solchen Verfassungswerk nichts zu tun haben.«[178] Daß die Verfassungsangelegenheit in die Öffentlichkeit getragen und dort auch lebhaft diskutiert wurde, war dem Pressegesetz vom 30. Januar 1817 zu verdanken. Für den Regierungsentwurf setzte sich die »Allgemeine Zeitung« Cottas ein. Doch auch andere Zeitungen und Zeitschriften rückten ihn in ein positives Licht, wobei sie den oligarchischen Charakter der alten Verfassung als freiheitswidrig und nicht mehr zeitgemäß bezeichneten.[179]

Der Schluß Uhlands, der Reichsfreiherr vom Stein sei aus Enttäuschung über den Regierungsentwurf übereilt wieder aus Stuttgart abgereist, entsprach nicht den Tatsachen. Stein war von König Wilhelm eingeladen worden, damit er mit seinem Votum den ritterschaftlichen Adel für die neue Verfassung gewinne. Und der Reichsfreiherr erreichte dies im wesentlichen auch. Dem Regierungsentwurf stimmte er zu. Lediglich bei zwei Bestimmungen, der »Wählbarkeit von Nicht-Eigentümern« und der »Unversetzbarkeit der Beamten«, machte er Bedenken geltend.

Das Zweikammersystem nannte er »urdeutsch«. Harte Worte hatte er noch nach seiner Abreise für die Stände. Er bezichtigte sie der »Sophisterei«, warf ihnen »langweilige, kostspielige, unnütze, rabulistische Klopffechtereien« vor.[180]

Sehr zum Ärger des Königs blieben die Altrechtler, die auch noch von Prinz Paul Schützenhilfe erhielten[181], unnachgiebig, und es gelang ihnen dank der ihrer Fesseln entledigten Presse auch einen Teil der Bevölkerung für ihre Position zu gewinnen. Am 30. April 1817 kam es zu einer Demonstration vor dem Ständehaus. Ständemitglieder, die gegen eine Wiederherstellung der altwürttembergischen Verfassung waren, wurden beleidigt, bedroht und zum Teil, so Cotta, bis in ihre Wohnungen verfolgt. Auch Minister Wangenheim, der Urheber des Regierungsentwurfs, wurde übel beschimpft, in seine Wohnung auf dem Postplatz flogen Steine. Erst als der König inmitten der aufgebrachten Menge erschien, konnte diese beruhigt und mit der Unterstützung von Militärpatrouillen die Ordnung wiederhergestellt werden.[182]

Obwohl er am Vortag durch Demonstranten persönlich angegriffen worden war, ermahnte der Verleger Cotta die Altrechtler in der Sitzung der Ständeversammlung am 1. Mai 1817, sich doch kompromißbereit zu zeigen, »durch Subtilitäten über Rechtsfragen aus der alten Zeit« nicht die Gegenwart aus den Augen zu verlieren. Er wies nachdrücklich darauf hin, daß es für sie nur von Nachteil sei, wenn der König die Verhandlungen abbreche und sich gezwungen sehe, eine landständische Verfassung nach dem Beschluß des Deutschen Bundes einzuführen, denn bei einer solchen Verfassung könne der Monarch die altwürttembergische Verfassung völlig außer acht lassen.[183]

Die starre Haltung der Stände erbitterte in der Tat König Wilhelm. Er drohte mit dem Abbruch der Verhandlungen. Minister Wangenheim wollte jedoch den Gesprächsfaden nicht abreißen lassen. Es bestehe die Chance, meinte er, daß sich die 25 Regierungsfreunde in der Ständeversammlung doch noch durchsetzten. Befürworter und Gegner des Verfassungsentwurfs der Regierung seien gar nicht so weit auseinander.[184] Dies geschah aber nicht. Am 27. Mai 1817 forderte der König die Ständeversammlung ultimativ auf, innerhalb von acht Tagen ihre Zustimmung zu dem modifizierten Entwurf zu erklären. Nach zwei Jahren nutzlosen Verhandelns sei es an der Zeit, klare Verhältnisse zu schaffen.[185] Die Ständeversammlung lehnte den Entwurf am

2. Juni mit 67 gegen 42 Stimmen ab. Bei der ablehnenden Mehrheit handelte es sich im wesentlichen um altwürttembergische Repräsentanten und um Standesherren, bei der zustimmenden Minderheit um Abgeordnete neuwürttembergischer Landesteile und um Angehörige der Ritterschaft. Der König reagierte auf das ablehnende Votum mit der Auflösung der Ständeversammlung.[186] In einer gleichzeitigen »Proklamation an das Volk« rechtfertigte er seine Entscheidung und gab bekannt, er werde dennoch den Verfassungsvertrag als abgeschlossen ansehen, wenn die Mehrheit seines Volkes durch die Amtsversammlungen und Magistrate den Verfassungsentwurf annehme. Bei der damit verfügten Abstimmung nach Bezirken ergab sich tatsächlich eine geringe Mehrheit für den Entwurf. Allein, mit diesem Ergebnis war wenig anzufangen. Es beruhte nach der Feststellung des Geheimen Rats auf keiner verläßlichen Grundlage, da sich nicht nachweisen ließ, daß die einzelnen Bürger mit den Beschlüssen der Amtsversammlungen und Magistrate einverstanden waren.[187]

Die widerspenstige Ständeversammlung bekam den Zorn des Königs zu spüren. Mitglieder der Stände, die ihren Wohnsitz nicht in Stuttgart hatten, wies der Monarch aus der Landeshauptstadt aus. Einem seiner Hauptgegner, den er übrigens später zum Finanzminister ernannte, dem Freiherrn von Varnbüler, verlangte er den Kammerherrenschlüssel ab. Varnbüler, von der königlichen Ungnade unbeeindruckt, schickte den Schlüssel mit der Post als »Sache ohne Wert« zurück.[188]

Nach dem Abbruch der Verfassungsverhandlungen legte die Regierung den Schwerpunkt auf die Neuorganisation der Staatsverwaltung durch die Organisationsedikte von 1817 und 1818. Die bislang nicht zustande gekommene Verfassung sollte durch praktische Reformen in wesentlichen Punkten vorweggenommen werden. Die Regierung gewann dadurch sehr an Ansehen, wogegen der Nimbus der Ständeversammlung mehr und mehr verblaßte. Das Volk wurde des endlosen Verfassungsstreits müde. Justinus Kerner klagte: »Wenn nur nicht das Volk alles Interesse an der Verfassung verloren hätte.«[189]

Im Sommer 1817 vollzog König Wilhelm einen politischen Kurswechsel. Er rückte von der deutschen Bewegung ab, der er selbst lange nahegestanden hatte und die in Württemberg durch die Reformbewegung der Volksfreunde repräsentiert wurde. Sein Motiv hierbei war die Furcht, diese könnte die Revolution entfachen, seine an den Interessen des Landes orientierte Politik durch ihr Einheits- und Freiheitsstreben unterminieren. Auch gab er der deutschen Bewegung jetzt die Schuld am Scheitern des Verfassungswerks. Jedenfalls äußerte er sich so in einem Gespräch mit dem österreichischen Gesandten. Wangenheim, in dem die Altrechtler einen ihrer Hauptgegner sahen, mußte gehen.[190] Ein anderer Landfremder, Malchus, trat für kurze Zeit an seine Stelle. Doch auch er schaffte in der Verfassungsfrage keinen Durchbruch. König Wilhelm aber wollte sich das Attribut des liberalen Fürsten bewahren: Württemberg sollte allen Schwierigkeiten zum Trotz eine zeitgemäße Verfassung bekommen. Die entscheidende Hilfe erfuhr er nunmehr durch seinen Jugendfreund Maucler, der zu seinen vornehmsten Beratern aufgestiegen war und im Geheimen Rat bestimmenden Einfluß erlangt hatte. Maucler begann vorsichtig Kontakte zu Altrechtlern zu knüpfen.[191]

Im Spätherbst 1817 forderte König Wilhelm, sich einer von Minister Malchus entwickelten Taktik bedienend, eine bundesrechtliche Klärung der Verfassungsfrage, insbesondere eine solche der Rolle der Ständeversammlungen. Durch Graf Wintzingerode, seinen Gesandten in Wien, suchte er Fürst Metternich für sein Anliegen zu gewinnen. In Frankfurt hatte sein früherer Minister Wangenheim, den er Anfang November 1817 als Bundestagsgesandten dorthin schickte, gleichfalls in diesem Sinne aktiv zu werden. Wangenheim sollte auf eine Erläuterung des Artikels 13 der Bundesakte über die Einführung landständischer Verfassungen in allen Bundesstaaten dringen. Wilhelm war dabei sicher, daß jede derartige verfassungsrechtliche Interpretation an liberalen Zugeständnissen hinter seinem von den Ständen verworfenen Verfassungsentwurf zurückblieb. So hoffte er, die Stände doch noch zum Einlenken bewegen zu können. Indes paßten landständische Verfassungen jetzt nicht mehr in das politische Konzept Österreichs und Preußens. Der Weg über Frankfurt war deshalb ein Schlag ins Wasser.[192] Fürst Metternich riet dem König, die Verfassungsfrage hinhaltend zu behandeln, das heißt, vorläufig einfach zu vertagen. Im übrigen verstoße der Verfassungsvertrag, wie er in Württemberg vorgesehen sei, gegen das monarchische Prinzip.[193]

Im Lauf des Jahres 1818 hatte Maucler die Altrechtler, insbesondere die altrechtlerisch gesinnten Kommunalbeamten, an der Reform der Lokal- und Bezirksverwaltungen sowie der Rechtspflege beteiligt, die dann in den Organisationsedikten vom

31. Dezember 1818 Gesetzeskraft erlangten. Führende Altrechtler, die wie die früheren Abgeordneten Bolley und Fischer aktiv an der Reformarbeit mitgewirkt hatten, wurden in den Staatsdienst übernommen. Jakob Friedrich Weishaar konnte als Sachverständiger für die Gerichtsverfassung gewonnen werden.[194] Regierung und Altrechtler standen einander jetzt nicht mehr schroff ablehnend gegenüber. Der Weg zu einer Lösung der Verfassungsfrage im einzelstaatlich-württembergischen Bereich schien frei. König Wilhelm zeigte sich erleichtert. Nachdem im Mai 1818 der König von Bayern eine Verfassung oktroyiert hatte und der Großherzog von Baden drei Monate später seinem Beispiel gefolgt war, sah er sich im Zugzwang. Bei der altständischen Tradition Württembergs kam es ihn schwer an, wenn er von seinen benachbarten Standesgenossen an Liberalität und Volkstümlichkeit übertroffen wurde. Dabei ging es ihm allerdings nicht bloß um sein Ansehen im eigenen Land. Sein ehrgeiziges politisches Konzept griff weit darüber hinaus. Die württembergische Verfassung sollte eine Musterkonstitution für die deutschen Staaten sein und ihm in ganz Deutschland Popularität verschaffen.[195]

Er beauftragte nun umgehend Justizminister von Maucler, Innenminister von Otto, Staatssekretär von Vellnagel, Geheimrat von Wächter, Präsident von Groß, seinen früheren Erzieher und jetzigen Chef des Obertribunals, sowie Regierungsrat Fischer, der von 1815 bis 1817 Abgeordneter des Oberamts Wiblingen in der Ständeversammlung gewesen war, ihm Vorschläge für die Einberufung und die Zusammensetzung einer neuen Ständeversammlung zu unterbreiten. Die Kommission sprach sich für einen Wahlmodus aus, der dem von 1815 ähnlich war. Das Ergebnis der Wahl ähnelte dem von 1815. Die Altrechtler erlangten trotz günstiger Ausgangslage der reformfreudigen Gruppierungen wiederum eine Mehrheit. Da die Regierung diesmal vor allem auf sie, die Altrechtler, setzte, war die Chance groß, daß der Durchbruch gelang. Hierbei ging der König davon aus, daß die Verhandlungen auf eine Verfassung hinausliefen, die den gegenwärtigen Verhältnissen des Staates und den Bedürfnissen des Volkes gleichermaßen gerecht wurde. Die Beratungen sollten den Regierungsentwurf von 1817 zugrunde legen, doch machte der Monarch zur Bedingung, daß die inzwischen eingetretenen oder vorgenommenen Änderungen, so die Bestimmungen der Organisationsedikte, ohne weitere Diskussion abzeptiert würden. Eine ständische

Kasse und einen ständischen Ausschuß lehnte er weiterhin ab, da beide Einrichtungen mit einer konstitutionellen Monarchie unvereinbar seien. Dagegen war er zu weitgehenden Zugeständnissen bei den Volksrechten und bei der Repräsentation der Bevölkerung bereit. Schließlich hatte er auch keine Einwände gegen die von der Kommission unter Hinweis auf die württembergische Tradition nachdrücklich befürwortete Vertragsform, in der die Verfassung des Landes Rechtsgültigkeit erlangen sollte.[196]

König Wilhelm haftete nicht wie seinem Vater das Odium des gewalttätigen absolutistischen Herrschers an. Seine Reformen, wie sie sich vor allem in den Organisationsedikten widerspiegelten, hatten ihm im Volk hohes Ansehen verschafft. Die Altrechtler hatten 1815/16 davon profitiert, daß sie das alte gute Recht dem despotischen Charakter der Herrschaft König Friedrichs entgegensetzten und damit, obwohl einem überholten Traditionalismus verpflichtet, als freiheitlich und fortschrittlich galten. Nach der Regierungsübernahme durch König Wilhelm aber verloren sie die Gloriole des freiheitlich-fortschrittlichen Vorkämpfertums und präsentierten sich als das, was sie waren, eine herkömmliche Oligarchie mit einem rückschrittlichen politischen Konzept.[197] In den Heidelberger Jahrbüchern der Literatur vom November und Dezember 1817 veröffentlichte Georg Wilhelm Friedrich Hegel auf Veranlassung des Freiherrn von Wangenheim einen sehr kritischen Aufsatz über die württembergischen Stände. Auf ihren Privilegien verharrend hätten sie, so schrieb er, wie die Ablehnung des königlichen Verfassungsentwurfs beweise, die Zeit verschlafen. Friedrich List sorgte dafür, daß dieses »gründlichste Manifest gegen die Altrechtler« in einem Sonderdruck verbreitet wurde. Durch sein politisches Votum gegen die württembergischen Stände zog der große Philosoph manch scharfe Attacke auf sich, doch er wußte sie zu parieren. »Welchen ganz ungeheuren Schaden diese unsere Landsleute der guten Sache aber in Deutschland getan, das ist vollends das Ärgste. Wir haben, seit wir Schwaben sind, schon manche Schwabenstreiche gemacht, aber so noch keinen«, stellte er fest.[198]

Grundlegend verändert hatte sich seit 1817 die politische Großwetterlage. Die Großmächte Rußland, Österreich und Preußen hatten allen freiheitlichen Bestrebungen den Kampf angesagt, praktizierten ein hartes obrigkeitsstaatliches Regiment und beschworen das Schreckgespenst einer drohenden Revolution.

Indizien für einen bevorstehenden revolutionären Umsturz sahen sie im Wartburgfest der Jenaer Burschenschaft vom 18. Oktober 1817, auf dem politische Bücher, ein Schnürleib, ein Zopf und ein Korporalstock, aber etwa auch Wangenheims Schrift »Idee der Staatsverfassung« als Zeugnisse der in Deutschland herrschenden Zwingherrschaft dem Feuer überantwortet wurden, mehr noch in der Ermordung des russischen Staatsrats Kotzebue in Mannheim am 23. März 1819 durch den Burschenschafter Karl Sand.[199] Die Zeit, in der die Souveräne bereit gewesen waren, dem Volk im Rahmen von landständischen Verfassungen eine Mitverantwortung am Staat einzuräumen, schien vorbei.

Am 13. Juli 1819 trat die neue Ständeversammlung in Ludwigsburg zu ihrer konstituierenden Sitzung zusammen. In Vertretung von König Wilhelm erklärte der Präsident des Geheimen Rats von der Lühe in seiner Eröffnungsrede, der König hege noch immer den Wunsch, »daß Württembergs neue Verfassung aus einem freien und freudigen Einverständnis des Volkes mit seinem Regenten hervorgehen möge«. Die Erfolgsaussichten seien jetzt größer als je, und er wolle allen Wünschen entsprechen, die mit den »Forderungen einer weisen Fürsorge für sein Volk« in Einklang zu bringen seien.[200] König Wilhelm tat alles, um eine den Verfassungsberatungen günstige Atmosphäre zu schaffen. Am 24. Juli empfing er in Stuttgart eine ständische Delegation überaus freundlich.[201] Weishaar, dem Abgeordneten aus Stuttgart, versicherte er, daß er einer Einigung von Ständen und Krone über die Verfassung im Wege des Vertrags gerne zustimme. Ludwig Uhland, der als engagierter Altrechtler 1817 ein ihm angebotenes Staatsamt ausgeschlagen hatte[202], dankte er noch nachträglich für ein Gedicht, in dem der Tod von Königin Katharina beklagt wurde. Uhland erwiderte, in dem Gedicht habe er seine tiefste Empfindung zum Ausdruck gebracht, und der König meinte, wenn sie auch unterschiedliche Ansichten hätten, so gelte dies doch nicht für ihre Gefühle.

Vom 6. August bis 1. September 1819 tagte in Karlsbad auf Einladung von Fürst Metternich eine Ministerkonferenz, auf der außer Österreich und Preußen noch acht weitere deutsche Staaten vertreten waren. Nach der Ermordung des russischen Staatsrats Kotzebue befürchtete man nicht nur weitere demagogische Umtriebe an den Universitäten, sondern auch einen revolutionären Umsturz in Deutschland. Die Konferenz beschloß deshalb gesetzliche Maßnahmen zur Disziplinierung von Studenten und Professoren, eine Vorzensur für alle Schriften unter 20 Bogen, mit harten Strafen gegen aufmüpfige Redakteure, eine Bundeszentralbehörde in Mainz zur Untersuchung »revolutionärer Umtriebe«. Außerdem räumte sie dem Bund das Recht der Exekution gegen Gliedstaaten ein sowie die Möglichkeit der Intervention im Falle des Aufruhrs. Der Versuch, Repräsentativverfassungen dadurch unmöglich zu machen, daß der Artikel 13 der Bundesakte im altständischen Sinn interpretiert wurde, scheiterte am Einspruch Württembergs durch Außenminister Graf von Wintzingerode, dem sich auch Baden und Bayern anschlossen. Die Karlsbader Beschlüsse, die der Bundestag am 20. September 1819 einstimmig bestätigte, schränkten die Autonomie der dem Bund angehörenden deutschen Staaten stark ein. Sie bildeten die Grundlage für die reaktionären Maßnahmen gegen liberale und nationale Bewegungen in Deutschland im Vormärz.[203]

In Wien war man über die Wiederaufnahme der Verfassungsverhandlungen in Württemberg beunruhigt. Unbehagen erregte hierbei namentlich auch der in Aussicht genommene Verfassungsvertrag. Im August 1819 schrieb Metternich an Kaiser Franz: »Der Ausschlag der württembergischen Versammlung wird vielleicht das Schicksal Deutschlands bestimmen«, und der Kaiser wollte alles tun, »elende Regenten abzuhalten, sich und andere sowie ihre eigenen Völker unglücklich zu machen«[204].

Der dunkle Schatten der Karlsbader Beschlüsse war den Beratungen über den württembergischen Verfassungsentwurf sehr förderlich. Die Altrechtler zeigten sich kompromißbereit. Bald war offenkundig: König und Stände zogen jetzt an einem Strang. Beide Seiten waren bestrebt, die Verfassung unter Dach und Fach zu bringen, ehe dies die den Bund beherrschenden Großmächte Österreich und Preußen unmöglich machten. Fürst Metternich nutzte am 20. September 1819 die Gelegenheit, um dem württembergischen Außenminister Graf von Wintzingerode vor dessen Abreise aus Wien unmißverständlich seine Mißbilligung über den Fortgang der Verfassungsverhandlungen in Württemberg zum Ausdruck zu bringen. Hierbei scheute er selbst vor kaum verhüllten Interventionsdrohungen nicht zurück. Kaiser Franz ließ Graf von Wintzingerode zu einer kurzen Audienz bitten, um ihm einen Brief an König Wilhelm zu übergeben. In dem Brief warnte Franz vor der »Geißel der Revolution«. Diese könne nur verhindert werden, wenn alle Mitgliedsstaaten des Deutschen Bundes ihr entschlossen entgegenträten. Diesem Zweck dienten die heilsamen Karlsbader Beschlüsse, an deren Zustandekommen auch König Wilhelm Anteil habe. Der König möge doch die Verfassungsverhandlungen rigoros abbrechen und damit der Revolution einen Riegel vorschieben. Im Gespräch griff der Kaiser das Verfassungsthema gleichfalls auf. Die württembergische Verfassung, so äußerte er vorwurfsvoll, mache noch mehr Zugeständnisse des Monarchen als die badische und die bayerische. Der Bund werde keine Grundsätze anerkennen, wie sie diese Verfassung enthalte. Württemberg solle deshalb seine Verfassung wieder zurücknehmen, denn sonst drohe ihm der Einmarsch einer Exekutionsarmee. Falls jedoch der Bund wider Erwarten Verfassungen wie die württembergische bestehen lasse, würden Österreich und Preußen aus ihm austreten.

König Wilhelm erschienen die Äußerungen Metternichs und des österreichischen Kaisers so gewichtig, daß er sofort nach der Rückkehr des Ministers nach Stuttgart am 23. September den Geheimen Rat zu einer Krisensitzung einlud, an der er allerdings selbst nicht teilnehmen konnte. Hier gab Justizminister Maucler das entscheidende Votum ab. Er erklärte, daß sich König Wilhelm nach dem Scheitern der Verhandlungen vor zwei Jahren vergeblich bemüht habe, eine Klärung der Verfassungsfrage über den Bund zu erreichen. Wenn er jetzt rasch eine Verfassung geben wolle, so sei dies sein gutes Recht. Wahrscheinlich nähmen die fremden Höfe an dem vorgesehenen Verfassungsvertrag Anstoß, doch in Württemberg habe der Vertragsmodus eine dreihundertjährige Tradition, und man habe dies früher nicht als antimonarchisch angesehen. Da der Verfassungsvertrag jetzt schon so gut wie abgeschlossen sei, dürfe auf die österreichischen Wünsche keine Rücksicht mehr genommen werden. Zwar könne die Entscheidung des Königs zugunsten des Verfassungsvertrags der Dynastie gefährlich werden, doch sei es immer noch besser, ruhmvoll zu sterben als ruhmlos zu leben. Dem Votum Mauclers schlossen sich die meisten anderen Mitglieder des Geheimen Rats an. Am Schluß der Sitzung stellte der Präsident lapidar fest: Ein Aufschub beim Abschluß der Verfassung ist nicht mehr möglich. Die Regierung benötigt eine Vertrauensbasis im Volk. Der Geist der Unzufriedenheit und des Mißtrauens verschafft revolutionären Umtrieben in Württemberg Eingang, das bisher von solchen

Umtrieben freigeblieben ist. Die Verfassung bildet eine Schutzwehr gegen den revolutionären Umsturz.

Am 25. September 1819 wurde im Ordenssaal des Ludwigsburger Schlosses der Verfassungsvertrag zwischen König und Ständen feierlich besiegelt. In seiner Thronrede erklärte der Monarch, er habe die Wichtigkeit dieses Zeitpunkts erkannt, und er verberge sich nicht die Schwierigkeiten, die es bereitet habe, die verschiedenartigen Ansichten, Wünsche und Erwartungen durch freie Zustimmung zu vereinigen. Der Kompromißcharakter der Verfassung möge manche Unvollkommenheit in sich tragen, die aber voll ausgeglichen werde durch die Begründung der Konstitution in vaterländischer Sitte und Eigentümlichkeit. Der Präsident der Versammlung dankte König Wilhelm im Namen des Volkes für die Verfassung. Der Monarch gebe der Welt das größte Beispiel eines edlen Königs, der seinem Volk vom Thron herab die Hand biete.[205] Nach dem feierlichen Abschluß des Verfassungsvertrags gab König Wilhelm den Ständemitgliedern einen festlichen Empfang.

Einen Tag danach antwortete König Wilhelm dem österreichischen Kaiser Franz. Nachdrücklich betonte er in seinem Schreiben, die württembergische Verfassung bilde keine Gefahr für das monarchische Prinzip, sie sei viel weniger antimonarchisch als die Verfassung, die ein Teil des württembergischen Volkes zuvor gefordert habe. Im übrigen habe er Verpflichtungen, die er gegenüber seinen Untertanen eingegangen sei, nicht mehr zurücknehmen können, ohne deren Vertrauen zu verlieren. Metternich werde er durch Graf von Wintzingerode, seinen Außenminister, über die Situation Württembergs ausführlich informieren. Die Karlsbader Beschlüsse, die er voll mittrage, werde er mit allen ihm zu Gebot stehenden Mitteln in seinem Land durchsetzen.[206]

König Wilhelm legte Wert darauf, daß der Abschluß des württembergischen Verfassungsvertrags im Ausland angemessen dargestellt wurde. Außenminister Graf Wintzingerode gab folgende Sprachregelung aus: Der König wolle das Band des Vertrauens zwischen Souverän und Volk durch eine aus der besonderen Lage Württembergs, aus seiner Geschichte und der Eigentümlichkeit des Volkes hervorgehende, jedoch den gegenwärtigen Verhältnissen angemessene Verfassung fest und dauerhaft knüpfen.[207]

Die Verfassung von 1819 war eine moderne Repräsentativverfassung mit starker monarchischer Spitze. Sie hatte jedoch eine Anzahl altständischer Elemente, so die Schuldentilgungskasse, den permanenten, aus zwölf Mitgliedern bestehenden Ausschuß, den Geheimen Rat, der das Beratergremium des Monarchen bildete, neben den der Ständeversammlung verantwortlichen Ministern übernommen. Den Ständen stand das Steuerbewilligungsrecht zu, ebenso wirkten sie bei der Gesetzgebung mit, das Recht der Gesetzesinitiative lag aber ausschließlich beim Landesherrn. Heftig umstritten war das Zweikammersystem gewesen, doch die Regierung hatte es gegen starken ständischen Widerstand durchgesetzt. Die Erste Kammer, die Kammer der Standesherren, war fast ausschließlich dem Adel vorbehalten. Sitz und Stimmrecht hatten hier die Prinzen des königlichen Hauses, die Häupter der fürstlichen und gräflichen Häuser, auf deren Besitzungen vor 1806 eine Reichs- oder Kreistagsstimme geruht hatte, außerdem vom König erblich oder auf Lebenszeit ernannte Mitglieder. Die erblichen Mitglieder berief der Monarch aus dem Kreis der standesherrlichen und ritterschaftlichen Gutsbesitzer, die lebenslangen Mitglieder »ohne Rücksicht auf Geburt und Vermögen« aus dem Kreis der würdigsten Staatsbürger. Der Anteil der vom König ernannten erblichen und lebenslangen Mitglieder durfte ein Drittel der Gesamtzahl der Angehörigen der Ersten Kammer nicht überschreiten. Der Zweiten Kammer, der Kammer der Abgeordneten, gehörten zunächst die 23 »Privilegierten« an: 13 Vertreter des ritterschaftlichen Adels, die sechs evangelischen Generalsuperintendanten, der katholische Landesbischof und zwei weitere Repräsentanten der katholischen Kirche sowie der Kanzler der Universität Tübingen. Der eigentlichen Volksvertretung verblieben 70 Sitze; sie allein wurde gewählt. Von den 70 Abgeordneten wurden sieben von den »guten Städten« Stuttgart, Tübingen, Ludwigsburg, Ellwangen, Ulm, Heilbronn und Reutlingen und 63 von den Oberamtsbezirken gewählt.[208]

Das aktive Wahlrecht war ein Zensus- und Klassenwahlrecht. Wählen durfte nur, wer Staatssteuern bezahlte. Die Höchstbesteuerten wählten unmittelbar und stellten zwei Drittel der Wahlmänner, die übrigen Steuerzahler beteiligten sich mittelbar an der Wahl, sie wählten das letzte Drittel der Wahlmänner. Das Zweikammersystem sowie das Wahlrecht gewährleisteten, daß der Landtag im wesentlichen von der Aristokratie und dem Besitzbürgertum getragen wurde, und wäre das passive Wahlrecht nicht gewesen, hätten Adel und Besitzbürgertum das Parlament gänzlich beherrscht. Wählbar war nämlich jeder über 30 Jahre alte

Staatsbürger, der einer der drei großen christlichen Konfessionen (der evangelisch-lutherischen, der reformierten, der römisch-katholischen) angehörte, ohne Rücksicht auf Besitz und Vermögen. Wer einen Abgeordnetensitz in der Zweiten Kammer anstrebte, sollte sich das Vertrauen seiner Wähler erwerben, damit er dann auch im Landtag ihre Interessen vertreten konnte und vertrat. Jedenfalls stand so der Weg ins Parlament selbst wenig bemittelten, aber politisch hochbefähigten Männern offen. Dies sollte sich in den nächsten Jahrzehnten für das Parlament als sehr vorteilhaft erweisen. Problematisch war, daß die Wählbarkeit auch Staatsbeamten eingeräumt war. Sie bildeten für die Regierung eine verläßliche oder doch in ihrem Sinn zu manipulierende Klientel im Landtag.[209]

Die Feststellung Rosemarie Menzingers, König Wilhelm habe mit dem Verfassungsvertrag einen Teil seiner Souveränitätsrechte preisgegeben, das Volk habe durch dieses »Geschenk« des Herrschers Anteil am Staat erlangt[210], ist nicht von der Hand zu weisen. Der Monarch konnte die Verfassung nicht mehr einseitig aufheben, dazu war eine Zweidrittelmehrheit in beiden Ständekammern erforderlich. Die Wirklichkeit sah jedoch anders aus. Nach Paragraph 4 der Verfassung war der König das Haupt des Staates, er vereinigte in sich alle Rechte der Staatsgewalt.[211] Trotz Verfassungsvertrag hielt König Wilhelm am Prinzip des Gottesgnadentums fest. Andererseits war er sich bewußt, daß er die Belange der Untertanen bei seinen Regierungshandlungen berücksichtigen mußte, daß er nicht mehr rein autokratisch regieren konnte. Insgesamt gelang es ihm, ohne bei den abschließenden Verfassungsverhandlungen stärkeren Widerstand der Stände überwinden zu müssen, die Verfassung zu einem hervorragenden Instrument seines persönlichen Macht- und Herrschaftswillens zu machen. Die beiden Ständekammern dienten Wilhelm als Indikatoren der politischen Strömungen im Land. Seine am Wohl des Landes orientierte Regierung während der folgenden 45 Jahre nützte durch das Forum der Ständeversammlungen diese Strömungen virtuos, um sein politisches Konzept durchzusetzen. Er verstand es, eine über längere Zeit wirksame starke Opposition, die seiner Art der Herrschaftsausübung hätte gefährlich werden können, zu verhindern. Seine Mittel, Auflösung der Kammer der Abgeordneten, Wahlbeeinflussung, Pressezensur und Zwangsmaßnahmen gegen einzelne Abgeordnete, waren rechtlich zu begründen und hielten sich in insgesamt gemäßigten Grenzen. Ein anderes bedeutsames Forum zur Verwirklichung seines politischen Konzepts bildete für ihn übrigens die Presse, deren Einflußmöglichkeiten und deren Multiplikationseffekt er bei der öffentlichen Meinungsbildung sehr hoch bewertete.[212]

Der Präsident des Obertribunals Karl Heinrich von Groß erläuterte nach Abschluß des Verfassungsvertrags aus der Sicht der Regierung das Verhältnis des königlichen Souveränitätsanspruchs zu dem verfassungsmäßig festgelegten Mitwirkungsrecht der Stände. Die legislative und exekutive Gewalt stehe, erklärte er, auch weiterhin dem Monarchen zu. Jede Form der Gewaltenteilung hätte die Auflösung der Souveränität zur Folge, führe zu einer Mitregierung der Stände und bedeute damit das Ende der Monarchie. Auf der anderen Seite sei der königliche Souveränitätsanspruch mit Normen sehr wohl vereinbar, die seine Ausübungsart festlegten. Ein mit Volksrepräsentanten umgebener Monarch sei nicht weniger souverän als ein unbeschränkter Autokrat.[213] Ganz anders beurteilte der berühmte Staatsrechtler Robert von Mohl (1799–1875) das Verhältnis von Krone und Landständen in Württemberg. Freiherr Eugen von Maucler, der die Altrechtler in der Verfassungsfrage für den schließlich zustande gekommenen Kompromiß gewonnen hatte, habe – so Mohl – als Regierungssystem ein »despotismo illustrado« vor Augen gestanden, und daher sei mit dem Verfassungsvertrag ein pseudoparlamentarisches System verwirklicht worden, wie dies nicht nur seinen Intentionen, sondern vor allem auch denen König Wilhelms entsprochen habe.[214]

Als weitschauend erwies sich, daß im Landesgrundgesetz von 1819 dank des großzügigen Entgegenkommens des Königs die Domänen zu Staatsbesitz erklärt wurden und daß der Monarch sich mit einer Zivilliste begnügte. Mit dieser teils in Geld, teils in Naturalien bestehenden und jeweils für die Regierungszeit eines Landesherrn festgelegten Zivilliste waren »die Bedürfnisse des Königs und des Hofstaats« zu befriedigen. Die verfassungsrechtliche Fixierung der Einkünfte der Krone ersparte Württemberg jahrzehntelange Auseinandersetzungen, die in anderen Ländern, so in Baden, das Verhältnis von Landesherrn und Landständen belasteten.[215] Sympathien erwarb sich König Wilhelm bei seinen Untertanen dann auch im April 1820, als er bei seiner dritten Heirat auf die 20000 fl Prinzessinnensteuer verzichtete, die das Land nach dem Tübinger Vertrag von 1514 zu zahlen, die Verfassung von 1819 aber mit Stillschweigen übergangen hatte.[216]

Obwohl der Vizepräsident der Ständeversammlung, Weishaar, nach dem Abschluß des Verfassungsvertrags bedauerte, daß die seither vereinte Versammlung künftig in zwei getrennten Kammern tagen müsse, so überwog doch bei ihm wie bei anderen Altrechtlern die Freude und Genugtuung darüber, daß ein Vertrag jetzt alle Bürger des Landes, Alt- wie Neuwürttemberger, vereine.[217] Für Albert Schott und Ludwig Uhland erhielt die württembergische Verfassung ihren hohen Rang in erster Linie durch die Rechtsform des Vertrags. Wie der Tübinger Vertrag von 1514 so sei auch die Verfassung des Königreichs nicht »vom Throne herab gegeben worden als Geschenk der Gnade«, wie dies in Baden und Bayern geschehen sei, vielmehr beruhe sie auf einer freien Vereinbarung zwischen Fürst und Volk. Schott hob außerdem hervor, daß die württembergische Verfassung dem Volk mehr Rechte sichere als irgendeine andere Verfassung im kontinentalen Europa.[218] Für den bekannten Publizisten Johann Gottfried Pahl lag die Bedeutung des Verfassungsvertrags darin, daß der Landesherr »seine Macht auf die ewige Grundlage vernünftiger Gesetzmäßigkeit und auf die Treue der Seinen« gründe und daß das Volk »seine Freiheiten und Probleme gegen die Eingriffe menschlicher Willkür« gewährleistet sehe.[219] Der frühere Kultminister und jetzige württembergische Bundestagsgesandte Freiherr von Wangenheim verband mit dem Verfassungsvertrag große Erwartungen. Einem Freund gegenüber äußerte er: »Nie hat Württemberg eine ruhmwürdigere Stellung gehabt und, wird sie ganz begriffen und einsichtsvoll behauptet, so gewinnt es eine innere Stärke, die jeder äußeren gewachsen bleibt!«[220]

Bei einer Truppenbesichtigung begrüßten die Soldaten König Wilhelm mit Vivat-Rufen, und die Offiziere der Garnison Ulm erklärten in einer von Oberst Joseph Konrad von Bangold verfaßten Adresse, die Verfassung gegen jeden Gewaltakt von außen, auch gegen die Großmächte, bis zum äußersten zu verteidigen, was scharfe Proteste der Regierungen in Wien und Berlin zur Folge hatte.[221] Sekretär Huber schrieb am 14. Oktober 1819 Prinz Paul nach Paris, König Wilhelm habe durch die Art, wie er die Verfassungsangelegenheit behandelt habe, »unglaublich an Popularität« gewonnen, und dies weit über Württemberg hinaus.[222] In der Tat hatte Wilhelm durch den gegen den harten Widerstand der

Großmächte, besonders Österreichs, durchgesetzten württembergischen Verfassungsvertrag als politischer Hoffnungsträger in ganz Deutschland einen hervorragenden Ruf erlangt. Viele erwarteten, er werde den Anstoß geben, daß auch in anderen Ländern die Hindernisse auf dem Weg zu Verfassungen beiseite geräumt würden, und nicht wenige sahen ihn bereits als Kaiser an der Spitze eines neuen Reichs.[223]

Erst fünf Tage nach dem Abschluß des württembergischen Verfassungsvertrags, am 1. Oktober 1819, verkündete König Wilhelm die am 20. September vom Bundestag einstimmig verabschiedeten Karlsbader Beschlüsse, die vor allem das freisinnige württembergische Pressegesetz von 1817 außer Kraft setzten.[224] Fürst Metternich, der am 17. September 1819 die damals noch nicht beschlossene württembergische Verfassung als viel zu freisinnig bezeichnet hatte, reagierte auf die Nachricht von dem in Ludwigsburg vertraglich vereinbarten Staatsgrundgesetz für das kleine Königreich mit äußerster Schärfe. Nach einer privaten Mitteilung des österreichischen Gesandten am Stuttgarter Hof, Graf Thun, soll er »zornig wie die Königin der Nacht« gewesen sein. König Wilhelm, so habe er erklärt, stelle sich außerhalb jeder vernünftigen Berechnung, er vergesse alle Grundsätze und selbst den einfachen Anstand, er bewege sich im Gewebe von Widersprüchen.[225] Wilhelm mußte befürchten, daß Österreich und Preußen harte Maßnahmen ergriffen, daß sie ihn isolierten und möglicherweise gar zur Annullierung des Verfassungsvertrags zwangen. Er brauchte dringend einen starken Rückhalt. Sein Schwager, Zar Alexander, konnte ihm diesen bieten. Er reiste daher nach Warschau, um dem dort weilenden Zaren seine Situation darzulegen, und der Schwager zeigte trotz der Vorbehalte, die er gegen ihn hatte – der Tod der Schwester Katharina lag erst knapp neun Monate zurück –, Verständnis und gab ihm, wenn auch nicht gerade bereitwillig, die gewünschte Protektion.[226] Der Bestand der württembergischen Verfassung war damit gesichert. Jetzt konnte König Wilhelm auch den Vorwurf mangelnder Bundestreue durch seinen Außenminister Graf Wintzingerode zurückweisen. Daß es dem Minister nicht leichtfiel, die Position seines Monarchen zu verteidigen, wird deutlich, wenn man weiß, daß eben Graf Wintzingerode seinen Souverän schon im Frühjahr 1819 unter Hinweis auf eine rechtliche Anerkennung der Volkssouveränität davor gewarnt hatte, den Weg des Verfassungsvertrags zu wählen.[227]

Ende Oktober wurde im ganzen Land das Fest des Verfassungsvertrags gefeiert, in den Städten mit Dankgottesdiensten, Reden, Festessen und Bällen. Vielerorts pflanzte man Verfassungseichen. Der König ließ eine Gedenkmünze prägen. Findige Köpfe boten Konstitutionsringe und -kreuze als Erinnerungszeichen zum Kauf an. Im Stuttgarter Hoftheater wurde Ludwig Uhlands »Herzog Ernst von Schwaben« aufgeführt mit einem Prolog des Dichters zum Lobpreis des frei vereinbarten Verfassungsbunds. Gustav Schwab dichtete ein Konstitutionslied, und auch andere Württemberger bejubelten in Versen das säkulare Ereignis.[228]

Schon vor Abschluß des Verfassungsvertrags hatte König Wilhelm Oberbaurat Barth beauftragt, die Landtagsgebäude für die Bedürfnisse des aus zwei Kammern bestehenden künftigen Landtags umzubauen. Dies hatte mit dem geringstmöglichen Kostenaufwand zu erfolgen. Das Ergebnis, vor allem der für die Zweite Kammer neuerrichtete »Halbmondsaal«, war, wie ein nichtwürttembergischer Besucher feststellte, erbärmlich, ein Monument schwäbischer Knausrigkeit. Doch die unzulängliche Unterbringung hatte keine negativen Auswirkungen auf die konstruktive Arbeit, die im sogenannten Halbmondsaal in den folgenden Jahrzehnten zum Wohl des Landes und seiner Bürger geleistet wurde, und ganz besonders nicht auf das mutige Einstehen eines Teils der Volksrepräsentanten für Recht, Freiheit und Menschenwürde. Durch die Umbaumaßnahmen verzögert, eröffnete der König am 15. Januar 1820 den ersten Landtag mit einer Ansprache, der sich eine überaus herzliche Begrüßung und die eidliche Verpflichtung der Ständemitglieder mit Handschlag anschloß. Der Präsident der Zweiten Kammer, Weishaar, rief die Ständevertreter dazu auf, stets furchtlos ihre Überzeugung auszusprechen und treu ihre Pflicht zu erfüllen.[229]

König Wilhelm und der Deutsche Bund

Die Gründer des Deutschen Bundes schufen 1815 einen lockeren Staatenbund, der vor allem einen militärischen Defensivcharakter hatte und das politische Gleichgewicht in Europa nicht störte. Seine Mitgliedstaaten, so das Königreich Württemberg, legten Wert auf die Erhaltung ihrer ungeschmälerten Souveränität.[230] Daß der kleine Mittelstaat Württemberg, der mit seinen 1,4 Millionen Einwohnern lediglich ein Einundzwanzigstel der im Gebiet des Deutschen Bundes wohnhaften Gesamtbevölkerung ausmachte[231], politisch und militärisch keine selbständige Stellung behaupten konnte, liegt auf der Hand. Die von dem damaligen Kronprinzen Friedrich Wilhelm unterstützten Bemühungen König Friedrichs auf dem Wiener Kongreß und bei den Friedensverhandlungen mit Frankreich 1815, das Land wesentlich zu vergrößern und ihm damit ein stärkeres Eigengewicht zu verschaffen, waren am Widerstand der Großmächte Österreich, Preußen und Rußland gescheitert.

Im Gegensatz zu seinem Vater, dessen Verhältnis zum Deutschen Bund rein negativ bestimmt war, wollte Wilhelm im Bund wie in Deutschland überhaupt eine politische und ebenso eine militärische Rolle spielen. Als einziger deutscher regierender Fürst besaß er als Führer größerer militärischer Verbände kriegerische Erfahrungen. Deshalb machte er keinen Hehl daraus, daß er im Kriegsfall Anspruch auf die Position eines Bundesfeldherrn erhebe.[232] Wilhelm stieß sich namentlich am Beginn seiner Regierung an den engen Grenzen Württembergs. Er fühlte sich zu Höherem berufen, und seine Frau Katharina bestärkte ihn in seinem Ehrgeiz. Otto-Heinrich Elias hat zu Recht darauf hingewiesen, daß Katharina mit ihrem innovativen sozialen Engagement in Württemberg auf ihre Fähigkeit aufmerksam machen wollte, Neuem, Zukunftweisendem zum Durchbruch zu verhelfen und beispielgebend zu wirken. Sie wollte zeigen, daß sie und ihr Mann imstande waren, auch in einem größeren politischen Rahmen zeitgemäße Reformen zu realisieren, neue Wege auf den verschiedensten Gebieten erfolgreich einzuschlagen. Mit dem Verfassungsvertrag, mit der bereits 1817 verkündeten Pressefreiheit oder der Sanierung des Staatshaushalts hatte sich Wilhelm als Regent präsentiert, der weit über seinen Staat hinaus Vorbildliches, Nachahmenswertes leistete und dadurch auch in anderen Ländern Reformen anregen, die dortigen kreativen politischen Kräfte stärken und ermutigen konnte.[233]

König Wilhelm hat auch nach 1815 die Hoffnung auf eine Vergrößerung Württembergs eventuell durch die Mediatisierung Badens und der hohenzollerischen Fürstentümer sowie vielleicht gar durch den Erwerb des Elsaß nicht aufgegeben. Darüber hinaus schwebte ihm eine Neustrukturierung des Deutschen Bundes durch die Schaffung größerer staatlicher Einheiten vor. Die kleineren Staaten sollten den mittleren, vor allem den Königreichen Bayern, Sachsen, Hannover und Württemberg, einverleibt werden, so daß die vier Königreiche ein politisches Gegengewicht gegen die beiden Großmächte Österreich und Preußen bilden konnten.[234] Wilhelm hat diese Pläne, die er und Katharina gemeinsam erdacht und verfolgt hatten, auch nach dem Tod seiner Frau weiterentwickelt und zu verwirklichen gesucht. Die Idee, den Großmächten Österreich und Preußen eine dritte Macht, die neuorganisierten Staaten des »Reinen Deutschland«, des »Dritten Deutschland«, gegenüberzustellen, weil die Interessen der beiden Großmächte und die der Mittelstaaten nicht zur Deckung zu bringen waren, hat, wie Elias meint, ihren Ursprung im politischen Grundkonzept des jungen Königspaares in den Jahren 1816 bis 1818. Wilhelm war, unterstützt von seiner Frau, in seinen ersten Regierungsjahren zweifellos ein Vorkämpfer der Mindermächtigen gegen die österreichisch-preußische Hegemonie in Deutschland.[235]

Württemberg wurde nach der Thronbesteigung König Wilhelms beim Bund zunächst von Graf Mandelsloh, von November 1817 an durch Freiherr von Wangenheim vertreten. Der Monarch erwartete von seinen Bundestagsgesandten, daß sie seine persönlichen Instruktionen beachteten, das heißt, sie hatten sich exakt an die königlichen Direktiven zu halten. Ihr politischer Handlungsspielraum war deshalb sehr eingeschränkt.[236]

Eines der vorrangigen Probleme, die der Deutsche Bund zu lösen hatte, war die Schaffung einer Militärorganisation, die eine wirksame Verteidigung der deutschen Staaten gegen äußere Feinde, so besonders gegen Frankreich, ermöglichte. König Wilhelm wollte sich auch hier die größtmögliche Eigenständigkeit bewahren. Bezeichnend dafür war die Instruktion, die er 1817 dem Grafen Mandelsloh erteilte: »Die künftigen Militärverhältnisse des Deutschen Bundes scheinen mir die delikatesten Punkte zu sein, man muß hier mit der größten Klugheit zu Werke gehen. Sollten die beiden großen teutschen Mächte einig werden und einen Plan gegen unsere Interessen durchsetzen wollen, so muß im Einverständnis mit den Mächten zweiten und dritten Rangs mit größter Energie dagegen gearbeitet werden. Würde von einem teutschen Hof allein ein Unterdrückungsplan versucht werden, so muß man sich mit dem übrigen Teutschland dagegen verbünden. Wenn aber, wie schon früher geschehen, von den kleineren Staaten Militärprojekte wieder auf das Tapet kämen, so müßte man öffentlich zwar content dabei erscheinen, sie aber insgeheim darin aufmuntern und bestärken, indem gegen die größeren Mächte immer Vorteil daraus zu ziehen ist.«[237]

König Wilhelm trat von Anfang an dafür ein, daß die kleineren Staaten ihre Militärkontingente untereinander zu größeren Einheiten zusammenfaßten. Dagegen lehnte er eine Vereinigung solcher Kontingente mit den Heeren Österreichs und Preußens ab.[238] Wangenheim forderte 1818 im Einvernehmen mit seinem königlichen Herrn eine von den beiden deutschen Großmächten unabhängige »reindeutsche Armee« oder auch zwei »reindeutsche Armeen«. Dieses Heer sollte aus sämtlichen Waffengattungen bestehen und damit ein vollständiger militärischer Organismus sein. Es sollte zur eigenständigen Kriegführung, aber auch zu einer bewaffneten Neutralität befähigt sein und eine solche Neutralität selbst in einem Krieg zwischen Österreich und Preußen behaupten.[239] Wangenheim verlangte ferner, daß Staaten, die in der Lage waren, mindestens ein eigenes Armeekorps aufzustellen, keine Truppenteile anderer Staaten ihrem Militär eingliedern durften. Vielmehr sollten diejenigen Staaten, die lediglich Militärkontingente etwa in Größenordnungen zwischen einem Bataillon und einer Division aufbringen konnten, sich zu besonderen selbständigen Korps zusammenschließen. Wie König Wilhelm versprach sich auch Wangenheim von einer derartigen Militärorganisation, daß sie längerfristig politische Auswirkungen haben werde: dem Zusammenschluß jeweils einer Anzahl Kleinstaaten mit einem Mittelstaat, einem Königreich, zu einem arrondierten größeren Mittelstaat. Da Bayern als einziges Königreich, abgesehen von den beiden Großmächten, aus seinen Truppen ein eigenes Armeekorps zu formieren vermochte, erhielten so vor allem die drei anderen Königreiche, Sachsen, Hannover und Württemberg, die Möglichkeit, ihren Einfluß und später vielleicht auch ihre Territorien wesentlich auszuweiten.[240] Indes mußte dies ein Wunschtraum bleiben, denn die kleinen und kleinsten Mitgliedstaaten des Bundes beharrten ebenso unbeirrt auf ihrer uneingeschränkten Souveränität wie die größeren. Deshalb akzeptierten sie nur widerwillig die schließlich 1821/22 zustande gebrachte Bundeskriegsverfassung, indem sie auf dem Papier ihre schlecht ausgebildeten und bewaffneten Kontingente als geschlossene Truppenteile einem gemischten Armeekorps zuwiesen.[241] Die beiden Großmächte Österreich und Preußen stellten für ihre dem Deutschen Bund angehörenden Gebietsteile je drei Armeekorps (I bis VI), die Staaten des »Reinen Deutschlands« vier Armeekorps: VII. Armeekorps Bayern; VIII. Armeekorps Württemberg, Baden und Hessen-Darmstadt sowie eine Reihe kleiner Staaten in Südwestdeutschland; IX. Armeekorps Sachsen, die thüringischen Staaten, Hessen-Kassel, Nassau und Luxemburg; das X. Armeekorps stellte Hannover, Holstein, Mecklenburg, die Hansestädte sowie die übrigen norddeutschen Kleinstaaten.[242]

Auf dem Wiener Kongreß waren Mainz, Luxemburg und Landau zu Bundesfestungen bestimmt und der Bau einer vierten Festung in Aussicht genommen worden.[243] Durch einen Festungsgürtel im Westen sollte, nachdem das Elsaß und Deutsch-Lothringen bei Frankreich geblieben waren, der militärische Schutz Süd- und Westdeutschlands gegen eine französische Invasion verbessert werden. Im zweiten Pariser Frieden 1815 wurden von den französischen Reparationsgeldern 20 Millionen Francs Preußen zum Ausbau seiner Festungen am Niederrhein und 15 Millionen Francs Bayern zur Errichtung einer Festung am Mittelrhein zugewiesen. 5 Millionen Francs sollten für den Ausbau der Bundesfestung Mainz und weitere 20 Millionen Francs für den Bau einer zusätzlichen Festung am Oberrhein verwendet werden.[244] Preußen machte sich sofort ans Werk. Bayern hatte nach einem Bundestagsbeschluß Germersheim zu befestigen, doch es zögerte, den Beschluß auszuführen. Strittig war der Standort für die vierte Bundesfestung. Dem Plan einer Befestigung Ulms widersetzte sich König Wilhelm. Sein Argument: Eine Festung an der württembergischen Ostgrenze gab Baden und Württemberg einem siegreichen Feind preis. Dieser setzte sich hier fest und plünderte beide Länder aus. Deshalb war eine Festung Ulm nur dann sinnvoll, wenn gleichzeitig an der badischen Westgrenze oder auf den Höhen des Schwarzwaldes Befestigungen angelegt wurden.[245]

Zunächst war an ein ganzes Befestigungssystem am Oberrhein gedacht mit einer Befestigung der Städte Homburg, Mannheim, Rastatt, Meßkirch, Donaueschingen, Stockach und Ulm. Doch dafür fehlte das Geld. Bald waren nur noch Rastatt und Ulm in der engeren Wahl. Außerdem dachte man an die Befestigung verschiedener Schwarzwaldpässe. Österreich, das alle seine früheren Bastionen im Westen aufgegeben hatte und vornehmlich an der militärischen Behauptung Italiens und des ungarisch-westslawischen Raumes interessiert war, plädierte für die alleinige Befestigung von Ulm, weil damit das Donautal, also die Heerstraße nach Wien, abgeriegelt war. König Wilhelm beharrte auf seinem Standpunkt. Wenn man sich auf den Bau einer Festung am Oberrhein beschränke, dann müsse dies Rastatt, keinesfalls aber Ulm sein. Seinem Militärbevollmächtigten beim Bund schärfte er ein, wenn man auf der Befestigung Ulms bestehe, dann stimme er dieser nur zu, wenn gleichzeitig Rastatt zur Bundesfestung ausgebaut werde.[246]

Ausgesprochen allergisch reagierte der König auf den Plan, die Großmächte oder den Bund an der militärischen Besatzung der Bundesfestungen zu beteiligen. Er forderte, daß die Besatzung und den Festungskommandanten wenigstens im Frieden der Staat stelle, in dessen Gebiet sich die betreffende Festung befinde. Sollte ein Kleinstaat dazu nicht über die militärische Kapazität verfügen, dann konnten sich die Nachbarstaaten an der personellen Ausstattung der Festung beteiligen. Falls es zu einem Bau der Festung Ulm käme, wollte er keinesfalls österreichisches und preußisches Militär in deren Mauern haben. Notfalls, so drohte er, werde er Ulm zur württembergischen Landesfestung ausbauen.[247] Daß Luxemburg schließlich eine preußische und Mainz eine gemischte preußisch-österreichische Besatzung erhielt, mißfiel ihm sehr, doch er mußte klein beigeben. Dagegen hatte er keine Einwände, daß die in der bayerischen Rheinpfalz gelegene Festung Landau durch bayerisches Militär besetzt wurde.[248]

Die mindermächtigen Staaten des Deutschen Bundes lebten ständig in der Angst, die beiden Großmächte könnten sie für nichtdeutsche politische Interessen mißbrauchen, sie spezifisch österreichischen oder preußischen Zwecken dienstbar machen. Dieses Mißtrauen war insofern berechtigt, als Österreich und Preußen unter dem dominierenden Einfluß des Fürsten Metternich im Deutschen Bund jahrzehntelang politisch miteinander harmonisierten, in Frankfurt deshalb das Sagen hatten und die Mittel- und Kleinstaaten bevormundeten.[249] König Wilhelm war darüber besonders ungehalten, weil er die politische Begabung der leitenden Minister Österreichs und Preußens, so auch die Metternichs, für recht mäßig hielt.[250] Indes verharrten die beiden Großmächte lange in außenpolitischer Passivität, und diese bewahrte die Mittel- und Kleinstaaten davor, wider Willen in europäische Konflikte hineingezogen zu werden.[251] Allein, die außenpolitische Passivität Österreichs und Preußens konnte jederzeit ins Gegenteil umschlagen und damit die anderen Bundesstaaten in eine prekäre Situation bringen. Die Reaktion auf die österreichisch-preußische Hegemonie im Deutschen Bund war die Triasidee: das politische Zusammengehen der Staaten des »Reinen Deutschlands«. Wangenheim vertrat diese Idee im Bundestag engagiert, und er konnte dabei, so sah es in den Jahren 1818 und 1819 wenigstens aus, des Rückhalts durch seinen königlichen Herrn sicher sein. Nicht ganz zu Unrecht unterstellte man in Wien König Wilhelm, er hege den ehrgeizigen Plan, sich in Deutschland eine führende Position zu verschaffen. Metternich warf dem König vor, sich von Demagogen wie Wangenheim und Trott maßgebend beeinflussen zu lassen. Den Stuttgarter Hof sah der österreichische Staatskanzler in den Händen der schlimmsten und gefährlichsten Liberalen und den ihm besonders verhaßten Wangenheim an der Spitze der revolutionären Partei in Deutschland.[252] König Wilhelm war aber trotz aller direkten und indirekten Drohungen Metternichs nicht bereit, sich auf dessen politische Linie festlegen zu lassen. Er erklärte: »Mein Charakter und die Verhältnisse meines Landes erlauben mir nicht, den chien couchant [Vorstehhund] zu spielen. Ich habe ihn nicht gegen Napoleon in einer weit gefährlicheren Zeit gespielt, und will nicht jetzt, wo ich einen begründeten Ruf habe, damit anfangen, einem Menschen gegenüber, den ich so gründlich verachte wie Metternich… Stark durch mein Gewissen, durch die Liebe meiner Untertanen, durch die öffentliche Achtung Deutschlands erwarte ich festen Fußes die geschlossenen Reihen des Machiavellismus des schwachen Metternichs. Dies ist mein letztes Wort.«[253]

1819 nannte Gentz gegenüber Metternich den württembergischen König einen Menschen von unergründlicher Bosheit und Treulosigkeit, der imstande sei, sich selbst den größten Schaden zuzufügen, wenn er nur andere dadurch ärgern und in Verlegenheit setzen könne. Eine solche Charakterisierung war gehässig und verleumderisch, auch war sie weithin aus der Luft gegriffen. Freilich, König Wilhelm war ehrgeizig, selbstbewußt, unbequem, er ging politisch seinen eigenen Weg. Seine Standesgenossen löckten viel weniger als er wider den Stachel. Als er beispielsweise Anfang Februar 1820 mehrere Bundesstaaten zu gleichlautenden Erklärungen zu bewegen suchte, wonach es diese ablehnen sollten, daß die Staaten des »Reinen Deutschlands« künftig für fremde

Zwecke »bluteten«, erteilte ihm die bayerische Regierung eine Absage. Gerüchte machten die Runde: Wilhelm spekuliere darauf, sich bei inneren oder äußeren Wirren zum Feldherrn des Deutschen Bundes aufzuschwingen, um von dieser Position aus das Kaiserdiadem eines wiederentstehenden Deutschen Reiches zu ergreifen. Metternich war bekannt, daß nicht nur liberale Kreise ihre Hoffnung auf den württembergischen Monarchen setzten, sondern auch die Radikalen. Letztere stellten sich – so Metternich – ihn als eine Art Übergangskaiser vor, der ihnen den gewaltsamen Umsturz zur Republik erleichtere. In Wien glaubte man damals ernsthaft, Wilhelm sei im Begriff, nicht nur sein eigenes Haus in Brand zu stecken, sondern auch den Deutschen Bund, ja ganz Europa. Deshalb müsse man seinem gefährlichen politischen Streben Einhalt gebieten.[254] Man erzählte sich, Wangenheim habe seinem König, als dieser nach einem Aufenthalt Frankfurt wieder verließ, nachgerufen: »Hier fährt der König der Deutschen.« In der österreichischen Haupt- und Residenzstadt war die Angst groß, Wilhelm könne, nachdem er in seinem eigenen Land die Verfassung unter Dach und Fach gebracht habe, Württemberg als Muster anpreisen und so entscheidenden Einfluß auf die sogenannten reindeutschen Mittel- und Kleinstaaten gewinnen. Und Wangenheim wirke in diesem Sinne, wie man in Wien mißtrauisch beobachtete.[255]

Wilhelm war ein politisch kluger Kopf. Er handelte nicht nach dem Prinzip des Alles oder Nichts, sondern er beobachtete sorgsam, ließ sich exakt informieren, ehe er Entscheidungen traf. Seine Gesandten hatten ihm regelmäßig und gewissenhaft zu berichten. Außerdem bediente er sich an Brennpunkten politischen Geschehens häufig noch zusätzlicher Informanten, die sein besonderes Vertrauen besaßen. So entsandte er 1818 den Obersten Bangold als württembergischen Beobachter zum Kongreß in Aachen, der ihn dann von dort durch chiffrierte Berichte auf dem laufenden hielt.[256] Was er von einem Angehörigen seines auswärtigen Dienstes erwartete, beweist der Dienstauftrag, den er 1819 dem württembergischen diplomatischen Agenten bei der Stadt Frankfurt erteilte. Der Agent solle, so ordnete er an, mit den Senatsmitgliedern der Stadt, aber auch mit den beim Deutschen Bund akkreditierten Gesandten in gutem Einvernehmen stehen, nur so könne Frankfurt in kommerzieller, ebenso in politischer Hinsicht Württemberg nähergebracht werden. Oberstes Gebot sei es für ihn, die politischen Meinungen in der Bundesversammlung zu erforschen, vornehmlich aber habe er sich durch gutes Benehmen das »Zutrauen« der Bundestagsgesandten zu erwerben. Der freie Handelsplatz Frankfurt verdiene als Handelsplatz besondere Bedeutung. Deshalb müsse der Agent die Handelsverhältnisse ergründen und das, was ihm für Württemberg wichtig erscheine, in »periodischen Relationen« nach Stuttgart berichten. Die Rhein-Neckar-Schiffahrt bilde übrigens bei den Verhandlungen der Zentralschiffahrtskommission in Mainz etwas ganz besonders Wichtiges. Die innere Administration der Stadt Frankfurt, ihre Verfassung, ihre ständischen Angelegenheiten, das »Benehmen« der einzelnen deutschen Regierungen bei der Bundesversammlung, der Geist der Untertanen in der Stadt und in den benachbarten Staaten seien weitere bedeutsame Beobachtungen. »Denn Frankfurt« – so sah es der König – »ist ja bekanntlich der politische Zentralpunkt Deutschlands und Europas, was sich dort ereignet, ist aber auch für das Königreich Württemberg stets sehr wichtig.« Um alles zutreffend und rechtzeitig zu erfahren, solle der Agent stets »intime Kommunikation« mit dem russischen Gesandten unterhalten.[257] Nach der von Außenminister Graf Wintzingerode 1819 verfügten Neuorganisation seines Ministeriums hatten die Gesandten regelmäßig über politische Tagesereignisse zu berichten. Für besondere Vorkommnisse (»Geschäftsgegenstände«) waren außerordentliche Berichte zu erstatten. Die mit Nummern zu versehenden laufenden Gesandtschaftsberichte mußten direkt an den König geschickt werden.[258]

Mit dem Pressegesetz vom 30. Januar 1817 wurde in Württemberg die Pressefreiheit eingeführt. Nur in außerordentlichen Zeiten, namentlich in Kriegszeiten, sollten politische Zeitschriften der Zensur unterliegen. Die Einführung der Pressefreiheit hatte die Gründung einer Reihe neuer, meist kurzlebiger Zeitungen zur Folge, so in Stuttgart: »Für und Wider« bei Cotta (1817–1818), »Allgemeiner Anzeiger der Süddeutschen« (1817–1822), Schüblers »Volksfreund aus Schwaben« (1818–1822), »Neue Stuttgarter Hefte« (1818–1824), »Neue Stuttgarter Zeitung« (1818–1819).[259] Indes hatte König Wilhelm von Anfang an seine Schwierigkeiten mit der Pressefreiheit. Er erwartete von den Zeitungen regierungsfreundliches Wohlverhalten und in jedem Fall einen gemäßigten Ton. Nach der »Allerhöchsten Entschließung« vom 8. Dezember 1818 behielt sich die Regierung das Recht vor, Privilegien und Konzessionen für Zeitungen zu erteilen.[260] Sehr ungehalten zeigte sich der Monarch im Frühjahr 1819 über den »auffallenden und höchst ahndungswürdigen Ton« der Redakteure einiger Stuttgarter Presseorgane. Im Auge hatte er die »täglich zunehmende Zuchtlosigkeit« des »Volksfreunds aus Schwaben« und der »Neuen Stuttgarter Zeitung«. Zunächst dachte er an die sofortige Wiedereinführung der Zensur, doch dann entschied sich die Regierung im Juni 1819 für ein Verbot der »Neuen Stuttgarter Zeitung«. Der »Volksfreund aus Schwaben« mußte sich wiederholt harten Tadel gefallen lassen.[261]

Die Angst vor revolutionären Umtrieben und der Mißbrauch der Presse für regierungsfeindliche Zwecke veranlaßten den König wohl auch zu der Anweisung an seinen Bundestagsgesandten Wangenheim, den Karlsbader Beschlüssen zuzustimmen und nicht gegen die Unterdrückung der Pressefreiheit durch die Großmächte unter Hinweis auf das Bundesrecht zu protestieren.[262] Lediglich in einer Denkschrift wagte die württembergische Regierung eine Art ohnmächtigen Protest gegen die Karlsbader Beschlüsse. Hier verteidigte sie die landständische Verfassung und ebenso die Pressefreiheit als unerläßliche Fundamente für die Einzelstaaten wie für den Bund. Ohne wohlorganisierte Landstände und ohne Pressefreiheit, stellte sie fest, gebe es keine öffentliche Kritik und keine Macht der öffentlichen Meinung und damit auch keinen Bund, der das Recht der Mindermächtigen gegen das Unrecht der Übermächtigen im In- und Ausland schützen könne. Im bloßen Fürstenbund, in dem das Volk mundtot sei, verlören die Fürsten der mindermächtigen Staaten die Stützen, die ihnen die Achtung des Auslands und die Liebe der Völker im Staatenbund gesichert hätten. Ohne das öffentliche Vertrauen sei der Bund nichts und werde auch nichts. »Die wesentliche Grundlage, auf welcher der Bund geschlossen wurde, ist die Rechtsgleichheit und Rechtssicherheit ...«[263]

Die Karlsbader Zensurbeschlüsse führte Württemberg nur zögernd und stückweise aus. Am 26. September 1819 wurde die Aufsicht über die Presse dem Ministerium der Auswärtigen Angelegenheiten übertragen. Die Pressepolitik war damit eine Angelegenheit der Außenpolitik. Das war insofern logisch, als die Kontrolle über die Publizistik jetzt beim Bund lag. Doch hatten die Landstände auf die Ausübung der Pressezensur kaum noch Einspruchsmöglichkeiten. Mit dem Hinweis auf diplomatische

Verwicklungen konnte die Regierung Proteste abwehren oder zurückweisen.[264]

Auf der Karlsbader Konferenz war nicht nur eine strenge Pressezensur, sondern ein ganzes Bündel von Maßnahmen gegen revolutionäre Umsturzversuche beschlossen worden: Auflösung der Burschenschaft, Bestellung von landesherrlichen Kommissaren für die Universitäten sowie die Einsetzung einer Zentraluntersuchungskommission in Mainz zur Ermittlung demagogischer Umtriebe. Da eine direkte Beteiligung Württembergs an der Zentraluntersuchungskommission den Ruf König Wilhelms als eines die Rechte des Volkes achtenden Monarchen gefährdete, plädierte der König schon am 13. September 1819 dafür, daß keiner der aus sieben Mitgliedern bestehenden Kommission ein Württemberger sein sollte.[265]

Unter der Regierung König Friedrichs und noch in den Anfängen der Regierung König Wilhelms galt Württemberg als das Purgatorium der mediatisierten ehemaligen Reichsfürsten und Reichsgrafen. In keinem anderen deutschen Land wurden sie schlechter behandelt, wurden sie stärker gedemütigt. Mit der Etablierung des Deutschen Bundes hatten sie die Möglichkeit, dort ihre Beschwerden vorzubringen, und davon machten sie reichlich Gebrauch. König Wilhelm versuchte durch das Adelsstatut vom 18. November 1817, das sich in wesentlichen Punkten Bestimmungen der Bundesakte annäherte, die Standesherren für sich und sein Land zu gewinnen. Doch diese waren mißtrauisch und lehnten das Statut ab. Der König ging den Weg von Einzelvereinbarungen. So gelang es ihm nach und nach, ein erträgliches Verhältnis zwischen dem württembergischen Staat und den standesherrlichen Häusern herzustellen. Dennoch hatte sich der Bundestag auch weiterhin mit den Klagen von ehemaligen Reichsfürsten und Reichsgrafen aus Württemberg zu befassen.[266]

IV

Oberhaupt des Herrscherhauses und des Staates

Familie, Interessen und Liebhabereien

Der Schriftsteller Friedrich Wilhelm Hackländer, der König Wilhelm allerdings erst in vorgerückten Jahren kennenlernte, porträtierte ihn so: Wilhelm war nicht groß, er hatte eine offene Stirne, schöne kluge Augen, einen sehr wohlgeformten Mund und nur ein kleines Schnurrbärtchen. Bei Paraden und sonstigen öffentlichen Auftritten sowie im Theater trug er Uniform, zivil war er stets sorgsam, wenn auch selten nach der letzten Mode, gekleidet. Gerne trug er einen braunen sogenannten Reitfrack, graue Beinkleider, einen Zylinder und feine graue Handschuhe, deren Finger aber stets zu lang waren. Auf den Straßen Stuttgarts war er nur in Zivilkleidung anzutreffen.

Wenn er nicht selbst sprach, waren seine Gesichtszüge sehr ernst, im Theater häufig verdrießlich. Doch wenn ihn beim aufmerksamen Zuhören im Dialog oder in der Musik etwas besonders ansprach, dann konnte sein Gesicht plötzlich »heiter aufleuchten«, oder es entlockte ihm gar ein kurzes, oft hörbares Lachen. In der Unterhaltung konnte er sich, wenn das Geschäftliche erledigt war, recht aufgeräumt geben. Bei solchen Gelegenheiten scherzte er gerne und nahm in witzigen, oft sehr pikanten Anspielungen bekannte Persönlichkeiten aufs Korn. Hackländer schildert die Sprache des Königs als »stets deutlich« verständlich. Er bezeichnet es als eine Freude, ja als ein »wahres Glück«, sich mit ihm zu unterhalten, sich von ihm belehren lassen zu dürfen. König Wilhelm habe sich »in den kürzesten Worten, aber stets in klaren und bestimmten Gedanken« auszudrücken verstanden.[1] Wie wir von Eduard von Kallee wissen, sprach er nicht Schwäbisch, verstand aber sehr wohl den Dialekt seiner Untertanen. Seine Sprache war das Schriftdeutsch mit leichtem Anklang an das Schlesische – in Schlesien hatte er seine frühe Kindheit zugebracht.[2] Schwierigkeiten bereitete seine Handschrift. Sie war und ist nur sehr schwer zu entziffern. Anstelle der Vokale sowie der Konsonanten m und n machte er einfach Striche. Hackländer berichtet, er habe allmählich eine »vollkommene Fertigkeit« beim Entziffern eigenhändiger Schreiben des Königs erlangt, weil er Kronprinz Karl als dessen Sekretär alle solchen Schreiben, die Karl von seinem Vater erhielt, habe vorlesen müssen.[3] König Wilhelm wußte, was er dem Sohn mit seinen Briefen zumutete. Einmal schrieb er ihm: »Da Du meine Handschrift schwer liest, habe ich eine Abschrift machen lassen.«[4]

König Wilhelm war geistig noch durch die Aufklärung geprägt. Stark von Voltaire beeinflußt, dessen Schüler und Verehrer er nach dem Urteil Gustav Rümelins war und blieb, ließ er sich von einem deistischen Vernunftglauben leiten. Religiöse Fragen besaßen für ihn nur geringes Gewicht. Mit konfessionellen Unterschieden vermochte er wenig anzufangen. Sein Verhältnis zu den Kirchen bestimmten Gesichtspunkte der praktischen Politik. Zeitlebens legte er Wert darauf, daß er das Oberhaupt der evangelischen Landeskirche war und daß sich seine Familie zu dieser Kirche bekannte, doch eine enge religiöse Bindung an sie hatte er nicht. Auch wenn er vor allem als Politiker machiavellistische Züge aufwies und ihm Intrigen sowie Winkelzüge durchaus vertraut waren, so wird man ihm als Regenten einen freien und humanen Geist nicht absprechen können.[5] Als ein Fürst, der vom Intellekt her bestimmt war, erwarb er sich bei seinen Untertanen großen Respekt, doch richtig populär wurde er nie. Ihm fehlten die Gaben des gewinnenden herzlichen, auch witzig-humorvollen, unbeschwerten Worts, der gefühlvollen Anteilnahme für die Nöte des sogenannten kleinen Mannes. Diese Nöte bedrückten ihn, und er tat viel, sie zu lindern, doch er blieb zu seinen Untertanen auf Distanz. Sein alltäglicher Umgang war die Ministerialbürokratie: Kabinett, Minister, Geheimer Rat. Er regierte gewissermaßen aus dem Kabinett heraus.[6]

Indes besaß er einen vorurteilsfreien, kritischen Blick. Durch Reisen im Land ohne großes Gefolge verschaffte er sich ein Bild von den Verhältnissen in den Städten und Dörfern. Auch suchte er das Gespräch mit Wissenschaftlern, Ökonomen, Publizisten, Juristen und sonstigen Persönlichkeiten des geistigen, kulturellen und öffentlichen Lebens. Ferner war er bemüht, sich durch Lektüre, soweit es seine Zeit erlaubte, weiterzubilden. Sein besonderes Interesse galt französischen Geschichtswerken sowie

Büchern der Kriegswissenschaften, von denen seine Privatbibliothek eine reiche Fülle enthielt.[7] Er war sehr arbeitsam, sein Tag begann früh. Manchmal war er bereits um 7 Uhr unterwegs, so am 10. Juni 1834, als er nach Winnenden ritt, um dort das Psychiatrische Landeskrankenhaus (die Heilanstalt) sowie die neugegründete Paulinenpflege zu besichtigen. Wenn er sommers den Sauerbrunnen in Cannstatt »gebrauchte«, brach er gleichfalls um diese Zeit zu Pferd in Stuttgart auf und kehrte um 8.30 Uhr zurück.[8] Sobald er morgens am Schreibtisch saß, ließ er sich sämtliche schriftlichen Eingänge vorlegen und traf umgehend seine Entscheidungen. Am Abend, vor der Tafel, unterschrieb er die ausgehende Post und die weiterzuleitenden Bescheide. An fünf Tagen in der Woche hatten seine Minister ihm Vortrag zu halten, an jedem dieser Tage ein anderer. Gegenstände, die ohne weiteres zu erledigen waren, erledigte er sofort, nur wichtige Dinge legte er zur eingehenden Beratung zurück. Allerdings kam es auch vor, daß er Anträge und Eingaben, die ihm nicht paßten, einfach totschwieg.[9]

Gerne benutzte er die königliche Hoftafel, um in ungezwungener Atmosphäre Gespräche mit seinen vertrauten Beratern, so häufig mit Freiherrn von Maucler, mit seinen Ministern und Generalen zu führen.[10] Entsprechende Einladungen ergingen auch an ranghohe ausländische Besucher, ebenso an fremde Gesandte. Am 15. April 1833 beispielsweise empfing König Wilhelm den französischen General Guillemont in Privataudienz und lud ihn zusammen mit seinem Adjutanten und dem Gesandten von Fontenay zur Mittagstafel ein. Am 6. November 1834 empfing er den neuen englischen Gesandten Lord William Russel in Privataudienz, ohne daß er in diesem Fall eine Einladung zur Mittagstafel aussprach. Am 29. November 1834 verband er ein Kammerkonzert mit der Einladung eines großen Teils des Hofes sowie mehrerer Generale und Stabsoffiziere der Garnisonen Ludwigsburg und Esslingen zur Tafel.[11]

Begabten jungen Menschen, die in ärmlichen Verhältnissen lebten, und auf die er aufmerksam wurde, ermöglichte er eine Berufsausbildung. So hatte 1823 der zehnjährige völlig mittellose Friedrich Maurer aus Ludwigsburg den Mut, ihm eine Bittschrift zu überreichen. Da der aufgeweckte, unerschrockene Junge dem Monarchen gefiel, versprach er, ihm zu helfen. Friedrich Maurer wurde in die Wohltätigkeitsanstalt (Landwirtschaftsschule) in

Hohenheim, die der dortigen Landwirtschaftlichen Versuchs- und Unterrichtsanstalt angegliedert war, aufgenommen. Er blieb dort vier Jahre und erlernte danach das Malerhandwerk. Solange Maurer in der Wohltätigkeitsanstalt war, besuchte König Wilhelm wiederholt die Schule und hörte beim Unterricht zu. Auch unterhielt er sich freundlich mit den Zöglingen.[12] Daß Wilhelm bedürftige Künstler und Musiker unterstützte, ebenso arme Zöglinge des Lehrerseminars Esslingen sowie vielversprechende junge Talente auf den Gebieten der Musik, der bildenden Kunst, der Malerei und der Architektur, beweisen die Ausgaben des königlichen Dispositionsfonds.[13] Ein Anliegen war dem Monarchen die Förderung von Vereinen mit künstlerischen und wissenschaftlichen Zielsetzungen. So trat er 1836 dem Kunstverein in München bei, und im Jahr 1862 würdigte die Zoologische Gesellschaft in Köln seine Verdienste durch die Verleihung der Ehrenmitgliedschaft.[14]

Schon bald nach dem Tod von Königin Katharina entschloß sich König Wilhelm, eine neue Ehe einzugehen. Seine Wahl fiel wiederum auf eine nahe Verwandte, auf Pauline Therese Luise von Württemberg, die dritte Tochter seines Onkels Herzog Ludwig (Louis). Pauline – so ihr Rufname – wurde am 4. September 1800 in Riga geboren, wo ihr Vater russischer Generalgouverneur war. Ihre Mutter Herzogin Henriette entstammte dem Fürstenhaus Nassau-Weilburg und war eine Frau, die in seltener Weise eine hervorragende intellektuelle Begabung mit einer reichen Herzensbildung vereinte. Ihre tiefe Frömmigkeit war weltzugewandt, warmherzig und alles andere als eng. Sie sah ihre Aufgabe darin, in tätiger Nächstenliebe unter großen eigenen Opfern Not zu lindern und Menschen neuen Lebensmut zu geben.[15] 1806 übersiedelte Herzog Louis mit seiner Familie auf Wunsch König Friedrichs nach Württemberg. 1811 nach dem Tod von Herzogin Franziska (von Hohenheim), der Witwe Herzog Carl Eugens, wies ihm der königliche Bruder das Schloß in Kirchheim/Teck als Wohnsitz zu. Dort starb Herzog Louis 1817. Pauline hatte eine gute Schulbildung erhalten. Neben ihrer Muttersprache beherrschte sie in Wort und Schrift die französische und die englische Sprache. Von 1837 bis 1859 korrespondierte sie mit Königin Victoria von Großbritannien. Die im höfischen Stil gehaltenen Briefe sind allerdings inhaltlich wenig aufschlußreich.[16]

Pauline war 19 Jahre jünger als Wilhelm. Wir wissen nicht,

warum er sich gerade für sie entschied. Vielleicht war es die ungewöhnliche Schönheit der jungen Frau und insbesondere ihre frappierende Ähnlichkeit mit Königin Katharina, die ihn faszinierten. Indes besaß Pauline nicht die überragende intellektuelle Begabung Katharinas, deren Ideenreichtum und deren schöpferischen Tatendrang.[17] Sie war in einem engen, behüteten Lebenskreis aufgewachsen, aber leider hatte sie nicht die heitere, großzügige Wesensart ihrer Mutter, für die ihr christlicher Glaube eine Quelle unbeschwerter Freude und verschwenderischer Liebe war. Sie neigte schon früh zu einer streng pietistischen Lebensauffassung, die sich im Lauf ihres Lebens noch verstärkte. Alles Katholische oder, wie sie es nannte, Jesuitische, war ihr zuwider[18], aber auch alles Freisinnigere, Liberalere. Im Gegensatz zu ihrem Mann war sie sehr prüde. Als der Maler J. Stieler ihre Erstgeborene, Katharina, ähnlich wie das Jesuskind nackt malen wollte, verhinderte sie dies dadurch, daß sie das Töchterchen mit einem Schal umhüllte.[19] Wenn Hansmartin Decker-Hauff meint, Wilhelm habe Pauline nur deshalb geheiratet, weil er hoffte, sie werde ihm den ersehnten Thronerben schenken, im übrigen aber habe er für seine Kusine von Anfang an keine Zuneigung empfunden und sie nur um der äußeren Form willen geheiratet[20], so trifft dies schwerlich zu. Schon im Dezember 1819 berichtete Sekretär Huber Prinz Paul nach Paris, der König habe eine besondere Zuneigung zu Pauline, der dritten Tochter der Herzogin Louis, gefaßt, und er fahre beinahe jeden Tag nach Kirchheim. Er wolle dort mit Pauline wenigstens für kurze Zeit zusammen sein, sie näher kennenlernen.[21]

Sicher empfand Wilhelm keine tiefe Liebe zu der Kusine, doch es spricht viel dafür, daß er mit seiner neuen Ehe eine feste menschliche Bindung anstrebte und daß er glaubte, mit Pauline könne er eine solche knüpfen. Andererseits scheint Pauline dem königlichen Vetter schwärmerisch zugetan gewesen zu sein. Er bot ihr, der Prinzessin aus einer mit irdischen Gütern nicht eben gesegneten Seitenlinie des württembergischen Königshauses, die einmalige Chance, die Nachfolge der Königin Katharina anzutreten und ihr Werk fortzusetzen. Freilich, die Meßlatte lag unerreichbar hoch. Katharina hatte einem der mächtigsten Herrscherhäuser Europas angehört und über ein großes Vermögen verfügt. Sie hatte schon als junges Mädchen über ihren Bruder Alexander, dessen vertraute Beraterin sie gewesen war, aktiven Anteil an der Regierung eines Riesenreiches genommen, und sie hatte früh an der Seite ihres ersten Mannes die Möglichkeit gehabt, auf den verschiedensten Gebieten des öffentlichen Lebens gestaltend und fördernd tätig zu sein. Als Frau Wilhelms von Württemberg hatte sie, vor allem in den Bereichen Sozialfürsorge, Wirtschaft und Schulwesen, ihre überragende geistige und organisatorische Begabung entfalten können. Das Unvermögen, es ihrem Vorbild Katharina gleichzutun, hat wesentlich zum tragischen Lebensschicksal Paulines beigetragen.

Am 15. April 1820 heiratete König Wilhelm Prinzessin Pauline. Zu diesem Anlaß hatte er die später nie verwendeten württembergischen Kroninsignien anfertigen lassen.[22] Die Trauung vollzog Oberhofprediger d'Autel in der großen Galerie neben dem Weißen Saal des Residenzschlosses (Neuen Schlosses) um 12 Uhr mittags. Am Abend war das Schloß festlich beleuchtet. Die Stuttgarter bejubelten das Hochzeitspaar mit einem Fackelzug. Die Stadt hatte dazu dem Schloß gegenüber einen 60 Fuß hohen Obelisk und ein »Hauptgebäude« errichten lassen. Dieses »Hauptgebäude« bestand aus »einer doppelten mit Altären und Feuergefäßen besetzten Terrasse mit Treppen, welche durch Kandelaber erleuchtet wurden«. König Wilhelm und Königin Pauline nahmen vom Balkon des Schlosses die Ovationen der in großer Zahl erschienenen Untertanen entgegen. Am folgenden Tag war freie Oper im Hoftheater, am 17. April ein festliches Konzert.[23]

Am 24. August 1821 schenkte Pauline ihrem Mann eine Tochter, die in der Taufe – vielleicht auf Wunsch des Vaters, in Erinnerung an die im Land hochgeschätzte verstorbene Königin – den Namen Katharina erhielt.[24] Große Freude herrschte im Königshaus, als am 6. März 1823 mit Kronprinz Karl der ersehnte Thronerbe geboren wurde. 101 Kanonenschüsse, von der Feuerbacher Heide aus abgefeuert, gaben der Stuttgarter Einwohnerschaft die erste Kunde von dem bedeutsamen Ereignis. Das Geläut sämtlicher Kirchenglocken der Stadt schloß sich an. In der Schloßkirche wurde ein Dankgottesdienst gefeiert. Eine große Menschenmenge strömte zum Schloß, um das Königspaar und ebenso den neugeborenen Kronprinzen hochleben zu lassen und um ihnen ihre Glück- und Segenswünsche darzubringen. Königinmutter Charlotte Mathilde kam zur Gratulation eigens aus Ludwigsburg. Am Abend veranstaltete die Bürgerschaft zu Ehren der Königsfamilie einen Fackelzug. Zu der Aufführung der Oper »Armida« im Hoftheater wurde freier Eintritt gewährt. Die Stadt und das

Königspaar machten zugunsten karitativer Einrichtungen wie der Paulinenpflege, der Katharinenschule und der Waisenhäuser namhafte Stiftungen.[25]

In seinem Dankschreiben für die Glückwünsche des Ständischen Ausschusses gelobte König Wilhelm: »Wenn mir der Allmächtige das Leben erhält, so wird mein ganzes Bestreben dahin gerichtet sein, ihm [dem Sohn] diejenige Festigkeit und den Mut einzuflößen, die notwendig sind, um das Wohl des Vaterlandes als einzigen Zweck seiner Handlungen anzusehen.«[26] Während der feierlichen Taufe von Kronprinz Karl im Residenzschloß am 21. März 1823 läuteten die Glocken der Kirchen, Kanonen schossen Salut. Dem Rufnamen des Prinzen wurden noch die für das württembergische Königshaus bedeutsamen Vornamen Friedrich und Alexander beigefügt. Die Großmutter, Herzogin Henriette, erschien mit dem Neugetauften auf dem Arm an den Fenstern des Schlosses, um ihn der im Schloßhof sich drängenden Menschenmenge zu zeigen. Am Abend veranstalteten die Cannstatter Bürger einen großen Fackelzug zu Pferd. Wegen des schlechten Wetters mußte die Beleuchtung der Stadt um einen Tag aufgeschoben werden.[27] Als drittes Kind wurde dem Königspaar am 4. Oktober 1826 ein Mädchen geboren; es erhielt in der Taufe den Namen Auguste.[28]

Pauline (1800–1873), Königin von Württemberg.

In den ersten Ehejahren bemühte sich König Wilhelm um ein gutes Verhältnis zu seiner Frau. Am 14. September 1821, kurz nach der Geburt der älteren Tochter, bestimmte er, daß Pauline im Falle seines vorzeitigen Todes der alleinige Vormund der gemeinsamen

Kinder sein sollte.[29] Häufig unternahmen König und Königin mehrstündige Spazierfahrten oder Spaziergänge, ebenso Ausritte. Auch hielten sie sich immer wieder im Landhaus Bellevue auf. Außenstehende gewannen den Eindruck, daß sich König Wilhelm bei Frau und Kindern wohlfühle, daß er im häuslichen Kreis Ruhe und Entspannung finde. Am 10. Dezember 1823 besichtigte das Königspaar im Gasthof »Römischer Kaiser« zusammen mit den Prinzessinnen Marie und Sophie mehrere seltene Tiere. Gerne besuchte die königliche Familie auch die Tiergärten beim Monrepos und auf der Solitude. Im Juli und August 1825 weilten Wilhelm und Pauline mit ihren Kindern im Schloß in Friedrichshafen. Im Februar 1828 konnte man die königliche Familie um die Mittagszeit wiederholt im Stuttgarter Schloßgarten antreffen. Auch nahmen Eltern und Kinder gemeinsam am Gottesdienst in der Schloßkirche teil, um anschließend noch eine gemeinsame Spazierfahrt zu machen.[30] Ebenso reiste das Königspaar gemeinsam in Badeorte: im Juni und Juli 1822 nach Ostende, im Juni 1823 nach Ems. Vom 1. bis 30. Juni 1826 hielten sie sich in Paris auf.[31] Im August 1827 machte König Wilhelm in Italien, wohl in Livorno, eine Meeresbadekur. Anschließend wollte er sich mit seiner Frau und seiner Nichte Pauline am Comer See treffen und mit ihnen über Mailand, Tirol, Salzburg und München zurückreisen. Da diese Rückreise einen Monat in Anspruch nahm, absolvierten das Königspaar und seine Nichte sehr wahrscheinlich ein ausgedehntes Besichtigungsprogramm.[32] In den Jahren 1824 bis 1830 ließ König Wilhelm das Schloß in Friedrichshafen umbauen und den Park neu gestalten. Die Königin weilte in der Folgezeit mit ihren Kindern gerne dort.[33]

Im März 1828 erkrankten König und Königin an den Masern. Der Zustand vor allem des Königs scheint vorübergehend Anlaß zu Besorgnis gegeben zu haben. Ein ärztliches Bulletin unterrichtete vom 23. bis 30. März über den Verlauf der Krankheit beim Landesherrn.[34] Am 27. April 1828 feierten die Stuttgarter die Genesung des Königspaars durch einen Fackelzug, bei dem der Liederkranz mitwirkte.[35]

Der Geburtstag des Königs am 27. September wurde am Vorabend jeweils durch einen Zapfenstreich mit Musik angekündigt. Am Tag danach eröffnete der Monarch meist in Begleitung der ganzen Familie und mit zahlreichem Gefolge von der Tribüne aus das Landwirtschaftliche Fest, dem das Cannstatter Volksfest – der

Württemberger »liebstes Fest« –, angeschlossen war. Gerne lud König Wilhelm auch in Stuttgart weilende Fremde von Stand und Rang zu dem Fest ein. Der Geburtstag von Königin Pauline war mehr ein Familienereignis, von dem nach außen wenig Aufhebens gemacht wurde.[36]

Königin Pauline blieb wohl kaum verborgen, daß es ihr Mann mit der ehelichen Treue nicht eben genau nahm. Anfänglich unterhielt er allem Anschein nach noch enge Kontakte zu seiner früheren Geliebten Blanche La Flèche. Seine Badereisen nach Livorno und anderen Orten Italiens hatten zumindest den erwünschten Nebenzweck: er konnte sich mit ihr treffen.[37] Wahrscheinlich hatte er in den 1820er Jahren auch noch flüchtige Liebesbeziehungen zu anderen Frauen. Pauline litt unter den Eskapaden des Gatten, dennoch hoffte sie in den ersten Ehejahren, ihn ganz für sich gewinnen zu können. Und die Vorzeichen dafür schienen nicht ungünstig. Pauline schenkte Wilhelm den Thronerben, sie nahm ihm manche lästige Repräsentationspflicht ab[38], und sie war bestrebt, ihren beiden Stieftöchtern Marie und Sophie eine gute Mutter zu sein. Auch engagierte sie sich nach dem Vorbild Katharinas in der Fürsorge für sozial Benachteiligte, für Arme, für geistig und körperlich Behinderte, ebenso war ihr die Verbesserung des Schul- und Bildungswesens insbesondere für Mädchen ein Anliegen. So stiftete sie am 27. September 1820 die Paulinenpflege in Stuttgart, in der bedürftige Kinder Unterkunft, Verpflegung, Kleidung und schulische Erziehung erhielten.[39] In Friedrichshafen gründete sie 1856 eine Lehranstalt für Töchter von Beamten und Pfarrern, die auf dem Land lebten und keine höhere Schule in erreichbarer Nähe hatten.[40]

Leider mußte Pauline erkennen, daß die harmonische Ehe mit dem Vetter Wilhelm ein Wunschtraum blieb. Seit der Geburt der jüngsten Tochter, Auguste, entfremdeten sich die Ehegatten zunehmend. Die zuvor schon vorhandenen, aber nach außen nicht in Erscheinung getretenen Spannungen verstärkten sich. Wilhelm hatte in Pauline nicht die Frau, die seine politischen Interessen teilte und die ihn bei der Lösung wirtschaftlicher und landwirtschaftlicher Probleme beraten und unterstützen konnte. Freilich, auch die intellektuell hochbegabte, in den verschiedenen Bereichen des öffentlichen Lebens ungemein aktive Gattin Katharina war für ihn nicht die ideale Partnerin gewesen. Sie, die engagierte Mitregentin, hatte ihn auf Dauer ebensowenig fesseln können wie seine unpolitische jetzige Frau, die in erster Linie ihrer Familie lebte und sich den Aufgaben tätiger Nächstenliebe widmete. Ohne Zweifel war Wilhelm ein Mann, der, seit früher Jugend in seinem Gefühlsleben gestört, sich schwertat, in einer auf enge menschliche Gemeinschaft angelegten Ehe zu leben. Einseitig Verstandesmensch, blieb ihm die eigene Psyche und erst recht die eines Nächsten, so die der Ehefrau, fremd. Den Zugang zur Welt des anderen öffnete ihm einseitig der Intellekt. Deshalb seine Schwäche für gescheite, umfassend gebildete Menschen.

Seit etwa 1828 war die dritte Ehe König Wilhelms völlig zerrüttet. Die Ehegatten gingen getrennte Wege. Gemeinsame Spaziergänge oder -fahrten, gemeinsame Badereisen gehörten der Vergangenheit an. Die Königin widmete sich ihren Kindern, wogegen der König sich seiner heranwachsenden beiden Töchter aus seiner Ehe mit Katharina, Marie und Sophie, annahm und sie deutlich gegenüber seinen anderen Kindern bevorzugte.[41] Doch legte Wilhelm größten Wert darauf, daß bei wichtigen öffentlichen Veranstaltungen, bei Hoffesten und sonstigen repräsentativen Anlässen seine Frau stets mit anwesend war. »Aufs genaueste und korrekteste« wußte er, wie Hackländer schreibt und wie dies in ähnlicher Weise auch andere Zeitgenossen bestätigen, ihre »Stellung nach außen zu wahren«. Er »lebte mit ihr vor den Augen der Welt wie im ungetrübtesten Einvernehmen, war fast täglich mit der Königin in der Theaterloge zu sehen, speiste stets mit derselben, häufig im engsten Familienkreise und trug aufs peinlichste Sorge, das Ansehen ihrer hohen Stellung zu bewahren«.[42]

Wesentlich zur gänzlichen Entfremdung der beiden Ehegatten voneinander trug wohl ungewollt die Schauspielerin Amalie von Stubenrauch bei, geboren am 4. Oktober 1803[43], sehr wahrscheinlich in München als Tochter des Revisors Johann Nepomuk von Stubenrauch und dessen Frau Walburga geb. Moosmayer. Amalie begann ihre Schauspielerinnenlaufbahn 1823 am Hoftheater in München. Dort erregte die hübsche, großgewachsene junge Frau durch ihr ungewöhnliches schauspielerisches Talent die Bewunderung ihres Landesherrn, des Königs Ludwig I. von Bayern. Im März 1827 kam sie zu einem Gastspiel erstmals nach Stuttgart. Beklommenen Herzens fuhr sie, wie sie sich später erinnerte, durch das Königstor in die fremde Stadt ein, die ihr zum Schicksal werden sollte. In der Rolle der Jungfrau von Orleans und in anderen Gastrollen begeisterte sie das Stuttgarter Publikum. Im Herbst

1828 vertauschte sie Stuttgart endgültig mit München. Sie wurde königlich württembergische Hofschauspielerin und stieg zum gefeiertsten und einflußreichen Mitglied des Stuttgarter Schauspielerensembles auf.[44] In den folgenden beiden Jahrzehnten geschah am Hoftheater kaum etwas, das sie nicht angeregt oder durchgesetzt hatte. Dank ihrer Klugheit und ihres sicheren Takts hatte dies für die Entwicklung des Stuttgarter Theaterwesens entschieden mehr Vorteile als Nachteile. Natürlich protegierte sie vor allem Verwandte und Freunde, so ihren Schwager, den Dichter und Schauspieler Feodor Löwe, den Schauspieler und Regisseur Heinrich Moritz, den Schriftsteller und Theaterregisseur August Lewald, den Kapellmeister Peter Lindpaintner, doch kannte sie deren Begabung und wurde in dem Vertrauen, das sie in sie setzte, selten enttäuscht.[45]

Friedrich Wilhelm Hackländer, der schon bald, nachdem er Anfang der vierziger Jahre nach Stuttgart gekommen war, freundliche Aufnahme in ihrem Haus fand, zeichnet ein recht schmeichelhaftes, aber, wie wir von anderen Zeitgenossen wissen, insgesamt nicht unzutreffendes Charakterbild von ihr: »Sie war wohlwollend und milde gegen jedermann, hat im stillen persönlich sowie durch Einwirkung viel Gutes getan, ihre Stellung in keiner Weise mißbraucht ... Und wenn ... über Protektionen ihrerseits gesprochen wurde, so betrafen diese außer Theaterangelegenheiten, wo sie allerdings allmächtig war, meistens nur eine untergeordnete Bedientenstelle oder dergleichen, wodurch sie irgend jemand glücklich machte. Sie hat stets einen guten und besänftigenden Einfluß ausgeübt und zum Guten gesprochen.«[46] Hackländer nennt Amalie eine schöne, ernste und interessante Frau, eine vortreffliche Künstlerin. Er fand sie in der Unterhaltung angenehm, »stets gütig, stets wohlwollend«. In ihrem Haus traf er häufig »einen Kreis liebenswürdiger, geistreicher, ja berühmter Männer und Frauen« an.[47] Wolfgang Menzel, der sie vor allem, was ihr schauspielerisches Talent betraf, kritisch beurteilte, schildert sie als »eine junonische Erscheinung«, die »die natürliche Schönheit ihrer Gestalt noch durch die Kunst des Anzugs in ein blendendes und stets überraschendes Licht zu setzen« wußte.[48] Als Schauspielerin feierte sie in heroischen Rollen höchste Triumphe. Sie gebot in gleicher Weise über Würde und Hoheit, Feuer und Leidenschaft. Allerdings neigte sie sehr zu einem deklamatorischen Stil und zu einer pathetischen Redeweise. Daher lag ihr auch das Lustspiel weniger.[49]

Kaum war Amalie Stubenrauch in Stuttgart, wurde König Wilhelm auf sie aufmerksam. Ihre Schönheit, ihr sicheres Auftreten, ihre große schauspielerische Begabung und wohl auch die kluge Art, mit der sie ihm bei einer ersten Unterhaltung Rede und Antwort stand, beeindruckten ihn, und Amalie verstand seine Gunstbezeigungen, an denen er es nicht fehlen ließ, richtig zu deuten. Sie trat als Geliebte an die Stelle seiner seitherigen Favoritin, der aus Wien stammenden gefeierten Soubrette Johanna von Pistrich geb. Hornik.[50] Allein, diesmal war es für König Wilhelm kein kurz auflodерndes und ebenso rasch wieder erlöschendes Feuer, kein flüchtiges Liebesabenteuer wie zuvor viele andere, sondern eine lebenslange Bindung. Amalie war die einzige Frau, von der sich Wilhelm verstanden wußte. Sie war klug, gebildet, besaß Takt und Einfühlungsvermögen, mischte sich nicht in politische Angelegenheiten, nützte auch nicht ihre Stellung dazu, um sich und ihren Angehörigen Vorteile zu verschaffen, andererseits nahm sie aber Anteil an den Sorgen und Nöten des Geliebten und bot ihm menschliche Wärme, eine Art Zuhause, dessen er bedurfte. Von einem Mätressenregiment im Sinne einer Grävenitz, Pompadour oder Dubarry konnte keine Rede sein, ein solches hätte Wilhelm auch nicht akzeptiert.

Amalie von Stubenrauch (1803–1876), die Geliebte Wilhelms I.

Königin Pauline erkannte rasch, daß das Liebesverhältnis zu Amalie von Stubenrauch von anderer, für ihre Ehe ungleich zerstörerischer Wirkung war als die bisherigen Amouren ihres Mannes. Sie empfand es als tief demütigend, daß ihr eine

Schauspielerin, die dazuhin noch landfremd und katholisch war, den Gatten abspenstig gemacht und seine Zuneigung erlangt hatte. Vergeblich hoffte sie, Wilhelm werde der verhaßten Stubenrauch überdrüssig. Eine Chance, sie vom Hof entfernen zu können, sah sie möglicherweise während des Hoftheaterumbaus 1845/46. Damals stellte König Wilhelm den Weißen Saal im Residenzschloß für Opern- und Schauspielaufführungen zur Verfügung. Pauline wehrte sich vehement dagegen, daß Amalie im Schloß, dem engsten Lebensbereich der königlichen Familie, aus- und einging. Sie erklärte dies für Hausfriedensbruch. Amalie reagierte darauf mit einem Krankheitsurlaub und kam anschließend 1846 um ihre Pensionierung ein. Sie blieb jedoch auch als Ruheständlerin, sehr zum Leidwesen der Königin, in Stuttgart. Ebenso bewahrte sie sich einen starken Einfluß auf das Hoftheater.[51] Für Königin Pauline war es bitter, daß die verhaßte Star-Schauspielerin so gar nicht in das Bild paßte, das man sich gemeinhin von einer Mätresse machte. Amalie pflegte einen bürgerlichen Lebensstil, sie verstand zu wirtschaften. Keinesfalls wollte sie vom Geliebten finanziell ausgehalten werden und sich durch ein ärgerniserregendes luxuriös-verschwenderisches Hauswesen hervortun. Ihrer Familie blieb sie nicht nur eng verbunden, sondern sie fühlte sich auch für sie verantwortlich. Sie nahm ihre verwitwete Mutter und ebenso ihre beiden erheblich jüngeren Schwestern Josephine und Konstanze (geboren 1815 und 1820) bis zu deren Verheiratung bei sich auf.[52] Konstanze, die jüngere Schwester, die 1842 den württembergischen Offizier Friedrich von Bayer-Ehrenberg heiratete, hat Hansmartin Decker-Hauff auf Grund eines »on dit« unbedenklich zur Tochter Amalies und König Wilhelms gemacht, obwohl wir ein unverdächtiges Zeugnis von Amalie selbst haben, daß dies nicht der Fall war.[53] Für Decker-Hauff war dafür wohl auch ein Indiz, daß Bayer-Ehrenberg, der Mann Konstanzes, dank der Gunst König Wilhelms ungewöhnlich rasch avancierte: Er wurde 1852, 43jährig, als Major württembergischer Militärbevollmächtigter in Frankfurt und 1857 Oberst, allerdings nach dem Tod König Wilhelms 1864 von dessen Sohn Karl sofort pensioniert.[54]

König Wilhelm wollte seinem Sohn Karl eine Erziehung geben, die diesen instand setzte, sein künftiges Regentenamt bestmöglich auszufüllen. Hierbei schwebte ihm vor, den Sohn in gewissem Sinn zu seinem Ebenbild zu machen. Karl sollte zu Charakterfestigkeit,

Mut, Willensstärke, zu einer nüchternen, auf das Wirtschaftliche, Nutzbringende und Zweckmäßige gerichteten Sinnesart, zu einem Verstandesmenschen erzogen werden. Es war ihm aber auch Freude an körperlicher Ertüchtigung und am Militärischen zu vermitteln. Daß Karl ganz anders veranlagt war als er, daß beim Sohn nicht der Intellekt, sondern das Gemüt und die Phantasie dominierten, vermochte König Wilhelm nicht zu begreifen. Gemütstiefe und Phantasie taugten seiner Ansicht nach nicht für einen Fürsten, der ein Land zu regieren hatte. Deshalb faßte er schon früh den Sohn hart an und gab ihm Lehrer, die seine Erziehungsmaximen zu verwirklichen hatten.[55] Obwohl er sich noch immer mit Ingrimm an die brutalen Disziplinierungs- und Erziehungsmethoden seines Vaters erinnerte, war die Erziehung, die er für seinen Sohn vorsah, wenn auch nicht so gewalttätig, so doch ähnlich diktatorisch, sie entbehrte jeden Einfühlungsvermögens in die Psyche des zu Erziehenden.

Karl scheint als Kleinkind kränklich gewesen zu sein[56], doch kräftigte sich seine Gesundheit bald. Sein erster Geburtstag im März 1824 wurde festlich begangen: Tafel im Marmorsaal mit 121 Gedecken (Couverts), begleitende Militärmusik und militärische Ehrenwache.[57] Der kleine Karl fühlte sich in der Obhut der seelenverwandten, liebevollen und recht nachsichtigen Mutter geborgen. Dies war mit ein Grund, daß er sich auch später zu ihr hingezogen fühlte, nie die Partei des Vaters, sondern stets die ihrige ergriff. Kronprinz Karl besaß eine mehr durchschnittliche intellektuelle Begabung. Er lernte leicht Sprachen und verfügte über ein gutes Gedächtnis. Freude hatte er an der Musik, auch interessierte er sich sehr für die dramatische Kunst.[58] Um ihn nicht zu sehr zum Einzelgänger werden zu lassen, veranlaßte König Wilhelm 1835, daß zwölf Schüler des Gymnasiums, unter ihnen Otto Elben, der spätere langjährige Teilhaber und Redakteur des »Schwäbischen Merkur«, mit ihm gemeinsam in Geschichte, Geographie und deutscher Sprache unterrichtet wurden. Der von Professor Rost vom Katharinenstift im Schloß erteilte Unterricht stellte an die Schüler hohe Anforderungen. Am Geburtstag Karls wurden die Schulkameraden zum Mittagessen eingeladen, sie durften sich dann auch mit seinen Spielsachen beschäftigen. Karl gab sich gegenüber seinen Altersgenossen ungezwungen, gutmütig und lustig. Einige von ihnen nahmen auch an dem Tanzunterricht des Kronprinzen teil. Anordnungen des Hofmeisters hatten sie widerspruchslos zu befolgen, so auch wenn dieser befahl, der eine oder andere sollte noch nach dem Unterricht dableiben, um mit dem Kronprinzen zu spielen.[59] Der Prinz von Preußen, der spätere Kaiser Wilhelm I., der 1836 zu Besuch in Stuttgart weilte, schilderte den damals Dreizehnjährigen als »schwächlich, klein und schüchtern«[60].

Friedrich Wilhelm Hackländer, der sich als Sekretär des Kronprinzen in den vierziger Jahren verläßliche Informationen auch über dessen Kindheits- und Jugendjahre verschafft hatte, berichtet, Karl sei ein zarter und leicht erregbarer Knabe gewesen. Er habe, nachdem er durch Gouvernanten und einen schwäbischen Präzeptor unter den Augen der Mutter erzogen worden sei, als Erzieher Professor Templey aus Genf bekommen, danach zwei Gouverneure, den späteren württembergischen Kriegsminister Graf von Sontheim, einen illegitimen Sproß des württembergischen Königshauses, und Hauptmann Julius von Hardegg, den nachmaligen bekannten Militärschriftsteller und General; diesen beiden Offizieren war seine militärische Ausbildung übertragen. Hackländer teilte die Auffassung der Zeitgenossen, daß bei der Erziehung Karls »viel zu ernst, streng und pedantisch vorgegangen« worden sei. Karl nannte später seine Erzieher, namentlich Hardegg, strenge Zuchtmeister; sie verstanden es jedenfalls nicht, die Liebe und Zuneigung des in sich gekehrten, zum Mißtrauen neigenden Prinzen zu gewinnen und ihn für alle Eindrücke der äußeren Welt empfänglich zu machen. Körperliche Übungen reizten ihn wenig, er hatte keine Freude an der Lenkung eines eigenen Pferdegespanns und war ein mäßiger Reiter. Dafür liebte er die Natur, gerne wanderte er in Wald und Feld. Er war wohlwollend und, da er den Wert des Geldes nicht kannte, in oft nicht vertretbarem Maß freigiebig. Bei seinem starken Mißtrauen konnte sich ein freundschaftliches Verhältnis rasch in sein Gegenteil verwandeln. Seine Beziehungen zum Vater waren gespannt. Hackländer weist König Wilhelm hieran »einen gemessenen Teil der Schuld« zu, weil »er den sich stets schüchtern Zurückziehenden nicht in liebevoller Weise ermunterte«, ja dessen »Naturell nicht verstand«. Er bekundet allerdings auch Verständnis für den König, der darüber enttäuscht war, daß der Sohn nicht seine »glänzenden Gaben und Eigenschaften« besaß und »weder Soldat noch ein leichtlebiger Kavalier« war.[61]

Am 17. März 1839 wurde Karl in der Hofkirche konfirmiert.

Wenige Tage danach siedelte er ins Ludwigsburger Schloß über, um an der dortigen Offiziersbildungsanstalt Kriegswissenschaften zu studieren.[62] In Ludwigsburg wurde auf Anordnung König Wilhelms der Leutnant Kallee sein militärischer Instrukteur. Kallee, der den Prinzen auch im Zeichnen und Malen unterrichtete, machte die schüchterne und zurückhaltende Wesensart des Prinzen Sorgen. Kummer bereitete ihm auch die schlechte körperliche Veranlagung Karls. Beim Reitenlernen fiel er oft vom Pferd.[63]

Im Wintersemester 1839/40 bezog Kronprinz Karl die Universität Tübingen. Begleitet wurde er von Graf von Sontheim und Julius von Hardegg. Er schrieb sich in den Fächern Rechtswissenschaft und Geschichte bei Sigwart, Rapp und Fallati ein. Außerdem hörte er auf Wunsch des Vaters staatswirtschaftliche Vorlesungen. Nach zwei Semestern in Tübingen setzte er sein Studium in Berlin bei Ranke, Kugler und Ritter fort.[64] Der Staatsrechtler Robert von Mohl lernte den Kronprinzen in Tübingen näher kennen, als beide im Autenriethschen Haus wohnten. Die Einsicht, die er dabei in dessen »Erziehung und Jugendleben« gewann, habe ihn, schreibt Mohl, mit Mitleid erfüllt. So habe ihn erschüttert, daß der Achtzehnjährige bis dahin noch nie auch nur eine Stunde, bei Tag oder Nacht, allein gewesen sei, ebenso daß dieser am Neujahrstag schon ganz genau wußte, was er am nächsten 31. Dezember abends zwischen 4 und 5 Uhr tun werde. Mohl stellte zu Recht die Frage: »Wie kann hier Selbständigkeit, Tatkraft, Menschenkenntnis erwartet werden?«[65] 1842 nach der Rückkehr von einer längeren Italienreise machte Karl laut Hackländer »artige Pläne für die Zukunft«. Er wollte seinen Vater bitten, daß er in die Staatsgeschäfte eingeführt werde, dachte zeitweise daran, »mit dem praktischen Militärleben zu beginnen und schwärmte daneben für kleine Männergesellschaften, für Musik und Liebhabertheater, womit die Abende ausgefüllt werden sollten«.[66]

König Wilhelm bevorzugte seine Töchter Marie und Sophie aus seiner Ehe mit Königin Katharina gegenüber den Kindern aus seiner jetzigen Ehe. Beide waren sehr intelligent, mit ihnen konnte er sich, nachdem sie den Kinderschuhen entwachsen waren, viel besser über ihn interessierende anspruchsvolle Themen unterhalten als mit den intellektuell mehr durchschnittlich begabten Kindern Paulines: Katharina, Karl und Auguste.[67] Doch dies war nicht der einzige Grund für die Bevorzugung der Töchter Marie und Sophie. Ins Gewicht fiel für ihn auch, daß Königin Pauline, seit sie selbst Kinder hatte, aus ihrer Abneigung gegen die beiden Stieftöchter kaum noch einen Hehl machte und nicht nur auf deren geistige Überlegenheit, sondern auch auf deren bedeutendes Vermögen, das Erbe der Königin Katharina, neidisch war. Deshalb war es für Pauline eine gewisse Genugtuung, daß die beiden Stieftöchter später ein widriges Lebensschicksal ertragen mußten.[68] Gern sah es König Wilhelm, wenn ihn die zwei Söhne Katharinas in Stuttgart besuchten. Nach dem frühen Tod von Prinz Friedrich Paul Alexander von Oldenburg kam Prinz Peter immer wieder an den Hof seines Stiefvaters[69], und dieser verbarg seine Sympathie für ihn nicht.

Prinz Paul, der Bruder König Wilhelms, der von seiner Frau getrennt lebte, blieb das »enfant terrible« des Königshauses. Als er sich im Januar 1820 vorübergehend in Stuttgart aufhielt, wurde er daher scharf bewacht: die Besuche, die er erhielt; das Essen, das ihm aus dem »Römischen Kaiser« in das Mühlbachsche Haus, in dem er abgestiegen war, geliefert wurde; seine Spaziergänge; seine Geldgeschäfte, die sein Sekretär Huber besorgte.[70] Seit 1822 lebte er ständig in Paris.[71] Da er seit dem Vorjahr seine volle Apanage bekam, konnte er in der französischen Hauptstadt sorgenfrei leben.[72] König Wilhelm sorgte für Prinzessin Charlotte, die Frau Pauls, und übernahm die Erziehung seiner vier Kinder. Auch Königin Charlotte Mathilde kümmerte sich, solange sie lebte, sehr um die Kinder des Stiefsohns. Immer wieder berichtete sie ihrem »cher fils«, ihrem »lieben Sohn«, über sie.[73] Pauls Tochter Charlotte heiratete 1824 Großfürst Michael, den Bruder von Zar Alexander I. Die durch die Zarenmutter Maria Feodorowna vermittelte Ehe wurde nicht glücklich, doch Großfürstin Helene Pawlowna, wie Prinzessin Charlotte seit ihrem Übertritt zur russisch-orthodoxen Kirche hieß, erlangte in St. Petersburg als geistig vielseitig interessierte und sozial engagierte Fürstin hohes Ansehen. Sie erwarb sich im Bildungs- und Wohlfahrtswesen große Verdienste. Während des Krimkriegs (1853–1856) organisierte sie die Ausbildung von Frauen in der Kranken- und Verwundetenpflege, auch gründete sie einen Schwesternverband. Ihr Salon bildete den Treffpunkt russischer Literaten und Reformer. Sie gab den ersten Anstoß zur Bauernbefreiung von 1861 in Rußland.[74]

Ob es Großfürstin Helene Pawlowna war, die ihren Bruder Friedrich wieder sehen wollte oder ob der neue Zar Nikolaus I.

selbst Interesse an dem jungen Mann hatte, wissen wir nicht. Jedenfalls lehnte es König Wilhelm im Juli 1826 ab, dem 18jährigen Neffen die Teilnahme an den Krönungsfeierlichkeiten für Zar Nikolaus zu erlauben. Anderthalb Jahre später durfte der Prinz dann eine Rußlandreise unternehmen. Der Prinz sollte im April 1828 zurückkehren, um an den militärischen Übungen und Manövern teilnehmen zu können. Vermutlich befürchtete König Wilhelm, der Neffe, den er noch für jugendlich-unreif hielt, könnte in Rußland bleiben und dort Karriere machen. Dies wollte er verhindern, zumal Friedrich nach Kronprinz Karl der nächste Anwärter auf den württembergischen Thron war. Sehr verärgert reagierte er, als Friedrich seinen Aufenthalt in Rußland dann doch verlängerte. Er vertrete den Grundsatz, schrieb er dem Gesandten in St. Petersburg, daß es einem jungen Mann wie Friedrich förderlicher sei zu arbeiten statt sich zu amüsieren.[75] Die Prinzen Friedrich und August erhielten eine Wohnung im Ludwigsburger Schloß und als militärischen Betreuer Leutnant Fidel von Baur-Breitenfeld zugewiesen. Ein Kammerdiener, ein Kutscher und ein Reitknecht standen ihnen zur Verfügung. Das höchst bescheidene Mittagessen wurde vom »Waldhorn«, dem damals ersten Gasthof Ludwigsburgs, geliefert. Jeweils vom Samstagnachmittag bis Sonntagabend hielten sich Friedrich und August mit ihrem Betreuer am Hof in Stuttgart auf, wo die beiden Prinzen alle Vorzüge der Angehörigen des Königshauses genossen und wo sie zusammen mit anderen jugendlichen Prinzen und Prinzessinnen für unbeschwerten Umtrieb sorgten.[76] Friedrich wurde später württembergischer General. Er heiratete 1845 Prinzessin Katharina, die Tochter seines Onkels Wilhelm, und wurde der Vater des letzten württembergischen Königs, Wilhelms II. Seinen Neffen August (geboren 1813) brachte Wilhelm I. im preußischen Militärdienst unter.[77] August avancierte dort im Lauf der Jahre zum General. Seine Nichte Pauline (geboren 1810) heiratete 1829 Herzog Wilhelm von Nassau-Weilburg.[78]

Nur halbherzig unterstützte Kronprinz Friedrich Wilhelm 1814 das Verlangen König Friedrichs, Katharina, die seitherige Königin von Westfalen, solle sich von ihrem Mann Jérôme, dem Bruder Napoleons, trennen. »Die harten Worte«, die der Kronprinz der Schwester schrieb, als diese an ihrer Ehe festhielt[79], hatten politischen Charakter. Insgeheim hielt er zu Katharina, der er so manchen angenehmen Tag am Kasseler Hof verdankte. Nachdem er den Thron bestiegen hatte, nahm er die Schwester in seinen Schutz.[80] Bereits 1818 ermöglichte er ihr einen Kuraufenthalt in Wildbad.[81] 1831 sicherte er ihr im Rahmen einer Vereinbarung mit der bonapartistischen Familie eine ansehnliche Pension zu und versprach ihr, für die Erziehung ihrer Kinder zu sorgen. Bereits im folgenden Jahr kam der 18jährige Prinz Jérôme aus Florenz nach Württemberg. Er wurde als Neffe des Königs und als Angehöriger des Königshauses behandelt. In der Offiziersbildungsanstalt in Ludwigsburg bekam er eine militärische Erziehung und Fidel von Baur-Breitenfeld als Betreuer. Dieser behielt Jérôme als einen »sehr artigen, zuvorkommenden und respektvollen jungen Mann« in Erinnerung, der sich allerdings bereits den Ton und das Gebaren der großen Gesellschaft angeeignet hatte, zwar »vielen Verstand« besaß, doch auch einen Hang zu jugendlicher Unbesonnenheit entwickelte. Jérôme hatte sich schon in Italien sehr für das weibliche Geschlecht interessiert, und er tat dies auch hier, brachte damit aber seinen Betreuer immer wieder in recht peinliche Situationen.[82] König Wilhelm blieben die Schwierigkeiten, die von Baur-Breitenfeld mit seinem Zögling hatte, nicht verborgen, und er honorierte die nicht leichte Erziehertätigkeit mit einem schwarzbraunen Hengst, den er ihm zur Hochzeit schenkte.[83] Einige Jahre später erhielt der jüngere Bruder Jérômes, Prinz Napoleon, gleichfalls seine militärische Ausbildung an der Ludwigsburger Offiziersbildungsanstalt. Sein Betreuer war Leutnant von Maucler.[84] Prinz Napoleon, zuletzt Hauptmann, verließ Württemberg 1840 wegen des damals drohenden Krieges mit Frankreich. Im Jahr 1842 nahm er seinen Abschied aus dem württembergischen Heer.[85] 1834 stattete der Fürst von Montfort, der frühere König Jérôme von Westfalen, seinem königlichen Schwager in Stuttgart zweimal – vor und nach einer Englandreise – einen Besuch ab. König Wilhelm erwies dem Fürsten große Aufmerksamkeit und behandelte ihn als nahen Verwandten.[86]

Erst 52 Jahre alt, am 28. November 1835, starb die Fürstin Katharina von Monfort, die einstige Königin von Westfalen, in einem Landhaus bei Lausanne, an der Brustwassersucht. König Wilhelm sorgte dafür, daß die Schwester nach Ludwigsburg überführt und am 10. Dezember 1835 nach einer würdigen Trauerfeier in der Familiengruft im Schloß beigesetzt wurde.[87] Unter dem Eindruck des frühen Todes seiner Schwester Katharina schrieb König Wilhelm seinem Gesandten in St. Petersburg, sie sei ihm trotz widriger äußerer Umstände zeitlebens die wahrhafte und beständige Freundin und Vertraute aus Kindertagen geblieben.[88]

Großen Respekt bekundete König Wilhelm seiner Stiefmutter, der Königin Charlotte Mathilde. Gewöhnlich von seiner Frau begleitet, besuchte er sie häufig in Ludwigsburg, wohin sie sich zurückgezogen hatte, oder aber sie kam nach Stuttgart und nahm am Frühstück oder am Diner der königlichen Familie teil.[89] Charlotte Mathilde unterhielt mit Billigung des Stiefsohns in Ludwigsburg einen ansehnlichen Hofstaat. Oft konnte man sie dort, ihren Ponywagen lenkend, in den Alleen und Anlagen spazierenfahren sehen. Bei größeren Ausfahrten benutzte sie eine Staatskutsche. Im Winter unternahm sie mit ihren Hofdamen Schlittenfahrten in die Umgebung, auch gab sie glänzende Gesellschaften, ebenso veranstaltete sie aufwendige Theateraufführungen und sonstige künstlerische Darbietungen.[90] In Württemberg heimisch geworden, betrachtete sie die königliche Familie als die ihrige. Ihre finanziellen Mittel setzte sie zum Vorteil des Hauses Württemberg ein. 1817 stellte sie der stark verschuldeten Hofdomänenkammer ein Darlehen von 80 000 Pfund Sterling zur Verfügung, und nach ihrem Tod am 6. Oktober 1828 fiel die Hälfte ihres englischen Heiratsguts (40 000 Pfund Sterling) sowie ihr gesamtes Heiratsgut aus dem Haus Hannover (40 000 Reichstaler) dem Haus Württemberg zu. Dieses Geld sollte nach ihrer letztwilligen Verfügung für die Vergrößerung des Hofdomänenguts verwendet werden.[91] Leider erkannten die zwei vom König beauftragten Kunstsachverständigen den Wert der von Charlotte Mathilde hinterlassenen Gemälde und eines großen Teils der sonstigen Kunstgegenstände nicht. So wurden diese Gemälde, aber auch eine Menge Stickereien, Gobelins und alten Porzellans zu einem Spottpreis veräußert.[92] König Wilhelm ehrte die Verstorbene durch eine 24wöchige Hoftrauer.[93]

1828 wurde ein neues Hausgesetz erlassen, das die Stellung des Oberhaupts sowie die Beziehungen der Familienmitglieder untereinander regelte. Es bestimmte Titel, Rang und Wappen der Mitglieder und machte Aussagen über deren Legitimität und Ebenbürtigkeit. Dem König als Chef des Hauses stand die Gerichtsbarkeit über sämtliche Mitglieder zu. Er traf auch in Vermögensangelegenheiten die letzte Entscheidung und erteilte die Zustimmung zu Auslandsreisen. Ehen von Familienmitgliedern erhielten erst mit der Genehmigung des Monarchen

Die württembergische Königsfamilie 1841
beim 25jährigen Regierungsjubiläum:
Königin Pauline und König Wilhelm.
Darunter der Kronprinz
inmitten seiner Schwestern,
den Prinzessinnen Sophie (links), Marie (rechts),
Auguste (unten links) und Katharina.

ihre Rechtsgültigkeit. Das Gesetz legte auch den Hofstaat von Angehörigen des Königshauses fest und bestimmte deren Apanagen.[94] Als Familienoberhaupt lag Wilhelm auch die korrekte Behandlung der einzelnen Mitglieder durch auswärtige Staaten am Herzen. 1830 äußerte er sich in einem Schreiben an den württembergischen Gesandten in St. Petersburg verärgert darüber, daß Herzog Eugen von Württemberg nach 23 vorwurfsfreien Dienstjahren im russischen Heer nicht am letzten Krieg des Zarenreichs gegen die Türkei habe teilnehmen dürfen. Dasselbe sei den beiden Söhnen des Herzogs Alexander geschehen. Ihnen sei so die erste Chance für eine Bewährung im Krieg versagt worden.[95]

Als Ende 1833 Zeitungen das Gerücht verbreiteten, König Wilhelm beabsichtige, seine damals gerade 17 Jahre alte Tochter Marie zu verheiraten, reagierte er höchst unwillig. Er werde, so erklärte er, einer Heirat erst zustimmen, wenn seine Tochter das 20. Lebensjahr vollendet habe, weil er davon überzeugt sei, daß sie erst dann die Pflichten einer Frau und Mutter werde erfüllen können. Als sieben Jahre später Marie den katholischen Grafen Alfred von Neipperg heiratete, hatte er gegen eine Eheschließung der ihm besonders nahestehenden Tochter nichts mehr einzuwenden. Graf Alfred von Neipperg, der zunächst im österreichischen Militärdienst stand und dann württembergischer General wurde, war übrigens ein Neffe des österreichischen Feldmarschalls Graf Adam Albert von Neipperg (1775–1829), der mit der zweiten Gemahlin Napoleons, der Erzherzogin Marie Luise, seit 1821 verheiratet war. Obwohl es eine ausgesprochene Liebesheirat war, brachte die kinderlose Ehe Marie wenig Glück. Die Charaktere der beiden Ehegatten waren zu unterschiedlich. Graf Alfred von Neipperg, ein gebildeter und vielseitig interessierter Mann, machte sein Schloß Schwaigern bei Heilbronn zu einem Mittelpunkt geistig-geselligen Lebens. Angehörige der verschiedenen Stände und Nationen fanden sich dort ein. Hackländer, der ein gern gesehener Gast des Grafen war, rühmt dessen »noble und durchaus hochherzige Gesinnung«. Er charakterisiert Graf Alfred von Neipperg als »stolz, aber nicht hochmütig, sparsam und auch wieder freigebig«. Sowohl zum Guten wie zum Schlimmen sei er »unbeugsamen Willens« gewesen. Seiner hochgeborenen Frau gegenüber habe er sich »mit schroffster Rücksichtslosigkeit die vollkommenste und unabhängigste Freiheit des Handelns« bewahrt. Der leidenschaftliche Jäger stürzte 1853 bei einer Gemsjagd in Tirol ab und verletzte sich dabei die Hirnschale. Er starb nach langwierigem Leiden 1865 im Psychiatrischen Landeskrankenhaus Winnental. Prinzessin Marie, seine Frau, überlebte ihn um 22 Jahre; sie blieb als große Wohltäterin der Armen und sonstigen Hilfsbedürftigen in der Erinnerung der Menschen in Württemberg.[96]

Bereits neun Monate vor ihrer Schwester, im Juni 1839, heiratete Sophie den Erbprinzen Wilhelm (Willem) der Niederlande, ihren Vetter – ihre Mütter waren Schwestern. Diese Ehe entsprach den hochgesteckten Erwartungen König Wilhelms. Anders als bei Marie, deren Hochzeit in relativ bescheidenem gesellschaftlichem Rahmen gefeiert wurde, entfaltete der Stuttgarter Hof für die künftige niederländische Königin großen Pomp. Fünf Tage wurde gefeiert. Eine Parade auf dem Cannstatter Exerzierplatz, ein Maskenball mit über tausend Teilnehmern und eine »Stadtillumination« (Stadtbeleuchtung) bildeten die Höhepunkte.[97] Allein für Geschenke gab König Wilhelm annähernd 5 000 fl und für sonstige Aufwendungen (Freitheater, Illumination usw.) rund 10 000 fl aus.[98] Mit bangen Vorahnungen verließ Sophie Stuttgart. Ihrem Vetter Napoleon, dem sie freundschaftlich verbunden war, schrieb sie: »Bleiben Sie mir weiterhin gewogen, ich bin schwerlich für das Glück bestimmt, sondern muß ein aktives Leben führen, und ich bedaure keine einzige Handlung meiner Vergangenheit.«[99] Sophie war der Liebling ihres Vaters, und dieser machte daraus sehr zum Ärger seiner Frau keinen Hehl. Königin Pauline fühlte sich nämlich durch das hochintelligente, seine Vorzugsstellung geschickt ausspielende Mädchen mißachtet und zurückgesetzt. 1837 machte die Königin ihrer Verbitterung in einem Brief Luft: »Wenn Gott mir die Gnade erwiese, Sophie zu entfernen, dann würde wenigstens der Friede in unsere vier Wände zurückkehren.« Die Heirat der Stieftochter ließ sie deshalb aufatmen.

Der königliche Vater freute sich, daß es ihm gelang, Sophie schon früh für Politik zu interessieren. Bereits mit 16 Jahren ließ er sie Depeschen und Staatspapiere auf Französisch abfassen. Die Schulbildung Sophies wies leider Mängel auf; schuld daran waren russische Erzieherinnen, die auf Veranlassung von Sophies Großmutter, der Zarenmutter Maria Feodorowna, nach Stuttgart geschickt worden waren, um die Erziehung der beiden Töchter von Königin Katharina zu übernehmen. Ihr Bildungsdefizit glich

Sophie indes durch eigenständige Lektüre von Büchern aus der Bibliothek ihrer verstorbenen Mutter aus. So las sie schon als junges Mädchen Rousseaus »Contrat Social« und war mit Napoleons »Code Civil« vertraut. Umfangreiche Kenntnisse eignete sie sich auf geschichtlichem, rechtshistorischem, philosophischem und literarischem Gebiet an.[100] Ihr vom Rationalismus beeinflußtes Weltbild ähnelte dem ihres Vaters, doch wies es auch stark romantische Züge auf.[101]

In den Niederlanden wurden Sophie und ihr Mann mit großem Jubel empfangen. Allein, von Zuneigung und Liebe der beiden füreinander konnte keine Rede sein. Sophie charakterisierte ihren Mann einmal als eine unberechenbare Mischung von Absurdität, Unmenschlichkeit, Verrücktheit mit Augenblicken des Wohlwollens und der Gerechtigkeit. Kronprinz Wilhelm war in der Tat unberechenbar, launisch, unbeherrscht und streitsüchtig.[102] Nach seiner Thronbesteigung 1849 hätte sie gerne einen aktiven Part in der niederländischen Politik übernommen. Dies wurde ihr jedoch verwehrt, und dabei war sie im Vergleich zu ihrem Mann, nunmehr König Wilhelm III., politisch viel begabter und kenntnisreicher.[103] Sie gebar drei Söhne (Wilhelm 1840–1879, Moritz 1843–1850 und Alexander 1851–1884), doch keiner von ihnen überlebte den bis 1890 regierenden Vater. Die in einem geheimen Privatvertrag Ende 1855 erfolgte Trennung von Tisch und Bett zwischen Sophie und ihrem Mann zog den Schlußstrich unter eine völlig zerrüttete Ehe. Der Vertrag besiegelte zugleich die völlige Isolierung Sophies als niederländische Königin.[104] Von Anfang an fühlte sich Sophie in den Niederlanden todunglücklich. 1851 erschien der 33jährigen ihr Leben wie ein Fegfeuer. Schon früh beherrschten sie Todesgedanken. 1860 sprach sie vom Tod als Freund. Wie ihre Mutter besaß sie einen äußerst lebendigen Geist und einen ausgeprägten Fürstenstolz. Sie war impulsiv und stark von Emotionen bestimmt. An dem einmal eingenommenen Standpunkt hielt sie fest, ebenso an Sympathien, die sie für andere hegte. Königin Victoria war beeindruckt von ihrem vornehmen damenhaften Auftreten.[105]

Von ihrem Vater ließ sie sich oft beraten. Die enge Bindung an ihn blieb bis zu dessen Tod 1864 bestehen. Danach beschränkten sich ihre Beziehungen zu ihrem Heimatland Württemberg im wesentlichen auf die Korrespondenz mit Königin Olga, der Frau ihres Stiefbruders Karl. Viel bedeutete ihr der Briefwechsel mit

Prinz Napoleon, ihrer Jugendliebe, dem jetzigen »enfant terrible« des Zweiten Französischen Kaiserreichs, und mit dessen Schwester Mathilde, die sie ebenfalls von Stuttgart her kannte. Auch mit Kaiser Napoleon III. und dessen Gattin Eugenie stand sie in freundschaftlichem Gedankenaustausch. Ihre mannigfachen geistigen Interessen, ihr vertrauter Umgang mit Intellektuellen und Künstlern verschafften ihr seit den sechziger Jahren auch in den Niederlanden Ansehen. Nach ihrem Tod 1877 rühmte ihr Freund Ernest Renan ihren edlen, kraftvollen Geist, ihr generöses Herz. »Sie hatte«, so schrieb er, »in höchstem Maße die Qualitäten, die der Hof herausstellt, aber nicht hervorbringt.«[106]

Im März 1843 wurde Kronprinz Karl 20 Jahre alt. Damit gewann die Frage einer standesgemäßen Heirat an Aktualität. Karl zeigte jedoch wenig Neigung, sein Junggesellendasein aufzugeben. Zunächst standen für ihn Bildungsreisen vornean. Nachdem er 1841/42 eine solche Reise nach Italien unternommen hatte, hielt er sich vom 4. April bis 20. Juli 1843 in England auf. Einladungen wechselten mit gesellschaftlichen Veranstaltungen und Besichtigungen. Auf Landpartien besuchte er berühmte Herrensitze. Ebenso durchquerte er das romantische Schottland. Doch auch moderne Fabriken erregten sein Interesse. Von April bis Juni 1845 galt eine weitere ausgedehnte »Kavaliersreise« Wien, Ofen (Budapest), Prag, Dresden, Berlin und Altenburg in Thüringen.[107] In Dresden traf er mit seinem Onkel Paul zusammen, der sich gerade in der sächsischen Hauptstadt aufhielt. Die Initiative zu dem Treffen war von Prinz Paul ausgegangen, und Karl hatte sich über die Weisung seines Vaters hinweggesetzt, den exzentrischen Onkel möglichst zu meiden.[108] Der Besuch in Berlin sollte übrigens der Brautwerbung dienen. Gedacht war an Luise, die Tochter des Prinzen Karl von Preußen. Doch der württembergische Kronprinz sträubte sich gegen eine Heirat. Sein Vater, äußerte er, könnte ihn dazu nur mit Polizeigewalt zwingen.[109] Theater und Kunst, die heiteren Musen, bereiteten ihm nach wie vor viel Freude. 1844 hatte für ihn Friedrich Wilhelm Hackländer, den ihm sein Vater im Vorjahr zum Sekretär bestimmt hatte, eine Liebhaberbühne eingerichtet, die, für damals eine sensationelle Neuerung, mit Gaslicht ausgestattet war. Im Volk spottete man über diese Bühne und nannte sie das Affentheater des Kronprinzen.[110]

Auf Dauer vermochte sich Karl dem Drängen seiner nächsten Angehörigen, durch die Wahl einer Prinzessin aus einem europäischen Königs- oder Kaiserhaus zur Ehefrau der Dynastie neuen Glanz zu verschaffen, nicht zu entziehen. Aufmerksam machte man ihn auf eine Verwandte, Großfürstin Olga von Rußland, die Tochter des Zaren Nikolaus I. und der aus dem preußischen Königshaus stammenden Zarin Alexandra Feodorowna. Wir wissen nicht, wer die Initiative ergriff, die ersten Kontakte knüpfte. König Wilhelm war es sicher nicht, denn er war einer neuen Heiratsverbindung mit dem Haus Romanow abgeneigt. Ob es die Zarin Alexandra Feodorowna war, wie Decker-Hauff vermutet[111], läßt sich nicht sagen. Wahrscheinlich ist, daß Fürst Gortschakow, der spätere russische Außenminister und Reichskanzler, damals russischer Gesandter in Stuttgart, seine Hände im Spiel hatte.[112] Möglicherweise unterstützte ihn Königin Pauline, der an einer guten Partie für ihren Sohn lag.

Großfürstin Olga wurde am 11. September 1822 geboren, war also ein knappes halbes Jahr älter als Karl. Sie war eine intelligente, gebildete, selbstsichere, außerordentlich willensstarke und zugleich ungewöhnlich hübsche Frau, die geborene Fürstin. 1835 hatte bereits die Anmut des 13jährigen Mädchens den österreichischen Staatskanzler Fürst Metternich, einen großen Frauenkenner, entzückt.[113] Ihren künftigen Mann hatte Olga erstmals 1838 bei einem Besuch ihrer Eltern im Sommerrefugium der württembergischen Königsfamilie in Friedrichshafen gesehen. Der Besuch blieb ihr in keiner sonderlich guten Erinnerung. Königin Pauline, die sie inmitten ihrer drei Töchter (zwei Töchter und einer Stieftochter) antraf, schilderte sie als eine noch schöne Frau. Den 15jährigen Kronprinzen Karl fand sie von seinem Äußeren her anziehend. In Erinnerung blieb ihr »seine interessante, aber traurige Miene«. Diese Traurigkeit schrieb sie der schlechten Behandlung durch seinen schwierigen und launenhaften Vater zu. Erschauern ließ sie die in der königlichen Familie wahrnehmbare Kälte. In ihrem Tagebuch hielt sie fest: »Alle waren wortkarg, es herrschte keine Gemütlichkeit, und man empfand nicht viel Sympathie füreinander.« Zar Nikolaus I. war froh, als er mit den Seinen das Friedrichshafener Schloß wieder verlassen konnte.[114]

In den folgenden Jahren versuchte Zar Nikolaus I. für seine Tochter Olga eine standesgemäße Partie zu finden. Ein erstes Heiratsprojekt scheiterte: Max von Bayern sträubte sich gegen die ihm vorgeschlagene Ehe mit Olga. Ein zweites Projekt, diesmal mit dem Herzog von Bordeaux, hatte keinen ersthaften Hintergrund, es war hauptsächlich das Produkt von Gerüchtemachern. Zar Nikolaus I. selbst hatte die Tochter Erzherzog Stefan von Österreich zugedacht. Allein, auch dieser Plan zerschlug sich – angeblich an »einem unschönen Vorgeplänkel«. Die Zarin wünschte nun Großherzog Friedrich Franz von Mecklenburg zum Schwiegersohn. Doch inzwischen – in der zweiten Dezemberhälfte 1845 – hatte sich Zar Nikolaus mit Kronprinz Karl in Venedig getroffen. Offenbar hatten Freiherr von Meyendorff und Fürst Gortschakow, die russischen Gesandten in Berlin und Stuttgart, denen 1846 das Großkreuz des Ordens der Württembergischen Krone verliehen wurde (vielleicht wegen ihrer Verdienste um das Zustandekommen der Ehe Karls mit Olga) gut »vorgearbeitet« und Karl ihrem kaiserlichen Herrn bestens empfohlen. Auch hatte Karl seine Skrupel gegen eine Ehe überwunden. Die Hand einer Zarentochter, die dazu noch sehr hübsch, vielseitig interessiert und gegenüber dem Schönen in der Kunst aufgeschlossen war, konnte und wollte er keinesfalls ausschlagen, zumal seine Mutter und seine Großmutter Henriette ihm die Vorzüge einer solchen Ehe eindrücklich vor Augen gestellt haben dürften.[115] Der Zar schrieb der Tochter nach der Begegnung mit Karl: »Das Edle in seiner Haltung wie in seinem Auftreten gefällt mir. Als ich ihm sagte, die Entscheidung hänge nicht von mir, sondern von Dir allein ab, zog ein hoffnungsfrohes Leuchten über sein Gesicht.«[116]

Bereits 1840 hatte sich Großfürstin Helene bemüht, Olga für ihren Bruder Fritz zu erwärmen. Fritz (Friedrich) hatte Olga 1837 bei einem Besuch in St. Petersburg kennengelernt und hätte sie anscheinend – so Olga in ihren Erinnerungen – gerne seiner Kusine Katharina von Württemberg, einer politisch interessierten Frau, wie er behauptet habe, vorgezogen. Da Kronprinz Karl nach Meinung Helenes zu schwach und kränklich war, um dereinst die Regierung zu übernehmen, hatte sie in Friedrich bereits den künftigen württembergischen König gesehen. Allein, Olga hatte für den erheblich älteren Vetter wenig übrig und erteilte ihm schließlich eine Absage.[117]

Zunächst schien es, als werde König Wilhelm bei seiner Ablehnung einer Ehe zwischen Karl und Olga verharren. Doch dann änderte er plötzlich seine Einstellung. Wir wissen nicht, was ihn dazu veranlaßt hat – vielleicht war es bei ihm einfach das nüchterne Kalkül, daß es für Württemberg verhängnisvoll wäre, wenn er es mit der Schutzmacht Rußland verderbe. Jedenfalls scheint der Zar über die Zustimmung Wilhelms zu dem Heiratsprojekt, an der er zunächst gezweifelt hatte, hoch erfreut gewesen zu sein.[118]

Karl, nach der liebenswürdig-zuvorkommenden Aufnahme bei Zar Nikolaus seiner Sache sicher, setzte von Venedig seine Reise nach Palermo fort, wo sich Kaiserin Alexandra Feodorowna und Großfürstin Olga damals aufhielten. Am Neujahrstag 1846 traf er mit seinem Sekretär Hackländer in Palermo ein. Dieser fühlte sich von der »blendenden und doch wieder so reizenden und anmutigen Erscheinung« Olgas »wahrhaft verwirrt«. Er war »entzückt« von »ihrer hohen, herrlichen, weich gerundeten Gestalt sowie von der echt griechischen Schönheit ihres Gesichts«, mehr noch von der »Anmut ihrer Bewegungen, dem Wohllaut ihrer Sprache und der gutmütigen, fast vertraulichen Art«, mit der sie den Kronprinzen und dessen Begleiter empfing und mit ihnen plauderte.[119]

Karl wirkte auf Olga schüchtern. Er sprach nur wenig, dieses wenige aber, wie sie festhielt, »ohne Pose in völliger Natürlichkeit«. Sie glaubte nicht, daß er verliebt war, denn er aß, wie sie feststellte, mit gutem Appetit, und dies war für einen Liebenden ihrer Meinung nach »regelwidrig«[120]. Zunächst scheint sie von dem gehemmt wirkenden Vetter wenig angetan gewesen zu sein. Erst allmählich kamen sich die beiden jungen Leute näher. Karl erzählte von seiner unglücklichen Kindheit, der unharmonischen Ehe seiner Eltern, und Olga spürte seine »traurige Vereinsamung«, sein »Bedürfnis nach Anlehnung«. Auf einsamen Gängen oder im Garten überwand er sich und berichtete von seinem bisherigen Leben. Nicht sehen konnte er es, wenn sie, mit einer Handarbeit beschäftigt, im Zimmer saß, weil ihn dies an Zuhause erinnerte, wo Mutter und Schwestern wortlos bei ihrer Arbeit saßen, »zitternd vor den Launen des Familienoberhaupts«[121]. Am 18. Januar 1846 verlobten sich Karl und Olga in Palermo. Am 7. Februar war der hoffnungsvolle Bräutigam wieder in Stuttgart.[122] Die Briefe, die die weiterhin auf Sizilien weilende Braut von dort erreichten, waren im Ton sehr unterschiedlich: zurückhaltend der Brief König Wilhelms, liebevoll die Grüße und Glückwünsche der künftigen Schwägerinnen Marie und Sophie, einfach und doch sehr herzlich in der Wortwahl der Brief Königin Paulines. »Du liebe Tochter«, schrieb sie. Olga hatte einige Mühe, sich für diese Briefe zu bedanken. Bei der Antwort an den König mußte sie wegen dessen »zweiflerisch-schwierigen Wesens« jedes Wort gewissermaßen auf die Goldwaage legen – Baron Meyendorff half ihr dabei. Bei dem Brief an die künftige Schwiegermutter schreckte das noch ungewohnte Deutsch.[123]

Auf der Rückreise von Sizilien trafen sich Zarin Alexandra Feodorowna und ihre Tochter Olga mit dem württembergischen Königspaar, Kronprinz Karl und dessen jüngerer Schwester Auguste in der zweiten Maihälfte in Salzburg zu einem vierzehntägigen gemeinsamen Aufenthalt. Übrigens waren König Wilhelm und seine Frau nicht zusammen nach Salzburg gereist. Der König war erst zwei Tage nach der Königin dort angekommen.[124] Olga fielen beim ersten Zusammentreffen die fahlen, sie »neugierig forschend« anschauenden Augen des Königs auf, die erst nach einigen Tagen wohlwollender wurden. Die Königin gab sich zunächst, ein Gewitter ihres Mannes befürchtend, ganz eingeschüchtert. Am folgenden Tag unternahmen beide Familien eine Spazierfahrt. Olga und Karl fuhren im Wagen des Königs. Antiquiert fand Olga die an das 18. Jahrhundert erinnernden Umgangsformen des Monarchen. Er gab sich der künftigen Schwiegertochter gegenüber als Weltmann: »mehr galant als herzlich«. Im Gespräch schlug er einen liebenswürdigen Ton an, doch war es, als spräche er mit einer völlig fremden Prinzessin, »nie ein Wort, das väterlich oder intim war«. Er vermied alles, was zu einer offenen, herzlichen Atmosphäre hätte beitragen können. Olga, seit ihrer Kindheit an Freiheit und Offenheit gewöhnt, empfand eine schmerzliche Beklemmung, ihr Herz war wie eingeschnürt. Das Wesen ihres künftigen Schwiegervaters kam ihr »unverständlich und fremd« vor. Andererseits war ihr schon damals bekannt, was er alles für sein Land getan, wieviel er geleistet hatte. Sie hatte deshalb großen Respekt vor ihm, und dieser Respekt erhöhte sich noch, als sie in der Folgezeit in Stuttgart sein Wirken aus nächster Nähe beobachten konnte. Von ihm lernte sie, wie sie schrieb, sich knapp und präzise auszudrücken. Der russische Gesandte Fürst Gortschakow benutzte sie oft als Sprachrohr, wenn er dem König politische Äußerungen des Zaren übermitteln sollte oder wenn er über politische Angelegenheiten sachgerecht nach St. Petersburg berichten wollte.[125]

Am 13. Juli 1846 fand in St. Petersburg in einem glanzvollen Rahmen die Hochzeit von Karl und Olga statt, und am 23. September 1846 hielt das junge Paar, begleitet von der königlichen Familie und dem Großfürsten Konstantin, seinen feierlichen Ein-

Kronprinzessin Olga (1822–1892).

zug in Stuttgart.[126] Olga fiel es nicht leicht, sich in die kleinen württembergischen Verhältnisse einzuleben. Befremdlich kam ihr das auf einer Verfassung basierende Regierungssystem vor. Doch merkte sie rasch, daß es König Wilhelm virtuos nach dem Grundsatz »Trenne, um zu herrschen!« handhabte, was etwa dem römischen Prinzip des Teilens und Herrschens (divide et impera) entsprach, und daß er auf solche Weise seine politischen Ziele durchsetzte. Mütterlich liebevoll behandelte Königin Pauline die Schwiegertochter. Olga attestierte der etwas füllig gewordenen, aber immer noch recht hübschen Frau eine ruhige Würde, obgleich ihr »Grazie und Geschmeidigkeit« fehlten. Die Königin habe, so bemerkte Olga weiter, im Gespräch keine Ansprüche an den Partner gestellt; sie habe in ihrem exakt geregelten Tagesablauf Bewegung und Veränderung gescheut. Für einen Mann mit bürgerlichen Lebensgewohnheiten wäre sie die ideale Gattin gewesen. Ein besonderes Geschick habe sie für frauliche Handarbeiten besessen. »Unschlagfertig«, habe sich die harmlose und gütige Frau durch »Witzreden« und ironische Worte rasch einschüchtern lassen, um sich schweigend in ihr Schneckenhaus zurückzuziehen. Andererseits sei sie für jede freundliche Geste, so für die täglichen Besuche der Schwiegertochter, dankbar gewesen. Anregungen, Ratschläge oder einen freien Austausch der Meinungen habe man aber von ihr nicht erwarten können.[127]

Olga war politisch ungewöhnlich stark interessiert. Solange Fürst Gortschakow russischer Gesandter in Stuttgart war, stand

Kronprinz Karl (1823–1891).

sie mit ihm in regem Gedankenaustausch. Dies änderte sich auch nicht, als der Fürst nach Rußland zurückkehrte und mit den Ämtern des Außenministers und des Reichskanzlers betraut wurde. Im Hauptstaatsarchiv Stuttgart werden 89 Briefe von ihm an Kronprinzessin bzw. Königin Olga aus den Jahren 1851 bis 1871 verwahrt, Briefe mit vertraulichen politischen Informationen. Olga unterrichtete sich zudem über politische Angelegenheiten durch die Berichte des württembergischen Gesandten in St. Petersburg, die sie sich vorlegen ließ.[128] Eine lebhafte Korrespondenz unterhielt sie auch mit ihrem Bruder Alexander, seit 1855 Zar Alexander II., und mit ihrer Schwägerin Sophie, der Königin der Niederlande.[129]

König Wilhelm schätzte die hohe Intelligenz seiner Schwiegertochter, ihre politische Begabung, ihr sicheres Urteil.[130] Gerne bediente er sich ihrer als Vermittlerin. Er war sich bewußt, daß die Heirat seines Sohnes Karl das außenpolitische Gewicht des kleinen Königreichs Württemberg vergrößert hatte und daß es galt, daraus Nutzen zu ziehen. Dennoch kam es zu keinem unverkrampften Verhältnis zwischen ihm und seiner Schwiegertochter. Einmal ließ er sich nicht in politischen Dingen dreinreden, dann war aber da noch der gehemmte und dem politischen Geschäft so fernstehende bzw. ferngehaltene Sohn. Die Mißachtung, die König Wilhelm seinem Sohn Karl entgegenbrachte, belastete auch sein Verhältnis zu Olga. Die junge hübsche Zarentochter ging zu dem Schwiegervater zunehmend auf Distanz.[131]

Gegensätzliche Auffassungen hatten Wilhelm und Olga auf dem

Gebiet der Architektur. Wilhelm hielt zeitlebens am Klassizismus fest. Dies war seiner Schwiegertochter zuwider. Ihr mißfielen die klassizistischen Bauwerke, so auch das von Salucci errichtete Wilhelmspalais. Sie hatte eine Vorliebe für historische Stile. Die Villa Berg, zwischen 1845 und 1853 von Christian Friedrich Leins im italienischen Renaissancestil erbaut und von Kronprinzessin Olga beeinflußt, legt als erster Bau des beginnenden Historismus auf deutschem Boden, davon Zeugnis ab.[132]

Die Spannungen zwischen König Wilhelm und dem Kronprinzenpaar dürften einer der Gründe gewesen sein, warum sich Kronprinz Karl im Januar 1849 überraschend von seinem Sekretär Hackländer trennte. Friedrich Wilhelm Hackländer, während etlicher Jahre die rechte Hand des Kronprinzen, genoß zugleich das Vertrauen des Königs, der ihm 1846 den Titel eines Hofrats verlieh. Möglicherweise sahen Kronprinzessin Olga, die starke Vorbehalte gegen den unkonventionell lebenden, vielseitig begabten Schriftsteller hatte, und Königin Pauline, die ihn im Sommer 1847 beim gemeinsamen Aufenthalt des Kronprinzenpaars mit ihr in Friedrichshafen verächtlich behandelte, in ihm eine Art Aufpasser des Königs. Nach der Entlassung aus dem Dienst des Kronprinzen genoß Hackländer übrigens das besondere Wohlwollen König Wilhelms.[133]

Am 20. November 1845 heiratete Prinz Friedrich, der älteste Sohn des Prinzen Paul, die 13 Jahre jüngere Prinzessin Katharina, die älteste Tochter von König Wilhelm und Königin Pauline. Aus Anlaß dieser Hochzeit fand am 21. November ein Karussell für wohltätige Zwecke statt, am 22. November ein Hofball und am 23. November eine Festtheatervorstellung im Schloß. Weitere von der Stadt Stuttgart geplante Festlichkeiten hatte der König unter Hinweis auf die herrschende Teuerung mit Dank abgelehnt. Dafür stellte die Stadt 1000 fl für die Armenfürsorge bereit und stiftete der Hospitalkirche eine neue Glocke.[134] Prinz Friedrich und Prinzessin Katharina wurden die Eltern von Wilhelm II. (1848–1921), dem letzten württembergischen König. 1851 schloß Prinzessin Auguste, die jüngste Tochter Wilhelms I., die Ehe mit Prinz Hermann zu Sachsen-Weimar, dem Sohn ihrer Tante Maria geborene Großfürstin von Rußland, der Schwester Königin Katharinas von Württemberg.[135] Mit Ausnahme von Prinzessin Marie hatten danach sämtliche Kinder König Wilhelms Verwandte, zum Teil sehr nahe Verwandte, geheiratet und, abgesehen von Katharina, zugleich die Bindungen zwischen dem Haus Württemberg und dem Haus Romanow verstärkt.

Prinz Paul, der exzentrische Bruder Wilhelms, den Ludwig Feuerbach einmal mit Philippe Egalité (Herzog von Orléans) verglich[136], führte in Paris das Leben eines Bohemiens und Salonrevolutionärs. Seiner Familie entfremdete er sich immer mehr. Nicht ohne politische Ambitionen, die allerdings nebulös-romantisch waren, erhoffte er sich bei einer möglichen Neuordnung Europas die griechische oder italienische Königskrone. König Wilhelm, dem hier Schlimmes schwante, unternahm insgeheim Schritte, solche Pläne zu verhindern.[137] In den Jahren 1841 bis 1843 beklagte sich Prinz Paul bei den württembergischen Landständen, König Wilhelm habe ihn finanziell benachteiligt. Am 7. März 1843 wies der Präsident der Kammer der Standesherren die Vorwürfe des Prinzen zurück: Die Paul zustehenden Zahlungen (Apanagen usw.), die zeitweise eingestellt gewesen seien, hätten er und seine Familie in voller Höhe bekommen, nachdem er 1821 die württembergische Verfassung anerkannt habe, wie dies von seinem Bruder Wilhelm gefordert worden sei.[138]

Als Generaldirektor der Straßen- und Wasserwege stand Herzog Alexander von Württemberg (1771–1833), der Onkel König Wilhelms, in russischen Diensten. Er befand sich offenbar in ständigen Geldnöten, denen König Wilhelm abhelfen sollte. Als er 1826 für seine beiden Söhne Apanagen forderte, auf die sie nach Erreichen der Volljährigkeit Anspruch hätten, lehnte dies Wilhelm ab. Die Forderung des Onkels, stellte er fest, stehe im Widerspruch zu den württembergischen Gesetzen – wahrscheinlich dem königlichen Hausgesetz – und mit den von ihm vertretenen Grundsätzen. Herzog Alexander möge aber aus der Zuerkennung des Titels »Königliche Hoheit« an seine Kinder ersehen, wie sehr er ihm und seiner Familie gewogen sei und wie sehr er sich der Anliegen der Mitglieder des württembergischen Königshauses annehme. Seinen Gesandten in St. Petersburg wies Wilhelm an, sich mit Herzog Alexander wegen Geldangelegenheiten in keine Diskussion mehr einzulassen. Der 1804 geborene gleichnamige Sohn des Onkels Alexander[139] heiratete 1837 die 24jährige Tochter Marie des französischen Königs Louis Philippe und der Infantin Marie Amélie von Bourbon-Sizilien, einer Enkelin der Kaiserin Maria Theresia. Darüber zeigte sich König Wilhelm keineswegs erfreut, der Louis Philippe, den »Barrikadenkönig«, wie er den

Nutznießer der Revolution von 1830 nannte, wenig schätzte. Er wollte deshalb wenigstens durchsetzen, daß die aus dieser Ehe hervorgehenden Söhne protestantisch erzogen würden.[140] Erst viele Jahre später erfuhr er, daß sich Alexander an diese Bedingung nicht gehalten hatte.

Zum Dichterkreis um Justinus Kerner, Karl Mayer, Gustav Schwab, Emma von Niendorf und Nikolaus Lenau gehörte Graf Alexander Christian Friedrich von Württemberg (1801–1844), der Sohn von Herzog Wilhelm, einem Bruder von König Friedrich, und von Gräfin Wilhelmine Tunderfeldt-Rhodis. Der Lyriker und ehemalige Offizier starb am 7. Juli 1844 in Wildbad an einem Hirnschlag. Obwohl König Wilhelm über die zerrütteten häuslichen Verhältnisse des Vetters sehr ungehalten war, erlaubte er dennoch dessen Beisetzung in der Gruft des Königshauses in der Stuttgarter Stiftskirche. Diese fand am 9. Juli 1844 im Beisein der königlichen Familie und unter großer Anteilnahme der Bevölkerung statt.[141]

König Wilhelm hat in den zwanziger bis vierziger Jahren eine erkleckliche Zahl größerer oder kleinerer Reisen unternommen, um sein Land in seiner landschaftlichen Schönheit und Vielfalt kennenzulernen und um sich ein klares Bild von den Nöten und Problemen seiner Untertanen zu verschaffen. Es gab kaum eine Stadt, die er nicht im Lauf seiner Regierungszeit einmal oder auch wiederholt besuchte.[142] Eine seiner ausgedehntesten Reisen innerhalb des Königreichs war die von ihm 1821 gemeinsam mit Königin Pauline unternommene Reise nach Oberschwaben. Zum Standquartier wählte er Altshausen. Die Zeit, die er sich hierbei für Gespräche, Besichtigungen und Besuche nahm, zahlte sich aus. Die bis dahin in der überwiegend katholischen Bevölkerung noch vorherrschende Abneigung gegen den württembergischen Staat und seinen Regenten wich dem Respekt für den Monarchen und der Zustimmung zu dem Land, dem Oberschwaben durch den Machtspruch Napoleons zwischen 1803 und 1810 eingegliedert worden war.[143] Zum Zusammenwachsen der alt- und der neuwürttembergischen Landesteile trug nicht nur der Verfassungsvertrag von 1819 bei, sondern auch das staatsmännische Geschick, das menschliche Einfühlungsvermögen und die politische Integrationsfähigkeit König Wilhelms.

Naturdenkmale, neue technische oder schulische Einrichtungen, Fabrikanlagen und vieles andere interessierten Wilhelm I. sehr.

Im Mai 1821 besichtigte er die Nebelhöhle bei Reutlingen.[144] Auf der Fahrt nach Friedrichshafen besuchte er am 30. August 1839 mehrere Fabriken sowie das Eisenhüttenwerk in Schussenried.[145] Im Oktober jenes Jahres kam er ins Stuttgarter Alte Schloß, weil ihn die dort ausgestellten Werke eines Münchner Holztechnikers interessierten.[146] In den vierziger Jahren wurden bei einem Bergwerksunglück in Königsbronn (Graben nach Tonerde) eine Anzahl Bergleute verschüttet. König Wilhelm erfuhr von dem Unglück durch einen Artikel im »Schwäbischen Merkur«. Er erkundigte sich sofort beim Bergrat nach den näheren Umständen. Da dieser jedoch noch keine Informationen von dem Unglück hatte, sandte er unverzüglich einen »laufenden Boten« nach Königsbronn.[147] Als am 29. Januar 1838 in der Cottaschen Buchdruckerei vor dem Tübinger Tor in Stuttgart ein Feuer ausbrach, ritt der König sofort zur Brandstelle.[148]

Reisen unternahm König Wilhelm auch in andere deutsche Staaten und in europäische Länder. Auffallend ist dabei, daß er anderen Staaten kaum offizielle Besuche abstattete. Kam er in eine Haupt- oder Residenzstadt, dann suchte er gewöhnlich die Herrscherfamilie auf, so in Den Haag und in Weimar. Dies tat er nicht, wenn er mit seinen Besuchen rein private Interessen verfolgte, so etwa 1825 in Paris. Häufig dienten seine Auslandsreisen gesundheitlichen Zwecken: Kur- und Bäderreisen. Alljährlich unterzog er sich auch in Cannstatt einer Sauerbrunnenkur.[149] Für Kurzwecke wählte er neben berühmten deutschen Badeorten wie Baden Baden, Bad Ems, Langenschwalbach, Schlangenbad und Wiesbaden die Städte Aix-les-Bains, Biarritz, Boulogne, Como, Gastein, Genua, Interlaken, Livorno, Marseille, Meran, Nizza, Ostende, Ragaz, Salzburg, Scheveningen und Spaa. Unter den Seebädern gab er Livorno eindeutig den Vorzug; immer wieder suchte er diese Stadt auf.[150] Wenn er incognito reiste – und dies war öfters der Fall –, dann führte er den Namen eines Grafen von Teck.[151] Die Reisen König Wilhelms, selbst die Bäderreisen, waren sehr aufwendig. So beliefen sich die Kosten für die Reise nach Marseille zum Gebrauch der Seebäder 1829 auf über 35 000 fl, die nach Livorno 1823 sogar auf 45 000 fl.[152] Gewöhnlich reiste der Monarch mit Gefolge, besonders mit Kanzleipersonal, denn während der mehrwöchigen Kur führte er die Regierungsgeschäfte im wesentlichen fort. Wichtige Vorgänge mußten ihm übersandt werden. Gerne gab er großzügige Geschenke oder Trinkgelder.

Hoch lagen auch die Aufwendungen für Postpferde und Postsendungen. Regelmäßig führte der König einen Garderobewagen mit sich.[153] Als er 1834 die Seebäder in Castelmare »gebrauchen« wollte, mußten Küchenmeister Strauß, Oberstleutnant von Maucler und Sekretär Hummel nach Italien vorausfahren, um das Quartier für die Bedürfnisse ihres königlichen Herrn herzurichten. König Wilhelm selbst verließ am 25. Juni 1834 Stuttgart und kehrte am 2. September 1834 zurück. Die Stuttgarter begrüßten ihren Landesherrn einen Tag nach seiner Rückkehr mit einem Fackelzug.[154] Im Jahr 1839 verband König Wilhelm seine Bäderreise nach Livorno mit Besuchen in Rom, Florenz und Mailand. In Rom verteilte er großzügig Geschenke. Die sogenannten fünf Familien des Papstes erhielten 150 fl, Konsul Kolb bekam einen Brillantring im Wert von 275 fl und der Maler Bravo einen Ring im Wert von 308 fl.[155]

In mittleren Jahren verfügte König Wilhelm über eine robuste Gesundheit. Freilich war er auch mit Erfolg bemüht, sich diese durch krankheitsvorbeugende Kuren, durch viel Bewegung an der frischen Luft und andere Maßnahmen zu erhalten. Obermedizinalrat Dr. von Hardegg war ein vortrefflicher Leibarzt.[156] Seit den Masern im Jahr 1828 blieb der Monarch lange von ernsteren Krankheiten verschont. Doch Anfang März 1844 überfiel ihn ein heftiges Katarrhfieber, das ihm während vierzehn Tagen hart zusetzte. Seine vollständige Genesung wurde mit Erleichterung aufgenommen: Dankadressen, Glückwunsch- sowie Ergebenheitsschreiben und Dankgedichte, wie damals üblich, erreichten ihn in großer Zahl. In Kirchen und Synagogen wurden Dankgebete gesprochen.[157] Eine ähnliche Erkältungskrankheit, die er gleichfalls rasch überwand, suchte den König um die Jahreswende 1845/46 heim.[158]

Freude bereitete Wilhelm I. das Bauen. Er hat eine große Zahl repräsentativer klassizistischer Bauwerke erstellen lassen. Dem von ihm bestimmten Baustil gab zunächst Giovanni Salucci überzeugend Ausdruck. Die Baumeister Gottlob Georg Barth, Ludwig Gaab, Johann Michael Knapp, Christian Friedrich Leins und Karl Ludwig Wilhelm Zanth führten ihn fort.[159] Besonders eng war Wilhelm mit dem auf dem Kahlenstein über dem Neckartal bei Cannstatt zwischen 1822 und 1830 von Salucci erbauten Schloß Rosenstein verbunden. Er betrachtete es als Refugium, in das er sich gerne zurückzog, wenn er Entspannung und Ruhe nötig hatte. Die grundlegenden Ideen für die Gestaltung des Rosensteinparks stammten von dem Architekten und Landschaftsgärtner John B. Papworth in London; sie wurden vom Oberhofgärtner Bosch bei der Realisierung der Anlage übernommen. Am 28. Mai 1830 wurde das Schloß mit einem glanzvollen Fest eingeweiht. Der Einladung des Königs waren an die tausend Gäste aus allen Gegenden Württembergs gefolgt.[160]

Salucci erbaute für König Wilhelm auch das Schlößchen Weil bei Esslingen und das Stuttgarter Wilhelmspalais (1834–1840), ebenso die Grabkapelle auf dem Rotenberg sowie das Reithaus an der Neckarstraße (1839); das Schloß in Friedrichshafen wurde von ihm umgestaltet.[161] Freilich, Wilhelm und der stolze, hochfahrende und eigenwillige Baumeister hatten ihre Schwierigkeiten miteinander. Salucci widersetzte sich Eingriffen des Königs in seine künstlerische Konzeption, so bei der Gestaltung der Fassade des Schlosses Rosenstein.[162] Weniger Probleme hatte König Wilhelm mit anderen in seinem Dienst oder in dem des Staates stehenden Baumeistern.

Hof und Hofgesellschaft

König Wilhelm sah darauf, daß der Hof ein freier – von Landständen und Ministern unbeeinflußter – Verfügungsbereich des Monarchen blieb.[163] Deshalb stellte er ihn auch auf eine eigene finanzielle Grundlage. Schon 1817 führte er zu diesem Zweck die Zivilliste ein. Diese hatte bis zum Abschluß des Verfassungsvertrags provisorischen Charakter. Am 20. Juni 1820 wurde die Zivilliste, über deren Mittel das Hofdomänenpräsidium verfügte, einschließlich der Naturalleistungen an Getreide, Heu, Stroh und Holz auf 850000 fl festgesetzt. Mit ihr waren die Dispositionsfonds des Königs und der Königin, die Kosten für die Erziehung der königlichen Kinder sowie die Personal- und Sachkosten des Hofes zu bestreiten.[164] Neben der Zivilliste standen dem Monarchen freilich noch andere Mittel zur Verfügung: zunächst die Einkünfte aus dem nicht unbeträchtlichen, nach der Verfassung von 1819 – im Gegensatz zum Kammergut – als Privateigentum der königlichen Familie geltenden Hofdomänenkammergut, sodann das Privatvermögen des Monarchen.[165] Auf die Zivilliste, eine jährliche Rente, hatte der König Anspruch, weil er das

Kammergut dem Staat überlassen hatte.[166] Paragraph 104 der Verfassung legte fest, daß das finanzielle Volumen der Zivilliste während der Regierungszeit eines Monarchen nicht verändert werden durfte. Dies hatte den Vorteil, daß die Zivilliste der Kontrolle der Landstände entzogen blieb, ein Tatbestand, der für das Ansehen des Monarchen und für die Würde der Krone von unschätzbarem Wert war. Übrigens erfolgte während der 48 Jahre währenden Regierungszeit König Wilhelms nur einmal ein Eingriff in die Zivilliste, nämlich 1848, als sie vermindert wurde.[167]

König Wilhelm vermehrte im Lauf der Jahre sein Privatvermögen und das seiner Familie stetig. Zunächst erwarb er vor allem Domänen, oder er arrondierte durch den Kauf einzelner Grundstücke und Gebäude königliche Güterkomplexe, so 1818 in Berg.[168] In den dreißiger Jahren kaufte die Hofdomänenkammer auf Veranlassung des Königs in Friedrichshafen das Schloß, einzelne Grundstücke in der Stadt, die Domäne Manzell, das Seewaldgut und die Löwentaler Güter, den Seewald sowie Jagd- und Fischereirechte. Das Schloß am Bodensee wählte die königliche Familie zum Sommeraufenthalt.[169] Bis 1842 gelang es, die beim Regierungsantritt König Wilhelms 1816 beträchtlichen Schulden der Hofdomänenkammer vollständig zu tilgen. Etwa mit der Jahrhundertmitte änderte sich die Besitzerwerbsstrategie Wilhelms. Nunmehr gewann für die Hofdomänenkammer die Geldanlage in Wertpapieren den Vorrang gegenüber den Grundbesitzankäufen.[170]

König Wilhelm war kein Freund verschwenderischer höfischer Pracht. Auch widerstrebte ihm, ständig von einem großen Gefolge umgeben und abgeschirmt zu sein. Er war um einen volksnahen Regierungsstil bemüht. Obwohl ihm die Gabe der Leutseligkeit abging, schätzte er doch den Kontakt zu seinen Untertanen, und er zeigte mitunter selbst Verständnis für Schrullen und Absonderlichkeiten einzelner. Als ein Stuttgarter namens Enslin behauptete, die königlichen Anlagen beim Schloß gehörten ihm, und er sich den ganzen Tag dort aufhielt, ohne irgendwelchen Schaden anzurichten, befahl der König, den Mann nicht zu vertreiben, sondern ihn in seinem »stillen Wahnsinn« gewähren zu lassen.[171]

Die glanzvolle höfische Repräsentation, auf die er sich durchaus verstand, wollte König Wilhelm auf bedeutsame Anlässe beschränkt wissen. Im Hofalltag sollte es vergleichsweise bescheiden zugehen. Wenig Sinn hatte er für das gestelzte Zeremoniell seines Vaters. Schon wenige Wochen nach seinem Regierungsantritt ersetzte er es durch ein einfacheres, schlichteres.[172] Auch den pompösen Rahmen der Neujahrsfeierlichkeiten, bei denen der Erhebung Württembergs zum Königreich gedacht wurde, beschränkte er auf das zeremoniell Unerläßliche. Bei den nicht allzu häufigen Besuchen fremder Fürstlichkeiten entschied sich König Wilhelm gewöhnlich für einen eher bescheidenen Rahmen. Im August 1829 hielt sich die Kaiserin von Brasilien mit ihrem Bruder, dem Prinzen von Leuchtenberg, kurz in Stuttgart auf. Da König Wilhelm abwesend war, fand der Besuch wenig Beachtung.[173] 1833 kam Kronprinz Friedrich Wilhelm von Preußen, der spätere König Friedrich Wilhelm IV., 1836 dessen Bruder Wilhelm, der nachmalige Kaiser Wilhelm I., im August 1840 Großherzog Leopold von Baden nach Stuttgart.[174] König Wilhelm wußte, wie er den jeweiligen hochgestellten Gast behandeln mußte. Prinz Wilhelm von Preußen, eine biedere Soldatennatur, zeigte sich beeindruckt von der ebenso hoheitsvollen wie liebenswürdigen Persönlichkeit König Wilhelms. Seinem Vater berichtete er: »Aber denken Sie sich meine Verlegenheit, als sich der König selbst mit gezogenem Säbel an die Spitze setzte und [an] mir die Truppen vorbeiführte! Eine Auszeichnung, die ich jedenfalls nicht verdiene.«[175] Besonders wichtig war König Wilhelm, daß Angehörige des Zarenhauses, die Rußland, die Schutzmacht Württembergs, repräsentierten, ehrenvoll empfangen wurden. Deshalb ließ er dem russischen Thronfolger Alexander bei dessen Besuch in Stuttgart im März 1839 höchste protokollarische Ehren erweisen. Die Ausfahrt zu einer Besichtigung von Hohenheim und zum Besuch der Grabkapelle auf dem Rotenberg, wo der Zarewitsch an einem russisch-orthodoxen Gottesdienst teilnahm, erfolgte in einem sechsspännigen Wagen. Protokollarisch weniger aufwendig ging es beim Besuch der Großfürstin Helene, einer Nichte König Wilhelms, im April des folgenden Jahres zu. Als Familienmitglied machte sie in Stuttgart eine Art Heimaturlaub.[176]

Für die Eröffnung des Landtags wählte König Wilhelm ein Zeremoniell, das weit einfacher als das in Karlsruhe und in München war. Er legte sich in Fragen der Etikette überhaupt nicht gerne fest, sondern bewahrte sich eine gewisse Freiheit, um im Bedarfsfall nach Gutdünken entscheiden zu können. So blieb manches ungeregelt. Die für das Zeremoniell zuständigen Hofbeamten und der Außenminister hatten es beim Umgang mit dem diplomatischen Korps nicht leicht, sie befanden sich bei Empfängen oder Audienzen häufig in einer peinlichen Verlegenheit.[177]

Drastisch verminderte König Wilhelm die Zahl und die Funktionen der Hofchargen. Es gab nur noch Kammerherren, aber keine Pagen und Kammerjunker wie zu Zeiten König Friedrichs. Seit 1824 wurde auch kein Zeremonienmeister mehr ernannt.[178] Die Hofverwaltung organisierte Wilhelm neu. Er betraute im November 1816 mit ihrer Leitung ein Kollegium, den Oberhofrat. Neben ihn traten als Verwaltungsstelle für das Krongut, die Zivilliste und das königliche Familienfideikommißgut die Hofdomänenkammer und die dieser unterstellte Oberhofkasse, die die seitherigen Spezialkassen ablöste. Dem Oberhofrat gehörten als Mitglieder die Oberhofbeamten an: der Oberhofmeister, der Oberstkammerherr, der Oberststallmeister und zunächst auch noch der Oberhofintendant, dessen Stelle 1818 gestrichen wurde.[179] Der Oberstkammerherr übernahm im Dezember 1816 wichtige Aufgaben des seitherigen Oberhofmarschallamts. Er hatte künftig »die Präsentationen feierlicher Art zu besorgen und alle Hoffeste und Feierlichkeiten im ausgedehntesten Sinn des Wortes zu leiten«.[180]

Vor 1848, also vor Ablösung der bäuerlichen Grundlasten, besaß der standesherrliche Adel in Württemberg eine wirtschaftlich verhältnismäßig starke Position. Die ihm in der Wiener Schlußakte eingeräumte und von König Wilhelm respektierte staatsrechtliche Sonderstellung mit einer Reihe von Privilegien, zu denen vor allem auch die Ebenbürtigkeit mit den regierenden Häusern zählte, sowie seine Mehrheit in der Ersten Kammer der Landstände sicherte ihm ein nicht unerhebliches politisches Eigengewicht. Dennoch vermochte sich ein Großteil der mediatisierten Fürsten und Grafen mit den Verhältnissen in dem kleinen Königreich nicht anzufreunden. Sie bevorzugten auswärtige Dienste, vorrangig solche in Österreich und in Preußen. Ähnliches galt zum Teil auch für die ritterschaftlichen Familien. Doch war ihre Stellung im Land wirtschaftlich und politisch ungleich schwächer. Sie waren deshalb sehr viel mehr als die Standesherren auf das Wohlwollen des Monarchen und seiner Regierung angewiesen.

König Wilhelm konnte den Adel nicht mehr wie sein Vater an den Hof zwingen. Ohne Zweifel hatte auch er ein Interesse daran, ihn bei repräsentativen Anlässen in seiner Nähe zu sehen. Allerdings sollte dieses Interesse bei seinem nur mäßig ausgebildeten

Repräsentationsbedürfnis nicht zu hoch bewertet werden. Sicher ist, daß er seinen Hof als politisches Instrument benutzte. Die Anwesenheit einflußreicher Vertreter des Adels gab ihm Gelegenheit, politische Gespräche zu führen, sich wichtige Informationen zu verschaffen, seine Politik zu erläutern und zu verdeutlichen. Einladungen an den Hof verlieh er den Charakter von Auszeichnungen. Immer wieder versuchte er, Standesherren und ritterschaftliche Abgeordnete massiv politisch zu beeinflussen. Er erwartete, daß der Adel seine Regierungspolitik mittrug. Adlige, die dies nicht taten, bekamen sein Mißfallen empfindlich zu verspüren, so durch die Verweigerung des Hofzutritts für kürzere oder längere Zeit.[181]

1821 erließ König Wilhelm ein neues Rangreglement, das in zehn Klassen gegliedert war und lediglich Angehörige des Hof- und Staatsdienstes einschließlich des Kirchen-, des höheren Schul- und des Kommunaldienstes aufführte. Adlige, die nicht im königlichen Dienst standen, blieben unberücksichtigt.[182] Erstmals 1821 wurden auch exakte Bestimmungen über den von König Friedrich eingeführten Personaladel und über die Hoffähigkeit publiziert. Beide Vorrechte waren auf die vier ersten Rangstufen oder -klassen beschränkt. Allerdings kamen diese Privilegien wie zur Zeit König Friedrichs auch den Trägern hoher württembergischer Orden zu. Von den durch seinen Vater gestifteten Orden behielt Wilhelm lediglich den Militärverdienstorden bei. An die Stelle des Großen Ordens des goldenen Adlers und des Zivilverdienstordens setzte er 1818 den Orden der Württembergischen Krone.[183] Außerdem stiftete er am 1. Januar 1830 für hervorragende Verdienste im Militär- wie im Zivildienst einen neuen »Ritter-Orden«, den Friedrichsorden.[184] Die Verbindung des Personaladels mit dem Militärverdienstorden sowie mit dem Orden der Württembergischen Krone und mit den ersten Rangklassen blieb bis 1913 bestehen. In jenem Jahr strich König Wilhelm II. die Personaladel-Bestimmung in den Ordensstatuten und im Rangreglement. Beim Friedrichsorden war der Personaladel bereits 1856 weggefallen.[185]

Nach dem Rangreglement von 1821 gehörten die Departementsminister, die Generale der Infanterie und der Kavallerie, der Kanzler der königlichen Orden, der Obersthofmeister und der Oberstkammerherr des Königs sowie die Staatsminister der ersten Rangklasse an, sämtliche anderen obersten Hofbeamten des Königs, die Geheimen Räte, die Generalleutnants sowie der Staatssekretär der zweiten Klasse. Die Hof- und Staatsbediensteten dieser beiden ersten Klassen führten das Prädikat »Exzellenz«. Der König behielt sich aber vor, dieses Prädikat auch Persönlichkeiten zu verleihen, die rangmäßig anders eingestuft waren oder die überhaupt keinen Rang besaßen. Der dritten Klasse waren die Generalmajors, der katholische Landesbischof, die Präsidenten der Landeskollegien sowie die Staatsräte zugewiesen, der vierten die Direktoren bei den Landeskollegien, der Erbkämmerer und der Erbmarschall, die Generalsuperintendenten oder Prälaten, die Kammerherren, der katholische Domdechant und Generalvikar, außerdem die Obersten. Zur fünften Stufe zählten Oberregierungsräte und Oberstleutnants, zur sechsten Geheime Archivare, Geheime Hofräte und ordentliche Professoren der Landesuniversität Tübingen.[186]

Unbestritten war die Hoffähigkeit der Fürsten und Grafen. Dagegen konnten Vertreter des ritterschaftlichen Adels, wenn sie kein hochrangiges öffentliches Amt bekleideten, eine solche nicht beanspruchen. Ob ihnen der Zutritt zum Hof gewährt wurde oder nicht, war ins Belieben des Königs gestellt. Der Forderung des ritterschaftlichen Adels, ihm generell die Hoffähigkeit zuzugestehen, versagte sich der Monarch. Doch erfüllte er Wünsche von Edelleuten, an Hofveranstaltungen teilnehmen zu dürfen, gewöhnlich gerne. Er wollte von Fall zu Fall entscheiden.[187] Der ritterschaftliche Adel erlangte zwar die Hoffähigkeit nicht als Privileg, wohl aber de facto. In der Regel genügte bei ihm schließlich ein formaler Antrag, um Zutritt zum Hof zu bekommen. Sehr begehrt bei der Ritterschaft war die Kammerherrenwürde; sie verschaffte ihren Trägern samt Ehefrauen uneingeschränkte Hoffähigkeit, verbesserte ihre gesellschaftliche Stellung und erhöhte ihr öffentliches Ansehen.[188] Die im Rangreglement aufgerichteten Schranken der Hoffähigkeit betrachtete König Wilhelm nicht als starr und unverrückbar. Er öffnete sie namentlich bei Festen, Bällen und anderen gesellschaftlichen Veranstaltungen des Hofes für jüngere Offiziere sowie für Beamte der mittleren Rangklassen. Ebenso lud er oft nichthoffähige Personen an seine Tafel, um sie dadurch auszuzeichnen.[189]

Der Hof bildete nicht mehr wie zur Zeit König Friedrichs einen die Staatsverwaltung überhöhenden Bereich, in dem die Königswürde ihren prunkvollen Repräsentationsmittelpunkt hatte, sondern einen Sonderbereich, nur der Verfügungsgewalt des Monarchen unterstellt. Minister und Generale standen gegenüber den obersten Hofchargen nicht mehr zurück. Im Gegensatz zu seinem Vater legte König Wilhelm der staatlichen Verwaltung größeres Gewicht als der Hofverwaltung bei.[190]

Gewöhnlich war der König nur von wenigen Repräsentanten des Hofs und einigen Offizieren umgeben. Bei den von ihm »zur Tafel gezogenen« Gästen machte er zwischen Hoffähigen und Nichthoffähigen keinen Unterschied. Der Hofalltag war ohne Glanz, dennoch fehlte er bei Hoffesten keineswegs. Vor allem in den zwanziger und dreißiger Jahren gab es am Stuttgarter Hof zahlreiche großartige und vielbeachtete gesellschaftliche Veranstaltungen: Opernabende, Schlittenpartien, Empfänge usw. Die jungen Prinzen und Prinzessinnen sorgten für Kurzweil und ein reges Gesellschaftsleben. Zu den Hofbällen fanden sich gewöhnlich mehrere hundert Personen ein.[191] 1827 gab der König »dem größeren Publikum der Stadt« Stuttgart zwei fantastische Maskenbälle, einen im Neuen und einen im Alten Schloß. Am 6. März 1829 lud er 900 Gäste aus allen Ständen zu einem glänzenden Fest in den Redoutensaal.[192] Nicht mehr wie zur Zeit König Friedrichs zählten die Jagden zu den bedeutendsten Hofereignissen. König Wilhelm war kein großer Nimrod. Wenn er jagte, dann vor allem Niederwild wie Schnepfen, Rebhühner und Fasanen. Bei seinen Jagdausflügen hatte er nur wenige Begleiter bei sich. Seine bevorzugten Jagdreviere waren die Solitude, das Herdtle, der Monrepos-Park und der Favoritewald bei Ludwigsburg.[193] Tangiert war der Hof schließlich noch von der Weinlese, da es zur Gewohnheit der königlichen Familie gehörte, alljährlich der Weinlese in Cannstatt (Pragweinberg) oder in Untertürkheim beizuwohnen. Bei der Weinlese 1839 waren den Damen Kostüme vorgeschrieben, den Herren Fräcke. Die Brigademusik spielte.[194]

Obwohl König Wilhelm den Aufwand für den Hof drastisch verminderte, ihm eine Art großbürgerlichen Zuschnitt gab und die Hofgesellschaft vom Odium der Exklusivität befreite, vermochte die bürgerliche Oberschicht trotz der Verlockungen durch den Personaladel und der damit verbundenen Hoffähigkeit ihr Mißtrauen gegen den Hof und die Hofgesellschaft nicht zu überwinden. Der Hauptgrund dafür dürfte in der Abneigung des Bürgertums, namentlich der jahrhundertelang im Herzogtum Württemberg tonangebenden »Ehrbarkeit«, gegen das aristokratische

Element gelegen haben, das den Hof beherrschte. Man mißtraute dem fremden Adel, der seit den Tagen der Herzöge Eberhard Ludwig (1677–1733) und Carl Eugen (1744–1793) die wichtigsten Hofstellen innehatte. Doch auch der mediatisierte südwestdeutsche Adel blieb dem Bürgertum fremd; es hatte Vorbehalte gegen den wirtschaftlich und politisch schwachen ritterschaftlichen Adel, und es lastete den Standesherren an, daß sie ihre eigenen politischen Anliegen verfolgten, den partikularstaatlichen Interessen Württembergs aber gleichgültig gegenüberstanden. Den Aufstieg in den erblichen Adel betrachtete das gehobene Bürgertum als wenig erstrebenswertes Ziel. König Friedrich hatte den oberen Rangklassen der bürgerlichen Beamten unter nicht allzu schwierigen finanziellen Voraussetzungen und den bürgerlichen Offizieren sogar ohne solche Vorbedingungen die Möglichkeit eröffnet, die Erhebung in den erblichen Adelsstand zu beantragen. Doch nur verhältnismäßig wenige Offiziere und ein noch geringerer Prozentsatz von Beamten machten von dieser Möglichkeit Gebrauch. König Wilhelm erhob während der 48 Jahre seiner Regierung 28 Bürgerliche in den einfachen Adel, 8 machte er direkt zu Freiherren und einen zum Grafen. 6 dieser Standeserhebungen entfielen auf Frauen, 16 auf Offiziere, 9 auf Staatsbeamte, 2 auf Bankiers und Kaufleute, 2 auf Wissenschaftler und Gutsbesitzer und 2 auf Jugendliche ohne Beruf. Keiner von den zahlreichen bürgerlichen Ministern kam um die Verleihung des erblichen Adels ein. Auch auf den Personaladel legten die leitenden Beamten offenbar wenig Wert. Viele führten ihn im täglichen gesellschaftlichen Verkehr nicht einmal.[195]

Daß der Stuttgarter Moriz Mohl 1848 in der Frankfurter Nationalversammlung den Antrag auf Abschaffung des Adels einbrachte, nimmt bei den starken Vorbehalten des württembergischen Bürgertums gegen den Adel im 19. Jahrhundert nicht wunder. Mohl vertrat den Standpunkt, wenn es keine Kaste mehr gäbe, zu deren Vorrechten das Hofwesen gehörte und in deren Standesinteresse die Aufrechterhaltung der künstlichen Scheidewände zwischen Fürst und Volk läge, dann würden die Höfe »einfacher und bürgerlicher, also wohlfeiler«, könnten die Zivillisten und Apanagen vermindert, das von lästigen Etikette-Vorschriften befreite Verhältnis zwischen Fürst und Volk insgesamt ungezwungener und befriedigender gestaltet werden. Dabei bestehe, von Württemberg aus gesehen, der geringste Anlaß, den Adel zu beseitigen, denn von einer ungebührlichen Bevorzugung des aristokratischen Elements könne in diesem Land am allerwenigsten die Rede sein.[196] 1862 klagte die Baronin Spitzemberg: »Im öffentlichen Leben hindert bei uns in Württemberg ein adliger Name mehr als er nützt.«[197]

Die meisten Württemberger fanden sich in der Mitte des 19. Jahrhunderts, wenn auch nur widerstrebend, mit Hof und Hofgesellschaft ab, weil sie den Monarchen respektierten, aber sie blieben ihnen doch weithin fremd. Sie hatten zudem noch immer die Verhältnisse zu den Zeiten Herzog Carl Eugens und König Friedrichs vor Augen, als die verschwenderische höfische Repräsentation das kleine Land mit seinen kargen wirtschaftlichen Hilfsquellen über die Maßen belastet und der landfremde Adel die maßgebenden Stellen am Hof innegehabt hatte.

Regierung und Landstände

Am 15. Januar 1820 berief König Wilhelm den ersten Landtag ein. Hofbaumeister Barth hatte inzwischen den Umbau des einstigen Landtagsgebäudes abschließen können. Die Erste Kammer tagte fortan im alten landschaftlichen Hauptgebäude, die Zweite im neuerrichteten Halbmondsaal. Lediglich die Zweite Kammer tagte öffentlich, doch war die Zuhörerschaft auf Männer beschränkt. Im Gegensatz zu den Mitgliedern der Zweiten Kammer zeigten die Mitglieder der Ersten Kammer an der Wahrnehmung ihrer Rechte und Pflichten wenig Interesse. 1820 fanden sich von 50 erblichen Mitgliedern nur 24 ein. Die Erste Kammer war wegen der Abwesenheit eines erheblichen Teils ihrer Mitglieder häufig beschlußunfähig (ein anwesendes Mitglied durfte nur ein abwesendes vertreten). In der Praxis besaß Württemberg ein Einkammersystem.[198] Anläßlich der Landtagseröffnung 1820 und 1823 gab das Hoftheater auf Veranlassung des Monarchen Freivorstellungen. 1820 stand auf dem Spielplan »Achill« und 1823 »Die Vestalin«.[199] Das äußere Erscheinungsbild der Ständevertreter wirkte obrigkeitlich reglementiert und damit kurios. Die Standesherren und die ritterschaftlichen Mitglieder trugen blaue gold- und silberbestickte Fräcke, soweit sie nicht als Hofchargen und Offiziere in Uniform erschienen. Den Angehörigen der Zweiten Kammer waren schwarze Amtsroben mit gleichfarbigen kurzen Mänteln vorgeschrieben[200], die sie erst 1848 ablegten.

Mit einer Thronrede verabschiedete König Wilhelm am 26. Juni 1821 den ersten Landtag. Seine Anrede an die Ständevertreter der Zweiten Kammer lautete: »Edle, Ehrwürdige, Liebe Getreue«, entsprechend den drei Kategorien der Ständevertreter, der ritterschaftlichen Abgeordneten, der Privilegierten und der sonstigen Abgeordneten. Wilhelm wollte, wie er erklärte, mit dieser feierlichen Verabschiedung seinen Untertanen, aber auch der Welt – mit »Welt« meinte er die Vertreter der auswärtigen Mächte auf den Galerien – unmißverständlich kundtun, daß er den Tag glücklich preise, an dem durch freien Vertrag die Verfassung in Kraft getreten sei. Für ihn war höchst erfreulich, daß diese Verfassung »unter dem Schutz der Mäßigung, der Treue und Anhänglichkeit« eine so segensreiche Wirkung entfaltet habe, und er rief die Ständevertreter auf: »Lassen Sie uns die betretene Bahn stets verfolgen, nur auf ihr erreichen wir das Ziel unseres Strebens, Glück im Innern, Achtung unserer Zeitgenossen und die wohlwollende Freundschaft anderer Mächte, die für uns von so hohem Wert ist.«[201]

Bis zur Julirevolution 1830 wurden insgesamt fünf Landtage abgehalten.[202] Sie alle zeigten sich sehr gefügig, waren für den noch vorkonstitutionell weitgehend aus dem Kabinett regierenden König leicht zu handhabende Machtinstrumente.[203] Zu Recht versieht E. R. Huber das parlamentarische Leben im Württemberg der zwanziger Jahre mit dem Etikett »gouvernementale Eintönigkeit«[204]. Eine nennenswerte Opposition in der Zweiten Kammer gab es nicht. Der König hatte leichtes Spiel, mit Hilfe seines Justizministers Maucler und des Präsidenten der Zweiten Kammer Weishaar neue politische Vorstellungen durchzusetzen, Übereinstimmung in den Grundlinien der Politik zu erzielen und die ihm sinnvoll erscheinenden Reformen auf den Weg zu bringen. Eine solchermaßen disziplinierte Abgeordnetenschaft machte keine »Schlagzeilen«, im Gegenteil: sie bewirkte eher ein öffentliches Desinteresse am parlamentarischen Geschehen und trug entscheidend zur Apathie der Wähler bei.[205] Hieran änderte auch nichts, daß der »Schwäbische Merkur« 1823 ausführlich über die ständischen Verhandlungen berichtete.[206] Einzelnen liberal gesinnten Abgeordneten mißfiel die Servilität der Zweiten Kammer. Im Spätjahr 1823 legte Dr. Albert Schott, Abgeordneter des Oberamts Böblingen, sein Landtagsmandat nieder. In einem Brief an den »vertrauten Freund« Friedrich List gab er seinem Überdruß Ausdruck. Er wolle, so schrieb er, »nicht länger die Komödie Weishaar – Maucler mitspielen«. Lieber verschlucke er jeden Morgen einen Frosch als sich länger mit württembergischen Staatsangelegenheiten zu befassen.[207]

König Wilhelm hatte freie Hand, seine Minister auszuwählen. Diese meist sehr qualifizierten Männer hatten im Rahmen ihrer Kompetenzen seine Politik auszuführen, und sie waren dem Landtag verantwortlich. Doch betrachtete der Monarch sie nicht als reine Erfüllungsgehilfen seiner Politik. Er achtete ihre Rechte und ihre Sachkompetenz. Die Minister verwalteten einzelne Geschäftsbereiche; ihr Zusammenwirken war erschwert, da es kein Staatsministerium, sondern nur den Geheimen Rat gab, dem aber neben den Ministern auch noch vom König in freier Entscheidung berufene Räte angehörten. Allerdings brauchten sie auch keine Einmischung eines Superministers in ihre Belange zu befürchten.[208]

In den ersten Regierungsjahren Wilhelms gab es verhältnismäßig viele Ministerwechsel. So amtierten zwischen 1816 und 1819 zwei Außenminister, drei Justizminister, drei Innenminister und ein Minister des Kirchen- und Schulwesens, drei Finanzminister sowie ein Kriegsminister. Dies war darauf zurückzuführen, daß König Wilhelm noch nicht zu dem ihm gemäßen Regierungsstil gefunden hatte, daß er unsicher war, aber auch darauf, daß sich damals das Land und mit ihm sein Regent der Bewältigung schwieriger Probleme gegenübersahen. Anders war die Situation in den zwanziger Jahren. Jetzt behielten die Minister ihre Ämter über viele Jahre hinweg, so Außenminister Graf von Beroldingen von 1823 bis 1848, Innenminister Chr. F. Schmidlin von 1821 bis 1830, Finanzminister Weckherlin von 1818 bis 1827, Justizminister von Maucler von 1818 bis 1831. Ohne Zweifel hatte nunmehr König Wilhelm die Zügel der Staatsleitung fest in der Hand. Freilich war auch die Zeit ruhiger geworden, so daß sich der konstitutionelle Staat konsolidieren konnte.[209]

König Wilhelm beachtete bei der Berufung seiner Minister gewisse ständische Herkunftskriterien. Für den Posten des Kriegsministers wählte er tüchtige Offiziere, die in der Regel dem Adel angehörten. Adelige waren gewöhnlich auch die Außenminister. Dagegen besetzte der König die Stellen des Innen-, des Finanz- und des Justizministers meist mit Angehörigen der obersten bürgerlichen Klasse, der Ehrbarkeit. Bei den Ministern dominierte die evangelisch-lutherische Konfession, zu der sich die Bevölkerung Altwürttembergs sowie eine starke Minderheit der Bevölkerung in den neuwürttembergischen Landesteilen bekannte. Nur ein geringer Prozentsatz (etwa 10 Prozent) waren Katholiken. Die Väter der meisten Minister hatten als Beamte, Pfarrer oder Professoren ihren Lebensunterhalt erlangt. Doch fehlten auch Aufsteiger von ganz unten nicht. Schon 1832 schaffte der Tübinger Bäckersohn Johannes Schlayer den Sprung an die Spitze des Innenministeriums. Allerdings war der mit einem erstaunlichen Gedächtnis begabte glänzende Jurist und Kameralist am Beginn seines Aufstiegs von Kultminister von Wangenheim protegiert worden, auch hatte er zeitweise dem Landtag angehört.[210] Daß König Wilhelm einen Landtagsabgeordneten in ein Ministeramt berief, geschah sehr selten. Der erste Ständevertreter, den er dazu erkor, war der ritterschaftliche Abgeordnete Freiherr Karl von Varnbüler. Ihm übertrug er 1827 das Finanzressort.[211] Wenn man die Minister und die Inhaber anderer höchster Staats- und Hofämter unter König Wilhelm Revue passieren läßt, dann kehren einige Namen immer wieder, so Linden, Wächter, Varnbüler, Neurath, Maucler, Zeppelin, Beroldingen und Spitzemberg. Es waren dies vornehmlich Angehörige nichtwürttembergischer Adelsfamilien, die aus dem Dienst des Alten Reichs und aus dem anderer deutscher Länder als Verwaltungsleute (Neurath, Linden), als Juristen und Gelehrte (Wächter) und als Soldaten (Hügel, Beroldingen) in den württembergischen Dienst übergewechselt waren und, zum Teil miteinander versippt, hier eine wichtige staatstragende Funktion erfüllten, dazu das Vertrauen König Wilhelms genossen.[212]

König Wilhelm wählte seine Minister sorgsam aus. Vorrangige Kriterien für ihn waren dabei hohe Befähigung, aber auch unbedingte Loyalität gegenüber seiner Person. Ein Mann von überragender Intelligenz war beispielsweise der von 1817 bis 1821 das Innenministerium leitende Christian Friedrich Otto (1758–1836); er wurde 1821 Präsident des Geheimen Rats.[213] Das Innenministerium übernahm Christoph Friedrich Schmidlin (1780–1830), ein hervorragender Jurist, der bereits seit 1812 im württembergischen Verwaltungsdienst stand und dort reiche Erfahrungen gesammelt hatte. Das Innenministerium verwaltete er bis zu seinem frühen Tod 1830 in vorbildlicher Weise.[214]

Finanzminister Ferdinand Heinrich August Weckherlin (1767

bis 1828) leistete in den zwanziger Jahren einen entscheidenden Beitrag zur Sanierung der württembergischen Staatsfinanzen, die durch die napoleonischen Kriege sowie durch Mißernten und Fehlweinherbste stark in Unordnung geraten waren. Er führte die staatliche »Etatwirtschaft« ein, das heißt einen detaillierten Staatshaushaltsplan mit den in ein exaktes Gleichgewicht gebrachten Staatseinnahmen und -ausgaben. Wesentlichen Anteil hatte er an der Schaffung eines modernen Beamtenrechts. Das Beamtengesetz vom 28. Juni 1821 legte Rechte und Pflichten der Staatsbediensteten fest, regelte Besoldungen, Pensionen und Hinterbliebenenbezüge. Weckherlin traf Maßnahmen, die die Nutzung der Staatsforsten und der staatlichen Eigenbetriebe wie Hütten- und Eisenwerke sowie Salinen erheblich verbesserten. Das Steuerrecht stellte er auf eine neue Grundlage, die mehr Steuergerechtigkeit gewährleistete. Mit der Schaffung eines Ertragssteuersystems näherte er sich bereits dem Einkommensteuersystem an. Die von ihm ins Werk gesetzte allgemeine Landesvermessung, die für die Herstellung eines neuen Grundkatasters unerläßlich war, hat bis heute ihre Gültigkeit behauptet. Es verwundert, daß es wegen Weckherlin die einzige Ministerkrise in Württemberg während der zwanziger Jahre gab. Die Stände warfen dem verdienten Minister 1827 wegen Etatüberschreitungen verfassungswidriges Verhalten vor, und die Zweite Kammer sah dadurch das Vertrauen, das sie in ihn gesetzt hatte, erschüttert. König Wilhelm wollte sich die Gefügigkeit der Landstände bewahren und entließ Weckherlin, ohne auch nur dessen gewichtige Rechtfertigungsargumente zu prüfen. Der Entlassene verwand die erlittene Kränkung nicht, er starb bereits im folgenden Jahr, 61jährig.[215]

Einen der wenigen Vertrauten seines Vaters, die König Wilhelm im Dienst behielt, war Freiherr Christian Ludwig August von Vellnagel (1764–1853), der einst in der Hohen Carlsschule seine Ausbildung erhalten hatte. Schon von König Friedrich zum Ministerstaatssekretär und zum beratenden Mitglied des Staatsministeriums ernannt, machte ihn Wilhelm als Staatssekretär zum Chef seines Kabinetts und übertrug ihm das Präsidium der königlichen Hofkammer, die Leitung der Hofbankintendanz und das Kuratorium des königlichen Privatvermögens. König und Staatssekretär arbeiteten viele Jahre lang eng zusammen, und Wilhelm hat sich von seinem Kabinettschef offensichtlich manches sagen lassen.[216]

In den ersten Regierungsjahren König Wilhelms wurde das Steuerwesen neu geordnet. Ein beträchtlicher Teil der Staatseinnahmen beruhte auf den direkten Steuern auf Grund und Boden, Gebäuden und Gewerben. 1820 wurden diese Abgaben durch Steuern auf Kapitalien, Besoldungen und Pensionen sowie zeitweise auf die Apanagen ergänzt. Das Quotenverhältnis der Grund-, Gebäude- und Gewerbesteuer betrug 17 zu 4 zu 3. Die Steuern wurden zentral nach einem festen Schlüssel festgesetzt und dann auf die Oberämter und von diesen auf die Gemeinden umgelegt. Die Schultheißenämter erhoben die Steuern bei den steuerpflichtigen Bürgern.[217] In den zwanziger Jahren forderten die Landstände nachdrücklich eine Verminderung der Staatsausgaben, um die Steuer- und Abgabenlast der Untertanen zu verringern. Sie verlangten, daß sich die Regierung streng an den verabschiedeten Etat halte und ohne ihre Zustimmung keine neuen Institute errichte oder bereits bestehende erweitere, bei Besoldungen und auch sonst keine zusätzlichen Kosten verursachenden Veränderungen vornehme. »Jeder überflüssige und unverwilligte Aufwand in den Ministerien« müsse unterlassen werden. Das Land hatte damals hohe finanzielle Belastungen durch den Kauf der Herrschaften Ochsenhausen und Warthausen aus dem Besitz des Fürsten Metternich und des Grafen Johann Philipp Stadion, die fast zwei Millionen Gulden betragen hatten.[218] Dennoch tat die Finanzverwaltung alles, dem Verlangen der Stände nach einer Verminderung der Steuerlast der Untertanen zu entsprechen. Dies gelang ihr mittelfristig auch. 1819/20 erbrachte das Kammergut 35 Prozent, 1843/44 beinahe die Hälfte der Staatseinnahmen. Dagegen schrumpfte der Anteil der direkten Steuern von einem starken Drittel 1825/26 auf ein knappes Viertel im Etatjahr 1841/42.[219]

Wenn König Wilhelm behauptete, die ersten Worte der »Urschwaben« seien »noi« und »netta«[220], so war dies humorvoll gemeint. Freilich: Mit der sperrigen, widerborstigen Art seiner Untertanen hatte der König seine liebe Not. Vor allem die Basen- und Vetternwirtschaft, wie sie in der altwürttembergischen bürgerlichen Oberschicht, der Ehrbarkeit, gang und gäbe war, machten ihm arg zu schaffen. In der Ehrbarkeit war alles miteinander verwandt, versippt und verschwägert. Ein ausgeprägter Familiensinn, der selbst noch den dritten und vierten Verwandtschaftsgrad einschloß, sorgte dafür, daß lukrative geistliche und weltliche

Ämter gewissermaßen in der Familie blieben. Fremde, auch Neuwürttemberger, taten sich schwer, Zugang zu dieser »Frau Basen- und Vetterleswirtschaft«, wie sie Cotta bezeichnete, zu bekommen.[221] Der verwandtschaftlich-gesellschaftliche Filz der Ehrbarkeit trug mit die Schuld, wenn zu Beginn der Regierung König Wilhelms Beamtenwillkür und Korruption beinahe alltäglich waren, wenn der Schreiberstand nach Krakenart die Verwaltung zu seiner Domäne gemacht hatte. Der Monarch mußte hart durchgreifen, um diesem Übel zu steuern. Allein 1820 mußten 50 Ortsvorsteher und Gemeinderechner wegen strafbarer Handlungen zu Zuchthaus oder Festung verurteilt werden. Die Zahl der angeklagten Gemeindebediensteten lag noch wesentlich höher.[222] König Wilhelm ging gegen diese zum Teil althergebrachten Mißstände an. Er unterwarf die Schreiber staatlichen Prüfungen und wies die tüchtigsten der Finanzverwaltung zu, wo sie insgesamt gute Arbeit leisteten.[223] Sein Ziel war ein kenntnisreicher, fleißiger und unbestechlicher Beamtenstand, der den Verwaltungsapparat in Schwung brachte und effektive Arbeit leistete.[224] Und dieses Ziel erreichte er. Dabei hatte er ein scharfes Auge nicht bloß auf die oberste staatliche Verwaltung, sondern auch auf die mittleren und unteren Verwaltungsinstanzen. Ebenso interessierten ihn die Verhältnisse in den Städten und Landgemeinden. Über Abgeordneten- und Schultheißenwahlen ließ er sich genau unterrichten.[225]

Für die Verwaltung der Gemeinden, der Oberämter und der Stiftungen schuf das Verwaltungsedikt vom 1. März 1822 eine neue Grundlage. Die Gemeinden eines Oberamtsbezirks bildeten nunmehr eine Amtskörperschaft. Diese hatte die für »gemeinschaftliche Zwecke« erforderlichen finanziellen Aufwendungen, die von den ihr angehörenden Gemeinden aufzubringen waren, zu bestreiten. Über die Belange der Oberamtsbezirke beriet und entschied die aus 20 bis 30 Abgeordneten der Oberamtsstadt und der übrigen Gemeinden bestehende Amtsversammlung, deren Vorsitz der Oberamtmann innehatte. In der Amtsversammlung hatten die Ortsvorsteher der einzelnen Gemeinden neben möglichen anderen Vertretern ihrer Gemeinden Sitz und Stimmrecht. Für die Zahl der Gemeindevertreter in der Amtsversammlung war nicht die Einwohnerzahl der einzelnen Gemeinden maßgebend, sondern ihr jeweiliger Anteil am »Amtsschaden«, also der Beitrag, den die Gemeinde zur Oberamtsumlage leistete.

Um einem Übergewicht der Oberamtsstädte in den Amtsversammlungen vorzubeugen, war bestimmt, daß keine Gemeinde mehr als ein Drittel der Gesamtzahl der Abgeordneten stellte. Die Amtsversammlungen wählten den Oberamtspfleger, also den Kämmerer, sowie den Amtsversammlungsaktuar, der die Geschäfte führte und die Beurkundungen vornahm. Voraussetzung für den auf Lebenszeit zu bestellenden Oberamtspfleger, den wichtigsten Beamten der Amtskörperschaft, war die durch eine staatliche Dienstprüfung nachzuweisende fachliche Eignung. Ein Teil der Oberamtspfleger entstammte dem Schreiberstand, der Rest verfügte über eine juristische Vorbildung. Dem Oberamtmann kam eine Doppelfunktion zu: Er war Staatsbeamter und zugleich Leiter der Amtskörperschaft. Durch die Polizeigewalt, die er innehatte, und durch die ihm obliegende Bauaufsicht der Gemeinden besaß er im Oberamt eine sehr starke Stellung. Zusammen mit dem Dekan bildete er eine gemischte staatlich-kirchliche Behörde, das »Gemeinschaftliche Oberamt«, das für alle Schul- und Stiftungsangelegenheiten zuständig war. Der Oberamtmann sollte über eine akademische Ausbildung verfügen, er sollte an der Landesuniversität Tübingen möglichst ein juristisches oder ein staatswirtschaftliches Studium absolviert haben.[226]

Unter dem Druck der Großmächte Österreich und Preußen mußte Württemberg wie die anderen deutschen Mittel- und Kleinstaaten strenge Maßnahmen gegen die Exponenten eines freiheitlichen Geistes ergreifen. Die Pressezensur wurde verschärft. Gegen die Tübinger Burschenschaft ging die Regierung mit aller Härte vor. 1824/25 befanden sich 20 Burschenschafter auf der Festung Hohenasperg.[227] Nach der Feststellung der Mainzer Zentraluntersuchungskommission handelte es sich dabei um Angehörige eines politischen Geheimdienstes, des »Jugend- und Jünglingsbundes«, dessen Leiter der Kandidat der Kameralwissenschaft Gustav Eduard Kolb (1798-1865) aus Stuttgart war.

Die im Herbst 1824 auf den Hohenasperg verbrachten jungen Leute, die entweder noch studierten oder als Pfarrer, Rechtsanwälte, Kaufleute oder Buchhändler schon im Berufsleben standen und von denen nicht wenige bekannte Namen der Ehrbarkeit wie Bardili, Hauff, Liesching oder Tafel trugen, wurden zunächst harten Haftbedingungen unterworfen. Wegen der Teilnahme an einer hochverräterischen Verbindung verurteilte sie der Zivilsenat des Esslinger Gerichtshofs 1825 zu zwei bis vier Jahren Festungshaft. Doch wurden sie zunehmend großzügiger behandelt. Sie konnten sich in der Festung frei bewegen und durften Familienangehörige und Freunde empfangen. Zu den jüngeren Offizieren der Garnison knüpften sie freundschaftliche Kontakte, mit den älteren standen sie in gutem Einvernehmen. Keiner der verurteilten Burschenschafter mußte seine Strafe ganz verbüßen. Die meisten von ihnen kamen bald wieder auf freien Fuß und wurden in ihren bürgerlichen Rechten voll rehabilitiert. Als letzter wurde nach zweijähriger Strafzeit Kolb entlassen. Dieser erlangte später als Chefredakteur der in Augsburg erscheinenden »Allgemeinen Zeitung« hohes Ansehen. Als Kolb später einmal nach Stuttgart kam, bat ihn König Wilhelm zu sich. Sich gewissermaßen entschuldigend, äußerte der König, das drakonische Vorgehen gegen die Burschenschafter sei nicht in seinem Sinn gewesen, doch habe er, um die württembergischen Beziehungen zu Österreich und Preußen nicht allzusehr zu belasten, die volle Schärfe des Gesetzes walten lassen müssen.[228]

Geschadet hat dem Ruf König Wilhelms die Affäre Friedrich List. Der 1789 geborene hochbegabte, aber querköpfige Sohn eines wohlhabenden Reutlinger Weißgerbers wandte sich zunächst der Schreiberlaufbahn zu, hörte nebenbei in Tübingen Vorlesungen über Kameralwesen, Staatsrecht sowie Zivilprozeßrecht und legte 1814 die staatliche Aktuarsprüfung ab. Nach dem Regierungsantritt König Wilhelms im Herbst 1816 holte ihn der nunmehrige Kultminister Freiherr von Wangenheim, der ihn von Tübingen her kannte, als Mitarbeiter in sein Ministerium nach Stuttgart. 1817 setzte Wangenheim durch, daß List gegen starken Widerstand der Universität einen Lehrstuhl für Staatsverwaltungspraxis an der neugegründeten Staatswirtschaftlichen Fakultät erhielt. Zunächst fand List als Hochschullehrer wohlwollendes Verständnis, erregte aber durch sein eigenmächtiges, aufmüpfiges Verhalten Anstoß, so als er im Frühjahr 1819 ohne Rückfrage bei der Stuttgarter Regierung Mitverfasser einer Zolldenkschrift und Mitbegründer des Deutschen Handels- und Gewerbevereins in Frankfurt am Main wurde. 1820 erlangte er nach Überwindung verschiedener Widerstände das Abgeordnetenmandat der »guten Stadt Reutlingen« in der Zweiten Kammer der Landstände in Stuttgart. Dort machte er durch seine sachkundig begründeten, weitschauenden wirtschaftspolitischen Forderungen zur Förderung des darniederliegenden einheimischen Gewerbes und Handels sowie zur Überwindung innerdeutscher

Zollgrenzen, ferner zur Veränderung des Steuer- und Abgabewesens Furore.

Höchst mißfällig aber nahm die Regierung seine Forderung nach jährlichen Landtagsperioden und nach einer alljährlich neuen Bewilligung des Staatshaushaltsplans durch den Landtag auf. Dieses Verlangen zielte auf eine Stärkung der Stellung des Landtags und andererseits auf eine wesentliche Begrenzung der Macht der Regierung und insbesondere der des Königs. Als er nun gar Anfang 1821 in einer von ihm verfaßten gedruckten Reutlinger Petition heftige Angriffe gegen die Regierung, die Gerichte und Verwaltungsbehörden und namentlich gegen die Beamten richtete, strengte die Regierung eine Kriminaluntersuchung gegen ihn an. Seine Verteidigungsrede in der Zweiten Kammer verschlimmerte noch seine Situation. Auf Verlangen des Justizministers sprach ihm der Landtag unter Bezugnahme auf Paragraph 158 in Verbindung mit Paragraph 135 Nr. 2 der Verfassung sein Abgeordnetenmandat ab. Am 11. April 1822 wurde List wegen »Ehrenbeleidigung der Gerichts- und Verwaltungsbehörden und Staatsdiener Württembergs« zu einer zehnmonatigen Festungshaft mit angemessener Beschäftigung innerhalb der Festung verurteilt.

Für den Geheimen Rat und für König Wilhelm war es keine Frage, daß List mit seinen Anträgen in der Zweiten Kammer und vor allem mit der Reutlinger Petition Hand an die Grundfesten der staatlichen Ordnung des Königreichs Württemberg zu legen versucht und auch dem Land außenpolitischen Schaden zugefügt hatte, beobachtete doch der österreichische Staatskanzler Metternich mit besonderem Mißtrauen die Entwicklung der innenpolitischen Verhältnisse Württembergs. König Wilhelm demonstrierte deshalb im Fall List Härte und nahm damit in Kauf, daß er die Repräsentanten eines fortschrittlich-liberalen Geistes in Württemberg vor den Kopf stieß. List entwich nach dem Strafurteil ins Ausland, kehrte aber, auf die Gnade seines Königs hoffend, in die Heimat zurück. Allein, er täuschte sich. Er wurde auf die Festung Hohenasperg gebracht und erst nach Verbüßung eines Teils seiner Strafe »zur Auswanderung nach Amerika« begnadigt. Durch seine Haft auf dem »Höllenberg«, dem Hohenasperg, später auch Demokratenbuckel genannt, wurde List zum politischen Märtyrer. Er erlangte weit über Württemberg hinaus große Popularität. König Wilhelm – im Bestreben, bei den Großmächten nicht noch mehr an politischem Kredit zu verlieren, und aus Sorge vor der Überhandnahme eines aufmüpfig-revolutionären Geistes in Württemberg – bestand auf dem Buchstaben des Gesetzes; er büßte Sympathien ein und verlor das ihm in seinen ersten Regierungsjahren zuerkannte Prädikat eines freiheitlichen politischen Hoffnungsträgers.[229] Vielleicht hing es mit der Affäre List zusammen, sicher aber nicht nur mit ihr, wenn der Freiherr vom Stein, der einst dem Kronprinzen Friedrich Wilhelm so sehr gewogen gewesen war, König Wilhelm 1821 »durch und durch falsch, den einzigen bösen Fürsten in Deutschland« nannte.[230]

Im Frühjahr 1832 berief König Jakob Friedrich Weishaar (1775 bis 1834), den langjährigen Präsidenten der Zweiten Kammer, einen charaktervollen, stets um einen gerechten Ausgleich der Interessen bemühten Mann, der während der Verfassungskämpfe in den Jahren 1815 bis 1819 einer der führenden Altrechtler gewesen war, zum Innenminister. Er glaubte, damit einen geschickten Schachzug getan zu haben, hoffte er doch, Weishaar werde auf die liberale Opposition in der Zweiten Kammer einen mäßigenden Einfluß ausüben. Allein, er hatte einen Fehlgriff getan. Der hochbegabte Jurist war gesundheitlich schwer angeschlagen und der ihm übertragenen Aufgabe nicht mehr gewachsen. Zunächst steuerte Weishaar einen harten Kurs gegen den sich radikalisierenden Liberalismus, dann sah er durch die Bundestagsbeschlüsse vom Juni/Juli 1832 die verfassungsmäßigen Rechte der Landstände gefährdet. Im August 1832 trat er von seinem Amt zurück.[231] Sein Nachfolger wurde Johannes Schlayer (1792–1860). Dieser hatte auf dem zweiten Bildungsweg Rechtswissenschaft studiert, hatte als Schützling Wangenheims die Verwaltungslaufbahn eingeschlagen, war bereits mit 25 Jahren Kanzleidirektor im vereinigten Innen- und Kultministerium und mit 32 Jahren als Oberregierungsrat ranghöchster Ministerialbeamter. 1825 wurde er von der Stadt Tübingen in die Zweite Kammer der Landstände gewählt. Er verfügte also nicht nur über ausgezeichnete Verwaltungskenntnisse, sondern auch über reiche parlamentarische Erfahrungen. In sein Doppelministerium holte er sich die qualifiziertesten Nachwuchskräfte, darunter auch Angehörige der Tübinger Burschenschaft. Von seiner Auffassung, daß das konstitutionell-monarchische System nur funktioniere, wenn Regierung und Parlament in ihren Zielen übereinstimmten, überzeugte er auch den König, und es gelang ihm, durch besondere Rücksichtnahme auf die konservative Erste Kammer und die damals vom Pietismus geprägte evangelische Landeskirche diese Übereinstimmung zu erreichen und bis kurz vor Ausbruch der Revolution von 1848, zuletzt allerdings stark angefochten, zu behaupten.[232]

König Wilhelm gefielen zweifellos der praktische Verstand, der effektive bürokratische Arbeitsstil und wohl auch die Selbstsicherheit sowie die Rednergabe Schlayers. Der neue Innen- und Kultminister, der vorübergehend auch die Leitung des Justizressorts innehatte, war ein Mann, dem ähnlich wie ihm selbst daran lag, zielstrebig die Modernisierung und wirtschaftliche Entwicklung des kleinen Königreichs voranzutreiben.[233] Neben dem Freiherrn von Maucler, der das Justizministerium mit dem Präsidium des Geheimen Rats vertauscht hatte, stieg er rasch zum führenden politischen Kopf des Landes auf. Günstig wirkte sich aus, daß er sich mit Maucler, der hinter den Kulissen die Fäden zog und nach wie vor das besondere Vertrauen seines königlichen Jugendfreundes genoß, offenbar recht gut verstand. Wie andere Minister und Geheime Räte dürfte er an dem von Maucler veranstalteten »Geheimratsball«, der allwöchentlichen Abendrunde[234], teilgenommen haben, bei der sicher nicht nur die Geselligkeit gepflegt wurde, sondern bei der auch politische Kursbestimmungen erfolgten. Maucler wollte auf solche Weise ein wenig von dem Kollegialsystem bewahren, das König Wilhelm nicht schätzte. Der Monarch zog es nämlich vor, mit den Chefs der einzelnen Ressorts über anstehende Probleme einzeln zu beraten und deren Sachverstand zu nutzen. Dies praktizierte er insbesondere beim Innenminister, der in der Regierung wegen seiner ausgedehnten Kompetenzen eine Vorrangstellung einnahm. Kam noch wie bei Schlayer und in den fünfziger Jahren bei Linden eine herausragende politische Begabung hinzu, dann intensivierten sich die Kontakte.[235] Diese beiden Minister bestimmten jahrzehntelang die Innenpolitik, sie hatten zudem zeitweise erheblichen Einfluß auf die württembergische Außenpolitik, da sie das besondere Vertrauen des Monarchen genossen.

Auch nach der Schaffung eines vereinigten bayerisch-württembergischen Zollgebiets 1828 und der Begründung des Deutschen Zollvereins 1833, die für Württemberg große wirtschaftliche Vorteile brachten, hielt König Wilhelm strikt an der politischen Eigenständigkeit seines Landes fest. Er wußte sich hierbei mit einem Großteil seiner Untertanen einig, die die kulturellen, geistigen und religiösen Besonderheiten des kleinen Königreichs bewahren wollten.[236] Der von ihm nach dem Ausbruch der Julirevolution propagierte Zusammenschluß der süddeutschen Staaten war lediglich als Notmaßnahme gegen die damalige äußere Bedrohung gedacht, nicht jedoch als eine Preisgabe von Souveränitätsrechten. Wolfgang Menzel, der schon in der Mitte der zwanziger Jahre nach Stuttgart gekommen war, wunderte sich, wie stark damals noch in Württemberg der »partikularistische Sinn« und die Sympathien für Frankreich waren, die durch den neuen Liberalismus »wieder aufgefrischt« wurden. Selbst Uhland gab sich nach der Beobachtung Menzels mehr als Württemberger und Liberaler denn als deutscher Patriot.[237]

König Wilhelm erkannte früh die Bedeutung der Presse als publizistische Vermittlerin der Regierungspolitik. 1832 nötigte Schlayer im Einvernehmen mit dem König den »Schwäbischen Merkur«, Beiträge der Regierung in seine Spalten aufzunehmen. Diese Artikel erläuterten die offizielle Politik und richteten sich gegen die liberale Opposition. Die Kosten für die Pressebeiträge übernahm König Wilhelm.[238]

Eine große Leistung der Regierung war die Sanierung der Staatsfinanzen. Die langen Kriegsjahre und die Mißjahre 1816/17 hatten im Staatshaushalt hohe Defizite verursacht. Die umfassende Steuerreform der zwanziger Jahre, die direkte und indirekte Steuern in ein neues Verhältnis zueinander brachte, zeigte rasch Wirkung. Der Staatshaushalt konnte ausgeglichen werden. Trotz wiederholter Steuersenkungen waren ab 1827 zum Teil beträchtliche Einnahmeüberschüsse zu verzeichnen. Haushalt und Steuerbelastung blieben bis Mitte der vierziger Jahre konstant. Die Ertrags- und Einkommensteuer konnte sogar mehrmals vermindert werden. Erst die Mißernten der Jahre 1846 und 1847 sowie die Übergangskrise in den Jahren 1854 und 1855 bewirkten im Landeshaushalt wiederum Defizite, zumal der Ertrag des Kammerguts stark sank.[239]

Innenminister Schlayer betrieb eine progressive Wirtschaftspolitik. Zur Selbstdarstellung der Regierung war ihm die parlamentarische Opposition willkommen. Ähnlich wie ein parlamentarischer Minister kam er regelmäßig zu den Sitzungen der Kammer der Abgeordneten, vertrat als glänzender Debattenredner den Standpunkt der Regierung, häufig die Rolle des

Anwalts oder Wortführers der konservativen, gouvernementalen Kammermehrheit übernehmend. Das Beamtentum stellte er in den Dienst seiner Politik. Auf der anderen Seite war die liberale Opposition bemüht, den Staat und seine Repräsentanten mit liberalem Geist zu durchdringen. Freilich tat sie sich gegenüber einem zielstrebigen politischen Praktiker wie Schlayer schwer. Ihre Vorstellungen und Bestrebungen waren oft recht diffus. Auch zahlte sich Opposition um der Opposition willen nicht aus. Statt die Schlayersche Politik, soweit sie einen fortschrittlichen, den Interessen des Landes förderlichen Charakter hatte, zu unterstützen, ohne dabei eigene liberale Gesichtspunkte außer acht zu lassen, hielt sie an ihrem starren Konfrontationskurs fest und verlor so zunehmend bei ihren Wählern an Vertrauen.[240]

Gleichzeitig profitierte das Bürgertum von den Maßnahmen der Regierung im Bereich der Wirtschaft. Es erlebte einen wirtschaftlichen und sozialen Aufstieg, wurde selbstbewußter gegenüber dem Obrigkeitsstaat und begann sich von der staatlichen Bevormundung zu lösen. Ein unverkrampftes Verhältnis zwischen liberaler Opposition und Regierung lag im beiderseitigen Interesse. Allein, zunächst geschah das Gegenteil. 1838 verzichteten die Häupter des politischen Liberalismus Albert Schott, Friedrich

Die Kammer der Abgeordneten, der berühmte »Halbmondsaal«.

Römer, Paul Pfizer und Ludwig Uhland auf eine Wiederwahl. Von den bekannteren Angehörigen der Opposition kehrten lediglich Karl Joseph Camerer, Karl Christian Ulrich Deffner, Johann Georg Dörtenbach und Gustav Duvernoy in den Landtag zurück. War die Zweite Kammer bislang ein Forum gewesen, in dem oppositionelle Abgeordnete und regierungstreue Ständemitglieder sowie Minister und Ministerialbeamte ihre gegensätzlichen Standpunkte dargelegt hatten, so verfiel sie nunmehr in Lethargie. Damit verspielte sie auch ihr Renommee, ein Refugium publizistischer Freiheit in einem Land zu sein, in dem eine freie Meinungsäußerung sonst kaum noch möglich war. Der Regierung begegnete im berühmten Halbmondsaal nur noch wenig Widerstand. Für Schlayer erwies sich dies als nachteilig. Er vermochte seiner Politik im Schlagabtausch mit der ständischen Opposition jetzt keine klaren Konturen mehr zu geben, sie zu verteidigen und, soweit erforderlich, an ihr Korrekturen vorzunehmen. Er war nunmehr ausschließlich der Kopf der Verwaltung, der Repräsentant der Bürokratie, konnte bei den erforderlichen Maßnahmen nach Gutdünken entscheiden, die parlamentarische Kontrolle, das ständische Korrektiv fehlte. Die Verfassung verkümmerte. Ihr unerläßlicher Ausbau für die gesetzliche Freiheit, ebenso für die »dauernde Befestigung des Rechtes und der Gesellschaft« unterblieb, und diese Kalamität beklagten selbst Vertreter der monarchisch-konstitutionellen Richtung.[241] Daß die Regierung 1838 die Wahl der Abgeordneten noch durch die Begünstigung von unfähigen, ja mißachteten, aber ihr ergebenen Kandidaten in ebenso unwürdiger wie unnötiger Weise beeinflußte, war gänzlich unverständlich.[242] Kein Wunder daher, wenn der neue Landtag im Volksmund die Bezeichnung »die Amtsversammlung« bekam oder wenn damals das Wort vom »beschränkten Untertanenverstand« geprägt wurde.[243]

Trotz seines Bestrebens, die Landstände, namentlich die Zweite Kammer, im Sinne der Regierung zu disziplinieren, dachte König Wilhelm nie daran, die Verfassung aufzuheben und in vorkonstitutioneller Weise zu herrschen. Dies zeigt seine Reaktion auf den Verfassungsbruch des Königs von Hannover 1837. Er akzeptierte nicht nur den Protest der württembergischen Landstände gegen den Willkürakt des hannoverschen Monarchen und verteidigte ein von der Tübinger Juristischen Fakultät auf Antrag der Stadt Osnabrück in dieselbe Richtung gehendes Rechtsgutachten, sondern er beantragte auch zusammen mit Bayern beim Bund, Hannover zur Aufrechterhaltung seines verfassungsmäßigen Rechtszustands aufzufordern. Daß dieser Antrag am Einspruch Österreichs und Preußens scheiterte, brachte ihm die Ohnmacht der deutschen Mittelstaaten wieder einmal schmerzlich zum Bewußtsein. Aufsehen erregte es, daß er Professor Ewald, einem der »Göttinger Sieben«, die wegen ihres Protests gegen den Verfassungsbruch ihre Lehrstühle verloren hatten, in Tübingen eine neue akademische Wirkungsmöglichkeit bot. Als ihn der König von Hannover, der übrigens seinen Landeskindern den Besuch der Universität Tübingen verboten hatte, bei einem Zusammentreffen in Berlin fragte, warum er einen der fortgejagten Professoren angestellt habe, antwortete er schlagfertig mit einem Wort »Ebendeswegen«[244].

1838 stellte Albert Schott fest, daß die gegenwärtige Regierung die beste sei, die Württemberg seit derjenigen Eberhards im Bart gehabt habe. Der profilierte liberale Politiker tat diese Äußerung sicher nicht leichten Herzens, denn er litt unter dem obrigkeitlichen Regiment, das der bürgerlichen Freiheit wenig Raum ließ ebenso wie auch unter der wachsenden Zahl von regierungstreuen Abgeordneten in der Zweiten Kammer. Doch er sah, daß die der Politik gleichgültig oder distanziert gegenüberstehende Mehrheit der Bevölkerung zufrieden war, zumal es wirtschaftlich stetig, wenn auch langsam aufwärtsging, die Staatsfinanzen in Ordnung waren, der Staatsapparat funktionierte und die Steuerbelastung sich in Grenzen hielt.[245]

König Wilhelm selbst genoß hohes Ansehen. Bereits 1829 hatte er öffentliche Audienzen eingeführt. Jeweils freitags zwischen 9 und 11 Uhr konnte jeder Untertan im Stuttgarter Residenzschloß Bitten, Vorschläge und Beschwerden vorbringen.[246] Die Untertanen schätzten die Anspruchslosigkeit des Königs, seine einfache Lebensweise, seinen rechtlichen Sinn, das Zurücktreten seiner Person und seiner Familie hinter den Staat, die ihm am Herzen liegende Gleichbehandlung von Adel und Bürgertum, von Militär und Zivil, seine Fürsorge für das allgemeine Wohl, seine erfolgreichen Bemühungen um die Hebung der Landwirtschaft, des Gewerbes und des Handels.[247] Das Geburtstagsfest des Königs nahmen reimende Württemberger immer wieder zum Anlaß, um dem König in schwülstigen Gedichten zu huldigen, so 1838 Friedrich Decker. Er hob die Liebe des Volkes für seinen

Landesvater hervor, rühmte die durch Wilhelm geschaffene Wohlfahrt des Landes, die dem König zu verdankende Eintracht. Auch nannte er Wilhelm einen vorbildlichen Christen, weil er mit Milde regiere, ebenso einen Inbegriff deutscher Treue. Der achtstrophige »Jubelgesang« schloß mit der Bitte an Gott »Laß Wilhelms Lebensstern / Nie untergehn!«[248]

Als eine der vornehmsten Aufgaben seiner Regierung bezeichnete es König Wilhelm bei seiner Thronbesteigung, der württembergischen Strafrechtspflege ein den Forderungen der Zeit Rechnung tragendes solides gesetzgeberisches Fundament zu schaffen. Noch immer galt die »Constitutio Criminalis Carolina (CCC)«, auch kurz »Carolina« genannt, die »Peinliche Gerichtsordnung Kaiser Karls V.«, aus dem 16. Jahrhundert mit ihren drakonischen Strafen. Die Arbeiten an dem neuen Strafgesetzbuch zogen sich viele Jahre hin. Endlich, im Oktober 1838 verabschiedete es der Landtag, und am 1. März 1839 trat es in Kraft.[249]

Wilhelm trat für einen humanen Strafvollzug ein. Im Gegensatz zu seinem Vater verzichtete er auf ein Bestätigungsrecht bei Strafurteilen. Eine Verschärfung von Strafen, die sich König Friedrich vorbehalten hatte, kam für ihn nicht in Betracht. Er behielt sich lediglich ein Begnadigungsrecht sowie das »Abolitionsrecht«, das Recht der Einstellung oder Niederschlagung eines Strafprozesses noch vor Beginn der Unterzeichnung bzw. vor Eröffnung des Verfahrens oder vor der Verkündigung des Urteils, vor. In den Paragraphen 96 und 97 der Verfassung war dies ausdrücklich so festgelegt worden.[250] Bei Todesurteilen machte der Monarch häufig von seinem Begnadigungsrecht Gebrauch. So war es ihm zu verdanken, daß von 27 Todesurteilen, die in seinen ersten acht Regierungsjahren gefällt wurden, 11 in Freiheitsstrafen umgewandelt wurden. Beispielsweise lieferte er keine Kindsmörderin, die nach der »Carolina« mit dem Tod zu bestrafen war, dem Schwert aus. Von den 16 Todesurteilen, die württembergische Gerichte zwischen 1825 und 1827 aussprachen, wurden dank des von ihm geübten Begnadigungsrechts lediglich sechs vollzogen, und diese allesamt an Mördern. Wilhelm setzte durch, daß die Hinrichtungen gewöhnlich mit dem Schwert und nur ausnahmsweise mit dem Rad erfolgten. Mit dem Inkrafttreten des Strafgesetzbuchs 1839 wurde die Todesstrafe ausschließlich durch das Schwert vollstreckt.[251]

König Wilhelm lag sehr daran, daß die zu Freiheitsstrafen verurteilten Delinquenten anständig behandelt und sinnvoll beschäftigt wurden. So setzte er am 24. Dezember 1830 einen Preis von 500 Dukaten aus für Vorschläge »über die zweckmäßigsten Beschäftigungsarten der Gefangenen in den höheren Strafanstalten des Königreichs«. Das Echo war recht positiv. 28 Arbeiten gingen ein, 4 von ihnen wurden mit Preisen bedacht, allerdings befriedigte keine dieser Arbeiten voll.[252] 1837 veranlaßte der König die Anschaffung von 18 Exemplaren der deutschen Übersetzung eines chinesischen Werks über Seidenzucht. Die Verwaltungen des Arbeitshauses Ludwigsburg und des Polizeihauses Rottenburg hofften, mit diesem Erwerbszweig ihren Gefangenen eine lohnende Betätigung zu bieten.[253] Die von den Visitatoren gerühmten »geordneten Verhältnisse« in dem 1842 nur mit weiblichen Häftlingen belegten Arbeitshaus Markgröningen fanden auch das Wohlwollen des Monarchen. Als Anerkennung bewilligte er dem Leiter der Anstalt das großzügige Geldgeschenk von 150 fl.[254]

Am 27. September 1841 vollendete König Wilhelm das 60. Lebensjahr. Wenige Wochen später stand sein 25jähriges Regierungsjubiläum ins Haus. Nach dem Willen weiter Bevölkerungskreise sollten diese beiden bedeutsamen Ereignisse den Anlaß bilden, den Monarchen in besonderer Weise zu ehren und ihm zu huldigen. Zur Vorbereitung der Feierlichkeiten bildete sich in Stuttgart ein Komitee, dessen Vorsitz Minister von Gärttner übernahm.[255] König Wilhelm war von Beginn an in die Planungen eingeweiht. Der »Festzug der Württemberger«, der am 28. September 1841, dem Tag nach seinem Geburtstag, stattfinden sollte, entsprach seiner Auffassung von der politischen Kultur in seinem Land und von der ihm darin zugewiesenen Rolle.[256] Für den Geburtstag selbst wurden Gottesdienste angeordnet.[257] Der Festzug wurde eine der größten und glanzvollsten Veranstaltungen, die Stuttgart bis dahin erlebt hatte: mehr als 10 000 Teilnehmer aus dem ganzen Königreich.

Der König begrüßte den Zug, als sich dieser durch den inneren Schloßhof zu dem mit einer Festsäule geschmückten Schloßplatz bewegte.[258] Friedrich Wilhelm Hackländer fiel auf, daß selbst die entlegensten Straßen »verziert« waren, wie er dies später nie mehr sah. Jedes einzelne Haus, so berichtete er, habe »irgendeinen Schmuck in Blumen, Früchten, Kränzen, Laubwerk, bunten Tüchern, Fahnen, Gemälden und Bildhauerarbeiten, in Porträts, Büsten und Namenszügen des Königs« gezeigt.[259] Im Anschluß an den Festzug ritt König Wilhelm, lediglich von einem Reitknecht begleitet, durch die festlich geschmückten Straßen.[260] Obwohl er sonst kein Freund aufwendiger Feste war, wußte er diese ihm zu Ehren veranstaltete Jubiläumsfeier in berechtigtem stolzem Selbstgefühl zu würdigen. Der Festzug brachte zum Ausdruck, daß die Bewohner des Landes, Alt- und Neuwürttemberger, Protestanten und Katholiken, Unter- und Oberländer, Vertreter der verschiedensten Berufsstände wie Bauern, Handwerker, Künstler oder Akademiker, zu einem Volk zusammengewachsen waren und daß König und Verfassung diese Einheit symbolisierten. Aus seinem Privatvermögen stiftete der Monarch 262 Broschen für Mädchen, die in unterschiedlichen Funktionen am Festzug teilnahmen.[261]

Am Abend des 28. September begeisterte ein Feuerwerk auf der oberen Prag die festlich gestimmten Menschen in Stuttgart und Umgebung, und es war ein aufleuchtendes Fanal: Auf den benachbarten Höhen wurden Feuer entzündet, die sich rasch auf entferntere Berge fortpflanzten, bis überall im Land Höhenfeuer loderten.[262] In einer Vielzahl panegyrischer Gedichte und Lieder wurde der sechzigjährige Monarch als der strahlende Heros gefeiert, der für Gerechtigkeit, Freiheit, das Glück seiner Untertanen und Menschenwürde eintrat.[263] Auch Eduard Mörike dichtete zu Ehren des Königs ein »Dramatisches Spiel« mit dem Titel »Das Fest im Gebirge«, das leider keinen Anklang fand, deshalb zog es der Dichter zurück und verbot seine Veröffentlichung.[264] Freilich, nicht alle Württemberger vermochten vorbehaltlos in den Festtagsjubel einzustimmen. Die noch immer ihrer politischen Eigenständigkeit nachtrauernden oberschwäbischen Standesherren oder die Angehörigen der politischen Linken hielten sich zurück. Die einen wollten mit dem Staat König Wilhelms möglichst wenig zu tun haben, den anderen war dieser Staat mit seinem bürokratischen Charakter zuwider.[265] Im Gegensatz zu den meisten württembergischen Zeitungen, die über das Regierungsjubiläum respektvoll und sachlich berichteten, machte sich der liberale »Beobachter« in einer »geradezu kabarettistischen Artikelfolge« über die Jubiläumsfeierlichkeiten lustig. Für ihn waren sie von duodezfürstlicher Art. Freilich, um die Zensur zu täuschen, gab die Redaktion vor, die Artikel aus einer Hamburger Zeitung übernommen zu haben.[266]

Auch außerhalb Württembergs wurde das Regierungsjubiläum König Wilhelms beachtet. Einige Zeitungen rühmten idealisierend Württemberg als konstitutionellen Musterstaat, an dessen Spitze ein verantwortungsbewußter, kluger und human denkender Monarch stehe. Die »Leipziger Allgemeine Zeitung« schrieb: »Die in Württemberg in Übereinstimmung mit der Verfassung befolgten Regierungsgrundsätze … haben sich vor jedem ungeblendeten Auge als heilbringend ausgewiesen. Das monarchische Prinzip hat hier nicht an Würde und Kraft verloren, vielmehr, indem es dem Schutze der Rechte und allgemeinen Interesses des Volkes seine Tätigkeit zuwandte, hat es seine erhabene Natur beurkundet in Belehrung, Ausbildung und Erziehung des demokratischen Prinzips. Darum steht ihm dieses nicht feindlich gegenüber, sondern ist mit ihm durch Vertrauen, Anerkennung der schützenden Weisheit des Königs durch Dankbarkeit und Liebe unauflöslich verbunden und im Wesen vereint«.[267]

Dem 25. Jahrestag der Thronbesteigung König Wilhelms wurde am 31. Oktober 1841 durch Jubiläumsgottesdienste ein würdiger Rahmen verliehen. Als Predigttext wählte der Monarch die Verse 10 bis 12 des 85. Psalms: »Doch ist ja seine Hilfe nahe denen, die ihn fürchten, daß in unserem Lande Ehre wohne; daß Güte und Treue einander begegnen, Gerechtigkeit und Friede sich küssen; daß Treue auf der Erde wachse und Gerechtigkeit vom Himmel schaue.«[268] Über dieses Psalmwort konnte nicht nur in evangelischen und katholischen Kirchen, sondern auch in Synagogen gepredigt werden. Hier waren übrigens Leitbegriffe der Regierung König Wilhelms genannt, so namentlich Gerechtigkeit und Friede, wobei Friede für Wilhelm nicht nur der Friede zwischen Staaten und Völkern, sondern auch der Friede zwischen den Konfessionen und Religionen sowie zwischen den verschiedenen Bevölkerungsklassen bedeutete.

Anläßlich seines Regierungsjubiläums erließ König Wilhelm eine Amnestie für alle wegen politischer Vergehen Verurteilten. Dies trug ihm den Beifall des liberalen Lagers ein.[269] Der Redakteur des »Hochwächters«, Rudolf Lohbauer (1802–1873), der im Herbst 1832 ins Ausland geflohen war, um der Verhaftung wegen Pressevergehen und »landesverräterischer Umtriebe« zu entgehen, konnte nach fast zehn Jahren erstmals wieder württembergischen Boden betreten und seine Verwandten in Heilbronn und Ludwigsburg besuchen.[270]

Sehr förderlich für das Land und seine Bewohner waren die Stiftungen, zu denen das Regierungsjubiläum den Anstoß gab. Die israelitischen Gemeinden brachten beinahe 6 000 fl zur Gründung eines jüdischen Waisenhauses in Esslingen auf. Stadt und Amt Esslingen riefen eine Rettungsanstalt für verwahrloste Kinder ins Leben. Zu den dazu erforderlichen Mitteln steuerte ein Esslinger allein 1 000 fl bei. Eine ähnliche Anstalt errichteten Stadt und Oberamt Ravensburg. Für ein allgemeines Krankenhaus in Isny kamen am Tag der Jubiläumsfeierlichkeiten nicht weniger als 2 637 fl zusammen. Stuttgarter Bürger stifteten ein Witwenhaus. Namhafte Stipendiengelder für Studierende der Universität und der Kunstschule sowie zur finanziellen Unterstützung von Gewerbetreibenden, von Land- und Forstwirten stellten die Städte Giengen und Ulm aus dem Stiftungsvermögen zur Verfügung. 1 000 fl stiftete der Heilbronner Silberwarenfabrikant P. Bruckmann zur Bildung eines Fonds, der die Errichtung einer Zeichen- und Modellierschule bei der Realanstalt seiner Heimatstadt ermöglichen sollte. Bedeutsam war schließlich eine Stiftung, zu der Angehörige der verschiedensten Bevölkerungsklassen aus allen Teilen des Königreichs beitrugen. Die Erträge daraus sollten zur Erweiterung der praktischen Ackerbauschule in Hohenheim sowie zur Gründung zweier ähnlicher Schulen im Jagst- und Donaukreis, ferner zur Unterstützung »würdiger, aber bedürftiger Zöglinge« der Gewerbeschule in Stuttgart verwendet werden.[271]

Zu den Jubiläumsfeierlichkeiten in Stuttgart wurde auf dem Schloßplatz eine 25 Meter hohe prächtige Holzsäule mit vier 2,5 Meter großen Siegesgöttinnen errichtet. Die Säule schloß oben mit einer Konkordia ab. An ihre Stelle trat fünf Jahre später eine 30 Meter hohe Granitsäule. An deren Unterbau wurden drei von Theodor von Wagner geschaffene Bronzereliefs von Schlachten im Feldzug von 1814 gegen Napoleon sowie ein Relief, das die Huldigung der Stände 1841 darstellte, außerdem vier Eckfiguren angebracht. Zunächst sollte die Säule ein Standbild König Wilhelms krönen. Doch von dieser Idee nahmen die Stände während der Revolution von 1848/49 Abstand. Der König selbst trat für eine Konkordia ein, um mit ihr die Einigkeit zwischen Monarch und Ständen sinnbildlich zum Ausdruck zu bringen. 1863, ein Jahr vor Wilhelms Tod, wurde eine von Bildhauer Hofer geschaffene Skulptur aufgestellt. Mit besonderem Bedacht waren die Inschriften der provisorischen Säule gewählt worden: »Dem furchtlosen Streiter in Krieg und Frieden für Deutschlands Ehre und Recht. Dem edlen deutschen Fürsten, der dem Bürger die Hand gereicht zum Landesgrundvertrage. Dem treuesten Freund und Wohltäter seines Volkes. Dem geliebten Könige seine dankbaren, allweg beständigen Württemberger«. Die Inschrift auf der Granitsäule, die im Volk auch spöttisch das »Landeskerzenlicht« genannt wurde, lautete, das gute Einvernehmen zwischen Monarch und Ständen hervorhebend: »Dem treuesten Freunde seines Volkes, König Wilhelm, dem Vielgeliebten, widmen die Stände Württembergs dieses Denkmal zur Feier seines 25jährigen Regierungsjubiläums den 30. Oktober 1841«.[272]

Einen ungleich bescheideneren Rahmen als das 25jährige Regierungsjubiläum König Wilhelms hatte 1844 die über Stuttgart hinaus nur wenig beachtete Feier zum 25jährigen Verfassungsjubiläum. Sie bestand im wesentlichen in einer Dank- und Huldigungsadresse, die der Ständische Ausschuß dem Monarchen überreichte. Bei dieser Gelegenheit würdigte Wilhelm den guten Geist, in dem die Landstände während des vergangenen Vierteljahrhunderts die Verfassung »gehandhabt« hätten. Als sein Bestreben betonte er, für Wahrheit, Recht und Ordnung zu sorgen. Verständlicherweise vermied er das Wort Freiheit in diesem Zusammenhang. Unverkennbar aber war sein Bemühen um Toleranz. So ließ er die Verbreitung des hämischen Flugblatts von Johannes Scherr »Württemberg im Jahr 1844« zu, obwohl der Zensor sie hatte verhindern wollen. An dem gemeinsamen Festmahl des Ständischen Ausschusses nahm auch Kronprinz Karl teil.[273]

Mit Blick auf die Verhältnisse in Württemberg in der Mitte der vierziger Jahre erkannte der Staatsrechtler Robert von Mohl an, daß im Land ein »humaner Sinn und Ton« herrsche, daß »ein leidlicher Grad von bürgerlicher und politischer Freiheit« bestehe, daß kein Günstlings- und Adelsregiment drücke, daß der Staatshaushalt sehr geordnet, daß die Steuerlast mäßig sei, daß Untreue und Bestechlichkeit unter den Beamten zu den seltensten Ausnahmen gehörten und daß von oben herunter die strengste Aufsicht geübt werde. Allerdings fand Mohl, daß die Regierung allmählich in eine Art Schlendrian verfallen sei, daß die Bürokratie immer mehr überhandnehme. Da der König im wesentlichen die in seiner Jugend gefaßten Pläne verwirklicht habe, sei er kaum noch zu Neuerungen bereit, und falls von »populärer Seite« entsprechende Anregungen kämen, würden sie als »naseweise Einmischungen« zurückgewiesen. Die Minister seien Fachbeamte. Der König berufe und entlasse sie nach seinem »persönlichen

Wohlgefallen«. Er selbst nehme regelmäßig Anteil an den Verwaltungsgeschäften. In den standesherrlichen Gebieten gebe es »manchen Unfug«, namentlich im Jagdwesen. Die Erste Kammer, die Kammer der Standesherren, sei ultrakonservativ und »unerlaubt selbstsüchtig« bei der Durchsetzung der von ihr erhobenen Entschädigungsforderungen, die Zweite Kammer in ihrer Mehrheit »gar zu zahm«.[274] In der Tat hatten die oberschwäbischen Standesherren noch immer starke Ressentiments gegen den württembergischen Staat. Sie betrachteten nach einem Zeitungsartikel von 1845 ihr Land als okkupiert, vermieden es, sich in Stuttgart sehen zu lassen und schickten ihre Söhne in österreichische Militärdienste.[275]

Das politische Leben in Württemberg hatte in König Wilhelm seinen Mittelpunkt. Fiel Wilhelm wie im März 1844 durch Krankheit einige Wochen aus[276], erlahmten die Regierungsaktivitäten. Franz Dingelstedt, damals Bibliothekar von Kronprinz Karl, formulierte dies in einem Brief eben an den Kronprinzen recht drastisch so: Wenn der König, »diese Sonne«, nicht sichtbar sei, würden »alle Hoffliegen matt, zum Umfallen matt«. In Stuttgart sei es dann nicht mehr zum Aushalten.[277] König Wilhelm gab sich nun sehr selbstherrlich. Er erwartete, daß seine politischen An- und Einsichten auch die seiner Minister und selbst die der Ständevertreter waren. Die Pressezensur hielt er jetzt für unverzichtbar. Daß ihn publizistische Attacken aus der Schweiz, die seine zerrütteten Familienverhältnisse ins Visier nahmen, hart trafen, nimmt nicht wunder. Dem preußischen Gesandten gegenüber nannte er die Presse eine feile Dirne. Vor allem in konstitutionellen Staaten sei eine strenge Kontrolle der Publizistik unerläßlich. Nur den Behörden, die die Zusammenhänge kannten, stand seiner Meinung nach ein Urteil zu, nicht aber dem beschränkten Untertanenverstand. Innenminister Schlayer mußte über bestimmte Gegenstände jede Veröffentlichung unterdrücken. Über die Verhältnisse im Land durften die Zeitungen nicht mehr frei berichten, obwohl dies weder das württembergische Pressegesetz von 1817 noch die Karlsbader Beschlüsse verboten hatten.[278] Im Februar und März 1846 wies der König die Zensurbehörden an, Berichte über die Öffentlichkeit von Gemeinderatssitzungen in Zeitungen und auch in Intelligenzblättern zu streichen. Solche Berichte bildeten seiner Ansicht nach einen Anreiz zu ungesetzlichen Handlungen.[279]

In der Bevölkerung regte sich zunehmend Unmut. Die Menschen erbitterte das Zuvielregieren, die kleinliche und engstirnige Bürokratie. Sie ärgerten sich, daß es nirgendwo voranging. Bundestag, Regierungen und Landesfürsten schliefen ihrer Meinung nach einen Dornröschenschlaf. Verhaßt war die Zensur. Immer mehr Zeitgenossen forderten ein freies und einiges Deutschland. Freilich, über den Weg, auf dem dieses Ziel erreichbar war, machten sie sich wenig Gedanken. Man feierte patriotische Feste und schwelgte in Freiheitsträumen, doch zu Taten vermochte man sich nicht aufzuraffen. Zu der wachsenden Unzufriedenheit trugen naturgemäß auch die Mißernten der Jahre 1845 und 1846 bei, die das Wirtschaftsleben des Landes sehr ungünstig beeinflußten.[280]

Ende 1844 wurde ein neuer Landtag gewählt. Die liberale Opposition korrigierte ihren Fehler von 1838 und entsandte eine starke Phalanx kämpferischer Vertreter in die Zweite Kammer, so Römer, Deffner, Dörtenbach, Duvernoy, Goppelt, Federer und Schweickhardt. Ein hervorragender Repräsentant der katholischen Opposition war Andreas Alois Wiest.[281] Sehr verübelt wurde der Regierung, daß sie lästige oppositionelle Beamte nach bewährter Praxis durch Urlaubsverweigerung aus dem Parlament fernzuhalten suchte.[282] Aufsehen erregte der Fall des Staatsrechtlers Robert von Mohl. Der Tübinger Professor hatte 1845 anläßlich einer Neuwahl im Oberamt Balingen, bei der er ohne Erfolg kandidiert hatte, in einem Brief an einen Wähler scharf die bürokratische Landesverwaltung kritisiert. Der Brief gelangte auf unbekanntem Weg an die Widersacher seiner Wahl, und Friedrich Römer, der spätere Chef der württembergischen Märzregierung, veröffentlichte ihn, ohne den Verfasser überhaupt zu fragen. Römer wollte auf solche Weise nachweisen, wie schlecht die Regierung selbst von ihren Anhängern beurteilt wurde. König Wilhelm war empört. Er hatte kurz zuvor Mohl die Direktorstelle im Außenministerium angeboten und hielt deshalb die Veröffentlichung des Briefs für eine »grobe Undankbarkeit«. Die Rechtfertigungsversuche des Staatsrechtlers ließ er nicht gelten. Er verfügte die Versetzung Mohls als Regierungsrat an die Kreisregierung in Ulm. Dies war eine harte Strafe für einen Gelehrten von Rang. Mohl entzog sich der demütigenden Zwangsversetzung durch den Austritt aus dem württembergischen Staatsdienst.[283]

In der Zweiten Kammer waren die Jahre einer verschlafenen Regierungshörigkeit vorbei. Obgleich die Antwortadresse auf die Thronrede des Königs im Februar 1845 in einem unterwürfigen, den König hofierenden Tenor gehalten war, der den liberalen Theologen Binder sehr irritierte, meldeten sich in den folgenden regulären Sitzungen aufmüpfige Oppositionelle zu Wort.[284] Die Regierung konnte nicht länger schalten und walten, wie es ihr gutdünkte. Sie mußte sich schwere Vorwürfe gefallen lassen und geriet zunehmend in die Defensive.[285] Innenminister Schlayer genoß im Volk noch immer hohes Ansehen. Deshalb blieben auch er und seine Verwaltung im allgemeinen von schärferen Redeattacken verschont. Dagegen zog Außenminister Graf Beroldingen den Unwillen der Opposition auf sich. Ihr besonderes Mißfallen erregten die »unnützen Gesandtschaften«, die geheimen Fonds und die Pressezensur. Kriegsminister Graf Sontheim, ein illegitimer Sproß des Königshauses, mußte sich immer wieder sagen lassen, daß das vom Bund vorgeschriebene Militärsystem einen unangemessen hohen finanziellen Aufwand verursache und dazu noch unzweckmäßig sei.[286] 1847 warf Römer der Regierung vor, sie beuge sich bereitwillig Bundestagsbeschlüssen und lasse dabei selbst die Bestimmungen der Landesverfassung außer acht. Es sei für ihn sehr enttäuschend, daß gerade das Land, das früher den anderen deutschen Staaten in geistiger und namentlich in konstitutioneller Hinsicht sowie 1817 mit der Gewährung der Pressefreiheit vorangegangen sei, jetzt die freie Meinungsäußerung so sehr kneble, daß es ein Negativbild für andere deutsche Staaten darstelle.[287] Römer mißfiel auch, daß König Wilhelm im Geheimen Rat ein oberstes Beratergremium hatte, das der Kontrolle der Stände entzogen war. Vor allem sprach er sich dagegen aus, daß der Monarch die Mitglieder des Gremiums willkürlich, nach eigenem Gutdünken, ernannte.[288]

Den besonderen Unwillen des Königs erregte eine Eingabe der Stuttgarter Gemeindekollegien an die Landstände, in der sie sich für öffentliche Gemeinderatssitzungen und für die Aufhebung der Zensur aussprachen. Er tadelte scharf, daß die Residenzstadt »unbefugt und unziemlich« das Beispiel einer politischen Demonstration gegen Bund und Regierung gegeben und ohne allen Anlaß das gute Einvernehmen der Regierung mit den Ständen zu stören versucht habe. Die Stuttgarter nahmen aber die Rüge nicht stillschweigend hin, und die Ständevertreter stellten sich ihnen zur Seite. Am 27. Januar 1847 erklärte die Zweite Kammer das Petitionsrecht der Gemeinden für verfassungsgemäß, die Zensur jedoch für verfassungswidrig. Der König lenkte ein. Der württembergische Bundestagsgesandte wurde beauftragt, auf die Abänderung der entsprechenden Bundesbeschlüsse zu dringen.[289]

Im Frühjahr 1847 zeigte sich König Wilhelm beunruhigt über die ungünstige Stimmung vor allem in den neuwürttembergischen oberschwäbischen Gebieten. Die staatliche Innenverwaltung hatte dort einen schlechten Ruf. Hinzu kam, daß die Kartoffelmißernte des Vorjahrs eine Teuerung zur Folge gehabt hatte, durch die ein erheblicher Teil der Bevölkerung in große wirtschaftliche Bedrängnis geraten war. Der König bekundete den von der Wirtschaftsmisere besonders Betroffenen sein Mitgefühl. Er bemühte sich, durch effektive Hilfsmaßnahmen die Not zu lindern.

Indes war die Gefahr einer durch Not und Teuerung ausgelösten gewaltsamen Eruption in anderen Teilen des Königreichs beträchtlich größer als in Oberschwaben, so in den dichtbesiedelten Gebieten Altwürttembergs und in einer Reihe von Städten, wo die Armen und wenig Bemittelten einen namhaften Teil der Bevölkerung bildeten. Hier herrschte in den sozial schwachen Unterschichten große Erbitterung über die Reichen sowie über die tatsächlichen oder vermeintlichen Wucherer, die aus dem Elend des kleinen Mannes noch Kapital schlugen. Von der Regierung war man enttäuscht, weil sie die Dinge zu lange hatte treiben lassen, ohne wirksame Gegenmaßnahmen zu ergreifen. Anfang Mai brachen in mehreren Städten Unruhen aus, zuerst in Ulm, dann auch in Stuttgart und Tübingen. In anderen Klein- und Mittelstädten wie in Blaubeuren, Reutlingen, Heilbronn, Kirchheim/Teck oder Öhringen und in einigen Oberämtern wie in Nagold oder Aalen konnte durch vorbeugende Sicherheitsmaßnahmen, durch besonnenes Handeln der kommunalen und staatlichen Behörden und namentlich durch die Verbesserung der Versorgungssituation ein gewaltsamer Ausbruch des »Volkszorns« verhindert werden.[290] In Tübingen hatten sich die Studenten unter der Führung von Professoren zu einem Hilfskorps organisiert und schafften Ruhe.

Von den Ausschreitungen in Stuttgart war König Wilhelm unmittelbar berührt. Schon am 2. Mai kam es in der Hauptstätter Straße und in der Torstraße zu Prügeleien zwischen Soldaten und Zivilisten. Stadtreiter, Polizisten und Militär befanden sich deshalb in Alarmbereitschaft, als sich am Abend des folgenden Tages eine größere Menschenmenge vor dem neuen aufwendig gebauten Haus des Bäckers Mayer versammelte, der verdächtigt wurde, er backe nicht hinreichend Brot, weil der Stadtrat mit einer Erhöhung des Brotpreises zögerte und weil ihm der jetzige Preis zu niedrig sei. Die anfänglich vorgesehene »Katzenmusik«, mit der man damals häufig mißliebige oder verhaßte Personen bedachte, um diese wegen ihres eigensüchtigen oder skandalösen Verhaltens öffentlich anzuprangern, artete rasch in Gewalttätigkeiten aus. Die Demonstranten warfen Fensterscheiben des Mayerschen Hauses ein und versuchten, die Türen aufzubrechen, darauf gingen Landjäger, nachdem sie mit Steinwürfen begrüßt worden waren, mit Säbeln und Bajonetten gegen die Menge vor, bewirkten aber wenig. Erst als das Militär eingriff, wich die Menge zurück, begann dann aber auf einer über den Nesenbach führenden Brücke Barrikaden zu errichten. Selbst das Erscheinen des Königs, der, ohne der Gefahr zu achten, durch die Straßen ritt, beruhigte die erregte Menge nicht. Plötzlich wurde ein Gewehrschuß abgefeuert, und König Wilhelm wurde beschimpft und mit Steinen beworfen. Jetzt erhielt das Militär Befehl, von seinen Waffen Gebrauch zu machen. Einige Randalierer, aber auch Neugierige sowie Bürger, die mehr zufällig in den Strudel des Aufruhrs geraten waren, wurden durch Säbelhiebe und Lanzenstiche verwundet, ein offensichtlich an den Ausschreitungen unbeteiligter, aus dem Hessischen stammender Schustergeselle erschossen. Erst gegen Mitternacht kehrte in der Stadt Ruhe ein.[291] Die Gewalttätigkeiten der aufgebrachten Menge beschränkten sich indes nicht auf das Haus des Bäckermeisters Mayer. So wurden etwa Fensterscheiben am Königlichen Kriminalamt eingeworfen[292], ebenso wurde vor dem Haus Amalie von Stubenrauchs, der Geliebten des Königs, randaliert.[293] Andererseits leitete die Demonstranten nicht blinde Wut. Ein Teil von ihnen unterschied sehr wohl zwischen eigennützigen »Wucherern« oder Teuerungsgewinnlern und Wohltätern des kleinen Mannes. So wurden auf den jüdischen Kaufmann Benedikt vor dessen Haus Hochrufe ausgebracht. Benedikt hatte einige Tage vorher Brotmarken unter die Notleidenden verteilen lassen.[294]

Den württembergischen König, dem keine sechs Jahre zuvor anläßlich seines silbernen Regierungsjubiläums von seinen Untertanen aufrichtige Dankbarkeit und Verehrung bekundet worden waren, traf dieser gewaltsame Protest hart. Bereits am Morgen des 4. Mai kam er ins Stuttgarter Kornhaus, um sich über Maßnahmen zur Verbesserung der Versorgungssituation zu informieren. Auch durchritt er nochmals die Straßen. Er wollte sicherlich damit zur Beruhigung der Gemüter beitragen.[295] Um Ordnung und Sicherheit zu gewährleisten , durchzogen mit seinem Einverständnis in den folgenden Tagen Militärpatrouillen die Stadt, außerdem wurden zahlreiche an dem Aufruhr beteiligte Personen festgenommen. Das Besitzbürgertum war beruhigt. Als König Wilhelm am Abend des 7. Mai an einer Theateraufführung teilnahm, wurde er mit einem »Vivat« begrüßt. Theaterbesuchern fiel auf, daß er sehr angegriffen aussah.[296]

Großen Wert legte König Wilhelm darauf, im Ausland, vor allem aber am Zarenhof in St. Petersburg, den Eindruck zu vermeiden, als handle es sich bei den Brotkrawallen um Anzeichen einer drohenden Revolution in Württemberg. Entrüstet zeigte er sich über Österreich, weil dieses die Getreideausfuhr auf der Donau verhinderte.[297] Am 9. Mai 1847 schrieb er dem Fürsten von Hohenlohe-Kirchberg nach St. Petersburg, seit dem kleinen Aufruhr (émeute) herrsche hier vollkommene Ruhe. Die Teuerung sei, so fuhr er fort, sehr groß, ungeachtet der finanziellen Anstrengungen, die die Regierung unternommen habe und noch unternehme. Die unteren Volksschichten seien demoralisiert und von Rückkehrern aus der Schweiz, die sich mit dem schärfsten Kommunismus infiziert hätten, beeinflußt. Der Tumult in Stuttgart habe von 7 Uhr abends bis Mitternacht gedauert. Die Regierung habe große Getreideaufkäufe getätigt, aber noch seien bis zur Ernte drei schwierige Monate zu überstehen. Am meisten Sorge bereite ihm die Nähe der Schweiz, dieses Herdes des Aufruhrs und des Kommunismus, dieses Zufluchtslandes des ganzen revolutionären Gesindels. Die gegenwärtige Misere sei die Frucht der entschlußlosen und zaghaften Politik Metternichs. Diese bestärke die Revolutionäre in ihrem Glauben, daß sie sich alles leisten könnten, und neben den 38 verschiedenen Regierungen in Deutschland sei sie die Geißel »unseres Vaterlandes«. Abschließend wies König Wilhelm den Gesandten an, bei Gelegenheit Zar Nikolaus I. über die jüngsten Vorfälle in Württemberg und ihre politischen Hintergründe zu berichten.[298]

Eine gute Woche nach dem Stuttgarter Tumult machte der König am 12. Mai 1847 auf der Durchreise kurz in Böblingen Station. Vor der Post, wo die Pferde des königlichen Reisegefährts gewechselt werden mußten, erwarteten ihn, wie sich der damalige »Helfer«, der zweite Stadtpfarrer, Karl Gerok erinnert, in respektvoller

Haltung die geistlichen und weltlichen Beamten der Oberamtsstadt, etwa 25 Mann, alle »in voller Uniform«. Nach der Begrüßungsansprache des Stadtschultheißen trat der Monarch auf den evangelischen Dekan zu und sprach zu ihm in einem bewegten, eindringlichen, beinahe heftigen Ton über den Ernst der Zeiten. Hierbei nannte er es die Pflicht der Geistlichen, darauf hinzuwirken, daß man diese »mit Demut und Mut« ertrage.[299]

Königin Pauline erschütterten die Brotkrawalle offenbar noch mehr als ihren Mann. »Wir haben«, schrieb sie am 17. Mai 1847, »eine sehr traurige Zeit verbracht und sind um eine schmerzliche Erfahrung reicher geworden.« Sie hatte es für ausgeschlossen gehalten, daß es in Württemberg zu derartigen Vorfällen kommen könnte. »Gott gebe«, wünschte sie, »daß solche traurigen Vorfälle sich nicht mehr ereignen.«[300]

Daß der König von den Demonstranten am 3. Mai 1847 mit Schimpfworten und Steinwürfen empfangen worden war, veranlaßte den Ständischen Ausschuß, dem Landesherrn sein tiefes Bedauern »über die Verirrungen der dabei Beteiligten« auszusprechen. In seiner Antwort erklärte Wilhelm, er sei davon überzeugt, daß sich die Stuttgarter Bürger nicht an diesen Vorfällen beteiligt hätten. Für ihn war es aber keine Frage, daß Römer, Murschel und andere Liberale die Drahtzieher der Krawalle gewesen waren, ja daß sie einen großen Aufstand geplant hatten, und er bedauerte nur, daß er außerstande war, sie dieses hochverräterischen Treibens zu überführen. Römer verteidigte sich gegen solche schlimmen Anschuldigungen, so noch in den Kammersitzungen am 29. Januar und 8. Februar 1848.[301] In der Tat trugen er und seine Gesinnungsgenossen an den Brotkrawallen keine Schuld. Im Gegenteil: Sie waren über das gewaltsame Aufbegehren der proletarischen Unterschichten gleichermaßen überrascht wie entsetzt. Eine gefahrvolle Perspektive stand ihnen plötzlich vor Augen: zwischen der Revolution von oben und der von unten, zwischen Konservativismus und Sozialismus, zerrieben zu werden.[302] Nicht sehr klug war, daß Römer der Regierung Mißbrauch staatlicher Gewalt vorwarf. Das Militär habe, so argumentierte er, ohne hinreichende Vorwarnung auf das nicht besonders unruhige Volk geschossen und auch sonst von seinen Waffen Gebrauch gemacht, wodurch selbst unbeteiligte Bürger zu Schaden gekommen seien. Die Regierung wies den Vorwurf zurück. Vor dem gewaltsamen Einschreiten der Soldaten sei in üblicher Weise durch Trommeln gewarnt worden. Wenn unbeteiligte Bürger durch Säbelhiebe, Lanzen- und Bajonettstiche verletzt worden seien, so habe sich dies bei dem nächtlichen Tumult nicht vermeiden lassen. Indes fand Römer in der Zweiten Kammer für seinen Protest gegen die Regierung nicht die erforderliche Unterstützung, zumal die Mehrheit der Abgeordneten von dem durch die sozial benachteiligte Unterschicht verursachten Tumult stark beunruhigt war und die Anwendung staatlicher Gewalt nicht als gesetzwidrig einstufen konnte.[303]

Das »Manuskript aus Süddeutschland«

Im Oktober 1820 erregte eine angeblich von einem George Erichson herausgegebene und im Verlag von James Griphi (Griphy) in London erschienene Flugschrift »Manuskript aus Süddeutschland« sensationelles Interesse. Die Nachfrage war so groß, daß sich bereits im Jahr darauf eine zweite Auflage als notwendig erwies.[304] Diese in ihrer zweiten Auflage mit XVIII und 276 Seiten starke kleinformatige Schrift ging mit den derzeitigen Machtverhältnissen hart ins Gericht und forderte eine grundlegende Veränderung der politischen Landschaft in Deutschland. Mit einer eigenwilligen Analyse der historischen Entwicklung in Mitteleuropa beginnend, sah sie einen politischen Tiefpunkt am Ende des Ancien régime: Deutschland aufgeteilt unter mehr als tausend Souveränen, ein politisches Vakuum. Eine Wende bewirkte der Aufstieg Frankreichs im Gefolge der Französischen Revolution. Das militärische und politische Genie Napoleons setzte im Reichsdeputationshauptschluß die Beseitigung Hunderter von Miniaturherrschaften durch und ermöglichte so vor allem in Südwestdeutschland die Arrondierung der größeren Territorien. In diesem Sinn war dann auch der Frieden von Preßburg »eine Wohltat für Deutschland«, ebenso die folgenden durch Napoleon getroffenen territorialpolitischen Entscheidungen. »Der alten Zerstückelung wurde Einhalt geboten.« Die Bildung »größerer Massen« war die Voraussetzung für Deutschlands Wiedergeburt und Selbständigkeit. Die Zahl der Souveräne verminderte sich auf »einige 30« (d.h. auf einige mehr als 30). Der Rheinbund war nicht bloß eine von Frankreich erzwungene und beherrschte Konföderation, er brachte Deutschland, insbesondere Süddeutschland, politisch und militärisch voran. Selbst die Kontinentalsperre, das »Kontinentalsystem«, hatte Vorteile: Es schützte die europäische Industrie vor der wirtschaftlichen Übermacht Englands. Die napoleonische Armee bildete die große Schule des modernen Heerwesens. Dazuhin profitierten die Rheinbundstaaten von der freiheitlichen französischen Administration. Freilich auf Dauer ließ sich die Abhängigkeit von Frankreich nicht ertragen. Das napoleonische Imperium zerstörte das europäische Gleichgewicht durch die Schwächung Österreichs und Preußens. Deshalb unterlag es schließlich im Kampf gegen die vereinigte Kriegsmacht der Großstaaten Rußland, Preußen und Österreich. Der Wiener Kongreß, einberufen zur Wiederherstellung des europäischen Gleichgewichts, versagte kläglich. Eine Hauptschuld traf Österreich. Es sorgte ausschließlich für sich selbst. Gegenüber Deutschland betrieb es eine Politik der Vormundschaft.

Österreich und Preußen waren für den Verfasser des »Manuskripts« europäische Großmächte mit weit über Deutschland hinausreichenden Interessen. Sie vereinigten in ihren Grenzen deutsche und fremdstämmige Bevölkerungsteile. Daher zählten sie für den Verfasser nicht zu Deutschland. Das eigentliche oder das reine Deutschland bildeten die Staaten mit ausschließlich deutscher Bevölkerung und ausschließlich deutschen Interessen. Unter ihnen nahmen die beiden süddeutschen Königreiche Bayern und Württemberg einen vorrangigen Platz ein; sie waren die wahren Stützen des deutschen Nationalinteresses; sie widersetzten sich jeder Einschränkung ihrer Regierungsgewalt, wie Österreich und Preußen sie forderten, und taten damit Herausragendes für die Sache der Freiheit und Unabhängigkeit der Deutschen. Mit Blick auf die gegenwärtigen Verhältnisse stellte der Verfasser des »Manuskripts« fest: Die deutschen Staaten sind den Großmächten Österreich und Preußen völlig ausgeliefert, sie müssen an europäischen Kriegen teilnehmen, in die die beiden Großmächte verwickelt werden, und dies selbst dann, wenn solche militärischen Konflikte ihre Interessen überhaupt nicht berühren. Der Zweck des 1815 gegründeten Deutschen Bundes ist einzig und allein darauf gerichtet, den Einfluß Österreichs und Preußens auf Deutschland zu sichern. Dies aber steht in diametralem Gegensatz zur Sicherheit, Selbständigkeit und Unabhängigkeit der deutschen Staaten. Bayern und Württemberg haben sich mit Erfolg der Vormundschaft der Großmächte in militärischen Dingen widersetzt und so den übrigen deutschen Staaten einen Rückhalt gegeben. Außerdem haben sie die Forderung von Artikel 13 der Bundesakte eingelöst und repräsentative Landesverfassungen eingeführt. Hierbei hat der König von Württemberg »das unsterbliche Beispiel« gegeben, »die Verfassung auf dem Weg des Vertrags zu vollenden«. Dieser mutige Schritt hat Deutschland die Sicherheit verschafft, daß von jetzt an Landesverfassungen nicht mehr durch fremde Ministerialbeschlüsse »unwirksam gemacht werden können«. Verfassungen sind »die festeste Stütze aufgeklärter, gerechter und aufrichtiger Regierungen«, und der Geist der Nation und der Zeit verlangt, daß diese allenthalben in Deutschland Eingang finden. Der nichteuropäischen Mächten anheimgefallene »Überrest Deutschlands«, das eigentliche oder Reine Deutschland ist derzeit in 36 souveräne Staaten aufgeteilt: ein buntes Gemisch von mittleren und kleinen Ländern, teils konstitutionellen, teils absoluten Monarchien, dazu einige Republiken.

Nord- und Süddeutschland sind ihrem Wesen nach sehr unterschiedlich. Süddeutschland ist ein Binnenland. Seine zahlreichen Pässe ermöglichen eine besondere Art der militärischen Verteidigung, und sie bedingen eine eigene Kriegskunst. Norddeutschland ist von großen zum Meer strömenden Flüssen durchzogen, es ist weltoffen, steht mit der ganzen Welt im Handelsverkehr. Die Süddeutschen sind seßhaft, der Handel bedeutet für sie Austausch. Sie sind konservativ, bewahren die vaterländische Sitte und den angestammten Charakter. Sie sind derb, aber gutmütig, leichtgläubig, aber ehrlich. Den Norddeutschen ist Veränderung Bedürfnis. Der Süddeutsche will »Bestand und Sicherheit«. Die Aufmerksamkeit Süddeutschlands muß auf Frankreich und seine Politik gerichtet sein. Ein gutes Einvernehmen mit dieser Macht, ohne von ihr abhängig zu sein, ist für die Süddeutschen unerläßlich. Im Süden, zwischen Inn und Rhein, leben zwei große Volksstämme: die Bayern und die Alemannen. Den Kern ihrer Siedlungsgebiete bilden die Königreiche Bayern und Württemberg. Im Norden spielen die »deutschen Barbaresken«, die Hansestädte, eine verhängnisvolle Rolle; sie plündern als englische Faktoreien das übrige Deutschland aus, vernichten seine Industrie. Ein solcher Zustand ist unhaltbar. Deutschland selbst – und nicht der englische Despotismus – muß im Besitz seiner wichtigsten Häfen sein, um seinen Handel schützen und leiten zu können. Die Erhaltung der Hansestädte Hamburg und Bremen als eigenständige Staaten war ein

Fehler des Wiener Kongresses. Beide Stadtstaaten sollten den »norddeutschen Massen«, das heißt, den großen Flächenstaaten zugeschlagen werden.

Für den Verfasser des »Manuskripts« war es keine Frage, daß Deutschland, solange es in seinem jetzigen »zerstückelten Zustand« mit 36 Souveränen verharrte, fremden Interessen dienstbar blieb und daß es die österreichische und preußische Vorherrschaft ertragen mußte. Auch zeigte er sich davon überzeugt, daß ein dauerhafter Friede in Europa erst dann gewährleistet war, wenn Deutschland seine Unabhängigkeit errungen hatte. Die Überwindung der gegenwärtigen Misere sah er in der Bildung »größerer Massen«, also in der Bildung »starker, auf eigene Macht gestützter Staaten, welche die Stimme Deutschlands im europäischen Aeropag wieder geltend machen«. Nach seiner Vorstellung mußte die in der Rheinbundzeit begonnene Mediatisierung kleiner Staaten weitergeführt werden. Lebensfähig schienen ihm im Gebiet des jetzigen Deutschland vier große Mittelstaaten: zwei in Süddeutschland und zwei in Norddeutschland analog zu den vier Volksstämmen (Bayern, Alemannen, Franken und Sachsen), in die sich Deutschland dereinst gegliedert hatte. In Süddeutschland sollten Bayern und Württemberg entsprechend vergrößert werden, Württemberg etwa durch die badischen Gebiete bis zum Rhein, in Norddeutschland Sachsen und Hannover. Die Neuerrichtung eines Reiches erschien dem Verfasser des »Manuskripts« illusorisch. Dagegen konnten seiner Ansicht nach die vier deutschen Mittelstaaten eine stabile Funktion im Organismus der europäischen Staatenwelt übernehmen. Dabei würden die beiden vergrößerten süddeutschen Staaten zwischen Österreich und Frankreich eine Art Vormauer bilden. Sie wären dann stark genug, um einen äußeren Feind abzuwehren, könnten also nicht von ihm erpreßt werden. Im Norden gelte dasselbe für Preußen. Zwei ihm vorgelagerte deutsche Mittelstaaten würden es von Frankreich trennen und wären zugleich treue Bundesgenossen der norddeutschen Großmacht. Allerdings müßte Preußen seine an Frankreich grenzenden westlichen Gebiete gegen weiter im Osten gelegene Territorien vertauschen, es wäre auf solche Weise arrondiert und hätte keine gemeinsame Grenze mit Frankreich mehr. Zusammenfassend stellte der Verfasser des »Manuskripts« fest: Deutschland kann seine europäische Bestimmung nur erfüllen, wenn es eine den Frieden verbürgende, allerdings in vier Staaten gegliederte Macht ist, wenn es die großen Staaten auseinanderhält und die Lücke ausfüllt, die durch die Teilung Polens entstanden ist. Die Französische Revolution hat das morsche Gebäude des Alten Reichs ins Wanken gebracht. Napoleon hat Deutschland – fast gegen den Willen seiner Bewohner – die Wohltat erwiesen, durch Säkularisierungen und Mediatisierungen die Zahl der deutschen Staaten drastisch vermindert und die »Wiedergeburt des Vaterlandes« herbeigeführt zu haben. Diesen durch den Kaiser der Franzosen kraftvoll eingeleiteten Prozeß der Schaffung lebensfähiger, den Schutz ihrer Einwohner gewährleistenden Staaten gilt es jetzt zu vollenden.

Sehr rasch wurde offenbar, daß Herausgeber und Verleger des »Manuskripts aus Süddeutschland« fingiert waren. Verfaßt hatte die Schrift Friedrich Georg Ludwig Lindner (1772–1845), und gedruckt worden war sie in Deutschland, in Erlangen. Lindner, einer der bekanntesten Publizisten seiner Zeit, allerdings ein recht fragwürdiger Charakter, war 1772 in Mitau (Kurland) geboren, hatte Medizin studiert und den akademischen Grad eines Dr. med. erworben, übte aber den ärztlichen Beruf nicht aus. Die Universität Jena hatte ihm den Professor der Philosophie zuerkannt, obwohl er nie Vorlesungen gehalten hatte. Seit seiner Studentenzeit führte er ein recht unstetes Leben. Zeitweise war er Erzieher in Adelsfamilien, dann hielt er sich als Publizist in Wien auf, später in Jena. 1818 wurde er aus Weimar – wie schon einige Jahre zuvor aus Wien – ausgewiesen, wo er eine vielbeachtete liberale unabhängige Tageszeitung herausgegeben hatte. Durch Rahel Levin, mit der er seit langem befreundet war, kam er in Verbindung zu deren Mann: Varnhagen von Ense.[305] Dieser empfahl ihn König Wilhelm von Württemberg. Durch einen »Ersatzmann« hoffte Varnhagen von Ense nämlich, sich dem Werben des Monarchen entziehen zu können, der ihn gerne für den württembergischen diplomatischen Dienst gewonnen hätte.[306] Im Herbst 1818 hatte Lindner im Auftrag König Wilhelms und des badischen Großherzogs über den Kongreß in Aachen zu berichten, zu dem die mittleren und kleinen Staaten nicht zugelassen waren. Für die Informationen, die er nach Stuttgart lieferte, benutzte er den Decknamen »Herr von Meyern«. Offenbar hatte er von König Wilhelm den Geheimauftrag, durch die Bestechung des Publizisten Gentz die bayerischen Gebietsansprüche auf die badische Pfalz zu hintertreiben. Die russische Delegation sorgte indes dafür, daß der württembergische Geheimagent aus Aachen ausgewiesen wurde. Im Oktober 1818 ließ sich Lindner in Stuttgart nieder. Trotz anfänglicher Klagen über eine gesellschaftliche Isolation fand er rasch Zugang zu den Kreisen der Künstler, Journalisten und Diplomaten. Der große Verleger Cotta förderte ihn.[307]

Lindner war ein großer Bewunderer Napoleons. Es nimmt deshalb nicht wunder, wenn er in Stuttgart bei einem Gesinnungsgenossen, Albert Le Bret (1778–1864), Professor für Botanik und Mineralogie am Stuttgarter Gymnasium, eine Wohnung bezog. Die beiden Männer wurden Freunde fürs Leben. Sie schwärmten für Napoleon, nannten das gemeinsam bewohnte Haus in Analogie zu der Residenz Napoleons auf St. Helena »Hotel Longwood«. Im Garten hinter dem Schiedmayerschen Haus errichteten sie ihrem Heros ein Steinmonument, in das die bezeichnenden Inschriften eingemeißelt waren »Au grand homme – L'Europe le déplore – L'Asie l'adore – L'Afrique le regrette« (Dem großen Mann – Europa beklagt ihn – Asien verehrt ihn – Afrika bedauert ihn). Königin Hortense von Holland, die Mutter Napoleons III., hat das erst 1861 im Zuge von Baumaßnahmen beseitigte Denkmal so sehr fasziniert und interessiert, daß sie es einmal besichtigte. Der Napoleonkult um Le Bret, übrigens der Onkel des bekannten Staatsrechtlers und Politikers August Ludwig Reyscher, war es, der Le Brets weiteren Lebensweg bestimmte: zusammen mit Lindner war er Herausgeber und Übersetzer von Schriften über Napoleon und wurde schließlich Redakteur der »Allgemeinen Zeitung« in Augsburg.[308] Seit Juli 1819 gab Lindner eine im Verlag Cotta erscheinende Tageszeitung heraus: »Die Tribüne. Württembergische Zeitung für Verfassung und Volkserziehung zur Freiheit«. Die ansprechende Zeitung befaßte sich vornehmlich mit Fragen des konstitutionellen Lebens im In- und Ausland, übernahm gelegentlich auch Artikel aus französischen Presseorganen. Die Karlsbader Konferenz ordnete die »Tribüne« bei den politisch provokativen Zeitungen ein. Cotta, im Bestreben, die Konfrontation mit den Mächten der Restauration zu vermeiden, setzte bereits im September 1819 durch, daß sie ihr Erscheinen einstellte.

König Wilhelm nützte das vielseitige Talent Lindners. Er wurde für ihn – so Elias – zum Hausphilosophen, Ghostwriter und Geheimagenten. Wiederholt traf er sich mit ihm und gab ihm Einblick in seine politische Gedankenwelt. Wie schon 1818 während des Aachener Kongresses übertrug er ihm geheime Sondermissionen. Der Außenminister, Graf Wintzingerode, mußte feststellen, daß sich Wilhelm neben dem offiziellen diplomatischen Dienst des Königreichs eines geheimdienstlichen Apparats bediente. Im Februar 1820 schloß der König mit Lindner einen förmlichen Vertrag. Der bekannte Journalist erhielt künftig ein Jahresgehalt von 2000 fl, ein Gehalt, das dem eines höheren Ministerialbeamten entsprach. Im Auftrag des Monarchen unternahm er Reisen in die Schweiz (1821), nach Frankreich (1821 und 1823) sowie nach England (1821). Die württembergischen Diplomaten wurden angewiesen, ihn nach Kräften zu unterstützen.

Als im Sommer 1820 das »Manuskript aus Süddeutschland«, das sich im Titel an das Napoleon verherrlichende anonyme »Manuskript aus St. Helena« anlehnte, Furore machte und sein Verfasser ermittelt wurde, stieg der Bekanntheitsgrad Lindners sprunghaft an. Varnhagen von Ense schrieb seinem Freund Oelsner nach Paris, das »Manuskript« habe in Berlin das allergrößte Aufsehen erregt, in Deutschland sei seit sechs Jahren keine kühnere Publikation erschienen, sie werde buchstäblich verschlungen.[309] Die bayerische Regierung verdächtigte in der »Allgemeinen Zeitung« Württemberg der Urheberschaft an dem »Manuskript«. Diese Verdächtigung wies König Wilhelm auf diplomatischem Weg scharf zurück. Proteste gegen das »Manuskript« erhoben Österreich und Preußen.[310] Außenminister Graf Wintzingerode, der außenpolitische Verwicklungen befürchtete, wollte gegen Lindner vorgehen, ihn zumindest ernstlich verwarnen.

Er dachte sogar an die Ausweisung des »Ausländers« Lindner. Doch eine Entscheidung darüber oblag, wie er meinte, dem Justizminister.[311] Ähnlich wie der württembergische Außenminister urteilte übrigens der damals im Bann Metternichs stehende politische Publizist Gentz. Das »Manuskript« sei, so stellte er fest, »höchstfeindlich gegen den Deutschen Bund, aber auch feindselig – wenngleich mit großem Anstand – gegen England und Rußland, halsbrechend für die kleinen Staaten, insolent gegen das nördliche Deutschland, sackgrob gegen die Seestädte, zugleich aber auch wütend-konstitutionell«[312].

Der österreichische Gesandte in Stuttgart war sicher, daß Lindner »württembergisches Material« bekommen habe und daß das »Manuskript« sogar den württembergischen Gesandtschaften zur Verbreitung übergeben worden sei. Er forderte die württembergische Regierung auf, die Quellen zu ermitteln, aus denen der

Verfasser geschöpft habe. Graf Wintzingerode befürchtete jedoch bei der gerichtlichen Verfolgung wie auch beim Ergreifen polizeilicher Maßnahmen gegen den Verfasser des »Manuskripts« Schwierigkeiten und Unannehmlichkeiten. Er suchte die ganze Angelegenheit herunterzuspielen. Diese Reaktion befremdete den österreichischen Gesandten erst recht, und er machte sich das in der »Allgemeinen Zeitung« ausgesprochene Gerücht zu eigen, nach dem die württembergische Regierung selbst die Materialien zu dem Pamphlet geliefert hatte. Graf Wintzingerode nannte ein derartiges »Gerücht« so »lächerlich und bösartig, daß es nicht einmal einer Widerlegung« bedürfe. Dem württembergischen Gesandten am Bundestag, dem Freiherrn von Wangenheim, versicherte er, daß Österreich nicht in ihm, Wangenheim, den Verfasser des »Manuskripts« sehe. Lindner, den Verfasser, aber aus Württemberg auszuweisen, wie dies Österreich und Preußen verlangten, sei nicht möglich, denn einmal habe sich Lindner nicht zur Verfasserschaft bekannt und zum anderen benehme er sich persönlich tadellos.[313]

Der Außenminister befand sich in der Tat in einer wenig beneidenswerten Lage. Wenn wir seinen Erinnerungen glauben dürfen, dann hatte ihm König Wilhelm, als er auf scharfe Maßnahmen gegen Lindner drängte, anvertraut, er selbst habe »das Gerippe«, Lindner aber »die Füllung der Arbeit« geliefert, deshalb sei er der Verfasser.[314] Der Verfasser des »Manuskripts« war der König wohl kaum, aller Wahrscheinlichkeit nach jedoch der geistige Urheber. Lindner hatte mit dem Monarchen verschiedene Gespräche geführt und dessen Ideen vom sogenannten Reinen oder Dritten Deutschland kennengelernt, und der König hatte ihn ermuntert, das Ergebnis dieser politischen Gespräche zu Papier zu bringen. Die Zielvorstellungen Wilhelms zur deutschen Frage haben zweifellos im »Manuskript« ihren Niederschlag gefunden, freilich sind sie teilweise vermengt mit Gedanken Lindners und solchen möglicher anderer Mitverfasser. Elias vermutet mehrere Mitverfasser.[315] Das »Manuskript« propagiert den sogenannten Triasgedanken, jedoch nicht in der Form, wie ihn Wangenheim vertrat. Wangenheim strebte einen Zusammenschluß der reindeutschen Staaten innerhalb des Deutschen Bundes an. Von diesem engeren Bund sollte weder der Deutsche Bund noch die Souveränität der einzelnen Staaten berührt werden. Das »Manuskript« hingegen forderte eine politische Verselbständigung des »Reinen Deutschlands« sowie durch die Arrondierung der Mittelstaaten eine grundlegende Veränderung der politischen Verhältnisse im mitteleuropäischen Raum.[316] Die Regierungen der beiden Großmächte empfanden es als skandalös, daß sich die württembergische Regierung nicht eindeutig vom Inhalt des »Manuskripts« distanzierte und daß König Wilhelm seine schützende Hand nicht von Lindner abzog. Der Graben zwischen Österreich und Preußen auf der einen Seite und dem kleinen Königreich Württemberg vertiefte und verbreiterte sich. Da der König jede klare Stellungnahme vermied, geriet Wangenheim unverschuldet immer mehr in die Schußlinie. Sein politisches Schicksal wurde mit der Disziplinierung Württembergs im Sinne der Großmächte verknüpft.[317]

Sehr positiv beurteilte der französische Diplomat und Schriftsteller Baron Louis de Bignon Lindner, wie überhaupt das »Manuskript« in Frankreich eine günstige Aufnahme fand und ins Französische übersetzt wurde. Bignon unterstrich die Auffassung Lindners, daß die deutschen Mittelstaaten Napoleon ihre Vergrößerung zu verdanken hätten und daß Deutschland dadurch nicht mehr »die Rolle eines leidenden Werkzeugs Österreichs« spielen müsse.[318]

Lindner durfte in Stuttgart wohnen bleiben. Allerdings brach der König den persönlichen Kontakt zu ihm ab. Da Lindner offensichtlich die politisch-publizistischen Wirkungsmöglichkeiten in kaum erträglichem Maß beschnitten waren, wurde er, wie wir von ihm selbst wissen, des weiteren Aufenthalts in der württembergischen Haupt- und Residenzstadt überdrüssig. In seinem 1824 veröffentlichten Buch »Geheime Papiere« attackierte er König Wilhelm ungewöhnlich scharf. Der letzte Beitrag in diesem Buch, überschrieben »Politischer Obskurantismus und Mittelmäßigkeit«, war eine bewußte Provokation. Wilhelm fühlte sich tief verletzt. Im Juni 1824 wurde Lindner aus Württemberg ausgewiesen. Offizielle Begründung: Vertragsbruch durch eigenmächtige Veröffentlichung eines Buches. Indes, Lindner hatte noch Trümpfe in der Hand. Von Paris aus forderte er von König Wilhelm 20 000 fl Schweigegeld oder eine lebenslange Rente. Der König war empört und zeigte sich zunächst unzugänglich, gab aber nach weiteren massiven Drohungen nach. Lindner bekam eine lebenslange Rente. Für König Wilhelm vermutlich eine schlimme Demütigung, doch immer noch besser als unliebsame Enthüllungen. Von Paris siedelte Lindner nach München über. Dort übernahm er die

Leitung der renommierten Cottaschen politischen Jahrbücher. Auch war er noch anderweitig publizistisch tätig. Seit Herbst 1831 befand er sich wieder in Stuttgart und wurde Mitarbeiter der offiziösen »Stuttgarter Zeitung«. Freilich, niemand wollte mit dem gänzlich ins Zwielicht Geratenen noch etwas zu tun haben. Zuletzt Privatgelehrter, starb er 1845 in Stuttgart.[319]

Außenpolitische Zwänge

Der Abschluß des Verfassungsvertrags im September 1819 hatte König Wilhelm in ganz Deutschland hohes Ansehen verschafft. Liberale Kreise sahen in ihm einen der Ihrigen. Doch davon konnte, wie sich bald zeigen sollte, keine Rede sein. Wilhelm kam es darauf an, daß sein Land innerlich gefestigt war, damit er sich unbehindert auf dem ihm besonders wichtigen Feld der Außenpolitik betätigen konnte. Sein Renommee als fortschrittlicher, den Bedürfnissen seiner Zeit Rechnung tragender Regent erleichterte ihm dies.[320] Seit 1819 stand an der Spitze des Außenministeriums Graf Heinrich Levin von Wintzingerode (1788–1856). Er brachte in sein neues Amt, das er, wie wir aus seiner Korrespondenz mit Justizminister Maucler wissen, nicht freiwillig übernahm, seine reichen elfjährigen diplomatischen Erfahrungen und Verbindungen als württembergischer Gesandter in Karlsruhe, München, Paris, St. Petersburg und Wien ein.[321] Stark von Metternich beeinflußt – es wurde sogar, aber offenbar zu Unrecht, behauptet, er sei dessen Günstling gewesen[322] –, mißtraute er dem politischen Liberalismus und hatte wenig für landständische Verfassungen übrig. Bezeichnend für ihn war, daß er, um den aufmüpfigen Geist der Tübinger Studentenschaft zu ersticken, dem König vorschlug, die Landesuniversität durch eine Art Zwangsanstalt nach dem Muster der Hohen Carlsschule zu ersetzen.[323] Die gegen die Großmächte gerichteten politischen Ambitionen und insbesondere auch die Triasidee des württembergischen Bundestagsgesandten Wangenheim waren ihm widerwärtig. Ihm schien ein ungetrübtes Einvernehmen mit Österreich, Preußen und Rußland vorteilhaft für Württemberg. Wiederholt suchte er auf König Wilhelm, mit dem er sich zunächst gut verstand, in diesem Sinne einzuwirken. Da der König jedoch auf seiner Sicht der Dinge beharrte und ihn dessen bewußte Konfrontation vor allem mit Metternich tief beunruhigte, wollte Wintzingerode schon 1820 seinen Hut nehmen, ließ sich aber schießlich zum Bleiben bewegen.[324]

König Wilhelm wollte das Reine oder Dritte Deutschland, also die deutschen Mittel- und Kleinstaaten, von der Vorherrschaft der beiden Großmächte Österreich und Preußen befreien. Ihm schwebte vor, die von Napoleon begonnene territoriale Neugliederung Deutschlands zum Abschluß zu bringen, die Rheinbund-Neugliederung gewissermaßen zu vollenden. Die jetzt noch souveränen Kleinstaaten sollten auf die größeren Mittelstaaten aufgeteilt werden, so daß das »Dritte Deutschland« im Endeffekt nur noch aus vier bis maximal fünf souveränen Staaten bestand, und diese sollten sich zu einem Bund mit einem Wahlkaiser an der Spitze zusammenschließen. Damit war das Dritte Deutschland in Mitteleuropa neben Österreich und Preußen die dritte Großmacht und diesen beiden ebenbürtig. Der auf dem Wiener Kongreß beschlossenen Pentarchie, der Herrschaft der fünf europäischen Großmächte Österreich, Preußen, Großbritannien, Frankreich und Rußland, gesellte sich nunmehr eine sechste Macht, das Dritte Deutschland, hinzu. Diese sechste Macht schob sich als Pufferstaat oder als eine Art Friedensgarant zwischen Österreich und Preußen einerseits und Frankreich andererseits, verstärkte damit das Gleichgewicht in Europa. König Wilhelm hoffte, daß ihm in diesem Bundesstaat dereinst die Funktion des Wahlkaisers zufalle.[325] Obwohl er, um seine politische Konzeption durchzusetzen, oft zu Intrigen, Winkelzügen und zur ränkereichen Geheimdiplomatie seine Zuflucht nahm, war er beileibe kein bösartiger, moralisch verwerflicher Mensch oder gar ein Vaterlandsverräter, wie ihn später die kleindeutsch-preußische Geschichtsschreibung zu porträtieren beliebte, er war vielmehr ein stets die Interessen seines Landes, aber auch die des Dritten Deutschlands verfolgender Regent: nüchtern und praktisch denkend, von seinen Untertanen hochgeachtet, in Maßen sogar bei ihnen beliebt. Zeitlebens war die Erhaltung des Friedens sein oberstes Ziel und mit ihm die Sicherung des politischen Gleichgewichts in Europa.[326] Daß er zur Lösung der deutschen Frage ein eigenes politisches Konzept entwickelte, war sein gutes Recht, und dieses Konzept hatte durchaus einiges für sich. Natürlich war ihm das württembergische Hemd näher als der deutsche Rock, doch daß ihm der deutsche Rock nichts bedeutet hätte, daß er ihm nur lästig gewesen wäre, kann man schwerlich behaupten.[327]

Die Bundes-Supplementar-Akte oder die Wiener Schlußakte vom 15. Mai 1820 entschärfte zunächst den Konflikt zwischen König Wilhelm und Fürst Metternich. Die Akte erkannte die bestehenden landständischen Verfassungen an, bestätigte sogar, daß diese »nur auf verfassungsmäßigem Wege wieder abgeändert werden« könnten. Und obgleich der nächste Artikel die Souveränität der Monarchen und damit das monarchische Prinzip für unantastbar erklärte, hatte jetzt die württembergische Verfassung ihre rechtliche Sanktion durch den Bund erlangt.[328]

Stuttgart galt 1820 als das Eldorado der liberalen Presse, Württemberg als Refugium für aufmüpfige revolutionäre Köpfe. König Wilhelm erlaubte in jenem Jahr sogar die Waterloo-Feier in Tübingen, untersagte lediglich jede öffentliche Anzeige in der Presse. Auch widerstand die württembergische Regierung dem von Österreich und vom Bund geforderten Einfuhrverbot für fremde Zeitungen mit der Begründung, eine Überprüfung des Inhalts dieser Blätter sei ihr unmöglich.[329]

Dem württembergischen König ging es politisch darum, im Deutschen Bund den Einfluß Österreichs und Preußens zurückzudrängen, dem Dritten Deutschland ein angemessenes Eigengewicht zu verschaffen und in diesem Bundesstaat sich selbst in politischer wie militärischer Hinsicht eine führende Rolle zu sichern. Bei der von ihm für unerläßlich gehaltenen Aufteilung der Kleinstaaten und der kleinen Mittelstaaten unter die vier bis fünf größeren, dachte er für Württemberg an die Eingliederung von Baden, den beiden hohenzollerischen Fürstentümern und, wenn möglich, auch an den Erwerb des Elsaß. Die vier oder fünf verbleibenden Staaten des Dritten Deutschlands sollten von einem Direktorium der diese Staaten regierenden Fürsten geleitet werden. Für sich selbst erhoffte er in dem bundesstaatlich organisierten Dritten Deutschland die Position eines Bundesfeldherrn, eines Königs oder Kaisers. Anonyme Flugschriften aus Stuttgart, deren Inhalt sehr wahrscheinlich wesentlich von ihm bestimmt war, stellten eine zweite europäische Revolution sowie eine Phase der Bürgerkriege in nahe Aussicht. Sie kündigten einen tatkräftigen Politiker an, einen Mann mit Feldherrnerfahrung. Dieser, so hieß es weiter, werde die Verhältnisse neu ordnen.[330] Wer dieser Politiker sein werde, konnte, wenn man die Zusammenhänge bedachte, nicht zweifelhaft sein: König Wilhelm.

Der von ihm riskierte Konfrontationskurs gegenüber Österreich und Preußen ließ sich mit Aussicht auf Erfolg nur durchhalten, wenn Württemberg den Zaren und damit die russische Großmacht auf seiner Seite hatte. Dem König war deshalb stets an einem guten Verhältnis zur Schutzmacht Rußland gelegen, zumal diese ihm auch als ein »Land mit gewaltiger Zukunft« erschien.[331] Solange Königin Katharina lebte, gab es hier keine Probleme. Dies änderte sich mit ihrem plötzlichen Tod. Wilhelm unternahm alles, um die abgekühlten Beziehungen zu Zar Alexander wieder zu verbessern. Nach Abschluß des Verfassungsvertrags erhielt Wilhelm bei seinem Zusammentreffen mit dem Zaren in Warschau zwar dessen Zusicherung, für die Eigenstaatlichkeit Württembergs und damit auch für die Verfassung des Königreichs einzutreten, den erhofften Rückhalt für seine ehrgeizige antiösterreichische Politik, die dem Liberalismus Raum gab, erlangte er aber von Alexander nicht.[332]

Im Frühjahr 1820 berief die russische Regierung Fürst Koslowski, ihren Gesandten in Stuttgart und Karlsruhe, ab und ersetzte ihn durch Konstantin Friedrich von Benckendorff. Koslowski hatte die Politik König Wilhelms und namentlich auch sein Verhalten in der Verfassungsfrage wohlwollend beobachtet und darüber recht positiv nach St. Petersburg berichtet. Wilhelm bedauerte deshalb seinen Weggang; er hatte sich mit ihm offenbar häufig über politische Angelegenheiten unterhalten und ihm seinen Standpunkt verdeutlicht. Bei Benckendorff sah es anders aus. Er war der Bruder der Gräfin Dorothea Lieven, die seit 1818 die Geliebte Metternichs war und die den Zaren im Sinne des österreichischen Staatskanzlers beeinflußte. Seine Sympathien galten Wien. In Stuttgart sah er sich in der Rolle des mißtrauischen Aufpassers. Seine besondere Aufmerksamkeit wandte er dem württembergischen König und dessen liberalen politischen Ambitionen zu.[333] Um sich den Zaren günstig zu stimmen, aber auch um den eigenen militärischen Ehrgeiz zu befriedigen, bemühte sich König Wilhelm 1819 auf diplomatischem Weg um die Verleihung (Inhaberschaft) eines russischen Regiments. Zar Alexander kam dem Wunsch des Schwagers nicht ungern nach. Im Mai 1820 äußerte sich Wilhelm in einem Brief an den Kommandeur des ihm verliehenen russischen Jäger-Regiments zu Pferd sehr befriedigt darüber, daß dieses Regiment nunmehr seinen Namen trage.[334] 1834 wurde ihm eine vollständige Uniform des Regiments übersandt.[335]

In Frankreich hat König Wilhelm nie den Erbfeind gesehen. Im Gegenteil: Er brachte diesem Land große Sympathien entgegen. Nach seiner Konzeption einer politischen Dreiteilung Mitteleuropas in Österreich, Preußen und das Dritte Deutschland war Frankreich eine für das Gleichgewicht Europas unverzichtbare Großmacht; sie konnte für die Staaten des Dritten Deutschlands Alliierter wie Gegner sein. Was Wilhelm aber mit Blick auf Frankreich beunruhigte, war dessen instabile politische Lage, die, wie er befürchtete, immer wieder zum Herd von Revolutionen werden konnte.[336] Das napoleonische Frankreich hatte für ihn jetzt in der Rückschau beinahe einen Glorienschein. Das Regierungssystem Napoleons empfand er als fortschrittlich und nachahmenswert. Wenn der Kaiser der Franzosen schließlich gescheitert war, dann an seinem zuletzt ins Maßlose gesteigerten Hegemoniestreben, das Europa aus dem Gleichgewicht brachte. Nach seinem Tod 1821 wurde Napoleon rasch zur Legende. König Wilhelm hatte gegenüber dem toten Napoleon keineswegs mehr die feindseligen Vorbehalte, die er einst gegen den lebenden gehabt hatte.[337] Wenn er im November 1819 die Annahme des Ordens der französischen Ehrenlegion ablehnte,[338] so geschah dies vermutlich mit Rücksicht auf Berlin und Wien, nicht jedoch aus einer Aversion gegen den Stifter des Ordens und dessen Land.

Durch seine oppositionelle Haltung gegenüber der Politik Metternichs, die jede freiheitliche Regung unterdrückte, übte König Wilhelm selbst auf Kreise, die den revolutionären Umsturz propagierten, eine gewisse Faszination aus. Wiederholt mußte er sich gegen Verdächtigungen wehren, mit solchen Kreisen zu sympathisieren oder gar mit ihnen gemeinsame Sache zu machen. Im Oktober 1820 beschlossen die Großmächte auf dem Kongreß im schlesischen Troppau trotz schwerwiegender Bedenken Großbritanniens und Frankreichs die bewaffnete Intervention in Italien, »den Kampf gegen die tyrannische Macht der Rebellion und des Lasters«.[339] In Württemberg wurde der Protest der britischen Regierung gegen das in Troppau formulierte Interventionsprinzip zustimmend aufgenommen und die von Großbritannien hierbei genannten Grundsätze als notwendige Bedingungen der Selbständigkeit und Sicherheit aller Staaten anerkannt.[340] Das Übergreifen des revolutionären Geistes von Italien auf Deutschland fürchtete auch König Wilhelm, doch er empfahl eine andere Abwehrstrategie als die Großmächte Österreich, Preußen und Rußland:

einen festen Zusammenschluß aller deutschen Regierungen. Selbstbewußt erklärte er, bei der Erhaltung der Sicherheit und Ruhe in den deutschen Staaten könne man auf niemand mehr rechnen als auf ihn.[341] 1822 sah der konservative nassauische Minister Freiherr Ernst Franz Ludwig Marschall von Bieberstein in König Wilhelm den »Chef der Partei des Liberalismus« in Deutschland, er war aber sicher, daß Wilhelm gegen Österreich und Preußen nichts ausrichten werde. Diese, meinte er, bekämpften nämlich »das System des umstürzenden Liberalismus« mit Erfolg.[342]

Außenminister Graf Wintzingerode stellte im Oktober 1822 fest, die beiden Großmächte Österreich und Preußen beherrschten den Deutschen Bund, deshalb könne den anderen Bundesstaaten kein Vorwurf gemacht werden, wenn sie sich gegen die Einwirkung der Großmächte abschirmten und ihre Unabhängigkeit nachdrücklich verteidigten. Unter den Regierungen, die dem übermächtigen Einfluß der Großmächte Grenzen setzen wollten, nehme die württembergische Regierung den vornehmsten Platz ein. Bei einer großen Krise müsse Württemberg dem Bund treu bleiben, werde er aber aufgelöst, sollte es sich derjenigen Schutzmacht anschließen, von welcher es die geringste Unterjochung zu befürchten habe. Daß Württemberg jetzt gegen die Großmächte opponiere, sei ein Akt der Notwendigkeit. Indes dürfe das Königreich nie die Form verletzen und die Mäßigung verlieren. Oberster Grundsatz müsse für das kleine Land sein, an dem allein Sicherheit gewährenden Bundesverhältnis festzuhalten und keinen aktiven Part in der europäischen Politik zu übernehmen.[343] Dieses insgesamt recht vorsichtige Taktieren gegenüber Österreich und Preußen, wie es der Auffassung des Außenministers entsprach, war schwerlich im Sinne König Wilhelms. Er scheute die Konfrontation nicht, zumal er noch immer auf den russischen Schutzschild vertraute. Ende April 1821 hatte er sich mit Zar Alexander in Weimar getroffen, wo dessen Schwester Maria Pawlowna lebte, zwei Monate später allerdings auch mit König Friedrich Wilhelm III. von Preußen in Spa[344] – vielleicht in der Hoffnung, bei dem preußischen Monarchen ein gewisses Verständnis für seine politische Haltung zu finden.

Verärgert war Wilhelm darüber, daß auf dem Kongreß in Verona im Oktober 1822 wiederum lediglich die Großmächte vertreten waren. Dort ging es um die Durchsetzung des monarchischen Prinzips gegenüber Spanien, das durch erbittert geführte innere

Auseinandersetzungen in einem blutigen Chaos zu versinken drohte.[345] Der württembergische König hatte gehofft, den Zaren noch vor dem Kongreß zu treffen, um ihm gegenüber seinen Unmut darüber äußern zu können, daß die Mindermächtigen nicht eingeladen waren. Dies hatte sich jedoch nicht realisieren lassen.[346] Damals kursierte übrigens das Gerücht, so insbesondere in diplomatischen und studentischen Kreisen, das konstitutionelle Deutschland, das heißt die süddeutschen Staaten, die bereits Verfassungen besaßen, werde sich vereinigen, und König Wilhelm werde sich an die Spitze einer Erhebung des deutschen Volkes zur Verteidigung seiner konstitutionellen Rechte stellen. Freilich, während sich die Liberalen Deutschlands und die bayerischen Protestanten für König Wilhelm als deutschen Kaiser aussprachen, schwankten die süddeutschen Burschenschaften je nach Herkunftsland, ob sie dem württembergischen oder dem bayerischen König als deutschem Kaiser den Vorzug geben sollten.[347]

Am 26. und 27. Dezember 1822 traf König Wilhelm mit dem aus Verona zurückgekehrten Zaren in Mittenwald zusammen. Begleitet wurde er von Königin Pauline, die er Alexander vorstellen wollte, und von seiner Nichte Charlotte, der späteren Frau des Großfürsten Michael. Indes wünschten weder Wilhelm noch Alexander ein Verwandtentreffen. Der württembergische König suchte sich des politischen Rückhalts seines Schwagers zu versichern, damit er vor allem gegenüber Österreich seinen Konfrontationskurs beibehalten konnte. Allein, Alexander weigerte sich, Wilhelm Hilfe zu leisten, wenn dessen auswärtige Politik zu schwerwiegenden Differenzen mit den Großmächten führte. Ihm lag vielmehr daran, dem württembergischen Schwager Mäßigung anzuraten und ihn mit Metternich auszusöhnen. Er warnte vor einer Isolierung Württembergs. In Verona war an der schon seit Jahren geübten Obstruktion des kleinen Königreichs im Bundestag und an der mangelhaften württembergischen Pressezensur Kritik geübt worden. Für Wilhelm war das Gespräch in Mittenwald enttäuschend. Er mußte zur Kenntnis nehmen, daß Zar Alexander jetzt vorbehaltlos auf der Seite Metternichs stand.

Bei seiner Rückkehr nach Stuttgart fand er das Zirkular von Verona vor, in dem die deutschen Fürsten, die die legitime Autorität nicht achteten, als Feinde der Großmächte bezeichnet wurden. Wilhelm konnte nicht daran zweifeln, daß sich diese Warnung vor allem gegen ihn richtete, weil seine auf die Schaffung eines

Bundesstaats »Drittes Deutschland« gerichteten Pläne die legitime Autorität im Sinne Metternichs in Frage stellten. Er war empört.[348] Sein Gewissen, die Liebe seiner Untertanen und die öffentliche Achtung Deutschlands ließen ihm keine Wahl, als »festen Fußes den geschlossenen Reihen des Machiavellismus des schwachen Metternichs zu trotzen«[349].

In einem Rundschreiben, einem Zirkular, an die württembergischen Gesandten vom 2. Januar 1823 bekräftigte er, daß er an seiner bisherigen Politik unverändert festhalte. Scharf ging er mit den Großmächten ins Gericht. Er warf ihnen vor, sie wollten in Europa denselben beherrschenden Einfluß ausüben, den sich einst Napoleon angemaßt habe. Es mag zutreffen, daß das Rundschreiben, wie Graf Wintzingerode in seinen Erinnerungen behauptet, allein das Werk des Königs war und daß der Außenminister, der den Großmächten gegenüber auf Mäßigung bedacht war, darin lediglich einige schroffe Formulierungen ändern konnte.[350] Obwohl das Zirkular dienstinternen, vertraulichen Charakter hatte, wurde sein Inhalt der Öffentlichkeit bekannt. Die Großmächte fühlten sich brüskiert. Metternich nutzte die Gelegenheit, um den unbequemen Württemberger, mit dem er übrigens indirekt verwandt war (eine Schwester Metternichs hatte in zweiter Ehe Herzog Ferdinand von Württemberg, den Onkel Wilhelms, geheiratet[351]), in seine Schranken zu weisen. Er bezichtigte ihn der eigenmächtigen Kritik am Deutschen Bund und an dessen Einrichtungen.[352] Durch den österreichischen Gesandten in Stuttgart ließ er erklären, die Großmächte betrachteten das Zirkular als feindseligen Akt, als einen Protest gegen ihre Politik.[353] Als Affront empfand es Zar Alexander, daß sein Schwager Wilhelm zwei Tage nach dem Mittenwalder Treffen so handelte.[354]

Auch hier hatte Metternich geschickt vorgearbeitet. Seitdem König Wilhelm im Herbst 1819 bei der bekannten Zusammenkunft in Warschau dem Zaren eine Art Garantieerklärung für die süddeutschen Staaten und deren Verfassungen abgerungen hatte, hatte der österreichische Staatskanzler alles getan, um Alexander gegen seinen württembergischen Schwager einzunehmen. Er spielte ihm Agentenberichte und abgefangene Briefe zu, deren Inhalt in der Übersetzung durch entsprechende Formulierungen noch verschärft wurde, womit sie die Großmächte diffamierten. Besonders wirkungsvoll und zugleich besonders infam erwies sich eine Denkschrift, die der im Dienst Metternichs stehende Publizist Friedrich Gentz während des Kongresses von Verona für den Zaren verfaßt hatte. Napoleon habe, so schrieb Gentz, das Alte Reich zerstört und zugleich den Ehrgeiz der deutschen Fürsten aufgestachelt. Inzwischen seien diese Fürsten wieder zur Vernunft gekommen. Eine Ausnahme bilde der König von Württemberg. Er habe in seinem Land einen »Herd der Aktion« errichtet, der die Nachbarstaaten bedrohe und die Ruhe von ganz Europa gefährde. Den russischen Schutz mißbrauche er für seine verderbliche Politik. In seinem Vertrauten Lindner verberge sich nicht nur ein ehemaliger Agent Napoleons, sondern auch der deutsche Verbindungsmann des »Comité directeur«, des revolutionären Zentralkomitees der nordischen Länder. Gentz scheute sich nicht, dem Zaren den württembergischen König als bonapartistischen Verschwörer vor Augen zu stellen. Kein Wunder, wenn sich Alexander von dem Schwager in Stuttgart zunehmend distanzierte und wenn das Zirkular vom 2. Januar 1823 die schon zuvor auf ein Minimum geschrumpfte Vertrauensbasis zwischen beiden Fürsten vollends zerstörte.[355]

Im Frühjahr 1823 brachen die Großmächte die diplomatischen Beziehungen zu Württemberg ab. König Wilhelm war politisch gänzlich isoliert. Dieser fatalen Situation wurde er sich freilich erst allmählich bewußt. Zunächst gebärdete er sich hochfahrend und überheblich selbstsicher. Anfang Juni 1823 beispielsweise verweigerte er dem preußischen Gesandten die erbetene Abschiedsaudienz. Außenminister Graf Wintzingerode erreichte schließlich, daß der Diplomat wenigstens der Königin seine Abschiedsaufwartung machen durfte.[356] Vergeblich hoffte der König, Frankreich und Großbritannien würden als Vermittler bei den anderen Großmächten ihn aus seiner politischen Isolierung befreien. Frankreich, von Gentz entsprechend »aufgeklärt«, beteiligte sich sogar an dem diplomatischen Boykott des kleinen Königreichs.[357] Zwar sahen die mindermächtigen deutschen Staaten zum Teil in König Wilhelm den Vorkämpfer für die Erhaltung ihrer ungeschmälerten Souveränität[358], doch zu einer Solidarisierung dieser Staaten mit Württemberg kam es nicht. Die Mittel- und Kleinstaaten waren auf die Sicherung ihrer jeweiligen materiellen Eigeninteressen bedacht. Die Triaspläne, gleichgültig ob in der von Wangenheim vertretenen gemäßigten Form oder in der von Lindner propagierten ungleich radikaleren, fanden bei ihnen kein positives Echo. Sie suchten meist ihren politischen Rückhalt bei Österreich.[359]

König Wilhelm suchte dem Druck der Großmächte standzuhalten, und hierin bestärkte ihn sogar zunächst Justizminister Maucler, ein Mann, der kaum einmal die realpolitischen Erfordernisse aus den Augen verlor.[360] Er weigerte sich, dem Verlangen Österreichs und Preußens nachzukommen und seinen Bundestagsgesandten Wangenheim abzuberufen. Doch bald mußte er einlenken. Am 12. Juli 1823 verlor Wangenheim seinen Posten. Wichtig schien es Wilhelm, daß er auch jetzt das Gesicht wahrte. Deshalb ließ er erklären, er habe sich zur Abberufung Wangenheims nur entschlossen, weil sich dieser nicht an die ihm erteilten Instruktionen gehalten habe. Die über diese unzutreffende Erklärung aufgebrachten Großmächte hielten an der Disziplinierung des württembergischen Monarchen fest. Neben Wangenheim setzte übrigens Metternich auch die Entfernung anderer Bundestagsgesandter durch, die er als seine Widersacher betrachtete.[361]

Am 2. Oktober 1823 trennte sich König Wilhelm auch von seinem Außenminister Graf Wintzingerode. Es scheint indes, daß der Anlaß für die Amtsenthebung Wintzingerodes weniger der Druck der Großmächte als eine schon lange schwelende Vertrauenskrise zwischen Monarch und Minister war. Wilhelm sprach sehr allgemein von politischen Gründen, die für die Entlassung maßgebend gewesen seien[362], Wintzingerode hingegen weist in seinen Erinnerungen auf die schwierige Situation hin, in der er sich befunden habe. Er habe sich, so schreibt er, nicht bloß dem König, sondern auch dem Land Württemberg gegenüber verantwortlich gefühlt. Schwer sei es aber, »diese doppelte Verantwortung zu tragen, wenn der König die Konsequenzen der Verantwortlichkeit gegen das Land anders definiert wie der Minister«. Darum habe er dem Monarchen nach dessen Rückkehr von einem zweimonatigen Aufenthalt in Italien sein Entlassungsgesuch vorgelegt, Wilhelm habe dieses auch genehmigt und ihm den Posten des württembergischen Bundestagsgesandten zugesichert, eine Zusage, die er später widerrufen habe.[363] Zu dem Sinneswandel des Königs trug Wintzingerode entscheidend selbst bei. Er machte sich nach seiner Verabschiedung in einer Pariser Zeitung über die Großmachtsucht seines seitherigen Herrn lustig. Der König war darüber so sehr erbost, daß es der Fürsprache des um Württemberg verdienten Vaters des entlassenen Ministers bedurfte, damit er diesem seine

Würden und seine Ruhegehaltsbezüge beließ.[364] Dem Freiherrn von Wangenheim wollte der König nach der Abberufung aus Frankfurt ein neues Amt übertragen, doch dieser lehnte eine weitere Verwendung in württembergischen Diensten entrüstet ab und zog sich ins Privatleben zurück.[365]

Justizminister Maucler, der interimistische Nachfolger Wintzingerodes, hatte inzwischen erkannt, daß Württemberg auf Dauer den Großmächten nicht Widerpart bieten konnte. Es gelang ihm, hiervon auch König Wilhelm zu überzeugen. Württemberg müsse, so argumentierte er, den Großmächten außenpolitisch zu Willen sein. Der König habe ein weites Feld zu beackern, wenn er seine Aktivitäten auf die Innenpolitik und damit vor allem auf die wirtschaftliche Entwicklung des Landes konzentriere.[366] Im Sommer 1824 suchte Maucler mit Billigung seines Monarchen Fürst Metternich auf dessen Familiengut, dem Johannisberg bei Wiesbaden auf, um diesem die Unterwerfung Württembergs unter den Willen der Großmächte zu erklären.[367] Nachdem dann das kleine Königreich der Verlängerung der Karlsbader Beschlüsse zugestimmt hatte, normalisierten im November 1824 Österreich, Preußen und Rußland wieder ihre diplomatischen Beziehungen zum Stuttgarter Hof. Metternich fügte dem in die Knie gezwungenen Württemberg eine weitere Demütigung zu. Er setzte die erste Bundesexekution nach den Karlsbader Pressebeschlüssen gegen eine württembergische Zeitung, den »Deutschen Beobachter«, durch. An sich hätte Württemberg das aufmüpfige Presseorgan selbst verbieten können, doch Österreich bestand auf dem Einschreiten des Bundes.[368]

Für König Wilhelm bedeutete die Aufgabe seines Konfrontationskurses einen bitteren Prestigeverlust. Der österreichische Präsidialgesandte beim Bundestag spottete, die anfangs so stolze Sonderfahrt des württembergischen »Höfleins« sei zu Ende.[369] 1823 hatte der König von Württemberg einen Höhepunkt seiner Popularität erreicht. Die Tübinger Studenten, die damals trotz ihrer nicht zu übersehenden starken deutschpatriotischen Neigungen sehr großzügig behandelt wurden, boten sich zu seinem Schutz als Soldaten an.[370] Republikanisch gesinnte Schweizer Bürger äußerten sich höchst anerkennend: »Wenn wir so einen Mann [wie König Wilhelm] hätten an der Spitze unseres Staates, wäre er uns auch als König recht.«[371] Dieser hehre Glanz, von dem der nach vorne schauende Vorkämpfer eines liberalen Deutschlands umstrahlt wurde, erlosch mit der von den Großmächten durchgesetzten Disziplinierung des württembergischen Monarchen. Wilhelm mußte sich mit der Enge seines Landes abfinden, ebenso mit der bescheidenen politischen Rolle des Regenten eines kleinen Mittelstaates. Daß ihn diese Demütigung hart traf, war keine Frage. Doch der schmerzliche Lernprozeß schärfte seinen Blick für die realpolitischen Möglichkeiten, die er nutzen konnte. An die Stelle utopischer Erwartungen trat eine nüchterne Interessenpolitik. Zwar gab er seine Idee vom Dritten, vom Reinen Deutschland nicht auf, aber er sah jetzt in ihrer Verwirklichung ein Fernziel.

Zu seinem neuen Außenminister berief er Graf Josef Ignaz von Beroldingen, einen Adligen schweizerischer Herkunft. Beroldingen stand zunächst als Offizier im württembergischen Dienst und wechselte dann in die diplomatische Laufbahn: 1816 war er kurze Zeit württembergischer Gesandter in London. Noch im gleichen Jahr wurde er nach St. Petersburg versetzt, wo er sieben Jahre die württembergischen Interessen wahrnahm. Er hatte nicht unwesentlichen Anteil daran, wenn Zar Alexander allmählich seinen Groll gegen den politisch querköpfigen Schwager in Stuttgart überwand und wenn durch die Ehe von Prinzessin Charlotte von Württemberg mit Großfürst Michael von Rußland 1824 eine neue, auch politisch vorteilhafte Verbindung zwischen den Romanows und den Württembergern geknüpft wurde. Der humanistisch gebildete, weltgewandte und gesellige Graf Beroldingen verfügte über eine bemerkenswerte Menschenkenntnis. Mit seinem königlichen Herrn verstand er sich gut. Zwar gingen von diesem weiterhin die entscheidenden Direktiven in der württembergischen Außenpolitik aus, doch brachte Beroldingen in das politische Geschäft Kontinuität und Verläßlichkeit. Württemberg trumpfte nicht mehr gegenüber den Großmächten auf, sondern agierte, den Realitäten Rechnung tragend, zurückhaltend. Graf Beroldingen stand beinahe 25 Jahre, bis zum Ausbruch der Revolution von 1848/49, dem Ressort der Auswärtigen Angelegenheiten vor.[372]

Erheblich zu den Spannungen zwischen Württemberg und den Großmächten trug seit 1819 die liberale Pressepolitik König Wilhelms bei. Nur zögernd und recht mangelhaft führte der König die Karlsbader Beschlüsse aus. Die dem Außenministerium übertragene Zensur wurde großzügig gehandhabt.[373] Trotz des Einspruchs Österreichs verhängte Württemberg 1820 kein Einfuhrverbot für ausländische Zeitungen mit freiheitlicher Tendenz.[374]

Im Februar jenes Jahres beispielsweise weigerte sich König Wilhelm unter Berufung auf das württembergische Pressegesetz von 1817, dem Ansinnen Metternichs zu entsprechen und das Abonnement des in Straßburg in deutscher und französischer Sprache erscheinenden »Patriot alsacien« in Württemberg zu verbieten. Wiederholt beschwerten sich 1820 der österreichische und der russische Gesandte über Artikel in der »Neckarzeitung«, weil diese für ihre Höfe diskriminierend seien oder weil diese politisch verderbliche Ideen propagierten. Die württembergische Regierung zeigte sich wenig beeindruckt und ergriff nicht die erwarteten repressiven Maßnahmen. In einem Fall entschuldigte Graf Wintzingerode die Veröffentlichung eines provozierenden Artikels mit der Kurzsichtigkeit des Zensors. Auch 1821/22 protestierte der österreichische Gesandte gegen die mangelhafte Pressezensur in Württemberg. Er tat dies zuweilen in einer derart penetranten Art, daß dies selbst Metternich zu weit ging.[375]

Erst mit dem Kongreß von Verona im Oktober 1822 gelang es Maucler, den König unter dem Eindruck des scharfen Tons der Großmächte zu einer härteren Gangart gegenüber der Presse zu bewegen. Wilhelm untersagte den Zeitungen sofort anstößige Artikel, spöttische Bemerkungen oder Anspielungen auf den Kongreß. Der in Tübingen erscheinende »Patriot«, der sich darüber hinwegsetzte, wurde streng verwarnt. Der König verfügte jetzt auch die Zensur aller Publikationen, darunter auch der literarischen Zeitschriften, mit weniger als 20 Bogen, wie dies 1819 in Karlsbad beschlossen worden war. Allerdings sollte bei der Kontrolle der Presse gegenüber den Staaten des Deutschen Bundes und anderer befreundeter Länder, vor allem gegenüber Rußland, großzügiger verfahren werden.[376] Mit dem Erlaß vom 20. Januar 1824 wurden die Zensurvorschriften auch auf literarische Erzeugnisse ausgedehnt und nochmals bekräftigt. Indes tat sich König Wilhelm nach wie vor schwer, die von den Großmächten geforderte rigorose Pressezensur in seinem Land durchzuführen. Im April 1826 etwa ließ er die Wiener Regierung wissen, daß »in einem konstitutionellen Staat die Präventivmaßregeln gegen die Presse nicht in gleicher Weise wie in absoluten Monarchien angewandt werden könnten«. In der Tat behielt die Presse in Württemberg eine größere Freiheit als in einem Großteil der anderen deutschen Staaten. Die Zensoren wurden nicht belangt, wenn sie sich nachsichtig bzw. großzügig zeigten.[377]

Die süddeutschen Staaten Baden, Bayern und Württemberg verfolgten in der Regel recht unterschiedliche politische Ziele. Nur selten zogen sie an einem Strang. Die Großmächte hatten deshalb leichtes Spiel, Keile zwischen sie zu treiben. 1823 waren die drei Länder untereinander zerstritten. Als König Max Joseph von Bayern 1824 die Gestüte Weil, Kleinhohenheim und Scharnhausen besichtigte, nahm man davon am Stuttgarter Hof kaum Notiz. – Wahrscheinlich war das Königspaar verreist.[378] Die bayerisch-württembergischen Beziehungen verbesserten sich mit dem Regierungsantritt König Ludwigs I. im Oktober 1825. In den darauffolgenden Jahren schlossen sich Bayern und Württemberg zu einer engen Allianz zusammen. Die Achse München-Stuttgart fand 1828 ihren Ausdruck in der Schaffung einer Zollunion zwischen beiden Staaten. Die Beziehungen zwischen Württemberg und Baden waren vor 1822 relativ gut, sie verschlechterten sich dann aber, als Berstett, der leitende badische Minister, sein Land bereitwillig dem Metternichschen System unterwarf. Erst als im März 1830 Großherzog Leopold den Thron bestieg, näherten sich Stuttgart und Karlsruhe einander wieder.[379]

Trotz der Turbulenzen der Jahre 1822 bis 1824 betrachtete König Wilhelm Rußland weiterhin als Schutzmacht seines kleinen Königreichs. Große Hoffnungen setzte er auf Zar Nikolaus, der 1825 nach dem Tod seines Bruders Alexander die Regierung des Riesenreiches übernahm. Am 16. Januar 1826 brachte er dies in einem Geheimschreiben an den württembergischen Gesandten in St. Petersburg, Generalmajor Fürst Heinrich von Hohenlohe-Kirchberg, zum Ausdruck. Nikolaus, schrieb er, werde gegenüber Europa, Deutschland und den Griechen eine andere Politik als sein Bruder betreiben. Er habe General Varnbüler mit geheimen Instruktionen nach Rußland entsandt, von denen dieser auch dem Fürsten von Hohenlohe-Kirchberg Kenntnis geben solle. Nachdrücklich wiederholte der König am Schluß seines Briefes, wie sehr ihm an einem guten Verhältnis zu Zar Nikolaus gelegen sei. Der Fürst solle daher alles tun, damit ein solches Verhältnis erreicht werde.[380] Die Annahme des Königs, daß Zar Nikolaus einen anderen politischen Kurs gegenüber den Griechen einschlagen werde, bezog sich auf den 1821 entfesselten und noch immer tobenden Freiheitskampf der Griechen gegen die türkische Herrschaft. Die Begeisterung für das griechische Volk in Deutschland war groß. Allenthalben bildeten sich philhellenische Vereine, unter denen der von Albert Schott geleitete sehr aktive Stuttgarter Hilfsverein einen vorrangigen Platz einnahm. Zahlreiche ehemalige Offiziere, unter ihnen der von König Friedrich wegen seines eigenmächtigen Übergangs zu den Alliierten in der Völkerschlacht bei Leipzig 1813 aus der Armee ausgestoßene Generalmajor Graf von Normann-Ehrenfels, beteiligten sich aktiv an dem Freiheitskampf der Griechen.[381]

Enttäuscht zeigte sich der König, daß Rußland noch immer die für Deutschland verderbliche Politik von Zar Alexander fortführte. Er rechnete damit, daß Zar Nikolaus einen Krieg gegen die Türkei begann und daß sich dieser zu einem allgemeinen Krieg in Europa ausweitete. Der Gesandte sollte deshalb die politische Entwicklung mit größter Aufmerksamkeit verfolgen. Ferner legte er ihm ans Herz, die diplomatischen Schritte zu beobachten, die Bayern unternahm, um sich die rechtsrheinische badische Pfalz anzueignen. Gegen eine solche Verkleinerung Badens kämpfte Wilhelm schon seit Jahren, weil Württemberg bei einem Erfolg der bayerischen Bemühungen in der Pfalzfrage im Norden von Bayern umklammert war, dieses über eine Landbrücke zu der ihm bereits eingegliederten linksrheinischen Pfalz verfügte und seine jetzt schon erheblich größere Machtbasis gegenüber Württemberg noch erweitern konnte. Gegenwärtig, so stellte der König abschließend fest, sei die politische Entwicklung so unkalkulierbar, daß man sich möglichst freie Hände bewahren, also beobachten und abwarten sollte. Mit dem damaligen russischen Gesandten in Stuttgart, von Anstett, war König Wilhelm zufrieden, eine Änderung wünschte er nicht.[382] Daß ihm der Fürst von Hohenlohe-Kirchberg im September 1827 Karten von Persien schickte, wo die russische Armee in siegreichem Vormarsch begriffen war, freute den König. Als alter Soldat könne er sich, schrieb er, so seinem Metier hingeben und er könne sich eine exakte Vorstellung von dem Verlauf des Feldzugs machen. Wichtig war ihm auch jetzt, die russische Regierung über seine Politik auf dem laufenden zu halten. Im Januar 1828 wies er den Fürsten an, auf Anfragen von St. Petersburger Regierungskreisen zu antworten, daß zwischen Württemberg und Bayern das beste Einvernehmen herrsche, die Spannungen zu Baden aber fortdauerten. Im Oktober 1829 beglückwünschte König Wilhelm Zar Nikolaus zu dessen Sieg über die Türken.[383]

So sehr König Wilhelm die französische Kultur und Lebensart

schätzte und so sehr er in beiden zu Hause war, blieb er doch gegenüber der Großmacht Frankreich stets mißtrauisch. Er wußte, daß Süddeutschland in einem Krieg der französischen Heeresmacht schutzlos preisgegeben war.[384] Sein politisches Streben ging deshalb dahin, durch die Vergrößerung der deutschen Mittelstaaten und durch den Zusammenschluß dieser arrondierten Staaten zu einem Österreich und Preußen ebenbürtigen Bundesstaat in Mitteleuropa ein politisches Gleichgewicht herzustellen und so der Schutzlosigkeit Südwestdeutschlands ein Ende zu bereiten. Da sich dieses politische Konzept zumindest vorläufig nicht verwirklichen ließ und sein forscher Alleingang 1823/24 am Widerstand der Großmächte gescheitert war, bemühte sich Wilhelm um eine politische Klimaverbesserung im Verhältnis zu Frankreich. Dies gelang bereits 1825, als die württembergische Königsfamilie incognito nach Paris fuhr und dabei auch König Karl X. besuchte. Zu einer engeren Verbindung zwischen den beiden ungleichen Staaten kam es aber weder damals noch 1828, als sich König Wilhelm und König Karl in Straßburg trafen.[385]

In Wien und Berlin blieb man gegenüber König Wilhelm auch nach seiner »Kapitulation« im Jahr 1824 mißtrauisch. Am 19. November 1828 schrieb der spätere preußische General Leopold von Gerlach, ein Verfechter des Metternichschen Systems, nach einer Begegnung mit dem württembergischen Monarchen in sein Tagebuch: »Er hat einen determinierten Haß gegen Österreich, wovon er offen spricht. Wenn man Österreich angreift, muß man Böhmen anfassen, dann fällt die ganze Dekoration zusammen. Es ist auffallend, wie die drei süddeutschen Mächte wieder ganz offen von ihrem Verhältnis zu Frankreich reden«.[386] Gerlach verdächtigte also die süddeutschen Staaten, insbesondere aber König Wilhelm, sich Frankreich zu nähern und damit wieder mit Rheinbundgedanken zu liebäugeln. Diese Verdächtigung war nicht gänzlich aus der Luft gegriffen, zumal König Wilhelm Österreich nach wie vor sehr distanziert gegenüberstand. Interessant ist, daß er gedanklich den erfolgreichen preußischen Feldzugsplan gegen den Kaiserstaat im Jahr 1866 mit dem Sieg bei Königgrätz vorwegnahm. 1826 und in den folgenden Jahren ging es ihm darum, die Spannungen zu Österreich abzubauen und durch entsprechende Maßnahmen Vertrauen zurückzugewinnen. Freilich, wichtiger war ihm auch jetzt ein gutes Verhältnis zu Rußland und zu Bayern. Deshalb wies er seinen Gesandten in Wien an, das

Vertrauensverhältnis der württembergischen Krone zur bayerischen zu beachten und zu vertiefen, zugleich aber enge Kontakte zum dortigen russischen Gesandten zu unterhalten.[387] Mit einer gewissen Genugtuung hörte der König im Juni 1828 von Cotta nach dessen Rückkehr aus Wien, daß in Südosteuropa zwischen Österreich und Rußland starke Spannungen bestünden.[388] Dies hatte in seinen Augen zur Folge, daß sich Österreich weniger den deutschen Verhältnissen zuwenden konnte. Wilhelm hatte inzwischen auch erkannt, daß der Deutsche Bund als eine Vereinigung souveräner Staaten nur zu erhalten sei, wenn Österreich und Preußen dies wollten, das heißt, wenn sie politisch an einem Strang zogen. Der württembergische Gesandte in Wien – so eine Instruktion von 1829 – hatte deshalb die Politik Österreichs in Bundesangelegenheiten ständig zu beobachten, ebenso die für die süddeutschen Staaten hochbedeutsamen Beziehungen Österreichs zu Frankreich.[389]

Die französische Julirevolution 1830

Die französische Julirevolution 1830 gab in Deutschland den oppositionellen freiheitlichen Kräften starken Auftrieb. In Baden und Bayern wirkte sich die von den politischen Ereignissen in Paris ausgelöste Bewegung hauptsächlich in den landständischen Kammern aus, in Württemberg hingegen, wo der Landtag nicht tagte, fand sie ihren Ausdruck vor allem in der Presse und in Flugschriften.[390] König Wilhelm, in dem manche deutschpatriotisch und liberal Gesinnten noch immer einen Vorkämpfer für die Wiederherstellung eines Deutschen Reiches sahen[391], hatte seine Lektion gelernt. Das kleine Württemberg konnte nicht gegen den Strom schwimmen, d.h. gegen die Großmächte Österreich, Preußen und Rußland Politik machen, vielmehr gebot ihm sein wohlverstandenes politisches Interesse, dem Strom, wie es in einem damaligen Flugblatt zu lesen war, mit dem geringsten Kraftaufwand zu folgen.[392] Wichtig war für König Wilhelm zunächst, innenpolitisch das Heft in der Hand zu behalten. Sorge bereitete ihm nach den Ereignissen in Frankreich ein mögliches Übergreifen der revolutionären Unruhen auf Deutschland. Mit Genugtuung erfüllte ihn deshalb, daß ihm an seinem 49. Geburtstag, am 27. September 1830, die Stuttgarter Bürgerschaft, angeführt von den städtischen Behörden, mit einem Fackelzug huldigte. In seiner Dankesrede gab er der Hoffnung Ausdruck, daß die auf die Verfassung gegründete gesetzliche Ordnung weiterhin Bestand habe, und er fügte hinzu, er freue sich sehr, »der Regent eines so treuen und biederen Volkes zu sein«[393]. Sehr am Herzen lag ihm, mit Hilfe der Presse seine Untertanen auf seine politische Linie einzuschwören. Um dies zu erreichen, plante er im Herbst 1830 die Hofzeitung zum Organ der Regierungspolitik zu machen. Doch der Publizist Wolfgang Menzel, dem er die Redaktion übertragen wollte, lehnte mit der Begründung ab, er wolle in der Presse keine fremde, sondern stets nur die eigene Meinung vertreten.[394]

Die exponierte Lage Süddeutschlands gegenüber einem militärisch hochgerüsteten Frankreich veranlaßte König Wilhelm, nach der Julirevolution Pläne zu entwickeln, wie Württemberg gemeinsam mit anderen süddeutschen Staaten vor einer kriegerischen Invasion durch französische Truppen bewahrt werden könne. Offenbar schon kurz nach dem revolutionären Umsturz in Frankreich schlug er, angeregt durch Preußen, vor, dem bayerischen Feldmarschall Fürst Wrede zusätzlich zu dem Oberbefehl über das VII. Bundesarmeekorps auch den über das VIII. zu übertragen. Außerdem wollte er in Absprache mit Baden und Hessen-Darmstadt Ausbildung und Bewaffnung der drei Divisionen des VIII. Armeekorps besser aufeinander abstimmen und diese zu Feldübungen bei Heilbronn zusammenziehen. Schließlich erklärte er sich damit einverstanden, daß zwei aus Bundestruppen und preußischen Einheiten gebildete Heere am unteren Rhein sowie ein österreichisches am oberen Rhein aufgestellt werden sollten.[395] Im November 1830 regte König Wilhelm in einer Denkschrift mit dem Titel »Betrachtungen über die politisch-militärische Stellung von Süddeutschland« eine Militärallianz der vier süddeutschen Staaten Baden, Bayern, Hessen-Darmstadt und Württemberg an. Diese vier Staaten, die eine Bevölkerung von 7,5 Millionen besaßen, sollten ihre Truppen zu einem von einem Obergeneral kommandierten gemeinsamen Heer vereinigen. Dieses Heer, das etwa eineinhalb Prozent der Bevölkerung umfaßte, war in vier Armeekorps zu gliedern: zwei bayerische, ein württembergisches sowie ein badisch-hessisches Armeekorps. Die vier süddeutschen Staaten, so hieß es in der Denkschrift weiter, bildeten zusammen mit den eingeschlossenen Kleinstaaten ein geographisches Ganzes mit übereinstimmenden wirtschaftlichen und politischen Interessen. Im Gegensatz zu den anderen deutschen Staaten verfügten sie bereits seit längerem über Verfassungen. Die in ihnen lebenden Menschen seien von gesundem und kräftigem Schlag und rein deutsch, in Sitten und Gebräuchen seien sie einander nahe verwandt.[396] Erheblich weniger verbinde sie mit dem österreichischen Staat. Dessen [ab]geschlossene Handelswelt, dessen veraltetes Regierungssystem und dessen »unnatürliche Zusammenzwängung mit fremdartigen Volksstämmen« bezeuge notwendigerweise »ein undeutsches Interesse und eine undeutsche Nationalität«. Näher stehe den süddeutschen Völkern das preußische Volk. Allerdings scheine diesem seine geographische Lage »eine andere Wirkungssphäre und sein Besitztum des Großherzogtums Posen eine besondere Teilnahme an fremder Politik aufzudrängen«. In der Mitte zwischen zwei übermächtigen Staaten, nämlich Frankreich und Österreich, laufe Süddeutschland stets Gefahr, entweder Zielpunkt für die Eroberungssucht dieser zwei Staaten oder Kriegsschauplatz bei österreichisch-französischen Konflikten oder aber als »gezwungener Verbündeter sich für fremde Zwecke verbluten zu müssen«. Um solch höchst nachteiligen Wechselfällen vorzubeugen, seien »ein festes Aneinanderschließen und die zweckmäßigste Wehrverfassung unumgänglich nötig«[397].

Kriegsminister von Hügel zeichnete in diesem Zusammenhang im Blick auf Württemberg ein sehr düsteres Bild von der gegenwärtigen Lage: Im Gegensatz zu den hochgerüsteten Großmächten sei Württemberg derzeit praktisch wehrlos. Der Grund: Es habe finanziellen Rücksichten größeres Gewicht beigemessen als der Notwendigkeit der Politik. Indes müsse es mit einer noch größeren Bedrängnis rechnen, wenn es fernerhin untätig bleibe. Eine besondere Gefahr drohe dem kleinen Königreich von Frankreich. Dieses habe eine ausreichend große Streitmacht zum Einfall in Süddeutschland bereitstehen, und es werde versuchen, die süddeutschen Staaten entweder für sich zu gewinnen oder sie unschädlich zu machen. Der Anreiz zu einer solchen Invasion sei um so größer, je wehrloser sich Süddeutschland präsentiere. Hügel empfahl, umgehend nach Kräften militärisch aufzurüsten und sofort mit den anderen süddeutschen Staaten wegen des Abschlusses eines Militärbündnisses zu verhandeln.[398]

In der Denkschrift vom November 1830 griff König Wilhelm Gedanken des »Manuskripts aus Süddeutschland« in veränderter

Form wieder auf. Auch diesmal ging es ihm darum, sich nicht einfach vor den Karren der österreichischen oder preußischen Politik spannen zu lassen. Die süddeutschen Staaten hatten andersartige politische Interessen als die beiden deutschen Großmächte. Sie wollten sich nicht in deren Kriege hineinziehen lassen und schwere Lasten übernehmen. Ungleich sinnvoller erschien es dem politischen Pragmatiker Wilhelm, wenn die süddeutschen Staaten ihre militärischen Kräfte bündelten und dadurch zu einem politischen Machtfaktor wurden. Dies hätte zur Folge, daß sie bei einem bewaffneten Konflikt der Großmächte eine bewaffnete Neutralität behaupten und vielleicht zusätzlich noch den Rückhalt der neutralen Schweiz erlangen könnten.[399]

Indes fand König Wilhelm für seine Pläne bei seinem bayerischen Standesgenossen wenig Gegenliebe. Auch seinen weiteren Bemühungen im Januar 1831, König Ludwig der ihm unabweisbar erscheinenden Militärallianz geneigt zu machen, blieb der Erfolg versagt.[400] Im März 1831 stimmte zwar der bayerische Monarch der Denkschrift aus Stuttgart vom November des Vorjahres weitgehend zu, namentlich sprach er sich für eine engere Verbindung der süddeutschen Staaten aus. Dennoch plädierte er für einen festen Anschluß an Preußen. Außerdem wollte er keinesfalls den Eindruck aufkommen lassen, als beabsichtigten die Süddeutschen eine Trennung vom übrigen Deutschland. Gänzlich abweisend reagierten Österreich und Preußen auf die Pläne des württembergischen Königs. Sie widersetzten sich jeder engeren militärischen Verbindung der süddeutschen Staaten. Ihr negatives Votum genügte. Bayern zeigte Württemberg nunmehr die kalte Schulter. Die Initiative König Wilhelms verschwand in den Akten.[401]

In der französischen Publizistik lösten die von Stuttgart ausgehenden Neutralitätsbestrebungen der süddeutschen Staaten ein positives Echo aus. Die deutschen Mittel- und Kleinstaaten, das Dritte Deutschland, hätten, so konnte man in französischen Blättern lesen, im Fall eines Krieges viel zu verlieren, aber nichts zu gewinnen. Am 27. November 1830 erklärte »Le Temps«, weder die Völker noch die Souveräne der konstitutionellen Staaten hätten revolutionäre Einflüsse zu fürchten.[402] König Wilhelm, der stets gut über die politischen Äußerungen der führenden deutschen und ausländischen Zeitungen informiert war, vernahm solche Stimmen sicher nicht ungern. Wenig Eindruck auf ihn machte hingegen sehr wahrscheinlich eine anonyme Flugschrift vom

21. März 1831, die ihm empfahl, er solle eine außerordentliche Ständeversammlung einberufen und sich von dieser die in Paragraph 89 der Verfassung vorgesehenen diktatorischen Vollmachten übertragen lassen, dann das Volk zu den Waffen rufen und sich selbst an die Spitze dieser Volksbewegung stellen. So könne er das zur Invasion in Deutschland bereitstehende französische Heer bei einem Angriff in Schach halten und eine Verwüstung Württembergs verhindern, bis fremde Hilfe, also vor allem Hilfe durch die Großmächte Österreich und Preußen, eintreffe.[403]

Die Angst vor einem drohenden französischen Angriff hielt sich zäh. Noch im Juni 1832 äußerte sich Außenminister Graf Beroldingen in Erlassen an den württembergischen Gesandten in Wien in dieser Richtung. Er forderte deshalb im Sinne seines Monarchen die Vereinigung des VII. und des VIII. Bundesarmeekorps, damit die vier süddeutschen Staaten in gemeinschaftlicher Anstrengung einem feindlichen Angriff so lange hinhaltenden Widerstand entgegenbringen könnten, bis durch Preußen und Österreich eine »kräftige Unterstützung« möglich sei.[404] Wenn König Wilhelm Ende 1830 dem französischen Gesandten Fontenay erklärte, Süddeutschland wäre in der Lage, Österreich in Schach zu halten, falls dem Kaiserstaat keine 200 000 Russen zu Hilfe kämen, so dürfte dies schwerlich eine Art Angebot gewesen sein, sich im Kriegsfall auf die Seite Frankreichs zu stellen. Wahrscheinlich aber wollte er den Franzosen damit zu verstehen geben, daß sich die süddeutschen Staaten nicht auf Gedeih und Verderb mit Österreich verbunden fühlten, daß sich ihre politischen Entscheidungen vielmehr am wohlverstandenen eigenen Interesse orientierten. Um den Franzosen zu schmeicheln, traf er im Gespräch mit dem Gesandten auch die recht gewagte, aber durchaus noch auf seiner politischen Linie liegende Feststellung: Ein Sieg Österreichs über Frankreich läge nicht im Interesse der süddeutschen Staaten. Ein solcher Sieg zerstörte nämlich ihre Verfassungen, entfremdete die Untertanen ihren Herrschern und zwänge Baden, Bayern, Hessen-Darmstadt und Württemberg zu Gebietsabtretungen. Deshalb sei der natürliche Verbündete Süddeutschlands Frankreich.[405]

Mit Blick auf das Königreich Belgien, das sich im Gefolge der Julirevolution vom Königreich der Niederlande abgespalten hatte und das nun auf die Initiative Großbritanniens neutralisiert werden sollte, äußerte König Wilhelm im Frühjahr 1831, Frankreich habe jetzt leichtes Spiel, in einem Krieg mit dem Deutschen Bund die Oberhand zu gewinnen. Seine beiden Flanken seien durch die neutrale Schweiz und das neutrale Belgien gesichert, es könne daher seine Armee in voller Stärke gegen die dem Deutschen Bund angehörenden Staaten einsetzen. Bei einem solchen Offensivstoß hätten die süddeutschen Staaten das schlimmste Unheil zu gewärtigen.[406] Auch hier wieder die zutreffende Einsicht: Ein deutsch-französischer Krieg wäre für Süddeutschland und namentlich für Württemberg verderblich. Deshalb müßte politisch alles getan werden, um einen bewaffneten Konflikt mit Frankreich zu vermeiden. Sollte dies wider Erwarten nicht möglich sein, hätten sich die süddeutschen Staaten volle politische Handlungsfreiheit vorzubehalten, das heißt die Neutralität und – im äußersten Fall – sogar die Allianz mit Frankreich. Allerdings behielt Wilhelm diese Schlußfolgerung für sich, denn eine Konfrontation mit Österreich und Preußen ähnlich der von 1823/24 wollte und konnte er keinesfalls riskieren.

Am 20. Juni 1831 traf sich König Wilhelm mit dem französischen König Louis Philippe auf dessen Einladung in Straßburg. Um an den Höfen in Wien und Berlin unliebsames Aufsehen zu vermeiden, gab er die Sprachregelung aus, es handle sich bei dem Treffen um einen reinen Höflichkeitsbesuch ohne politische Hintergründe. In der Tat war das Mißtrauen Wilhelms gegen das aus der Revolution hervorgegangene Königtum Louis Philippes groß. Eine politische Annäherung an Frankreich unter den gegenwärtigen Verhältnissen schien ihm nur im äußersten Notfall sinnvoll. Vor allem verachtete er die in Paris zur Macht gekommene Regierung. Er sah in ihr das Sprachrohr des Pöbels, dessen Anmaßungen ihm auf die Dauer für Europa unerträglich erschienen. Die Begegnung der beiden Monarchen wurde durch eine Truppenparade eingeleitet. Beim anschließenden Diner unterhielten sich Wilhelm und Louis Philippe über politische Fragen, besonders über die Kriegsgefahr. Louis Philippe beteuerte seinen Friedenswillen. Allerdings, so fügte er hinzu, könne er bei der schwierigen Lage, in der er sich befinde, nicht ausschließen, daß er doch zum Schwert greifen müsse. Wenn der französische König jedoch erwartet hatte, Wilhelm werde sich für den Fall eines von Frankreich ausgehenden Krieges auf einen Neutralitätskurs festlegen, sah er sich getäuscht. Der württembergische König ließ keinen Zweifel, daß er sich mit dem Deutschen Bund untrennbar verbunden fühlte und dies im besonderen beim Ausbruch eines militärischen Konflikts, in den Deutschland verwickelt werde. Louis Philippe erkannte, daß König Wilhelm von einer Rheinbundpolitik weit entfernt war. Er zog daraus die Konsequenz und ging zu dem Württemberger auf Distanz. Zwischen Frankreich und dem kleinen Königreich im deutschen Südwesten herrschte zwar kein frostiges Klima, doch stellte der württembergische Gesandte am französischen Königshof eine deutliche Abkühlung in den Beziehungen Paris–Stuttgart fest.[407] Unverkennbar war Anfang der dreißiger Jahre, daß sich König Wilhelm, obwohl er nach wie vor Wert darauf legte, in der europäischen Politik »mitzumischen«, politisch zunehmend Österreich und Preußen und dem von diesen beiden Großmächten beherrschten Deutschen Bund näherte, weil er hier die Sicherheit seines Landes noch am ehesten gewährleistet sah.[408]

Der zehnmonatige Freiheitskampf der Polen gegen die russische Herrschaft vom November 1830 bis September 1831 erregte und bewegte in Württemberg noch ungleich mehr als in den frühen zwanziger Jahren der Philhellenismus die bürgerlichen Kreise. Durchziehende flüchtige Polen wurden begeistert gefeiert. Man veranstaltete Polenversammlungen und -feste. Bedeutende Geldbeträge vor allem für humanitäre Zwecke wurden gespendet, Ärzte nach Polen geschickt.[409] Die Polenschwärmerei ließ die Bestrebungen nach Einheit und Freiheit des deutschen Volkes wieder aufleben. Das jetzt auch von König Wilhelm gestützte Metternichsche Repressionssystem als eine Art Schutzwall gegen den revolutionären Umsturz bekam erste Risse.[410] Höchst ungelegen kam dem König eine von Ludwig Uhland verfaßte und von 800 Tübinger Bürgern unterzeichnete Petition, der Bundestag in Frankfurt möge doch alles tun, um dem russischen Vernichtungskrieg gegen die Polen Einhalt zu gebieten. Die Petition trug das Datum des 9. September 1831, des Tages, an dem Warschau fiel. Der König befürchtete, die Eingabe könnte sein Verhältnis zu Zar Nikolaus I., seinem Schwager, stark belasten und ihn als Angehörigen des Deutschen Bundes ins politische Zwielicht bringen. Andererseits besaß er keine gesetzliche Handhabe, um gegen die Initiatoren der Petition einschreiten zu können. Mit seinen Befürchtungen behielt er recht. Der Bundestag verweigerte nicht nur die Annahme der Eingabe, sondern er wählte auch bei der Zuteilung dieser Petition an die württembergische Regierung eine Form, die Stuttgart als harten Tadel und als Vorwurf mangelnder Wachsamkeit gegenüber liberaler Aufmüpfigkeit empfinden mußte. Gleichzeitig verbot er generell Petitionen. Die württembergische Regierung rügte scharf die Professoren unter den Petenten (Baur, Schwab und natürlich Uhland), und sie untersagte den Zeitungen, den Bundesbeschluß über das Petitionsverbot zu kommentieren.[411] Den württembergischen Gesandten in St. Petersburg, den Fürsten von Hohenlohe-Kirchberg, wies König Wilhelm bereits am 16. September 1831 an, den Zaren und dessen Armee zur Eroberung von Warschau zu beglückwünschen und dabei ausdrücklich zu betonen, daß der Sieg über die aufständischen Polen auch für Deutschland wichtig sei, denn nur durch ihn seien die durch die französische Politik ermunterten Revolutionäre aller Länder, die die Regierungen auf üble Weise attackiert hätten, in ihre Schranken verwiesen worden.[412]

Es war vornehmlich die Furcht vor einem revolutionären Umsturz, die König Wilhelm bewog, sich politisch Metternich zu nähern. Der König wurde gegenüber freiheitlichen Regungen, so namentlich auch gegenüber der oppositionellen Presse, mißtrauischer, übte ein strengeres obrigkeitliches Regiment aus. In Paris sah er den Herd der Revolution. Hatte er bislang, um sich über die Entwicklung auf dem laufenden zu halten, politische Schriften aus der französischen Hauptstadt bezogen, so stellte er dies jetzt ein.[413] Bei seinen Kuraufenthalten in Livorno traf er sich mit österreichischen Diplomaten. Auch geschah es wohl auf seine Anweisung, zumindest aber mit seiner Billigung, daß nunmehr württembergische Ministerialdepeschen Metternich zur Kenntnisnahme vorgelegt wurden. Zu Manövern der österreichischen Armee fanden sich seit der Julirevolution regelmäßig württembergische Offiziere ein.[414] Wenn Außenminister Graf Beroldingen erklärte, der von Frankreich ausgehenden Revolution, die immer mehr auf dessen Nachbarländer übergriff, müsse Einhalt geboten werden, so entsprach dies durchaus den Intentionen des Königs. Für Graf Beroldingen war es keine Frage, daß die Revolution, die die Einheit Deutschlands und die Souveränität des deutschen Volkes anstrebe, den Untergang der einzelnen deutschen Fürsten bedeute.[415]

Daß einer der rührigsten Propagandisten der Triasidee, der frühere Bundestagsgesandte Freiherr von Wangenheim, auf die politische Bühne zurückkehren wollte – er hatte sich im Oberamt Ehingen (Donau) als Landtagskandidat aufstellen lassen und war mit überwältigender Mehrheit gewählt worden –, mißfiel König Wilhelm, zumal Wangenheim ihn als Vorkämpfer des »Dritten Deutschlands« ein zweites Mal auf einen Konfrontationskurs gegen die Großmächte Österreich und Preußen festlegen wollte. Wilhelm hielt eine solche Konfrontation zum gegenwärtigen Zeitpunkt für selbstmörderisch. Die Ansicht Wangenheims, die revolutionären Unruhen 1830/31 seien die Folge des Versagens der Mindermächtigen im Deutschen Bund, sich zusammenzuschließen, sich aus der Knechtschaft Österreichs und Preußens zu befreien und sich als dritte Kraft im Bund durchzusetzen, teilte er nicht. Im Gegenteil: Für ihn bildeten die konservativen Großmächte einen Schutzschild gegen die Revolution. Da Wangenheim vor seiner Wahl auch angekündigt hatte, er werde sich in der Zweiten Kammer der Opposition anschließen, entledigte man sich des Unbequemen dadurch, daß man mit dem Argument, er besitze die württembergische Staatsangehörigkeit nicht, die Wahl für ungültig erklärte. König Wilhelm spielte in dieser unerfreulichen Angelegenheit eine recht dubiose Rolle. In einem Privatbrief hatte er Wangenheim zunächst das württembergische Staatsbürgerrecht zuerkannt, doch zu einer klaren offiziellen Stellungnahme war er nicht zu bewegen.[416]

Im Geheimen Rat kritisierte der streng konservative Staatsrat Leypold am 6. April 1831, daß in Württemberg die gesetz- und verfassungsmäßige Pressefreiheit stärker beschränkt worden sei, als dies die Bundesbeschlüsse erforderten. So sei die Zensur auch auf Presseberichte ausgedehnt worden, die sich mit den inneren Verhältnissen des eigenen Landes wie mit denen des Auslandes befaßten. Ein halbes Jahr später, am 15. Oktober 1831, lockerte der König auf Antrag des Geheimen Rats die Zensurvorschriften. Die Presse erhielt damit die willkommene Gelegenheit, Mißstände in Württemberg und in anderen deutschen Ländern kritisch unter die Lupe zu nehmen und ihre Abstellung zu verlangen. Eine Anzahl von »Volksblättern« entstand: u.a. der »Hochwächter«, die »Stadtpost«, die »Stuttgarter Allgemeine Zeitung«; sie beschäftigten sich vornehmlich mit den Verhältnissen in Württemberg und mahnten umfassende Reformen an.[417] Hart ging der »Hochwächter« mit dem herrschenden politischen System ins Gericht. Er scheute sich 1832 nicht, von einer »konstitutionellen Despotie« in Württemberg zu sprechen.[418] Anfang jenes Jahres nannte er die süddeutschen Volksstämme »den Kristallisationspunkt der

Freiheit für den ganzen deutschen Reichskörper«, und er forderte, die Staaten des deutschen Südens sollten sich zu einem Bund zusammenschließen.[419]

Solche Pressestimmen erbosten den König, doch er konnte sie zunächst nicht unterdrücken. Fast noch mehr dürften ihn Krawalle beunruhigt haben, zu denen es vor allem in Tübingen 1831 kam.[420] Um den gewaltsamen Protesten der Studenten, die sich allerdings sehr in Grenzen hielten, ein Ende zu bereiten, wurde am 18. April 1831 das »Organische Statut der Universität Tübingen« revidiert. Die neue Verfassung gab der Hochschule ihre alten Einrichtungen und Freiheiten weithin zurück.[421] Dennoch veranstalteten im Sommer 1832 anläßlich der Feier der Pariser Julirevolution etwa 300 Studenten sowie mehrere Bürger in einem Garten bei Tübingen Trinkgelage, bei denen es zu tumultuarischen Exzessen kam. Der Rektor der Universität, der Stadtdirektor sowie eine Anzahl Polizisten wurden mit Steinen beworfen. Außerdem nahmen viele Studierende an einem Treffen der längst verbotenen Burschenschaften teil.[422] Auch in Stuttgart rechnete man 1831 mit Krawallen. Eine neue Bürgergarde sah es deshalb als ihre Aufgabe an, den städtischen Behörden bei der Aufrechterhaltung von Ruhe und Ordnung bewaffneten Beistand zu leisten. Weil sich jedoch nur verhältnismäßig wenige Bürger bereitfanden, der neuen Organisation beizutreten, wollte diese sämtlichen Einwohnern die Möglichkeit zum Beitritt geben. Allein, der König verweigerte die Genehmigung einer entsprechenden Bestimmung in dem Statutenentwurf. Für ihn bildeten Bewohner, die in der Stadt keinerlei Besitz hatten und sich mit den Stuttgarter bürgerlichen Interessen nicht identifizieren konnten, eine Gefahr. Sie würden eine solche Einrichtung, erklärte der Monarch, nur für ihre eigennützigen Zwecke mißbrauchen, und mit dem »Geist der Ordnungswidrigkeit und der Aufsässigkeit gegen die Obrigkeit erfüllen«[423].

Das Hambacher Fest am 27. Mai 1832, eine stark besuchte Kundgebung liberaler und demokratischer Kreise vor allem aus der Rheinpfalz, auf der ein republikanischer deutscher Einheitsstaat in einem vereinigten republikanischen Europa gefordert wurde, erregte gewaltiges Aufsehen. Der Deutsche Bund reagierte am 28. Juni und 5. Juli 1832 mit harten repressiven Maßnahmen. König Wilhelm und seine Minister schreckte das Hambacher Fest auf. In ihren Augen machte die revolutionäre Unterwühlung Deutschlands zunehmend Fortschritte. Noch ehe der Bund seine repressiven Maßnahmen beschloß, untersagte bereits am 12. Juni 1832 eine königliche Verordnung alle nicht von der Polizei genehmigten politischen Versammlungen, ebenso wiederholte sie das bereits etliche Monate zuvor verfügte Verbot der Bildung von politischen Vereinen.[424]

Im März 1830 hatte König Wilhelm noch vor der Entlassung des seit dem 15. Januar tagenden fünften Landtags die Berufung eines außerordentlichen Landtags zur Beratung und Verabschiedung bedeutsamer Gesetze, so des Strafgesetzbuches, angeordnet. Nach dem Ausbruch der Julirevolution war von einem solchen außerordentlichen Landtag nicht mehr die Rede. Statt mit Hilfe der im Dezember 1825 gewählten recht gefügigen Zweiten Kammer das Land durch fortschrittliche Gesetze zu befrieden, in Deutschland mit einer zukunftweisenden Reformpolitik beispielgebend voranzugehen und so der revolutionären Bewegung einen Großteil ihres Windes aus den Segeln zu nehmen, verharrte die Regierung in gänzlicher Passivität. Sie berief den bis Dezember 1831 gewählten Landtag nicht mehr ein, sondern ließ die Zeit bis zu den Neuwahlen ungenutzt verstreichen.[425] Aus diesen Neuwahlen ging die »bürgerlich liberale Bewegungspartei« als Siegerin hervor. Der Zweiten Kammer gehörten jetzt die führenden liberalen Politiker des Landes, Schott, Murschel, Römer, Paul Pfizer, Schwab und Uhland an. König Wilhelm wollte das Heft in der Hand behalten, deshalb war sein Bestreben darauf gerichtet, die liberale Bewegung möglichst lange vom politischen Aktionsfeld fernzuhalten. Die Verfassung verschaffte ihm dazu die Möglichkeit. Nach deren Paragraph 127 konnte der Monarch die Berufung eines neuen Landtags bis zu drei Jahren nach Schließung des letzten Landtags, also bis zum Frühjahr 1833, hinauszögern, und dies tat er.[426]

Die neugewählten liberalen Abgeordneten nahmen die Nichteinberufung des Landtags und damit ihren vorläufigen Ausschluß von politischen Aktivitäten nicht hin. Im Frühjahr 1832 trafen sie sich in Bad Boll und später nochmals in Echterdingen. Bei ihrem zweiten Treffen kamen sie überein, durch Eingaben der Städte und Bezirke mit möglichst vielen Unterschriften gegen die zu erwartenden Maßnahmen des Bundes, die die Rechte der Landstände beschnitten, beim König zu protestieren. König Wilhelm reagierte recht ungehalten auf die Eingaben. Die Annahme der Stuttgarter Eingabe verweigerte er wegen ihrer »unziemlichen

Fassung«, auch forderte er den Bürgerausschuß auf, nicht die Grenzen seiner Befugnisse zu überschreiten. Harte Worte bekamen die Tübinger wegen ihrer nach Ton und Inhalt von »Unehrerbietigkeit« zeugenden Eingabe zu hören: Sie sollten, so ließ sie der erzürnte Landesvater wissen, nicht bei jedem Anlaß »das Beispiel des Übermuts und des Ungehorsams geben«.[427] Fürst Metternich schrieb dem König am 2. September 1832 wohl auch mit Blick auf die »Unbotmäßigkeit« eines Teils seiner politisch wachen Untertanen, die unerschütterliche Einigkeit der deutschen Regierungen und im Bereich der Innenpolitik Gerechtigkeit und Festigkeit seien die besten und zugleich einzigen Mittel, das wahre Wohl Deutschlands zu sichern.[428]

Endlich, am 15. Januar 1833, dem letztmöglichen Zeitpunkt, berief König Wilhelm den Landtag ein. Eine ungewöhnlich große Menschenmenge, die sich aus allen Teilen des Landes eingefunden hatte, begrüßte die Abgeordneten bei ihrem Zug von der Kirche zum Landtagsgebäude mit Hochrufen. König Wilhelm, Unpäßlichkeit vorschützend, blieb der Eröffnung der Ständeversammlung fern. Er wollte es vermeiden, dem Abgeordneten Paul Pfizer bei der Ablegung des Verfassungseids die Hand zu geben. Pfizer hatte durch seinen 1831 erschienenen »Briefwechsel zweier Deutscher«, in dem er für Preußen in einem geeinigten Deutschland die führende Rolle gefordert hatte, den höchsten Unwillen des Königs erregt.[429]

Die in der Zweiten Kammer den Ton angebenden Liberalen hielten die Zeit für gekommen, den Kampf um eine freiheitliche Gesellschaftsordnung aufzunehmen. Einen ersten Höhepunkt bildete die Motion Pfizers am 13. Februar 1833. Sie richtete sich gegen die vom Bund am 28. Juni 1832 beschlossenen sogenannten Sechs Artikel, die darauf abzielten, die Bundesverfassung gegen angeblich von den Landesverfassungen und den Landständen her drohenden Verletzungen zu sichern. Pfizer erklärte die Sechs Artikel für rechtlich unverbindlich, weil sie einen Eingriff in die Landesverfassungen bedeuteten. Er verlangte nicht nur, daß sich die Regierung und der Landtag über die Änderung der Bundesbeschlüsse vom 28. Juni 1832 verständigten, sondern auch, daß die Regierung ihre Instruktionen an den württembergischen Bundestagsgesandten jeweils mit dem Landtag abstimmte. Diese letzte Forderung war bundes- wie landesrechtlich unzulässig. Auch spätere deutsche Landes- und Reichs- bzw. Bundesverfassungen

Ludwig Uhland (1787–1862) und Gustav Schwab (1792–1850) bei Justinus Kerner (1786–1862) in Weinsberg (von rechts).

haben Landesparlamenten nie ein solches Einwirkungsrecht auf die Bundesstimme eines Landes zugestanden. König Wilhelm war empört. Als sein in sehr herrischer Form gehaltener Appell an die Kammer, die Pfizersche Motion zu verwerfen, nichts nützte, ordnete er kurz entschlossen am 22. März 1833 ihre Auflösung an. Ein regierungsfreundliches Flugblatt nannte diese Ständeversammlung verächtlich den »Vergeblichen Landtag«, eine sicher nicht zutreffende Bezeichnung, die ihr jedoch geblieben ist.[430]

In einem Schreiben an Fürst Metternich begründete der König die Auflösung der Ständeversammlung. Diese habe sich nicht mit dem Budget für die nächste dreijährige Etatperiode und wichtigen Gesetzen befaßt, sondern die Zeit mit unnützen Debatten vertan. In der Zweiten Kammer habe eine »Opposition« mit allen Mitteln die unbedingte Herrschaft an sich gerissen, und sich über frühere bindende Beschlüsse der Ständeversammlung hinweggesetzt, ebenso über bindende Bestimmungen der Geschäftsordnung und der Verfassung. Mit neuen Motionen, die sie einbrachte, habe sie die Pläne der revolutionären Partei unterstützt. Metternich riet dem König bei Neuwahlen zu einer massiven Wahlbeeinflussung. Sollte dennoch, so ließ er Wilhelm wissen, aus den Wahlen wiederum eine aufsässige Kammer hervorgehen, dann könne Württemberg der Unterstützung des Bundes sicher sein.[431]

Entsprechend der Empfehlung Metternichs suchte die Regierung die Neuwahl der Zweiten Kammer massiv in ihrem Sinn zu beeinflussen. Trotzdem erlangte die liberale Bewegung nochmals eine verhältnismäßig starke Stellung. Um die Zahl der liberalen Abgeordneten zu vermindern, griff die Regierung bei Beamten zum Mittel der Urlaubsverweigerung. Zwei Beamte fanden sich mit dem Verzicht auf ihr Mandat ab, zwei andere – es handelte sich um Friedrich Römer und Ludwig Uhland – nicht; sie quittierten, um ihre Abgeordnetenfunktion erfüllen zu können, den Staatsdienst. Besonderes Aufsehen erregte der Fall Uhland. König Wilhelm genehmigte das Entlassungsgesuch des berühmten Tübinger Professors für deutsche Literatur mit dem demütigenden Vermerk: »sehr gerne ..., da er als Professor ganz unnütz war«[432]. Auch Römer, der als wenig vermöglicher Vater von sechs Kindern mit der Aufgabe des Staatsdienstes große wirtschaftliche Nachteile in Kauf nahm, erhielt seine Entlassung mit »dem Ausdruck höchster Ungnade«. Daß der spätere Chef des Märzministeriums von 1848/49 dem König damals verhaßt war, dürfte auf eine Äußerung zurückzuführen sein, die er in einem Privatgespräch vermutlich um jene Zeit machte. Verärgert darüber, daß die Bundestagsbeschlüsse vom Juni/Juli 1832 ohne Zustimmung des Landtags in Württemberg Rechtskraft erlangten, erklärte Römer sinngemäß, die Verfassung sei nur eine Hundekomödie. Als ihn der König zur Rede stellte, stand er zu seiner Aussage.[433]

Da die 1833 neugewählte Zweite Kammer wiederum eine liberale Mehrheit besaß und Römer sowie Uhland, vor allem aber Paul Pfizer ihre Mandate behauptet hatten, versagte König Wilhelm auch diesem Landtag bei der konstituierenden Sitzung die übliche persönliche Begrüßung. Zudem weigerte er sich, dem Präsidenten der Zweiten Kammer, wie dies der Geheime Rat empfahl, nahezulegen, daß dieser Kammermitglieder, Minister und andere hohe Staatsbeamte zu gemeinsamen Abendunterhaltungen einlud. So kam es, daß sich wie schon bisher die Opposition, die sogenannte Regierungspartei sowie die Mitte der Zweiten Kammer jeweils zu gesonderten Abendgesellschaften zusammenschlossen.[434]

Der liberale Politiker Friedrich Römer nutzte das Forum der Zweiten Kammer, um der Regierung ihr »Sündenregister« vorzuhalten: Zensur statt Pressefreiheit, Wahlbeschränkung statt Wahlfreiheit, Verbot statt bloßer Beaufsichtigung von politischen Vereinen und Versammlungen, Ausnahmegerichte statt ordentlicher Gerichte, formlose Verhaftungen statt Bürgschaften der persönlichen Freiheit, förmlich organisierte Inquisition der politischen Gesinnungen statt politischer Toleranz, Verkümmerung statt Anerkennung des ständischen Steuerbewilligungsrechts, eine »verwickelte« und darum teure Staatsverwaltung, ein Steuersystem ohne feste Grundsätze, hochbesoldete Minister und schlecht bezahlte Schulmeister, keine politische Selbständigkeit und doch ein fast zwei Millionen Gulden verschlingendes Heer, Anerkennung der inneren Ruhe und Sicherheit Deutschlands als obersten Grundsatz statt rechtsmäßigem Beharren auf der Souveränität nach außen. Das Fazit, das Römer zog: »Fast bei allen Fragen von höherem Belang wird der Bund gleich einem Popanz vorgeschoben.«[435]

König Wilhelm mißfielen in höchstem Maß solche mit der Regierungspolitik ins Gericht gehenden Stimmen. Dies brachte er in seiner Thronrede anläßlich der Vertagung des Landtags überdeutlich zum Ausdruck. Zunächst lobte er die Erste Kammer, weil sich diese bei allen staatspolitischen Beschlüssen auf die Seite der

Regierung geschlagen habe. Bei der Zweiten Kammer hingegen schied er die »gutgesinnte Mehrheit« von den übrigen Mitgliedern, und er drohte, die Verfassung gebe ihm das beste Mittel an die Hand, die in ganz Deutschland verbreitete »Faktion« unschädlich zu machen. Den milderen Ton, den der Geheime Rat empfohlen hatte, hatte der Monarch abgelehnt.[436]

Daß die Gefahr republikanischer Schilderhebungen auch in Württemberg bestand, hatte Anfang April 1833 die Aufdeckung der Koseritzschen Verschwörung nach dem Scheitern des Frankfurter Wachensturms, des Putschversuchs einer von französischen und polnischen Revolutionären beeinflußten Gruppe junger Republikaner, gezeigt. Der in Verbindung mit den Frankfurtern stehende Oberleutnant Ernst Ludwig Koseritz vom 6. Infanterieregiment in Ludwigsburg hatte das württembergische Militär für ein Komplott gegen das herrschende politische System gewinnen wollen.[437] Allerdings war sein Werben weithin erfolglos geblieben. Einige wenige Unteroffiziere hatten sich ihm angeschlossen, jedoch keine Offiziere. Dagegen hatte er in bürgerlichen Kreisen und bei den Studenten eine Reihe von Anhängern gefunden, so den Verleger Friedrich Gottlob Franckh. In Tübingen hatten Studenten eine geheime Burschenschaft ins Leben gerufen und Vertreter zu einem republikanischen Burschentag entsandt. Die Regierung griff hart durch. Die auf die zahlreichen Verhaftungen folgenden Studentenkrawalle unterdrückte das Militär. Die wieder errichtete Mainzer Zentraluntersuchungskommission dehnte ihre Arbeit jetzt auch auf Württemberg aus.

Obwohl sich das württembergische Heer als weitgehend immun gegen aufrührerische Parolen erwiesen hatte, dürfte König Wilhelm die Koseritzsche Verschwörung doch erheblich verunsichert haben. Immerhin hatte der Geist der Unbotmäßigkeit und sogar der des politischen Radikalismus in den Kasernen Eingang erlangt. Ein hartes Durchgreifen hielt er für unerläßlich. Koseritz und sein engster Vertrauter, Feldwebel Lehr, wurden durch ein Kriegsgericht zum Tod durch Erschießen verurteilt, auf dem Richtplatz aber »nach Erstehen der Todesangst« begnadigt und nach Amerika abgeschoben. Zehn Unteroffiziere bekamen längere Freiheitsstrafen und wurden »schimpflich aus dem Militär ausgestoßen«. Das Urteil über die vier Offiziere, denen die Verschwörung ihres Kameraden Koseritz bekannt gewesen war, die aber nichts gegen sie unternommen hatten, lautete auf Festungshaft und Kassation.

Eine Reihe von Unteroffizieren wurde unter Aufsicht gestellt und möglichst bald aus dem Heer entfernt.[438]

Die Prozesse gegen die Koseritzschen Mitverschwörer, vor allem gegen die Nichtmilitärs, zogen sich bis 1837 hin. Die meisten hatten ihre Strafen auf dem Hohenasperg zu verbüßen. 1837 befanden sich dort als Festungsgefangene fünf Offiziere, ein Stabsfourier, 27 Burschenschafter und 15 weitere Zivilpersonen. König Wilhelm legte Wert auf eine humane Behandlung der Gefangenen. Sie genossen viele Freiheiten. Der Präzeptor Ernst Friedrich Kauffmann durfte sogar sein Klavier auf die Festung mitnehmen. Einige seiner eindrucksvollsten Tondichtungen entstanden auf dem Hohenasperg. Frau und Kinder, ebenso Freunde wie David Friedrich Strauß durften ihn besuchen. Noch zufriedener über seine Behandlung äußerte sich der Burschenschafter Adolf Helferich: »Wir werden als Leute von Bildung mit ungemein viel Höflichkeit behandelt. Die Beschränkungen sind unbedeutend, die Zimmer nicht abgeschlossen, so daß alle Gefangenen des ersten Grades zusammenkommen, wenn sie wollen. Die Kost ist einfach… Ich bin in der Tat sehr vergnügt, besonders über die Gelinde des Kriminalsenats des Tübinger Gerichtshofs. Mein Leben hat in der Tat eine romantische Färbung, nicht den monotonen Charakter politischer Gefangener… Die Soldaten haben es erbärmlich schlecht, sie desertieren in Scharen. Tausendmal lieber Bewachter als Bewacher… Wie gesagt, unsere Behandlung ist die humanste.«[439] Viele der Studenten, die 1837 wegen »Aufruhrs« verurteilt wurden, erlangten später als Wissenschaftler, Geistliche, Richter und Verwaltungsbeamte zum Teil hohe Stellungen. Ihre Festungshaft war ihrer nachmaligen beruflichen Laufbahn eher förderlich als nachteilig.[440]

Es spricht für König Wilhelm und für seine Regierung, daß sie aus revolutionären Heißspornen keine politischen Märtyrer machten, daß sie vielmehr namentlich bei den Studenten charaktervolle, aufrechte und zugleich intellektuell begabte junge Menschen sahen, die dem Staat in Zukunft von großem Nutzen sein konnten. Nach Theodor Schön soll der König Koseritz im Gefängnis aufgesucht haben. In der Hoffnung, seinen Kopf retten zu können, habe ihm der junge Offizier eine Liste mit den Namen der Mitverschwörer übergeben. Diese habe der Monarch jedoch später vernichtet und so zahlreiche Familien vor Unglück bewahrt.[441]

König Wilhelm war nach der Julirevolution 1830 klug genug, als monarchisches Oberhaupt eines kleinen Landes auf die Metternichsche Karte zu setzen, zumal die revolutionäre Bewegung aus Frankreich ihn so sehr beunruhigte, da sie unkalkulierbare Risiken in sich barg und sämtliche Staaten des Deutschen Bundes bedrohte.

1833 und 1834 wurden in Frankreich gedruckte aufrührerische Schriften vor allem von Straßburg aus in zunehmender Zahl nach Württemberg eingeschleust und hier verbreitet. Nach dem Bericht des Außenministeriums bezweckten diese Schriften, von denen im März 1834 etliche in Ravensburg beschlagnahmt wurden, die Untertanen gegen die bestehenden Regierungen aufzuhetzen und die besitzlosen Arbeiter gegen alle Vermögenden aufzustacheln. Das Ministerium wollte die französische Regierung auf diplomatischem Weg dazu veranlassen, daß diese wirksame Maßnahmen gegen solche die Ruhe und Sicherheit der Nachbarstaaten gefährdende propagandistische Feuerbrände traf. 1836 beunruhigten deutsche Revolutionäre, die von der Schweiz aus durch ihre Agitation die deutschen Lande zu unterwühlen suchten, die preußische Regierung. Der preußische Gesandte von Rochow äußerte den Wunsch, König Wilhelm möge den Schweizern ins Gewissen reden, da er »die Gabe der edlen, überzeugenden Sprache« besitze. Auch sei er wegen seiner »loyalen Regententugenden« in der Schweiz hochgeachtet. Niemand könne deshalb den Schweizern besser als er sagen, was sie ihren Nachbarn schuldig seien, und er könne die bisherigen verfehlten Maßnahmen, die gegen sie ergriffen worden seien, in einem positiven Sinn abändern.[442]

Aktivitäten im Vormärz

Friedrich Römer stellte 1838 fest, Württemberg sei eine »Macht dritten Ranges«, die in der »politischen Waagschale Europas nicht mitzähle«[443]. Zu dieser durchaus richtigen Einsicht hatte sich König Wilhelm nur schwer durchringen können. Doch war ihm schließlich nichts anderes übriggeblieben, als auf sie seine Politik zu gründen. Solange Österreich und Preußen als Hegemonialmächte des Deutschen Bundes harmonierten, war der politische Aktionsradius eines deutschen Mittelstaats, wie Württemberg einer war, gering. Wilhelm trug diesem Tatbestand Rechnung. Sein Hauptinteresse wandte er jetzt der Innenpolitik zu, in außenpolitischen Aktivitäten hielt er sich zurück, ohne sich hier allerdings seinen Kurs von Metternich diktieren zu lassen. Die diplomatischen Kontakte zwischen Stuttgart und Wien, Stuttgart und Berlin beschränkten sich zeitweise auf ein Minimum.[444] Daß die Beziehungen zwischen Rußland und Württemberg stärker gepflegt wurden, dafür sorgten die wechselseitigen Gesandten. Württemberg wurde am St. Petersburger Hof durch den Fürsten von Hohenlohe-Kirchberg vertreten, und die kaiserlich-russische Regierung schickte immer wieder hervorragende Diplomaten nach Stuttgart, so Peter von Meyendorff (1832–1839), Brunner (1839–1842) und danach Fürst Gortschakow. Diese Gesandten stiegen zum Teil später in höchste Staatsstellungen auf. Aus russischer Sicht war Stuttgart so etwas wie ein Karrieresprungbrett. König Wilhelm schätzte weltgewandte, befähigte Diplomaten; er zog sie gerne ins Gespräch.[445]

Die Stärkung des monarchischen Prinzips gegenüber den Landesverfassungen bildete nach wie vor ein zentrales Anliegen der Politik Metternichs. Diesem Zweck dienten die in Wien im Januar 1834 eröffneten Ministerkonferenzen, an denen von seiten Württembergs Außenminister Graf Beroldingen teilnahm. Ihr Verhandlungsergebnis wurde in 60 Beschlüssen festgehalten, und obwohl diese Beschlüsse meist nicht öffentlich bekanntgegeben wurden, sickerte doch durch, daß sie sich zu einem erheblichen Teil gegen die Landesverfassungen richteten. Beispielsweise hatte man sich darauf geeinigt, daß die fürstlichen Souveränitätsrechte mit einer Erweiterung der ständischen Befugnisse unvereinbar seien, daß die Regierungen Beratungen oder gar Entscheidungen der Landstände über die Gültigkeit von Bundesbeschlüssen nicht duldeten oder daß eine Vereidigung des Militärs auf die Verfassung unstatthaft sei. Bei einer ständischen Steuerverweigerung konnten die Regierungen die Hilfe des Bundes in Anspruch nehmen.[446]

Mitte der dreißiger Jahre bemühte sich König Wilhelm um ein besseres Verhältnis zu Preußen. Er lud Prinz Wilhelm, den zweiten Sohn König Friedrich Wilhelms III. und späteren Deutschen Kaiser, sowie dessen Frau, Prinzessin Augusta, nach Stuttgart ein. Im September 1836 kam das Prinzenpaar in die württembergische Landeshauptstadt und wurde vom König mit großer Herzlichkeit empfangen. Prinz Wilhelm fühlte sich durch die liebenswürdig-zuvorkommende Behandlung, die ihm König Wilhelm zuteil werden ließ und durch das aufwendige Besichtigungsprogramm, das einen Besuch des Landwirtschaftlichen Festes in Cannstatt einschloß, sehr geehrt. Beeindruckt zeigte er sich von den Leistungen der württembergischen Truppen, die ihm der Monarch bei der Parade und beim Exerzieren persönlich vorführte. Seinem Vater berichtete er eingehend über den Stuttgarter Aufenthalt. Ebenso gab er ihm Kenntnis von einem bedeutsamen, allerdings nicht zustande gekommenen französisch-württembergischen Heiratsprojekt, über das ihn König Wilhelm vertraulich unterrichtet hatte: König Louis Philippe von Frankreich plante 1833 eine Heirat zwischen dem Herzog von Orléans und einer Tochter des Königs von Württemberg. König Wilhelm lehnte jedoch ab. Dennoch schickte Louis Philippe zwei Jahre später den französischen Gesandten in Karlsruhe, de Mornais, nach Stuttgart, um offiziell um die Hand von Prinzessin Marie, der späteren Gräfin von Neipperg, für den Herzog von Orléans anzuhalten. Louis Philippe versprach, falls König Wilhelm dem Heiratsprojekt zustimme, Württemberg jeden nur möglichen Vorteil zu verschaffen. Wenn es über kurz oder lang zum Bruch des Deutschen Bundes mit Frankreich komme, was naheliege, oder wenn Unruhen in Deutschland ausbrächen, werde er natürlich »die Propaganda loslassen«, wobei er jedoch zusichere, daß Württemberg von dieser wie überhaupt auch sonst »bei jeder Gelegenheit« verschont bleibe. Der französische König stellte schließlich eine bedeutende Vergrößerung Württembergs in Aussicht. Trotz dieses verlockenden Angebots wies König Wilhelm die Brautwerbung ab. Er wolle, so erklärte er, seine Tochter »in Deutschland etabliert sehen«. Prinz Wilhelm nannte den württembergischen Monarchen »einen guten Patrioten«[447].

Wir wissen nichts Näheres über den Plan von König Louis Philippe, eine Eheverbindung zwischen seiner Familie und der des Königs von Württemberg zu knüpfen. Wenn König Wilhelm jetzt Prinz Wilhelm von Preußen von dem bereits vor Jahresfrist gescheiterten Projekt Kenntnis gab, dann verfolgte er damit eine politische Absicht. Noch immer verdächtigte man ihn namentlich auch in Preußen rheinbündlerischer Sympathien und Tendenzen. Solche Verdächtigungen wollte er durch den Nachweis seiner deutschpatriotischen Gesinnung widerlegen.

Im Jahr 1838 stattete König Wilhelm dem preußischen Königshaus seinen Gegenbesuch ab. Zusammen mit seinen Töchtern hielt er sich eine Woche lang in Berlin auf. Dort traf er auch erstmals mit

Zar Nikolaus und mit König Ernst August von Hannover zusammen. Die politischen Gespräche, die er führte, dürften die Probleme im Zusammenhang mit dem erst seit wenigen Jahren bestehenden unabhängigen Königreich Belgien sowie dem Bau einer vierten Bundesfestung zum Gegenstand gehabt haben. Als großen Erfolg seines Berlin-Besuches konnte der württembergische König verbuchen, daß Preußen »zum Beweis der Freundschaft« seinen bisherigen Geschäftsträger in Stuttgart durch einen ständigen Gesandten ersetzte, indem er den Sitz dieses Diplomaten von der Schweiz nach Stuttgart verlegte.[448]

Im Herbst 1840 sahen sich die deutschen Staaten unversehens mit feindseligen Aktivitäten ihres französischen Nachbarn konfrontiert. Die Niederlage Frankreichs bei den kriegerischen Auseinandersetzungen zwischen dem Osmanischen Reich und Ägypten – Frankreich hatte die unterlegene ägyptische Seite unterstützt, wogegen England und Rußland die Partei der Türkei ergriffen hatten – und seine außenpolitische Isolierung veranlaßten das Ministerium Thiers zu einer säbelrasselnden Politik gegenüber dem Deutschen Bund. Thiers forderte die Rheingrenze. Ein bewaffneter Konflikt drohte. In Deutschland loderte erstmals seit den Befreiungskriegen das Feuer einer kämpferischen nationalen Stimmung auf. König Wilhelm setzte seine Hoffnung auf Preußen.[449] Und dieses erklärte sich bereit, seine ganze Heeresmacht einzusetzen, um eine französische Invasion abzuwehren, erwartete aber, daß sich die Mittel- und Kleinstaaten bei der Verteidigung der deutschen Westgrenze in angemessener Weise beteiligten. Leider mußten die preußischen Bevollmächtigten, die die süddeutschen Höfe bereisten, feststellen, daß sich die Heere dieser Staaten in keinem guten Zustand befanden, und General Bangold gab zu, daß auch in Württemberg, was die Kriegstüchtigkeit des Militärs betraf, keineswegs alles zum besten stand.[450] König Wilhelm ließ dies nicht gelten. Für ihn war die württembergische Armee »schlagfertig« und rasch zu mobilisieren. Im übrigen vertrat er im Dezember 1840 die Ansicht, ein französischer Angriff müsse gemeinschaftlich abgewiesen werden. Österreich, Italien, die Schweiz und Belgien hätten das Sicherheitssystem des Deutschen Bundes militärisch zu ergänzen. Er warnte vor einer vorzeitigen Mobilisierung, weil eine solche die Kräfte eines Staates unnötig aufzehre. Frankreich müsse eine kategorische Erklärung über den Sinn und Zweck seiner Rüstung an Deutschlands Grenzen abverlangt werden. Der König gab sich zuversichtlich: Sieben bis acht Wochen nach der Mobilmachung stünden sechs preußische Armeekorps, drei Wochen später neun weitere Armeekorps am Mittelrhein (an der Mosel). Der österreichische Hof habe zur Verteidigung Deutschlands 150 000 Mann bereitgestellt. 80 000 Mann wären sofort nach der Mobilmachung in Ulm, von denen allerdings ein 30 000 Mann starkes Armeekorps dazu bestimmt sei, an den Mittelrhein vorzustoßen.[451]

Ob sich ein solcher Aufmarschplan im Kriegsfall hätte realisieren lassen und ob, selbst wenn er gelungen wäre, eine französische Invasion hätte verhindert werden können, mag dahingestellt bleiben. Kein Wort sagte der König über die Verwendung der Truppen der süddeutschen Staaten. Er ging wohl davon aus, daß sie zunächst den Grenzschutz am Oberrhein übernahmen, bis sie durch österreichische Streitkräfte Verstärkung erhielten. Andererseits hoffte er wohl, daß der massierte preußische Aufmarsch am Mittelrhein das Gros des französischen Heeres vom Oberrhein abzog. Die weiche Flanke im deutschen Verteidigungssystem war der Oberrhein, und dies auch deshalb, weil noch immer der Bau von einer oder von mehreren Festungen in diesem Bereich auf dem Papier stand. Bereits im März 1839 hatte er deshalb auf diplomatischem Weg Fürst Metternich dieses sträfliche Versäumnis, an dem er allerdings selbst nicht ganz unschuldig war, in Erinnerung gebracht und auf eine Entscheidung durch den Bundestag gedrängt.[452]

Der Wechsel an der Spitze der französischen Regierung – an die Stelle des machtbesessenen Adolphe Thiers trat der gemäßigtere François Guizot – trug zur Beruhigung der politischen Lage bei. Die Kriegsgefahr ebbte ab, verschwand schließlich ganz. Preußen forderte als Konsequenz aus den 1840 zutage getretenen Mängeln eine Reform der Bundesmilitärverfassung, setzte aber nur Minimalforderungen durch. Zu den entschiedensten Reformgegnern zählte König Wilhelm. Er befürchtete eine militärische Bevormundung durch die norddeutsche Großmacht.[453] Interessiert war er dagegen wie schon früher an einem engeren militärischen Zusammenschluß der süddeutschen Staaten[454]. Durch die Kriegsgefahr von 1840 kam der Bau der Bundesfestungen Rastatt und Ulm nunmehr zügig voran.

König Wilhelm verfolgte auch weiterhin mißtrauisch die Politik der beiden deutschen Großmächte. Österreich unterstellte er, daß es die Schwäche des Bundes zu seinem Vorteil nutzte, Preußen war ihm wegen seiner »hegemonialen Tendenzen« suspekt.[455] Ohne sich zu exponieren, lavierte er geschickt zwischen beiden Mächten. 1842 war er sehr verärgert über die österreichische Regierung, weil ihm diese den Austritt aus dem Deutschen Zollverein nahelegte, zumal er klar erkannte, daß die Zollunion zwischen Preußen und den deutschen Mittel- und Kleinstaaten Württemberg große Vorteile verschaffte. Graf von Bismarck, dem württembergischen Gesandten in Karlsruhe, schrieb er: »Preußen steht und fällt mit Süddeutschland, nicht so Österreich, dem alles an der Schwäche von Deutschland liegt, um es besser für seine Privatzwecke nutzen zu können... Ich bin nicht blind für die wirklichen Fehler der preußischen Politik, aber in der Hauptsache sind sie gezwungen[456], im deutschen Interesse zu handeln, nicht so Österreich«. Eine Wiedergeburt Deutschlands, auch so wie er sie sich vorstellte, schien ihm, wie er Graf von Bismarck weiter schrieb, nur möglich, wenn Österreich unterging.[457] Dieses harte Urteil des Königs resultierte aus seiner Erfahrung, daß der habsburgische Kaiserstaat jeden Fortschritt in Deutschland blockierte. Diese leidige Erfahrung war es wohl auch, die ihn drei Jahre später gegenüber einem preußischen Diplomaten zu der Äußerung veranlaßte, Österreich solle aus dem Deutschen Bund austreten und dem Bund künftig lediglich noch durch ein Schutz- und Trutzbündnis verbunden bleiben.[458]

Wilhelm sah klar: Der habsburgische Kaiserstaat bildete ein territorial geschlossenes Imperium im Osten. Die deutschen Mittel- und Kleinstaaten, insbesondere die süddeutschen Staaten waren für ihn eine Art Glacis, das ihn vor dem direkten militärischen Zusammenprall mit einem expansiven Frankreich schützte. Aus seiner engen schicksalhaften Verbundenheit mit dem »Dritten Deutschland« hatte es sich durch seinen territorialen Rückzug nach dem Osten gelöst. Anders Preußen. Sein Staatsgebiet entbehrte der Geschlossenheit. Seine Territorien waren über ganz Nord-, West- und Mitteldeutschland verstreut. Auch hatte es an der Grenze zu Frankreich eine starke Verteidigungsposition übernommen. Sein politisches Geschick war eng mit dem der anderen deutschen Staaten verflochten. König Wilhelm hoffte wohl, daß die deutschen Mittel- und Kleinstaaten gegenüber einer Großmacht, nämlich Preußen, ihre Eigenständigkeit sehr viel eher behaupten könnten als gegenüber zwei alles beherrschenden Großmächten. Dennoch blieb sein Mißtrauen gegenüber Preußen groß. Er fürchtete, ein von Berlin ausgehender Nationalismus könnte die deutschen Mittel- und Kleinstaaten mediatisieren und im Ergebnis zu einem Großpreußen führen, wenn Österreich nicht gegensteuere. Jedenfalls äußerte er sich so kurz vor dem Ausbruch der Revolution von 1848/49 gegenüber Metternich, dem er noch wenige Monate vor diesem Gespräch in einem Brief an den Fürsten von Hohenlohe-Kirchberg in St. Petersburg mit Blick auf die Umtriebe starker revolutionärer Kräfte namentlich in der Schweiz eine schwache und übervorsichtige, sich auf Drohgebärden beschränkende Politik vorgeworfen hatte.[459]

König Friedrich Wilhelm IV. von Preußen, der 1840 seinem Vater auf den Thron gefolgt war, interessierte Wilhelm als Mensch und als Herrscher. Schon bald nach der Regierungsübernahme Friedrich Wilhelms trafen sich die beiden Monarchen zu einem mehrstündigen Gespräch in den »Drei Mohren« in Augsburg.[460] Im September 1842 nahm König Wilhelm an den preußischen Manövern am Rhein und an der Grundsteinlegung für den Ausbau des Kölner Doms teil.[461] Daß Friedrich Wilhelm IV. von Preußen nach seiner Wesensart das genaue Gegenteil von König Wilhelm war, erkannte General von Miller bei einem Aufenthalt in Preußen 1845. Bei Friedrich Wilhelm, so hielt er fest, dominierten Gemüt und Phantasie vollkommen über den Verstand. Das führe im politischen Sektor zu Fehlgriffen, die man dem Regenten anlasten müsse.[462] Als versierter, selbstbewußter Politiker, der seit mehreren Jahrzehnten Regent eines Landes war, erwartete König Wilhelm, daß er vom jüngeren und weniger erfahrenen Standesgenossen in schwierigen Fragen, so in Verfassungsangelegenheiten um Rat gefragt werde. Als er 1845 auf Umwegen über St. Petersburg, Wien und Frankfurt von der Absicht des preußischen Königs hörte, in seinem Land eine »Konstitution« einzuführen, ließ er Friedrich Wilhelm IV. über seinen Unmut nicht im Zweifel. Und dieser beeilte sich, sich wegen seiner »Unterlassungssünde« zu entschuldigen.[463]

Auch wenn König Wilhelm auf Fürst Metternich gewöhnlich schlecht zu sprechen war und er an seiner Politik immer Kritik übte, räumte er doch gelegentlich ein, daß das von dem österreichischen Staatsmann praktizierte starre Festhalten am monarchischen Prinzip, die rigorose Pressezensur und die Unterdrückung jeder freiheitlichen Regung in Deutschland auch Vorteile hatte. Am 25. November 1843 schrieb er ihm: »Unser geliebtes Deutschland genießt gegenwärtig eine Ruhe und eine solch angenehme Zeit, wie dies selten in seiner Geschichte der Fall war.« Zu verdanken sei dies, so lobte Wilhelm, der klugen Politik des Wiener Kabinetts.[464] Umgekehrt schmeichelte auch Metternich König Wilhelm, wenn dies in sein politisches Konzept paßte. Im Mai 1845, als es um die Erneuerung der Karlsbader Beschlüsse ging, zog er den Baron Hügel, der als Begleiter von Kronprinz Karl Wien besuchte, ins Gespräch. Er übergab Hügel die Abschrift eines für den österreichischen Bundestagspräsidialgesandten Münch-Bellinghausen bestimmtes »Memoire« (Denkschrift) zur Weitergabe an König Wilhelm. Dieses »Memoire«, so erklärte er, enthalte sein »Glaubensbekenntnis«, seine »tiefbegründeten Überzeugungen«, für die er als Märtyrer jederzeit zu sterben bereit sei. Hügel solle seinem König sagen, daß er »blindlings und in ganzem Umfang des Worts unter allen Verhältnissen fest auf ihn zähle«. Er sei kein Doktrinär, weder unbelehrbar noch unfehlbar, und durch rücksichtslose gegenseitige Offenheit könnten und müßten etwaige Unstimmigkeiten aus der Welt geschafft werden. Ähnlich äußerte sich der österreichische Staatskanzler bald darauf auch zu Graf Beroldingen bei einem Treffen auf dem Johannisberg am Rhein.[465]

Obwohl – oder vielleicht auch weil – sich König Wilhelm in den vierziger Jahren Frankreich gegenüber politisch recht distanziert verhielt, war man in Paris an einem guten Verhältnis zu ihm interessiert. Man schätzte ihn als einen der klügsten Regenten Deutschlands. In einem Schreiben vom 2. November 1846 riet Fontenay, der französische Geschäftsträger in Stuttgart, Außenminister Guizot, dem König von Württemberg vertraulich Kenntnis über den Gang der Schweizer Verhandlungen zu geben. Der Monarch werde, so Fontenay, für einen solchen Vertrauensbeweis sehr empfänglich sein. Auch sonst sollte man ihm wichtige Informationen zukommen lassen.[466] Der Gesandte hatte recht. Wilhelm fühlte sich als politische Autorität in Deutschland anerkannt. Seine alten Sympathien für Frankreich lebten wieder auf. Andererseits blieb er der kluge Rechner und abwägende Politiker, der sich nicht vor einen fremden Karren spannen ließ, für den vielmehr die Interessen des eigenen Landes absoluten Vorrang hatten. Seiner Tochter Sophie schrieb er einmal, er wolle stets »faire politique wirtembergeoise«, also württembergische Politik machen.[467]

V

Straffe obrigkeitliche Führung zum Wohl des Landes

Bevölkerungsentwicklung. Soziale Probleme

Nach Memminger war Württemberg 1823 eines der am stärksten bevölkerten Länder Europas. In einem Großteil des Landes, in alt- wie in neuwürttembergischen Gebieten, wurde über die Übervölkerung geklagt. Besonders dicht besiedelt waren die Weingegenden des Neckars und seiner Seitentäler. Hier herrschten landwirtschaftliche Zwergbetriebe vor. Häufig standen einer Familie für die Bodennutzung nur drei bis vier Morgen zur Verfügung. Überbesetzt waren vor allem in den altwürttembergischen Gebieten die Gewerbe.[1]

Am 31. Dezember 1817 lebten im Königreich Württemberg 1 395 462 Menschen. Bis zum 1. November 1832 stieg die Einwohnerzahl des Landes auf 1 578 147 und bis 3. Dezember 1849 auf 1 783 496 an. Die Bevölkerungsdichte betrug 1832 79,3 Menschen je Quadratkilometer, 1849 waren es 90,7. In Deutschland waren lediglich das Königreich Sachsen und das Großherzogtum Hessen-Darmstadt noch dichter besiedelt. Die Bevölkerungsdichte Badens entsprach ungefähr der Württembergs.[2] Dem Königreich gaben Dörfer und Städte das Gepräge. 1817 hatte die größte Stadt des Landes, Stuttgart, 26 306 Einwohner. Ihr folgten mit großem Abstand Ulm mit 11 417, Reutlingen mit 9 000, Heilbronn mit 6 830 und Tübingen mit 6 630 Einwohnern. Bei allen anderen württembergischen Städten lag die Einwohnerzahl unter 6 000.[3] 1846 zählte Stuttgart 44 554, Ulm 19 968, Reutlingen 12 660, Heilbronn 12 539 und Ludwigsburg 11 247 Einwohner. Insgesamt gab es in Württemberg damals 134 Städte. Fünf hatten mehr als 10 000, elf zwischen 5 000 und 10 000, 16 zwischen 3 500 und 5 000, die übrigen 102 weniger als 3 500 Einwohner. In diesen 134 Städten lebten 25 Prozent der Bevölkerung Württembergs, in den Landgemeinden, die nicht selten größer als die Kleinstädte waren, 75 Prozent.[4]

Kaum waren die Hungerjahre 1816/17 überwunden, verminderten sich die Lebensmittelpreise drastisch. Getreide, das 1817 noch für 55 fl je Scheffel verkauft worden war, konnte im Frühjahr 1818 um 10 fl kaum noch abgesetzt werden. Um 1820 begann für die Landwirtschaft Württembergs eine sechsjährige Krise. Der Überproduktion stand eine entsprechend geringe Nachfrage gegenüber. Erst 1827 kletterten die Preise für Agrarerzeugnisse wieder nach oben, und dieser Trend hielt bis 1831 an.[5] Unter der Agrarkrise der zwanziger Jahre litt, wie die Zahl der »Vergantungen« (Konkurse) ausweist, mit einer gewissen Phasenverschiebung auch das Gewerbe: 1824 gab es 1 500, 1826 bereits 2 200, ein Jahr darauf 2 500 und 1828 waren es 2 600 »Vergantungen«. Relativ günstig entwickelten sich die wirtschaftlichen Verhältnisse in den dreißiger Jahren. Im Aufwind waren Landwirtschaft, Gewerbe und Handel. Der Volkswohlstand erhöhte sich, die Staatsschuld verringerte sich. 1839 konnte Finanzminister Herdegen die Steuern zum dritten Mal senken. Damit erreichten diese einen in der Geschichte Württembergs einmaligen Tiefstand. Die Mehrzahl der Württemberger war mit ihrem Los zufrieden. Allgemein wurde festgestellt, es sei dem »gemeinen Mann« in Württemberg im 19. Jahrhundert noch nie so gut gegangen.[6] 1840 lebten in Württemberg 48,1 Prozent der Bevölkerung vom Gewerbe und vom Handel, 44,9 Prozent von der Landwirtschaft, wobei die Betätigung in Landwirtschaft und Gewerbe nicht immer klar zu unterscheiden war.[7]

Mitte der vierziger Jahre verschlechterte sich die wirtschaftliche Situation zunehmend. 1845 stellte Moriz Mohl, der bekannte Nationalökonom und Parlamentarier, nach einer Studienreise durch Frankreich fest, die Gewerbe in Württemberg seien im Vergleich zu denen des Auslands »völlig rückständig und unterentwickelt, in wichtigen Zweigen gleich Null«. Andere Sachkenner urteilten ähnlich. Die Kartoffelseuche des Jahres 1846 bewirkte dann die allgemeine Katastrophe. Die unteren Bevölkerungsschichten hungerten. Im Frühjahr 1847 kam es in einer Reihe von Städten zu Brotkrawallen. Sechs vom König entsandte Sonderkommissare hatten die Bevölkerung zu beruhigen und gleichzeitig zu berichten, welche Hilfsmaßnahmen ergriffen, insbesondere welche öffentlichen Arbeiten vergeben werden könnten und was tatsächlich zur Linderung der Not geschehe. Die Regierung verfügte Handelsbeschränkungen sowie die Beschlagnahme von

Lebensmitteln. Zudem veranlaßte sie Getreideaufkäufe in Ungarn, Holland, England und erstmals auch in den USA. Die verlorenen Staatszuschüsse beliefen sich dabei auf insgesamt zwei Millionen Gulden.[8] In den Städten wurde eine große Zahl von Bedürftigen täglich auf öffentliche Kosten gespeist. In Stuttgart engagierten sich Kronprinz Karl und Kronprinzessin Olga in vorbildlicher Weise in der Fürsorge für Notleidende. Reiche Spenden kamen aus St. Petersburg von Großfürst Alexander von Rußland, dem Bruder Olgas und späteren Zaren Alexander II.[9] Eine Reihe von Mißernten zwischen 1846 und 1854/55, ausgenommen lediglich 1848/49, trafen Württemberg hart.[10]

Die verheerende Kartoffelkrankheit zog sich bis in den Anfang der fünfziger Jahre hin, deshalb ging es einem Großteil der Erwerbstätigen in Landwirtschaft und Gewerbe schlecht. Viele Familien lebten in bitterster Armut. Symptomatisch waren Konkurse, eine steigende Verschuldung der Bevölkerung und eine zunehmende Arbeitslosigkeit.

Nach einem Massenexodus in den Notjahren 1816/17 ebbte die Auswanderung mit der Verbesserung der wirtschaftlichen Verhältnisse etwas ab. Doch auch weiterhin suchten viele Württemberger ihr Heil in Osteuropa oder in den Vereinigten Staaten von Amerika. Von 1815 bis 1818 verließen 20000 Menschen Württemberg, von 1819 bis 1822 lediglich 6000. Zwischen 1823 und 1825 sowie zwischen 1826 und 1828 wurden 5000 bzw. 5500 Auswanderer registriert. Seit Ende der zwanziger Jahre schnellte die Zahl der Auswanderer nach oben: 10500 von 1829 bis 1831 und 20000 von 1831 bis 1834; 1854 verließen 21000 Württemberger die Heimat. Vom natürlichen Bevölkerungszuwachs zwischen 1815 und 1834 verlor das Land 35 bis 40 Prozent durch Auswanderungen.[11]

Von den 353000 bis 368000 Menschen, die zwischen 1815 und 1870 aus Württemberg auswanderten, entfielen allein 164000 auf die Jahre 1846 bis 1855, es wanderte in diesem Jahrzehnt jeder zehnte Württemberger aus. 90 Prozent der Auswanderer wählten Nordamerika als Zielland.[12] Trotz eines hohen Geburtenüberschusses sank die Bevölkerung des Königreichs zwischen 1849 und 1855 um 75000 Menschen. Die Massenauswanderung beschränkte sich im wesentlichen auf die Gebiete mit Realteilung, also namentlich auf das altwürttembergische Stammland. Hier war eine wachsende Verarmung und Proletarisierung des Landvolks zu beobachten. Gustav Rümelin nannte die damalige Auswanderung ein »nützliches Ventil«. Hätte es sie nicht gegeben, hätten Hungertyphus und andere Seuchen noch schlimmer unter der Bevölkerung »aufgeräumt«. Allerdings übersah er, daß Württemberg durch die Auswanderung eine große Zahl lebenstüchtiger und arbeitsamer Menschen verlor, die jenseits des Atlantik einen hervorragenden Beitrag zur wirtschaftlichen und kulturellen Entwicklung ihrer neuen Heimat leisteten.[13] Nach 1855 verminderte sich mit dem wirtschaftlichen Aufschwung die Zahl der Auswanderer. Dennoch lag 1861 – das Königreich hatte damals 1,72 Millionen Einwohner – die Bevölkerungszahl Württembergs um 13 000 unter der von 1852.[14] König Wilhelm sah der bedrängenden Not nicht tatenlos zu. Er ordnete umfassende staatliche Hilfsmaßnahmen an. Am 24. Januar 1854 bewilligte er 100 000 fl für soziale Zwecke und erklärte sich mit der Durchführung von Straßenbauten in Notstandsgebieten einverstanden, wenn solche verkehrsfördernd waren.[15] Viele Auswanderer besaßen die Mittel nicht, um die Seereise nach Nordamerika zu finanzieren. Staat und Gemeinden übernahmen für manche sozialschwachen Familien, vor allem wenn sie befürchten mußten, daß diese einmal den öffentlichen Kassen zur Last fielen, einen Teil der Auswanderungskosten.

Die Menschen, die die Heimat verließen, um in der Fremde ihr Glück zu suchen, nahmen kein leichtes Los auf sich. Üble Geschäftemacher, vor allem betrügerische Reise- und Schiffsunternehmer sowie Landmakler machten sich an die häufig arglosen, gutgläubigen und unerfahrenen Auswanderungswilligen heran, betörten sie durch verlockende Reiseangebote und die Aussicht auf günstige Ansiedlungsmöglichkeiten. Schon auf den Schiffen mußten die Auswanderer dann feststellen, daß sie schändlich betrogen worden waren. Ihrer letzten Habe beraubt und oft ohne einen Kreuzer Geld langten sie in Amerika an und mußten sehen, wie sie in der Neuen Welt als Habenichtse Fuß faßten. Manche hatten nicht nur ihre gesamte Barschaft Betrügern anvertraut, sondern hatten sich diesen gegenüber auch noch verschuldet. Nicht selten brauchten sie Jahre, um sich aus der schlimmen Schuldknechtschaft, in die sie geraten waren, zu befreien. König und Regierung ließen es an Warnungen vor einer unüberlegten Auswanderung nicht fehlen, doch sie bewirkten wenig. Um seinen ehemaligen Bürgern in fremden Ländern, deren Sitten und Bräuche sie nicht kannten, Rechtsbeistand zu leisten und in Vermögensangelegenheiten zu beraten, begann Württemberg Mitte der zwanziger Jahre mit der Errichtung von Konsulaten. 1825 wurde der aus Ulm stammende Kaufmann Christian Mayer in Baltimore zum württembergischen Generalkonsul für die USA ernannt.[16] Zwei Jahre später eröffnete Württemberg in Hamburg sein erstes Konsulat in Europa. Erster Konsul in der Hansestadt war der Hamburger Kaufmann Heinrich Stavenüter, dann 1835 der aus Owen/Teck gebürtige Großkaufmann Georg Gottlieb Friedrich Schmidt, der 1823 die erste Anregung zur Errichtung des Konsulats gegeben hatte. 1854 folgte ihm sein Sohn Hermann Friedrich Schmidt. König Wilhelm hatte 1835 die Ernennung des Vaters Schmidt sehr begrüßt, weil damit ein Württemberger die Konsulatsgeschäfte führte.[17] Ganz im Sinne seines Königs äußerte 1831 Außenminister Graf Beroldingen, die württembergische Regierung wolle zwar die Auswanderung nicht fördern, doch sei es eine menschliche Pflicht, diejenigen Untertanen, die in der Neuen Welt ihr Glück versuchen wollten, zu betreuen.[18]

Etwa zur gleichen Zeit wie das Hamburger Konsulat wurden württembergische konsularische Vertretungen in Neapel für das Königreich beider Sizilien, in Livorno für die Toskana sowie in Triest und Rotterdam eröffnet. Im Mai 1832 ernannte König Wilhelm den Lübecker Großkaufmann Johannes Croll, im November 1833 den württembergischen Bankier Carl Kolb in Rom auf deren Ersuchen zu Konsuln. 1835 bestanden außerdem württembergische Konsulate in St. Petersburg und Amsterdam, 1839 in Algier, Bremen, Karlsruhe und Nizza. 1870/71 gab es neun württembergische Konsuln in Deutschland und 29 im übrigen Europa sowie fünf in anderen Erdteilen – ausgenommen Nordamerika, wo vor allem mit Rücksicht auf die vielen Einwanderer aus Württemberg eine ganze Anzahl von Konsulaten eingerichtet war –, nämlich in Sydney, Adelaide in Australien, in Havanna, Rio de Janeiro und Samarang auf Java.[19] Da die Initiative zur Errichtung von Konsulaten nur in Ausnahmefällen von der Regierung ausging, vielmehr hier gewöhnlich Privatleute und Handelsfirmen aktiv wurden, war die Streuung der württembergischen Konsulate eher zufällig; sie entsprach nur zu einem Teil den Bedürfnissen der Auswanderer auf ihrem Weg in die Fremde oder in die Zufluchtsländer. Beispielsweise war Württemberg in den europäischen Auswanderungshäfen erst seit den vierziger Jahren konsularisch vertreten.[20] In Le Havre, wo sich damals ein Großteil der württembergischen Auswanderer nach Nordamerika einschiffte, gelang es schließlich 1847, dem hessischen Konsul Rosenlecher auch das württembergische Konsulat zu übertragen.[21]

König Wilhelm beobachtete mit wachsender Sorge, wie Auswanderer durch das Vorgaukeln vielversprechender Siedlungsprojekte ins Elend gestürzt wurden. Deshalb lehnte er es 1831 entschieden ab, daß sich württembergische Auswanderer an der Kolonisierung Algeriens beteiligten. Ähnlich negativ hatten er und die Regierung auch schon andere Kolonisierungsprojekte beurteilt. Zwar liege »der natürliche Abfluß der Bevölkerung«, so stellte das Innenministerium fest, im öffentlichen Interesse, doch verführten solche Pläne auch Bürger zur Auswanderung, die bislang in der Heimat zufrieden gelebt hätten. Soweit sei in Württemberg die Übervölkerung noch nicht fortgeschritten, daß der Staat die Auswanderung fördern und organisieren müßte.[22]

1841 forderte Friedrich List, der nach zehnjährigem Amerikaaufenthalt in die Heimat zurückgekehrt war, eine staatlich geförderte Organisation der Auswanderung. Der bisher unorganisierte und desorientierte Massenexodus sei eine nicht zu verantwortende Verschwendung wirtschaftlicher und nationaler Hilfsquellen. Wenn die deutsche Auswanderung in bestimmte Gegenden gelenkt würde, wo sie in geschlossener Niederlassung ihren nationalen Charakter bewahren könnte, würde damit ein natürlicher Absatzmarkt für deutsche Erzeugnisse geschaffen und der deutsche Handel belebt. Der Reutlinger Finanzdirektor Julius von Werner griff den Vorschlag Lists auf und unterbreitete ihn dem Landtag. Humanitäre, wirtschaftliche und nationale Interessen sollten, so argumentierte von Werner, die Regierung veranlassen, die Auswanderer gegen Täuschung und Betrug zu schützen und »überhaupt mehr Plan und Zweckmäßigkeit« in die Auswanderung bringen. Er empfahl nach englischem Vorbild die Bildung eines staatlich unterstützten Emigrations- und Kolonisationsvereins in der Form einer Aktiengesellschaft. Dieser Verein sollte nach Ankauf von Grundeigentum in Nordamerika die Überwachung, Leitung und Ansiedlung der württembergischen Auswanderer organisieren und ärmere Auswanderer unterstützen. Der württembergischen Regierung obliege es, auch andere deutsche Länder für dieses Projekt zu gewinnen. Die Kammer der Abgeordneten reagierte sehr positiv. Zum Schutz der Auswanderer wünschte sie, solange ein solcher Verein noch nicht bestand, die Schaffung eines Netzes von Konsulaten in den USA und in anderen Ländern, was in den folgenden Jahren auch geschah.

Innenminister Schlayer drängte im Sommer 1846 auf gerichtliche Maßnahmen gegen betrügerische Transportunternehmer. Zudem sah er vor, daß reelle Schiffs- und Beförderungsunternehmen im Land amtlich empfohlen wurden und daß sich diese durch freiwillige Kautionsleistung dafür verbürgten, die Auswanderer vertragsgerecht zu behandeln. Leider setzte er sich mit seinem Vorschlag eines gemeinsamen Vorgehens aller deutscher Staaten nicht durch. Er erließ deshalb eine auf Württemberg beschränkte, vom Geheimen Rat befürwortete »Verfügung in Betreff des Gewerbebetriebs der Schiffsmäkler und anderer Personen, welche sich mit der Vermittlung des Transports von Auswanderern aus dem Königreich befassen«. Ausländische Schiffsunternehmer wurden künftig nur noch zugelassen, wenn sie einen im Land ansässigen Hauptagenten aufstellten, der der Regierung genehm war und eine bestimmte Kaution hinterlegte. Die Agenten hatten mit den Auswanderern detaillierte Beförderungsverträge abzuschließen. Wurden solche Verträge außerhalb Württembergs geändert oder verfälscht, wurden die betreffenden im Königreich konzessionierten Agenten (Agenturen) zur Rechenschaft gezogen. Andere deutsche Staaten ahmten das württembergische Verfahren nach. Minister Schlayer hatte im übrigen richtig kalkuliert. Das Geschäft mit den Auswanderern war so attraktiv, daß schon nach kurzer Zeit eine Reihe von Konzessionsgesuchen vorlag.[23]

Ein Anliegen war König Wilhelm wie schon seiner verstorbenen Frau Katharina die Fürsorge für elternlose oder verwahrloste Kinder, aber auch für geistig und körperlich Behinderte jeden Alters. 1825 erhielt Württemberg mit dem in Weingarten gegründeten Waisenhaus neben dem Stuttgarter Waisenhaus eine zweite Einrichtung dieser Art.[24] 1817 wurde die fünf Jahre zuvor durch den katholischen Dekan Thomas Kratzer in Schwäbisch Gmünd errichtete private Taubstummenanstalt vom Staat übernommen und 1823 diesem »Königlichen Taubstummen-Institut« ein »Königliches Blinden-Institut« angegliedert.[25] Gleichfalls 1823 öffnete in Winnenden eine »Anstalt für verwahrloste und taubstumme Kinder« ihre Pforten.[26] 1842 gründete König Wilhelm in Stuttgart anläßlich der Konfirmation von Prinzessin

Auguste, seiner jüngsten Tochter, eine dritte Kleinkinderpflege für die unbemittelten Bevölkerungsklassen.[27] Der König hielt sich durch Besuche sowie durch Berichte der verantwortlichen Beamten und Geistlichen auf dem laufenden. Ende September 1828 kam er beispielsweise zusammen mit Königin Pauline nach Winnenden, um die dortigen Einrichtungen zu besichtigen. Den König interessierte im besonderen das in Winnenden eingeführte Strohflechten. Er hoffte, daß dieser neue Erwerbszweig, vor allem die Anfertigung von Strohhüten, in den Notstandsgebieten des Landes den Armen Arbeit und Verdienst verschaffen könnte. Die bedeutendsten Manufakturen wurden in Steinbach, Rommelshausen, Stetten im Remstal und Schramberg eingerichtet. In Schramberg und Umgebung beschäftigte die von 14 Aktionären 1834 gegründete Manufaktur »Tausende von Kindern und älteren Personen«. Das Unternehmen arbeitete mit Verlust und konnte nur erhalten werden, weil der König aus seiner Privatschatulle namhafte finanzielle Beiträge beisteuerte. In Stetten im Remstal finanzierte König Wilhelm mit 13 000 fl die Einrichtung einer Manufaktur, in der 1831 ungefähr 145 Personen tätig waren. Ähnlich wie die Schramberger Manufaktur steckte auch sie tief in den roten Zahlen. Erst in den vierziger Jahren gestalteten sich die Verhältnisse ein wenig günstiger.[28]

Staat und Kirchen sowie karitative Organisationen unternahmen große Anstrengungen, um Hilfe zur Selbsthilfe zu leisten. So wurden die sogenannten Industrieschulen gegründet, in denen Kinder – überwiegend Mädchen – Unterricht im Stricken, Nähen, Spinnen, Spitzenklöppeln sowie in Stroh- und Holzarbeiten erhielten, um sie so vor der Verwahrlosung zu bewahren. Im Jahr 1817 bestanden im Land 80 dieser Schulen. 1849 gab es sie in 1 079 Orten, 50 280 Kinder besuchten sie. Sechs Jahre später hatte sich die Zahl auf 1 411 mit rund 200 000 Schülern erhöht. 1864 waren es 1 450 Industrieschulen in einem flächendeckenden Netz, die in anderen Ländern Nachahmung fanden. In diesen Schulen wurden die Kinder auch »sittlich und religiös« betreut. Von der Industrieschulerziehung der ärmeren Volkskreise profitierte die württembergische Industrie, weil sie junge Menschen bekam, die gewerbliche Arbeiten gewohnt waren.[29]

Eine Blütezeit erlebten auch die von karitativen Vereinen gegründeten und von der Zentralleitung des Wohltätigkeitsvereins finanziell geförderten »Rettungsanstalten«. In ihnen fanden »sittlich verwahrloste«, schwachsinnige, taubstumme, blinde, verkrüppelte und kranke Kinder Aufnahme. Im Jahr 1849 bestanden bereits 20 christliche Rettungsanstalten sowie eine israelitische für »sittlich verwahrloste« Jugendliche und mindestens je eine Anstalt für die anderen Kategorien von hilfsbedürftigen Kindern.[30]

Nachdem der württembergische Staat bereits 1812 in Gebäuden des ehemaligen Klosters Zwiefalten eine Anstalt für Geisteskranke eingerichtet hatte, ergänzte er 1834 diese vor allem für schwere Fälle bestimmte Anstalt durch eine zweite in Winnental (Stadt Winnenden, Rems-Murr-Kreis).[31] Schon ein Vierteljahr nach Eröffnung des Psychiatrischen Landeskrankenhauses in Winnental fanden sich der König und sein Leibarzt Ludwig dort ein, um sich über diese neue Einrichtung und ebenso über die Paulinenpflege in Winnenden zu informieren.[32] Der König sorgte ferner dafür, daß im Land Hebammenschulen sowie ein Gebärhaus errichtet wurden. In Cannstatt entstand eine Orthopädische Anstalt.[33]

Königin Katharina hatte den Bau eines modernen Krankenhauses in Stuttgart angeregt. Ihr Mann realisierte diesen Plan. Am 9. Januar 1828 wurde die Krankenanstalt eröffnet; ihr Bau hatte die für damalige Verhältnisse hohe Summe von 225 000 fl, ihre Inneneinrichtung weitere 14 000 fl gekostet.[34]

Verbesserung der Verkehrsverhältnisse

Württemberg war verkehrsmäßig benachteiligt. An Wasserwegen besaß es lediglich den Neckar. Dieser war in seinem Unterlauf, von Cannstatt an talabwärts, beschränkt schiffbar. Mit dem Bau von Kunststraßen hatte erst Herzog Carl Eugen (1744–1793) begonnen. König Friedrich intensivierte den Straßenbau, ebenso sein Sohn Wilhelm. Beiden kam es vor allem darauf an, durch ein Netz guter Straßen die alt- und die neuwürttembergischen Gebiete miteinander zu verbinden und dadurch einen einheitlichen Wirtschaftsraum zu schaffen. 1820/21 wurden die Seeburger Steige zwischen Urach und Münsingen, die Honauer Steige, die von Honau auf die Schwäbische Alb hinaufführte, sowie die Geislinger Steige verbessert und ausgebaut, einige Jahre danach wurden die Steigen bei Geislingen und Seeburg sogar vollständig neu angelegt. Es scheint indes, daß die Kosten für diese Straßenbauten sehr hoch lagen, denn sonst hätte die Kammer der Abgeordneten die

Erhebung eines Steigengeldes bis zur Deckung der finanziellen Aufwendungen wohl kaum beschlossen. Der forcierte Straßenbau in der Zeit König Friedrichs und in den Anfängen der Regierung König Wilhelms war mit gravierenden Mängeln behaftet. Dies bewiesen allein schon die hohen Unterhaltungskosten. Häufig wurde auf die Bodenbeschaffenheit, die topographischen Verhältnisse und die Streckenführung kaum geachtet. Das Innenministerium drängte deshalb Ende der zwanziger Jahre auf die Realisierung neuer großer, aber sorgsam geplanter Projekte, um im Straßenbau mit den Nachbarstaaten Schritt halten zu können. 1830/33 bewilligten die Landstände für Straßen- und Brückenbauten beträchtliche Geldmittel. 1831 konnte die von Oberbaurat Gottlieb Christian Eberhard Etzel erbaute Neue Weinsteige in Stuttgart, für die damalige Zeit eine straßenbauliche Meisterleistung, dem Verkehr übergeben werden.[35] Damit war einem bedeutsamen Anliegen König Wilhelms Rechnung getragen.[36]

Das von König Friedrich in staatliche Regie übernommene Postwesen überließ König Wilhelm wieder den Fürsten von Thurn und Taxis, die im Heiligen Römischen Reich Deutscher Nation jahrhundertelang das Reichspostregal innegehabt hatten. Mit Nachdruck betrieb Wilhelm eine Verbesserung des Postverkehrs. 1826 richteten Bayern, Württemberg und Baden zwischen München und Straßburg eine Eil- und Postwagenverbindung ein, die bereits im folgenden Jahr bis Wien ausgedehnt wurde. Damit konnte der bisher zwischen Stuttgart und Ulm, Stuttgart und Karlsruhe sowie zwischen Ulm und Augsburg bestehende tägliche Postkutschendienst eingestellt werden. Lediglich der Packwagenverkehr zwischen Stuttgart und Ulm wurde fortgeführt. Die Fahrtdauer zwischen Straßburg und München betrug in einem mit acht Personen besetzten Eilwagen 56 Stunden, zwischen Stuttgart und München 16 Stunden. Je Meile waren von den Reisenden an Fahrkosten 32 Kreuzer einschließlich Trinkgeld zu entrichten. Jeder Reisende durfte 40 Pfund Gepäck unentgeltlich mitnehmen. Innerhalb Württembergs wurde die Post durch Reiter besorgt. Seit 1826 bedienten Postreiter die Postroute Stuttgart – Ulm täglich, zuvor war dies zweimal in der Woche geschehen. Das Porto für einen von Künzelsau nach Frankfurt zu befördernden Brief belief sich 1820 auf 13 Kreuzer, für einen in Tuttlingen aufgegebenen und für Augsburg bestimmten Brief auf 12 Kreuzer.[37]

Für dringend erforderlich hielt König Wilhelm die Intensivierung des Schiffsverkehrs auf dem Neckar. Um dafür die Voraussetzungen zu schaffen, mußten umfangreiche Wasserbauarbeiten durchgeführt werden. So erfolgte zwischen 1823 und 1827 eine Regulierung des Flusses am Fuß des Rosensteins.[38]

Ungleich bedeutsamer war der Bau des Wilhelmskanals in Heilbronn zwischen 1818 und 1821 unter der Leitung des bekannten Wasserbauers, Oberst von Duttenhofer. Am 17. Juni 1821 eröffnete der König feierlich den Kanal. Oberst von Duttenhofer verlieh er einen hohen Orden, dessen Sohn August schickte der Monarch, ausgestattet mit reichlichen Geldmitteln, zur weiteren Ausbildung im Wasser-, Brücken- und Straßenbau auf Reisen. Mit der Eröffnung des Kanals fiel das lästige Umladen der Fracht auf den von Heilbronn aus weiter flußaufwärts verkehrenden Schiffen weg. Andererseits blieben dort die für die Energiegewinnung wichtigen Mühlenwehre erhalten. In der ehemaligen Reichsstadt wurden damals nicht weniger als 52 Mühlen betrieben. Bereits 1828 mußte am Kanal mit Erweiterungsarbeiten begonnen werden. Mit dem Kanal entstanden eine dem Stand der Technik

Der Wilhelmskanal in Heilbronn um 1850.

entsprechende Schleusenanlage sowie ein moderner Hafen. Der sich recht günstig entwickelnde Schiffsverkehr litt unter dem Mannheimer Stapelrecht, und er konnte sich erst nach dessen Abschaffung 1835 frei entfalten. Der Kanal brachte namentlich für Cannstatt große Vorteile. Der Gütertransport auf dem Wasserweg verbilligte sich beträchtlich, die Kosten lagen etwa für Güter, die von Mannheim bis Cannstatt auf dem Neckar befördert wurden, halb so hoch wie für solche, für die man sich der Straße bediente. 1829 wurde in Cannstatt ein großes Lagerhaus errichtet.

1831 erhielt Cannstatt, 1837 Heilbronn einen Freihafen. Besonders groß war der Aufschwung, den der Schiffsverkehr auf dem Neckar unterhalb von Heilbronn nahm. Bis sich die Konkurrenz der Eisenbahn in den fünfziger Jahren auswirkte, bildete Heilbronn den Hauptgüterumschlagplatz Württembergs. Die 1839 gegründete Aktiengesellschaft für Dampfschiffahrt, die 1841 auch die Personenbeförderung aufnahm, wuchs rasch zu einer bedeutsamen Schiffsverbindung Heilbronn – Mannheim an. Erstmals 1840 fuhren Heilbronner Schiffe direkt nach Rotterdam. Auf dem Wasserweg Neckar-Rhein entwickelte sich für kurze Zeit ein ausgedehnter Fernhandel. Dieser wirkte sich belebend auf die württembergische Exportwirtschaft insbesondere in den Bereichen Holz und Getreide aus.[39]

Stets bestrebt, den technischen Fortschritt zu fördern, ergriff König Wilhelm zusammen mit dem Verleger Cotta die Initiative bei der Einführung der Dampfschiffahrt auf dem Bodensee. 1824 bereits nahm die württembergische Betriebsgesellschaft für Bodensee-Dampfschiffahrt, deren Hauptaktionäre der württembergische Staat, der König und Freiherr von Cotta waren, den Linienverkehr zwischen Friedrichshafen und dem schweizerischen Rorschach auf, sechs Jahre später die badische Dampfschiffahrtsgesellschaft den Verkehr auf Bodensee und Rhein.[40] Am 30. November 1848 errichtete die württembergische Regierung eine Zentralbehörde für die Gesamtleitung des Straßen- und Wasserbaus.[41]

1825, sofort nachdem George Stephenson mit Erfolg die von ihm konstruierte Lokomotive für einen Kohlentransport auf der Strecke Stockton–Darlington eingesetzt hatte, schickte König Wilhelm Oberleutnant Duttenhofer, der beim Heilbronner Kanalbau mitgewirkt hatte, nach England, um sich die nötigen Informationen über den Eisenbahnbau zu beschaffen. Schon im Jahr zuvor hatte Friedrich List aus der Festungshaft auf dem Hohenasperg dem König Pläne zum Bau einer Eisenbahn übersandt, mit deren Hilfe die Holzabfuhr aus dem Schwarzwald erleichtert werden sollte. 1828 unterbreitete Duttenhofer dem Monarchen das Projekt einer Eisenbahn, die Cannstatt mit Ulm verbinden und durch die Täler von Schmiech und Erms, also über Urach, führen sollte. Das Projekt erwies sich aber als unrealistisch. Indes scheint es, als hätte erst die mit einer Eisenbahn betriebene »Baumwollstrecke« Liverpool–Manchester 1829 die Vorbehalte gegen das neue Verkehrsmittel in Württemberg beseitigt, im Jahr darauf wurde nämlich eine Kommission ins Leben gerufen, die Pläne für die Verkehrserschließung des Landes durch Eisenbahnen entwickeln sollte.[42] Diese schlug 1834 den Bau einer Eisenbahn von Stuttgart an die Donau und weiter bis zum Bodensee (Cannstatt – Aalen – Heidenheim – Ulm – Friedrichshafen) vor. Die Ingenieure sahen jedoch im Hinblick auf die gebirgige Natur Württembergs bei der Streckenführung der Eisenbahn kaum zu überwindende Schwierigkeiten. Kopfzerbrechen machte beispielsweise der Stuttgarter Kessel und der Albaufstieg. Ein Londoner Professor empfahl, die Züge aus dem Stuttgarter Hauptbahnhof mit der Seilwinde nach Cannstatt zu ziehen.[43] Nach den Feststellungen der Gewerbeförderungsgesellschaft ließ sich der württembergische Transitverkehr nur aufrechterhalten, wenn ihn die Eisenbahn übernahm. Wichtig erschien ihr die Eisenbahn für den Personenverkehr, für den Güterverkehr genügte ihrer Ansicht nach der Pferdezug. 1835 forderte Freiherr von Cotta im Landtag die Aufnahme von Planungsarbeiten durch die Regierung.[44]

Bei den Landständen und in der Öffentlichkeit, selbst in der Regierung waren die Widerstände gegen den Eisenbahnbau lange groß. Man bezweifelte die Wirtschaftlichkeit des neuen Verkehrsmittels. Nicht so der König und Innenminister Schlayer; sie hatten erkannt, daß die Eisenbahn für das Land einen kaum zu überschätzenden wirtschaftlichen und verkehrsmäßigen Entwicklungsschub bedeutete. Deshalb bemühten sie sich, ihm entgegenstehende Hindernisse aus dem Weg zu räumen[45], zumal das Königreich Gefahr lief, Schlußlicht beim Bau von Eisenbahnen zu werden. Die Nachbarstaaten waren hier vorgeprescht. Schließlich schlug auch in Württemberg die Stimmung um. In Stuttgart, Ulm und Heilbronn bildeten sich Eisenbahnkomitees. König Wilhelm ermunterte diese Komitees, sich zu vereinigen. 1836 entstand die

Württembergische Eisenbahn-Gesellschaft.[46] Für den von ihr geplanten Bau einer Eisenbahn von Heilbronn über Cannstatt und Ulm nach Friedrichshafen hielt sie die Beschaffung eines Aktienkapitals von 12 Millionen Gulden für erforderlich. Als sie 1838 scheiterte und sich auflösen mußte – man konnte sich über die Trassenführung nicht einigen, auch schreckten Mißerfolge bei anderen Ländern ab –, hatte sie immerhin schon neun Millionen Gulden zusammengebracht, wovon der Staat eine halbe Million Gulden beigesteuert hatte.[47] Auch wenn sich die von Privatleuten unterstützte Eisenbahn-Gesellschaft nicht zu behaupten vermochte, trug sie doch nicht unwesentlich dazu bei, daß dem Eisenbahnbau im Land der Boden bereitet wurde. Der Staat sah sich in die Pflicht genommen, zumal er der Gesellschaft bereits namhafte Geldsummen für diesen Zweck zur Verfügung gestellt und Voruntersuchungen für Trassenführung und anderes finanziert hatte. König Wilhelm und Innenminister Schlayer nutzten die Situation, um den Eisenbahnbau in staatliche Regie zu übernehmen und ihn voranzutreiben. Klug war es zudem, daß sich der Staat die Mitarbeit von Persönlichkeiten sicherte, die sich in der Eisenbahn-Gesellschaft durch Sachkenntnis und Engagement ausgezeichnet hatten. Daher wurde am Tag der Auflösung der Gesellschaft ein »Verein zur Förderung der Eisenbahn-Angelegenheit« gegründet, der nicht nur die Liquidation der Gesellschaft in die Hand nahm, sondern auch als Ratgeber und Gutachter der Regierung fungieren sollte.[48]

Innenminister Schlayer ging im Einvernehmen mit dem König den eingeschlagenen Weg konsequent weiter. Er stellte wiederholt Erhebungen über den Frachtverkehr auf den projektierten Eisenbahnstrecken an. Bei der Information der Bevölkerung bediente er sich der Hilfe seines ehemaligen Studienkollegen Friedrich List. Karl Etzel, der Sohn des Erbauers der Neuen Weinsteige, der im Ausland wertvolle praktische Erfahrungen im Eisenbahnbau gesammelt hatte, veröffentlichte 1839 eine Schrift, in der er die Notwendigkeit wie auch die technische Verwirklichung des Eisenbahnbaus in Württemberg bejahte und sachkundig begründete. Allerdings erwartete er auf den geplanten Eisenbahnlinien ein relativ geringes Verkehrsaufkommen. Von der badischen Grenze bis Cannstatt und Ulm hielt er eine Eisenbahn mit Pferdezug für ausreichend. Von Heilbronn bis Cannstatt mußte seiner Ansicht nach die Straße genügen. Für die Strecke Ulm – Friedrichshafen dachte er gleichfalls an eine Pferdebahn oder aber an eine Kanalverbindung. Gänzlich anders beurteilte zwei Jahre später Friedrich List in einem in der Deutschen Vierteljahresschrift veröffentlichten Aufsatz über das deutsche Eisenbahnsystem die Situation, in dem er besonders Württemberg im Blick hatte. Vermutlich waren es König Wilhelm und Innenminister Schlayer gewesen, die ihn zu dem Aufsatz inspiriert hatten.[49]

1843 brachte Schlayer einen Gesetzentwurf über den Eisenbahnbau in Württemberg im Landtag ein. Der Entwurf erlangte nach eingehender Beratung am 18. April jenes Jahres die Zustimmung der Ständevertreter (in der Zweiten Kammer 38 gegen 26 Stimmen). Den Bau und das Betreiben der Eisenbahnen übernahm der Staat. Als Bahnverbindungen waren zunächst vorgesehen: 1. die Linie von Mühlacker über Cannstatt durch das Filstal nach Ulm, 2. die Strecke Ulm – Friedrichshafen, 3. eine Verbindung Cannstatt – Heilbronn. Noch immer überwog im Land die Skepsis. Man fürchtete, das große Werk könnte an den schwierigen landschaftlichen Bedingungen scheitern. Mehrere Gutachter, unter anderen Negrelli aus Österreich und Vignoles aus England, wurden beigezogen. Professor Mährlen vom Stuttgarter Polytechnikum tat sich publizistisch durch sachkundige Analysen und Vorschläge hervor, so durch seine Feststellung über die Einbeziehung Stuttgarts in den Schienenverkehr. Karl Etzel konnte für die Leitung des Bahnbauwesens gewonnen werden, er arbeitete innerhalb eines Jahres für alle Linien einen neuen Trassenplan aus. Am 26. Juni 1844 erfolgte beim Pragtunnel der erste Spatenstich, am 22. Oktober 1845 wurde die erste Teilstrecke Cannstatt – Untertürkheim eröffnet, die am 20. November 1845 bis Esslingen verlängert werden konnte. Im Jahr darauf nahm die Zentralbahn Ludwigsburg – Stuttgart – Esslingen, 1848 die Nordbahn Ludwigsburg – Heilbronn und am 1. Juni 1850 die Südbahn Ulm – Friedrichshafen den Betrieb auf. Sämtliche Strecken wurden mit Dampflokomotiven befahren. Auch entschied sich Württemberg im Gegensatz zu Baden vom Anfang an für die englische Spurweite, die bald die europäische Normalspur wurde.[50]

König Wilhelm nahm an dem fortschreitenden Bahnbau lebhaften Anteil. Am 3. Oktober 1845 besichtigte er das im Bau befindliche Bahnhofsgebäude in Cannstatt und verfolgte mit großem Interesse die Probefahrt der sechsrädrigen Lokomotive Neckar, ein Erzeugnis der Maschinenfabrik Baldwin und Whitney in Philadelphia (USA). Die Lokomotive fuhr zuerst allein, dann mit einem vollbesetzten Personenwagen mit 56 Sitzplätzen.[51] Wenige Tage, nachdem am 20. November 1845 die befahrbare Eisenbahnstrecke Cannstatt – Untertürkheim bis Esslingen ausgedehnt worden war, vertrauten sich König Wilhelm und seine Familie der Eisenbahn, damals die große Attraktion, zu einer Fahrt von Cannstatt nach Esslingen an. Der König und die Seinen erlebten diese Fahrt als eine Art triumphales Ereignis. Allenthalben, besonders aber in Esslingen, wurden sie begeistert gefeiert. In der ehemaligen Reichsstadt läuteten die Glocken, als sich der Landesherr zu Fuß durch eine festlich gestimmte Menschenmenge zum Neuen Rathaus begab, um dort das »Frühmahl« einzunehmen.[52]

Die Hauptstrecke des Landes, die die Städte Heilbronn, Stuttgart, Ulm und Friedrichshafen verband, wurde 1850 in Betrieb genommen.[53] 1853 fand die württembergische Bahn nach dem Bau der Strecke Bietigheim – Mühlacker Anschluß an die badische

Schloß Rosenstein mit Eisenbahntunnel und Neckarbrücke.

Bahn.[54] Zwischen 1857 und 1861 wurde die Bahnstrecke Plochingen – Tübingen – Rottenburg gebaut, zwischen 1858 und 1863 die Remstalbahn Waiblingen – Schwäbisch Gmünd – Aalen – Nördlingen mit Anschluß an das bayerische Eisenbahnnetz. Gleichzeitig entstand eine Zweigbahn Aalen – Heidenheim. Mit der Anbindung des Gewerbegebiets um Heidenheim an den Schienenverkehr des Landes war ein Wunsch König Wilhelms erfüllt. Dem Monarchen lag sehr an der verkehrsmäßigen Erschließung dieses wirtschaftlich aufstrebenden Raums. 1862 wurde die Bahnlinie Heilbronn – Schwäbisch Hall eröffnet und 1864 als erste Privatbahn (Aktiengesellschaft) die Strecke Oberboihingen – Kirchheim/Teck. Der Bau dieser Bahn war vor allem der Initiative des Kirchheimer Textilfabrikanten Rudolf Schüle zu verdanken, der sich zuvor erfolglos bemüht hatte, die Neckartalbahn nach Tübingen über Kirchheim/Teck zu führen. Die Mittel für den Bau dieser Privatbahn wurden größtenteils durch die Wirtschaft mit Hilfe dreier Stuttgarter Banken aufgebracht. Ansehnliche finanzielle Beiträge steuerten auch Stadt und Amt Kirchheim sowie Kronprinz Karl bei.[55]

König Wilhelm interessierte sich sehr für die neuen Eisenbahnanlagen und nahm auch an den Eröffnungen teil. So fuhr er am 8. August 1862 nach Schwäbisch Hall, um die neue Bahnstrecke Heilbronn – Schwäbisch Hall zu besichtigen.[56] Daß bereits 1863 der Bahnhof in Stuttgart wegen des wachsenden Schienenverkehrs umgebaut werden mußte[57], vermerkte er sicher mit Genugtuung. Am 22. März 1863 ermächtigte er seinen Außen- und seinen Finanzminister von Nizza aus zu Verhandlungen mit Baden über die Verknüpfung der Eisenbahnnetze beider Staaten: Anschluß der Oberneckarbahn bei Villingen und der Bahn Wildbad–Pforzheim an die badische Staatsbahn sowie Herstellung einer Eisenbahnverbindung zwischen Mergentheim und Königshofen.[58] Da Württemberg entgegen den Intentionen seines Königs später als die benachbarten Staaten mit dem Eisenbahnbau begonnen hatte, mußte es wegen des angestiegenen Kapitalbedarfs tiefer in die Tasche greifen. 1847 wurde ein außerordentlicher Landtag einberufen, weil der Eisenbahnbau eine Millionenanleihe erforderte.[59]

Lange vor anderen Bundesstaaten löste Württemberg am 1. Juli 1851 auf freiwilliger Basis das Postregal der Fürsten von Thurn und Taxis ab.[60] Sehr im Sinne des Königs war es, daß damit das für die wirtschaftliche Entwicklung des Landes wichtige und rasch weiter an Bedeutung gewinnende Postwesen in staatliche Regie übernommen werden konnte. Seinem Ausbau – auch in Verbindung mit dem Eisenbahnbau – stand damit nichts mehr im Wege.

Wirtschaft im Wandel und Aufschwung

König Wilhelm war an wirtschaftlichen Fragen ungewöhnlich stark interessiert. Ermunternd und fördernd griff er ein, wenn immer ihm dies erforderlich schien. Auch steuerte er Geld aus seiner Privatschatulle bei, wenn es galt, ein wichtiges Unternehmen oder neue Erwerbszweige voranzubringen oder im Ausland neu entwickelte Maschinen zu beschaffen. Mit den Männern, die sich durch wirtschaftliche Pionierleistungen hervortaten, stand er in ständigem Kontakt. Erstaunlich war das technische Wissen, das er sich dank seiner hohen intellektuellen Begabung, seines Fleißes, seines Einfühlungsvermögens und seiner Beharrlichkeit erwarb.[61]

Sein Engagement auf technisch-wirtschaftlichem Gebiet hatte freilich auch seine Schattenseiten. Es wuchs sich mitunter zur Bevormundung aus, und diese übernahmen seine Räte und Beamten, die häufig noch forscher, rechthaberischer und bestimmter als der Monarch selbst auftraten und dadurch in der Wirtschaft Empfindlichkeiten, teilweise auch einen ausgeprägten Widerwillen gegen staatliche Einwirkungen hervorriefen oder die gar den Hang zur politischen Opposition begünstigten. Zudem erschwerte das mißtrauische und nachtragende Wesen des Königs die Beziehungen des Staatsoberhaupts zur Wirtschaft. Kein einfaches Unterfangen war es, König Wilhelm, wenn er sich einmal eine Meinung gebildet hatte, eines Besseren zu belehren. Dennoch: Die stetige und bemerkenswerte wirtschaftliche Aufwärtsentwicklung Württembergs in den Jahren 1816 bis 1864 muß zu einem guten Teil Wilhelm zugeschrieben werden. Tatkräftig und mit ebenso zäher wie zielstrebiger Beharrlichkeit brachte er in Landwirtschaft, Gewerbe und Verkehr die Dinge voran.[62] Die von ihm betriebene Wirtschaftspolitik hatte neben traditionellen Zügen auch begrenzt liberale. So wurde mit seinem Einverständnis 1826 die staatliche Porzellanmanufaktur in Ludwigsburg verkauft. Bereits 1821 war die Tabakregie aufgehoben worden. In staatlicher Verwaltung blieben lediglich die Salinen, Eisenhütten sowie die Gewehrfabrik in Oberndorf am Neckar. Obwohl es erst 1862 zur Einführung der Gewerbefreiheit kam, wurden schon 1828 13 Zünfte aufgehoben und die Praxis der Fabrikkonzessionen legalisiert.[63]

Die staatliche Gewerbeförderung oblag dem 1819 von der Zentralstelle des landwirtschaftlichen Vereins ins Leben gerufenen Handels- und Gewerbeverein mit einer Zentrale in Stuttgart. Ihm gehörten die angesehensten Vertreter des Handels- und Gewerbestands an. Leider mußte er seine Arbeit bereits 1824 einstellen. Einen Teil seiner Funktionen übernahm die 1830 gegründete Gesellschaft zur Beförderung der Gewerbe; ihr Ausschuß beriet in gewerblichen Fragen die Landwirtschaftliche Zentralstelle. Die staatliche Gewerbeförderung fiel damit in die uneingeschränkte Zuständigkeit dieser Zentralstelle, und hieran änderte sich bis 1848 nichts. Die vom Ausschuß der Gesellschaft zur Beförderung der Gewerbe gemachten Vorschläge lehnte die Zentralstelle zwar selten ab, veränderte sie jedoch häufig.[64] Bei der staatlichen Gewerbeförderung waren auch sozialpolitische Erwägungen von Belang, weil die Zentralleitung des Wohltätigkeitsvereins ein gewichtiges Wort mitredete. Paul Gehring hat sogar behauptet, das gewerbliche Wirtschaftssystem in Württemberg habe »seine ersten und dringendsten Impulse von der Armenfürsorge empfangen«, und es habe Jahrzehnte gedauert, bis sich die offizielle staatliche Gewerbeförderung von Rücksichten und Einflüssen armenpflegerischer Art freigemacht habe. Dies war sicher überspitzt formuliert, aber eine durchaus fundierte Feststellung.[65]

Am 8. Juni 1848 stimmte der König der von dem Handwerkerkongreß in Esslingen kurz zuvor geforderten Errichtung einer Zentralstelle für Gewerbe und Handel zu. Mit der Gründung der Zentralstelle löste sich die seitherige Gewerbebeförderungsgesellschaft auf. Ihre Akten und ihr Vermögen überließ sie der dem Innenministerium unterstellten neuen Behörde. Mit dem technischen Referat und später auch mit der Leitung der Zentralstelle wurde Ferdinand von Steinbeis betraut. Die gewerblichen Aufgaben und Zuständigkeiten, die der Landwirtschaftliche Verein seither wahrgenommen hatte, gingen an die Zentralstelle über. Mit dem von ihr herausgegebenen »Gewerbeblatt für Württemberg«, dessen Schriftleiter Steinbeis war, erlangte sie im Land rasch einen größeren Bekanntheitsgrad.[66] 1849 richtete die Zentralstelle mit Ankäufen auf der Pariser Industrie-Ausstellung ein Musterlager ein, das sie 1851 durch Ankäufe auf der Londoner Ausstellung und durch weitere Erwerbungen in den folgenden Jahren zu einem vielbesuchten und auch im Ausland anerkannten Gewerbemuseum ausbaute.[67] Ferdinand von Steinbeis gewann schon bald das besondere Vertrauen König Wilhelms. Er konnte dem Monarchen seine Anliegen jederzeit persönlich vorbringen und durfte ihm seine Ideen, Pläne und Vorhaben erläutern. Andererseits förderte König Wilhelm die Zentralstelle tatkräftig und damit auch indirekt die junge Industrie des Landes, die von der Zentralstelle starke richtungweisende ideelle und finanzielle Impulse bekam.[68]

Für die Entwicklung des wirtschaftlichen Lebens, doch auch für die Förderung der Landeskunde, die »Vertiefung der Vaterlandsliebe«, des Gemeingeistes und des Volkslebens war die 1820 erfolgte Errichtung des Statistisch-Topographischen Bureaus bedeutsam. Ihm wurde 1828 der von König Wilhelm gegründete Verein für Vaterlandskunde angegliedert, 1854 mit ihm vereinigt. Das Statistisch-Topographische Bureau übernahm die Herausgabe der seit 1818 erscheinenden sehr informativen Württembergischen Jahrbücher für Statistik und Landeskunde. Seit 1824 publizierte es die Oberamtsbeschreibungen, mit denen es auf dem Gebiet der Landesbeschreibung den anderen deutschen Ländern voranging. Bis zum Tod König Wilhelms 1864 erschienen 44 Oberamtsbeschreibungen. 1820 brachte der Verlag Cotta erstmals eine Gesamtbeschreibung des Königreichs Württemberg heraus.[69]

Schon 1823 bestand in Württemberg ein großes Kapitalangebot, das sich später noch erhöhte. Die wenigen damals existierenden Banken taten sich schwer, Darlehen zu einigermaßen annehmbaren Bedingungen unterzubringen. 1829 mußten die Zinsen für Staatsanleihen von 4,5 auf 4 Prozent herabgesetzt werden. Im Jahr 1826 beschloß die Königliche Hofbank, bis zur Einführung der großen Aktienbanken das bedeutendste württembergische Bankinstitut, die bei ihr deponierten Gelder statt mit 4 Prozent künftig nur noch mit 3,5 Prozent zu verzinsen. Anfänglich erschien die aufkommende Industrie wenig kreditwürdig, so daß die Zahl der Geldgeber, die es riskierten, ihr Kapital in diesem neuen Wirtschaftsbereich zu investieren, gering war. Kapitalkräftige Bürger bevorzugten Investitionen in Grund und Boden.[70] Daß die Hofbank 1836 bei der Kapitalaufstockung der württembergischen Eisenbahn-Gesellschaft eine hervorragende Rolle spielte, war

König Wilhelm zu verdanken. Er hat wohl auch entscheidend dazu beigetragen, daß diese Bank ihre Vorbehalte gegen die junge Industrie des Königreichs aufgab und als Kreditgeber deren Entwicklung förderte.[71]

Mit der rasch voranschreitenden Industrialisierung hielt das Banken- und Sparkassenwesen Schritt. Die Einlagen bei der Württembergischen Landessparkasse vergrößerten sich zwischen 1855 und 1860 von 0,5 Millionen auf 10,5 Millionen Gulden. Hier schlug sich vor allem der zunehmend sich erhöhende Verdienst der Erwerbstätigen in Industrie, Handwerk, Handel und Landwirtschaft nieder.[72] 1861 erhielt Stuttgart eine Börse.[73] Den Finanzbedarf des Handwerks befriedigte ein Netz von neuerrichteten genossenschaftlichen Handwerkerbanken. Zwischen 1862 und 1866 entstanden nicht weniger als 44 solche nach dem Schulze-Delitzschen Muster organisierten Banken, die 1865 einen Umsatz von 11 Millionen Gulden hatten.[74] Dem durch Industrialisierung und Mechanisierung verursachten wirtschaftlichen Umstrukturierungsprozeß fiel eine ganze Reihe von Handwerksberufen wie die der Sporer, Lichtzieher oder der Handweber zum Opfer. Andere Handwerkssparten profitierten von der allgemeinen Prosperität, paßten sich den veränderten Gegebenheiten an und gewannen so wieder festen Boden.[75]

Die Schutzzollpolitik der europäischen Staaten, insbesondere die Frankreichs, verschloß dem württembergischen Gewerbe die auswärtigen Märkte. Dagegen überschwemmte billige englische Ware Deutschland. Die Landwirtschaft litt unter dem norddeutschen Getreideüberschuß, der, bedingt durch die englischen Kornzölle, auf die württembergischen Absatzmärkte drückte und seit 1819 zu einem Preisverfall bei Getreide führte. Die allgemeine Wirtschaftskrise der zwanziger Jahre traf die einzelnen Gewerbezweige in unterschiedlicher Weise. Relativ gut behauptete sich die Leinwandindustrie. Die geringe Wirkung, die zollpolitische Maßnahmen zum Schutz des einheimischen Gewerbes hatten, mußte als deutliches Indiz dafür gesehen werden, wie rückständig Württemberg in technisch-wirtschaftlicher Hinsicht war.[76]

König Wilhelm erkannte schon früh, daß die wirtschaftliche Misere seines Landes durch die Einbeziehung in ein größeres Zollgebiet gemildert werden konnte. Friedrich List rühmte in einem Brief im Sommer 1820 das klare Votum des Monarchen für ein länderübergreifendes Zollgebiet. Er sprach von der »kräftigen

Verwendung« Wilhelms »für die Gesamtindustrie Deutschlands«, die bei den Darmstädter Konferenzen einen unauslöschlichen Eindruck auf die Herzen aller Teilnehmer gemacht habe.[77] Im Gegensatz zu List strebte jedoch der württembergische König die Begrenzung des Zollvereins auf die deutschen Mittel- und Kleinstaaten an. Die Verhandlungen in Darmstadt, deren Schwerpunkt auf der Gründung eines Zollvereins der Staaten des »Dritten Deutschlands« lag, zogen sich zäh hin und endeten schließlich 1823 ergebnislos. König Wilhelm versprach sich jetzt Fortschritte in der Zollfrage durch Verhandlungen zwischen den einzelnen Höfen.[78] Sein Blick richtete sich, nachdem am 28. Juli 1824 eine Zollunion zwischen Württemberg und den beiden Fürstentümern Hohenzollern-Hechingen und Hohenzollern-Sigmaringen zustande gekommen war, vornehmlich auf das benachbarte Bayern. Auf den Rat seines Münchner Gesandten Schmitz-Grollenberg schrieb er im Dezember 1826 an König Ludwig I. einen Brief, in dem er das ernsthafte Betreiben der Zollvereinsangelegenheit zwischen beiden Staaten dringend empfahl. Im September des folgenden Jahres stattete er dem ehemaligen Schwager in München einen Besuch ab, um Differenzen, die noch mit der Auflösung seiner Ehe mit der Schwester Ludwigs zusammenhingen, endgültig aus der Welt zu schaffen.[79] 1828 kam dann nach längeren Verhandlungen eine Zolleinigung zwischen Bayern und Württemberg zustande. Obwohl es auch ablehnende Stimmen gab, die eine schädliche Konkurrenz für das einheimische Gewerbe befürchteten, überwogen doch die positiven Reaktionen auf den Vertrag. In Ulm, das durch die bayerisch-württembergische Zollgrenze bislang sehr benachteiligt war, wurde das Zollabkommen zwischen München und Stuttgart mit einem Freudenfest gefeiert, und die Landstände überreichten dem König eine Dankadresse.[80]

König Wilhelm betrachtete die Zolleinigung mit Bayern als ersten Schritt auf dem Weg zur Schaffung eines großen deutschen Zollgebiets. Daß im Oktober 1831 die badische Kammer der Abgeordneten den Beitritt ihres Landes zum bayerisch-württembergischen Zollverein ablehnte, erzürnte ihn sehr.[81] Der Anfang 1828 zwischen Preußen und Hessen-Darmstadt vereinbarte Zollverein drohte Bayern und Württemberg zu isolieren, zumal es bereits deutliche Signale gab, daß auch Baden nicht abgeneigt war, sich dieser Zollunion anzuschließen. Der Verleger Cotta, der schon am Zustandekommen des bayerisch-württembergischen

Zollvereins wesentlichen Anteil hatte, nutzte im Einvernehmen mit König Wilhelm jetzt erfolgreich seine guten Kontakte zu Berlin. Zunächst erreichte er einen Handelsvertrag zwischen den beiden Zollvereinen, der zu Beginn des Jahres 1830 in Kraft trat, und am 27. März 1833 schlossen sich der preußisch-hessische und der bayerisch-württembergische Zollverein zum Deutschen Zollverein zusammen. In der württembergischen Kammer der Abgeordneten widersetzte sich die liberale Opposition anfänglich den Handels- und Zollverträgen mit Preußen. Ebenso gab es unter den Unternehmern nicht wenige, die zunächst abweisend reagierten, weil sie einen ruinösen Wettbewerb befürchteten. Doch schlug hier die Stimmung um, als nach dem Inkrafttreten der Verträge in kurzer Zeit deren günstige Wirkung auf die Wirtschaft des kleinen Königreichs offenkundig wurde.[82] Am 8. November 1833 billigte der württembergische Landtag den Deutschen Zollverein.[83] Friedrich Römer erkannte an, daß der Deutsche Zollverein den unausgesetzten Bemühungen der württembergischen Regierung und insbesondere des Königs zu verdanken sei und nicht das Werk der Diplomaten darstelle.[84] Selbst der einseitig auf Preußens Gloria bedachte Historiker Heinrich von Treitschke lobte König Wilhelm, dessen Politik er sonst wenig Positives abzugewinnen vermochte, wegen seines Eintretens für den Deutschen Zollverein.[85] Indes sah König Wilhelm im Deutschen Zollverein noch keine »Vorleistung« für die politische Eingliederung der deutschen Mittel- und Kleinstaaten in einen von Preußen beherrschten Bundesstaat, von dem Österreich ausgeschlossen blieb. Nach wie vor pochte er auf die politische Eigenständigkeit der einzelnen Staaten. Auch hielt er an seiner Triasidee fest, obgleich sich der Spielraum für sie verengte. Anfänglich erwartete er, daß sich Österreich, das zwar das Zustandekommen des Deutschen Zollvereins massiv zu verhindern versucht hatte, dennoch dieser Zollunion anschließen werde. Wie vorteilhaft der Deutsche Zollverein für Württemberg indes war, bewies schon der sprunghafte Anstieg der Zollerträge: 1833 70000 fl, 1839 1900000 fl.[86]

1852 stand die Erweiterung des Deutschen Zollvereins an. Im mittelstaatlichen Lager gab es Bestrebungen, einen engeren, von Preußen unabhängigen süddeutschen Zollverein mit Bayern an der Spitze zu bilden, also eine Art wirtschaftliche Trias. Doch König Wilhelm versagte sich. So sehr er einer politischen Trias das Wort redete, für eine wirtschaftliche hatte er kein Verständnis. Er hatte längst erkannt, welch große Vorteile für die einzelnen deutschen Staaten ein preußisch-deutscher Zollverein besaß. Seine Einsicht setzte sich schließlich auch jetzt durch. Der Deutsche Zollverein wurde erneuert, und mit Österreich wurde ein Handelsvertrag geschlossen.[87]

Württemberg ist arm an Bodenschätzen. König Wilhelm erhöhte wesentlich den Leistungsstandard der wenigen Hüttenwerke im Land, so namentlich den der heutigen Schwäbischen Hüttenwerke in Wasseralfingen.[88] Noch immer hoffte man – und der König teilte diese Hoffnung –, im Königreich ergiebige Kohlevorkommen zu entdecken. 1820 bis 1822 schürften Friedrich List sowie seine Freunde Schübler und Keßler bei Spiegelberg (Rems-Murr-Kreis) nach Kohle. Doch das Unternehmen schlug fehl. Zuvor hatten sich die drei Männer an einer Aktiengesellschaft beteiligt, die bei Oedendorf vergeblich versucht hatte, ein Vitriolbergwerk wirtschaftlich zu betreiben. Erfolglos blieben auch die vom Staat unternommenen Bohrungen nach Kohlelagerstätten: 1829 bei Bulach, 1832 bei Oedendorf, 1834 bis 1839 bei Schramberg.[89] Vor 1820 war der Bedarf an Steinkohle minimal. Das Gewerbe wie die Privathaushalte verwendeten als Brennstoff hauptsächlich Holz. Allerdings war das damals noch in großem Umfang exportierte Holz teuer. 1823 belief sich die Kohle-Einfuhr nach Württemberg auf ganze 406 Zentner. Bis 1828 stieg sie auf 11 000 Zentner an. Als der Unternehmer Meebold in Heidenheim in seiner in jenem Jahr gegründeten Mechanischen Baumwollweberei eine Gasbeleuchtung einführte, mußte er dazu Kohle aus England beziehen, die er vom Umschlagplatz am Neckar in Cannstatt mit Pferdefuhrwerken nach Heidenheim transportierte.[90] Bis zum Bau eines Eisenbahnnetzes wurde der ständig steigende Bedarf an Kohle auf dem Neckar bis Heilbronn bzw. Cannstatt herangeschafft. 1837 brachten Schiffe allein 50 000 Zentner Kohle nach Heilbronn. Als Überraschung zum 59. Geburtstag König Wilhelms am 27. September 1840 ließ der Apotheker und Chemiker Berganno das Foyer des Hoftheaters mit Gaslichtern ausstatten. Der König war von dieser Neuerung sehr angetan. Zur offiziellen Gasversorgung Stuttgarts, zu der eine größere Menge Steinkohle benötigt wurde, kam es allerdings erst fünf Jahre später.[91]

1818 gab es in Württemberg die vier Salinen Schwäbisch Hall, Sulz am Neckar, Offenau (Clemenshall) und Weißbach. Von ihnen waren Sulz und Offenau ganz, Schwäbisch Hall teilweise in staatlicher Hand, wogegen die Saline Weißbach den Fürsten von Hohenlohe gehörte. Diese vier Salinen, die 600 bis 700 Menschen beschäftigten, deckten etwa die Hälfte des Salzbedarfs des Landes (115 000 von 220 000 Zentnern), das darüber hinaus benötigte Salz wurde aus Bayern importiert. In den folgenden Jahrzehnten gelang es, daß durch die Erschließung neuer Salinen (1818 Friedrichshall, 1823 Wilhelmsglück bei Schwäbisch Hall und Wilhelmshall bei Rottweil) Württemberg vom Salzimport- zum Salzexportland wurde.[92]

Schlecht war es in vielen Orten um die Wasserversorgung bestellt. Ein gewerblicher Aufschwung setzte aber voraus, daß Wasser in hinreichender Menge zur Verfügung stand. Auch in Stuttgart war die Wasserversorgung ungenügend. König Wilhelm persönlich drängte auf eine Verbesserung. Er beauftragte den Wasserbaudirektor Oberst von Duttenhofer und den badischen Obersten Tulla, Pläne zu entwerfen, um Neckarwasser von Neckartenzlingen aus mittels eines Stollens durch die Filder nach Stuttgart zu leiten. Die Realisierung eines solchen Projekts erwies sich jedoch technisch wie finanziell als undurchführbar. Auch ein Plan Tullas, den Neckar bei Berg anzuzapfen und das Wasser über ein Druckwerk in die Stadt zu leiten, blieb auf dem Papier. Erst Jahrzehnte später, wiederum auf die Initiative König Wilhelms, wurde dieses Projekt in anderer Form durch den englischen Ingenieur Moore realisiert. 1825 und nochmals 1833 vereinigten sich Stadt und Staat zu einer Wassergemeinschaft; sie hatte die Verbesserung der Wasserversorgung aus den Seen in den Wäldern beim Wildpark zur Folge.[93]

Die besondere Fürsorge König Wilhelms galt nach wie vor der Landwirtschaft. Hier engagierte er sich leidenschaftlich. Württemberg war um 1820 ein Agrarland. Allerdings wurde die Landwirtschaft nach veralteten Methoden betrieben. Die ins Mittelalter zurückreichenden Belastungen von Grund und Boden forderten von den Bauern zu hohe Abgaben und brachten sie dadurch um einen Teil ihrer Arbeit. Ein freieres Wirtschaften sowie die Anwendung neuer Methoden in der Tier- und Pflanzenzucht taten not, um die Erträge zu steigern.[94] Allgemein begrüßt wurde, daß Wilhelm unmittelbar nach der Regierungsübernahme durch eine Verminderung der Schwarz- und Rotwildbestände dafür sorgte, daß Wildschweine, Rehe und Hirsche nicht länger eine existenzgefährdende Plage für die Bauern waren.[95] Bei der Förderung der Landwirtschaft nahm sich der Monarch der verschiedenen agrarischen Bereiche an. Immer wieder schickte er sachkundige Beamte ins Ausland, damit sich diese über neue Entwicklungen auf dem landwirtschaftlichen Sektor informierten. So entsandte er – wohl in seinen ersten Regierungsjahren – den Weinbauexperten Bossert in den Rheingau, den Hofkameralverwalter August Weckherlin 1823 in die Schweiz und 1825 nach Sachsen zur Besichtigung von Schafzuchtbetrieben.[96]

Obwohl König Wilhelm bereits 1817 die Leibeigenschaft in Württemberg abgeschafft hatte, blieben die leibeigenschaftlichen Leistungen (Abgaben), die damit verbunden gewesen waren, bestehen. Erst 1836 schuf ein Gesetz die Voraussetzung für ihre Ablösung. Den größten Teil der Entschädigungen (22 1/2facher Jahresbetrag) vor allem an die adligen Grund- und Leibherren übernahm der Staat. Für die kleinbäuerliche Bevölkerung in ihren bedrängten wirtschaftlichen Verhältnissen bedeutete dies eine große Hilfe.[97]

Der Förderung der Landwirtschaft dienten das Landwirtschaftliche Institut Hohenheim, die spätere Landwirtschaftliche Hochschule und heutige Universität sowie das Cannstatter Landwirtschaftliche Fest. Das Hohenheimer Institut knüpfte enge Kontakte zu den Hofdomänen, da sich diese seinen wissenschaftlichen Versuchen öffneten und ihm so zu neuen Erkenntnissen in der Agrarwirtschaft verhalfen. Durch neu entstehende Fachzeitschriften wurden Anregungen und Ratschläge für die Modernisierung der landwirtschaftlichen Produktionsmethoden verbreitet. Das Neueste auf dem Gebiet der Agrarwirtschaft konnten die Landwirte beim Besuch des Landwirtschaftlichen Festes in Cannstatt erfahren. So wurden die Bauern angespornt, sich in den verschiedenen Bereichen ihrer beruflichen Tätigkeit um Verbesserungen zu bemühen.[98] Das dem bayerischen Vorbild nachgeahmte Landwirtschaftliche Fest entwickelte sich rasch zum beliebtesten und meistbesuchten Fest des Landes. 1828 wurde dem Hauptfest ein Festtag angeschlossen, an dem die Volksbelustigung im Mittelpunkt stand. Seiltänzer und Kunstreiter, Vogelschießen und andere kurzweilige Darbietungen ergötzten die Besucher – unser heutiges Volksfest nahm seinen Anfang. 1838 fand während des Volksfestes die Einweihung der von Eberhard Etzel erbauten Wilhelmsbrücke statt. Im Jahr 1846 reiste erstmals ein Teil der

Besucher mit der Eisenbahn an. Im folgenden Jahr fiel das Volksfest jedoch wegen der herrschenden Teuerung aus.[99]

Das erste Cannstatter Volksfest wurde am 28. September 1818 mit einer feierlichen Zeremonie durch das Königspaar eröffnet. Nikolaus von Thouret war die bauliche Inszenierung des Festplatzes übertragen worden. Alljährlich feierte man das Fest am 28. September, einen Tag nach König Wilhelms Geburtstag. Tierschauen, Obst- und Früchteschauen sowie Ausstellungen landwirtschaftlicher und gewerblicher Erzeugnisse standen im Mittelpunkt, daneben gab es Pferdeschauen. Das Königspaar setzte namhafte Geldpreise aus für neukonstruierte Maschinen, die land- und hauswirtschaftlichen sowie technischen Zwecken dienten, oder auch für Neuentwicklungen in der Chemie, die den »Privat- oder Nationalwohlstand« verbesserten. Seit 1856 war mit dem Volksfest eine »Fortschrittsausstellung« verbunden, auf der die neuesten technischen Errungenschaften auf den verschiedensten Gebieten gezeigt wurden.[100]

Sehr am Herzen lag König Wilhelm wie auch Hofkammerdirektor von Kohlhaas die Ausbildung armer Kinder in der Landwirtschaft. Im Dezember 1822 gab der Monarch der Zentralleitung des Wohltätigkeitsvereins von seinem Wunsch Kenntnis, daß nach Art der Wehrli-Schule in Hofwyl, eine seit 1820 in der Schweiz von Johann Jakob Wehrli (1790–1855) betriebene Musteranstalt zur Ausbildung armer Kinder in der Landwirtschaft, in Württemberg eine ähnliche Schule errichtet werde.[101] Von 1818 bis 1823 bestand in Hohenheim eine vom König sehr geförderte Wohltätigkeitsanstalt (Landwirtschaftsschule), in der arme Kinder unterrichtet wurden. Das 25jährige Regierungsjubiläum König Wilhelms 1841 gab den Anstoß zur Gründung von Ackerbauschulen auf den Staatsdomänen Ellwangen und Ochsenhausen im Jahr 1842. 1850 kam eine weitere Ackerbauschule auf der Staatsdomäne Kirchberg hinzu.[102]

Mit Dekret vom 24. Februar 1821 ordnete König Wilhelm zur Mehrung seines von der Hofdomänenkammer verwalteten Privatbesitzes und zugleich zur Schaffung landwirtschaftlicher Musterbetriebe den Kauf geschlossener Domänen statt des Erwerbs von einzelnen Gütern an. Durch Tausch mit der Oberfinanzverwaltung gelangten die Gestütshöfe Kleinhohenheim und Scharnhausen/Weil sowie die Domäne Einsiedel in den Besitz der Hofdomänenkammer. Seit den zwanziger Jahren wurden von der

Hofdomänenkammer zahlreiche Domänen gekauft: Schaichhof (1824), Monrepos/Wilhelmshof (1829), Unterrauhen mit Rugetsweiler (1837), Manzell (1838), Achalm, Sindlingen (1840), Steinbachhof (1848), Fasanenhof (1854), Reußenstein (1862).[103] Am Ende der Regierungszeit König Wilhelms gehörten 28 Domänen zum Hofkammergut. Dem König lag besonders daran, auf seinen zu landwirtschaftlichen Musterbetrieben ausgebauten Domänen das Saatgut zu verbessern, die bisher streng nach dem System der Dreifelderwirtschaft gestaltete »Fruchtfolge« (Sommerfrucht, Winterfrucht, Brache) aufzulockern sowie der Viehhaltung und der Viehzucht einen höheren Stellenwert zu geben.[104] So wurde 1824 von dem ersten Pächter der damals 113 Hektar großen königlichen Domäne Schaichhof verlangt, daß er mindestens 75 Stück Vieh hielt.[105] Der König sorgte für den Ankauf von Zuchttieren aus Holland, England und der Schweiz, um sie auf den königlichen Meiereien auf ihre Eignung für die einheimische Landwirtschaft zu prüfen.[106] Auf dem Landwirtschaftlichen Fest in Cannstatt erhielten die Pächter der Hofkammergüter sowie die in Eigenregie betriebenen Privatgüter des Monarchen immer wieder Preise für vorzügliche Erfolge auf landwirtschaftlichem Gebiet.[107] Durch Trockenlegungen oder Bewässerungen suchte man, je nach Bodenbeschaffenheit und klimatischen Bedingungen, die landwirtschaftliche Nutzfläche zu verbessern.

Getreide bildete in den zwanziger Jahren ein wichtiges Ausfuhrerzeugnis des Königreichs. Jährlich wurden zwischen 200 000 und 250 000 Scheffel exportiert. Das Hauptabnehmerland für württembergisches Getreide – vor allem aus der oberschwäbischen Kornkammer – war die Schweiz. Geringere Mengen wurden in den badischen Schwarzwald und nach Frankreich verkauft.[108]

Der Ackerbau war extrem witterungsabhängig, zumal er noch immer recht einseitig auf dem Getreideanbau basierte. Hagelschlag und andere Wetteranomalien wirkten sich verheerend aus. Nach den Hungerjahren 1816/17 kam es, verursacht durch Mißernten und der aus Amerika eingeschleppten Kartoffelseuche zwischen 1845 und 1855 zu einer langanhaltenden schweren Wirtschaftskrise. Viele bäuerliche Familien verarmten. Die Folge war die stärkste Auswanderungsflut, die Württemberg je heimgesucht hat. Da die Auswanderungswilligen ihren Grundbesitz zu veräußern suchten, sanken die Bodenpreise, verfielen die Preise für Pachtland.[109] Weniger als die in herkömmlicher Weise wirtschaftenden Bauern waren die großen Güter, die eine breite Palette agrarischer Erzeugnisse produzierten, von den Mißernten der Jahrhundertmitte betroffen. König Wilhelm bemühte sich, die Not der Kleinbauern und der Landhandwerker zu lindern. Er verschaffte den in der Nähe königlicher Domänen wohnenden Erwerbslosen in bescheidenem Maß Beschäftigung und Verdienst durch Notstandsarbeiten (z.B. Ablesen von Steinen von den Äckern, Rodungsarbeiten, Ausheben von Abzugsgräben, Anlegen von Wegen).[110]

Auch bei der Verbesserung der Vieh- und Schafzucht wies König Wilhelm seinen Domänen eine Vorreiterrolle zu. Ihrem Beispiel hatten die Landgemeinden zu folgen: Beschaffung hochwertiger Zuchtfarren zur Deckung der Kühe in den Ställen der ortsansässigen Bauern. Arme Gemeinden erhielten von den Domänen die Farren, die dort nicht mehr benötigt wurden. Die Errichtung von Leihkassen ermöglichte es auch ärmeren Landwirten, gesundes Vieh zu kaufen. Vorbildliches im Bereich der Schafzucht leisteten die Domänen Achalm, Monrepos und Weil. Hier gelang es mit Hilfe von Zuchttieren, die im Ausland gekauft worden waren, Schafe mit zunehmend feinerer Wolle zu züchten. Auch um die Hebung der Ziegenzucht durch die Einfuhr von Angora- und Kaschmirziegen bemühten sich diese Domänen. Selbst mit ausgefallenen Viehrassen wie Yaks, Büffeln und ostindischem Vieh wurde experimentiert.[111]

Eine bedeutsame Rolle bei der Hebung der Viehzucht spielte in Stuttgart die Meierei Rosenstein. Der König kaufte 1817 und in den darauffolgenden Jahren von Grundbesitzern das Rosensteingelände auf. Dem dort in den zwanziger Jahren erbauten Schloß gliederte er die neuerrichtete Meierei an.[112] Wesentlich zur Zuchtverbesserung und zur Vermehrung der Viehbestände im Land trugen auch die vom König angeregten Viehprämierungen bei.[113] Wenig bekannt ist, daß Rindvieh und Schafe in den zwanziger und dreißiger Jahren den wichtigsten Aktivposten des württembergischen Exports bildeten. Verkauft wurden Rindvieh und Schafe vor allem nach Frankreich, sodann auch in die Schweiz, nach Baden und nach Frankfurt am Main.[114] Gleichfalls mit Erfolg setzte sich der König für die Verbesserung der Bienenzucht ein.[115]

König Wilhelm war ein begeisterter Pferdezüchter. Vor allem edle Araberpferde faszinierten ihn. In Ungarn und Ägypten kauften von ihm beauftragte Pferdekenner die wertvollsten Zuchttiere für die Gestüte in Weil bei Esslingen, Kleinhohenheim und Scharnhausen. Bereits 1817 verfügte er die Trennung des Landgestüts vom königlichen Gestüt und Marstall. Das dem Ministerium des Innern unterstellte Landgestüt Marbach an der Lauter sollte die Pferdezucht im Land verbessern. Doch der Erfolg war mäßig. Weil ein klares Zuchtziel fehlte, verlegte man sich auf ein wenig glückliches Experimentieren mit Pferden. Ungleich erfreulicher entwickelte sich die Zucht des arabischen Vollbluts im königlichen Privatgestüt Weil; sie erlangte bald einen internationalen Ruf. Als recht erfolgreich erwies sich auch die 1818 begonnene Halbblutzucht für Reit- und Wagenpferde mit orientalischen Pferden, englischen Halbblutstuten und später auch noch mit Trakehnern.[116]

Die Hebung der Pferdezucht ließ sich der Monarch viel kosten. So kaufte er zwischen 1816 und 1861 38 original-arabische Hengste und 36 original-arabische Stuten. Umgekehrt verkaufte er aus seinem Besitz Zuchthengste nicht nur innerhalb des Deutschen Zollgebiets, sondern auch nach Rußland, Polen, Österreich, Dänemark und Italien. Hierbei erzielte er zum Teil spektakuläre Verkaufserlöse. Einzelne Pferde brachten 1 500 bis 4 000 fl in die königliche Kasse.[117]

Dem Fortschritt in der Landwirtschaft dienten moderne gewerbliche Verarbeitungsbetriebe. Auch hier übernahm Hohenheim eine Vorreiterrolle: 1832 wurde dort eine Zuckerfabrik, 1837 eine Brennerei und Brauerei, 1840 eine Kunstmühle, 1841 eine Seidenzucht- und Flachsbereitungsanlage errichtet. Einige Kunstmühlen waren andernorts in Württemberg übrigens schon zuvor in Betrieb. 1839 erhielt die Landwirtschaftliche Unterrichts-, Versuchs- und Musteranstalt Hohenheim eine Professur für landwirtschaftlich-technische Gewerbe, die mit Karl Siemens, dem Bruder des berühmten Erfinders auf elektrotechnischem Gebiet und Unternehmers, Werner von Siemens, besetzt wurde.[118] Um die Jahrhundertmitte gab es mehrere Zuckerfabriken im Land, so die mit Unterstützung und finanzieller Beteiligung des Königs gegründete Zuckerfabrik Altshausen. Probleme verursachte die Versorgung mit Zuckerrüben. Die Bauern scheuten den aufwendigen Rübenanbau. Daher gingen die Zuckerfabriken dazu über, selbst größere Güter, darunter auch königliche Domänen, zu pachten und für den Rübenanbau zu nutzen. Glücklicherweise kam es trotz dieser während mehrerer Jahrzehnte betriebenen

Monokultur nicht zu der befürchteten Auslaugung der Böden.[119] Nicht alle Initiativen König Wilhelms zur Förderung der Landwirtschaft waren erfolgreich. Beispielsweise mißglückte der Versuch, die Seidenraupenzucht in Württemberg im großen und als rentablen Erwerbszweig zu betreiben. Ebenso führte die auf der Domäne Scharnhausen begonnene Fischzucht mit künstlicher Befruchtung und Ausbrütung zu keinem befriedigenden Ergebnis. Hinzu kam, daß die württembergischen Bauern manchen Neuerungen skeptisch oder gar ablehnend gegenüberstanden.[120]

1839 besuchte der Lyoner Botaniker Nivière Hohenheim. Er zeigte sich von dem Engagement König Wilhelms auf landwirtschaftlichem Gebiet beeindruckt, und er nannte ihn respektvoll »einen neuen Titus, der jeden Tag eine gute landwirtschaftliche Handlung sich vornimmt und ausführt«.[121] Im September 1842 hielten die deutschen Land- und Forstwirte in Stuttgart ihre sechste Versammlung ab. Das Renomee, das sich der Gastgeber der Tagung, König Wilhelm, auf landwirtschaftlichem Gebiet erworben hatte, veranlaßte die Versammelten, dem Monarchen den Ehrentitel »Landwirt unter den Königen und König der Landwirte« (Rex agricolarum) beizulegen.[122]

Sorge bereitete dem König der seit dem 18. Jahrhundert sehr in Verfall geratene Weinbau. Die Weingärtner interessierte vornehmlich die Quantität des erzeugten Weins, auf Qualität achteten sie kaum mehr.[123] König Wilhelm schien auch hier das anspornende Beispiel entscheidend, um dem württembergischen Weinbau zu einem neuen Aufschwung zu verhelfen. In den Weinbergen der Hofkammer ließ er neue Methoden der Reblandbearbeitung sowie der Gärung und der Kelterung des Weins erproben. Rebsorten aus anderen Weinbaugegenden ließ er auf ihre Eignung für die heimischen Anbaugebiete untersuchen und als tauglich festgestellte edle Rebsorten anpflanzen. In den Weinbergen der Hofkammer in Mundelsheim wurden erstmals rote und weiße Weinsorten getrennt gelesen. Mit Hilfe von Raspeln entfernte man die Kämme von den Beeren. 1823/24 pflanzte man im Käsberg mehrere tausend Rieslingreben – eine Traubensorte, die zuvor in Württemberg wenig bekannt gewesen war. Als die beste rote Traubensorte galt der Klevner, den allerdings die Weingärtner wegen der geringen Erträge, die er brachte, nicht sonderlich schätzten. Die Anlage der königlichen Musterweinberge, in denen vorzüglicher Wein erzeugt wurde, und ebenso die sorgsame Behandlung der Trauben bei der Weinherstellung fand schnell Nachahmer. 1825 wurde in Altwürttemberg und am Bodensee eine Weinverbesserungsgesellschaft gegründet, die die Erfahrungen und neuen Erkenntnisse im Weinbau einem größeren Kreis von Weingärtnern vermitteln wollte.[124] 1828 schlossen sich die Stuttgarter Weingärtner zu einem Weinbauverein zusammen, der sich die Anlage von Musterweingärten zur Aufgabe machte.[125] Auch wenn es mehr ein gesellschaftliches Ereignis war, daß König und Königin wie etwa am 14. Oktober 1839 im königlichen Weinberg »auf der Brach« in Stuttgart an der Weinlese teilnahmen, so unterstrichen die Majestäten doch durch ihre Anwesenheit, welch hohen Rang der Weinbau für sie besaß.

König Wilhelm nahm Anteil an der Not der nur mit geringen irdischen Gütern gesegneten Weingärtnerfamilien bei den nicht seltenen Fehlherbsten. In Mundelsheim ließ er einen bisher für die Fischzucht genutzten See trockenlegen, wobei er der Gemeinde eine neunjährige kostenlose landwirtschaftliche Nutzung einräumte. Für die folgenden neun Jahre verlangte er lediglich ein bescheidenes Pachtgeld. Der finanzielle Reinertrag aus der Bewirtschaftung des etwa 4,4 Hektar großen Seeguts sollte nach seinem Willen den ärmeren Einwohnern zugute kommen.[126]

In Gegenden, in denen kein Wein wuchs, bildete das Bier das Hauptgetränk der Einwohner. Eine wichtige Kulturpflanze war dort der Hopfen. Um den Hopfenanbau auszudehnen und ihn qualitativ zu verbessern, gewährte die Regierung beim Neuanlegen von Hopfenplantagen eine mehrjährige Zehntbefreiung. Ähnliches geschah andernorts bei der Neuanlage von Weinbergen. Im Hofkameralamt Altshausen stellte die Hofdomänenkammer für neue Hopfenanlagen die erforderlichen Stangen kostenlos zur Verfügung. Der Erfolg ließ nicht lange auf sich warten. Überall in der Gegend von Altshausen entstanden Hopfengärten. Eine mehrjährige Zehntbefreiung hatte übrigens dort auch eine erhebliche Ausweitung des »Esperanbaus« (Esparsettenanbaus) zur Folge.[127]

Das Förderprogramm der Hofdomänenkammer umfaßte ebenso den Obstbau. Für die Züchtung von Obstbäumen stellte König Wilhelm das 1838 erworbene Seegut bei Friedrichshafen zur Verfügung. Auf dem Schaichhof pflanzte man gleichfalls eine größere Zahl von Obstbäumen, deren Ertrag man in der Obstdörre auf dem Hof verarbeitete. Auf den landwirtschaftlichen Ausstellungen präsentierte die Hofkammer immer wieder besonders schönes Obst.[128]

Das Interesse König Wilhelms galt weiterhin nachhaltig der Entwicklung der Landwirtschaft. In seiner Ansprache in Hohenheim anläßlich der Einweihung des Denkmals für den ersten Direktor der Landwirtschaftlichen Akademie, Johann Nepomuk Hubert Schwerz (1759–1844), am 11. Juni 1859 erklärte er: »Für die erste Regentenpflicht und für eine meiner wichtigsten und liebsten Aufgaben habe ich stets angesehen, die Grundlage unserer Wohlfahrt, die Landwirtschaft, zu fördern und zu pflegen.«[129] Welche Vorrangstellung die Landwirtschaft in Württemberg hatte, läßt sich daran ermessen, daß noch 1861 54 Prozent der Bevölkerung über 14 Jahre in der Landwirtschaft tätig waren.[130] Insgesamt gab es 1857 im Land nicht weniger als 300 000 Grundeigentümer. Von ihnen lebten aber nur 36 Prozent ausschließlich von der Landwirtschaft, 9 Prozent hatten einen »gewerblichen Zuverdienst«, und der Rest waren Nichtlandwirte, die ihren Hauptverdienst in Gewerbe und Handel erlangten. Infolge der durch die Realteilung bewirkten Flurzerstückelung namentlich in Altwürttemberg herrschten Klein- und Zwergbetriebe in der Landwirtschaft vor. Größere Höfe und Güter hatten sich dagegen in den Anerbengebieten Ostwürttembergs und Oberschwabens erhalten. Mit der Industrialisierung kam ein neuer Typ der Erwerbstätigen auf: der Arbeiterbauer.[131]

Die Revolution von 1848/49 beseitigte die noch auf Grund und Boden lastenden Geld- und Naturalabgaben. Die seitherigen Grundherren – Adel, Kirchen, Schulen, Stiftungen und Private – erlitten durch die Bauernentlastung Verluste von annähernd 60 Millionen Gulden. Andererseits war der Bauer von der ins Mittelalter zurückreichenden patriarchalischen Grundherrschaft befreit und konnte nunmehr auf seiner Scholle nach Gutdünken schalten und walten, dies bedeutete eine wirtschaftliche und soziale Umwälzung. Zugleich wurden wesentliche Voraussetzungen für eine moderne Landwirtschaft geschaffen.[132] Noch kurz vor seinem Tod stellte König Wilhelm am 1. Juni 1864 feierlich fest, daß die Ablösungsentschädigung nicht in die Zuständigkeit des Bundes, sondern ausschließlich in die des Landes falle. Jetzt erkannte auch die Kammer der Standesherren die Rechtsverbindlichkeit der Ablösungsgesetze an und gab ihre jahrelangen Forderungen auf »Nachbesserungen« auf, die die Kammer der Abgeordneten stets nachdrücklich abgelehnt hatte.[133]

In Notizen, die Außenminister Graf Wintzingerode am 21. Juni

1820 König Wilhelm zuleitete, hatte Friedrich List beklagt, daß »Handel, Gewerbe und Ackerbau der Deutschen, die ganze Produktionskraft der Nation«, durch die zwischen den einzelnen deutschen Staaten bestehenden Zollgrenzen »gefesselt und gelähmt« seien. Seiner Ansicht nach mußte die darniederliegende Industrie in Gang kommen, wenn jeder Fabrikbesitzer eine offene Konkurrenz unter 30 Millionen Deutschen hätte. Ebenso würden Bergbau, Ackerbau und Viehzucht aufblühen. »Bei freien Flüssen, freier Landstraße« würde sich der Handel beleben. List nannte »die inneren Zölle« den Hauptgrund, warum Deutschland mit seinen Produkten auf dem Weltmarkt nicht konkurrieren könne. Während der Kontinentalsperre seien neue Industriezweige entstanden, doch seien diese nach deren Beseitigung durch die Konkurrenz des Auslands wieder vernichtet worden. Seit 1816 habe sich dieses Übel »in seiner ganzen Wucht« ausgewirkt, und die deutsche Nation gehe mit Riesenschritten der Verarmung, dem Pauperismus, entgegen. Lediglich ein gemeinsames deutsches Handelssystem könne Deutschland retten.[134] List hatte zweifellos recht. Mit der Zolleinigung zwischen Bayern und Württemberg 1828 und wenige Jahre später mit dem Zustandekommen des Deutschen Zollvereins waren seine Forderungen erfüllt und entscheidende Voraussetzungen für den wirtschaftlichen Aufschwung Deutschlands geschaffen.

Um 1820 waren die württembergischen Gewerbeerzeugnisse nach Qualität und Preis ausländischen Produkten eindeutig unterlegen.[135] Die mißliche Lage der Gewerbe war nicht zuletzt durch die antiquierten Zunftgesetze verschuldet. Die in ihre Zünfte eingebundenen Handwerker hatten den Sinn und das Gespür für den beruflichen Wettstreit verloren. Dies hatte zwangsläufig eine Minderung der Qualität, einst der ganze Stolz der Handwerker, zur Folge. Andererseits waren bereits die Grundfesten des Zunfthandwerks erschüttert. Wesentlich dazu hatte das rasche Bevölkerungswachstum und mit ihm die ständig zunehmende, oft beklagte »Hausiererei« beigetragen. Diese bildete für einzelne Gewerbsleute nicht selten die einzige Möglichkeit, sich ihren Lebensunterhalt zu verdienen. Andererseits konnten Hausierer das Gebiets- und Preismonopol örtlicher Handwerker brechen. Die größte Hausierergruppe waren die Juden; in ihnen sahen die seßhaften Kaufleute deshalb die gefährlichsten Konkurrenten. Eine verheißungsvolle Entwicklung leitete die Gewerbeordnung von 1828 ein. Sie hob den Zunftzwang für 13 zünftige Gewerbe auf. Diese nunmehr für nicht-zünftig erklärten Gewerbe, in denen sich jedermann ohne Nachweis der persönlichen Befähigung und des Gemeindebürgerrechts betätigen konnte, durften nach einer leicht zu erlangenden Konzession auch fabrikmäßig betrieben werden.[136]

Zwischen 1820 und 1827 ließ sich in Württemberg erstaunlicherweise ein bescheidener gewerblicher Aufschwung feststellen. Er hatte seine Ursache in der landwirtschaftlichen Binnenkonjunktur, war also nicht die Folge der bayerisch-württembergischen Zollunion von 1828, sondern ging dieser voraus.[137]

Die Rückständigkeit seines Landes auf technischem Gebiet beunruhigte König Wilhelm. Neuentwicklungen im Bereich des Maschinenbaus mußten aus dem Ausland bezogen werden, so die erste mechanische Baumwollspinnmaschine, die erste Maschine zur Fabrikation des sogenannten endlosen Papiers, die der Heilbronner Fabrikant Rauch aus England importierte und 1824 durch englische Arbeiter aufstellen ließ, die mechanischen Baumwollwebstühle und die erste Tüllwebmaschine, die die Firma Meebold in Heidenheim 1825 und 1830 in England bzw. in der Schweiz erwarb. Führende Unternehmen in der Leitbranche Textil kauften ihren gesamten Maschinenpark, den sie für ihre vornehmlich durch Wasserkraft betriebenen Werke benötigten, in Belgien, Frankreich und dem Elsaß; sie verschafften sich damit eine moderne und zudem praxiserprobte Technik.[138] Der württembergische Staat und die 1830 gegründete Gesellschaft zur Beförderung der Gewerbe in Württemberg unterstützten württembergische Ingenieure und Mechaniker bereits in den zwanziger Jahren, damit diese auf »Erkundungsreisen« nach England und in andere westeuropäische Staaten entsprechende Kenntnisse und Fertigkeiten erlernen konnten. Gleichzeitig wurden ausländische Mechaniker ins Land geholt, damit die für das Gewerbe benötigten modernen Maschinen hier konstruiert oder auch nachgebaut werden konnten. Allerdings befriedigte die Arbeit der ausländischen technischen Fachkräfte nicht immer. Zudem war der Bedarf an einem zeitgemäßen Maschinenpark noch sehr begrenzt.[139] Weit über Württemberg hinaus wirkte sich das seit 1820 von Cotta herausgegebene »Polytechnische Journal« industriefördernd aus.[140]

Günstig beeinflußten einige gesetzgeberische Maßnahmen die wirtschaftliche Entwicklung: die Reform des Steuerwesens 1821, das Verwaltungsedikt von 1822, das die Rechts- und Sozialverfassung der Gemeinden auf eine neue Grundlage stellte, sowie die Revision der Gewerbeordnung von 1828, die die verkrustete Zunftverfassung lockerte und einen wichtigen Schritt auf dem Weg zu der 1862 verwirklichten Gewerbefreiheit bedeutete. König Wilhelm hatte an der Revision der Gewerbeordnung einen entscheidenden Anteil; er hatte schon 1817 die Aufhebung der Zunftverfassung gefordert, seinem Innenminister war dies aber zu revolutionär erschienen.[141] Bedeutsame Impulse für die Entwicklung der gewerblichen Wirtschaft vermittelten die seit 1824 alle drei Jahre stattfindenden Industrieausstellungen, auf denen die besten Erzeugnisse mit Preisen bedacht wurden.[142] Ein großer Erfolg war die Ausstellung 1824 in Stuttgart mit 45 000 Besuchern; 36 silberne Medaillen wurden verliehen. Die Ausstellung umfaßte neben der »Hohen Kunst« die mechanischen Künste. Gewerbe und Landwirtschaft präsentierten sich der Öffentlichkeit mit den unterschiedlichsten Neuerungen und Erfindungen.[143] König Wilhelm suchte mit seinem Besuch vorbildliche Gewerbebetriebe und deren Inhaber auszuzeichnen sowie andere Unternehmer zu vergleichbaren Leistungen anzuspornen. Natürlich verfolgte er mit solchen Besuchen auch den Zweck, seine Kenntnisse auf technisch-wirtschaftlichem Gebiet zu vertiefen. Im September 1825 besichtigte er auf einer militärischen Inspektionsreise nach Heilbronn die dortige Rauchsche »Fabrik von Papier ohne Ende«. Drei Jahre später, im Oktober 1828, kam er nach Itzelberg bei Heidenheim, um sich über das unmittelbar vor seiner Fertigstellung stehende Blechwalzwerk zu informieren.[144]

Wenig aufgeschlossen für die Verbreitung und zeitgemäße Entwicklung des gewerblichen Lebens in Württemberg zeigte sich noch 1823 Innenminister Schmidlin. In seinem ablehnenden Bescheid auf den Antrag eines Kaufmanns Schmidt aus London, im Königreich einen eigenständigen Gewerbeverein ins Leben zu rufen, stellte er fest, in Württemberg bilde nun einmal die Landwirtschaft den Hauptnahrungszweig, und die übrigen Gewerbe dienten vorzugsweise dazu, die nötigsten Bedürfnisse der produzierenden Klasse, also der Landwirtschaft, zu befriedigen, auch nähmen die höheren Stände wenig Anteil an der »Beförderung« der Industrie. Einen ähnlichen Standpunkt nahm der Finanzminister ein. In einem Bericht an den König sah er im Aufkommen von Fabriken eine Gefährdung der sozialen Ordnung. Fabrikarbeiter waren für ihn Bettler und Aufrührer. Doch die Probleme der Landwirtschaft, wie sie die zeitweilige Überproduktion und dann wieder die Mißernten widerspiegelten, zwangen zum Umdenken. Die Einsicht, daß die Industrialisierung das Land aus seiner wirtschaftlichen Misere befreien könnte, begann sich durchzusetzen. Bezeichnend dafür war, daß das 1828 erschienene Buch von Moriz Mohl »Über die württembergische Gewerbeindustrie« in der Öffentlichkeit eine ungewöhnlich starke Beachtung fand. Mohl vertrat den Standpunkt, daß die kommerzielle Lage des kleinen Königreichs »eine erhöhte Gewerbeindustrie« gebieterisch fordere. Scharf wandte er sich gegen die Ansicht des inzwischen in Ungnaden entlassenen verdienstvollen Finanzministers Ferdinand Heinrich August Weckherlin, das wirtschaftliche Heil liege auch für den Handwerker in der Landwirtschaft, das heißt im handwerklichen Nebenerwerbsbetrieb. In der jetzigen technisch fortgeschrittenen Situation an der Fabrikation im Kleinen festhalten zu wollen, bedeutete den Verzicht auf die wichtigsten Gewerbe in Württemberg. Das Land benötige neben dem Kleingewerbe Fabriken. Mohl, der Vorkämpfer einer Industrialisierung seiner Heimat, zeigte sich davon überzeugt, daß ein »aufblühendes Fabrikwesen die Überfüllung in Landwirtschaft und Handwerk aufsaugen« und dem Land zum »reichen Segen« dienen werde. Die von Industriegegnern an die Wand gemalte Gefährdung des sittlich-moralischen und des gesellschaftlichen Lebens erschien ihm ein absurdes Schreckgespenst. Das Massenelend der Klein- und Kleinstbauern hielt er für ungleich verderblicher als die angeblichen Gefahren der Fabrik.[145]

Mitte der zwanziger Jahre kamen in Württemberg auf 113 700 Handwerker erst 205 sogenannte Fabrikanten. Einen, wenn auch nur mäßigen Entwicklungsschub brachte dann die Revision der Gewerbeordnung von 1828.[146] Recht gut verdienten in der ersten Industrialisierungsphase des Landes die Fabrikarbeiter. Ihre Löhne lagen durchschnittlich nicht nur über dem Einkommen der Kleinbauern und Taglöhner, sondern auch über dem vieler Handwerker. In den größeren Fabriken erhielt zwischen 1830 und 1839 ein Arbeiter einen Taglohn von 47 Kreuzern. Dagegen lag der Taglohn eines unselbständigen Handwerkers lediglich bei 39 Kreuzern. Ein Bauernknecht konnte bei freier Kost und Wohnung mit einem Jahreslohn von 24 fl rechnen. Dies entsprach etwa dem Preis, den ein Bauer für eine alte Kuh nach mehrfachem Kalben bekam.[147]

König Wilhelm hatte schon früh die Vorteile einer Modernisierung der Wirtschaft seines Landes erkannt. 1823 drängte er auf eine Belebung des Leinwandhandels, der ebenso wie das Wollwarengewerbe darniederlag.[148] In zunehmendem Maß, wenn auch zunächst nur in bescheidenem Umfang, unterstützte der Staat auf die Initiative des Monarchen Gewerbetreibende und Fabrikanten durch Darlehen (zwischen 1817 und 1834 insgesamt 66 000 fl). Der König selbst steuerte ansehnliche Beträge zur Wirtschaftsförderung aus seiner Privatschatulle bei: zwischen 1817 und 1834 einschließlich der für technische Verbesserungen und Erfindungen ausgesetzten Preise rund 20 000 fl.[149] Indes bemühten sich die Industrieunternehmer, möglichst auf eigenen Füßen zu stehen. Zwischen 1830 und 1850 investierten sie ihre Gewinne großenteils in ihre Betriebe. Die kapitalkräftigsten Unternehmer in Württemberg dürften damals die Brüder Rauch in Heilbronn gewesen sein, die längere Zeit in England volontiert hatten. Innerhalb weniger Jahre steckten sie die immense Summe von 360 000 fl in ihre Papierfabrik.[150] Im allgemeinen aber taten sich in den zwanziger Jahren landwirtschaftliche und Gewerbebetriebe nicht leicht, sich eine solide wirtschaftliche Basis zu schaffen und eine solche zu behaupten. In den Jahren 1826 bis 1828 wurden zwischen 2 200 und 2 600 »Vergantungen« (Konkurse) registriert.[151] 1830 geriet die Sodafabrikation in Oedenheim in Zahlungsschwierigkeiten. König Wilhelm ordnete 1831 den Kauf von 30 Aktien zum Preis von 30 000 fl an. Der Staat gewährte ein zinsloses Darlehen von 4 000 fl mit einer Laufzeit von zehn Jahren. Auch die Hofbank griff stützend ein. Dennoch war das Unter- nehmen nicht zu retten.[152]

1830 gründeten rund 300 Handel- und Gewerbetreibende die »Gesellschaft zur Beförderung der Gewerbe in Württemberg«. König Wilhelm begrüßte diese Neugründung und beteiligte sich an ihr mit einem freiwilligen Jahresbeitrag von 500 fl. Auch verlieh er der »Gesellschaft« das Recht, unmittelbar mit ihm in Verbindung zu treten. Die Gesellschaft errichtete eine Gewerbehilfskasse und gab seit 1834 zusammen mit der Landwirtschaftlichen Zentralstelle das »Wochenblatt für Land- und Hauswirtschaft, Gewerbe und Handel« heraus. Sie gewährte Reisebeihilfen und finanzielle Beiträge zum Maschinenkauf, Geldprämien für neue Erzeugnisse, vermittelte zum Teil größere Darlehen an Unternehmer, wozu sie die königliche Genehmigung und die Anweisung auf einen Dispositionsfonds erwirkte.[153]

1831 gab es in Württemberg 257 Fabriken, von denen der überwiegende Teil in den zwanziger Jahren entstanden war. 47 dieser Betriebe zählten mehr als 50 Beschäftigte.[154] Bis 1832 hatte sich die Zahl der Fabriken im Land auf 269 erhöht. Diese beschäftigten 7 121 Menschen. Dagegen verdienten in den 113 943 Handwerksbetrieben 144 924 Beschäftigte ihr Brot. Nicht berücksichtigt bei den Fabriken waren die staatlichen Salinen, Hütten und Eisenwerke, die Glashütte Schönmünzach sowie die Gewehrfabrik Oberndorf, in denen zusammen 1 500 Arbeiter tätig waren. Bei den privaten Fabriken herrschten Kleinbetriebe vor. Die Hälfte aller Unternehmen zählte weniger als zehn Beschäftigte.[155] Obwohl die Industrie Anfang der dreißiger Jahre noch in den ersten Kinderschuhen steckte, zeichneten sich bereits Schwerpunkte der Industrialisierung ab, die sich auch längerfristig behaupten sollten: 1. das Gebiet des Mittleren Neckars mit den Oberämtern Cannstatt, Esslingen und Ludwigsburg sowie dem Stadtdirektionsbezirk Stuttgart (23 % der damals in der württembergischen Industrie Beschäftigten); 2. der Raum Aalen–Heidenheim mit den staatlichen Eisenwerken in Wasseralfingen, Königsbronn, Itzelberg, Unterkochen und Abtsgmünd sowie dem »Schwäbischen Manchester« Heidenheim (14 %); 3. einige kleinere Industrieschwerpunkte mit Heilbronn, Calw, Göppingen, Ulm und Wangen im Allgäu. Ausgesprochen industriearm waren hingegen die Albhochfläche, das nördliche Oberschwaben sowie die nordöstlichen Gebiete Württembergs (Hohenlohe).[156]

Bis 1832 hatte die moderne Industrie in Württemberg recht zögerlich Fuß gefaßt. Obenan in der Gewerbestatistik stand noch immer der Hausgewerbefleiß der Landbevölkerung mit 30 000 Webern, Spinnern, Zeugmachern usw. (ohne mithelfende Familienangehörige). Die größeren Fabrikbetriebe gehörten vorwiegend der Textilbranche an. Sie waren wie die anderen Fabriken meist von Kaufleuten gegründet worden, die im Ausland mit der modernen Industrie in Berührung gekommen waren. Diese Männer fanden indes mit ihren Neuerungen auf wirtschaftlichem Gebiet wenig Resonanz. Die Gewerbetreibenden hatten Angst vor drohenden wirtschaftlichen und sozialen Verwerfungen und verteidigten das Althergebrachte. Ein Großteil der Handwerker – und nicht nur er allein – stand der Industrialisierung feindselig gegenüber und hielt an Kleinbetrieben fest.[157] Auch waren für moderne Industriebetriebe nicht leicht Arbeiter zu gewinnen. Die

Bevölkerung war ausgesprochen bodenständig, sie mußte erst zu Pünktlichkeit, Verläßlichkeit und harter Arbeit erzogen werden. In vorindustrieller Zeit hatte man einem mehr beschaulichen Leben ohne großen Arbeitsstreß gehuldigt.[158]

König Wilhelm wünschte einen größeren Elan bei der Modernisierung der Wirtschaft des Landes. Industriepioniere besaßen weiterhin sein besonderes Wohlwollen und seine Unterstützung. Im September 1833 besichtigte er die in Heidenheim, Mergelstetten und Herbrechtingen entstandenen Fabriken. Schon vor seinem Besuch beschaffte er sich eingehende Informationen über die Unternehmer, die in den Fabriken gefertigten Produkte und die Zahl der Arbeiter.[159] 1837 reiste er nach England, um sich ein exaktes Bild von den dortigen Fabrikstätten, den Industriebetrieben und den Verkehrseinrichtungen zu verschaffen. Diese »moderne Welt« scheint ihn trotz ihrer vielen Schattenseiten (Kinderarbeit, Ausbeutung der Sozialschwachen usw.) tief beeindruckt zu haben. Ihm wurde jetzt sehr konkret bewußt, wie technisch rückständig und wirtschaftlich unterentwickelt Württemberg war. Bald darauf wurde der württembergische Gesandte in London, Freiherr Karl Eugen von Hügel, der spätere Außenminister, beauftragt, sich über die Wirtschaft Englands, seine Handelsbeziehungen und seine Verkehrsentwicklung auf dem laufenden zu halten. 1843 schickte der König seinen Sohn Karl für ein halbes Jahr nach England, damit er die dortige industrielle Revolution beobachten und seiner württembergischen Heimat wichtige Impulse vermitteln konnte.[160]

Das Interesse des Monarchen für technische Neuerungen nutzte die Firma Meebold und Co. in Heidenheim. Sie lud Wilhelm zum Besuch ihrer Kattunfabrik ein. Nach der Besichtigung des Werks im August 1840 äußerte der König sich anerkennend über dessen Einrichtung – ein Lob, das sich die Unternehmer erhofft hatten und das ohne Zweifel ihrer Arbeit sehr zustatten kam.[161] Im gleichen Jahr veranlaßte Wilhelm in Urach die Errichtung einer mechanischen Flachsspinnerei, der ersten in Württemberg, durch die Zürcher Maschinenfabrik Escher Wyß & Co. und die Textilfirma Schlumberger aus Gebweiler im Elsaß. Dieses neue Werk sollte die heimische Leinwandindustrie vor dem gänzlichen Niedergang bewahren und der notleidenden Bevölkerung Arbeit verschaffen. Zwei Jahre später entstand in Schramberg, wiederum unter Beteiligung des Königs, eine Strohhutfabrik. Auch sie war in erster Linie als Arbeitsbeschaffungsmaßnahme für Sozialschwache gedacht.[162]

Erheblichen Anteil an frühen Industriegründungen in Württemberg hatten Schweizer Kapital und Schweizer Unternehmer. So ließ König Wilhelm 1852 die Zürcher Fabrikanten Solivo und Fierz zur Gründung einer Spinnerei in Unterhausen bei Reutlingen auffordern. Unterhausen wurde die erste große mechanische Baumwollspinnerei Württembergs mit sogleich 34000 Spindeln. Auch in anderen Orten wurden von Schweizern Baumwollgroßbetriebe errichtet. Einheimische Unternehmer wurden gleichfalls zu Großbetrieben. So wandelte der Sohn von Gottlieb Meebold in Heidenheim mit finanzieller Beteiligung des Hauses Rothschild in Frankfurt und der Bank für Industrie und Handel in Darmstadt seine Firma in eine Aktiengesellschaft mit einem Kapital von 2 Millionen Gulden um und firmierte fortan als Württembergische Kattunmanufaktur Heidenheim/Brenz. In Bietigheim ging 1856 aus einem älteren Unternehmen die Kammgarnspinnerei AG hervor. Zwischen 1852 und 1862 erhöhte sich in Württemberg die Spindelzahl von 37000 auf 237000. Neben Unterhausen und Heidenheim bestanden auch in Esslingen, Kuchen, Unterboihingen, Nürtingen und Reutlingen große Baumwollspinnereien. Technisch holte das Land stark auf: 1858 kamen in Württemberg auf einen Arbeiter 60 Spindeln, in Preußen und Sachsen aber nur 48. Ähnlich fortschrittlich war Württemberg auch in der Trikotfabrikation.[163] Stuttgart und Heilbronn stiegen zu bedeutenden Standorten der chemischen Industrie auf. Zu Großbetrieben entwickelten sich die Zuckerfabriken.

Joseph Freiherr von Linden (1804–1895).

Immer wieder scheiterten teils durch Deutsche, teils durch Engländer, Schweizer oder Elsässer unternommene Versuche, den Maschinenbau in Württemberg zu etablieren. Dies änderte sich erst 1846 mit der Gründung der Maschinenfabrik Esslingen, einer Aktiengesellschaft, an der auch der Staat finanziell beteiligt war.

Esslingen entwickelte sich dank seines hervorragenden Leiters Emil Keßler zu einem leistungsfähigen Unternehmen, das rasch einen ausgezeichneten Ruf erlangte. Der beginnende Eisenbahnbau stellte an den Maschinenbau insbesondere im Bereich Lokomotiven hohe Anforderungen, denen das Keßlersche Werk ohne Schwierigkeiten gerecht wurde.[164]

1852 eröffnete Gotthilf Kuhn in Berg bei Stuttgart seine Maschinenfabrik, die allerdings erst durch die persönliche Unterstützung des Königs ihre Anfangsschwierigkeiten meistern konnte. In Heilbronn wurde die Firma Hahn und Göbel in eine Maschinenbau-Aktiengesellschaft umgewandelt. Eine Neugründung des Jahres 1862 war die Maschinenfabrik der Gebrüder Decker in Cannstatt. Auch verwandte Unternehmen erlebten einen Aufschwung, so die Messing- und Metallwarenfabrik von Jakob Wieland in Ulm, die Silberwarenfabrik von Bruckmann in Heilbronn, die Werkzeugmaschinenfabrik von Louis Schuler in Göppingen, die Blechwarenfabrik von Deffner in Esslingen.[165]

Ferdinand von Steinbeis (1807–1893).

Mit dem Großhandel ging es ebenfalls steil aufwärts. Im Bereich der Manufakturwaren, besonders in dem der Tuche, beherrschte Stuttgart in den fünfziger Jahren den süddeutschen Raum. Internationale Bedeutung erlangte der Handel mit Drogen (Arzneimitteln) und Farben in Stuttgart. Mit seiner Chininherstellung und seinen sonstigen pharmazeutischen Erzeugnissen eroberte sich Friedrich Jobst eine dominierende Position auf dem Weltmarkt.[166]

1842 wurde erstmals eine reine Industrieausstellung in Stuttgart veranstaltet; weitere folgten: 1838 in Calw, 1839 in Heilbronn, 1840 in Reutlingen, 1842 in Heidenheim, 1843 in Esslingen. Den Bemühungen der Gesellschaft zur Beförderung des Gewerbes gelang es, örtliche Gewerbevereine ins Leben zu rufen. Schwäbisch Hall machte 1831 den Anfang. Bis 1847 war ihre Zahl auf 14 angestiegen.[167]

Sehr im Sinne des Landesherrn war es, wenn Steinbeis 1851 seinen Mitbürgern empfahl, »die hohe Politik« König und Regierung zu überlassen und sich dem Erwerbsleben zu widmen. Bei dem nach dem Scheitern der Revolution von der Politik enttäuschten Bürgertum fand sein Aufruf ein zustimmendes Echo.[168] Daß dieser politische Ohne-Mich-Standpunkt, wenn er von Dauer gewesen wäre, verhängnisvolle Auswirkungen gehabt hätte, liegt auf der Hand. In der Notzeit der beginnenden fünfziger Jahre freilich tat das beherzte Zupacken in allen Bereichen des Erwerbslebens, namentlich aber auf dem Sektor der noch in den Kinderschuhen steckenden Industrie not. 1854 besuchte König Wilhelm zusammen mit Innenminister Linden, mit Ferdinand von Steinbeis und zwei Ministerialbeamten die Industrieausstellung im Glaspalast in München. Mitte der fünfziger Jahre schlug die Übergangskrise in einen steilen Wirtschaftsaufschwung um. Die enge Zusammenarbeit zwischen Staat und Wirtschaftsbürgertum, die sich in der Errichtung von Handels- und Gewerbekammern 1855 in Stuttgart, Ulm, Heilbronn und Reutlingen dokumentierte, ermöglichte den Industrialisierungsschub dieser Zeit.[169]

Von 1817 bis 1847 wuchs die Bevölkerung Württembergs von 1 388 000 auf 1 730 000 Menschen an. Die Beschäftigtenzahl in den Fabriken (mit jeweils mehr als fünf Mitarbeitern) stieg zwischen 1832 und 1852 von 9 430 auf 32 333, die Zahl der Fabriken von 324 auf 1 498.[170] Obwohl die wirtschaftliche Entwicklung in Württemberg, wie die vorstehenden Zahlen beweisen, jahrzehntelang stark gehemmt war, um 1850 die Landwirtschaft und das Kleingewerbe noch immer das Erwerbsleben maßgeblich bestimmten, wurden dennoch in der ersten Hälfte des 19. Jahrhunderts die Grundlagen für die danach zunehmend sich beschleunigende Industrialisierung im Königreich gelegt.[171]

König Wilhelm war von den Möglichkeiten, die die moderne Technik eröffnete, fasziniert. In der Industrialisierung sah er die Chance, die Arbeits- und Lebensverhältnisse seiner Untertanen zu verbessern, gleichzeitig aber dem Massenexodus ein Ende zu bereiten. Er förderte deshalb die Initiativen der Industriepioniere und unterstützte gewerbliche Neugründungen. Der wirtschaftliche Aufschwung während seiner letzten zehn Regierungsjahre erfüllte den Monarchen mit Genugtuung und stimmte ihn zuversichtlich. Seinen Ärger erregte es, wenn sich staatliche Einrichtungen technischen Neuerungen verschlossen. Als beispielsweise das Arbeitshaus Markgröningen 1862 die längst überfällige

Anschaffung einer Nähmaschine ablehnte, rügte er scharf die hier wie auch sonst häufig zu beobachtende Abneigung des schwäbischen Stammes gegen neue Erfindungen auf technischem Gebiet.[172] Die Gewerbeordnung vom 12. Februar 1862, durch die in Württemberg die uneingeschränkte Gewerbefreiheit eingeführt wurde, entsprach seinen Intentionen: Entdeckung und Förderung kreativer gewerblicher Begabungen sowie gesunder Wettbewerb in Handwerk und Industrie. Andererseits dürfte er auch damit einverstanden gewesen sein, daß der Artikel 45 der Gewerbeordnung von 1862 für die in größeren Betrieben beschäftigten Arbeiter bereits die Errichtung von Krankenkassen vorsah.[173] Übrigens war die Zahl der Arbeiter im Verhältnis zur Bevölkerungszahl noch verhältnismäßig klein. 1852 waren in den damals in Württemberg bestehenden 1 498 Fabriken 32 333 Arbeiter tätig, 1861 in den nunmehr 1 684 Fabriken 39 775 Arbeiter.[174]

1868, vier Jahre nach dem Tod König Wilhelms, stellte Georg von Viebahn in Teil 3 seiner Statistik des zollvereinten und nördlichen Deutschlands fest: »Der württembergische Gewerbefleiß hat im letzten Menschenalter wohl die größten Fortschritte gemacht.«

1816, beim Regierungsantritt König Wilhelms, als Württemberg ein armes Land war, in dem sich die überwiegende Mehrheit seiner Bewohner mehr schlecht als recht von der Landwirtschaft ernährte, hätte kaum jemand die Prognose gewagt, daß das kleine Königreich im Lauf eines knappen halben Jahrhunderts Wege fände, Not und Armut zu einem guten Teil zu überwinden und den hier lebenden Menschen hoffnungsvolle Zukunftsperspektiven zu eröffnen. Ein nicht unwesentliches Verdienst an dieser Entwicklung kam ohne Zweifel König Wilhelm zu.

Geistiges und kulturelles Leben

König Wilhelm war sehr intelligent und im Sinne der Zeit umfassend gebildet. Sein Verstand war auf die praktischen Dinge des Lebens gerichtet. Für das Musische und für das allzu Gefühl- und Gemütvolle hatte er wenig übrig. Dennoch blühte unter seiner Regierung das geistige und kulturelle Leben in Württemberg auf, und er hatte daran einen bedeutenden Anteil, zumal er die Kunst in ihrer Entfaltung nicht einschränkte und auf den Gebieten der

Architektur, des Städtebaus, des Theaters und der Kunstförderung selbst Maßstäbe setzte.[175]

Wolfgang Menzel rühmte die bereits in den zwanziger Jahren in Württemberg herrschende Freiheit, die erheblich größer war als in anderen deutschen Staaten.[176] Der Entfaltung des geistigen und kulturellen Lebens war auch die in bürgerlichen Kreisen gepflegte Geselligkeit förderlich; sie gab den Anstoß zur Gründung von Gesang- und Musikvereinen, Bürgergesellschaften, Literarischen Zirkeln und ähnlichen Vereinigungen.[177] Daß König Wilhelm 1847 das Verbot des Tabakrauchens auf den Straßen und öffentlichen Plätzen Stuttgarts aufhob[178], machte deutlich, daß sich die Bürger jetzt erheblich ungezwungener als früher in der Öffentlichkeit bewegen konnten, daß der Polizeistaat zunehmend weniger in ihren Alltag eingriff.

Stuttgart wurde durch König Wilhelm in architektonischer Hinsicht zum repräsentativen Mittelpunkt seines Landes. Vom Empire geprägt, hat der Monarch zeitlebens am klassizistischen Stil festgehalten. Keinen Sinn hatte er für historische Bauwerke. Nicht nur die Ruinen des Stammschlosses seines Geschlechts hat er abtragen lassen, sondern auch manche anderen Burgen und Schlösser sind mit seinem Einverständnis beseitigt worden. Das herrliche Lusthaus, ein Kleinod der Renaissancearchitektur in Stuttgart, überantwortete er der Spitzhacke, und um ein Haar hätte er seine Residenzstadt auch des Alten Schlosses beraubt.[179]

Eine seiner positiven städtebaulichen Leistungen war die Schaffung des Kerns der heutigen Stuttgarter Kulturmeile an der Neckarstraße und der heutigen Konrad-Adenauer-Straße: 1826/27 errichtete Gottlob Georg Barth das Königliche Haus- und Staatsarchiv, das beim Luftangriff 1944 zerstört wurde. 1820 wurde das der ehemaligen Carlsakademie gegenüberliegende Invalidenhaus zur Königlichen Öffentlichen Bibliothek umgebaut, 1840 erstellte Salucci das Wilhelmspalais und 1843 Barth die Staatsgalerie.[180] Der Stadt Cannstatt ließ König Wilhelm einen Zuschuß zur Verschönerung der Mineralquelle am Sulzerrain zukommen, die wenige Jahre später durch Thourets Kursaalgebäude zu einer sehr ansprechenden Anlage gestaltet wurde. Gemeinderat und Bürgerausschuß von Cannstatt sagten in ihrem Dankschreiben an den König durchaus zutreffend voraus, die Stadt werde als Bade- und Kurort durch ihre »immer freundliche

Der Schloßplatz in Stuttgart. Lithographie von 1863.

Umgebung« eine Berühmtheit erlangen, der sich nicht leicht eine Anstalt dieser Art in Deutschland erfreuen dürfte.[181]

1839 erbaute Karl Ludwig Wilhelm Zanth für die Badestadt in klassizistischem Stil das Wilhelma-Theater und von 1842 bis 1853 für König Wilhelm in maurischem Stil das Schloß Wilhelma: eine Art romantisches Refugium für den Monarchen, wenn er sich einmal für kurze Zeit den harten Zwängen der Regierungsgeschäfte entziehen wollte. König Wilhelm war es auch, der 1831 bei einem Besuch in Wildbad den Neubau des Graf-Eberhard-Bades anregte. Thouret realisierte diesen Plan.[182]

Das Kronprinzenpalais errichtete von 1844 bis 1849 der Baumeister Gaab, und den Königsbau schufen zwischen 1855 und 1860 die Architekten Christian Friedrich Leins und Johann Michael Knapp.[183] Praktischen Zwecken diente die auf Initiative des Königs 1863 erbaute Markthalle am Dorotheenplatz; sie wurde von der Bürgerschaft dankbar angenommen.[184]

Von den Bildhauern seiner Zeit schätzte Wilhelm neben Dannecker vor allem Bertel Thorwaldsen (1768–1844), einen Meister der klassizistischen Plastik. Für Stuttgart schuf Thorwaldsen die Schiller-Statue, die ihren Platz zwischen Altem Schloß und Stiftskirche erhielt und am 8. Mai 1839 feierlich eingeweiht wurde.[185] Wenige Monate nach der Enthüllung des Schiller-Denkmals besuchte der König den Künstler in Rom und erteilte ihm den Auftrag, für sein Landhaus Rosenstein eine Reihe von Skulpturen, so die Graziengruppen, zu schaffen.[186] Als Thorwaldsen zwei Jahre später nach Stuttgart kam, empfingen ihn der Monarch und die Stadt höchst ehrenvoll. Er logierte im damals ersten Gasthof der Stadt, im »König von England«. Stets stand eine Hofequipage zu seiner Verfügung, und von dort wurde er auch im Viererzug zu größeren Ausfahrten, u.a. nach Hohenheim, abgeholt. Im Cannstatter Kursaal arrangierte der König für Thorwaldsen ein Festbankett, zu dem sämtliche Minister befohlen wurden.[187] Der eigentliche Hofbildhauer König Wilhelms wurde Johannes Ludwig von Hofer (1802–1887), der seine künstlerische Ausbildung zunächst bei Isopi in Ludwigsburg erhalten hatte und später zur weiteren Ausbildung über München nach Italien gereist war. Dort traf er mit Thorwaldsen zusammen, der sein neuer Lehrmeister wurde und der ihn bald zu seinen besten Schülern zählte.[188]

Anfang der fünfziger Jahre erteilte er dem Bildhauer Johannes Ludwig Hofer den Auftrag, am Stuttgarter Oberen Anlagensee Kopien von antiken Skulpturen aufzustellen. Der Monarch wollte einerseits die Einwohnerschaft mit der antiken Bildhauerkunst vertraut machen und andererseits den Schloßgarten künstlerisch ausgestalten. Nun fehlten Hofer die notwendigen kunstgeschichtlichen Kenntnisse und das Einfühlungsvermögen, um eine voll befriedigende Auswahl zu treffen. Die insgesamt 14 Statuen, die 1854 aufgestellt wurden, wirkten dilettantisch und zogen manche Kritik auf sich.[189] Freilich erregten die nackten Menschenkörper in Stein auch das Mißfallen sittenstrenger Betrachter. Das Konsistorium machte sich zum Sprecher dieser »Sittenwächter«. König Wilhelm fand den Protest unverständlich. Er schrieb: »So sehr ich auch gewohnt bin, die religiösen Überzeugungen, soweit sie auf wirkliche Wahrheit gegründet sind, zu ehren und ungestört walten zu lassen, auch wenn ich sie nicht teile, so kann ich einzelnen religiösen Ansichten keinen entscheidenden Einfluß auf Andersdenkende einräumen. Lassen wir also diejenigen, die der Kunst huldigen, die Mitte des Schloßgartens betreten, da links und rechts bequeme Wege vorhanden sind, wo Andersdenkende ungestört ihren Betrachtungen nachgehen können.« Da jedoch Mißfallensbekundungen von sittenstrengen oder allzu prüden Bürgern auch danach noch an sein Ohr drangen, ließ der König einige Skulpturen auf den Rosenstein bringen und an ihrer Stelle weniger anstößige Statuen aufstellen.[190] Weil er Johannes Ludwig Hofer sehr schätzte, verlieh er ihm 1850 den Kronenorden, und bald darauf ernannte er ihn zum Hofbildhauer. Hofer schuf zwei kolossale Pferdegruppen und das Standbild Graf Eberhards im Bart; der Monarch kaufte später die von Hofer aus Carrara mitgebrachte Xylasgruppe.[191]

Angetan war König Wilhelm von den Arbeiten des in Rom lebenden jungen oberschwäbischen Bildhauers Josef Kopf, auf den ihn der württembergische Konsul in Rom, Kolb, aufmerksam gemacht hatte. 1855 erwarb er von Kopf das Marmorrelief Hagar und gewährte ihm eine Unterstützung von 500 fl. 1859 fertigte der Künstler für seinen Mäzen die Kopie der Venus, die vor der Porta Portese in Rom ausgegraben worden war und in Art und Stellung der Venus Medici in Florenz glich. Sie erhielt ihren Platz im Schloß Rosenstein.[192]

Eine wertvolle Sammlung von spätgotischen Holz- und Steinplastiken, die der Kirchenrat Dr. von Dursch zusammengetragen hatte, kaufte der König in den fünfziger Jahren und schenkte sie der Stadt Rottweil.[193]

Schon kurz nach seinem Regierungsantritt wollte König Wilhelm ein Kunstinstitut gründen, dessen Hauptzweck aber die Gewerbeförderung sein sollte. Nach seiner Ansicht übte »die Kultur der bildenden Künste in mehr als einer Hinsicht auf den Staat und dessen Einwohner einen wohltätigen Einfluß« aus. Mit dieser höheren Kunstschule beabsichtigte er, eine Unterrichtsanstalt für Handwerker zu vereinigen. Als Leiter der Gesamteinrichtung hatte er Hofrat von Dannecker vorgesehen. Zu einer Verwirklichung des Projekts kam es indes vorläufig nicht.[194] Sehr positiv reagierte der König, der übrigens 1836 Mitglied des Kunstvereins in München wurde, 1827 auf die Gründung des Württembergischen Kunstvereins. Er stellte dem Verein Räumlichkeiten in dem Gebäude zur Verfügung, in dem früher die Sammlung der Brüder Boisserée untergebracht gewesen war. Junge Künstler förderte er dadurch, daß er ihnen durch finanzielle Beihilfen Auslandsaufenthalte ermöglichte, so 1824 Joseph Anton Gegenbaur einen solchen in Rom.[195] Der Historienmaler Gegenbaur rechtfertigte die Erwartungen des ihm später sehr gewogenen Königs. Er schuf Fresken mit Motiven aus der württembergischen Geschichte im Stuttgarter Residenzschloß, die in der Bevölkerung großen Anklang fanden.[196] Schon einige Jahre zuvor, 1818, hatte der König dem Maler Johann Friedrich Dieterich ein Stipendium für einen dreijährigen Studienaufenthalt in Italien bewilligt. Nach seiner Rückkehr erhielt Dieterich den Auftrag, Kompositionen für Giebelfenster und für die Decke des Speisesaals im Landhaus Rosenstein zu entwerfen. 1829 wurde er Professor an der neuerrichteten Kunstschule.[197]

Am 26. Oktober 1829 konnte endlich die seit langem geplante Kunstschule eröffnet werden. Ein Dr. Keller aus Stuttgart stiftete der Neugründung eine Sammlung von Gemmenabgüssen sowie 20 Zeichnungen, der König schenkte weitere Kunstgegenstände.[198] In den Jahren 1838 bis 1843 erbaute Barth das Museum der bildenden Künste, die heutige Württembergische Staatsgalerie. In dem »Museum« wurden die Kunstschule und die Sammlung der staatlichen Kunstschätze untergebracht. König Wilhelm erwarb bereits 1841 mit privaten Mitteln in Rom und Florenz Gemälde für das noch im Bau befindliche Haus.[199]

Mangelndes Kunstverständnis, Engstirnigkeit, Sparsamkeit am falschen Platz, ja Geiz wurden König Wilhelm vorgeworfen, weil er die Gemäldesammlung der Brüder Sulpice und Melchior Boisserée, zweier vermögender Kölner Kaufleute, und des Freundes der Brüder, Johann Baptist Bertram, nicht für sein Land erworben habe. Neuere Forschungen, vor allem die von Werner Fleischhauer[200], haben ergeben, daß dieser Vorwurf unberechtigt ist. Großfürstin Katharina lernte die außerordentlich wertvolle Sammlung altniederrheinischer und altniederländischer Gemälde, die die Brüder Boisserée insbesondere aus säkularisierten Klöstern vor der Verschleuderung und Vernichtung gerettet hatten, 1814/15 in Frankfurt kennen und sah die Sammlung dann wohl wieder in Heidelberg, wohin diese aus Frankfurt verbracht worden war. Auf ihren Wunsch besichtigte dann auch Wilhelm die Sammlung und war von den Gemälden ebenso beeindruckt wie seine Verlobte. 1817 ließ Königin Katharina den Brüdern Boisserée durch Kultminister Wangenheim mitteilen, daß sie die Sammlung kaufen und dem Land schenken wolle. Dannecker, der die Gemälde in Heidelberg gesehen hatte, war begeistert. Er dürfte die Königin in ihren Kaufabsichten bestärkt haben.[201]

Für Maucler war es keine Frage, daß die Gemälde einen hohen künstlerischen Wert besaßen.[202] Bis Ende März 1819 befanden sich sämtliche Bilder in der württembergischen Landeshauptstadt und ab Mai 1821 war die Ausstellung öffentlich zugänglich; sie fand außergewöhnliche Beachtung. Der plötzliche Tod von Königin Katharina Anfang Januar 1819 bedeutete für die Sammlung Boisserée einen schweren Schlag.

Im Sommer 1825 führte König Wilhelm in Paris mehrere Gespräche mit Sulpice Boisserée. »Er war über die Maßen heiter und gesprächig«, lud Sulpice zum Essen ein, und dieser begleitete ihn wiederholt, wenn er Künstler besuchen wollte. Auch wenn der König keinen Zweifel daran ließ, daß er die Gemälde nicht aus eigener Tasche kaufen konnte, sah es doch so aus, als wisse er einen Weg, wie es möglich sei, die Sammlung für Württemberg zu sichern.[203] Kurz darauf präzisierten die Brüder Boisserée und ihr Freund Bertram ihre Preisvorstellungen bei einem Verkauf der Gemälde: 160 000 fl sowie eine jährliche Leibrente von 8 000 fl bis zum Ableben des letzten der drei Eigentümer. Im Innenministerium plädierte man für den Verbleib der Sammlung in Stuttgart, wobei man nicht nur an den hohen künstlerischen Wert der Bilder dachte, sondern auch die Möglichkeit im Auge hatte, mit Hilfe dieser Gemälde den Kunstsinn der einheimischen Künstler zu entwickeln. Man hielt selbst größere finanzielle Opfer für angemessen, bezweifelte allerdings, daß die Ständeversammlung die für den Kauf erforderlichen Mittel bewillige. Diese Ansicht vertrat auch das Finanzministerium. Seiner Ansicht nach verkannte der größere Teil der Ständevertreter den Einfluß, »den ein höherer Kunstsinn und ein gebildeterer Geschmack auf alle Gewerbe des bürgerlichen Lebens und die allgemeine Bildung des Volkes selbst ausübt«. Das Finanzministerium räumte ein, daß dem Ankauf der Sammlung finanzielle Engpässe entgegenstünden. »Dennoch«, so stellte es fest, »wäre es im hohen Grad zu bedauern, wenn auch in Zukunft für Kunst und Kunstbildung ... nicht mehr als bisher getan werden sollte«[204].

Mit Zustimmung des Königs beauftragte Finanzminister Weckherlin die Maler Eberhard Wächter, Gottlieb Friedrich Steinkopf und Carl Theodor Leybold, sich in einem Gutachten darüber zu äußern, ob ein Erwerb der Sammlung zu empfehlen sei. Die Maler, vor allem Wächter, ein streng klassizistischer Künstler, kamen zu einem negativen Ergebnis. Maucler mißbilligte das Gutachterverfahren Weckherlins; er zeigte sich davon überzeugt, daß der König noch immer an einen Ankauf denke. Doch Weckherlin handelte rasch. Er übersandte hinter dem Rücken des zuständigen Innenministers Schmidlin das Gutachten dem Monarchen. Schmidlin fühlte sich übergangen, meinte, man hätte einheimische Künstler in dieser delikaten Angelegenheit nicht befragen sollen. Allein, der König hatte bereits entschieden: Bei dem derzeitigen Stand der Finanzen bedeute ein Ankauf der Sammlung ein zu großes Opfer, auch er selbst verfüge privatim nicht über die erforderlichen Mittel. Dies traf zu: Wilhelm war durch die Errichtung der Grabkapelle auf dem Rotenberg und durch den Bau des Landhauses (Schlosses) Rosenstein finanziell stark belastet. Vieles spricht dafür, daß er, falls er im Besitz der Mittel gewesen wäre, die Sammlung erworben hätte, zumal er wußte, daß seine verstorbene Frau Katharina die feste Absicht gehabt hatte, die Sammlung für Stuttgart zu erwerben. Die Brüder Boisserée und ihr Freund Bertram nahmen nunmehr Verhandlungen mit König Ludwig von Bayern auf, und dieser kaufte die Sammlung am 6. April 1827 um 240 000 fl. König Wilhelm zeigte sich sehr betreten, als er von dem Verkauf der Sammlung nach Bayern erfuhr. Er meinte, König Ludwig habe die Sammlung zwar aus eigener Tasche bezahlt, aber für den bayerischen Staat gekauft. Dies war ein Irrtum: Ludwig hatte die Sammlung nicht für den Staat, sondern für sich privat erworben. König Wilhelm bedauerte aufrichtig, daß Stuttgart und Württemberg in Sachen Sammlung Boisserée jetzt das Nachsehen hatten.[205] Die Brüder Boisserée ließ er dies nicht entgelten, er unterhielt auch weiterhin zu ihnen ein freundliches, vertrauensvolles Verhältnis.[206] Die 213 Gemälde umfassende Sammlung selbst bildete den Grundstock der Alten Pinakothek in München.[207] König Wilhelm hat übrigens später im Schloß Rosenstein mit erheblichem finanziellem Aufwand eine Gemäldesammlung zusammengetragen, die viele auswärtige Besucher anlockte und die ihm den Ruf eines Kunstkenners eintrug.[208]

Auch der alternde König blieb Kunstliebhaber und Kunstmäzen. Der bekannte Kunsthändler Friedrich Maurer, dem er einst als jungem Menschen den sozialen Aufstieg ermöglicht hatte, erhielt von ihm in den fünfziger Jahren wiederholt Aufträge zum Ankauf von Gemälden. 1861 fuhr Maurer zu diesem Zweck nach Paris.[209] 1852 schenkte König Wilhelm dem Museum der bildenden Kunst, der heutigen Württembergischen Staatsgalerie, die 250 Gemälde umfassende »Galerie Barbini-Breganza«, die er im Jahr zuvor in Venedig erworben hatte. Der Stuttgarter Stiftskirche stiftete er 1852 das Nehersche Glasgemälde über dem westlichen Eingang.[210] Das letzte große Bauwerk, mit dem er die Stadt Stuttgart bereicherte, war der von Knapp und Leins errichtete Königsbau, der 1863 seiner Bestimmung übergeben werden konnte.[211]

Freude bereitete dem greisen Monarchen 1861 die Gründung eines Verschönerungsvereins in seiner Residenzstadt. Er meldete sich sofort als Mitglied an und stiftete dem neuen Verein, dessen Protektor er gerne wurde, einen namhaften Geldbetrag.[212] Fast regelmäßig an seinem Geburtstag ließ er dem Museum der bildenden Kunst eine wertvolle Stiftung zukommen.[213]

Nach der Thronbesteigung Wilhelms befürchteten nicht wenige kunstsinnige Württemberger, der junge Monarch, der Sparsamkeit zur Maxime seiner Regierung machte, werde das Theater vernachlässigen, dem König Friedrich stets große Aufmerksamkeit geschenkt hatte. Sie wurden angenehm überrascht. Wilhelm bemühte sich sehr um das Hoftheater. Er ließ es an der finanziellen Ausstattung des Theaters nicht fehlen, interessierte sich für den Spielplan, die Schauspieler, auch besuchte er die Opern- und Schauspielaufführungen häufig. Besonders angetan hatten es ihm das Ballett und die Posse. In der Oper gab er den Italienern den Vorzug – sehr zum Ärger der Anhänger der deutsch-klassizistischen Richtung. Doch ließ er dem Theater bei der Gestaltung des Spielplans weitgehende Freiheit. Insgesamt behauptete das Stuttgarter Hoftheater während seiner 48jährigen Regierungszeit ein hohes künstlerisches Niveau, allerdings überwog im letzten Lebensabschnitt Wilhelms eine wachsende Desorganisation. Zunächst erlebte das Schauspiel einen Höhepunkt. Dieser war mit dem Namen Karl Seydelmanns aufs engste verbunden. Danach kam die Glanzzeit der Oper.[214] Jahrzehntelang gab es vier Vorstellungen in der Woche, im Sommer zweimonatige Theaterferien, im Winter wegen der primitiven Heizung oft unfreiwillige Unterbrechungen. »Freitheater«, das heißt freien Eintritt bei Theateraufführungen, gestattete der König in seinen ersten Regierungsjahren vor allem an seinem Geburtstag, bei anderen Festen der königlichen Familie, bei Landtagseröffnungen.[215]

Ende 1818 befahl König Wilhelm den Abbruch des Theaters auf dem Schloßgut Monrepos. Das Ludwigsburger Theater überließ er anfänglich auswärtigen Gesellschaften, so während mehrerer

Jahre der in ganz Württemberg sehr beliebten Winterschen Truppe. Später schloß er es ganz, ohne jedoch seine Einrichtung anzutasten.[216]

1819 übernahm Peter von Lindpaintner (1791–1856) als Nachfolger des hervorragenden Klaviervirtuosen und bekannten Klavierkomponisten Johann Nepomuk Hummel (1798–1837) die Hofkapellmeisterstelle in Stuttgart. Lindpaintner verfügte über ein seltenes Talent im Dirigieren wie im Organisieren. Ungemein fleißig und arbeitsam, vermittelte er dem Orchester die beste Schulung, wobei er die einzelnen Künstler sorgsam auswählte. Felix Mendelssohn-Bartholdy nannte ihn anläßlich eines Besuchs in Stuttgart den besten Orchesterdirigenten Deutschlands. Er führte die Abonnentenkonzerte ein, brachte die Mozartschen und Beethovenschen Sinfonien nach Stuttgart, rief die Oratorienaufführungen in der Stiftskirche ins Leben. Das musikalische Leben in der württembergischen Haupt- und Residenzstadt erfuhr durch ihn einen großen Aufschwung.[217]

Das Schauspiel erlebte unter dem Hoftheaterintendanten Graf Karl von Leutrum-Ertingen 1829 bis 1841 eine Glanzzeit.[218] 1829 wurden Amalie von Stubenrauch aus München und Therese Peche aus Darmstadt für das Hoftheater verpflichtet. Therese Peche gewann durch ihr schauspielerisches Talent, das den Zauber echter Poesie ausstrahlte, die Herzen der Theaterbesucher. Dies erregte die Eifersucht der Amalie von Stubenrauch, die die Geliebte des Königs wurde. Amalie setzte durch, daß Therese Peche schon 1830 Stuttgart verlassen mußte. Im Burgtheater in Wien, wo sie eine neue Anstellung fand, wurde sie rasch beliebt. Im Stuttgarter Hoftheater wurde die sehr befähigte Charakterdarstellerin Amalie von Stubenrauch hinfort die tonangebende Schauspielerin. Daß sie ihren großen Einfluß, den sie auf König Wilhelm hatte, zu Vorteilen für sich und für die Ihrigen nutzte, ist oft behauptet worden. Dies trifft indes nur in einem sehr beschränkten Maß zu. Sie duldete zwar keine ihr gefährlich werdende Nebenbuhlerin und mischte in Personalangelegenheiten des Theaters mit, aber sie bemühte sich gleichzeitig um talentierte Kräfte, die dem Ruf des Theaters förderlich waren. So protegierte sie den ehrgeizigen Heinrich Moritz und später Feodor Löwe, der neben der Schauspielkunst auch der Dichtung huldigte.[219]

In dem von Zanth erbauten Wilhelma-Theater in Cannstatt, das 500 Besuchern Platz bot, fanden anfänglich im Sommer wöchentlich zwei Vorstellungen statt, am Sonntag und Mittwoch, ab 1847 war die Öffnungszeit auf drei Wochen im Sommer beschränkt. Später gab es nur noch bei besonderen Anlässen, etwa beim Besuch fremder Fürstlichkeiten, Aufführungen. Ab 1856 war das Theater ganz geschlossen. 1864 wurde im Sommer vorübergehend nochmals in dem Haus gespielt, danach nicht mehr.[220]

1841 erschienen in einem Mainzer Journal »Enthüllungen« über die Theaterverhältnisse in Stuttgart. In diesem Artikel wurde das »Weiberregiment« der Amalie von Stubenrauch angeprangert. Amalie, so wurde behauptet, dirigiere über den Kopf des Intendanten Graf Leutrum hinweg zusammen mit Moritz das Hoftheater. Sie widersetze sich allen Intentionen des Intendanten und vereitle sie. Der Artikel erregte ungeheures Aufsehen. Da in ihm Theater-Interna preisgegeben wurden, mußte ein Mitglied des Hoftheaters zumindest Informationen geliefert haben. Moritz verschaffte sich das Journal und legte es dem König vor. Dieser war empört. Graf Leutrum wurde verdächtigt, den Artikel lanciert zu haben. Er mußte seinen Hut nehmen. Inwieweit er in die schmutzige Angelegenheit verwickelt war und welche Rolle eine Amalie von Stubenrauch feindlich gesinnte, offensichtlich von Königin Pauline beherrschte Hofpartei spielte, ließ sich nie aufklären. Wie die pietistischen Kreise insgesamt sah auch Königin Pauline, die eine sehr engherzig-strenge protestantische Glaubensauffassung vertrat, im Hoftheater einen Sündenpfuhl, der durch die Geliebte ihres Mannes besonders schlimme Ausmaße erlangt hatte. König Wilhelm soll übrigens erwogen haben, das Hoftheater zu schließen, das habe jedoch Amalie von Stubenrauch verhindert.[221] 1846 zog Amalie sich ins Privatleben zurück, doch behielt sie auch weiterhin auf das Theaterleben, besonders in Personalfragen, einen starken Einfluß. Um diese Zeit kam es zwischen ihr und Moritz zum Bruch. Feodor Löwe, der eine ihrer Schwestern heiratete, führte den Sturz des Oberregisseurs herbei. Um den äußeren Schein zu wahren, blieb Moritz zunächst noch als Regisseur am Hoftheater. Sein Stern war jedoch erloschen, und es hielt ihn nicht mehr lange in Stuttgart.[222]

Wenn die Stuttgarter Oper in den Jahren 1844 bis 1864 eine glanzvolle Epoche erlebte, so verdankte sie dies in erster Linie dem aus Böhmen stammenden Kammersänger Johann Baptist Pischek, der alle Rollen des Baritonfaches beherrschte. Auf Gastspielreisen trug Pischek den Ruhm der Stuttgarter Hofoper in die Welt hinaus. Vor allem in London begeisterte er als deutscher Liederinterpret immer wieder.[223] Eine Zeitlang besaß Stuttgart auch ein ausgezeichnetes Ballett. Geleitet wurde es von dem Italiener Taglioni, den König Wilhelm als Ballettmeister verpflichtet hatte. Die damals noch sehr junge Tochter Taglionis tanzte bereits meisterhaft, sie stieg zur ersten Tänzerin Europas auf. In Paris feierte sie ihre größten Triumphe.[224] Gastspiele berühmter auswärtiger Künstler waren wenig nach dem Sinn König Wilhelms. Erst sein Sohn Karl förderte derartige Gastspiele, zumal seine Frau Olga Bühnenberühmtheiten gerne kennenlernen wollte.[225]

Am 26. August 1846 fand mit Lindpaintners vaterländischer Oper »Lichtenstein« die feierliche Einweihung des baulich neugestalteten Hoftheaters statt. Dem Umbau hatte das Renaissance-Lusthaus vollends weichen müssen. Ausgestattet war das Theater mit 1 900 Plätzen und jetzt mit einer Luftheizung im Zuschauerraum und einer Heißwasserheizung für die Bühne sowie mit Gasbeleuchtung.[226]

Dem Hoftheater galt weiterhin die Fürsorge König Wilhelms. Freilich, die Glanzzeiten der frühen Regierungsjahre kehrten nicht wieder. Besonders im Schauspiel herrschte Mittelmaß.[227] Die Oper setzte auf Bewährtes. Kein Freund war der Monarch von der Musik Richard Wagners; er empfand sie als nervenaufreibend.[228] Während seiner letzten Regierungsjahre verleidete ihm fortschreitende Schwerhörigkeit mehr und mehr den Besuch des Hoftheaters. Hie und da wirkte die Sorge des greisen Königs um die Erhaltung des guten Rufs seines Hoftheaters auch wunderlich. Weil es ihm 1857 peinlich war, daß vier an einem Theaterstück Mitwirkende alle auf »le« endende schwäbische Familiennamen trugen und dies Nichtschwaben als arg hausbacken empfinden könnten, befahl er dem jungen Sänger Degele die Änderung seines Namens. Degelli oder Degler waren seine Vorschläge für einen passenden Künstlernamen. Degele entschied sich für Degler. Freilich, außerhalb Stuttgarts trat er weiterhin unter seinem unverfälschten Familiennamen auf. Dem Klarinettisten Beerhalter bezahlte der Monarch unter der Bedingung die Schulden, daß sich dieser von seinem Demokratenbart trennte, der ihm mißfiel. Als aber der Klarinettist seine Barttracht, verführt durch die königliche Großzügigkeit, als sprudelnde Geldquelle nutzen wollte und sich ein zweites Mal einen wild wuchernden Bart wachsen ließ, verweigerte ihm der König die erneute Schuldentilgung.[229]

Musik und Gesang erfreuten sich in bürgerlichen Kreisen zunehmender Beliebtheit. In den Städten bildeten sich allenthalben Gesangvereine.[230] Großes Aufsehen erregte das Klavierkonzert, das der zwölfjährige Franz Liszt auf der Reise von Wien nach Paris am 22. November 1823 im Hoftheater gab.[231] 22 Jahre später spielte Liszt im Redoutensaal des Residenzschlosses vor der gesamten königlichen Familie.[232]

Gustav Friedrich Waagen, der erste Direktor der Berliner Museen und ein bedeutender Kunsthistoriker, war 1819 bei einem Besuch in Stuttgart erstaunt über die weit verbreitete Vertrautheit »mit den Schätzen alter und neuer Literatur und wichtigen Interessen, welche die Zeit bewegen«. Auch der Schriftsteller Karl Gutzkow, der sich von 1831 bis 1833, damals ein junger Student, als Mitarbeiter an Wolfgang Menzels Literaturblatt in Stuttgart aufhielt, nannte die württembergische Hauptstadt eine »Literaturstadt« mit einem »gelehrten und geistgesättigten Geistesleben«. Die Werke der bildenden Künstler fanden hier bei weitem nicht die Aufmerksamkeit wie literarische Neuerscheinungen. Dies war freilich zu einem Teil auch dadurch bedingt, daß die bildende Kunst noch immer den ästhetischen und ethischen Anschauungen des Klassizismus huldigte.[233] Im Stuttgarter Adreßbuch von 1840 waren nicht weniger als 249 Schriftsteller verzeichnet.[234] Für Württemberg und insbesondere für Stuttgart gewannen Buchdruck und Verlagswesen in den zwanziger und dreißiger Jahren eine hervorragende Bedeutung. Es nimmt deshalb nicht wunder, wenn das 400jährige Gutenberg-Jubiläum am 24. und 25. Juni 1840 groß gefeiert wurde. König Wilhelm nahm an dem Fest, das die Stuttgarter Buchhändler organisierten, lebhaften Anteil. Vom Balkon des Residenzschlosses aus erwiesen er und seine Familie dem von Glockengeläut begleiteten Festzug die Honneurs. In der Stiftskirche hielt Hofprediger Grüneisen eine Predigt über Johannes 1,14. Auf dem Marktplatz sprach anschließend Wolfgang Menzel. Ein mahnender Appell an die politisch Verantwortlichen war es, wenn im Festzug neben anderen kostbaren Drucken die württembergische Verfassungsurkunde von 1819 mitgeführt wurde und wenn Stadtschultheiß Gutbrod auf dem Festbankett, an dem mehr als 800 Personen teilnahmen, in seinem Trinkspruch dem Wunsch Ausdruck gab, es möge die Presse und der Buchhandel von jeglicher Fessel, also von jeder Zensur, befreit werden.[235] Die insgesamt jedoch großzügiger als in anderen deutschen

Ländern gehandhabte Pressezensur und der von der Regierung tolerierte vergleichsweise liberale bürgerliche Lebensstil kamen dem literarischen Leben sehr zugute. Stuttgarter Verlage veröffentlichten Manuskripte, die anderwärts hätten ungedruckt bleiben müssen. Die württembergische Haupt- und Residenzstadt wurde immer mehr zu einer Stadt des Buches und erlangte nach Leipzig als Verlagsort den zweiten Platz in Deutschland.[236]

Das Regierungsjubiläum König Wilhelms 1841 veranlaßte eine große Zahl von Gelegenheitsdichtern, in meist schwülstig-unterwürfigen Lobeshymnen, Gedichten und Festspielen dem Monarchen zu huldigen. Von den bedeutenden Dichtern beteiligten sich lediglich Eduard Mörike mit dem Spiel »Das Fest im Gebirge« und Justinus Kerner, der Mitglieder des Königshauses besang, vor allem die Prinzessinnen Marie, Sophie und Olga, wobei er so die Rolle eines Don Quichotte auf dem Feld des antiquierten Hofpoetentums spielte.[237] 1842 übernahm König Wilhelm das Protektorat über den neugegründeten Literarischen Verein. Präsident wurde Privatbibliothekar Hofrat von Lehr. Eine größere Zahl bekannter Stuttgarter Gelehrter trat dem Verein bei: unter anderem die Archivräte Kausler und Öchsle, die Bibliothekare Stälin und Pfeiffer, Legationsrat von Kölle.[238] 1843 berief König Wilhelm den ihm wohl von Amalie von Stubenrauch empfohlenen jungen Schriftsteller Franz Dingelstedt zum Leiter seiner Privatbibliothek und zu seinem Vorleser, 1846 zum Dramaturgen am Hoftheater. Dingelstedt war zuvor als demokratischer Journalist und Tendenzdichter, als »Sänger« der »Lieder eines kosmopolitischen Nachtwächters« hervorgetreten. Er hatte jetzt aber keine Schwierigkeiten, den Habitus des Linksintellektuellen mit dem des anpassungsfähigen Hofmanns zu vertauschen.[239]

König Wilhelm beobachtete mit Genugtuung, wenn nicht gar mit Stolz das aufblühende geistig-literarische Leben in seinem Land, doch engere Kontakte zu den bedeutenderen Dichtern und Literaten knüpfte er nicht. Die Welt der schöngeistigen Literatur blieb ihm weithin verschlossen. Schiller scheint er verehrt zu haben. Bei der Einweihung des von Thorwaldsen geschaffenen Denkmals am 8. Mai 1839 ließ er seine Hofkapelle spielen, doch seine persönliche Anwesenheit bei diesem für Stuttgart und Württemberg bedeutsamen Ereignis hielt er nicht für erforderlich.[240]

Sieht man von Schriftstellern wie Wolfgang Menzel oder Friedrich Wilhelm Hackländer ab, so hatte König Wilhelm auch im fortgeschrittenen Alter kaum Kontakt zu Literaten. Wenn er 1853 Justinus Kerner nach dessen Versetzung als Oberamtsarzt in den Ruhestand einen jährlichen Ehrensold von 500 fl gewährte, so geschah dies sicher nicht aus freien Stücken. Er fühlte sich, nachdem König Ludwig von Bayern 1848 dem Dichter ein Jahresgehalt von 400 fl ausgesetzt hatte, das auch dessen Nachfolger, König Max II., anerkannte, in einem gewissen Zugzwang. In derselben Verlegenheit befand er sich bei einer Ordensverleihung an Kerner. Auch hier war Bayern vorgeprescht.[241]

Literaten, die während der Revolution der linken politischen Szene angehört hatten, bekamen dies zu spüren. Der junge Dichter Johann Georg Fischer beispielsweise blieb im Staatsdienst lange von einer Beförderung ausgeschlossen, weil er sich 1848/49 beim König mißliebig gemacht hatte.[242] Wenn König Wilhelm mit der ganzen königlichen Familie 1859 an der großen Feier zu Schillers hundertstem Geburtstag im Reithaus in Stuttgart teilnahm, bei der Johann Georg Fischer die Festrede hielt, dann war dies weniger eine Huldigung an den Genius des großen Dichters als eine Demonstration deutschpatriotischer Gesinnung. Bei der nationalen Aufbruchstimmung, die damals im deutschen Volk herrschte und die Schiller als eine Art voranstürmenden Fackelträger feierte, wollte und konnte sich Wilhelm diesem Geburtstagsfestreigen nicht entziehen.[243] Die Enthüllung des Standbilds von Graf Eberhard im Bart – von Hofbildhauer Johannes Ludwig Hofer geschaffen – im Dezember 1859 im Hof des Alten Schlosses sollte ganz im Sinne des Königs einen Heros der vaterländischen Geschichte ins öffentliche Bewußtsein bringen; sie erhielt deshalb einen festlichen Rahmen.

Mehr Verbindung zum Kreis der Künstler und Literaten hatte Graf Neipperg, der Schwiegersohn des Königs. Er öffnete sein Schloß in Schwaigern in den vierziger Jahren der Gesellschaft der Glocke, deren Mitglieder dort frohe Feste feierten.[244] Ein Freund der heiteren Musen war auch Kronprinz Karl. Er hatte bereits 1843 das Protektorat der Gesellschaft der Glocke inne. Mit Bettina von Arnim stand er im Briefwechsel.[245]

Nachhaltige Unterstützung bei König Wilhelm fanden Bestrebungen, die sich Verbreitung und Vertiefung des Wissens über Württemberg, seine Bewohner und seine Geschichte zum Ziel gesetzt hatten. 1843 wurde König Wilhelm der Schirmherr des neugegründeten Altertumsvereins (heute: Württembergischer Geschichts- und Altertumsverein); er räumte dem Verein ein Lokal in der alten Legionskaserne ein. Sehr interessiert war der Monarch an »Altertümern«. Im Juni 1822 trug er dem württembergischen Gesandten in Rom, Koelle, auf, ihm exakte Angaben über römische medizinische Instrumente zu machen, die bei Ausgrabungen in den dereinst durch Lavamassen des Vesuvs verschütteten römischen Städten Herculaneum und Pompeji gefunden worden seien. Näheres wollte er über chirurgische Instrumente wissen, die der Geburtshilfe dienten. Koelle mußte ihm jedoch mitteilen, daß in den letzten Jahren keine solchen Instrumente entdeckt worden seien. Der Gesandte empfahl, einen Archäologen nach Italien zu schicken, damit dieser gezielt nach den gewünschten Gegenständen forsche. Dieser Weg erschien dem Monarchen offenbar zu aufwendig, er bezähmte deshalb seine wissenschaftliche Neugierde. In den vierziger Jahren wies er die staatliche Eisenbahnverwaltung an, bei der Trassierung von Bahnstrecken sorgsam auf dabei entdeckte archäologische Gegenstände zu achten.[246] 1846 besichtigte er im Lokal des Altertumsvereins eingehend die bei Grabungen am Berg Lupfen bei Oberflacht zutage gekommenen Funde. Wolfgang Menzel gab ihm die gewünschten sachkundigen Erläuterungen.[247] Ärgerlich war er über einen seiner Begleiter, der in höfisch-unterwürfiger Manier seine irrige Meinung bestätigte, bei den gezeigten Schwertern handle es sich um römische Waffen, während es, wie Menzel berichtigte, in Wirklichkeit alemannische Schwerter waren. Er äußerte: »Wenn ich solche Sammlungen ansehe, lerne ich gerne etwas Neues und will durchaus nicht, daß man mir schmeichle, ich müßte von vornherein schon etwas wissen.«[248]

Mit regem Interesse verfolgte König Wilhelm die Fortschritte in den Naturwissenschaften. Als im September 1834 die Gesellschaft der deutschen Naturforscher und Ärzte mit 500 Teilnehmern in Stuttgart ihre zwölfte Versammlung abhielt, übte er fürstliche Gastfreundschaft. Am Sonntag, dem 21. September lud er die Wissenschaftler zu einem Besuch der königlichen Gutshöfe Weil und Scharnhausen sowie zur Besichtigung der Landwirtschaftlichen Lehranstalt Hohenheim ein.

Die Pressezensur wurde in Württemberg auch nach dem Inkrafttreten der Karlsbader Beschlüsse, verhältnismäßig großzügig gehandhabt. Die Regierung benutzte die Presse Anfang der zwanziger Jahre recht geschickt, um im Sinne eines liberalen Bürokratismus erzieherisch zu wirken.[249] Zeitungen, die sich nicht an die Grenzen einer biederen Berichterstattung hielten, sondern in anmaßender Weise berichteten, wurden gerügt. Besonders schlimm trieben es nach einer Feststellung des Geheimen Rats im Januar 1821 der »Volksfreund aus Schwaben« und die »Neckarzeitung«. König Wilhelm entschied, daß dem Herausgeber des »Volksfreund«, einem »übelprädizierten Ausländer«, die Konzession zu entziehen sei.[250] Im Januar 1823 wurde auf Bundesbeschluß der in Stuttgart erscheinende »Deutsche Beobachter« verboten. Der Redakteur erhielt fünf Jahre Berufsverbot.[251]

Nach der Demütigung Württembergs durch die Großmächte 1823/24 verfügte König Wilhelm, der ständigen Eingriffe des Bundes überdrüssig, eine verschärfte Zensur. Er wollte vermeiden, daß noch weitere württembergische Zeitungen durch einstimmigen Bundesbeschluß unterdrückt wurden. Auf den Hinweis des Zensurkollegiums, daß er mit Beschwerden des Landtags rechnen müsse, erklärte er, er sei stets für eine vernünftige Pressezensur eingetreten, müsse sich aber notgedrungen als Bundesmitglied Bundesbeschlüssen fügen.[252] Im Rahmen seiner Möglichkeiten bemühte sich der König auch jetzt noch um eine gewisse Rücksichtnahme gegenüber aufmüpfigen Presseorganen. So verlängerte er im Mai 1825 auf weitere sechs Jahre die abgelaufene Konzession der Stuttgarter »Neckarzeitung«, obwohl diese der Zensur fortwährend Anlaß zum Einschreiten gab. Auch war es König und Regierung zu verdanken, wenn das Einfuhrverbot für die »Neckarzeitung« in Frankreich und Kurhessen aufgehoben wurde.[253]

Die französische Julirevolution 1830 bewirkte eine vorübergehende Lockerung der Pressezensur. Neue Zeitungen wurden gegründet: der »Hochwächter«, die »Stuttgarter Allgemeine Zeitung«, die »Donau- und Neckarzeitung« sowie eine rege Provinzpresse (u.a. der »Reutlinger Beobachter«). Viel gelesen wurden jetzt auch ausländische Blätter wie die »Straßburger Konstitutionelle Zeitung«. König Wilhelm strebte damals eine regierungsfreundliche Presse an, die den oppositionellen Blättern Paroli bieten konnte. Er förderte deshalb die Cottasche Hofzeitung, nämlich eine – königlich privilegierte – »Stuttgarter Zeitung«, durch eine einmalige finanzielle Zuwendung von 6 000 fl und bemühte sich um einen tüchtigen Journalisten, den er aus eigenen Mitteln besoldete. Im Dezember 1831 forderte er die Departementchefs (die Minister) auf, alle ihre für eine Veröffentlichung in der Presse bestimmten Verlautbarungen künftig an die »Stuttgarter Zeitung« zu geben. Er hatte aber wenig Glück damit: Die Zeitung hatte trotz dieser Förderung in der Bevölkerung nicht die erhoffte Resonanz. Ende 1833 mußte sie ihr Erscheinen einstellen. 1832 stimmte der König dem Plan Cottas zu, mit dem »Allgemeinen Anzeiger«, dem Landesintelligenzblatt, eine Landtagschronik zu verbinden, und er stellte dafür einen Zuschuß von 2 000 fl in Aussicht.[254] Offenbar konnte Cotta aber seinen Plan nicht verwirklichen. Im gleichen Jahr scheiterte der Versuch von Innenminister Weishaar, ein Regierungsorgan ins Leben zu rufen, für das der König einen Zuschuß von 2 000 fl aus seiner Privatschatulle beigesteuert hatte. Um die Familie Weishaar nach dem Tod des Ministers aus ihren finanziellen Schwierigkeiten zu befreien, in die sie durch den Prozeß mit dem früheren Zeitungsbesitzer verwickelt wurde, half König Wilhelm finanziell ein zweites Mal.[255]

Gegen Ende der dreißiger Jahre und in den vierziger Jahren drangsalierte die Zensur die Presse, besonders die mißliebigen Zeitungen, zeitweilig sehr. Im Juni 1847 erschien einmal der »Beobachter« »in ganz weißem Gewand«. Nachdem die Zensurbehörde eine Rechtfertigung Friedrich Römers gestrichen hatte, die das ganze Blatt füllte, publizierte der Herausgeber die betreffende Nummer als unbedrucktes Papier. Lediglich der Titel der Zeitung sowie die Namen des Redakteurs und des Druckers wurden den Lesern mitgeteilt.[256]

König Wilhelm lancierte bereits damals von ihm verfaßte Beiträge in Presseorgane. Nachdem die vom König privilegierte »Stuttgarter Zeitung« 1833 eingegangen war, benutzte er dazu hauptsächlich den »Schwäbischen Merkur«, die damals auflagenstärkste Zeitung des Landes (1832 6000 Abonnenten). Hierbei kam es nicht selten vor, daß solche Beiträge dem Rotstift des Zensors zum Opfer fielen.[257]

Druckmanuskripte von mehr als 20 Bogen (320 Seiten), also Bücher, unterlagen nicht der Zensur. Die Behörden gingen davon aus, daß größere Bücher nur von einem beschränkten Kreis von Gebildeten gelesen wurden und deshalb nicht zu den staatspolitisch gefährlichen Druckschriften zu rechnen waren. Freilich übten manche Verleger, um nicht das Mißfallen der Obrigkeit zu erregen, mitunter eine wenig rühmliche Selbstkontrolle aus. Beispielsweise lehnte 1832 der Verleger Freiherr Johann Georg Cotta die Herausgabe des Buchmanuskripts »Heinrich Roller« des 23jährigen Hermann Kurz ab, obwohl er sich mündlich zu der Aufnahme der Arbeit in sein Verlagsprogramm verpflichtet gehabt hatte. Der Grund: Der politisch recht servile Verleger, der Sohn des großen Cotta, wollte es nicht mit König Wilhelm verderben, zumal er den Wunsch des Monarchen kannte, daß die Geschichte seines Hauses in Druckwerken nur in der Form panegyrischer Verherrlichung behandelt werden sollte, was bei dem vorliegenden Manuskript nicht der Fall war.[258]

Das Pressewesen war in den fünfziger Jahren durch mancherlei Beschränkungen in seiner Entfaltung stark gehemmt. Zwar kehrte die Zensur nicht wieder, doch beschnitt der Konzessionszwang die Pressefreiheit erheblich. Hierzu kam die Überwachung der Zeitungen. König und Regierung verfolgten tatsächliche oder angebliche Pressevergehen gerichtlich. Eine Verordnung vom Dezember 1850 zum Schutz gegen den Mißbrauch der Presse stellte an die Person des Redakteurs folgende Anforderungen: Er mußte württembergischer Staatsangehöriger sein, das 25. Lebensjahr vollendet haben und durfte seinen Beruf nicht weiter ausüben, wenn er innerhalb von drei Jahren mehr als einmal wegen Pressevergehen bestraft worden war. 1856 wurde zudem in Anlehnung an entsprechende Bundesbeschlüsse die Erteilung der Konzession für politische Zeitungen von einer Konzessionsleistung durch die Herausgeber abhängig gemacht.[259] König Wilhelm fürchtete vor allem nach den Erfahrungen der Revolutionsjahre über die Maßen einen Mißbrauch der Presse. Während er selbst nicht selten die Presse zur Propagierung seiner politischen Anliegen und Ziele benützte, reagierte er allergisch auf nicht-regierungsgenehme Äußerungen, Berichte und Stellungnahmen. Insgesamt hatte sich trotz der strengen Beaufsichtigung der Presse, einer Art indirekter Pressezensur, im Vergleich zum Vormärz die Situation für die Redakteure deutlich verbessert. Dies galt namentlich für die Jahre nach dem Krieg in Italien 1859. Otto Elben stellte jedenfalls im Rückblick fest: »Jetzt lernte man vieles sagen, was früher einfach unmöglich gewesen wäre, und so war der Geist trotz der Reaktion viel freier als in den vierziger Jahren.«[260] Übrigens setzte erst König Karl durch die Verordnung vom 24. Dezember 1864, sechs Monate nach dem Tod seines Vaters, das Pressegesetz von 1817 wieder in Kraft.[261]

Mit dem »Staatsanzeiger«, der seit Jahresbeginn 1850 erschien, hatte König Wilhelm eine lang gehegte Absicht verwirklichen können: Er verfügte nun über ein offizielles Presseorgan. Damit die Gründung des »Staatsanzeigers« erfolgen konnte, hatte er beträchtliche Mittel beigesteuert. Auch hatte er zugestimmt, daß die bisherigen Mitarbeiter der satirischen Zeitschrift »Die Laterne« übernommen wurden. Erster Chefredakteur wurde der 30jährige evangelische Theologe Theodor Pressel, der sich durch regierungstreue Gesinnung auszeichnete und in der »Laterne« erste journalistische Erfahrungen gesammelt hatte. Pressel gab indes bereits 1851 sein Amt auf und wurde der Stadt Tübingen vom König als dritter Stadtpfarrer (zweiter Helfer) buchstäblich aufgezwungen. Der junge Theologe hatte sich in Tübingen durch einen Artikel im »Staatsanzeiger« über die Tübinger Bürgerwehr mißliebig gemacht. In diesem Artikel prangerte er die Verhältnisse in der Universitätsstadt an.[262]

Einen bedeutsamen publizistischen Rang in Württemberg erlangte in den fünfziger Jahren der »Schwäbische Merkur«. Albert Schäffle nennt ihn scherzhaft, doch zutreffend die »Times des schwäbischen Globus«.[263] Der »Schwäbische Merkur« nutzte geschickt die Möglichkeiten zu einer unabhängigen, freimütigen, doch stets sachlichen Berichterstattung, die sich ihm nach Gründung des offiziellen Regierungsorgans, des »Staatsanzeigers«, eröffneten. Er nahm gegenüber der Regierung eine maßvolle Oppositionshaltung ein und trug durch seine zuverlässige Information über den Gang der Dinge zur politischen Willensbildung bei.[264]

Schul- und Bildungswesen

Im Schul- und Bildungswesen fielen die entscheidenden Neuerungen und Reformen in die Zeit des Vormärz. Dennoch behielt der König diesen Bereich auch während der letzten anderthalb Jahrzehnte seines Lebens im Auge.

Für die Volksschulen wünschte König Wilhelm eine einheitliche staatsgesetzliche Regelung. Diese verwirklichte das Gesetz vom 29. September 1836. Zwar blieb die konfessionell getrennte Verwaltung der Volksschulen durch das Evangelische Konsistorium und den Katholischen Kirchenrat bestehen, doch galten von jetzt an gleiche Erziehungsgrundsätze bei Schulen beider Konfessionen. Ganz im Sinne des Königs definierte der Artikel 1 des Gesetzes, das mehr als ein halbes Jahrhundert die Grundlage der württembergischen Staatsschulgesetzgebung bildete, als Zweck der Volksschulen »die religiös-sittliche Bildung und Unterweisung der Jugend in den für das bürgerliche Leben nötigen allgemeinen Kenntnissen und Fähigkeiten«. Auf der Ebene der Oberämter oblag die Schulaufsicht den Dekanen, in den einzelnen Orten den Pfarrern. Einen Fortschritt bedeutete das Gesetz auch für die bis dahin teilweise klägliche Versorgung der Lehrer und ihrer Witwen.[265] Obwohl die Schulbildung des Großteils der Bevölkerung auch nach 1836 auf einem bescheidenen Niveau blieb, gab es kaum noch Analphabeten. Neben den Grundkenntnissen im Lesen und Schreiben vermittelte die Volksschule hauptsächlich den Lernstoff von Katechismus, Gesangbuch und biblischer Geschichte. Württemberg gehörte damals mit Blick auf die Schulverhältnisse zu den fortschrittlichsten deutschen Staaten.[266]

Als während der Revolution von 1848/49 Forderungen erhoben wurden, den Einfluß der Kirchen auf die Volksschulen zu beseitigen, lehnte der König ein derartiges Verlangen mit aller Entschiedenheit ab. Die religiöse Erziehung der Jugend betrachtete er weiterhin als das unerläßliche geistig-sittliche Fundament des Staates.[267] Das Schulgesetz vom 29. September 1836 behielt seine uneingeschränkte Gültigkeit, es wurde durch die Novelle vom 6. November 1858 ergänzt. Sie präzisierte die Zeit und Dauer der Schulpflicht, traf Bestimmungen über die Anstellungsverhältnisse der Lehrer und Lehrerinnen, legte die Zahl der Lehrerstellen fest, außerdem gestattete sie den Gemeinden, den Fortbildungsunterricht für die schulentlassene männliche Jugend im Winterhalbjahr in der sogenannten Wintergewerbeschule statt in der Sonntagsschule zu erteilen.[268]

Verbessert wurde zur Zeit König Wilhelms auch die Lehrerbildung. Zu dem 1811 errichteten ersten evangelischen Lehrerseminar in Esslingen trat 1825 ein katholisches in Schwäbisch Gmünd sowie 1843 ein zweites evangelisches in Nürtingen.[269] Außerdem wurde die Ausbildungszeit durch zwei Präparandenjahre verlängert.[270]

Dem Realschulwesen maß König Wilhelm im Rahmen der gehobenen Schulbildung große Bedeutung bei. Anders als das Gymnasium orientierte sich die Realschule an praktischen beruflichen Bedürfnissen, und dies war im Zeichen einer zaghaft einsetzenden Industrialisierung von erheblichem Gewicht.[271] 1818 wurde die Stuttgarter Realschule vom Gymnasium getrennt und verselbständigt, der Rektor der neuen Anstalt dem Rektor des Gymnasiums nach Titel und Rang gleichgestellt. In den folgenden Jahrzehnten setzte sich allgemein die Trennung der Realschulen von den Lateinschulen und den Gymnasien durch. 1822 wurde die seit 1793 bestehende Nürtinger Realschule, die älteste Württembergs, zur selbständigen Anstalt ausgebaut. Ulm, Ehingen, Ebingen, Biberach und Ravensburg folgten. Auf ständische Anregung während der Etatberatungen 1833/36 kam es zu Verhandlungen zwischen Ministerium und Studienrat über die Funktion der Realschule im öffentlichen Schulwesen. Das Ergebnis: Die Realschule »hat eine dem wachsenden Kulturstand des Bürgers entsprechende allgemeine Bildung als die Grundlage aller liberalen bürgerlichen Berufsarten zu vermitteln«. Seit November 1853 waren die Ortsbehörden ermächtigt, frei über die Umwandlung von Latein- in Realschulen zu entscheiden.[272] Wie rasch sich die Realschulen im Land verbreiteten, wird an der Zahl der Realschullehrer deutlich. 1833 unterrichteten in Württemberg 15 Reallehrer, zehn Jahre später waren es bereits 90, die sich auf 52 verschiedene Schulen verteilten.

Ausgebaute Gymnasien, in denen die klassische humanistische Tradition gepflegt wurde, bestanden in Stuttgart, Ulm, Heilbronn, Ehingen, Ellwangen und Rottweil. Neben ihnen gab es in Ludwigsburg, Esslingen, Ravensburg, Reutlingen, Tübingen und Öhringen sogenannte Lyzeen, in denen den Schülern bis zum 16. Lebensjahr eine humanistische Bildung (Latein und Griechisch) vermittelt wurde.[273] Für die Ausbildung der Mädchen gab es in Stuttgart das Tafingersche und das Oelschlägersche Institut.[274] 1818 gründete Königin Katharina in Stuttgart eine Erziehungsanstalt für die Töchter höherer Stände, das spätere Katharinenstift. Sie begleitete die Anfänge der Anstalt mit lebhaftem Interesse, besuchte sie beinahe täglich und zeigte sie auch ihren Gästen.[275] Die Zarenmutter Maria Feodorowna besichtigte während ihres Aufenthalts in Stuttgart im Oktober 1818 die neugegründete Anstalt. Sie zeigte sich von ihr sehr angetan, fand sie aber, weil Mädchen aller gebildeten Stände Zugang zu ihr erhielten, »zu demokratisch«[276].

Die seit der Reformation bestehenden evangelischen Klosterschulen, ab 1806 niedere theologische Seminare genannt und 1816 in zwei Anstalten zusammengelegt, wollte König Wilhelm zunächst zu einer einzigen Schule in Hohenheim zusammenfassen, eine ständische Beschwerdeschrift veranlaßte ihn dann aber 1817 dazu, vier Seminare (Blaubeuren, Urach, Maulbronn und Schöntal) zu errichten, in denen neben den klassischen altphilologischen Fächern auch Französisch und Deutsch gelehrt wurden. Als katholische Parallelanstalten wurden in Verbindung mit Vollgymnasien die Konvikte in Rottweil und Ehingen geschaffen.[277]

1817 legte Kultminister Wangenheim König Wilhelm durch eine Künstlerkommission, der unter anderen auch Dannecker angehörte, einen Plan für die Errichtung einer Kunstakademie vor. Außer einer Kunstdirektion wurde zunächst aber lediglich eine Schule für Naturzeichnen ins Leben gerufen.[278] Im gleichen Jahr stimmte der König zu, daß die wissenschaftlichen Sammlungen des Königshauses der Öffentlichkeit zugänglich gemacht wurden: die Münz- und Medaillensammlung sowie das Kunst-, das Mineralien-, das Naturalien- und das Tierkabinett.[279] 1818 wurde die 1796 errichtete und bislang mit dem Stuttgarter Gymnasium verbundene Realschule zur selbständigen Anstalt mit vier Klassen erhoben.[280]

Der bekannte Kaufmann und Kunstmäzen Rapp, der Schwager Danneckers, erhoffte sich 1821/22, König Wilhelm werde eine Kunstschule errichten. Gegen ein solches Institut gab es in der Kammer der Abgeordneten strikt ablehnende Stimmen. So meinte der Abgeordnete Mosthaf im Mai 1820, Württemberg sei zu arm, um sich eine Kunstschule leisten zu können. Zunächst gelte es im übrigen, das Niveau der Volksschulen anzuheben. Erst 1829 kam es dann zur Gründung der Kunst- und Gewerbeschule mit zunächst 52 »Kunstzöglingen«[281]. Fortbildungsmöglichkeiten boten die 1825 eingerichteten Sonntagsgewerbeschulen. In ihnen konnten Lehrlinge und Gehilfen ihre Kenntnisse im Recht- und Schönschreiben, im Rechnen, in der Geometrie, in der Mechanik, im Zeichnen, im Architekturzeichnen und im Modellieren vertiefen und erweitern. 1832 bestanden bereits an 40 Orten solche Schulen mit zusammen 300 Schülern.[282]

1851 wurde eine Wintergewerbeschule errichtet. Sie hatte den Zweck, jungen Männern, die sich ohne höheres wissenschaftliches und praktisches Studium im Baugewerbe oder in anderen verwandten Berufsarten ausbilden lassen wollten, während des Winterhalbjahrs die erforderlichen theoretischen Kenntnisse zu vermitteln.[283]

Mit seinen aus sozialen Erwägungen gegründeten Industrieschulen, in denen Kinder mit einfachen handwerklichen Arbeiten beschäftigt wurden, erreichte Württemberg europäischen Ruf. Im Todesjahr von König Wilhelm gab es 1450 solcher Anstalten.

Bei seinem Regierungsantritt regte König Wilhelm die Errichtung einer Polytechnischen Schule nach dem Vorbild der Pariser »Ecole Polytechnique« an; sie sollte Offizieren und Bauunternehmern, aber auch Handwerkern berufliches Fachwissen vermitteln. Indes fand der König erst in den zwanziger Jahren beim Innenministerium und beim Landtag Unterstützung für seinen Vorschlag. 1829 wurde der Stuttgarter Realschule eine höhere Gewerbeschule angegliedert. Die in den dreißiger Jahren ausgebaute und verselbständigte Anstalt erhielt 1840 den Status einer Polytechnischen Schule. Gleichzeitig wurde die Stuttgarter Realschule zur Oberrealschule erweitert. Fünf Jahre später geschah dies auch in Ulm.[284]

Eine wissenschaftliche Aufwertung erfuhr die Landesuniversität im Oktober/Dezember 1817 durch die Errichtung einer Staatswirtschaftlichen Fakultät, der ersten ihrer Art in Deutschland. Einer der drei ersten Professoren, die an die neue Fakultät berufen wurden, war Friedrich List. Die Gründung der Staatswirtschaftlichen Fakultät und die Berufung Lists gehörten übrigens zu den letzten Entscheidungen, die Kultminister Wangenheim vor seiner Ablösung durchsetzen konnte.[285] König Wilhelm mißbilligte das von seinem Vater erlassene Verbot des Besuchs fremder Universitäten durch Landeskinder. Es erschien ihm für die wissenschaftliche Ausbildung des akademischen Nachwuchses nachteilig. Auch fürchtete er, daß die Beschränkung des Studiums auf die Landesuniversität die Gefahr der geistigen Enge und Verhocktheit in sich berge. 1818 gestattete er deshalb den Besuch außerwürttembergischer Hochschulen. Doch sollte jeder Student, der später in den württembergischen Staatsdienst treten wollte, mindestens ein Jahr in Tübingen studieren.[286]

Ein besonderes Anliegen war dem Königspaar, daß die Produktivität der Landwirtschaft durch die Anwendung wissenschaftlicher Erkenntnisse und Forschungsergebnisse verbessert wurde und die Landwirte mit modernen Methoden des Ackerbaus und der Viehzucht vertraut gemacht wurden. Deshalb errichtete der Monarch 1817 in den Gebäuden des ehemaligen Klosters Denkendorf eine landwirtschaftliche Unterrichts-, Versuchs- und Musteranstalt, die jedoch schon im folgenden Jahr in das Schloß Hohenheim verlegt und der noch eine Forst- und Ackerbauschule angegliedert wurde. Das Landwirtschaftliche Institut Hohenheim konnte für sich in Anspruch nehmen, das zweite dieser Art in Deutschland zu sein, nachdem Albrecht Thaer (1752–1828), der Begründer der deutschen Agrarwissenschaft, auf dem Gut Möglin bei Wriezen an der Oder ein erstes eingerichtet hatte. Ein besonderer Glücksfall war es, daß es dem Präsidenten August Hartmann mit Unterstützung des Königs gelang, Johann Nepomuk Hubert Schwerz (1759–1844), zuvor Landwirtschaftsberater in preußischen Diensten, für die Leitung des Instituts zu gewinnen. Der durch Reisen, Publikationen und vielfältige praktische Erfahrungen berühmte Landwirtschaftsexperte eröffnete im November 1818 die Hohenheimer Anstalt. Das Königspaar stiftete für die Anschaffung von Apparaten 100 fl und übergab dem Institut Tiere aus seinen Mustergütern und Gestüten.[287] Schwerz führte den flandrischen Pflug ein, der zur verbesserten Bodenbearbeitung wesentlich beitrug.

Außerdem wählte der Monarch den weitbekannten Landwirt August von Weckherlin (1794–1868) zu seinem Berater. Wie Schwerz war auch Weckherlin, der sich lange in England aufgehalten hatte, ein Vorkämpfer für die Erneuerung der deutschen Landwirtschaft. Sein publizistisches Hauptwerk handelte von der englischen Landwirtschaft und von ihrer Anwendung auf andere landwirtschaftliche Verhältnisse, insbesondere auf die in Deutschland. 1822 errichtete der König in Stuttgart eine Tierärztliche Schule.[288] Das Landwirtschaftliche Institut in Hohenheim, mit dem ein landwirtschaftliches Mustergut, eine Forstlehranstalt, eine Ackerbauschule sowie eine Ackergerätefabrik verbunden waren, bildete gewissermaßen den Motor der landwirtschaftlichen Innovation. Es stieg 1847 zur Akademie, 1904 zur Landwirtschaftlichen Hochschule und 1967 zur Universität auf. Die Hohenheimer Professoren wirkten im Landwirtschaftlichen Verein mit und publizierten in dessen Mitteilungsblättern wichtige Beiträge. Auf den Hohenheimer Versuchsgütern gewonnene Erkenntnisse und die in Hohenheim entwickelte neue Agrartechnik fanden in Württemberg, ja in ganz Deutschland rasch Verbreitung.[289] Am 17. März 1838 besuchte König Wilhelm

Hohenheim. Er ließ sich im großen Lehrsaal die Dozenten sowie alle in- und ausländischen Studierenden vorstellen. Er informierte sich über sämtliche Zweige der höheren Lehranstalt und der Ackerbauschule, über den ausgedehnten landwirtschaftlichen Betrieb sowie über das neueingerichtete »chemisch-technische Gewerbe«[290].

Viel tat König Wilhelm für die Stuttgarter Polytechnische Schule. Er sorgte nicht nur dafür, daß zu ihrem Ausbau öffentliche Mittel bereitgestellt wurden, sondern er steuerte auch Gelder aus seiner Privatschatulle bei. Als 1841 zu seinem 25jährigen Regierungsjubiläum eine große Stiftung gemacht wurde, bestimmte er ein Drittel der Zinserträge für gewerbliche Zwecke und insbesondere auch zu Stipendien für Studierende des Polytechnikums. Max Eyth beispielsweise bekam während seines Studiums in den Jahren 1852 bis 1856 ein solches Stipendium. Der finanzielle Einsatz des Königs und anderer Mäzene lohnte sich. Absolventen des Polytechnikums taten sich als Eisenbahnbauer hervor, so Abel, Etzel, Morlok und Pressel. Von den »Mechanikern«, die hier ausgebildet wurden, seien der Bergrat Ehrhardt in Wasseralfingen, der Fabrikant Deffner in Esslingen und Max Eyth aus Kirchheim/Teck, ferner die Industriepioniere Heinrich Straub in Geislingen/Steige, Paul Daimler in Cannstatt, Friedrich Voith in Heidenheim und der Stuttgarter Papierfabrikant Lemppenau, außerdem die Chemiker Carl Jobst und Rudolf Knosp sowie die beiden »Schokoladen-Waldbaur« in Stuttgart erwähnt. 1862 gewährte König Wilhelm mit den »Neuen Organischen Bestimmungen« vom 16. April die direkte Unterstellung der Anstalt unter das Ministerium des Kirchen- und Schulwesens sowie eine weitgehende Selbstverwaltung. Ihre Freiheiten entsprachen damit im wesentlichen denen einer Technischen Hochschule. Auch die Grundsteinlegung für das stattliche Anstaltsgebäude an der Alleenstraße fiel noch in die Regierungszeit König Wilhelms.[291]

Das Verhältnis König Wilhelms zur Landesuniversität Tübingen war zwiespältig. Auf der einen Seite tat er viel, die Universität zeitgemäßen Anforderungen anzupassen, andererseits erwartete er von Professoren und Studierenden möglichst unpolitisches, regierungskonformes Verhalten. 1816, beim Regierungsantritt des Monarchen, war für Tübingen eine gewisse geistige Enge charakteristisch. Die evangelischen Theologen, gewöhnlich Altwürttemberger, gaben den Ton an. Männer wie Schelling und Hegel hatten sich dort vergeblich um einen Lehrstuhl bemüht.[292] Robert von Mohl attestiert König Wilhelm, er habe viel dazu beigetragen, daß an der Universität ein »höherer und freierer Geist« sich durchsetzte.[293] Die Klagen über die miserable Raumsituation veranlaßten den Monarchen, die Hochschule zu besichtigen. Mohl, der in seinem Bericht den mutigen Vergleich gewagt hatte, daß sich die Tübinger Hörsäle nicht einmal als Pferdeställe eigneten, mußte ihn in der Stadt wie auf dem Schloß von Gebäude zu Gebäude, von Raum zu Raum führen, selbst den Karzer wollte er sehen. Der König sagte nichts, doch dann schaute er den kecken jungen Professor nicht unfreundlich an. Er müsse bei ihm, sagte er, Abbitte tun, denn in solchen Hörsälen würde er in der Tat nicht einmal seine Pferde unterbringen. Er sorgte dafür, daß für die Universität ein aufwendiges Neubauprogramm genehmigt wurde. Im März 1840 wurde der Grundstein für die Neue Aula vor dem Lustnauer Tor gelegt, im Herbst 1845 fand ihre Einweihung statt, im Jahr darauf konnte, nachdem bereits 1832 bis 1835 die Anatomie erbaut worden war, in unmittelbarer Nachbarschaft die Medizinische und Chirurgische Klinik bezogen werden. Gleichzeitig entstanden hier auch das Botanische und das Chemische Institut. Damit hatte Wilhelm den von ihm eine Zeitlang gehegten Plan, die Universität nach Stuttgart zu verlegen, zumindest vorläufig aufgegeben.[294]

Auf die Karlsbader Beschlüsse und die Wiener Schlußakte, die gegen die Hochschulen gerichtet waren, reagierte König Wilhelm zunächst zurückhaltend. Die Universität Tübingen bekam von den angedrohten Repressionsmaßnahmen verhältnismäßig wenig zu verspüren. Die Burschenschaften blieben weitgehend unbehelligt. Einem von Preußen verfolgten Tübinger Burschenschafter soll der König sogar Geld zugesteckt haben, damit er in die Schweiz fliehen konnte, und anscheinend war dieser nicht der einzige, den Wilhelm vor Schlimmerem bewahrte. Auch die in Norddeutschland als staatsgefährdend bezeichnete Turnbewegung wurde in Württemberg geduldet. Freilich als der Theologieprofessor Bahnmaier in einigen Worten sein Mitleid mit dem Attentäter Sand, einem Tübinger »Teutonen«, bekundete, wurde er auf das Dekanat Kirchheim/Teck strafversetzt.[295]

Seitdem sich König Wilhelm 1823/24 dem politischen Diktat der Großmächte hatte beugen müssen, wurde auch das Klima in Tübingen zunehmend frostiger. 1824 verbot die preußische Regierung ihren Untertanen den Besuch der württembergischen Landesuniversität. Sie begründete ihr Verbot mit angeblich fortdauernden burschenschaftlichen und anderen verderblichen Umtrieben. Auch behauptete sie, in Tübingen sei ein nicht-autorisierter Studentenverein entdeckt worden, und Tübinger Studenten hätten sich an den Aufständen der Griechen und Piemonteser beteiligt. Die württembergische Regierung protestierte gegen diese Maßnahme. Die Vorwürfe erschienen ihr maßlos übertrieben, zumal es auch in preußischen Universitäten zu Umtrieben kam.[296] Um unliebsame politische Extremisten vom Staats- und Kirchendienst fernzuhalten, verlangte der König 1824 von allen noch nicht angestellten Geistlichen eine Erklärung darüber, daß sie als Studenten keiner unerlaubten Verbindung angehört und namentlich daß sie keine Beziehung zu dem geheimen, auf den Umsturz der politischen Verhältnisse gerichteten Bund unterhalten hatten.[297] Sehr verärgert reagierte der Monarch im folgenden Jahr auf die ihm bekanntgewordene Verstrickung von Tübinger Studenten in die Verschwörung des »Jünglingsbundes«, weil ihn diese außenpolitisch in eine mißliche Lage gebracht hatte. Er berief eine fünfköpfige Regierungskommission zur Reform des studentischen Ordnungsrechts. Kaum hatte diese ihre Beratungen aufgenommen, brachen in Tübingen völlig überraschend Tumulte zwischen den offiziell zwar verbotenen, de facto aber geduldeten Verbindungen (Burschenschaft, Korps) aus. Die Regierung fackelte nicht lange, sie schickte in der Person des Oberjustizrats Karl Hofacker einen außerordentlichen königlichen Kommissar mit 20 Landjägern nach Tübingen. Der Studentenausschuß wurde umgehend mit der demütigenden Bemerkung aufgehoben, er habe kläglich versagt.[298]

Hofacker sorgte für strenge Ruhe und Ordnung. 1829 oktroyierte die Regierung ein Universitätsstatut, das die Handschrift von Justizminister Maucler trug. Wegen der zum Teil heftigen Kritik aus dem »Ausland«, so aus Bayern, und der von der Opposition in der Kammer der Abgeordneten konnte es allerdings nicht eingeführt werden. Erst 1831 übergab dann Ministerialrat Schlayer, der spätere Innenminister, als königlicher Kommissär das neue Statut der Universität. Dieses Statut bildete die Grundlage für die weitere Entwicklung der Hochschule. Als bedeutsam erwies sich die Einführung der Lehrfreiheit, ebenso die vom König geförderte Lernfreiheit: Um den Studierenden eine Auswahl zu ermöglichen, verlangte der Monarch, daß alle Fächer, zumindest aber alle Hauptkollegien, doppelt gelesen werden sollten. Die Universität Tübingen nahm nunmehr einen bemerkenswerten wissenschaftlichen Aufschwung. An den verschiedenen Fakultäten wirkten namhafte Gelehrte: an der Katholisch-Theologischen Fakultät beispielsweise die Professoren Möhler und Hefele, an der Juristischen Fakultät Karl Georg von Wächter, an der Staatswissenschaftlichen Fakultät Robert von Mohl, an der Medizinischen Fakultät der Internist Wunderlich, der Chirurg Bruns, der Pathologe Griesinger, an der Philosophischen Fakultät der Germanist Adalbert Keller, der Theologe und Philosoph (Ästhetiker) Friedrich Theodor Vischer, der Gräzist Christian Walz, die Orientalisten Heinrich Ewald, August Dillmann und Ernst Osiander. Von den Naturwissenschaftlern erlangten der Geologe Friedrich August Quenstedt und der Botaniker Hugo Mohl ein hohes Renommee.[299]

Generell war es den in Tübingen lehrenden Professoren untersagt, in ihren Vorlesungen Kritik an bestehenden Gesetzen und an staatlichen Institutionen zu üben. Unbequeme Querdenker wurden im Einvernehmen von Regierung und den konservativ eingestellten Fakultätsmehrheiten von ihren Lehrstühlen entfernt oder durch demütigende Maßregeln zum Amtsverzicht gezwungen. So mußte schon 1819 Friedrich List um seine Entlassung bitten, weil er sich nicht dem Willen der Regierung auf strenge Beschränkung auf seine Tübinger Lehrtätigkeit beugte. Der junge Theologe Karl von Hase mußte 1824 seine frühere Mitgliedschaft beim »Jünglingsbund«, einer angeblich »staatsverderblichen Geheimverbindung«, mit Festungshaft auf dem Hohenasperg und anschließender Entlassung büßen. Ludwig Uhland mußte 1833 die Wahrnehmung seines Landtagsmandats mit dem Verzicht auf sein Tübinger Lehramt erkaufen.[300] 1840 verlor der katholische Kirchenrechtler Joseph Martin Mack seinen Lehrstuhl, weil er in der sogenannten Mischehenfrage die Unversöhnlichkeit zwischen weltlichem und geistlichem Recht öffentlich zur Sprache brachte. Dem Ästhetiker Friedrich Theodor Vischer wurde 1845 für zwei Jahre die Lehrtätigkeit untersagt, weil er in seiner Antrittsvorlesung mit dem Bekenntnis zum Pantheismus und dazu noch mit provozierenden Formulierungen den höchsten Unwillen der damals in der evangelischen Landeskirche tonangebenden pietistischen Kreise erregt hatte. Strafversetzungen wegen mißliebiger politischer Äußerungen veranlaßten 1845 den Staatswissenschaftler Robert von Mohl und 1851 den Verfassungsjuristen August Ludwig Reyscher, den württembergischen Staatsdienst aufzukündigen. König Wilhelm und seine Regierung vertraten die Auffassung, daß Hochschullehrer nicht geduldet werden könnten, die unversöhnliche Feinde der bestehenden Staatseinrichtungen und einer echten konstitutionellen Monarchie wie der württembergischen seien. Solche Männer würden auf die studierende Jugend, namentlich aber auf die künftigen Staatsdiener, einen verderblichen politischen Einfluß ausüben.[301] Im Auge hatte der Monarch wohl auch die Studententumulte von 1831 und 1833, die die vorübergehende Entsendung einer Militäreinheit nach Tübingen zur Folge gehabt hatten.[302]

Auf Veranlassung der Regierung erfolgte 1817 die Verlegung der 1812 von König Friedrich in Ellwangen gegründeten Katholisch-Theologischen Universität nach Tübingen, wo sie als Katholisch-Theologische Fakultät der Universität eingegliedert wurde. Den katholischen Studenten überließ König Wilhelm die Gebäude des einstigen »Collegium Illustre«. Zum altehrwürdigen evangelischen Stift gesellte sich das katholische »Wilhelmsstift«. Daß die Erweiterung der Tübinger Universität durch eine Katholisch-Theologische Fakultät für die Wissenschaft überaus fruchtbar werden sollte, ahnte freilich damals noch niemand.[303]

Ungeachtet repressiver Einzelmaßnahmen war König Wilhelm bestrebt, die Universität nicht allzusehr zu gängeln. Im Lauf der Zeit gestand er ihr sogar größere Freiheiten zu. 1838 nahm er, wie schon erwähnt, die Tübinger Juristenfakultät in Schutz, als diese von der hannoverschen Regierung beschuldigt wurde, sie habe mit ihrem Rechtsgutachten für die Stadt Osnabrück zum Verfassungsbruch des Königs von Hannover »die allerstaatsgefährlichsten Grundsätze« vertreten und Aufruhr und Verschwörung verteidigt. 1847 weigerte sich Innenminister Schlayer dem Verlangen pietistischer Kreise nachzukommen und Friedrich Theodor Vischer nach Ablauf des ihm auferlegten zweijährigen Vorlesungsverbots endgültig von der Hochschule zu entfernen. Der Minister bekannte sich zur »freien Bewegung der Geister auf den Universitäten«, also zur akademischen Lehrfreiheit.[304] Wenn 1841 das 25jährige Regierungsjubiläum König Wilhelms auch in Tübingen groß gefeiert wurde[305], dann war dies nicht bloß und wohl nicht einmal in erster Linie Ausdruck pflichtschuldiger Untertanengesinnung, sondern Dankbarkeit für einen Regenten, der viel für den wissenschaftlichen Aufstieg der Landesuniversität getan und wesentliche Voraussetzungen für ihre künftige freiheitliche Entwicklung geschaffen hatte.

1856 bekundete er nochmals seine ernste Absicht, die Landesuniversität von Tübingen nach Stuttgart zu verlegen. Vielleicht hoffte er, daß sich die Universität in der kulturell und wirtschaftlich aufstrebenden Landeshauptstadt neuen Ideen und den wissenschaftlichen Erfordernissen einer in raschem Wandel begriffenen Welt öffnete, aber auch daß die Regierung in Stuttgart die ewig unruhigen Studenten unter strengerer Aufsicht halten könnte. Allein, sein Plan scheiterte vor allem am Widerstand der Theologen.[306] Auch wenn König Wilhelm mit der wissenschaftlichen Theologie wenig anzufangen wußte, dürfte ihn trotzdem mit Genugtuung erfüllt haben, daß die Katholisch-Theologische Fakultät jetzt eine zweite Blütezeit erlebte. Entscheidenden Anteil hieran hatten der Kirchenhistoriker Karl Joseph Hefele, der Dogmatiker Johann Kuhn, der Orientalist Felix Himpel, der Neutestamentler Moritz Aberle und der Kirchenrechtler Franz Kober. Ihnen zur Seite trat der Rottenburger Domkapitular Benedikt Welte, der mit dem Freiburger Professor Heinrich Wetzer zusammen das Katholische Kirchenlexikon herausgab.[307]

1863 erhielt Tübingen eine Naturwissenschaftliche Fakultät, die erste ihrer Art in Deutschland. An ihr wurden Mathematik und Astronomie, Physik, reine und angewandte Chemie, Mineralogie, Botanik, Zoologie und vergleichende Anatomie sowie »Pharmakognosie« gelehrt. Der Gründung dieser siebten Fakultät der Universität waren lange Auseinandersetzungen vorausgegangen. Noch im Februar 1861 hatte die Mehrheit des Großen Senats eine siebte Fakultät abgelehnt. Der König setzte sich jedoch über das Votum des Großen Senats hinweg und genehmigte am 4. August 1863 den befürwortenden Antrag des Ministeriums für das Kirchen- und Schulwesen. Der bekannte Botaniker Hugo Mohl, der Bruder des Staatsrechtlers Robert von Mohl, übersandte dem Monarchen voll Dankbarkeit die Rede, die er bei der Eröffnung der neuen Fakultät gehalten hatte, und schrieb dazu: »Wie Eure Königliche Majestät den übrigen deutschen Staaten durch Errichtung der Landwirtschaftlichen Akademie Hohenheim vorangegangen sind, so haben Sie auch den deutschen Universitäten durch Errichtung der Naturwissenschaftlichen Fakultät ein Vorbild zur Nachahmung geschaffen.«[308]

David Friedrich Strauß (1808–1874).

Friedrich Theodor Vischer (1807–1887).

Kirchen und Religionsgemeinschaften

König Wilhelm, geprägt durch das Menschen- und Weltbild der Aufklärung und zugleich ein Verehrer Voltaires, huldigte einem deistischen Vernunftglauben. Den Kirchen stand er skeptisch gegenüber. Mit den konfessionellen Unterschieden vermochte er wenig anzufangen. Andererseits waren für ihn die Kirchen unverzichtbar; sie bildeten das geistig-sittliche Fundament des Staates.[309] Deshalb kam ihnen als öffentlichen Institutionen ein hoher Stellenwert zu. Fest in den staatlichen Organismus eingegliedert, entschied der Regent über alle sie betreffenden Fragen. Da König Wilhelm als Angehöriger der evangelisch-lutherischen Kirche deren oberster Bischof im Land war, übte er über sie ein besonders strenges Regiment aus. Doch war er vor allem am Anfang seiner Regierung bemüht, nach Möglichkeit geistigen und geistlichen Strömungen freien Lauf zu lassen. So machte er bei der von seinem Vater 1809 eingeführten Liturgie Konzessionen. Mit der von ihm genehmigten Gründung der freien evangelischen Gemeinden Korntal (1819) und Wilhelmsdorf (1824), zeigte er sich erheblich großzügiger als Ratgeber, die keine Abweichung

Karl von Grüneisen (1802–1878).

Johannes Schlayer (1792–1860).

vom landeskirchlichen evangelischen Glaubensverständnis zulassen wollten.[310] Mit dem Pietismus kam Wilhelm gut zurecht, einmal weil dieser, sehr konservativ eingestellt, das Gottesgnadentum des Herrschers uneingeschränkt bejahte und wenig Wert auf eine Synodalverfassung der Landeskirche legte, zum anderen aber, weil dieser mit seinen Anstalten und Hilfsvereinen beispielhafte, der Allgemeinheit förderliche Sozialarbeit leistete. Sehr im Sinne des Königs war das vom Pietismus repräsentierte Bild des friedlichen, ordentlichen, pflichtbewußten und fleißigen Untertanen, dem jede Art politischer Demagogie zuwider war und der sich auch in Notzeiten unverdrossen um sein Stücklein Brot mühte. In Eigenschaften wie Beharrlichkeit, Zähigkeit und Arbeitsamkeit sah Wilhelm zu Recht die Voraussetzungen für den wirtschaftlichen und sozialen Aufstieg seines Landes. Er wollte sich deshalb pietistischen Bestrebungen möglichst nicht verschließen. Gegen das Votum seines Innenministers genehmigte er auf Anraten seines Oberhofpredigers Karl Grüneisen, eines besonnenen, auf Ausgleich der verschiedenen geistigen Strömungen bedachten Mannes, 1842 eine neue Liturgie und ein neues Gesangbuch, die das vorhergehende von 1791 und die Liturgie von 1809, beide in pietistischen Kreisen in gleicher Weise verhaßt, ablösten.[311]

Ungeheures Aufsehen erregte das 1835/36 erschienene zweibändige Werk des jungen Theologen David Friedrich Strauß »Das Leben Jesu«, das sich kritisch mit den vier Evangelien befaßte, sie als ungeschichtlich bezeichnete und ihnen einen mythischen Ursprung zuschrieb. Für die empörten Pietisten war die Neuerscheinung ein eindrucksvoller Beweis für die Hybris des fortschrittsgläubigen Liberalismus. König Wilhelm lehnte das Straußsche Werk gleichfalls ab. Es gefährdete seiner Ansicht nach die Sittlichkeit und bediente sich eines unangemessenen Tons. Strauß mußte den Kirchendienst verlassen. Indes war die Flut von Schmäh- und Streitschriften sowie die harte Reaktion des Königs dem Werk von Strauß sehr förderlich. Strauß wurde fast über Nacht ein berühmter Mann; sein »Leben Jesu«, mit dem er sich seine berufliche Zukunft verbaut hatte, erschien bereits 1838 und 1839 in dritter Auflage.

1844 löste der Ästhetiker Friedrich Theodor Vischer mit seiner Tübinger Antrittsvorlesung, in der er sich zum Pantheismus bekannte, einen Eklat aus. Vischer prangerte die Enge des Pietismus an und stellte dem kleinbürgerlich-dumpfen Lebensideal die freie Welt des Geistes gegenüber. Das pietistische Lager nannte Vischer einen Götzendiener und Gotteslästerer und attackierte ihn in Zeitungsartikeln, Pamphleten und Kanzelreden aufs heftigste. König Wilhelm befürchtete, solche »destruktiven und irreligiösen Meinungen«, wie sie der angehende Ästhetikprofessor verkündet hatte, könnten Unfrieden ins Volk tragen, die Autorität von Staat und Kirche untergraben. Hätte nicht Innenminister Schlayer Vischer in Schutz genommen und auf die akademische Lehrfreiheit hingewiesen und hätte nicht der Tübinger Akademische Senat den jungen Gelehrten als talentvollen Lehrer gepriesen, hätte der König eine fristlose Entlassung ausgesprochen, so aber begnügte er sich mit der Verhängung eines zweijährigen Lehrverbots.[312]

Was der König an manchen Repräsentanten des Pietismus sicher nicht schätzte, waren engstirnige Rechthaberei in Glaubensdingen und Intoleranz gegenüber Andersdenkenden. Königin Pauline, seine Frau, neigte zu einer solchen engen und strengen pietistischen Lebens- und Weltsicht. Wenn Wilhelm und Pauline zu keiner inneren Gemeinschaft fanden, dann auch, weil die Ehegatten in religiöser Hinsicht so gegensätzliche Naturen waren.[313]

Da König Wilhelm einem strengen Staatskirchentum huldigte, war und blieb die Kirche fest in die Staatsverwaltung integriert. Bezeichnenderweise gab es von Ende 1817 bis zum Ausbruch der Revolution 1848/49 kein eigenes Ministerium des Kirchen- und Schulwesens. Heinrich Hermelink bezeichnet zutreffend die damalige Kirche als ein innenpolitisches Verwaltungsobjekt.[314] Das Konsistorium, das oberste Leitungsgremium der evangelischen Landeskirche, war eine Staatsbehörde. Bei der Ernennung von Prälaten, den höchsten geistlichen Würdenträgern, waren für den König nicht deren kirchliche Befähigung, sondern deren Stellung im Landtag maßgeblich, wo sie allerdings nur geringen Einfluß hatten. Trotz vieler Proteste änderte sich an dem streng obrigkeitlichen staatskirchlichen Regiment nichts. Schließlich wurde 1843 eine Neuordnung der Kirchenkonvente und 1845 der Entwurf einer Presbyterial- und Synodalordnung, eine für Württemberg geradezu revolutionäre Neuerung, ausgearbeitet. Allein, Innenminister Schlayer blockierte eine Weiterbehandlung der Entwürfe. Er beharrte in selbstherrlich-bürokratischer Weise auf den überalterten kirchlichen Rechts- und Verfassungsverhältnissen, und König Wilhelm, der an einer »Demokratisierung« der evangelischen Landeskirche gleichfalls kein Interesse hatte, ließ ihn gewähren.[315]

Unverständlich war Wilhelm, daß Lutheraner und Reformierte noch immer getrennte Wege gingen. Die Unterschiede in Bekenntnis und Lehre, die beide Konfessionen geltend machten, erschienen ihm belanglos. Auch war die Zahl der Reformierten im Verhältnis zu den Lutheranern minimal. Im wesentlichen war es die kleine Schar der Nachkommen waldensischer und hugenottischer Einwanderer des ausgehenden 17. und des beginnenden 18. Jahrhunderts. Der Tübinger Professor Steudel riet 1822 entschieden von einer »von oben her gemachten, die Gewissen verwirrenden Union« ab, wie sie der König wollte. Verhandlungen wurden dennoch aufgenommen. Diese zogen sich lange hin und führten zu dem Ergebnis, daß es in der Abendmahlslehre keinen wesentlichen Unterschied mehr zwischen der calvinistischen und der lutherischen Konfession gebe. Die im Königreich noch bestehenden waldensischen Gemeinden, denen vor allem die Beibehaltung des Französischen im Gottesdienst wichtig war, schlossen sich 1823 der evangelischen Landeskirche an. Die Reformierten in Stuttgart und Cannstatt fühlten sich indes unter dem Dach der lutherischen Konfession, mit der sie gleichfalls seit 1823 verbunden waren, nicht wohl. Sie riefen deshalb 1845 erneut eigenständige reformierte Gemeinden ins Leben.[316]

Bereits in den dreißiger Jahren regte König Wilhelm die Wiederherstellung des einstigen »Corps evangelicorum« unter Führung Preußens an. Er fand jedoch wenig Zustimmung. 1845 schlug er die Gründung eines Vereins zur Bekämpfung des wachsenden Ultramontanismus, des von Rom aus gesteuerten politischen Katholizismus, vor. Die Mitglieder dieses Vereins sollten sich verpflichten, dem Protestantismus feindliche Orden und kirchliche Genossenschaften fernzuhalten und die politische Haltung katholischer Geistlicher zu überwachen. Allein, Preußen lehnte ab. Es wollte keinesfalls in den Ruf kommen, es habe mit dem Kampf gegen den Ultramontanismus in Wirklichkeit den Kampf gegen den Katholizismus im Visier.[317]

Wenn diese Anregungen und Vorschläge des Königs den Eindruck vermittelten, als sei er dem Katholizismus feindlich gesinnt gewesen, so traf dies keineswegs zu. Einmal ging es ihm um die Bewahrung des konfessionellen Friedens, und dieser konnte durch militante katholische Kongregationen, die ihr geistliches Zentrum in Rom hatten, gefährdet werden, und zum anderen war er bemüht, auch gegenüber der katholischen Kirche am staatskirchlichen System unbedingt festzuhalten. Aufschlußreich in diesem Zusammenhang dürfte seine Reaktion auf die Gründung des Hauptvereins für die Gustav-Adolf-Stiftung 1843 gewesen sein. Der Gustav-Adolf-Verein hatte sich zum Ziel gesetzt, Protestanten in der Diaspora, also in vorwiegend katholischen Gebieten und Ländern, finanziell und ideell zu unterstützen. Der König verpflichtete sich zu einem jährlichen Beitrag von 1 000 fl. In einem Handschreiben betonte er, daß er es »im rechten Geist unserer christlichen Religion« für seine Pflicht halte, »allen anders glaubenden Christen stets die Hand zur Einigkeit und zum Frieden zu reichen«, daß er sich aber auch »zu den Grundsätzen unserer Reformation« bekenne, nach denen es den evangelischen Christen obliege, ihre leidenden Glaubensgenossen nach Kräften zu unterstützen.[318] Durchaus in seinem Sinn war es, daß der Gustav-Adolf-Verein bereits zwei Jahre nach seiner Gründung in Stuttgart die Hauptversammlung abhielt.[319]

Beunruhigt durch den Massenexodus aus Württemberg seit der Aufhebung des Auswanderungsverbots im Jahr 1815, darunter von nicht wenigen arbeitsamen, beruflich tüchtigen und häufig auch nicht unbemittelten Untertanen, die aus religiösen Gründen die Heimat verließen, suchte König Wilhelm zunächst einen Teil dieser Menschen, die mehr Freiheit in Glaubensangelegenheiten forderten, im Land zu halten. Die Lösung sah er in der Gründung einer freireligiösen pietistischen Gemeinde. Er ermöglichte dem Leonberger Notar und »Bürgermeister« (Stadtkämmerer) Gottlieb Wilhelm Hoffmann, einem der führenden Köpfe der der Staatskirche kritisch gegenüberstehenden Pietisten, der sein besonderes Vertrauen genoß, den Erwerb des Ritterguts Korntal, um dort einen »Sammlungsort« für Untertanen zu schaffen, die sich nicht länger unter das landeskirchliche Joch beugen wollten. Am 12. Januar 1819 kaufte Hoffmann von dem Grafen von Görlitz und dem Freiherrn Ludwig von Münchingen im Auftrag von 68 Familien das Gut um 113 700 fl. Bereits am 22. August 1819 erteilte der Monarch der neuen Gemeinde Korntal Privilegien, die ihr eine weitgehende religiöse und politische Autonomie einräumten. Die Gemeinde war von der Aufsicht des Konsistoriums befreit, sie unterstand unmittelbar dem Innenministerium, seit 1848 dem neugeschaffenen Kultministerium und durfte ihre Pfarrer und Lehrer ohne staatliche Einflußnahme wählen. Zwar erreichte sie nicht die angestrebte Befreiung von Steuern und vom Militärdienst, wohl aber die von der Eidesleistung. Mit Korntal besaß der Pietismus ein geistliches Zentrum im Land, und er hatte dort zugleich die Möglichkeit, effektive Erziehungsarbeit im schulischen Bereich zu leisten und eine umfassende Tätigkeit auf dem Feld christlicher Nächstenliebe zu entfalten. Durch die Gütergemeinschaft, der sich fast alle Gemeindeglieder anschlossen, praktizierten die »Korntaler« eine Art christlichen Sozialismus.[320]

Die günstige Entwicklung der Gemeinde Korntal und die rückläufigen Auswandererzahlen seit Beginn der zwanziger Jahre bewogen König Wilhelm nach einigem Zögern im Jahr 1823 dem Antrag Hoffmanns auf Gründung einer zweiten Kolonie zu denselben Vorrechten, wie sie Korntal eingeräumt worden waren, stattzugeben. Vorsteher Hoffmann und die Korntaler Gemeinderäte hatten für einen solchen zweiten »Sammlungsort« den Leinfelder Hof bei Vaihingen an der Enz im Auge. Damit war der König aber nicht einverstanden. Beeinflußt von führenden Repräsentanten der Landeskirche erklärte er, eine weitere Ausbreitung des »Kultus« der Gemeinde Korntal komme nicht in

Betracht. Eine Ausnahme wolle er aber machen, wenn Korntal mit der Anlegung einer neuen Kolonie zugleich einen gemeinnützigen vaterländisch-wirtschaftlichen Zweck verbinde, beispielsweise in Oberschwaben durch das Trockenlegen eines Sumpfareals oder das Urbarmachen von Ödland. Und er präzisierte seine Wunschvorstellung: Errichtung einer Kolonie auf dem bislang im Besitz der Hofkammer befindlichen Langenweiler Ried dicht an der badischen Grenze auf der Donau-Rhein-Wasserscheide zwischen Ravensburg und Pfullendorf.

Die Siedler hatten ein 564 Morgen (knapp 190 Hektar) großes Sumpfgebiet trockenzulegen und urbar zu machen. Dafür wurde ihnen zunächst für zehn Jahre völlige Abgabenfreiheit zugesichert. Außerdem überließ ihnen der König sämtliches Holz auf dem Areal, dessen Wert mit 1085 fl veranschlagt wurde. Ein von dem bekannten Wasserbauer Oberst von Duttenhofer gefertigter Plan zur Entwässerung des Rieds lag vor. Zudem verpflichtete sich die Regierung zur Herstellung eines Hauptabzugskanals. Alles übrige war Sache der Kolonisten. Die Versorgung der Armen in der neuen Siedlung hatte Korntal zu übernehmen. Nach Ablauf von zehn Jahren sollten Grund und Boden des Rieds um 10 fl je Morgen an die Gemeinde übergehen. Mißlang das Siedlungswerk jedoch, fiel das Gesamtareal an die Hofkammer zurück, und Korntal mußte für eine anderweitige Unterbringung der Siedler sorgen. Gegen schwerwiegende Bedenken des Korntaler Gemeinderats setzte Hoffmann durch, auf das Angebot des Königs einzugehen. Eine Ablehnung, so meinte er, käme einer Beleidigung des Monarchen gleich. Auch dürften die Korntaler nicht den weitverbreiteten Vorwurf auf sich sitzen lassen, sie seien arbeitsscheue Menschen, zögen das Beten dem Arbeiten vor.[321]

Die neue Kolonie erhielt zu Ehren ihres königlichen Protektors den Namen Wilhelmsdorf. Anders als Korntal hatte Wilhelmsdorf viele Jahre mit kaum zu bewältigenden wirtschaftlichen Schwierigkeiten zu kämpfen. Wiederholt drohte ihm die »Gant«, der Konkurs. Ein solcher Zusammenbruch des Kolonisationswerks Langenweiler Ried wäre auch für Korntal verhängnisvoll gewesen. Die pietistischen Kreise erkannten, was auf dem Spiel stand. Dank der großen Anstrengungen, die sie etwa durch die Verbreitung des »Wilhelmsdorfer Predigtbuchs« unternahmen, und der Opfer, die sie auf sich nahmen, gelang es ihnen schließlich, Wilhelmsdorf auf eine solide wirtschaftliche Basis zu stellen. Seit 1852 war die

Kolonie von Korntal ganz unabhängig. Die von ihr geschaffenen Erziehungsanstalten hatten wesentlichen Anteil daran, daß sie nun aufzublühen begann.[322] Lebhaftes Interesse bekundete König Wilhelm an dem »Unternehmen Wilhelmsdorf«. Dreimal kam er, um sich vor Ort über die Fortschritte, aber auch um sich über anstehende Probleme und Schwierigkeiten zu informieren: im Frühjahr 1824, dann 1825 und 1828. Bei seinem letzten Besuch stiftete er 250 fl für das Anlegen eines weiteren Wassergrabens sowie für eine Orgel im Betsaal.[323] Wenn Wilhelmsdorf schließlich alle Krisen überdauerte, dann war dies nicht zuletzt sein Verdienst.[324]

König Wilhelm schätzte die richtungweisende Arbeit vor allem pietistischer Christen im Bereich der Sozialfürsorge. So entstanden dank des Engagements pietistischer Gruppen und Kreise Anstalten für gefährdete Jugendliche, »Rettungshäuser«, in Korntal (1823 und 1829), in Wilhelmsdorf (1855), in Tuttlingen (1825), in Stammheim bei Calw (1827). In Lichtenstern verband der preußische Oberschulrat Karl August Zeller, der in Königsberg als Pestalozzi-Schüler ein pädagogisches »Normalinstitut« geleitet hatte, die 1836 gegründete »Rettungsanstalt« mit einem Armenschullehrerseminar, das gleiche geschah 1843/45 in Tempelhof (Gde. Kreßberg, Lkr. Schwäbisch Hall). Die ersten Kinderheilanstalten in Deutschland rief 1842 in Ludwigsburg der Arzt Dr. August Hermann Werner zusammen mit dem Vorsteher des Ludwigsburger Gefängnisses, Oberjustizrat Klett, ins Leben. Beide Männer hatten bereits 1836, gleichfalls in Ludwigsburg, ein Privatkrankenhaus zur Ausbildung männlicher und weiblicher Pfleger gegründet. Hervorragendes auf dem Gebiet der Diakonie leistete Herzogin Henriette von Württemberg, die Schwiegermutter des Königs. In Verbindung mit führenden evangelischen Geistlichen wie Albert Knapp, Christian Adam Dann, Gottlieb Wilhelm Hoffmann und Christian Gottlob Barth, errichtete sie, zum Teil zusammen mit ihrer Tochter Königin Pauline, mehrere karitative Anstalten in Kirchheim/Teck und an anderen Orten.[325]

Die ihm zustehende bischöfliche Leitungsbefugnis über die evangelische Landeskirche nahm König Wilhelm zeitlebens gewissenhaft wahr. Er hielt sie für die beste Lösung des Verhältnisses von Staat und Kirche. Im Rahmen seiner Kompetenzen ermöglichte er der evangelischen Kirche ein beschränktes Eigenleben. Seit 1848 besaß der Pietismus die beherrschende Macht in der Kirche.[326] Er unterstützte nachdrücklich den Monarchen bei dessen Bestreben, der liberalen revolutionären Bewegung Widerpart zu leisten. Im Frühjahr 1849 veröffentlichte der Geistliche Sixt Karl Kapff, einer der Wortführer des schwäbischen Pietismus seine stark beachtete »Ansprache evangelischer Geistlicher Württembergs an das Volk«, in der er vor dem »Freiheitsschwindel« und vor den Versuchungen der Revolution warnte. Der König wußte dies zu schätzen. Er ernannte Kapff zum Prälaten und berief ihn in das Konsistorium. Damit hatte er eine geistliche Führerpersönlichkeit von Rang an die Spitze der Landeskirche gestellt, die dem Pietismus während der nächsten Jahrzehnte den maßgeblichen Einfluß im evangelischen Württemberg sicherte. Leider verfügte Kapff über keine Perspektive für die Bewältigung der bedrängenden Probleme in einer sich wandelnden Welt: Industrialisierung und soziale Frage. Die theologische Auseinandersetzung mit ihnen unterblieb. Bei ihrer Rückwärtsorientierung geriet die evangelische Kirche in eine zunehmende geistige Isolation. König Wilhelm hätte gerade jetzt eines sehr viel unbequemeren kirchlichen Beraters bedurft, als dies Kapff war.[327]

Seit 1848/49 drängten die Laien auf eine Mitwirkung in kirchlichen Angelegenheiten. Der von einer Kommission aus Geistlichen und Laien erarbeitete Entwurf einer Neuordnung der Evangelischen Kirche Württembergs vom Jahr 1849 blieb nur Papier. 1851 wurde als erste bescheidene Neuerung den Ortsgemeinden ein Pfarrgemeinderat zugestanden. Diese Einrichtung fand in der Bevölkerung wenig Anklang. Viele Gemeinden sträubten sich gegen die Einführung des Pfarrgemeinderats. Sie sahen in ihm eine Art »fünftes Rad am Wagen«, gab es doch bereits auf Ortsebene Kirchenkonvente und Stiftungsräte. Pietistische Gemeinschaften mißtrauten der Neuerung ebenso wie Liberale und Demokraten. Immerhin besaßen die Pfarrer mit dem Pfarrgemeinderat ein Organ, das ihnen ermöglichte, mit einem ausgewählten Kreis verständiger Männer Anliegen und Nöte in ihren Gemeinden zu besprechen und die erforderlichen Hilfsmaßnahmen zu organisieren. Im November 1854 konstituierten sich auf Dekanatsebene die Diözesansynoden. Ihre Aufgabe war es, die Arbeit der einzelnen Pfarrgemeinderäte zu koordinieren und so deren Wirksamkeit zu verstärken. Die Bildung einer Landessynode scheiterte am Einspruch des Königs. Er sah in einem solchen Gremium eine höchst gefährliche demokratische Institution.

Pietistische Kreise und die Kirchenleitung stärkten ihm dabei den Rücken. Der Calwer Theologe, Volks- und Jugendschriftsteller Christian Gottlob Barth setzte eine Landessynode mit »einer demokratischen Kirchenrepublik und einer gesetzlich sanktionierten permanenten Revolution in der Kirche selbst« gleich. Der Stuttgarter Diözesansynode, die den König davon überzeugen wollte, daß die Errichtung einer Landessynode politisch absolut unbedenklich sei, wurde eine Audienz verweigert.[328]

Einen starken Einfluß auf den König übte dessen langjähriger Hofprediger Karl Grüneisen aus, der Sohn des ersten Herausgebers des »Stuttgarter Morgenblatts«, eine allem Extremen abgeneigte, zwischen den verschiedenen theologischen Richtungen vermittelnde Persönlichkeit. Grüneisen verstand es, König Wilhelm für die Einigungsbestrebungen des deutschen Protestantismus zu interessieren. Bereits 1846 ordnete ihn der Monarch als württembergischen Vertreter zu der in Berlin stattfindenden Konferenz von Delegierten der deutschen Landeskirchen ab. Auf die Initiative des Hofpredigers wurden der dritte und siebte Deutsche Evangelische Kirchentag 1850 und 1857 in Stuttgart abgehalten. Die Eröffnung der beiden Tagungen erfolgte jeweils durch Prälat Kapff. Die aus der Delegiertenversammlung von 1846 hervorgegangene Eisenacher Konferenz der deutschen evangelischen Kirchenregierungen, die sich seit 1852 regelmäßig unter der Wartburg versammelte, wählte von 1852 bis 1868 Grüneisen immer wieder zu ihrem Präses. An der Gründung des Stuttgarter Diakonissenhauses im Jahr 1854 im ehemaligen Hofkrankenhaus an der Büchsenstraße nahmen König Wilhelm und seine Familie tätigen Anteil. Bereits 1840 hatte Herzogin Henriette von Württemberg die ersten Kaiserswerther Schwestern in das von ihr gegründete Wilhelmsspital nach Kirchheim/Teck berufen.[329]

Die aus dem württembergischen Pietismus hervorgegangene Glaubensbewegung der württembergischen Templer, die heutige Tempelgesellschaft, erwartete die Wiederkunft Christi in naher Zukunft und wollte deshalb nach Palästina auswandern, um im Heiligen Land in der festen Hoffnung auf die bevorstehende Wiederkehr des Welterlösers den Tempel des Alten Bundes in einem geistigen Sinn aufzurichten, also eine Glaubens- und Lebensgemeinschaft im urchristlichen Sinne zu verwirklichen. 1860 ersuchten die leitenden Templer um eine Audienz bei König Wilhelm. Staatsrat Gustav Rümelin riet dem Monarchen dringend ab, die Häupter der Templer zu empfangen. Er schilderte den geistlichen Führer der Bewegung, Christoph Hoffmann, den Sohn des Gründers von Korntal, als einen Mann von nicht gewöhnlichen Gaben und Kenntnissen, von ehrenwertem Wandel und »Privatcharakter«, zugleich als einen »starrsinnigen und rücksichtslosen Fanatiker und von großer Selbstüberhebung«; er bezeichnete die Templer als eine radikale, die sozialen und politischen Zustände von Grund auf negierende religiöse Gruppe. Durch eine Audienz beim König werde diese »Sekte« eine unverdiente Aufwertung erfahren. Der König empfing die Deputation dennoch. Die Templer bekamen so Gelegenheit, den Monarchen zu bitten, doch »Maßregeln zur Verbesserung der gesellschaftlichen Zustände und insbesondere der Kirche und Schule im Sinne des geistlichen Tempels« zu treffen. Wilhelm versprach zwar, die in der Eingabe aufgezeigten gesellschaftlichen Übelstände untersuchen zu lassen, aber auf eine Antwort warteten die Templer vergeblich.[330]

Als im Herbst 1816 König Friedrich starb, war, ungeachtet langer, freilich insgesamt wenig ergiebiger Verhandlungen mit der Kurie, das Verhältnis zwischen katholischer Kirche und württembergischem Staat noch weithin ungeordnet. König Wilhelm war bemüht, hier bald zu einer befriedigenden Lösung zu kommen. Das von Friedrich in eigener Machtvollkommenheit 1812 für die seither zum Bistum Augsburg gehörenden katholischen Landesteile in Ellwangen geschaffene Generalvikariat, dem 1814 auch die Gebietsteile des Bistums Würzburg angegliedert wurden, erhielt erst vier Jahre später seine Bestätigung durch den Papst. 1817 wurde es auf das Gesamtland ausgedehnt, nachdem ihm die Gebiete zugewiesen worden waren, die bislang den Bistümern Konstanz, Speyer und Worms unterstanden hatten. Generalvikar war Fürst Franz Karl von Hohenlohe, Titulaturbischof von Tempe. Ihm wurde im Juni 1816 Johann Baptist Keller, Titulaturbischof von Evara, als Coadjutor zur Seite gestellt. Keller, seit März 1817 »apostolischer Provikar«, rückte im Oktober 1819 nach dem Tod Hohenlohes zum Generalvikar auf und war damit der oberste geistliche Repräsentant der Katholiken in Württemberg.[331]

Den Sitz des Generalvikariats der katholischen Kirche für Württemberg verlegte die Regierung im Jahr 1817 von Ellwangen nach Rottenburg. Hierbei wurde die Kurie in Rom wie auch früher schon vor vollendete Tatsachen gestellt. Der betagte Generalvikar, der ebenfalls nicht gefragt worden war, äußerte sich über diesen selbstherrlichen Eingriff des Staats in kirchliche Belange verärgert, stellte dann aber resigniert fest, da durch die Verlegung des Generalvikariats nach Rottenburg die Gewissensfreiheit oder die Religionsausübung nicht »gekränkt« werde, sei gegen sie nichts einzuwenden. Ihm erschien aber – und dies zeigt, wie einseitig er Fragen kirchlicher Repräsentation nach außen den Vorrang gab – die Rottenburger Stadtpfarrkirche als Kathedralkirche, somit als Bischofskirche, zu klein und zu unansehnlich. Auch die für den obersten Vertreter der katholischen Kirche in Württemberg vorgesehene Wohnung entsprach keineswegs seinen Ansprüchen.[332]

Von Anfang an war König Wilhelm von dem Bestreben geleitet, der römisch-katholischen Kirche in seinem Land im Rahmen des von ihm praktizierten Staatskirchentums möglichst ungehinderte Entfaltungsmöglichkeiten zu gewähren. Dies hing eng mit dem Wunsch zusammen, den er Männern seines Vertrauens wie Gustav Rümelin gegenüber äußerte, seine neuwürttembergischen und katholischen Untertanen sollten in gleicher Weise in seinem Staat heimisch werden und dem Regentenhaus dieselbe Anhänglichkeit entgegenbringen, wie dies bei den protestantischen Altwürttembergern der Fall sei. Dem König war nicht verborgen geblieben, daß sich die katholischen Bewohner Oberschwabens, namentlich aber der dortige Adel, noch immer zu Österreich hingezogen fühlten und daß sie für das habsburgische Kaiserhaus nach wie vor große Sympathien hegten. Er wollte deshalb ihre kirchlichen Verhältnisse so ordnen, daß sie keinen Grund zu Klagen oder Beschwerden mehr hatten oder daß sich ihnen gar der Eindruck aufdrängte, die protestantische Mehrheitskonfession wolle sie gängeln oder bevormunden.[333] Oft kam er nach Oberschwaben, besuchte Städte, Dörfer, Adelssitze, Schulen und soziale Einrichtungen. So lernte er nicht nur die Nöte der Menschen dieser Region kennen, sondern konnte auch helfen, Mißstände beseitigen, Schwierigkeiten überwinden und unerläßliche Verbesserungen oder Neuerungen auf verschiedenen Lebensgebieten durchsetzen.[334]

Bei seinen katholischen Untertanen gewann der Monarch hohes Ansehen. Lediglich die ehemaligen Reichsfürsten und -grafen blieben auf Distanz. Sie trauerten noch immer dem Verlust der Reichsunmittelbarkeit nach und fühlten sich zu Recht von der kleinkarierten Verwaltungspraxis der altwürttembergischen Bürokratie gedemütigt. Mit dem drastischen Ausspruch »Lieber Sauhirt in der Türkei als Standesherr in Württemberg« machte der Erbgraf von Waldburg-Zeil einmal seinem aufgestauten Unmut Luft. Als König Wilhelm 1838 den Blutritt in Weingarten wieder erlaubte, eine Prozession, die zu den in der Volksfrömmigkeit tief eingewurzelten Bräuchen gehörte, die aber 1829 durch den Katholischen Kirchenrat untersagt worden waren, herrschte darüber in der Bevölkerung große und dankbare Freude. »Der Jubel war außerordentlich«, schrieb der Fürst von Waldburg-Wolfegg an den Erbgrafen von Zeil, »und allgemein hat man den König hochleben lassen, welcher die Prozession wieder erlaubt, nachdem sie der Bischof abgeschafft hat, daher letzterer in schlechtem Ruf bei den Leuten steht... Das Traurige an der Sache ist, daß hier abermals durch die Dummheit des Bischofs die Regierung auf Kosten der Geistlichkeit bedeutend im Kredit gestiegen ist, indem man überall hören kann, ja der König tut mehr für die Aufrechterhaltung unserer Religion als unsere Pfaffen.«[335]

Wie sehr dem Monarchen eine unvoreingenommene Förderung der römisch-katholischen Konfession in seinem Staat am Herzen lag, zeigt sein Schreiben vom 27. Oktober 1833, in dem er sich bei Domdekan von Jaumann für die Übersendung des größeren und kleineren Katechismus für katholische Schüler bedankte. Er wünschte den neuen Lehrbüchern nicht nur einen »segensreichen Erfolg«, sondern er zollte darüber hinaus dem Domdekan für dessen »edles Streben nach Verbreitung wahrer Religiosität und echt christlicher Grundsätze« hohe Anerkennung.[336]

In streng evangelisch-lutherischen Kreisen beobachtete man die überraschend große Liberalität des Königs gegenüber der römisch-katholischen Kirche mit Argwohn. Man unterstellte Wilhelm katholische Neigungen. Als Prinz Paul, sein Bruder, 1852 zum Katholizismus konvertierte, befürchtete man bei ihm gleichfalls einen Konfessionswechsel.[337] Hieran hat er in Wahrheit nie gedacht. Im Gegenteil: Er legte größten Wert darauf, daß im Königshaus streng an der evangelisch-lutherischen Konfession festgehalten wurde. Wenn männliche Mitglieder des Hauses konvertierten, riskierten sie eine scharfe Zurechtweisung durch ihn. Daß der in Paris lebende Prinz Paul, der nur noch geringe

Kontakte zu seiner Familie unterhielt, auf dem Sterbebett zum Katholizismus übertrat, empfand Wilhelm als Affront, zumal er offensichtlich von dem Konfessionswechsel des Bruders völlig überrascht worden war.[338] Mit Bekenntnis und Lehre der katholischen Kirche vermochte Wilhelm noch weniger anzufangen als mit Bekenntnis und Lehre seiner eigenen Kirche. Als 1854 die Kurie die Lehre von der unbefleckten Empfängnis der Jungfrau Maria verkündete, spottete er über die neugeschaffene »Déesse«, die durch passive Empfängnis entstanden sei.[339]

Der Verfassungsvertrag vom 25. September 1819 sah die formelle Errichtung einer württembergischen Landesdiözese im Rahmen eines Konkordats mit dem päpstlichen Stuhl vor. Württemberg nahm nun mit dem Großherzogtum Baden, dem Großherzogtum Hessen-Darmstadt, dem Kurfürstentum Hessen-Kassel, dem Herzogtum Nassau sowie der Freien Stadt Frankfurt Verhandlungen über die Schaffung einer von Rom möglichst unabhängigen, staatskirchlich bestimmten Metropolitankirchenverfassung auf. Eine Sonderverhandlung, zu der Papst Pius VII. Württemberg nach dem Vorgang Bayerns eingeladen hatte, war von König Wilhelm noch 1817 zurückgewiesen worden.[340]

Metternich mißfielen die württembergischen Aktivitäten. Er vermutete nicht zu Unrecht hinter ihnen trialistische politische Bestrebungen. Und in der Tat, dem Widerstand Württembergs gegen den Sitz des Erzbischofs in Mainz lagen solche Bestrebungen zugrunde. Da diese Stadt als Bundesfestung zu sehr unter österreichischem und preußischem Einfluß stand, erreichte Württemberg im Verein mit Baden, daß Freiburg der Sitz des Erzbischofs zuerkannt wurde.[341] Am 7. Oktober 1818 einigten sich die südwestdeutschen Staaten über die Bildung einer Oberrheinischen Kirchenprovinz. Bei den anschließenden Beratungen der Bevollmächtigten dieser Staaten über ihre »Deklaration« in Rom setzte der in diplomatischen wie in kirchenrechtlichen Angelegenheiten gleichermaßen versierte Kardinalstaatssekretär Consalvi wesentliche Änderungen und Ergänzungen durch. Am 16. August 1821 faßte die päpstliche Circumscriptions- und Erektionsbulle »Provida solersque« die Ergebnisse zusammen. In ihr war festgelegt, daß die Oberrheinische Kirchenprovinz aus dem Erzbistum Freiburg sowie den vier Suffraganbistümern Rottenburg, Mainz, Limburg und Fulda bestehen sollte. Das Bistum Rottenburg deckte sich mit dem Gebiet des

Königreichs Württemberg. Noch waren weitere schwierige Probleme zu lösen, so die Bestimmung der Rechte des Königs, die materielle Ausstattung der Diözese, die Wahl des Bischofs und des Domkapitels.[342]

König Wilhelm und seine engsten Berater wünschten als Bischof von Rottenburg den Freiherrn Ignaz Heinrich von Wessenberg (1774–1860), den Bistumsverweser von Konstanz, der durch seine umfassenden Reformen in der Seelsorge und in der Liturgie sowie in der Priesterausbildung bei einem großen Teil des oberrheinischen, nicht jedoch beim schwäbischen Klerus hohes Ansehen erlangt hatte.[343] Die Kurie aber betrachtete Wessenberg, den Vertreter eines josephinisch-aufklärerischen Katholizismus und Anhänger einer deutschen Nationalkirche, als einen »beharrlich ungehorsamen Sohn«, der die Kirche im Sinne des Zeitgeistes umgestalten wollte, und lehnte ihn ab.[344] König Wilhelm übermittelte in einem persönlichen Schreiben dem Konstanzer Bistumsverweser ausdrücklich sein Bedauern über das Nein des Heiligen Stuhls. Er hege, so schrieb er Wessenberg, auch jetzt noch »die Überzeugung, das Episkopat Meines Landes keinen würdigeren Händen anvertrauen zu können«. Ausdrücklich habe er gewünscht, »die Entwicklung und Begründung unserer neuen katholischen Kircheneinrichtung durch Ihre vielbewährten Einsichten und Ihren redlichen Eifer für die wahren Interessen der teutschen Kirche in Ihrer unmittelbaren Mitwirkung als diesseitiger Landesbischof gefördert zu sehen«[345]. Auch der zweite Kandidat der württembergischen Regierung, der Tübinger Dogmatikprofessor Johann Sebastian Drey, fand bei der Kurie keine Gnade. Ihm nahm man gleichfalls seinen Hang zu einem josephinisch-aufklärerischen Katholizismus übel, obwohl er sich von diesem zunehmend distanzierte.[346]

Generalvikar Keller betrieb schon seit Ende 1821 mit Nachdruck seine Nominierung zum Bischof. Auch wenn er bei einer Umfrage zu Jahresbeginn 1822 unter dem württembergischen Klerus als Kandidat mit Abstand die erste Stelle einnahm, schadete ihm doch sein krankhafter Ehrgeiz sehr. Innenminister von Schmidlin hatte von ihm eine miserable Meinung. Er nannte ihn eine »Nullität«. Und in der Tat war es so, daß Kellers floskelhafte Sprache und sein unterwürfiges Verhalten gegenüber König Wilhelm ihn charakterlich in einem ungünstigen Licht erscheinen ließen.[347]

Die Kurie war sehr verstimmt darüber, daß die südwestdeutschen Regierungen so wenig Eifer an den Tag legten, die in der Bulle »Provida solersque« vorgesehene Ordnung der kirchlichen Verhältnisse voranzutreiben. Generalvikar Keller gab sich zunächst große Mühe, den toten Punkt zu überwinden. Doch er fand dafür bei den anderen betroffenen Staaten nur geringe Unterstützung. Jetzt griff König Wilhelm ein, und er spornte Keller zu neuer Aktivität an. Im Mai 1825 erstattete der Generalvikar gemeinsam mit Minister Schmidlin für den Heiligen Stuhl einen vorläufigen Exekutionsbericht (Vorbericht).[348] Über die so lange umstrittene Besetzung des Rottenburger Bischofsstuhls einigte sich der König direkt mit Rom. Nachdem die Kurie signalisiert hatte, sie werde Keller das Bischofsamt übertragen, wenn sich dieser guter Gesundheit erfreue und er dem württembergischen Monarchen genehm sei, sprach sich König Wilhelm für Keller aus. Am 11. April 1827 erging die päpstliche Bulle »Ad dominici gregis custodiam« sowie ein Breve über die Ernennung regierungstreuer Bischöfe. Am 28. Januar 1828 bestätigte Papst Leo XII. Generalvikar Keller als ersten Bischof von Rottenburg. Ein Festtag für die nunmehrige Bischofsstadt am Neckar wurde die Inthronisation Kellers am 20. Mai 1828. Keller hatte vier Tage zuvor in Stuttgart vor dem König in Gegenwart der Mitglieder des Geheimen Rats und des Katholischen Kirchenrats den Treueid abgelegt.[349] Am Abend vor der Inthronisation hatte Innenminister Schmidlin das Generalvikariat Rottenburg für aufgelöst erklärt und dem Bischof die für das Ordinariat und das Domkapitel bestimmten Amtssiegel sowie die vom König gestifteten Kapitelskreuze übergeben. Das Fundationsinstrument war verlesen und auf die landesherrliche Ordnung hingewiesen worden. Beide sollten aber noch geheim bleiben. Der Innenminister hatte keinen Zweifel daran gelassen, daß Keller sofort an die Spitze der Diözesanverwaltung treten könne, einer päpstlichen Verordnung bedürfe es dazu nicht.[350]

Daß die Kirche in das Herrschaftssystem des Staates gänzlich integriert war, dokumentierte die königliche Verordnung vom 30. Januar 1830. Sie bestimmte: »Der König übt seine Majestätsrechte des Schutzes und der Oberaufsicht über die Kirche in ihrem vollen Umfang und ohne jede Einmischung von einer anderen Seite aus, diese Rechte sind unveräußerlich und unantastbar. Der König nimmt die Rechte als Staatsoberhaupt wahr, sie gelten als von der Kirche grundsätzlich, ohne Rücksicht auf die Person des Herrschers, übertragen.«[351] Der Katholische Kirchenrat, eine reine Staatsbehörde, entschied nach Gutdünken über alle Belange der katholischen Kirche im Land. Er stellte dem Bischof einen landesherrlichen Kommissar zur Seite, der jeden seiner Schritte überwachte. Die Arroganz der Staatsbürokratie äußerte sich in dem demütigenden Ausspruch: »Wir brauchen nur einen Salber, alles andere besorgen wir selbst.« Die sehr ins einzelne gehende, 39 Artikel umfassende Verordnung schrieb das landesherrliche »Placet«, die landesherrliche Zustimmung, für alle Gegenstände geistlicher Natur, für alle Verfügungen des Bischofs vor. Der Verkehr des Klerus mit dem Bischof hatte über den Kirchenrat zu erfolgen. Lediglich der Bischof durfte mit dem Papst direkt Kontakte pflegen. Doch auch die Korrespondenz mit der Kurie unterlag der staatlichen Kontrolle.[352] Bischof Keller wurde verboten, in seiner Titulatur »Von Gottes Gnaden« zu gebrauchen. Diese Formel sollte zum einen auf den König beschränkt bleiben, zum andern aber sollte dem Bischof damit klargemacht werden, daß sein geistliches Amt nicht von Gott ausgehe, sondern vom Staat geschaffen sei.[353] Der Protest des Papstes sowie die Verwahrung des Bischofs in der Kammer der Abgeordneten gegen die den Höhepunkt des Staatskirchentums bezeugende Verordnung vom 30. Januar 1830 verhallte zunächst wirkungslos.[354]

Unbedenklich entschied der Katholische Kirchenrat in geistlichen Angelegenheiten. So untersagte er 1829 dem Dekanat Wangen Prozessionen und das »Auslaufen« in auswärtige Wallfahrten. Ferner verfügte er, daß die Geistlichkeit die Rosenkranzandachten auf ein Minimum beschränkte, damit sie nicht »in ein gedankenloses, aller Andacht und Erbauung hinderliches Geplapper ausarteten«. Dem Waisenhaus Weingarten schrieb er vor, das Vaterunser künftig protestantisch zu beten.[355]

Bischof Keller war eitel und empfindlich, auch war er sehr erpicht auf Auszeichnungen. Viel bedeuteten ihm Audienzen beim König. Oft weilte er wochenlang bei Landtagssitzungen in Stuttgart und überließ anderen die Leitung der Diözese. In einem Schreiben an König Wilhelm vom 14. März 1831 beteuerte er, sein Bestreben sei einzig und allein darauf gerichtet, das reinste Interesse des Staates mit dem der Kirche zu vereinigen. Er habe, einem Wink seines Königs folgend, die Aufforderung des Freiburger Erzbischofs abgelehnt, gemeinsame Sache mit den anderen

Bischöfen zu machen.[356] Bei der »Sache« dürfte es sich um ein Aufmucken der Bischöfe gegen das staatliche Kirchenregiment gehandelt haben.

Über die neuwürttembergischen katholischen Gemeinden Oberschwabens waren bereits die josephinischen und die wessenbergischen kirchlichen Reformen hinweggegangen. Der teilweise vom Protestantismus angestoßene, teils mit ihm rivalisierende Reformeifer, den das jetzige staatskirchliche Regiment entfaltete, konnte diese Gemeinden deshalb nicht zu sehr schrecken. »Abergläubische« und volkstümliche Bräuche wurden abgeschafft, der Bibelverbreitung das Wort geredet, Antizölibatsvereine ins Leben gerufen, Synoden und Laienorganisationen gefordert, ebenso liturgische Änderungen. Papst Gregor XVI. äußerte sich 1833 in einem Breve sehr besorgt. Bischof Riegg von Augsburg untersagte gar zwei Jahre später seinen Grenzpfarrern Umgang mit württembergischen Amtsbrüdern wegen deren neuerungssüchtigen und gefährlichen Geistes. 1837 wurde die vom Rottenburger Ordinariat und dem Stuttgarter Katholischen Kirchenrat gemeinsam erarbeitete Gottesdienstordnung für die katholischen Gemeinden Württembergs eingeführt, in der die Predigt nach dem Evangelium sowie deutsche Gesänge zur Begleitung der Messe für verbindlich erklärt wurden. König Wilhelm hatte Verständnis für die Proteste der katholischen Kirchengemeinden von Ravensburg und Tettnang und nahm beide Gemeinden gegen das Ordinariat ausdrücklich in Schutz.[357]

Zunehmend empfindlicher reagierten die Katholiken auf die Bevorzugung der evangelisch-lutherischen Mehrheitskonfession. So wagte die katholische Kirche lange keinen Widerspruch, wenn König Wilhelm gottesdienstliche Anordnungen traf, die sich auf seine Person und sein Haus bezogen. Dies änderte sich in den vierziger Jahren. Anläßlich der Hochzeit seines Sohnes Karl mit der russischen Großfürstin Olga (1846) ordnete der Monarch eine Bekanntmachung und ein Gebet in allen Kirchen des Königreichs an. Das bischöfliche Domkapitel in Rottenburg – der bischöfliche Stuhl war verwaist – akzeptierte die königliche Anordnung, weigerte sich aber, das gleiche Gebet, wie es in evangelischen Gotteshäusern gesprochen wurde, auch in katholischen verlesen zu lassen. Es sei, so argumentierte das Domkapitel in allen Ländern ein bischöfliches Recht, ein solches Gebet selbst zu verfassen. Der König überließ daraufhin den Entwurf des Gebets dem

Domkapitel, wünschte aber, daß dieses ihm zur Genehmigung vorgelegt werde. 1848 verzichtete er auf die Genehmigungsprozedur. Jahrelang wurde der Text der Predigt, die am Geburtstag des Landesherrn zu halten war, vom Landesherrn selbst vorgeschrieben. Im Lauf der Zeit setzten sich hier großzügigere Lösungen durch.[358]

Trotz großer Spannungen zwischen Protestanten und Katholiken praktizierten beide Konfessionen am Geburtstag des Königs Ökumene. Sie wollten damit seine Bemühungen um wechselseitige Toleranz honorieren. 1831 beispielsweise wohnte Bischof Keller in Biberach in der dortigen Simultankirche der evangelischen Predigt am Geburtstag des Monarchen bei; er feierte anschließend das Hochamt. Da 1841 beim Regierungsjubiläum Wilhelms in Rottweil wegen Restaurierungsarbeiten die Heilig-Kreuz-Kirche nicht benutzt werden konnte, versammelten sich beide Konfessionen in der evangelischen Stadtpfarrkirche. Der evangelische Stadtpfarrer hielt die Predigt, der katholische zelebrierte die Messe, und die Schüler des katholischen Konvikts sangen evangelische Lieder.[359]

Gegen die gänzliche Unterwerfung der katholischen Kirche unter das staatliche Joch regte sich vor allem in der jüngeren Generation, die das Zeitalter des Josephinismus nicht mehr erlebt hatte, zunehmender Widerstand. Obwohl König Wilhelm auf religiöse Anliegen sensibler als der Katholische Kirchenrat reagierte, mißfiel ihm dieses Aufbegehren. Im Februar 1833 äußerte er in einem Gespräch mit Domdekan von Jaumann, er glaube , er habe für die Katholiken so viel getan, daß man ihm eher eine Vorliebe für sie als einen Druck gegen sie vorwerfen könne. Er bezog sich dabei auf die »Motion« (den Antrag) des Freiherrn von Hornstein in der Zweiten Kammer am 5. März 1830, die unter Hinweis auf die Königliche Verordnung vom 30. Januar jenes Jahres gegen alle Eingriffe des Katholischen Kirchenrats in die Verwaltung der Kirche protestiert hatte.[360]

Der 1837 in Köln entfesselte Streit über die konfessionell gemischten Ehen, der zu einer harten Belastung des Verhältnisses zwischen preußischem Staat und katholischer Kirche wurde, griff rasch auf die anderen deutschen Länder über. Auch in Württemberg verweigerten jüngere Priester, ungeachtet der zu erwartenden Strafen (Strafversetzung), die Einsegnung solcher Ehen, wenn die katholische Kindererziehung nicht gewährleistet war. Anfang

Dezember 1839 veröffentlichte der Tübinger Theologieprofessor Joseph Martin Mack einen Aufsatz, in dem er darlegte, daß die Einsegnung einer gemischten Ehe mit akatholischem Glauben dem Geist, der Lehre wie den Befehlen der Kirche widerstreite und daß sie deshalb von keinem »Kirchenoberen« erlaubt und von keinem »Kirchendiener« vorgenommen werden dürfe. König und Kirchenrat waren empört. Die Schrift wurde beschlagnahmt, Mack seines akademischen Lehramts enthoben und auf die allerdings gutdotierte Pfarrei Ziegelbach bei Bad Waldsee strafversetzt. Bischof Keller, der zu dem Fall Mack nicht einmal gehört worden war, mißbilligte den Inhalt der Schrift, beanstandete aber immerhin das staatliche Vorgehen. Der Kirchenrat rechtfertigte sich mit der Behauptung, Mack habe mit seinem Aufsatz keinen wissenschaftlichen Zweck verfolgt, sondern er habe zum Ungehorsam gegen ein Staatsgesetz aufreizen wollen.[361] König Wilhelm gab die Schuld an den »Kölner Wirren«, das heißt an dem Streit über die Einsegnung konfessionell gemischter Ehen, der Kurie. Er hielt den Streit für eine unzulässige Einmischung des päpstlichen Stuhls in deutsche Nationalinteressen.

Unzufrieden zeigte sich die Kurie mit Bischof Keller und dessen Amtsführung. Sie warf ihm vor, er schweige zu Übergriffen der Regierung wie zum »Indifferentismus« – Gleichgültigkeit in kirchlich-religiösen Fragen – des Klerus. Eine Amtsenthebung hielt König Wilhelm allerdings für zu hart. Er schlug deshalb vor, Keller einen Koadjutor beizugeben. Rom war mit diesem Vorschlag einverstanden, wenn zwei Bedingungen erfüllt würden: Zum einen müsse der Koadjutor das uneingeschränkte Vertrauen des Heiligen Stuhls besitzen und zum anderen dürfe Bischof Keller ohne die Billigung des Koadjutors nichts Wichtiges mehr unternehmen. Der König machte die Annahme der Bedingungen durch ihn von der Einwilligung Kellers abhängig. Besonders schwierig indes war es, einen Geistlichen zu finden, der sowohl das Vertrauen des Königs als auch das der Kurie besaß.[362]

Der alternde, gesundheitlich angeschlagene Bischof erkannte, daß er nicht länger den gehorsamen Staatsdiener spielen konnte. Die übermächtige staatliche Bevormundung mußte gelockert werden. Im November 1841 brachte er im Landtag eine »Motion« (Antrag) mit zehn Beschwerdepunkten ein, die am 15. März Gegenstand der Beratungen in der Zweiten Kammer war. Hatten schon in der »Motion« neben sehr berechtigten Beschwerden wie der Beschränkung der Zuständigkeit des Katholischen Kirchenrats auch unberechtigte nicht gefehlt, so war der im Februar 1842 ergänzte Nachtrag in einem aufreizenden und beleidigenden Ton gehalten. Die »Motion« selbst verschwand dann in den Akten. Dies war übrigens das letzte Mal, daß ein Rottenburger Bischof bei einer Landtagssitzung anwesend war. Der Papst schickte ein Breve nach Stuttgart, das den König bewog, auf Ausgleich und Verständigung zwischen Staat und Kirche zu setzen. Die von Keller beantragte Veröffentlichung des päpstlichen Sendschreibens lehnte der Minister rundweg ab.[363] 1845 starb der zuletzt unter Verfolgungswahn leidende und erblindete Bischof. Die Wahl des Tübinger Theologieprofessors Drey zu seinem Nachfolger lehnte die Kurie als unkanonisch ab. Schließlich wurde Joseph Lipp, Dekan und Stadtpfarrer in Ehingen (Donau), gewählt.

Die 1848 von der Frankfurter Nationalversammlung beschlossenen Grundrechte gaben den Anstoß, daß sich der neuinthronisierte Rottenburger Bischof Lipp zusammen mit dem Freiburger Erzbischof Vicari die Forderung der Revolution nach einer Trennung von Kirche und Staat zu eigen machte. Die Bischöfe der Oberrheinischen Kirchenprovinz trafen sich 1848 und 1853 mehrmals in Würzburg und Freiburg, um gemeinsame Schritte zur Befreiung der Kirche aus der unwürdigen und ihrem geistlichen Auftrag zuwiderlaufenden Bevormundung durch den Staat zu beraten und zu beschließen. König Wilhelm zeigte sich befremdet über die Teilnahme von Bischof Lipp an den Bischofskonferenzen und ebenso über den Ton des Monitoriums, das die Bischöfe zuletzt an die Regierungen gerichtet hatten. Auch die Regierungen der Staaten der Oberrheinischen Kirchenprovinz kamen zusammen, um über eine gemeinsame Antwort auf das Verlangen der Bischöfe zu beraten. Sie einigten sich auf die Verordnung vom 1. März 1853, die eine großzügigere Handhabung der staatlichen Aufsichtsrechte über die katholische Kirche in Aussicht stellte.[364] Die Bischöfe waren von einer solchen vagen Absichtserklärung enttäuscht. Sie reagierten entsprechend schroff. König Wilhelm äußerte sich jetzt sehr verärgert über die maßlosen Ansprüche von kirchlicher Seite. Sie schienen ihm als Basis für weitere Verhandlungen ungeeignet.[365]

Bischof Lipp entschied sich für einen Konfrontationskurs gegenüber dem Staat. Er verbot die staatliche Konkursprüfung der Geistlichen und schrieb eigenständig Prüfungen aus. Für die

Konviktoren in Tübingen ernannte er einen eigenen Geschichtsprofessor. Die Priester wies er an, in der Messe das Gebet gegen die Verfolger der Kirche zu sprechen.[366] König Wilhelm sah in einer Konfrontation von Kirche und Staat keinen Sinn. Er suchte eine für beide Seiten tragfähige friedliche Lösung und bat Bischof Lipp zu einer Audienz nach Stuttgart. Der Weg für Verhandlungen war rasch freigeräumt. An der entscheidenden Konferenz am 13. und 14. Dezember 1853 in der Landeshauptstadt nahmen von seiten Rottenburgs Generalvikar Oehler und der Domkapitular Ritz, von seiten des Staates Kultminister Wächter-Spittler und Innenminister Linden teil. Eine volle Einigung wurde dann am 31. Dezember 1853 erzielt, die am 12./16. Januar 1854 ihre rechtsverbindliche Bestätigung erhielt. Die Zeit des schrankenlosen Staatskirchentums hatte ein Ende. Die rechtliche Stellung des Bischofs war nunmehr sehr viel freier als bisher. Allerdings wurde der Sonderweg Württembergs von den Nachbarstaaten, namentlich von Baden, zum Teil heftig kritisiert.[367]

Der römischen Kurie mißfiel diese in ihre Zuständigkeit fallende Übereinkunft. Sie wünschte den Abschluß eines Konkordats. Am 20. Juni 1854 erklärte sie die Übereinkunft für nichtig und unterbreitete zugleich Vorschläge für ein Konkordat.[368] Ihre »Grundlagen« hielt jedoch die württembergische Regierung für unannehmbar. Der von König Wilhelm hochgeschätzte württembergische Konsul in Rom, Karl von Kolb, führte zunächst die Besprechungen weiter. Freilich war Kolb, dem als Hauptaufgabe die Steigerung der württembergischen Ausfuhr nach Italien übertragen war, trotz seiner guten Beziehungen zu höchsten Stellen der Kurie nicht der dafür geeignete Mann: Er gehörte der evangelisch-lutherischen Konfession an und besaß zudem keinerlei theologische Kenntnisse.[369] Im Februar 1856 beschloß der Geheime Rat die zügige Fortsetzung der Verhandlungen mit der Kurie. Doch es bedurfte erst eines Ministerwechsels, ehe dieser Beschluß umgesetzt werden konnte. Am 9. April 1856 übernahm Oberstudienrat Gustav Rümelin, von Haus aus evangelischer Theologe, anstelle von Minister Wächter-Spittler, der ins Justizressort wechselte, die Leitung des Ministeriums des Kirchen- und Schulwesens. Rümelin strebte eine den geistlichen Belangen uneingeschränkt Rechnung tragende Lösung an. Zum Unterhändler in Rom bestimmte König Wilhelm Legationsrat von Ow, den württembergischen Gesandten am Wiener Hof und als theologischen

Sachverständigen, den Stuttgarter Stadtpfarrer Anton Dannecker.

Die von Kardinalstaatssekretär Antonelli geleiteten Verhandlungen an der Kurie konnten am 8. April 1857 mit der Unterzeichnung der »Vereinbarung oder Konvention«, einem konkordatsähnlichen Vertrag[370], abgeschlossen werden. Am 4. Juni 1857 erfolgte dann im Quirinal der Austausch der Urkunden.[371] Die am 22. Juni 1857 von Papst Pius IX. ausgefertigte Bulle »Cum in sublimi principis« mit den 13 Artikeln dieser Konvention wurde am 21. Dezember 1857 im Regierungsblatt veröffentlicht.

Die Konvention lehnte sich inhaltlich stark an das österreichische Konkordat an, doch behielt sich der Staat gewichtige Rechte vor. Drei Viertel der Patronate blieben königlich. Das »Placet« des Staates für kirchliche Erlasse fiel zwar weg, aber ein staatliches Mitbestimmungsrecht beim Religionsunterricht sowie beim Theologiestudium und -prüfungswesen blieb bestehen. Der Bischof durfte kirchliche Ämter nicht an Personen verleihen, die der Regierung aus politischen oder aus anderen Gründen nicht genehm waren. Für die Zulassung von Orden und für die Gründung von Klöstern war die Einwilligung der Regierung erforderlich.[372]

König Wilhelm empfand große Genugtuung über das gelungene Werk und insbesondere über das zwischen Staat und katholischer Kirche geschaffene Vertrauensverhältnis. Die Dankbarkeit, die ihm Klerus und katholischer Adel in vielen Adressen bezeugten, freute ihn. Im Sommer 1857 empfing er nicht nur Bischof Lipp, sondern auch Kardinal Graf Reisach. Innenminister Linden konnte sich, obwohl er als Katholik über die erreichte Übereinkunft sicher sehr befriedigt war, eine auf seinen allem Religiösen distanziert gegenüberstehenden König gemünzte spöttische Bemerkung nicht verkneifen. Der Kardinalspurpur, meinte er, sei am württembergischen Hof doch ein seltsamens Schauspiel gewesen.[373]

Bischof Lipp sah sich nach dem Abschluß der Übereinkunft Kritik aus dem eigenen Lager wegen angeblich zu großer Zugeständnisse an den Staat ausgesetzt. In einem Hirtenwort vom 5. September 1857 verteidigte er sich. Er habe, ließ er sich vernehmen, doch bei diesem großmütigen Anerbieten die Hand zum Frieden nicht verweigern können. Auch habe der Papst, das Oberhaupt der Kirche, die von ihm getroffene Abmachung bekräftigt.[374] Allein, eine Gruppe katholischer Eiferer, unter ihnen der Regens des Rottenburger Priesterseminars Mast, gab keine Ruhe. Sie war nicht ganz unschuldig, wenn im evangelischen Lager der Unmut und die Verärgerung über die Konvention anwuchsen. Proteste und publizistische Attacken häuften sich. Einige Zeitungen schürten das Feuer des Aufbegehrens. Zunächst der »Beobachter«, dann das »Evangelische Kirchen- und Schulblatt«. Es kam zu einer eigenartigen Allianz von Pietisten und Liberalen. Das Gespenst einer Gefährdung des Protestantismus wurde von streng evangelisch-kirchlicher Seite an die Wand gemalt. Der konfessionelle Friede war ernsthaft bedroht. Liberale Parteigänger erklärten die Konvention für unvereinbar mit dem modernen Staatsgedanken und der bürgerlichen Freiheit. Besonnene evangelische Theologen, die wie beispielsweise Karl Gerok die Konzessionen des Staates gegenüber der Kurie für durchaus vertretbar, ja für recht und billig hielten, wurden verketzert. Sogar der König, der maßgeblichen Anteil am Zustandekommen der Konvention hatte, geriet in die Schußlinie. Er wurde verdächtigt, heimlich zum Katholizismus konvertiert zu sein.[375] Eine Gouvernante am Katharinenstift sowie ein Lehrgehilfe an der Krähenschule in Stuttgart sollten neben anderen dieses Gerücht verbreitet haben.[376] König Wilhelm nahm seinen angeblichen Konfessionswechsel zum Anlaß, um die sechs evangelischen Prälaten Mehring, Moser, Gerok, Hauber, Dettinger und Sigel, Oberhofprediger Grüneisen und Stiftsprediger Kapff, ferner den Präsidenten des Geheimen Rats Neurath sowie den Chef des Departements des Kirchen- und Schulwesens Rümelin am 8. September 1858 zu einer Besprechung einzuladen. Den Versammelten erklärte er, daß er dem Glauben, auf den er das Bekenntnis abgelegt habe, treu bleibe und in diesem auch sterben werde. Daß auch die Geliebte des Königs, Amalie von Stubenrauch, als Katholikin insgeheim beschuldigt wurde, beim Zustandekommen der Konvention mit dem päpstlichen Stuhl beteiligt gewesen zu sein,verwundert nicht. Indes findet sich nirgendwo ein schriftlicher Beleg dafür, daß dies tatsächlich der Fall war.

Zu der explosiven Stimmung im Land trug bei, daß die Regierung die Konvention verkündete und sie auszuführen begann, ohne zuvor die Zustimmung der Stände zu den Punkten einzuholen, zu denen deren Einverständnis erforderlich war, und daß es so lange dauerte, bis das ständische Prüfungsverfahren in

Gang kam.[377] In der Kammer der Abgeordneten wuchs unter der Führung des Staatsrechtlers Reyscher und des früheren Innenministers Schlayer der Widerstand gegen die Konvention. Die staatsrechtliche Kommission der Kammer gelangte in ihrem Gutachten zu dem Ergebnis, daß die Neuordnung des Verhältnisses von Staat und Kirche nicht durch einen Vertrag zwischen Regierung und Kurie rechtsverbindlich geregelt werden könne, sondern daß diese Neuordnung in die Zuständigkeit der Landesgesetzgebung falle.[378]

Am 3. Februar 1861 sprach eine Volksversammlung in Esslingen dem Ministerium Linden wegen des Vertrags mit der Kurie ihr Mißtrauen aus, und 176 Petitionen aus dem ganzen Land forderten die Annullierung der Konvention. Die staatsrechtliche Kommission der Kammer der Abgeordneten verlangte in einem zweiten, verschärften Antrag, die ganze Vereinbarung für rechtlich unverbindlich zu erklären und das Verhältnis zwischen Staat und Kirche durch die Landesgesetzgebung zu regeln.[379]

Vom 12. bis 16. März 1861 beriet die Kammer der Abgeordneten über die umstrittene Konvention. Innenminister Linden verteidigte mit überragender Rednergabe die Vereinbarung mit der Kurie. Auch Gustav Rümelin, der Chef des Departements des Kirchen- und Schulwesens, verteidigte mannhaft die Konvention. Er räumte in diesem Zusammenhang ein, daß die katholischen Untertanen in den letzten fünfzig Jahren »manchen Druck« hätten leiden müssen, eine Feststellung, die man ihm, dem evangelischen Theologen und Schulmann, besonders übelnahm.[380] Indes nützte das mutige Eintreten der beiden Minister für die Konvention nichts. Mit 63 gegen 27 Stimmen verwarf die Kammer der Abgeordneten die Konvention. Rümelin, den Albert Schäffle den nach Geist und wohl auch nach Charakter größten Unterrichts- und Kultminister nennt, den Württemberg je gehabt habe, zog die Konsequenzen. Er trat zurück. Es war dies übrigens das erste Mal, daß in Württemberg ein Minister sein Amt zur Verfügung stellte, weil er im Landtag eine Niederlage erlitten hatte.[381]

Am 12. Juni 1861 mußte die Regierung der Kurie mitteilen, daß die Konvention im Landtag gescheitert war. Die Kurie protestierte, unternahm aber keine weiteren Schritte. Innenminister Linden riet nun dem König, möglichst viele Bestimmungen der Konvention im Wege der Landesgesetzgebung zu retten. Dies wurde der Kurie mitgeteilt, die zwar einige Vorbehalte äußerte, sich insgesamt aber recht entgegenkommend zeigte. Der neue Kultminister Golther, wie Rümelin Protestant, stand vor keiner leichten Aufgabe. Er fürchtete, unter dem Eindruck der heftigen Agitation gegen die Konvention, sie kaum bewältigen zu können. Doch sein Freund Albert Schäffle, damals Landtagsabgeordneter und Redakteur, später Professor der Staatswissenschaften und kurzfristig österreichischer Handelsminister, ermutigte ihn. Gemeinsam machten sie sich ans Werk. Im Gasthof »Zum Goldenen Bären«, in dem Schäffle wohnte, erarbeiteten sie in drei Tagen die Grundzüge eines Gesetzentwurfs.[382] Der Entwurf fand die Billigung des Königs. Er wurde außerdem mit Bischof Lipp beraten und abgestimmt. Obwohl die Zugeständnisse des Staates an die katholische Kirche manchem Ständemitglied zu weit gingen, nahm die Kammer der Abgeordneten den Entwurf am 27. November 1861 mit 67 gegen 13 Stimmen an. Am 30. Januar 1862 erlangte das »Gesetz betreffend die Regelung des Verhältnisses der Staatsgewalt zu der katholischen Kirche« mit seiner Verkündigung Rechtskraft. Von einigen Abstrichen abgesehen, entsprach das Gesetz im wesentlichen der Vereinbarung von 1854 und der Konvention von 1857. So war schließlich erreicht worden, was der Monarch von Anfang an angestrebt hatte: ein dauerhafter Friede im kirchlichen Bereich. Württemberg blieben so die schweren inneren Kämpfe und Erschütterungen erspart, die andere deutsche Länder in den folgenden Jahrzehnten durchzustehen hatten.[383]

Eindeutig benachteiligt waren die Katholiken im Pressewesen. Wiederholt wurden Anträge auf die Herausgabe einer katholischen politischen Zeitung abgelehnt. Oberjustizprokurator Andreas Wiest in Ulm brachte das leidige Thema immer wieder im Landtag zur Sprache. 1845 stellte er fest, es sei ein Unding, daß sämtliche politischen Zeitungen in den Händen von evangelischen Altwürttembergern seien. Dem Entgegenkommen des Königs verdankte es Wiest schließlich, daß ihm am 27. Juni 1845 auf drei Jahre erlaubt wurde, politische Artikel in den »Donauboten« aufzunehmen, wobei aber dessen Charakter als bäuerliches Standesorgan bewahrt werden mußte.[384]

Schließlich ermöglichte die Pressefreiheit während der Revolutionsjahre das Entstehen einer katholischen Presse. Damals rief der seitherige Repetent am Tübinger Wilhelmsstift, Dr. Florian Riess, das »Deutsche Volksblatt« ins Leben, das sich auch in der sogenannten Reaktionszeit der fünfziger Jahre behaupten konnte. Allerdings geriet die Zeitung mit ihren Äußerungen und Stellungnahmen zu den kirchenpolitischen Auseinandersetzungen in Baden und Württemberg öfters ins Schußfeld der Regierung.[385]

Daß 1848 neun Zehntel aller Beamten Protestanten waren und daß dieses Ungleichgewicht bei den höheren Beamten noch größer war, empfanden die Katholiken als schmerzliche Zurücksetzung. An der Landesuniversität Tübingen gehörten mit Ausnahme der Professoren der Katholisch-Theologischen Fakultät sämtliche Ordinarien dem Protestantismus an. Nicht selten wurden bei Berufungen mäßig begabte Protestanten hochbegabten Katholiken vorgezogen. Gegen dieses protestantische Ämtermonopol führten die Katholiken einen vergeblichen Kampf. Auch König Wilhelm hatte offenbar kein Interesse daran, hieran etwas zu ändern.[386]

Der in den vierziger Jahren aufkommende Deutschkatholizismus gewann in Württemberg nur sehr wenige Anhänger. 1845 zählten die deutschkatholischen Gemeinden im Land zusammen 100 Mitglieder. Daß diese bald wieder in freireligiösen Gemeinden aufgehende Splittergruppe von protestantischen Kreisen unterstützt wurde, verstärkte die damals recht ausgeprägten konfessionellen Spannungen.[387] Von Kontakten des Königs zum Deutschkatholizismus ist nichts bekannt. Sicher war ihm die humanistisch-aufklärerische Richtung, die dieser vertrat, nicht unsympathisch, aber staatspolitisch war eine solche kleine religiöse Gruppe für ihn ohne Belang.

Daß die Verfassung von 1819 die vollen staatsbürgerlichen Rechte nur den Angehörigen der evangelisch-lutherischen, der reformierten und der römisch-katholischen Konfession gewährte, bildete seit langem einen Stein des Anstoßes, vor allem nachdem die vom Gesetz vom 1. Juli 1849 zugestandene Unabhängigkeit des Wahl- und Wählbarkeitsrechts vom Glaubensbekenntnis bereits wieder im folgenden Jahr annulliert worden war. Erst gegen Ende seiner Regierungszeit gab König Wilhelm mit dem Gesetz vom 31. Dezember 1861 den Weg frei für die Ausdehnung der staatsbürgerlichen Rechte auch auf Angehörige anderer Glaubensbekenntnisse, so auf die Juden. Absatz 2 des Paragraphen 27 der Verfassung bekam den Wortlaut: »Die staatsbürgerlichen Rechte sind unabhängig von dem religiösen Bekenntnis.«[388]

Unter König Wilhelm vollzog sich die Emanzipation der württembergischen Juden, deren Rechtsstellung bereits König Friedrich im Wege von Einzelverordnungen deutlich verbessert hatte. Am Anfang stand das Gesetz vom 25. März 1828 »in Betreff der öffentlichen Verhältnisse der israelitischen Glaubensgenossen«. Es machte aus Schutzjuden württembergische Untertanen, die »allen bürgerlichen Gesetzen unterworfen waren und alle Pflichten und Leistungen der übrigen Untertanen zu erfüllen hatten«. Die rechtlichen Beschränkungen, die den Juden auch danach noch auferlegt waren, fielen im Lauf der folgenden Jahrzehnte, die letzten 1864 und 1869. Der Staat nahm in gleicher Weise wie schon auf die evangelische und die katholische Kirche bestimmenden Einfluß auf die israelitische Religionsgemeinschaft. Er verfügte die Bildung von »Israelitischen Kirchengemeinden« und Rabbinaten, ebenso ordnete er die Schaffung einer Landesorganisation, der »Israelitischen Oberkirchenbehörde«, an. Er übertrug also unbedenklich den für Juden fremden Begriff »Kirche« auf deren religiöse Institutionen. Die Emanzipation ermöglichte den erstaunlichen sozialen Aufstieg der rund 11000 Mitglieder zählenden kleinen religiösen Minderheit. Juden taten sich auf wirtschaftlichem Gebiet hervor, nicht weniger im Kultur- und Geistesleben.[389]

König Wilhelm förderte unvoreingenommen alle Bemühungen, die zu Beginn seiner Regierung noch sehr ungünstigen Lebensverhältnisse der jüdischen Bevölkerung zu verbessern. Leopold Lammfromm aus Oberdorf am Ipf, der erste Lehrer an der 1826 errichteten, 1840 zur öffentlichen Anstalt erklärten jüdischen Elementarschule in Buchau am Federsee, hatte als erster Jude das Evangelische Lehrerseminar in Esslingen absolviert und während seiner Seminarausbildung ein Stipendium von 75 fl aus der Privatschatulle des Monarchen bekommen.[390]

Als der Ellwanger Buchhändler Isaak Heß (1789–1866) 1831 einen Verein zur Versorgung armer israelitischer Waisen gründete, steuerte Wilhelm 200 fl aus seiner Privatschatulle zum finanziellen Grundstock des Vereins bei. 1842 konnte der Verein in Esslingen eine Waisenanstalt ins Leben rufen. Der König stimmte gerne zu, daß dem Waisenhaus der Name Wilhelmspflege beigelegt wurde.[391] Freilich, auch König Wilhelm war ein Kind seiner Zeit. Obwohl ihm die Hebung des Bildungsstands der württembergischen Juden sehr am Herzen lag, vermochte er sich ebensowenig wie seine Minister dazu durchzuringen, Glaubensjuden, die als Wissenschaftler einen hervorragenden Ruf besaßen, zu ordentlichen Professoren an der Landesuniversität Tübingen zu ernennen.

Juden, die eine solche Position anstrebten, hatten zuvor zum Christentum zu konvertieren. Die Berufswege der ersten Tübinger Professoren sind dafür sprechende Beispiele. Leopold Pfeiffer (1821–1881), Sohn des Hoffaktors Aaron Pfeiffer aus Weikersheim und dessen Ehefrau Esther geb. Kaulla, also zwei der angesehensten jüdischen Familien des Landes entstammend, habilitierte sich, nachdem er 1846 zum Dr. jur. promoviert worden war, im Wintersemester 1847/48 an der Juristischen Fakultät. 1851 wurde er außerordentlicher Professor. Zu seiner Berufung auf einen ordentlichen Lehrstuhl kam es jedoch nicht, weil Pfeiffer an seinem jüdischen Glauben festhielt.

Samuel Marum Mayer (1797–1862), Sohn des Freudentaler Rabbiners Samuel Mayer, sollte nach dem Willen seiner Eltern gleichfalls Rabbiner werden. Sie schickten ihn deshalb auf die Talmudschule nach Hechingen. Doch Samuel Marum wollte Rechtswissenschaft studieren. Er warf eine Bittschrift in den Wagen von König Friedrich, der sich während seiner letzten Lebensjahre häufig in Freudental aufhielt. Der König ermöglichte ihm durch einen Beitrag aus seiner Privatschatulle den Besuch des Stuttgarter Gymnasiums. Das anschließende Universitätsstudium in Tübingen absolvierte der hochbegabte junge Mann mit Auszeichnung. Justizminister von Maucler bot ihm, falls er konvertiere, ein Staatsamt an. Dazu war er aber nicht bereit. Er wandte sich der »Advokatur« (dem Beruf des Rechtsanwalts) zu, mußte diese aber unter fremdem Namen betreiben, da Juden vor 1828 keinen solchen Beruf ausüben durften. Innenminister von Schmidlin verschaffte ihm ein provisorisches akademisches Lehramt in Tübingen. 1829 wurde er Privatdozent, 1831 außerordentlicher Professor. Nachdem er 1834 zum Christentum übergetreten war und eine Pfarrerstochter geheiratet hatte, wurde er 1837 ordentlicher Professor. 1849/50 verwaltete er das hohe Amt des Universitätsrektors. Der aus Hameln stammende Adolph Michaelis (1797–1863) studierte in den Jahren 1812 bis 1818 Rechtswissenschaft in Tübingen, Heidelberg und Göttingen. Nachdem er in Göttingen zum Dr. jur. promoviert worden war, wurde er 1818 Privatdozent und 1820 außerordentlicher Professor. Da er bereits 1818 zum Christentum konvertiert war, stand seiner Berufung zum ordentlichen Professor in Tübingen im Jahr 1822 nichts mehr im Wege. Durch zahlreiche Publikationen machte er sich einen wissenschaftlichen Namen.[392]

König Wilhelm hat sich, seit er in den Feldzügen gegen Napoleon militärische Lorbeeren erlangt hatte, stets als befähigter General, ja als Feldherr gefühlt. Dem Heer kam deshalb für ihn im Staat ein hoher Stellenwert zu. Dennoch war er alles andere als ein Militarist. Das Militärische blieb bei ihm stets der Politik untergeordnet, das Heer war der bewaffnete Arm des Staates.

Ein armes, um 1816, also am Beginn der Regierung König Wilhelms, noch rein agrarisches Land mit einem nur mäßig entwickelten Handwerk und mit einem bescheidenen Handel konnte sich den Luxus eines großen, glanzvollen Heeres nicht leisten. Wilhelm verminderte daher die von seinem Vater übernommenen Streitkräfte und paßte die Ausgaben für sie der Leistungsfähigkeit des kleinen Königreichs an. Bei der Bewaffnung, der Bekleidung und der Verpflegung, ebenso bei der Ausbildung der Truppe waren Zweckmäßigkeit und Sparsamkeit die bestimmenden Gesichtspunkte. Nach seiner Reorganisation 1817 umfaßte das württembergische Heer je eine Schwadron Leibgarde und Feldjäger, vier Reiterregimenter, die in eine Division mit zwei Brigaden zusammengefaßt waren, acht Linieninfanterieregimenter und zwei Garnisonskompanien. Die acht Infanterieregimenter bildeten zwei Divisionen und vier Brigaden. Die Artillerie bestand aus sieben Geschütz- und Ouvrierkompanien (später wurde noch eine Batterie zu Fuß aufgelöst). Neu formiert wurde eine Pionierkompanie und diese dem neuorganisierten Generalquartiermeisterstab unterstellt. Garnisonsstädte waren Stuttgart, Ludwigsburg, Ulm, Heilbronn und Esslingen. Ludwigsburg, das seinen Charakter als Sommerresidenz verlor, hatte die größte Garnison in seinen Mauern. Sämtliche Waffengattungen einschließlich des Generalquartiermeisterstabs waren hier vertreten. Die zwei Garnisonskompanien erhielten ihren Standort auf dem Hohenasperg.[393]

Zur Zeit König Friedrichs hatte has Heer durch ein ausgeklügeltes Zeremoniell nicht unwesentlich zum verschwenderischen Glanz des Hofes beigetragen. König Wilhelm hatte dafür wenig Sinn. Er beschränkte das militärische Zeremoniell auf das für die königliche Repräsentation Unerläßliche, so bei den Wachparaden vor dem Residenzschloß in Stuttgart.[394]

Die Rekrutierung der Truppe basierte auf dem Grundsatz

der allgemeinen Wehrpflicht. Doch war dieser Grundsatz wie in Frankreich und in den anderen deutschen Ländern – mit Ausnahme von Preußen, das an dem in den Befreiungskriegen eingeführten strengen Prinzip der allgemeinen Wehrpflicht festhielt – durch das Stellvertretersystem durchlöchert, ja ins Groteske verzerrt. Jeder Wehrpflichtige, den das Los zur Ableistung des Wehrdienstes traf, konnte sich gegen eine feste Summe von einigen hundert Gulden loskaufen und dafür einen Stellvertreter bezahlen. Auch wenn die württembergische Armee diese Einstandsgelder sinnvollerweise dazu benutzte, qualifizierten Unteroffizieren einen finanziellen Anreiz zu geben, damit sie sich für eine zweite oder gar dritte jeweils sechsjährige Dienstzeit – für eine zweite oder dritte »Kapitulation«, wie man dies nannte – verpflichteten, so änderte dies am Grundübel des Stellvertretersystems nichts. Das Ergebnis des Einsteherwesens – eher Einsteherunwesens – war, daß ausschließlich Armen und Ungebildeten der Militärdienst aufgebürdet wurde und daß die Verpflegung, Unterbringung sowie Bekleidung den Lebensverhältnissen der untersten Bevölkerungsklassen entsprachen.[395] Mit dem Prinzip der Stellvertretung hing das Fehlen eines ausreichenden Stamms von tüchtigen, diensterfahrenen Unteroffizieren, des Rückgrats eines jeden Heeres, zusammen.

Die Dienstzeit der zum Heeresdienst herangezogenen jungen Männer währte auf dem Papier sechs Jahre. In dieser Zeit durften sie allenfalls mit Sondergenehmigung heiraten, auch durften sie während der sechs Jahre kein selbständiges Gewerbe betreiben. Indessen wurden sie, wenn sie nach etlichen Wochen die militärische Grundausbildung absolviert hatten, auf unbestimmte Zeit in Urlaub entlassen. Die in der Regel im Herbst stattfindenden Manöver mußten sie allerdings mitmachen, sie wurden deshalb für die Dauer der jeweiligen Übung einberufen, um anschließend sofort wieder nach Hause geschickt zu werden. Besonders kurz war die sogenannte Präsenzzeit, während der die Rekruten ihre Grundausbildung bekamen, naturgemäß bei der Infanterie. Länger mußten die der Reiterei, der Artillerie oder den Pionieren zugewiesenen Wehrpflichtigen »präsent« bleiben, weil die Ausbildung bei diesen Waffengattungen schwieriger und damit langwieriger war.[396]

Bis Herbst 1818 hatte sich ein württembergisches Truppenkontingent an der Besetzung Ostfrankreichs durch die Alliierten zu beteiligen. Daß es bei Teilen des Kontingents Anfang 1818 in

Niederrödern bei Selz im Elsaß zu einer Schlägerei mit Bauernburschen kam, bei der es auf beiden Seiten Schwer- und Leichtverwundete gab, erregte Aufsehen. Um die Disziplin und die militärische Subordination aufrechtzuerhalten, griffen die Kommandostellen hart durch. 84 Soldaten wurden teils zu Freiheitsstrafen, teils zu Stockstreichen und mehrmaligem Gassenlaufen (Spießrutenlaufen) verurteilt. König Wilhelm, ein Gegner der körperlichen Züchtigung von Soldaten, wandelte sämtliche Stockstreich- und Gassenlaufstrafen in Freiheitsstrafen um.[397] Bereits kurz nach Regierungsantritt hatte er eine Sachverständigenkommission mit der Ausarbeitung humanerer Kriegsgesetze beauftragt. Spießrutenlaufen und Stockstreiche, obwohl damals noch beim Militär in vielen deutschen Staaten üblich, paßten nicht mehr in die Zeit. Die neuen Kriegsgesetze, die stark von den preußischen Militärstrafgesetzen von 1808 beeinflußt waren, traten am 20. Juli 1818 in Kraft. Künftig, so hieß es bereits in der Vorbemerkung zu diesen Gesetzen, hatte die Militärjustiz die »Ausbildung und Belebung des militärischen Ehrgefühls« zu fördern. Der Dienst mit der Waffe sollte ein Ehrendienst für König und Vaterland sein. Das Spießrutenlaufen wurde ganz abgeschafft, die sonstigen körperlichen Züchtigungen durften nur noch als »Notmittel« im Krieg angewendet werden, im Frieden wurden sie auf solche Vergehen beschränkt, »die eine niedrige Gesinnung verrieten«. Zudem konnten in Friedenszeiten Stockstreiche nur durch kriegsrechtliches Urteil verhängt werden. Lediglich in der Strafklasse des Garnisonsbataillons durfte der Kommandant ohne weiteres zum Stock greifen, wenn sich seine Untergebenen ungehorsam oder aufrührerisch gebärdeten.[398]

Daß das napoleonische Militärsystem von maßgeblichem Einfluß auf Aufbau und Organisation des württembergischen Heeres gewesen war, ließ sich auch in der Zeit König Wilhelms unschwer feststellen. Die französische Armee blieb das entscheidende Vorbild. Zwar hatte das württembergische Heer Anteil an den glänzenden Siegen Napoleons gehabt, war aber auch durch den Kaiser der Franzosen in schreckliche Katastrophen gestürzt worden, so 1812 im Feldzug gegen Rußland. Erstaunlicherweise verblaßte die Erinnerung an die Katastrophen, dafür traten die glanzvollen militärischen Ereignisse unter Napoleon um so mehr hervor. Der große Schlachtengott des beginnenden 19. Jahrhunderts verlor seine dämonischen Züge, er wurde zu einer heroischen

Lichtgestalt. Die älteren württembergischen Offiziere, die voll Stolz das Kreuz der Ehrenlegion trugen, huldigten einem überschwenglichen Napoleonkult.

Obwohl König Wilhelm die finanziellen Aufwendungen für das stehende Heer beträchtlich verminderte, übte bereits der erste Landtag 1820 heftige Kritik an den horrenden Militärausgaben. Das Heer, so wurde behauptet, verschlinge zu viel Geld, es ruiniere Staat und Bürger.[399] Die Beschwerden über die unerträgliche finanzielle Belastung durch den Militäretat blieben während der ganzen Regierungszeit König Wilhelms eine Art landständischer Dauerbrenner; sie wurden mal überlaut, dann wieder gedämpfter geäußert. An der Stelle des stehenden Heeres, das selbst in der konstitutionellen Monarchie den Status der königlichen Garde behielt, somit als ausschließlich in der Verfügungsgewalt des Monarchen stehendes Machtinstrument betrachtet wurde, forderte vor allem die liberale Opposition eine Volkswehr nach schweizerischem Muster. Die Liberalen beriefen sich dabei auf die in Württemberg jahrhundertealte und noch immer sehr lebendige Tradition der Volksbewaffnung. König Wilhelm hatte hierfür wenig Verständnis. Die Entwicklung der Waffentechnik und die Erkenntnisse der Militärwissenschaften verlangten gut ausgebildete und geführte Soldaten. Nur ein straff organisiertes Heer mit hochqualifizierten Berufsoffizieren konnte sich in einem militärischen Konflikt behaupten. Andererseits waren die Anforderungen, die der Deutsche Bund an die Präsenzstärke, Organisation, Ausbildung und Bewaffnung der Heere bzw. Militärkontingente der einzelnen Bundesstaaten stellte, auch wenn es sich lediglich um Rahmenbedingungen handelte, die die einzelstaatliche Souveränität nicht verletzten, nur durch ein stehendes Heer zu erfüllen.[400]

Nach der Auflösung des Militärinstituts König Friedrichs besaß Württemberg keine Einrichtung zur Ausbildung des Offiziersnachwuchses mehr. König Wilhelm erkannte, daß dies auf längere Sicht für das Heer ein gravierender Nachteil war. Bereits im Oktober 1820 öffnete in Ludwigsburg eine Offiziersbildungsanstalt für 20 Zöglinge und 16 Lehrgenossen ihre Pforten. Die den altehrwürdigen württembergischen evangelischen Klosterschulen nachgebildete Anstalt war das Werk des Generalquartiermeisters General Freiherr Ferdinand von Varnbüler (1774–1830), dem die Neuorganisation des württembergischen Heerwesens nach 1816 wesentlich zu verdanken ist.[401]

König Wilhelm mit Offizieren bei einer Parade in Ludwigsburg 1841.

Die Ausbildung an der neuen Kriegsschule umfaßte vier Jahre. Alljährlich wurden fünf Zöglinge und vier Lehrgenossen neu aufgenommen. Die Zöglinge mußten bei der Eingangsprüfung, die sich nach dem Kenntnisstand der absolvierten achten Klasse des oberen Gymnasiums in Stuttgart richtete, zwischen 15 und 17 Jahre alt und die Söhne von Landeseinwohnern oder von solchen Ausländern sein, die sich um den württembergischen Staat verdient gemacht hatten. Jeder Bewerber mußte nachweisen, daß er eine jährliche Unterstützung von 150 fl von zu Hause bekomme und daß er die Mittel zur Ausrüstung als Offizier besitze. Da aber nach dem Willen des Königs bei der Auswahl der Offiziersanwärter Bildung und Befähigung zum militärischen Beruf ausschlaggebend sein sollten, wurde bei begabten jungen Männern aus wenig begüterten Familien auf solche finanziellen Nachweise verzichtet. Unterricht und Unterkunft in der Anstalt waren frei. Jeder Zögling erhielt außerdem vom Staat einen jährlichen Zuschuß, der vom ersten Jahreskurs bis zum vierten von 150 fl auf 300 fl anstieg. Die Kriegsschüler hatten für ihre Verpflegung selbst aufzukommen, ebenso Kleidung, Bettzeug und Bücher aus eigenen Mitteln anzuschaffen.

Der Unterricht umfaßte Religion, Moral, Logik und Anthropologie, reine und angewandte Mathematik, physische, politische und mathematische Geographie und Statistik, ältere und neuere Staatengeschichte, vaterländische Geschichte, deutsche und französische Sprache, Artilleriewissenschaft, Feldbefestigung, Elementar- und angewandte Taktik, topographisches Zeichnen, militärische Gymnastik, Exerzieren mit dem Gewehr, Scheibenschießen, Fechten, Voltigieren, Reiten, Schwimmen und Tanzen. Für die allgemeinwissenschaftlichen Fächer wurden drei Zivilprofessoren angestellt, den Unterricht in den militärischen Fächern erteilten Generalstabsoffiziere. Der Generalquartiermeisterstab führte auch die Aufsicht über die Schule. Die Eltern mußten sich verpflichten, daß ihre Söhne nach Abschluß der Ausbildung mindestens noch sechs Jahre im Heer des Königreichs dienten. Den Lehrgenossen war eine entsprechende Verpflichtung nicht auferlegt. Sie hatten, wenn sie in der Anstalt untergebracht waren, jährlich 300 fl, wenn sie für ihre Wohnung selbst sorgten, jährlich 200 fl zu entrichten.[402]

Indes reichte der Offiziersnachwuchs, der erfolgreich die Kriegsschule durchlief, der Zahl nach als Ersatz für die abgehenden Offiziere nicht aus. König Wilhelm entschloß sich deshalb 1823 zu einer Art zweitem Offiziersbildungsweg. Er rief das »Institut der Regimentsoffizierszöglinge« ins Leben. Jedes Infanterieregiment sollte künftig zwei, jedes Reiterregiment einen und die Artillerie zwei Offizierszöglinge aufnehmen dürfen. Junge Offiziersaspiranten wurden von jetzt an in den Regimentern durch die praktische »Erlernung des Dienstes«, ohne daß sie mit allzuviel theoretischem Wissensballast beschwert wurden, zu Offizieren herangebildet. Damit verfügte das kleine württembergische Heer über zwei konkurrierende Wege zur Sicherung des Offiziersnachwuchses. Das »Institut der Regimentsoffizierszöglinge« wurde aber zu Recht von vielen Seiten heftig kritisiert.

Verheerende Urteile über einen Teil der 35 im Jahr 1830 »auf Beförderung Dienenden bei der Infanterie« gab der Inspekteur der Infanterie ab: »Sehr schwach, höchst mittelmäßig, sehr übel, sehr langsam, vermag kaum zu leisten, was man von einem Unteroffizier verlangt.« Erfahrene Offiziere waren zutiefst beunruhigt, sie sahen bei einer Mobilmachung eine Katastrophe voraus. Bei dem Mangel an tüchtigen Offizieren müßte man im Ernstfall, so stellte ein hoher Offizier 1828 fest, mittelmäßige Unteroffiziere in Massen zu Offizieren machen. Eine Erweiterung der Kriegsschule und eine Verbesserung der Anstalt der Regimentsoffizierszöglinge sei daher eine unabweisbare Notwendigkeit. Allein die übermäßige Sparsamkeit im Militäretat ließ schon vor 1830 die meisten fruchtbaren Neuansätze im Militärwesen verkümmern, so auch im Bereich der Offiziersbildung.

Die liberale landständische Opposition gab der Ausbildung der Offiziere in den Regimentern eindeutig den Vorzug, einmal weil sie, wie schon erwähnt, den Staat weniger kostete, und zweitens, weil hier den Offizieren kein Kastengeist anerzogen wurde, wie dies etwa nach Meinung von Friedrich Römer in der Kriegsschule der Fall war.[403] Die Angst vor der ganz auf den Monarchen eingeschworenen königlichen Garde schwang naturgemäß bei solchen Urteilen mit.

Neben Absolventen der Offiziersbildungsanstalt und Regimentsoffizierszöglingen rekrutierte sich der Offiziersnachwuchs zu einem Teil aus tüchtigen Unteroffizieren. So begrüßenswert es war und so positiv es sich auf den Geist der Truppe auswirkte, daß im württembergischen Heer für den Unteroffizier die Barriere zum Aufstieg in Offiziersränge nicht unüberwindbar war, muß dennoch festgestellt werden, daß die Aufsteiger zwar zu den diensteifrigsten und gewissenhaftesten Offizieren gehörten, daß sie aber selten über das Niveau tüchtiger Drillmeister hinauskamen.[404]

Ein Großteil der württembergischen Offiziere gehörte dem Bürgerstand an, selbst ein Viertel bis annähernd die Hälfte der württembergischen Generale in der Zeit König Wilhelms war bürgerlich, etliche Generale entstammten sogar den unteren Bevölkerungsklassen.[405] Freilich ließ sich nicht ganz vermeiden, daß adlige Kriegsminister und Divisionskommandeure bei der Besetzung hochrangiger Offizierspositionen Adlige bevorzugten. Für König Wilhelm aber war bei der Beförderung zu höheren Kommandostellen Befähigung sowie Charakter und nicht die Geburt vorrangig zu berücksichtigen.[406] Als selbstverständlich setzte der Monarch voraus, daß seine Offiziere eine zuverlässige Stütze des Thrones waren, daß sie jedoch andererseits zum Bürgertum in gutem Einvernehmen standen. Er duldete kein überhebliches Verhalten des Militärs gegenüber den Bürgern. Den schneidigen jungen Leutnant, der verächtlich auf den Zivilisten heruntersah, kannte man in Württemberg vor der Bismarckschen Reichsgründung 1871 nicht. Es gab zur Zeit König Wilhelms auch keine Offizierskasinos. Sicher hatte dies Nachteile: Die jungen Offiziere waren zu sehr sich selbst überlassen, konnten daher leicht in schlechte Gesellschaft geraten, dem Trinken und Spielen verfallen. Im württembergischen Heer wurde aber dem Trinken und Spielen nicht mehr gefrönt als in anderen Armeen der Zeit. Der König hielt in seinem Offizierskorps streng auf militärische Zucht und Ordnung. Die Offiziere, die sich durch ihr Verhalten in der Öffentlichkeit kompromittierten, hatten den königlichen Dienst zu quittieren. Ebensowenig duldete der König Leuteschinder. Der Soldat hatte Anspruch auf eine menschenwürdige Behandlung durch seine Vorgesetzten. König Wilhelm zögerte auch nicht, Dienstenthebungen und vorzeitige Entlassungen zu verfügen. Als einer der ersten deutschen Fürsten ordnete er nach preußischem Vorbild die Errichtung von Ehrengerichten für Offiziere an. Er verfolgte damit den doppelten Zweck: Ahndung von Verstößen gegen die Standesehre und Vermittlung bei Streitigkeiten unter Offizieren.[407]

Die Offiziersbeförderungen innerhalb der einzelnen Waffengattungen sprach der König auf Vorschlag des Kriegsministers oder des Kommandierenden Generals aus. Besonders befähigte Offiziere, auf die der Monarch stets ein Auge hatte – er kannte seine Offiziere fast alle persönlich – avancierten oft schon als Subalternoffiziere schneller als ihre Kameraden und rückten dann, wenn sie die Hauptmannsklippe hinter sich hatten, rasch zu Obersten und Generalen auf. Mit Anfang Vierzig schon General zu sein, war im württembergischen Heer auch in der langen Friedenszeit nach 1815 keine Seltenheit. So kam es, daß Stabsoffiziere und Generale verhältnismäßig jung und im allgemeinen auch recht tüchtig waren, zumal König Wilhelm militärische Spitzenpositionen niemals mit wenig qualifizierten Günstlingen besetzte. Eine militärische Kamerilla oder ein Militärkabinett von der verhängnisvollen Art wie das preußische gab es bei ihm nicht. Die bis 1848 in Württemberg bestehende Geheime Kriegskanzlei besaß lediglich die Funktion, Befehle des Königs auszufertigen. Das Kriegsministerium war die einzige Militärbehörde, die in unmittelbarem Kontakt zum Monarchen stand. Die im Heer dienenden Prinzen des königlichen Hauses hatten sich wie alle anderen Offiziere den strengen Subordinationsregeln zu unterwerfen. Wenn sie schon schneller als die übrigen Offiziere die Karriereleiter des Militärdienstes erklommen, so erwartete der Chef des Königshauses von ihnen um so mehr, daß sie sich durch eine vorbildliche Gesinnung und Haltung auszeichneten.[408]

Gerne ermöglichte König Wilhelm hochbefähigten Offizieren längere Auslandsaufenthalte, damit sie fremde, insbesondere französische, österreichische oder preußische Militäreinrichtungen kennenlernen und studieren konnten. Das dazu erforderliche Geld steuerte er häufig aus seiner Privatschatulle bei.[409] Für König Wilhelm zählten Offiziere zwar zu einem staatspolitisch wichtigen Berufsstand, Privilegien gegenüber anderen Berufsständen und der bürgerlichen Gesellschaft gestand er ihnen aber nicht zu. In Württemberg war es deshalb eine Selbstverständlichkeit, daß Militärs und Zivilisten ungezwungen miteinander verkehrten.

Leider ließ die übermäßige Sparsamkeit im Wehretat, der die Landstände bei jeder Gelegenheit das Wort redeten, rasch manche fruchtbaren Neuansätze im Heerwesen verkümmern. Nach außen trat dies zwar in den zwanziger und dreißiger Jahren noch nicht ans Licht. Im Gegenteil: Fast allenthalben wurde die württembergische Armee als eine deutsche Mustertruppe anerkannt. Militärs beeindruckte die Zweckmäßigkeit ihrer Einrichtungen sowie die

Versuche, die Erfahrungen langer Kriege bei der Neuorganisation nutzbar zu machen. So erregten namentlich die großen württembergischen Kriegsübungen in ganz Deutschland Aufsehen. Viel von seinem hohen Ansehen auf militärischem Gebiet verdankte Württemberg seinem König, der unter den deutschen Monarchen als einer der wenigen befähigten militärischen Köpfe galt. In den meisten Landtagen wurde die Zweckmäßigkeit und vor allem die »Wohlfeilheit« der württembergischen Militäreinrichtungen gerühmt. Gerne wurden auch Vergleiche zwischen der preußischen und der württembergischen Armee angestellt. Die preußische Armee wurde dabei häufig als der Inbegriff eines übertriebenen Gamaschendienstes bezeichnet, die württembergische hingegen als das Muster einer nur die kriegsmäßige Ausbildung des Soldaten bezweckenden Wehranstalt.[410]

Die Soldaten kannten ihren obersten Kriegsherrn meist persönlich. Bei den großen Kriegsübungen war er regelmäßig anwesend, so 1826 in Oberschwaben.[411] Immer wieder hielt er »Truppenrevues« ab. Im Juni 1834 waren bei einer solchen in Stuttgart die Infanterie- und die Kavallerieregimenter, die Artillerie und die Pioniere der Garnisonen Stuttgart, Ludwigsburg und Esslingen aufmarschiert. An die Soldaten wurde Brot und Wein verteilt, die Offiziere lud der König zur Mittagstafel ein.[412] König Wilhelm strebte eine bessere Unterbringung der Soldaten an. Vor allem wünschte er, daß keine Militärpersonen mehr in Bürgerhäusern einquartiert werden mußten – ausgenommen bei Kriegsübungen. Auf Drängen des Monarchen genehmigten die Landstände in den ersten Jahrzehnten seiner Regierung die Mittel für den Bau einer Infanteriekaserne (Rotebühlkaserne) und einer Reiterkaserne (heute Areal der Bahnanlagen des Hauptbahnhofs) in Stuttgart sowie einer Artilleriekaserne in Ludwigsburg. Bei dem rigorosen Sparkurs des Landtags mußte bei diesen Bauten jeder Aufwand vermieden, namentlich aber die Kosten bei der Errichtung der Mannschaftsunterkünfte auf ein Minimum begrenzt werden. Die Kasernen glichen unansehnlichen Armenhäusern, sie waren dem Prestige des württembergischen Militärs in der Öffentlichkeit nicht eben förderlich.[413] 1838 wurde die Garnison Esslingen, zehn Jahre später die Garnison Heilbronn aufgegeben; das gesamte württembergische Militär konzentrierte sich nunmehr auf die Standorte Ludwigsburg, Ulm und Stuttgart.[414]

Desertionen und schwere Insubordinationsvergehen waren in

den zwanziger und dreißiger Jahren im württembergischen Heer selten. Einiges Aufsehen erregte es, als der damals als Wehrpflichtiger im Heer dienende freiheitlich gesinnte junge Dichter Georg Herwegh 1839 in die Schweiz floh. König Wilhelm wußte, daß es politische Beweggründe waren, die Herwegh zur Flucht bewogen hatten. Da sich jedoch der junge Mann unerlaubt von der Truppe entfernt hatte, ließ ihn der Monarch als Deserteur verfolgen, und als solchen begnadigte er ihn auch 1843. Dies war zweifellos eine kluge Entscheidung. Die königliche Großmut wurde in der Öffentlichkeit dankbar anerkannt.[415]

Im Jahr 1825 war die Organisation des VIII. Bundesarmeekorps, das aus je einer württembergischen, einer badischen und einer hessischen Division bestand, endlich abgeschlossen. Nach der Bundesmilitärverfassung bestand das Bundesheer »auf Kriegsfuß« aus einem Prozent der Bevölkerung, es war stets marsch- und schlagfertig zu erhalten. Außerdem mußte schon im Frieden eine Ergänzungsmannschaft von einem Sechstelprozent der Bevölkerung verfügbar sein. Da Württemberg zum VIII. Armeekorps die stärkste Division stellte, wie dies Sachsen beim IX. Armeekorps tat, hätte es sich die Korps-Oberbefehlshaberstelle vorbehalten können. Doch König Wilhelm verzichtete auf diese Vergünstigung, vermutlich in der Hoffnung, daß er dann im Kriegsfall leichter eine hohe, wenn nicht die höchste Position im Bundesheer, die eines Bundesfeldherrn, beanspruchen könne. Der König einigte sich mit den Großherzögen von Baden und Hessen-Darmstadt auf eine alternierende Besetzung der Stelle des Korpskommandeurs. Allerdings sollte ein Korpskommandeur nur im Krieg ernannt werden; im Frieden blieb die Organisation des VIII. Armeekorps auf dem Papier. Es gab zwischen den drei Ländern keinen Offiziersaustausch, keinen gemeinsamen Generalstab, keine gemeinsame Bildungsanstalt für Offiziere und Unteroffiziere, keine gemeinsamen Übungen. Lediglich bei den Pontonieren (Pionieren), die einen gemeinsamen Brückenzug bilden sollten, und bei der Feldgendarmerie waren Ausnahmen vorgesehen: einheitliche Instruktionen und gelegentlich gemeinschaftliche Übungen der Pioniere beim Brückenschlagen. Die Bewaffnung der einzelnen Divisionen blieb sehr unterschiedlich, so die Kaliber der Geschütze, ferner wichen die Dienstgradabzeichen voneinander ab, ebenso die Mannschaftsstärken bei Kompanien, Bataillonen und Regimentern. Es gab kein einheitliches Militärstrafgesetzbuch.[416] Hier wie auch sonst trieb der einzelstaatliche Souveränitätsdünkel, von dem König Wilhelm in gleicher Weise wie die meisten seiner Standesgenossen beherrscht war, kuriose Blüten. Ein Beispiel: Noch 1859 entsprach das württembergische Angriffssignal dem badischen Rückzugssignal.[417]

Der Standort der projektierten Bundesfestungen am Oberrhein blieb viele Jahre ein Streitpunkt. 1821 schrieb König Wilhelm seinem Außenminister, es müßten »alle sich darbietenden Mittel und Wege ergriffen werden, um die Befestigung von Ulm abzuwenden«, dagegen sollte entschieden für Rastatt und, falls dies nicht zum Erfolg führe, für Freudenstadt und dessen Umgebung eingetreten werden. Ferner erklärte der Monarch: In der neu zu errichtenden Bundesfestung dürfe in Friedenszeit keine fremde Garnison geduldet werden, die Besatzung solle vielmehr ausschließlich aus Truppen des Souveräns gebildet werden, »in dessen Staaten« die Festung liege. Keinesfalls dürfe es so sein wie bei der Festung Luxemburg, in der sich eine preußische Garnison befinde. Er selbst werde, falls die Wahl für die neu zu erbauende Festung auf Rastatt falle, darauf verzichten, daß in Friedenszeiten württembergische Einheiten einen Teil der Besatzung ausmachten. Wilhelm sprach sich auch hier gegen jede Einschränkung der einzelstaatlichen Souveränität aus. Er fürchtete, daß insbesondere eine österreichische oder preußische Besatzung seinen politischen Handlungsspielraum beeinträchtigen könnte, so beispielsweise einen außenpolitischen Sonderweg bei einem Konflikt der Großmächte mit Frankreich. Die Befestigung von Freudenstadt scheint eine Lieblingsidee des Königs gewesen zu sein. Im Bundestag und bei der Bundesmilitärkommission kam die Befestigung Freudenstadts allerdings nicht zur Sprache. Österreich beharrte, unterstützt von Preußen und den norddeutschen Staaten, auf dem Projekt Ulm, die süddeutschen Staaten hingegen favorisierten das Projekt Rastatt. Die Errichtung einer oder mehrerer Festungen am Oberrhein blieb in der Schwebe. Lange schien es, als ende die Angelegenheit wie das Hornberger Schießen.[418]

Erst die Kriegsgefahr von 1840 brachte die Schutzlosigkeit der südwestdeutschen Staaten wieder ins öffentliche Bewußtsein. Die langwährende Stagnation wurde überwunden. 1841 beschloß die Bundesversammlung auf Antrag Preußens den gleichzeitigen Bau der Festungen Rastatt und Ulm. Rastatt sollte die Funktion einer Verbindungs- und Grenzfestung bekommen und Ulm der Haupt-

waffenplatz des VIII. Bundesarmeekorps werden. Garnisonsgebäude und Zeughäuser sollten die Territorialherren, der Großherzog von Baden und der König von Württemberg, selbst bauen. Das letzte Hindernis, das dem Bau der Festung Ulm entgegenstand, war durch eine österreichische Konzession beiseite geräumt worden. Der Kaiserstaat verzichtete auf seine seitherige Forderung, sich mit Bayern und Württemberg gleichberechtigt in die Festungsbesatzung zu teilen, eine Forderung, der König Wilhelm nie zugestimmt hätte. Österreich bestand jetzt lediglich noch auf der Stellung von 300 Mann Garnisonsartillerie und der Ernennung des Artilleriedirektors. Damit erklärte sich der württembergische Souverän einverstanden, widerstrebend auch damit, daß die Bundesmilitärkommission ein erheblich umfassenderes Kontroll- und Inspizierungsrecht bekam als ursprünglich vorgesehen. Der Bauaufwand war mit den 20 Millionen Francs Kriegsentschädigung zu bestreiten, die darüber hinaus noch erforderlichen Mittel sollten durch Matrikularbeiträge aufgebracht werden. Da sich die Festung Ulm sowohl auf württembergischem als auch auf bayerischem Gebiet befand (Ulm und Neu-Ulm), bereitete die Festlegung der Kommando- und Garnisonsverhältnisse Schwierigkeiten. Anderthalb Jahre währte der groteske bayerisch-württembergische »Festungskrieg«, bis sich beide Kontrahenten unter preußischer Vermittlung endlich einigten. Bayern stellte den Kommandanten, Württemberg den Gouverneur, die Geniedirektoren (Chefs des militärischen Ingenieurwesens) wechselten in fünfjährigem Turnus, die Garnisonen wurden nach dem Territorialprinzip getrennt: Ulm hatte eine württembergische, Neu-Ulm eine bayerische Besatzung. Auch bei der Bestellung des leitenden Festungsbaumeisters entstanden Friktionen. Diese beseitigte man schließlich durch die Bildung einer Festungsbaukommission, in der Major von Prittwitz, der Erbauer der Festung Posen – ein Preuße, von Württemberg berufen –, das entscheidende Votum besaß. Der erste Spatenstich erfolgte am 18. Oktober 1842, dem Jahrestag der Leipziger Völkerschlacht, der Bau der Festung Ulm selbst dauerte 17 Jahre.[419]
Während in Ulm die beiden Mittelstaaten Bayern und Württemberg an ihren Souveränitätsrechten nur geringe Einbußen hinnehmen mußten, sah es in Rastatt anders aus. Dort sicherten sich Österreich und Preußen ein maßgebliches Mitspracherecht. Lediglich bei den Kommandoverhältnissen war Baden ein Vorzug eingeräumt.[420]

Wenn sich König Wilhelm trotz längerer Querelen bei der Abgrenzung der beiderseitigen Rechte im Falle der Festung Ulm/Neu-Ulm gegenüber Bayern insgesamt konzessionsbereit zeigte, so verfolgte er damit ein politisches Ziel: eine engere Bindung der zwei süddeutschen Königreiche aneinander und damit eine Stärkung des »Dritten Deutschlands« gegenüber den beiden Großmächten Österreich und Preußen.[421]

Der Vorwurf Theodor Mästles, König Wilhelm sei an der unzureichenden Organisation des Bundesheeres mitschuldig[422], ist nicht unberechtigt. Das Mißtrauen des Königs gegen Österreich und Preußen sowie sein Beharren auf der einzelstaatlichen, zumindest mittelstaatlichen Souveränität verhinderte einen zweckentsprechenden länderübergreifenden Ausbau der Militärorganisation des Bundes. Bezeichnend dafür war sein energischer Protest 1841 gegen eine Inspektion der Heere der einzelnen Bundesstaaten jeweils durch Offiziere anderer Bundesstaaten. Doch der König stand allein, er mußte sich fügen.

Während der Revolution von 1848/49 erwies sich das württembergische Heer aufs ganze gesehen als ein verläßliches Machtinstrument des Staates. Freilich, für verfassungswidrige Zwecke ließ es sich nicht mißbrauchen. Für König Wilhelm war dies eine bittere Erfahrung, als im Frühjahr 1849 ein offener Konflikt zwischen ihm und dem Ministerium Römer drohte. Es nimmt deshalb nicht wunder, wenn der Monarch bereits 1851 eine Neuvereidigung seines Truppenkorps befahl. Am 3. September jenes Jahres wurde es auf dem Cannstatter Exerzierplatz vereidigt, wobei in der Eidesformel der Zusatz »die Verfassung gewissenhaft zu wahren« wegblieb. Die Reiter- und die Infanterieregimenter erhielten bei dieser Gelegenheit neue Fahnen. Schon einige Monate früher waren die deutsche Kokarde und die Bänder in den deutschen Farben auf königlichen Befehl abgelegt worden.[423]

1850 ernannte König Wilhelm den ihm bedingungslos ergebenen General Moriz von Miller, einen Offizier der napoleonischen Schule, zum Kriegsminister. Miller hatte dieses Amt bis 1865 inne. Ihm wurde später die Hauptschuld gegeben, wenn das württembergische Heer in überalterten Formen verharrte, wenn dringende Reformen unterblieben und sich die Militärorganisation um 1860 nur wenig von der der 1820er Jahre unterschied.[424] Neuerungen beschränkten sich im wesentlichen auf das waffentechnische Gebiet. General von Baur, seit 1853 Kommandant der Artillerie, setzte die Kommandierung von jungen Offizieren an die vereinigte Artillerie- und Ingenieurschule nach Berlin durch (1853–1858). Die Reiterei gewann durch die 1851 in Stuttgart errichtete Equitationsschule (Reitschule), in der Offiziere und Unteroffiziere der Kavallerie sowie der reitenden Artillerie eine Spezialausbildung bekamen. Die Equitationsschule hatte den Zweck, tüchtige Reitlehrer heranzubilden, die in den Regimentern den Reitunterricht nach einer einheitlichen Methode erteilten.[425]

Aufmerksam verfolgt wurde die Entwicklung der Waffentechnik in Frankreich, Preußen und Österreich. Eine Reihe von Offizieren wohnten als Gäste ausländischen Manövern bei. Leider erlaubte der geringe Etat nur einer sehr beschränkten Zahl von Militärangehörigen die Heereseinrichtungen anderer Staaten kennenzulernen und sich so weiterzubilden. Die engen Verhältnisse Württembergs ließen manche militärische Begabung verkümmern. Der Souveränitätsdünkel verhinderte einen großzügigen Austausch von Offizieren zwischen den einzelnen deutschen Staaten. So war man in Württemberg lediglich bereit, sich die technischen Erfindungen des »Auslands« zunutze zu machen, in den Fragen der Organisation und der Ausbildungsmethoden wollte sich König Wilhelm jedoch nicht von Nichtwürttembergern dreinreden lassen.[426]

Kriegsminister von Miller war stolz darauf – und die Stände honorierten dies –, daß der württembergische Militäretat der im Verhältnis niedrigste der Staaten des Deutschen Bundes war. Dies war freilich ein zweifelhafter Ruhm. Die ungünstigen Besoldungs- und Beförderungsverhältnisse veranlaßten manchen begabten jungen Mann, der Interesse am Offiziersberuf hatte, sein Fortkommen in anderen Berufen zu suchen oder aber in fremde, vor allem österreichische Militärdienste zu treten. Die Folge war, daß der Offiziersberuf weit mehr als dies gut war, zur Zuflucht der Mittelmäßigkeit wurde. Kein anderer deutscher Staat bezahlte seine Offiziere und Mannschaften so schlecht wie Württemberg.[427]

Noch immer vertrat König Wilhelm die Ansicht, daß die von der Bundeskriegsverfassung alle fünf Jahre vorgeschriebenen Inspektionen der Kontingente der Bundesstaaten durch Bundesinspektoren mit der Würde und der Selbständigkeit der Einzelstaaten unvereinbar seien. 1851 wollte er beim Bund mit allen Mitteln die für dieses Jahr geplanten Inspektionen hintertreiben. Als ihm dies nicht gelang, rächte er sich dadurch, daß er keine württembergischen Generale für die Bundesinspektionen ernannte und daß er die für Württemberg bestimmten Inspektoren wie früher mit ausgesuchter Grobheit behandelte. 1858 sah er von der üblichen Ordensverleihung an die Generale ab, die das württembergische Kontingent gemustert und danach ohne Scheu über die Mängel der württembergischen Heereseinrichtungen berichtet hatten.[428] Sehr verärgert zeigte sich der König darüber, daß sich sein westlicher Nachbar, Großherzog Friedrich I. von Baden, militärisch ganz nach Preußen orientierte. 1860 untersagte er ihm geradezu, seine Soldaten mit Pickelhauben auszustatten.[429]

Eine der wenigen Konsequenzen, die aus den Mängeln bei der Mobilmachung 1859 gezogen wurden, war die Errichtung von zwei Jägerbataillonen. Diese neugebildeten Bataillone ergänzten die acht Infanterieregimenter. Die Jäger sollten sich durch körperliche Gewandtheit und Intelligenz auszeichnen und Neigung für den leichten Dienst besitzen. Die Jägerbataillone hatten sich durch Beweglichkeit und Wendigkeit hervorzutun, das heißt, sie sollten Geländevorteile nutzen, rasch die Stellung wechseln und den Feind bald da, bald dort überraschen. Überhaupt legte man jetzt auch in Württemberg größeren Nachdruck auf eine kriegsmäßige Ausbildung der Truppe.[430]

König Wilhelm, der sich noch immer als Soldat fühlte, inspizierte in bestimmten Abständen die verschiedenen Militäreinrichtungen seines Landes. 1857 beispielsweise besuchte er die Kriegsschule in Ludwigsburg und informierte sich über den Stand der Ausbildung der Offiziersanwärter. Einige Zeit darauf besichtigte das Kronprinzenpaar die Kriegsschule. Dem späteren Generalmajor Albert Pfister blieb in Erinnerung, »wie leutselig und natürlich« sich Karl und Olga mit Lehrern und Offizieren, ebenso mit den älteren Kriegsschülern unterhielten.[431] Freilich, solche Besichtigungen durch »die allerhöchsten Herrschaften« hatten weit mehr psychologische als militärische Bedeutung: Sie stärkten die Bindung der bewaffneten Macht an das Regentenhaus. Diesem Zweck diente naturgemäß auch das Königsgeburtstagsessen der Offiziere im Anschluß an die Königsparade, wie es am Geburtstag König Wilhelms in Ludwigsburg und wohl auch in den anderen Garnisonen üblich war.[432]

VI

Die Revolution von 1848/49 und ihre Nachwirkungen

Der Ausbruch der Revolution

Die Hungerkrawalle im Frühjahr 1847 hatten das städtische Bürgertum aufgeschreckt. Man befürchtete für die nahe Zukunft ein gewaltsames Aufbegehren der zum Teil in großer Armut lebenden unteren Klassen der Bevölkerung und, wie Wolfgang Menzel berichtet, weit Schlimmeres, als dann »der Ausbruch der Revolution im folgenden Jahr zutage förderte«.[1]

König Wilhelm teilte diese übertriebenen Zukunftsängste nicht. Am 17. November 1847 schrieb er dem österreichischen Marschall Radetzky: »Auch in Deutschland zeigt sich noch fortwährend eine unruhige Stimmung der Gemüter, indessen glaube ich, daß, wenn nur immer die Regierungen unter sich einig bleiben, auch hier kein Grund zu wesentlicher Besorgnis vorhanden ist.«[2]

Im Februar 1848 brach in Paris die Revolution aus, sie stieß den Thron des Bürgerkönigs Louis Philippe um und machte Frankreich zur Republik. Mit Elementargewalt griff der revolutionäre Feuerbrand auch auf Deutschland über. Das Verlangen der liberalen Opposition nach Einheit und Freiheit des deutschen Volkes ließ sich nicht länger unterdrücken. Pressefreiheit, Vereidigung des Heeres auf die Verfassung, Volksbewaffnung, Schwurgerichte, Entlastung des Grundeigentums und ein gesamtdeutsches Parlament waren die Forderungen des Tages. König Wilhelm, offensichtlich von den Ereignissen überrascht, beurteilte die politische Entwicklung, wie aus einem am 11. März an Fürst Metternich gerichteten Brief hervorgeht[3], sehr skeptisch. Dennoch reagierte er rasch. Bereits am 1. März hob er, ohne eine Entscheidung des Bundes abzuwarten, die Zensur auf und setzte das liberale Pressegesetz von 1817 wieder in Kraft. In einem Aufruf wandte er sich an »sein treues Volk«. »Bewahrt auch jetzt wieder euren echten deutschen Charakter«, ermahnte er seine Württemberger, »fest in dem Vertrauen in die göttliche Vorsehung, deren Allmacht und

Weisheit das Schicksal der Völker lenkt, treu gegen die Regierung und Verfassung, die eure Rechte und Eigentum beschützt. Ruhe, Ordnung und Gehorsam vor dem Gesetz ist die heiligste und notwendigste Pflicht. Reichen wir unseren deutschen Brüdern die Hand. Wo unserem Vaterland Gefahr droht, werdet ihr Mich an eurer Spitze sehen. Segen unserem Vaterland, Heil und Ruhm für ganz Deutschland!«[4] Am 2. März versicherte der König auf eine

Friedrich Römer (1794–1864).

Adresse des Ständischen Ausschusses mit Blick auf Frankreich, er werde sich des deutschen Namens würdig zeigen, alle Maßregeln zum Wohle, zur Einigung und Kräftigung Deutschlands würden an ihm den wärmsten Verteidiger finden. Das Volk forderte er auf, fremden Staaten nicht das Schauspiel von Zerwürfnissen zwischen Fürsten und Völkern, von innerer Unruhe und Aufregung zu geben. Außerdem kündigte er Gesetze an über das Recht, Waffen zu tragen und Bürgerwehren zu errichten, sowie über die Bauernentlastung.[5] Wenige Tage darauf ließ er der Regierung der neuen Französischen Republik durch seinen Gesandten in Paris, von Fleischmann, mitteilen, wie sehr er an der Aufrechterhaltung guter Beziehungen zu Frankreich interessiert sei.[6]

Sein Versuch, die hochgehenden Wogen der politischen Erregung durch eine neue konservative Regierung unter Joseph von Linden, einem besonnenen und standhaften Mann, der keine engeren politischen Kontakte zu dem Präsidenten des Geheimen Rats Maucler und den bislang tonangebenden Ministern Schlayer und Beroldingen besaß, zu glätten, scheiterte am 6. März an öffentlichen Protesten.[7] Das Volk wünschte eine seinen Interessen entsprechende Regierung, das heißt eine von den Häuptern der liberalen Landtagsopposition gebildete Regierung. Für König Wilhelm war dies eine schwere Demütigung. Erstmals entschied nicht er bei der Berufung eines Ministeriums, sondern der Volkswille. Am 9. März übernahm mit seiner Billigung das von Friedrich Römer geleitete »Märzministerium« die Regierung im Land. Um aber nach außen kundzutun, daß dieses Ministerium nicht seinen Intentionen entsprach, ernannte der König Römer sowie die anderen Chefs der »Departements« (Ministerien) nicht zu Ministern, sondern lediglich zu Staatsräten. Dennoch stattete eine Deputation, die von einer großen Menschenmenge bis in den Schloßhof begleitet wurde, dem König dafür »feierlichen Dank« ab, daß er den Willen des Volkes respektiert habe.[8] Das Ministerium Römer nahm die Zügel der Regierung ungesäumt in die Hand und gewann im Land rasch Autorität. Am 18. März wurde das Militär auf die Verfassung vereidigt. Die in einigen neuwürttembergischen Landesteilen, so in den ehemaligen Territorien der Fürsten von Hohenlohe und etlicher anderer adliger Gutsherrschaften ausgebrochenen Unruhen, deren Urheber der drückenden Bürde der Feudallasten überdrüssige Bauern waren, konnten durch bewaffnete örtliche Sicherheitskräfte und durch das Militär ohne Blutvergießen rasch erstickt werden.[9] Im Gegensatz zu den altwürttembergischen Landesteilen, wo sich die Belastungen von Grund und Boden mit Natural- und Geldabgaben in Grenzen hielten – manche waren auch schon abgelöst worden –, wurden die Bauern in mediatisierten reichsfürstlichen und reichsgräflichen Gebieten von ihren Grundherren zum Teil unverhältnismäßig stark zur Kasse gebeten. In Hohenlohe, wo sich die Bevölkerung in der napoleonischen Zeit nur äußerst widerwillig der württembergischen Landesherrschaft gebeugt hatte, hörte man jetzt: »Nieder Hohenlohe!« und »Vivat König Wilhelm!« oder »Ganz württembergisch wollen wir sein. Zwei Herren können und wollen wir nicht dienen.«[10] Ähnlich äußerten sich die 900 Bauern, die zum Schloß Weiler bei Weinsberg zogen, um dort, wie sie erklärten, die Akten zu verbrennen, die sie an den Bettelstab brächten. Anschließend aber wollten sie zum König nach Stuttgart marschieren und diesem ihre Not und Armut schildern.[11]

Paul Pfizer (1801–1867).

Seit Mitte März häuften sich Gerüchte über Einfälle republikanisch gesinnter Arbeiter im Verein mit polnischen und französischen Berufsrevolutionären von Frankreich aus nach Süddeutschland; sie riefen Furcht und Schrecken hervor. Am 24. März berichtete der Tuttlinger Oberamtmann nach Stuttgart, daß bereits 20000 bis 40000 Mann »französischen Gesindels« in Offenburg eingefallen seien, daß Wolfach in Flammen stehe und daß die Eindringlinge in großer Zahl ungestüm gegen die württembergische Grenze vorrückten, ja daß sie diese bereits überschritten hätten, sengend und brennend das Land verheerten. Ähnlich alarmierende Meldungen kamen aus anderen west- und südwürttembergischen Bezirken, und eine Angstpsychose erfaßte das ganze Land. Doch während sich vielerorts die Bürger zur verzweifelten Abwehr gegen einen übermächtigen Feind rüsteten und das Schlimmste erwarteten, sickerte plötzlich die Wahrheit durch: Kein Freischärler und erst recht kein Franzose hatte bislang den Rhein in feindlicher Absicht überschritten. Der ganze Franzosenschreck war der Phantasie eines Handwerksburschen entsprungen, der am Abend des 23. März durch Offenburg gekommen war. Fest stand lediglich, daß sich Freischärler im Elsaß sammelten und daß mit ihrem Einfall nach Südwestdeutschland gerechnet werden mußte. Hiergegen aber trafen die süddeutschen Regierungen Ende März gemeinsame militärische Vorkehrungen.[12]

Das Märzministerium

Friedrich Römer, der führende Kopf der liberalen Opposition in der Zweiten Kammer, wollte im März 1848 zunächst kein Ministeramt übernehmen, da er seine Eignung für ein solches Amt gering einschätzte, gab dann aber dem Drängen seiner politischen Freunde nach. Dennoch ließ er keinen Zweifel: Ein Diener des monarchischen Staats alter Prägung werde er nicht sein. Ein rein äußerliches Indiz für diese Einstellung war es, daß er ebenso wie seine Kabinettskollegen den mit dem Rang eines Staatsrats verbundenen Personaladel ablehnte, und als ihn ein Abgeordneter einmal mit Staatsrat von Römer anredete, verbat er sich dies aufs entschiedenste.[13]

König Wilhelm fühlte sich durch das ihm aufgezwungene Ministerium Römer gedemütigt, und obwohl Römer als Regierungschef rasch Profil gewann, einen moderaten und zugleich sicheren politischen Kurs steuerte, also Realpolitik betrieb, auch deutlich machte, daß er am monarchischen Staat festhielt, erlangte er nie das Vertrauen Wilhelms.[14] Indes war der Monarch klug genug, Römer gewähren zu lassen. Es war der Tatkraft des neuen Ministeriums zuzuschreiben, daß der am 14. März 1848 einberufene Landtag auf seiner vierzehntägigen Tagung unverändert die neuen Gesetzesvorlagen über die Versammlungsfreiheit und über die Volksbewaffnung annahm und daß er sich auch mit einem Gesetz über die Beseitigung der grundherrlichen Lasten der Bauern einverstanden erklärte. Dieses Gesetz räumte den Standesherren und den ritterschaftlichen Herrschaften wesentlich geringere Entschädigungen ein, als sie von der Regierung in früheren, jedoch am Widerstand der Ersten Kammer gescheiterten Gesetzentwürfen vorgesehen gewesen waren.[15]

Nach Ausbruch der Revolution hatte sich von der liberalen Bewegung eine stärker sozial und demokratisch orientierte

Gruppe abgespalten. Im Gegensatz zu den Altliberalen, die auf örtlicher Ebene vaterländische Vereine gründeten, gelang es den Demokraten, mit Hilfe ihrer Volksvereine eine Art Landesorganisation aufzubauen. Die auf Ortsebene entstandenen Volksvereine schlossen sich zu einer Art Landesorganisation zusammen. Freilich, die Grenzen zwischen den Altliberalen oder Konstitutionell-Liberalen und den Demokraten blieben unscharf, die Fronten zwischen beiden Gruppierungen durchlässig. Insgesamt behielten in Württemberg während der Revolution die Konstitutionell-Liberalen die Oberhand[16], und sie sahen mit den der Krone abgerungenen Reformen zu einem guten Teil ihre Ziele erreicht, eine Revolution erschien ihnen deshalb überflüssig. Die radikalen Töne eines Teils der Demokraten schreckten sie, so auch deren Ruf nach der Republik – dabei waren beileibe nicht alle Demokraten Republikaner. Sie fürchteten die »Anarchie von unten«, die »Gassenherrschaft elender Demagogen, Bummler und Abenteurer«, die sie bezichtigten, »wahnsinnige Gleichheitsprojekte realisieren« zu wollen. Als ihren Weg betrachteten sie Vereinbarungen mit dem König.[17]

David Friedrich Strauß gab dem Unbehagen im liberalen Lager über die politische Entwicklung, freilich überspitzt, Ausdruck, wenn er am 13. April schrieb: »Einer Natur wie der meinigen war es unter dem alten Polizeistaat wohler als jetzt, wo man doch Ruhe auf den Straßen hatte und einem keine aufgeregten Menschen, keine neumodischen Schlapphüte und Bärte begegneten.« Strauß hatte wie andere Angst vor der Durchsetzung des Gleichheitsprinzips, vor der Bildungsfeindlichkeit radikaler Kräfte.[18] Für sie bedeutete Republik Anarchie. Sie sahen in dieser Staatsform das Nivellieren aller menschlichen Individualität, das Überwuchern des gesellschaftlichen Lebens durch staatliche Eingriffe zum Vorteil der Habenichtse. Noch wirkten im württembergischen Bürgertum die Hungerkrawalle vom Frühjahr 1847 nach. Sie interpretierte das Bürgertum als Vorboten des Klassenkampfes, und es sah noch schlimmere sozialrevolutionäre Gärungen voraus.

Als nun Anfang April 1848 Arbeiter in bürgerlichen Versammlungen die Einführung der Republik forderten, hielten die bürgerlichen Schwarzseher die Gleichsetzung von Republik und Umstürzung der Sozialverfassung für bestätigt, und sie definierten Republik als Arbeiterregiment und Sicherheitsbedrohung.[19] Der Republik setzten sie »das geregelte Zusammenwirken der fürstlichen Gewalt und der Volksvertretungen gegenüber. David Friedrich Strauß bezeichnete in einer Leitartikelserie im »Schwäbischen Merkur« dieses »Zusammenwirken« als »die menschenwürdige Bürgschaft für die Förderung des Gemeinwohls«[20]. Wie weit damals die Angst vor einem republikanischen Staatsstreich ging, beweist eine Äußerung des Generals Moriz von Miller gegenüber dem jungen Hauptmann von Kallee: »Lieber Freund, machen wir uns [darauf] gefaßt, in drei Wochen republikanische Offiziere zu sein.«[21]

König Wilhelm verfolgte ähnlich wie die gemäßigten Liberalen die politische Entwicklung mit Sorge. Von der kläglichen Rolle, die König Friedrich Wilhelm von Preußen bei der Eskalation der revolutionären Ereignisse Mitte März in Berlin gespielt hatte, von seiner Kapitulation vor der Revolution, nahm er mit einer gewissen Genugtuung Kenntnis. Wolfgang Menzel, den er in die preußische Hauptstadt entsandt hatte, um ihm darüber authentisch berichten zu können, verhehlte er dies nicht. Empörend fand er allerdings – und hier pflichteten ihm viele Süddeutsche bei –, daß Friedrich Wilhelm IV. nach seinem Kotau vor den radikalen revolutionären Kräften in einer Proklamation kundgetan hatte, er übernehme für die Tage der Gefahr die Führung in Deutschland. Preußen gehe künftig in Deutschland auf. Wie konnte sich der Monarch einer der beiden deutschen Großmächte, fragte der württembergische König, so würdelos verhalten, wie konnte er so wenig politisches Gespür besitzen, wie konnte er seine fürstlichen Standesgenossen so sehr vor den Kopf stoßen? Freilich dürften die Gefühle Wilhelms zwiespältig gewesen sein, als die Stuttgarter Demokraten unter der Führung von Johannes Scherr eine den preußischen König darstellende Puppe erst mit Kugeln beschossen und dann in den Feuersee warfen.[22] Diese Verhöhnung eines gekrönten Hauptes verletzte ohne Zweifel sein fürstliches Selbstwertgefühl und stimmte ihn zornig, andererseits paßte eine solche Demonstration gegen den preußischen Hegemonieanspruch in Deutschland durchaus in sein politisches Konzept. Angenehm klang ihm die Ansicht Wolfgang Menzels, mit dem er damals öfters das Gespräch suchte, in den Ohren, die ganze Revolution werde das Ende einer Seifenblase haben.[23]

Im Frühjahr 1848 sah es allerdings nicht danach aus, obgleich in Württemberg nach der hitzigen ersten Märzhälfte das revolutionäre Feuer gedämpft schien. König Wilhelm richtete besorgt den Blick auf die politischen Verhältnisse jenseits der württembergischen Grenzen. Vor allem das politisch ungefestigte Nachbarland Baden, das an das revolutionäre Frankreich grenzte, beunruhigte ihn. Unbefriedigt über die Berichte, die ihm der württembergische Gesandte am badischen Hof, Baron Wächter, erstattete – Wächter teilte »allzuviel alarmierende Dinge« mit –, schickte er Oberleutnant Kallee nach Karlsruhe und befahl diesem, täglich über die dortige Entwicklung »kurz und bündig« zu berichten.

Die Nachricht von einem angeblichen revolutionären Putsch in Offenburg veranlaßte Kallee, umgehend in der Nacht vom 18. zum 19. April mit Extrapost von Karlsruhe nach Stuttgart zu fahren, um den König zu informieren. Obwohl der junge Offizier dem Monarchen gegenüber die Meinung vertrat, es handle sich höchstwahrscheinlich um einen der gewöhnlichen Putsche, denen keine Bedeutung beizumessen sei, weil sie »sich noch schneller verliefen als sie entstünden«, beauftragte ihn Wilhelm, sofort nach Karlsruhe zurückzufahren und dem Großherzog zu sagen, wenn Not am Mann sei, marschiere er selbst nach Karlsruhe. In die badische Residenzstadt zurückgekehrt, erfuhr Kallee, daß der Putsch zusammengebrochen war. Wenig erfreut reagierten allerdings die badischen Minister auf die Ankündigung des württembergischen Königs, notfalls selbst nach Baden zu kommen und dort die Ordnung wiederherzustellen.[24]

Um diese Zeit beteiligten sich württembergische Truppen auf Ersuchen der badischen Regierung im Rahmen des VIII. Bundesarmeekorps erfolgreich an der Unterdrückung der von Friedrich Hecker und Gustav von Struve inszenierten Schilderhebungen in Südbaden. Im Gefecht von Dossenbach am 27. April zersprengten sie die deutsch-demokratische Legion, deren führender Kopf, der Dichter Georg Herwegh, wenige Jahre zuvor als Wehrpflichtiger aus der württembergischen Armee desertiert war. König Wilhelm zeichnete einige Offiziere und Mannschaften für besondere Tapferkeit aus. Einmalig in der Kriegsgeschichte dürfte sein, daß der »Schutzengel« des hochdekorierten Hauptmanns Lipp die silberne württembergische Militärverdienstmedaille erhielt. Im Stuttgarter Kriegsministerium hatte man die Mitteilung in dem Bericht über das Gefecht, daß sein Schutz-Engel den Hauptmann vor Schlimmerem bewahrt hatte, dahin verstanden, daß ein Schütz(e) Engel sich durch Tapferkeit hervorgetan habe, und man hatte diesen nicht existierenden Soldaten, in Wirklichkeit den imaginären Schutzengel, dem König für eine Auszeichnung vorgeschlagen. Eine zweite württembergische mobile Militärkolonne hatte Anfang April Stellung an der württembergischen Grenze bei Vaihingen/Enz bezogen, ohne jedoch auf badisches Gebiet vorzurücken. Im Lauf des späten Frühjahrs und des Sommers kehrten sämtliche württembergische Truppen in ihre Garnisonen zurück.[25]

Als bitter mußte es König Wilhelm, der auf den bewaffneten Arm seines Staates so stolze Regent, empfinden, daß es im Juni 1848 in Heilbronn, wo das 8. Infanterieregiment seine Garnison hatte, zu einer Militärmeuterei kam. Soldaten verweigerten den Gehorsam, hielten aufrührerische Reden und solidarisierten sich mit republikanischen Agitatoren. König und militärische Führung griffen hart durch. Truppen aus Ludwigsburg und Stuttgart wurden nach Heilbronn in Marsch gesetzt, das Standrecht verkündigt, die Ruhe in der Stadt durch eine eindrucksvolle militärische Machtdemonstration wiederhergestellt, das 8. Infanterieregiment vorübergehend entwaffnet und ihm Ludwigsburg als neue Garnison zugewiesen, der Regimentskommandeur zwangspensioniert sowie eine größere Zahl von Angehörigen des Regiments zu teilweise langen Festungsarbeitsstrafen verurteilt[26]. Diese harte, aber glücklicherweise unblutige Disziplinierungsmaßnahme wirkte sich günstig auf den Geist des württembergischen Heeres aus; es blieb ein zuverlässiges Machtinstrument in der Hand der Regierung.

Schon Anfang Mai 1848 forderte der »Beobachter« die Einführung der Republik zunächst für einen gesamtdeutschen Staat, und er vertrat die Auffassung, daß auf diesen republikanischen »Oberbau« der einzelstaatliche »Unterbau« folgen werde. Scharf wandte er sich auch gegen das von den regierenden Fürsten noch immer in ihrer Titulatur geführte Attribut »von Gottes Gnaden«[27]. Auf dieses verzichtete dann König Wilhelm im Verlauf der Revolution. Indes sprach der »Beobachter«, damals das Organ der demokratischen Linken, lediglich für eine Minderheit. Im Land besaß die konstitutionelle Monarchie nach wie vor einen starken Rückhalt. Besonders in Stuttgart gab sich selbst ein Großteil der bürgerlichen Unterschicht königstreu. Bezeichnenderweise verhinderten mit Stecken bewaffnete Weingärtner die gewaltsame Befreiung eines wegen aufrührerischen Verhaltens auf der Hauptwache festgesetzten Unteroffiziers.[28] Am 12. Juli 1848 wurde durch eine königliche Verordnung unter Berufung auf den Paragraphen 89 der Verfassung, der eine allgemeine Sicherheitsbestimmung enthielt, der demokratische Kreisverein Stuttgart verboten. Die Verordnung unterstellte dem Verein eine kommunistische Zielsetzung, in Wirklichkeit aber dürfte er wegen seines Eintretens für einen republikanischen Staat unterdrückt worden sein.[29]

Im Juni 1848 wurde ein neuer Landtag gewählt. Die Wahl brachte dem Ministerium Römer eine knappe, aber ausreichende Mehrheit. Die Regierung wünschte einen kurzen Landtag, einen Landtag, der den Haushalt verabschieden und dann wieder auseinandergehen sollte. Doch es wurde kein kurzer »Haushaltslandtag«, nein, es wurde der längste Landtag in der bisherigen württembergischen Ständegeschichte. Er begann seine Beratungen mit mehrmonatiger Verzögerung und beendete seine Sitzungen erst elf Monate später.[30] Daß im Landesparlament jetzt ein anderer Geist herrschte, zeigte sich schon daran, daß die Abgeordneten nicht mehr in dem ihnen bisher vorgeschriebenen Mantel erschienen, sondern in bürgerlicher Gewandung oder daß Johannes Scherr, der sich zum Deutschkatholizismus bekannte, zugelassen wurde, obwohl die Verfassung für Abgeordnete die Zugehörigkeit zu einer der drei anerkannten großen christlichen Konfessionen vorschrieb.[31]

Den rauheren Wind im Landesparlament bekam König Wilhelm zu spüren: Nachdem er bereits im Frühjahr 1848 die Hofjagden außerhalb des Stuttgarter Wildparks unentgeltlich den Gemeinden überlassen hatte[32], mußte er jetzt auf ein Viertel seiner Zivilliste verzichten. Er tat dies widerstrebend, doch scheint ihn der Hinweis Römers auf die wirtschaftliche Notlage des Landes nicht unbeeindruckt gelassen zu haben.[33] Seine Verärgerung über den Gang der Dinge und insbesondere auch über die undankbaren Stuttgarter bewog ihn im Sommer 1848, die Auflösung des Hoftheaters zu verfügen. Glücklicherweise erreichten der frühere Hoftheaterintendant und nunmehrige Oberststallmeister Freiherr Wilhelm von Taubenheim und Amalie von Stubenrauch, daß er diese Entscheidung, die das kulturelle Leben der württembergischen Haupt- und Residenzstadt schwer getroffen hätte, dann doch noch erheblich abschwächte.[34]

Eine Regierung wie das Ministerium Römer wollte naturgemäß

Neues schaffen, den Staatsapparat effektiver, funktionsfähiger gestalten. Dazu gehörte selbstverständlich eine Reform der Verwaltung. Bereits im Juni lag dem König das entsprechende Programm der Organisationskommission vor. Beinahe hämisch äußerte der Monarch, blendende Worte könnten ihn nicht daran irremachen, was ihn die Erfahrungen einer 32jährigen Regierung gelehrt hätten. So bezweifelte er den großen Einsparungseffekt, den eine Aufhebung der vier Kreisregierungen bewirke. Auch dürfte die von der Kommission ins Auge gefaßte größere Selbständigkeit zumindest die Dorfgemeinden, wahrscheinlich aber selbst die größeren Städte überfordern.[35] Die große Verwaltungsreform versandete indes rasch und dies zum Teil deshalb, weil die Belange des Landes hinter den in der Frankfurter Nationalversammlung behandelten gesamtdeutschen Fragen zurücktraten. Auch der Landtag, der sich am 20. September 1848 konstituiert hatte, stand stark im Schatten Frankfurts.[36] Skeptisch äußerte sich der König über die Einführung der Schwurgerichte. Er berief sich hierbei auf die Urteile »tüchtiger Gewährsmänner« wie das des Kanzlers von Wächter.[37]

Im September 1848 waren württembergische Truppen an der Niederwerfung eines Aufstands in Frankfurt beteiligt, und anschließend wurden sie ins badische Oberland in Marsch gesetzt, wo Gustav von Struve erneut erfolglos eine republikanische Schilderhebung versucht hatte. In Rottweil trat am 24. September auf einer von 3 000 bis 4 000 Menschen besuchten Volksversammlung der als republikanischer Agitator bekannte Gaildorfer Glasfabrikant Gottlieb Rau auf. Er verkündete, die Monarchie tauge nichts, sie müsse abgeschafft werden. Da die Nationalversammlung in Frankfurt versagt habe, müsse das Volk seine Sache selbst in die Hand nehmen. Er forderte die Versammelten auf, nach Cannstatt zu ziehen und auf der dort für den Tag des Volksfestes geplanten Riesenversammlung ihren Anliegen Gehör zu verschaffen. Wenn alle Heerstraßen Württembergs von Zuzüglern nach Cannstatt wimmelten, dann könne der Zweck nicht verfehlt werden.

In offenen Schreiben rief Gottlieb Rau auch die württembergischen Städte und Dörfer auf, sich an dem großen Zug nach Cannstatt zu beteiligen. Am 25. September brachen mehrere hundert bewaffnete Angehörige der Rottweiler Bürgerwehr sowie Bauern der Umgebung zum Marsch nach Cannstatt auf. Ebenso entschloß sich die 150 Mann starke Schramberger Bürgerwehr, dem Rauschen Appell zu folgen. Indes blieben trotz lebhafter Agitation die erwarteten Zuzüge aus. Als bekannt wurde, daß die republikanischen Erhebungen in Baden gescheitert waren, verließ die Rottweiler und Schramberger Wehrmänner sowie ihre Verbündeten der Mut. Sie entschieden sich für einen möglichst raschen und unauffälligen Rückmarsch in ihre Heimatstädte und -dörfer. Von der Regierung entsandtes Militär entwaffnete die Bürgerwehren und sicherte durch mehrmonatige Besetzung die Ruhe. Gottlieb Rau wurde auf dem Hohenasperg inhaftiert. Am 30. März 1851 verurteilte ihn das Schwurgericht Rottweil wegen »komplottmäßig versuchten Hochverrats« zu einer 13jährigen auf der Festung zu verbringenden Zuchthausstrafe. Zwei Jahre später begnadigte ihn der König »zur Auswanderung nach Amerika«. Dort starb der persönlich untadelige politische Idealist bereits 1854. Einige seiner Mitverschworenen erhielten gleichfalls hohe Freiheitsstrafen.[38]

Zur Aufrechterhaltung der Ruhe auf dem Cannstatter Volksfest am 28. September 1848 wurden die als regierungstreu und verläßlich geltenden Stuttgarter und Cannstatter Bürgerwehren aufgeboten. Außerdem hielt die Regierung Militär in Bereitschaft. Um bewaffnete Zuzüge von Demonstranten aus dem Land zu verhindern, überwachten Militärkommandos die Bahnhöfe Esslingen und Ludwigsburg. Indes erwiesen sich alle diese Sicherheitsvorkehrungen als überflüssig. In Cannstatt blieb es ruhig. Die dort versammelten, den Konstitutionell-Liberalen nahestehenden 44 Vaterländischen Vereine distanzierten sich von dem Unternehmen Raus. Auch lehnten sie gewaltsame Proteste gegen die Beschlüsse der Frankfurter Nationalversammlung ab.[39] König Wilhelm gab sich ruhig und selbstsicher. Am 27. September, seinem 67. Geburtstag, nahm er eine feierliche Musterung der Stuttgarter Bürgerwehr vor, um so die bewaffneten und milizartig organisierten Bürger seiner Residenzstadt besonders auszuzeichnen und ihren königstreuen Geist zu stärken. Am gleichen Tag wurde das von ihm für den Chor der Stuttgarter Stiftskirche gestiftete, von Neher, Beisbarth und Scheerer geschaffene Glasgemälde »Kreuzigung und Grablegung Christi« enthüllt.[40] Am folgenden Tag eröffnete er wie üblich mit einer Preisverleihung das Cannstatter Volksfest.[41]

Robert von Mohl vermittelt mit seiner spitzen Feder kein günstiges Charakterbild vom Chef des Märzministeriums Friedrich Römer. Er kann zwar nicht umhin, ihn einen bedeutenden Mann zu nennen, doch das Zeug für einen befähigten Staatsmann spricht er ihm ab. Dazu sei er, wie Mohl feststellt, zu unwissend gewesen, und es habe ihm an allem Schwung und an eigenen positiven Gedanken gefehlt, zudem sei er eine »wesentlich kritische und negative Natur« gewesen. Mohl attestiert Römer aber gesunden Menschenverstand, Standhaftigkeit und Uneigennützigkeit. Auf Phrasen und Heuchelei sei er nicht hereingefallen. Er habe keine Pietät besessen, seine Schlagfertigkeit und sein Zynismus hätten ihn in den Debatten der Zweiten Kammer vor 1848 zum gefürchteten Gegner gemacht. Sein Verhalten sei ungehobelt (roh) gewesen, er habe einen »Wachstubenton« an sich gehabt.[42] Nun mag sich Römer mit seiner grobschlächtigen Art, seinem Mangel an Pietät nicht viele Freunde gemacht haben, doch sein gesunder Menschenverstand, sein Stehvermögen und seine Uneigennützigkeit waren in einer so wirren Zeit wie 1848/49 Gold wert. Er hat das kleine Staatsschiff Württemberg sicher um viele Klippen her-

Fahnenweihe der Stuttgarter Bürgerwehr 1848.

umgesteuert. König Wilhelm hat bei allen seinen Vorbehalten gegen das ihm aufgezwungene Märzministerium dessen Chef Römer Mut und politisches Augenmaß zuerkennen müssen und hat sich deshalb auch dem Gespräch mit ihm nicht entzogen. Zeitweise scheint sogar ein recht guter Kontakt zwischen Monarch und Regierungschef bestanden zu haben. Jedenfalls lud Wilhelm Staatsrat Römer im Winterhalbjahr 1848/49 zusammen mit einigen anderen sorgsam ausgewählten Persönlichkeiten wiederholt zur Mittagstafel.[43] Sein tiefwurzelndes Mißtrauen und seinen Groll gegen die Märzminister vermochte er aber nicht zu überwinden. Am 16. Dezember 1848 schrieb er dem Fürsten von Hohenlohe-Kirchberg nach St. Petersburg, seine Minister hätten keineswegs sein Vertrauen, doch er könne sie wegen ihres politischen Rückhalts und wegen des Einflusses, den sie im Land ausübten, nicht ablösen.[44]

Die Nationalversammlung in Frankfurt

König Wilhelm hielt die Verfassung des Deutschen Bundes für völlig ungenügend. »Eine Vertretung der deutschen Nation« am Bundestag in Frankfurt erschien ihm unerläßlich, »damit das allen Deutschen längst verheißene deutsche Bürgerrecht durch Berufung von Abgeordneten des deutschen Volkes zur Mitberatung der gemeinsamen Angelegenheiten verwirklicht werde und damit Deutschland, durch Befestigung seines Nationalverbands zu der Stufe, die ihm unter den Nationen gebührt, emporgehoben, nicht wieder den Gefahren der Teilung, der Zerstückelung und der Abhängigkeit vom Ausland entgegengehe.«[45] Daß der beinahe allmächtige österreichische Staatskanzler Fürst Metternich, dem er sich seit einiger Zeit politisch angenähert hatte, sein Amt verlor und aus Österreich fliehen mußte[46], bewegte ihn sehr. Bereitwillig stimmte er zu, daß Ludwig Uhland, wie dies dessen politische Freunde wünschten, als Vertreter Württembergs im März 1848 in den 17-Männer-Beirat nach Frankfurt entsandt wurde, der die Aufgabe haben sollte, die Bundesversammlung bei einer Revision der Bundesverfassung zu beraten. Der Bundestag hatte sämtliche Bundesstaaten aufgefordert, Männer des allgemeinen Vertrauens, und zwar für jede der 17 Stimmen des engeren Rats einen Mann, zu benennen. Bei einem Gespräch mit dem designierten Beiratsmitglied hatte der Monarch keine Einwände, daß Uhland, falls er in das zu erwartende deutsche Parlament gewählt werde, dieser Versammlung »in freiester Weise anwohnen dürfe«.[47] Indes erwies sich der Beirat als überflüssig. Bereits Anfang April trat in Frankfurt ein Vorparlament zusammen, eine Notabelnversammlung liberaler und demokratischer Politiker, in dem allerdings die Großmächte Österreich und Preußen nur schwach vertreten waren. Dieses Vorparlament beschloß mit Zustimmung des Bundestags, Wahlen zu einer deutschen Nationalversammlung auszuschreiben. Dieses erste gesamtdeutsche Parlament trat am 18. Mai 1848 in der Frankfurter Paulskirche zu seiner konstituierenden Sitzung zusammen. Unter den 586 Mitgliedern befanden sich viele erlauchte Namen, aus Württemberg beispielsweise Friedrich Römer, Ludwig Uhland, Friedrich Theodor Vischer, Wilhelm Zimmermann.[48]

Fürst Gortschakow, russischer Gesandter in Stuttgart und später Kanzler des Zarenreiches, berichtet, König Wilhelm sei im April 1848 drauf und dran gewesen, nach Frankfurt zu reisen, um sich dem Vorparlament als Kaiser-Kandidat zu präsentieren.[49] Ein solches unbesonnenes Sich-Selbst-Anbieten paßt nicht zur Wesensart König Wilhelms. Zu vermuten ist eher, daß der König, der über die ihm kläglich erscheinende Kapitulation Friedrich Wilhelms IV. von Preußen vor der Revolution höchst ungehalten war, dem russischen Gesandten gegenüber äußerte, wenn jetzt in den Tagen der Gefahr jemand die Führung in Deutschland zu übernehmen habe, dann tauge er dazu doch wohl besser als der wenig standhafte preußische Monarch. Übrigens hatte schon im März 1848 der Schriftsteller Franz Dingelstedt König Wilhelm aufgefordert, sich an die Spitze des Deutschen Bundes zu stellen[50], und zweifellos gab es auch noch manch andere Persönlichkeiten, die Wilhelm die politische und militärische Befähigung für das Amt des Reichsoberhaupts zuerkannten und ihn dem Hohenzollern vorzogen. Selbst Römer scheint in der Endphase der Revolution mit dem Gedanken geliebäugelt zu haben, die Kaiserkrone, falls sie Friedrich Wilhelm IV. von Preußen ausschlage, dem württembergischen Monarchen zu sichern.[51]

Am 29. März 1848 riet der englische Außenminister Henry John Temple Palmerston den deutschen Mittelstaaten, freiwillig auf einen Teil ihrer Souveränität zu verzichten.[52] Dazu war König Wilhelm auch bereit. Ihm schwebte damals eine grundlegende

Reform des Bundes vor. Oberstes Organ des Bundes sollte ein Bundesdirektorium sein, in dem Österreich, Preußen und ein drittes durch Wahl zu bestimmendes Mitglied, etwa Bayern, Sitz und Stimme hatten. Diesem Direktorium, einer Art Bundesregierung, wollte Wilhelm die Leitung des Heerwesens und der Auswärtigen Politik übertragen. An parlamentarischen Gremien sah er ein Unterhaus, die Volksvertretung, sowie ein Oberhaus, die Vertretung der Regierungen (Staaten), vor.[53]

Sehr verärgert reagierte der König auf die Erklärung der Volkssouveränität durch Präsident Heinrich von Gagern bei der Eröffnung der Nationalversammlung. Römer beruhigte den Monarchen: Gagern setze Volkssouveränität mit Nationalsouve-

Einzug der Abgeordneten in die Frankfurter Paulskirche 1848.

ränität gleich, die auch die der Fürsten einschließe.[54] Wilhelm wollte auch jetzt keinen deutschen Staat, sondern eine »föderalistisch verfaßte Nation«. Württemberg sollte ein im wesentlichen eigenständiger Staat bleiben. Deshalb trat er dafür ein, daß beide deutsche Großmächte und nicht nur Preußen dem deutschen Bundesstaat angehörten[55]. Die Intention der Nationalversammlung, die zu schaffende Zentralgewalt einem Präsidenten statt dem von ihm favorisierten Bundesdirektorium zu übertragen, akzeptierte der König schließlich, zumal er gegen den dafür ins Auge gefaßten Kandidaten, den österreichischen Erzherzog Johann, nichts einzuwenden hatte. Als er jedoch davon Kenntnis erhielt, daß die Nationalversammlung am 17. Juni den Erzherzog ohne die Mitwirkung der Regierungen zum Reichsverweser gewählt hatte, war er empört, und es gelang Römer nicht, ihn zu beschwichtigen. Kein Verständnis hatte er für dessen Argumentation, bei der Entscheidung für die Wahl durch die Nationalversammlung habe der Gesichtspunkt der Popularität, die so dem neuen Reichsverweser verschafft werde, eine entscheidende Rolle gespielt. Anstelle von Römer ließ er den württembergischen Gesandten in Frankfurt, Freiherrn von Sternenfels, den Freund und engen Mitarbeiter Römers, seinen Unwillen bei jeder Gelegenheit spüren, so daß dieser an seinen Abschied dachte und davon nur durch die Aussicht, Gesandter bei der Zentralgewalt zu werden, abgehalten wurde. Andererseits jedoch war König Wilhelm an einem guten Kontakt zu Erzherzog Johann sehr gelegen. Am 11. Juli wurde in Stuttgart die Wahl des Erzherzogs zum Reichsverweser mit einem Festgottesdienst gefeiert. Zwei Tage danach machte sich der König nach Frankfurt auf, um dem Reichsverweser, den er als vorläufiges monarchisches Oberhaupt Deutschlands und sicher nicht, wie dies Wolfgang Menzel später formulierte, als eine gegen Preußen aufgestellte österreichische Schildwacht betrachtete, seine Reverenz zu erweisen.[56]

Kaum hatte die Nationalversammlung ihre Beratungen aufgenommen, erschien eine Denkschrift, verfaßt von Generalleutnant Dr. Joseph Konrad von Bangold – Adjutant und enger Vertrauter König Wilhelms –, als Sonderdruck aus der Cottaschen Vierteljahrschrift 1848 unter dem Titel »Die materielle Begründung des Deutschen Bundesstaates durch die organische Gestaltung der Staatsgebiete«. Die Schrift verriet – mehr noch als das 1820 erstmals erschienene »Manuskript aus Süddeutschland« – die »Handschrift« König Wilhelms und war sein deutschlandpolitisches Konzept. Bangold verlangte darin unmißverständlich die Mediatisierung der meisten deutschen Fürsten und freien Städte. Der Deutsche Bund solle, so schrieb er, künftig nur noch aus 14 Staaten bestehen: den sieben Königreichen Preußen, Österreich (Kaiserreich), Bayern, Schwaben, Hessen, Sachsen und Hannover, aus den sechs Großherzogtümern Weimar, Coburg, Oldenburg, Mecklenburg, Schleswig-Holstein-Lauenburg und Luxemburg sowie aus der Freien Stadt Frankfurt. Im Königreich Schwaben sollten Württemberg, Baden und die beiden hohenzollerischen Fürstentümer vereinigt werden. Baden sei schon deshalb als Staat aufzulösen, weil es eine »ganz zweckwidrige, unverhältnismäßige Längenausdehnung« besitze.[57] Die Militärhoheit stehe lediglich den Königen zu. Wenn die Großherzöge nicht auch die Landesherrschaft verlören, so geschehe dies nur aus außenpolitischen Rücksichten. Erstaunlich, daß sich Bangold sogar des Arguments der Volkssouveränität bedient. Er leistet sich dies, weil seine Denkschrift an die Nationalversammlung gerichtet ist. So stellt er kühn fest, daß das Regierungsrecht einer Dynastie erlösche, wenn von seiten des Volkes kein Bedürfnis mehr vorhanden sei, von dieser Fürstenfamilie regiert zu werden. Die »depossedierten Fürsten« sollen durch eine vom »frommen, treuen Biedersinn des deutschen Volkes« festzusetzende Apanage entschädigt werden. Die Leitung des Deutschen Bundes übernehmen nach Bangold die fünf Könige der Mittelstaaten, die Monarchen von Preußen und Österreich treten je nach politischem Gegenstand hinzu, das heißt, wenn ihre deutschsprachigen Gebiete tangiert sind. Auch hier wieder die Forderung König Wilhelms nach einem von den reindeutschen Königreichen politisch bestimmten Dritten Deutschland. Er lehnt ein von Wien oder Berlin beherrschtes Deutschland ab, er wünscht sich vielmehr ein konföderiertes Deutschland aus mehreren Ländern, die zwar nicht gleich groß sein müssen, sich aber wirtschaftlich und politisch in etwa die Waage halten.[58]

Wie wir wissen, hat König Wilhelm sein Reformprogramm für den Deutschen Bund bei seinem Besuch in Frankfurt im Rahmen der politischen Gespräche, die er mit Reichsverweser Erzherzog Johann und mit Heinrich von Gagern, dem Präsidenten der Nationalversammlung, führte, erörtert, und Friedrich Römer hat dafür gesorgt, daß das gesamtdeutsche Parlament über dieses Programm beriet. Der König hielt also die aus der Revolution hervorgegangene Nationalversammlung durchaus für ein geeignetes politisches Forum, die von ihm geplante Bundesreform voranzutreiben.[59] Freilich mußte er bald erkennen, daß sich die politischen Ziele der Nationalversammlung mit den seinigen nicht zur Deckung bringen ließen.

Für König Wilhelm war offenkundig, daß Revolutionsmänner kleine Staaten wie die Fürstentümer Hohenzollern-Hechingen und Hohenzollern-Sigmaringen und ebenso politisch instabile Staaten wie das Großherzogtum Baden, dessen Staatsgebiet allerdings nicht sehr hinter dem des Königreichs Württemberg zurückblieb, als ihre Tummelplätze betrachteten. Durch eine Einverleibung dieser drei Länder in seinen Staat glaubte er, gefährliche politische Unruheherde zu beseitigen, zugleich aber auch – und dies war seit langem sein Bestreben – seinen Machtbereich beträchtlich zu vergrößern. Nun berichtet Eduard von Kallee, »der Fürst von Hohenzollern-Sigmaringen-Hechingen« habe, der ständigen Querelen mit seinen aufsässigen Untertanen überdrüssig, im Revolutionsjahr 1848 König Wilhelm sein Land zum Kauf und damit zur Einverleibung in das Königreich Württemberg angeboten. Der König habe unter dem Eindruck des soeben empfangenen Briefes des Fürsten Kallee gegenüber geäußert, er könne nicht helfen. Zwar wolle der Hohenzoller seinen Thron »billig abtreten«, eine jährliche Rente von 300 000 fl auf Lebenszeit, aber er könne 60 000 neue Untertanen, die katholisch und jetzt auch noch aufrührerisch seien, nicht brauchen, von solchen habe er schon genug.[60] Dieses eigenartige hohenzollerische Verkaufsangebot überliefert lediglich Kallee. In den Akten des Staatsarchivs Sigmaringen, das heute das Fürstlich-Hohenzollerische Hausarchiv wie die staatlichen Unterlagen der ehemaligen hohenzollerischen Fürstentümer betreut, findet sich darüber nichts[61], und auch in den im Hauptstaatsarchiv Stuttgart verwahrten Unterlagen des württembergischen Königshauses, des Königlichen Kabinetts, des Geheimen Rats und des württembergischen Außenministeriums konnten bisher keine weiterführenden Hinweise entdeckt werden.

Im Jahr 1848 gab es zwei regierende Fürsten in Hohenzollern. Die Bezeichnung Kallees »Fürst von Hohenzollern-Sigmaringen-Hechingen« ist falsch. Möglicherweise hat Fürst Friedrich Wilhelm Constantin von Hohenzollern-Hechingen im Frühjahr 1848 in Absprache mit seinem Sigmaringer Vetter bei König Wilhelm wegen eines Verkaufs seines Landes (vielleicht auch beider Fürstentümer) sondiert. Nachdem er aber in Stuttgart auf gänzliches Desinteresse stieß, hat er wohl überhaupt keine ernsthaften Verhandlungen aufgenommen. Die Sondierungen können freilich auch vom Sigmaringer Fürsten ausgegangen sein. Nicht ausgeschlossen ist, daß König Wilhelm – so Eugen Schneider[62] – glaubte, die hohenzollerischen Fürstentümer würden ihm bei der Realisierung der von ihm angestrebten Bundesreform ohnehin zufallen, so daß er nicht vorschnell auf ein Erwerbsangebot einzugehen brauche. Geärgert hat ihn dann aber über die Maßen, daß beide Fürsten im folgenden Jahr ihre Souveränitätsrechte auf Grund eines Erbvertrags dem König von Preußen übertrugen und daß damit, wie er erbost feststellte, die »verfluchten Pickelhauben« auf seinem Hohenzollern saßen.[63]

Bereits im Juni 1848 hatte vermutlich Römer König Wilhelm nahegelegt, auf eigene diplomatische Vertretungen im Ausland zu verzichten. Wahrscheinlich wies er ihn darauf hin, daß das Gesandtschaftswesen künftig in die Zuständigkeit des »Reiches« falle. Empört äußerte sich der König darüber in einem Schreiben an den Fürsten von Hohenlohe-Kirchberg in St. Petersburg am 19. Juni: Er werde eine solche Maßnahme so lange wie möglich hintertreiben. Die politische Lage beurteilte er sehr ungünstig: Die Anarchie mache überall und unentwegt Fortschritte. So werde alles versucht, die Disziplin des Militärs zu untergraben. Er fürchte, die Nationalversammlung werde dagegen wenig ausrichten können. Fünfzehn Tage später ließ er den Gesandten am russischen Hof wissen, daß er sich, nachdem das Frankfurter Programm unterzeichnet sei, nicht länger seiner Abberufung werde widersetzen können, und er trug ihm auf, bei Gelegenheit dem Zaren und dem Thronfolger zu sagen, daß er an seinen Ansichten und Prinzipien festhalte, nur im Augenblick der Gewalt nachgebe. Er sei von Ministern umgeben, zu denen er kein Vertrauen habe, der Einfluß Frankfurts, die verderbliche Einwirkung der revolutionären Clubs und das Beispiel seiner Nachbarn lähmten ihn. Er behaupte sich von einem Tag zum andern, und er sehe den Augenblick voraus, an dem er zugunsten seines Sohnes abdanken müsse. Niemals werde er gegen seine Prinzipien oder gegen das Wohl seines Landes handeln. Wenn ihm keine Wahl mehr bleibe, werde er die ihm gemäße Entscheidung treffen.[64]

Öfters zog er Friedrich Wilhelm Hackländer, damals noch Sekretär seines Sohnes Karl, ins Gespräch, um mit ihm über bedrängende Fragen zu sprechen. Am 22. Juli traf Hackländer den König tief bedrückt und mutlos an. Der Monarch saß zusammengesunken in seinem Arbeitszimmer auf einem einfachen Stuhl und schaute gedankenverloren in den Park hinaus. Nachdem er Hackländer wahrgenommen hatte, las er ihm den Inhalt einer Abdankungsurkunde vor, die er entworfen hatte, und bat ihn, die Urkunde, von der bislang niemand eine Ahnung hatte oder haben sollte, seinem Sohn »zum Durchstudieren und zur Überlegung« zu übergeben und sie ihm anschließend wieder zurückzubringen.[65] Der Gedanke, sich durch Abdankung der Verantwortung für die weitere politische Entwicklung zu entziehen, dürfte eine momentane Kurzschlußreaktion gewesen sein, die ohne Folgen blieb, weil sie rasch revidiert wurde. Weder der König noch sein Sohn noch Hackländer erwähnten sie später auch nur mit einem Wort in der Öffentlichkeit.

Im Sommer 1848 wirkte König Wilhelm gesundheitlich angeschlagen. Sein Leibarzt, Obermedizinalrat Hardegg, meinte im Gespräch mit Eduard von Kallee, die Vorgänge im Frühjahr hätten dem Monarchen stark zugesetzt, seine Gesundheit sei bei weitem nicht mehr so gefestigt wie früher. Er schätze, daß seine Lebenserwartung, obwohl er sich wieder einigermaßen erholt habe, bei maximal fünf Jahren liege.[66] Am 25. Juli trat der König einen vierwöchigen Erholungsurlaub in Meran an.[67] Als Kurier zwischen Stuttgart und Südtirol diente der junge Hauptmann von Kallee, dem er immer wieder sein besonderes Wohlwollen erwies; so erhielt dieser beim Frühstück den Platz zu seiner Rechten.[68]

Von seiner anfänglichen Annäherung an die Nationalversammlung rückte König Wilhelm, nachdem das gesamtdeutsche Parlament ihm nicht genehme Wege einschlug, bald ab. Jetzt äußerte er, es werde in Frankfurt übers Ziel hinausgeschossen, und der Erzherzog scheine der Situation nicht gewachsen.[69] Bei anderer Gelegenheit bezeichnete er die Nationalversammlung als »eine Ansammlung von aufgeblasenen Professoren, ganz unfähig in der Staatenpolitik, von träumerischen Burschenschaftern, welche die Studentenunruhen von 1819 zu verwirklichen suchten, und die Hefen des revolutionären Gesindels aus Sachsen, Preußen, vom Rhein, von der Pfalz, von Baden und Württemberg«[70]. Nach außen scheute er jedoch vor einer Konfrontation zurück. Ohne Widerstreben fügte er sich der von Frankfurt verlangten Huldigung seiner Truppen auf den Reichsverweser, wogegen Österreich,

Preußen, Bayern und Hannover eine solche Huldigung verweigerten.[71] Der von der Nationalversammlung mitgetragene Krieg um die Unabhängigkeit der Herzogtümer Schleswig-Holstein von Dänemark, zu dem auch Württemberg Truppen stellen mußte, erschien ihm ein nutzloses Unternehmen. Einmal nannte er es sogar ein Verbrechen. Das ihm angebotene Kommando schlug er aus.[72] Die Proteste Großbritanniens, Rußlands und Schwedens gegen ein weiteres Vordringen der deutschen Truppen veranlaßten Preußen im August 1848 zu dem auf sieben Monate geschlossenen Waffenstillstand von Malmö. Schleswig mußte geräumt und einer gemeinsamen dänisch-preußischen Regierungskommission unterstellt werden. Die Nationalversammlung erhob gegen den Waffenstillstand energischen Einspruch, mußte ihn dann aber doch genehmigen. Ihre politische Ohnmacht war damit offen zutage getreten, ihr Ansehen in verhängnisvoller Weise ramponiert.

Im Herbst gelang es den beiden deutschen Großmächten Österreich und Preußen in ihrem jeweiligen Machtbereich die revolutionäre Bewegung zu ersticken und ihr konservatives Regierungssystem zu restaurieren. Am 5. Dezember 1848 oktroyierte König Friedrich Wilhelm IV. seinem Land eine Verfassung, am 4. März 1849 der junge österreichische Kaiser Franz Joseph, der seinem regierungsunfähigen Onkel Ferdinand gefolgt war, seinem »Reich« gleichfalls eine. Daß damit die Tage der Revolution in ganz Deutschland und auch die der Deutschen Nationalversammlung in Frankfurt gezählt waren, konnte kaum zweifelhaft sein. Die hohen Erwartungen in den so hoffnungsvoll begonnenen Aufbruch zu Einheit und Freiheit des deutschen Volkes wichen der Resignation.[73]

Konflikt mit Ministerium und Nationalversammlung

Bei der Landtagseröffnung am 20. September 1848 sah sich König Wilhelm in seiner Thronrede gezwungen, neben der Anerkennung der provisorischen Zentralgewalt in Frankfurt zu versprechen, nach Verkündung der Beschlüsse der Nationalversammlung die württembergische Verfassung einer Revision zu unterziehen. Dies empfand er als demütigend, hatte sich doch Römer selbst früher für eine Überprüfung der Beschlüsse des deutschen Parlaments vor ihrer Einführung in Württemberg ausgesprochen.[74] Hackländer gegenüber bemerkte er um diese Zeit, wie bitter es für ihn sei, daß die rote Fahne der Revolution auch auf seine Untertanen eine so große Anziehungskraft ausübe, dabei habe er doch sein Volk mild und freisinnig regiert.[75] Unverständlich war ihm zudem, daß die Zweite Kammer in ihrer Antwort auf seine Thronrede forderte, daß nach dem demokratischen Prinzip das Recht und die Macht der Regierung in dem vernünftigen Volkswillen ihre Quelle haben sollten, daß die Regierung nach den Mehrheitsverhältnissen im Parlament bestimmt werden und das Vertrauen der Parlamentsmehrheit besitzen, daß also im Land grundsätzlich die parlamentarische Regierungsweise gelten sollte.[76]

König Wilhelm war davon überzeugt, daß die revolutionäre Bewegung, wenn ihr nicht Einhalt geboten werde, zur Republik führe. Er setzte deshalb jetzt seine Hoffnung auf Österreich und Preußen. Seiner Ansicht nach war das Zusammengehen der beiden Großmächte die einzige Chance für eine wirkungsvolle »Zurückdämmung« der revolutionären Kräfte.[77] Auch Römer wollte eine Einbeziehung Österreichs in einen deutschen Gesamtstaat und keine preußische Hegemonie in Deutschland.[78] Hierbei kam es ihm außerdem darauf an, daß ein Deutsches Reich auf föderalistischer Basis, wie er es sich vorstellte, auch die deutschsprachigen Gebiete Österreichs einschließe, also kein Rumpfstaat sei. Anders dachte Gustav Rümelin, wie Römer Mitglied der Nationalversammlung. Er und seine kleindeutschen Gesinnungsgenossen propagierten ein Deutschland ohne Österreich. Preußen war ein insgesamt deutsches Land, das lediglich in seinen Ostprovinzen stärkere fremdsprachige, polnische Einsprengsel hatte. Anders Österreich, dessen Staatsgebiet zu einem guten Teil von nichtdeutschen Volksstämmen besiedelt war. Das Konzept Rümelins: Preußen geht als unmittelbares Reichsland in Deutschland auf. Es hat nur noch Provinzlandtage, seine Provinzen erhalten Landesstatus. Dafür wird der preußische König deutscher König (Kaiser). Auf solche Weise wird ein mit Deutschland gleichzusetzendes Großpreußen vermieden.[79]

Zwar konnte König Wilhelm nicht übersehen, daß Friedrich Römer, der Chef des Märzministeriums, politisches Format besaß und daß er, obwohl er den Schwerpunkt seiner Aktivitäten nach Frankfurt verlagerte, das Land verantwortungsbewußt und mit Augenmaß regierte. Dennoch blieb sein Verhältnis zu der ihm aufgezwungenen Regierung gespannt. Dazu trugen einige ihm zugemutete Maßnahmen von Ministerium und Landtag bei, die er als ausgesprochen demütigend empfinden mußte, schließlich war er bisher der unbestrittene Herr Württembergs gewesen.

So verlangte der Landtag die Aufhebung der diplomatischen Vertretungen Württembergs, wichtiger Attribute des souveränen Königreichs. Der König lehnte dies ab. Er übernahm die Besoldung der Gesandten in Wien und Berlin auf seine Privatschatulle, und er sah dieselbe Lösung für die Münchner Gesandtschaft vor, falls die Zweite Kammer auch die dafür erforderlichen und bis Juli 1849 bewilligten Mittel strich. Mit der Forderung, den Gesandten Fürst von Hohenlohe-Kirchberg in St. Petersburg durch den Geschäftsträger Graf Zeppelin zu ersetzen, der einen geringeren finanziellen Aufwand verursachte, setzte sich das Landesparlament nur kurzfristig durch.[80] Der Fürst von Hohenlohe-Kirchberg besaß das besondere Vertrauen des Königs. Hinzu kam, daß das zaristische Rußland von Wilhelm als eine Art Schutzmacht betrachtet wurde. Nach dem Scheitern der Revolution 1849 erhielt der König im Gesandtschaftswesen wiederum freie Hand, und er beeilte sich, die vorrevolutionären Verhältnisse zu restaurieren.

Sehr empfindlich reagierte König Wilhelm auf Angriffe der Liberalen und der Demokraten auf das stehende Heer und auf deren Forderung, dieses durch eine Volkswehr zu ersetzen. Das klägliche Schauspiel der im Frühjahr 1848 nach Schaffung der gesetzmäßigen Voraussetzungen vielerorts organisierten Bürgerwehren wirkte ernüchternd. Mit Genugtuung registrierte der Monarch, daß die Begeisterung für die Volksbewaffnung, die freilich nur in den Städten vorhanden war, rasch abflaute. Schon Ende Mai 1848 empfahl er, gegenüber den Landgemeinden, die sich der Bildung einer örtlichen Bürgerwehr widersetzten, jeden Zwang zu vermeiden. Im Herbst desselben Jahres nahm er Landgemeinden und Kleinstädte, die sich gegen das zeitaufwendige, kostspielige und dabei von ihm als unnütz angesehene Soldatenspielen wehrten, wie es das Bürgerwehrgesetz vorsah, nachdrücklich in Schutz.[81] Das übereilt verabschiedete Bürgerwehrgesetz vom 1. April 1848 hatte, ob es nun Liberale und Demokraten wahrhaben wollten oder nicht, dem in Württemberg tief verwurzelten Volkswehrgedanken mehr geschadet als genützt. Einzelne Bürgerwehren, die durch die Agitation radikaler revolutionärer Wortführer erfolglos den bewaffneten Aufstand gegen die Staatsmacht probten, wurden dann von dieser entwaffnet und aufgelöst. Im

Gegensatz zu einem Großteil seiner liberalen Gesinnungsgenossen hielt Römer das stehende Heer vorläufig für unverzichtbar. Der Staat brauche, so erklärte er im Herbst 1848, ein verläßliches, gut ausgebildetes und ausgerüstetes Machtinstrument, um Ruhe und Ordnung aufrechtzuerhalten. Die finanziellen Aufwendungen, die das Militär verursachte, erschienen ihm vertretbar.[82]

Einer Forderung des Märzministeriums trug König Wilhelm bereits am 19. Juli 1848 Rechnung. Er hob die Geheime Kriegskanzlei auf. Es sollte nicht länger möglich sein, daß sich der Landesherr in Militärangelegenheiten einer der ministeriellen und parlamentarischen Kontrolle entzogenen Behörde bediente. Dabei war die Geheime Kriegskanzlei im wesentlichen ein militärisches Schreibbüro des Monarchen gewesen. Nie hatte sie eine dem preußischen Militärkabinett, das vor allem in den 1850er und 1860er Jahren eine verhängnisvolle Rolle spielte, vergleichbare militärpolitische Funktion besessen.[83]

Römer hielt im Herbst 1848 seinen König über die politische Entwicklung, wie sie sich aus Frankfurter Sicht darstellte, auf dem laufenden. Er berichtete u.a. darüber, daß Preußen dafür plädiere, die Regierungsgewalt über Deutschland drei Regenten zu übertragen, daß andererseits aber Gagern und Simson nach Berlin gereist seien, um wahrscheinlich dem preußischen König die deutsche Kaiserkrone in Aussicht zu stellen. Eine klare politische Linie ließ sich in all dem nicht erkennen. König Wilhelm verharrte unbeirrt auf seinem Weg: ein Direktorium von drei Fürsten, Österreich, Preußen und der abwechselnd gewählte Regent eines der kleineren Königreiche. Mediatisierungen schienen ihm nur dann sinnvoll, wenn sie »durchgreifender Natur« waren, das heißt, wenn alle Kleinstaaten mediatisiert wurden.[84] Indes blieb er keineswegs untätig. Längst nutzte er – wohl als erstes gekröntes Haupt in Deutschland – die Presse als Medium für die Propagierung ihm wichtig erscheinender politischer Anliegen. Da er vor allem jetzt in der schwierigen Phase des revolutionären Umbruchs Zeitungsbeiträge nicht unter dem eigenen Namen veröffentlichen wollte und konnte, bediente er sich des einen oder anderen Mittelsmanns seines besonderen Vertrauens. In »öfters langen Unterredungen« gab der König dem Generalstabsoffizier Kallee genaue Kenntnis von seinen Ansichten über bedeutsame politische und militärische Angelegenheiten und beauftragte ihn, entsprechende Artikel in die damals in ganz Deutschland vielgelesene Augsburger »Allgemeine Zeitung« zu lancieren. Solche Artikel erregten nicht selten großes Aufsehen, über ihren geistigen Urheber wurde viel gerätselt.[85]

Im politisch-diplomatischen »Geschäft« zog König Wilhelm inoffizielle Kanäle offiziellen vor, und dies aus gutem Grund. Die Stimme des Regenten eines machtpolitisch unbedeutenden Landes zählte im Deutschen Bund und erst recht im Konzert der europäischen Mächte wenig, auch wenn er wie Wilhelm I. von Württemberg zu den fähigsten politischen Köpfen unter seinen fürstlichen Standesgenossen und in seiner Zeit gehörte. Immer wieder nahm er Geheimagenten in Anspruch, unter ihnen namentlich Männer, die erfahrene und kenntnisreiche Publizisten waren, selbstsicher auftraten, über Verhandlungsgeschick verfügten und die es zugleich verstanden, unauffällig Kontakte zu knüpfen, unter der Hand wichtige Informationen zu beschaffen und zu übermitteln. Neben Friedrich Georg Ludwig Lindner, dem Verfasser des »Manuskripts aus Süddeutschland«, nimmt Georg Klindworth unter diesen Agenten einen herausragenden Platz ein. Der aus Hannover stammende Klindworth »arbeitete« seit den dreißiger Jahren für König Wilhelm. 1840 erscheint er erstmals in den Akten. Er hielt sich damals vorwiegend in Paris auf. Welcher Regent ihm den Titel Staatsrat verlieh, den er bereits zu dieser Zeit führte, ist nicht bekannt. 1843 ist er im »Württembergischen Hof- und Staatshandbuch« als Ritter des Kronenordens aufgeführt. Diese Auszeichnung legt nahe, daß er König Wilhelm wichtige Dienste geleistet hatte.[86] Doch er war nicht nur für den württembergischen Monarchen tätig. Heinrich Ritter von Srbik nennt den »geschäfts- und redegewandten« Klindworth einen »intriganten und stets für Geld dienstbereiten Allerweltsagenten und Journalisten« von internationaler Bedeutung. Bis in die sechziger Jahre stand er nicht nur Wilhelm von Württemberg zur Verfügung, sondern er leistete auch Österreich, Preußen, England, Frankreich, Rußland und Belgien finanziell großzügig honorierte Dienste.[87] Er hat beispielsweise den Aufruf König Friedrich Wilhelms IV. von Preußen vom 21. März 1848 verfaßt, in dem dieser im Gegensatz zu seiner eigenen Überzeugung erklärte, daß Preußen künftig in Deutschland aufgehe.[88]

Im Herbst 1848 nun erhoffte sich König Wilhelm, mit Hilfe des diplomatischen Geschicks seines Agenten Klindworth und unter Umgehung seines eigenen Ministeriums sein deutschlandpolitisches Konzept gegen die Nationalversammlung in Frankfurt durchsetzen zu können. Am 1. Oktober schrieb der König dem württembergischen Gesandten in München, dem Grafen von Degenfeld: »Es liegt mir sehr daran, daß der Mitbringer dieser Zeilen, der Herr von Klindworth[89], eine geheime Audienz bei dem König von Bayern erhält, um sich eines geheimen Auftrags zu entledigen, den ich ihm gegeben habe.« Größten Wert legte der Monarch darauf, daß der Gesandte diese Audienz erwirke, »ohne daß die Minister des Königs dabei ins Spiel gezogen«[90] würden. Am 10. Oktober kam diese Audienz zustande, an der auch der Gesandte teilnahm.[91] Klindworth suchte König Max für den Gedanken König Wilhelms zu gewinnen: der Wahrnehmung der politischen Leitung Deutschlands durch ein Direktorium von drei Fürsten. Der bayerische König zeigte sich offensichtlich von dem Konzept Wilhelms angetan und nahm umgehend schriftlichen Kontakt mit dem preußischen König auf. In weiteren Verhandlungen, die nunmehr Ministerpräsident Graf Bray und Klindworth miteinander führten, einigte man sich rasch auf eine »Punktation über das Verfassungswerk des Deutschen Bundes«.

Dieses allerdings erst am 21. November von König Max in Nymphenburg unterzeichnete Dokument legte fest: Die Höfe von Bayern und Württemberg halten die Idee eines Kaisers als höchstem Repräsentanten der Einheit der deutschen Fürsten und Völker für unausführbar. Sie sehen hingegen in einem Direktorium von drei Bundesfürsten das zweckentsprechende Organ für einen deutschen Bundesstaat. In dem Direktorium bekommt Preußen einen ständigen Sitz, ebenso Bayern, falls sich Österreich diesem Bundesstaat nicht anschließt. Alle deutschen Könige sind in diesem Leitungsgremium entweder ständig (Preußen und Österreich bzw. Preußen und Bayern) oder nach einem bestimmten Turnus vertreten. Bayern setzt sich für die Übertragung einer der obersten Befehlshaberstellen der deutschen Reichsarmee an den König von Württemberg ein, ohne daß dadurch jedoch Prinz Karl von Bayern in seiner militärischen Position benachteiligt wird.[92] Im Zusammenhang mit seinem Plan der Errichtung eines dreiköpfigen Fürstendirektoriums erwog König Wilhelm wohl auch, unauffällig bei Frankfurt eine Armee von 40 000 Mann zusammenzuziehen, angeblich zum Schutz des Reichsverwesers, in Wirklichkeit aber, falls erforderlich, zur gewaltsamen Durchsetzung seines deutschlandpolitischen Konzepts. Von den Königen von Bayern und Preußen erwartete er, daß sie eine solche Militäraktion mittrugen.[93]

Von München aus reiste Klindworth am 24. Oktober über die sächsische Landeshauptstadt Dresden nach Berlin. In Dresden, wo man über die bayerisch-württembergischen Aktivitäten bereits offiziell informiert war, traf er mit dem gegen Preußen sehr mißtrauisch gestimmten leitenden Minister von der Pfordten zusammen. Übrigens beurteilte auch König Wilhelm die »inneren Verhältnisse« am preußischen Hof ungünstig. In Berlin stand König Friedrich Wilhelm IV. dem Agenten Klindworth bereitwillig Rede und Antwort. Der König tadelte scharf seine Minister und nannte die Nationalversammlung in Frankfurt ein verfluchtes Komödienhaus. Niemals lasse er sich gegen seinen Willen zum deutschen Kaiser machen. Er akzeptiere lediglich eine Stellung, die ihm seine Mitfürsten aus freien Stücken übertragen würden. Von der Punktation, die ihm Klindworth am folgenden Tag vorlegte, nahm er beifällig Kenntnis. Er wolle, ließ er den Agenten wissen, nicht einmal wie Bayern eine ständige Stimme im Reichsdirektorium. Ihm genüge die militärische Schirmherrschaft über Deutschland und dazu das Kronfeldherrnamt, die Konnetabelschaft. Doch solle König Wilhelm, da er der einzige Feldherr [von fürstlichem Stand] in Deutschland sei, das Oberkommando übertragen werden. Für den Fall, daß der österreichische Kaiser – sofern ihm die Kaiserkrone angeboten werde – diese ablehne, wolle er an Reichsverweser Johann festhalten. Er wünsche dann aber, daß diesem in der Zentralgewalt ein Gegengewicht geschaffen werde. Dieser Zentralgewalt sollten die Vertreter oder alternierende Vertreter sämtlicher Könige angehören, und die Regenten der kleinen Staaten hätten sich den Königen unterzuordnen. Vordringlich erscheine ihm die Errichtung eines »Oberparlaments«, eines Staatenhauses, in dem Repräsentanten sämtlicher deutscher Fürsten säßen.[94]

Nach der Abreise Klindworths verstärkte der preußische König den Druck auf die revolutionäre Bewegung in seinem Land. Er ersetzte die letzten liberalen Minister durch konservative und bekannte sich öffentlich mit Blick auf Gesamtdeutschland im großen und ganzen zu den politischen Zielsetzungen, wie er sie in den Unterredungen mit Klindworth formuliert hatte: ein Königskollegium, ein Oberhaus neben der Nationalversammlung, weitere Verhandlungen mit Österreich und mit den Königen. Bei neuen Gesprächen in München erklärte König Max gegenüber dem Agenten König Wilhelms, entscheidend sei, daß Preußen endgültig das gemeinsame bayerisch-württembergische politische Konzept gutheiße und es mittrage. Nur wenn sich Preußen versage, sei eine Verbindung der Könige [der Mittelstaaten] gegen Preußen anzustreben. Um Friedrich Wilhelm wohlwollend zu stimmen, entsandte König Max seinen Onkel Prinz Karl nach Berlin. Ende November legte Klindworth den auf der Punktation beruhenden Entwurf einer Präliminarübereinkunft zwischen Preußen, Bayern und Württemberg in Berlin vor: Vereinbarung zwischen den Fürsten und der Nationalversammlung, Staatenhaus neben dem Volkshaus, Direktorium von drei Königen, Verpflichtung zu gegenseitiger moralischer und militärischer Unterstützung und zu einer gemeinsamen Wehrverfassung. Erst wenn die drei Staaten diese Präliminarübereinkunft gebilligt hätten, sollten die Königreiche Sachsen und Hannover, sodann die übrigen Bundesfürsten zum Beitritt aufgefordert werden. Vorläufig war alles geheimzuhalten.[95]

Anfang Dezember 1848 konnte Klindworth König Wilhelm mitteilen, daß über wesentliche Punkte der Präliminarübereinkunft eine Einigung zwischen Preußen und Württemberg erzielt worden sei: Anerkennung des Reichsverfassungsgesetzes erst nach Prüfung von Vertretern beider Staaten; neben dem Volksparlament wird ein Staatenhaus errichtet; gegenseitiger moralischer und materieller Beistand; Aufrüstung zu diesem Zweck; über eine Wehrverfassung Deutschlands soll rasch eine Vereinbarung angestrebt werden.[96] Strittig geblieben war offenbar das dreiköpfige Fürstendirektorium.

Im Gegensatz zu König Friedrich Wilhelm IV., der sich dem Agenten gegenüber sehr wohlwollend, teilweise sogar ungewöhnlich vertrauensselig zeigte, widersetzten sich der Leiter der Auswärtigen Angelegenheiten Graf von Bülow und Ministerpräsident Graf von Brandenburg der bayerisch-württembergischen Initiative. Vor allem Graf von Bülow riet, Preußen solle die Dinge ruhig sich entwickeln lassen und sich im Bewußtsein seiner Macht nicht an kleinere Fürsten ketten. Der preußische König beugte sich schließlich den Voten seiner Minister und seiner Ratgeber Rauch und Gerlach. Hierbei fiel noch deren Hinweis ins Gewicht, daß das verantwortliche württembergische Ministerium wahrscheinlich keine Kenntnis von der Tätigkeit des Agenten habe. In einem

Schreiben an König Wilhelm vom 14. Dezember entschuldigte sich der preußische Monarch gewissermaßen dafür, daß ihm die Umstände nicht erlaubt hätten, auf den bayerisch-württembergischen Plan einzugehen. Im Auge behalten wollte er aber den Vorschlag über die Schaffung einer deutschen Zentralgewalt durch ein fürstliches Dreierdirektorium. Dagegen verwarf er den Plan eines preußischen Kaisertums. Dieser Plan, erklärte er, erfülle ihn mit Abscheu. König Wilhelm und König Max bemühten sich in den folgenden Wochen auf unterschiedlichen Wegen, im Sinne ihrer Initiative doch noch zu konkreteren Ergebnissen zu kommen. Und auf seine Weise tat dies auch Klindworth. Vergeblich.[97]

Übrigens hatte König Wilhelm schon im Oktober 1848 die »Konvention der Könige« seinem russischen Schwager schmackhaft machen wollen, doch er fand bei Zar Nikolaus für sie ebensowenig Verständnis und Unterstützung wie bei England und Frankreich, die er gleichfalls über sein Deutschland-politisches Konzept informierte.[98] Im Herbst 1848 wies er den in Paris weilenden württembergischen Gesandtschaftsattaché in München, von Ow, an, ihn über die wichtigsten Ereignisse in der französischen Hauptstadt zu unterrichten. Dieser berichtete am 30. November 1848 über die französische Präsidentschaftsfrage, auf die sich derzeit das öffentliche Interesse konzentriere.[99] Anfang Dezember 1848 informierte der Agent Klindworth den württembergischen Monarchen aus Berlin darüber, daß die politischen Verhältnisse zwischen Preußen und Rußland »vollständig getrübt seien« und daß Österreich, solange es seine innere Stabilität noch nicht zurückerlangt habe, ganz von Rußland abhängig sei. Ferner wußte er zu vermelden, daß Königin Victoria von Großbritannien König Friedrich Wilhelm IV. dränge, sich an die Spitze Deutschlands zu stellen, was dieser aber beharrlich ablehne. Klindworth meinte, Victoria verfolge mit ihrem Drängen den Plan, dem Prinzen Alfred, ihrem zweiten Sohn, eine Königskrone in Deutschland zu verschaffen.[100]

Mit dem Sieg der Gegenrevolution in Österreich im Herbst 1848 und mit der Übernahme der Regierung durch Fürst Felix von Schwarzenberg, einem bedeutenden politischen Kopf, der zielbewußt und mit dem Mut zum Risiko den Weg der konservativen Modernisierung des Kaiserstaats einschlug, hatte sich die politische Großwetterlage in Deutschland grundlegend verändert.[101] Auf dem Reichstag in Kremsier erklärte der neue Regierungschef

Ende November 1848, Österreich werde sich nicht von seinen deutschen Landesteilen trennen, es werde also vorläufig nicht in einen engeren Bund mit dem übrigen Deutschland eintreten und kein nichtösterreichisches Reichsoberhaupt anerkennen. Der Fortbestand Österreichs als staatliche Einheit sei ein deutsches und ein europäisches Bedürfnis. Dies war eine eindeutige Absage an das Einigungswerk der Paulskirche.[102] Heinrich von Gagern sah jetzt nur noch eine Möglichkeit: Zusammenschluß der übrigen deutschen Staaten zu einem engeren Bund und Bildung eines weiteren Bundes dieser Staaten mit Österreich. Der württembergische Regierungschef Friedrich Römer akzeptierte den Plan Gagerns, legte aber Wert auf den Verbleib Österreichs in Deutschland, weil ihm eine deutsche Einigung sonst unvollkommen erschien.[103]

Als Friedrich Römer im Dezember 1848 erfuhr, König Wilhelm verhandle hinter seinem Rücken angeblich mit anderen Staaten über eine Einigung Deutschlands, die in diametralem Gegensatz zu den Beschlüssen der Nationalversammlung stand, bat er den Monarchen, dieses bösartige Gerücht öffentlich zu widerlegen. Doch Wilhelm gab ihm und dem Gesandten von Sternenfels nur von seiner Absicht Kenntnis, keinen erblichen Monarchen an der Spitze Deutschlands zu dulden, vielmehr darauf hinzuwirken, daß die zentrale Regierungsgewalt in Deutschland einem Fürstendirektorium übertragen werde. Zur gleichen Zeit befaßte sich der württembergische Gesandte in Berlin, Reinhard, mit einer anderen Version der Lösung der deutschen Frage. Ähnlich wie Fürst Schwarzenberg plädierte Reinhard für eine Kreiseinteilung Deutschlands mit dem Aufgehen der kleinen Staaten in einem größeren Bund, und er suchte seinen König für eine solche Lösung zu erwärmen.[104]

In einem Brief vom 16. Dezember 1848 an den Fürsten von Hohenlohe-Kirchberg in St. Petersburg sprach König Wilhelm von der verabscheuungswürdigsten Ständekammer, die es in Württemberg je gegeben habe. Außerdem schrieb er, daß er zu seinem Ministerium kein Vertrauen habe, es aber wegen dessen starkem Einfluß im Lande und mit Rücksicht auf die deutschen Verhältnisse weiterhin beibehalten müsse.[105] Sehr angenehm in den Ohren klang ihm, daß Zar Nikolaus nach langem Zögern jetzt dem früheren Deutschen Bund eine engere und stärkere Föderation der deutschen Staaten vorzog und daß er auch gegen eine Mediatisierung der kleinen deutschen Staaten nichts mehr einzuwenden hatte.[106] In zunehmendem Maß setzte der württembergische König seine Hoffnung für eine ihm befriedigend erscheinende Lösung der deutschen Frage auf Österreich. Er zeigte sich beeindruckt von den Siegen der österreichischen Armee und dem klaren politischen Kurs, den die österreichische Regierung steuerte, wogegen er, nicht zuletzt wegen seiner enttäuschenden Erfahrungen mit Friedrich Wilhelm IV., dem unberechenbaren Schlingerkurs von König und Regierung in Berlin tief mißtraute und scharfe Kritik an den radikalen Bestimmungen der neuen preußischen Verfassung übte.[107]

Großen Wert legte er darauf, Kontakte zu Fürst Schwarzenberg zu knüpfen. Bereits um die Jahreswende 1848/49 kam es zwischen beiden Männern zu einem schriftlichen politischen Gedankenaustausch. In einer Denkschrift wies Wilhelm Wege, wie aus den Fehlern und Versäumnissen der Vergangenheit zu lernen und die Schwierigkeiten der Gegenwart zu überwinden waren. Man muß, schrieb er, das lebensfähige Alte mit dem unabweisbaren Neuen organisch verbinden. Insbesondere gilt es, der deutschen Revolution ihren »vornehmsten Stachel« zu entziehen. Dies geschieht, »indem man das unverkennbare, instinktmäßige Streben der Nation nach Einheit, soviel als immer tunlich, zu fördern und zu befriedigen sucht«. Parlamente wie die Frankfurter Nationalversammlung sind hierzu nicht geeignet, sie verwirren, zerstören und nivellieren, gestalten aber nicht, auch ordnen sie nicht und bauen nicht auf. Auszugehen ist vielmehr von »den vorhandenen Elementen« und von der Geschichte der Nation. »Die vorhandenen Elemente« sind die Regierungen der Hauptstaaten, die Glieder der Gesamtheit bilden sollen. In geringfügiger Abwandlung seines bisherigen Deutschland-Konzepts schlägt der König vor:

1. Vereinigung des deutschen Österreichs und der fünf deutschen Königreiche zu einem politischen Bund.

2. Befriedigung des Freiheitsstrebens der Nation auf dem allein praktisch möglichen Weg der völligen Mediatisierung der deutschen Kleinstaaten zugunsten der »sechs Hauptgruppen der deutschen Volksstämme«, also zugunsten Österreichs und der fünf Königreiche.

3. Bestellung einer Zentralgewalt durch eine zwischen den sechs »Kronen« zu treffende Vereinbarung.

4. Errichtung eines Staatenhauses als Gegengewicht gegen das bereits bestehende Nationalparlament.

5. Revision der von der Paulskirche beratenen Reichsverfassung vor oder nach deren Verkündigung.

Für die geplante Mediatisierung sollte Fürst Schwarzenberg, der bereits eine gewisse Bereitschaft hierzu bekundet hatte, durch den württembergischen Gesandten in Wien, den Freiherrn von Linden, gewonnen werden. Um die Notwendigkeit für solche Maßnahmen zu erhärten, hatte Linden auf das politisch instabile Großherzogtum Baden hinzuweisen. Da mit einer gewaltsamen Erhebung der »radikalen Partei« zu rechnen war, sobald die Regierungen mit ihrem Plan hervortraten, schlug Wilhelm die vorsorgliche Mobilisierung größerer gemeinschaftlicher Truppenverbände vor, und er erklärte sich zur Übernahme des Oberbefehls bereit. Die österreichische Regierung reagierte auf das Konzept des württembergischen Königs zurückhaltend. Sie wollte sich zunächst mit Preußen verständigen. Doch nachdem in Olmütz Besprechungen zwischen beiden Großmächten stattgefunden hatten, taktierte sie noch vorsichtiger. König Wilhelm drängte, suchte zu überzeugen. Vergeblich. Auch sein Vorschlag, größere Truppenverbände zusammenzuziehen, fand kein zustimmendes Echo.[108]

Am 20. Dezember 1848 verabschiedete die Nationalversammlung die Grundrechte des deutschen Volkes. Sie wurden am 28. Dezember 1848 im Reichsgesetzblatt und am 8. Januar 1849 bereits auch im württembergischen Regierungsblatt veröffentlicht. König Wilhelm war verärgert, daß die Publikation ohne seine Zustimmung erfolgte. Obwohl Römer dies ein bedauerliches Versehen nannte, vermochte er den grollenden Monarchen nur schwer zu beschwichtigen.[109] Indes scheint sich die königliche Verstimmung in Grenzen gehalten zu haben, erwies Wilhelm doch der Stuttgarter Bürgerwehr bei deren Grundrechte-Parade die Ehre seiner Anwesenheit.[110] Nicht einverstanden war der König damit, daß die Erläuterungen zu den Grundrechten nach dem Willen des Ministeriums Römer mit ihrer Veröffentlichung im Regierungsblatt gleichfalls einen für Württemberg rechtsverbindlichen Charakter erhielten. Solche Erläuterungen könnten, so erklärte er, mit Rücksicht auf die gleichmäßige Anwendung des Gesetzes über die Grundrechte in allen deutschen Staaten nicht von einzelnen Landesregierungen, sondern nur von der Zentralgewalt erlassen werden, und dies vor allem auch deshalb, weil gerade jetzt von Österreich und Preußen Wünsche auf Änderungen der deutschen Verfassung zu erwarten seien. Allein, Römer bestand auf der Veröffentlichung der Erläuterungen. Von der Zentralgewalt würden keine erlassen, stellte er lapidar fest. König Wilhelm setzte lediglich durch, daß die dem Adel zustehenden Vorrechte nicht gestrichen wurden und daß die »Standesprädikate« der Adligen und Beamten (z.B. Durchlaucht, Exzellenz usw.) sowie der württembergische Personaladel unangetastet blieben.[111]

Am 14. Januar 1849 wiederholte König Wilhelm in einem Schreiben an den Fürsten von Hohenlohe-Kirchberg in St. Petersburg seine harten Urteile über das Ministerium Römer und über die Zweite Kammer der Landstände. Als positiv vermerkte er, daß sich der »Geist«, das heißt, die antirevolutionäre Stimmung, in Stuttgart und im Land langsam, aber deutlich zunehme. Allerdings, so meinte er, würde es keine Ruhe geben, solange in Frankfurt die Nationalversammlung am Werk sei.[112] Am 1. Februar schrieb er, in Frankfurt gehe es zunehmend schlechter, eine Katastrophe sei vorhersehbar. Er rechne mit einer solchen im März oder April und danach mit einer Aufwiegelung der Bevölkerung seines Landes durch die Revolutionäre. Mit Österreich und Preußen stehe er in ständigem Kontakt. Seine Hoffnung setze er aber vor allem auf die tatkräftige und zielstrebige österreichische Regierung. Enttäuscht zeigte er sich darüber, daß sich der Zar nicht in die deutschen Angelegenheiten einmischen wolle und über sie ausschließlich mit Österreich im Gespräch sei. Am 20. Februar wies er auf die Unterwühlung der kleinen deutschen Staaten – er nannte unter anderem Hohenzollern-Sigmaringen, Baden, Nassau und Sachsen-Weimar – durch die Revolution hin, die auf die Errichtung eines von der Republikanischen Partei protegierten Militärregimes hinauslaufe. Solange diese Kleinstaaten bestehen blieben, könne es kein mächtiges, geeintes und innerlich gefestigtes Deutschland geben. Österreich habe jetzt einen ersten in diese Richtung gehenden Reformvorschlag gemacht. Daß sich Preußen, wie er höre, nach einem falschen Schritt, den es in Frankfurt unternommen habe, nunmehr erneut Österreich nähere, sei eine richtige Entscheidung, denn von jeder Uneinigkeit der beiden Großmächte profitierten die Republikaner.[113] König Wilhelm bezog sich hier auf die preußische Zirkulardepesche vom 23. Januar, in der der Zusammenschluß der deutschen Staaten, Österreich allein ausgenommen, zu einem engeren Bund vorgeschlagen wurde.[114]

Am 4. Februar bestätigte Fürst Schwarzenberg in einem Brief an König Wilhelm, daß Österreich und Preußen miteinander verhandelten, jedoch noch nicht das für Deutschland so wünschenswerte Einvernehmen erzielt hätten. Kaiser Franz, so schrieb Fürst Schwarzenberg, lehne die Schaffung eines engeren Bundes deutscher Staaten ab, dem Österreich im Rahmen eines weiteren Bundes angegliedert werde. Er deutete an, daß ein solcher Staat ein Großpreußen sein würde, in dem die anderen deutschen Staaten kein Existenzrecht mehr hätten, also von diesem Großstaat absorbiert würden. Der weitere Bund aber, in dem dann Österreich seinen Platz zu finden hätte, würde den Kaiserstaat mit Holland und Dänemark auf eine »Linie« (Stufe) stellen. Das Wohl Deutschlands und seiner Fürsten, das dem Kaiser so sehr am Herzen liege, würde bei der Verwirklichung eines solchen Plans völlig mißachtet. Graf Rechberg überbrachte das Schreiben mit weiteren mündlichen Erläuterungen.[115] Fürst Schwarzenberg war sicher nicht verborgen geblieben, daß der württembergische König ein von Preußen beherrschtes Kleindeutschland für eine politische Katastrophe hielt und daß er, um dies zu verhindern, nun so große Erwartungen in den österreichischen Kaiserstaat setzte. Übrigens fürchtete auch Römer bei einem Ausschluß Österreichs aus dem engeren Bund deutscher Staaten ein starkes, für die süddeutschen Staaten verhängnisvolles Übergewicht Preußens.[116]

Seit Ende Oktober 1848 befaßte sich die Nationalversammlung mit der künftigen Reichsverfassung. Schwerpunkte der Beratungen bildeten politische Fragen der Verfassung, die Zugehörigkeit Österreichs zu dem von der Mehrheit geforderten, den USA ähnlichen Bundesstaat unitarischen Typs sowie die Entscheidung über das Reichsoberhaupt. Einig war man sich über die Bezeichnung »Reich« für diesen Bundesstaat, einmal in Erinnerung an das 1806 untergegangene alte Reich und dann weil die Bezeichnung »Bund« als »reaktionär verbraucht« galt.[117] Mitte Januar 1849 konstituierte sich in der Nationalversammlung eine Erbkaiserpartei mit der beachtlichen Zahl von 221 Mitgliedern. Mit geringer Mehrheit entschieden sich die Abgeordneten des Parlaments für die Übertragung der Kaiserwürde an einen deutschen Fürsten. Die Oktroyierung einer österreichischen Gesamtstaatsverfassung Anfang März 1849, die auch Ungarn und Italien einschloß, sowie die Forderung von Fürst Schwarzenberg, das gesamte Kaiserreich Österreich in die deutsche Föderation aufzunehmen, veränderte die politische Großwetterlage in Frankfurt grundlegend. Die kleindeutsche Partei, die für ein Reich ohne Österreich eintrat, gewann endgültig die Oberhand. Friedrich Römer, dem sein König zu Unrecht vorwarf, er sei ein Zögerer und neige zur Nachgiebigkeit[118], hatte sich bislang gegen ein preußisches Erbkaisertum und den Ausschluß Österreichs ausgesprochen, näherte sich jetzt den Kleindeutschen. Er schlug eine vorläufige Statthalterschaft Preußens vor, spielte aber immer noch mit der gedanklichen Möglichkeit eines zwischen Preußen und Österreich wechselnden Vorsitzes[119]. Am 27. März 1849 beschloß die Nationalversammlung mit einer denkbar geringen Mehrheit – 267 gegen 263 Stimmen – die Erblichkeit der Kaiserwürde, zugleich nahm sie die Verfassung in zweiter Lesung an, und am 8. März wählte sie König Friedrich Wilhelm IV. von Preußen mit 290 Stimmen bei 248 Enthaltungen zum Kaiser der Deutschen.

Daß viele Abgeordnete unter dem Zwang der politischen Verhältnisse für die kleindeutsche Lösung gestimmt hatten, war keine Frage. »Aber besser ein kleines Deutschland als keines« war ihre Devise.[120] Der württembergische Demokrat Friedrich Theodor Vischer machte aus seinem Herzen keine Mördergrube. Er habe, so äußerte er, »diesen Kerl«, den preußischen Erbkaiser, zwar »gebilligt«, aber »wie der liebe Gott das Böse«.[121] Und Gustav Rümelin, zum liberalen erbkaiserlichen Flügel zählend, erklärte euphorisch: »Es wird große Opfer kosten, bis diese Verfassung in Deutschland, in Europa gilt und sichergestellt ist, und Jahre mögen noch darüber hingehen, aber es ist doch etwas unendlich Großes damit geschehen, und der Tag wird einen neuen Abschnitt machen in der Geschichte: ein deutsches Vaterland ist kein leeres Ideal mehr, sondern es ist da.«[122] Friedrich Römer hatte sich bei der Wahl Friedrich Wilhelms IV. zum Kaiser der Stimme enthalten, dann jedoch das Ergebnis sofort akzeptiert. Er riet nun seinem König, die Wahl des preußischen Monarchen, wenn er wie die anderen Fürsten um sein Votum gebeten werde, gutzuheißen. Als König entscheide er dann in Übereinstimmung mit der Mehrheit seiner Untertanen, und dies verschaffe ihm bei seinem Volk eine feste Position und damit einen starken Rückhalt gegenüber Preußen.[123]

Am 3. April 1849 bot eine Deputation der Nationalversammlung, die Eduard Simson, seit Dezember 1848 als Nachfolger Heinrich von Gagerns Präsident der Versammlung, leitete, in Berlin König Friedrich Wilhelm IV. die Kaiserkrone an. Doch dieser lehnte ab. Er könne, so erklärte er, die Kaiserwürde ohne das freie Einverständnis der Fürsten und Freien Städte nicht annehmen. Für den einer mystischen Herrschaftsvorstellung zuneigenden politischen Analphabeten Friedrich Wilhelm stand die Legitimität des habsburgischen Kaisertums in Deutschland unverrückbar fest. Auch war er vom Gottesgnadentum seines Königtums zutiefst durchdrungen. Deshalb mußte er diese Parlamentskrone aus »Dreck und Letten«, das »Hundehalsband«, mit dem man ihn an die Revolution von 1848 ketten wollte, zurückweisen. Dennoch hielt die Nationalversammlung an ihrer Entscheidung fest. Ende April aber sprach die preußische Regierung die endgültige Ablehnung aus.[124] Das Nein des preußischen Königs Anfang April 1849 traf Römer hart, dennoch blieb er weiter bemüht, seinen König für die Zustimmung zur Übertragung der Kaiserwürde an den preußischen Monarchen zu gewinnen. Falls Friedrich Wilhelm aber definitiv ablehne, habe König Wilhelm gute Chancen, von der Nationalversammlung zum Kaiser gewählt zu werden, sei er doch der einzige Vertreter der Gedanken der neuen Zeit unter den deutschen Fürsten.[125]

Vielleicht glaubte Römer tatsächlich, die Nationalversammlung werde, um ihre politische Handlungsfähigkeit bei der Vergabe der Kaiserkrone zu beweisen, seinem Landesherrn diese Würde zuerkennen. Wahrscheinlicher dürfte indes sein, daß er durch eine solche recht plump wirkende Schmeichelei König Wilhelm für die kleindeutsche Lösung gewinnen wollte, doch er verstärkte damit nur noch die Aversion seines Monarchen gegen ihn. Die Wahl des preußischen Königs zum Kaiser der Deutschen hatte Wilhelm empört. Ein preußisches Kaisertum mußte mit allen Mitteln verhindert werden. Auch wenn sich der Zar bislang vor einer Einmischung in die deutschen Angelegenheiten gehütet hatte, konnte er jetzt, so hoffte der württembergische König, wenn in Deutschland ein demokratischer Kaiser auf den Schild gehoben wurde, nicht länger abseits stehen. Am 2. April, also unmittelbar nach der ominösen Wahl, schrieb er an Fürst Heinrich von Hohenlohe-Kirchberg nach St. Petersburg: »Die Frage für Rußland ist also ganz klar: Zieht es ein deutsches Kaiserreich unter einem einzigen Souverän vor, der alle anderen mediatisieren muß, oder will es eine deutsche Konföderation der Könige und des österreichischen Kaisers haben?« Für König Wilhelm führte ein demokratisch gewählter Kaiser zur Republik. Ausdrücklich ermächtigte er den Gesandten, den Brief an entsprechender Stelle zu zeigen. Nicht nur dem Kanzler Graf Nesselrode, sondern auch Zar Nikolaus legte er den Brief vor.[126]

Am 13. April wurde im Landtag beantragt, die Regierung solle die Reichsverfassung ohne Vorbehalte und Einschränkungen annehmen. Dazu war der König keinesfalls bereit. Römer gegenüber zeigte er sich davon überzeugt, daß dies auch die anderen größeren Staaten nicht täten. Diesen Standpunkt wiederholte er am 16. April im Ministerrat. Immerhin wollte er sich jetzt mit der Reichsverfassung abfinden, wenn aus ihr der Passus über die erbliche Kaiserwürde entfernt würde. Er gab zu, daß er dem preußischen König dringend die Ablehnung der Kaiserwürde empfohlen habe, weil sonst Preußen in Deutschland aufgehe, somit als eigenständiger Staat zu bestehen aufhöre. Die Regierung blieb gegenüber dem Monarchen fest: Annahme der Reichsverfassung einschließlich des Passus über das Reichsoberhaupt. Selbst der Geheime Rat ermahnte den Monarchen indirekt, nicht auf seinem starren Kurs zu beharren. Er wies nämlich darauf hin, daß der Landtag auf der unbedingten Anerkennung der Reichsverfassung bestehe. Auf einer Volksversammlung am 17. April erhoben die Vaterlands- und die Volksvereine in seltener Einmütigkeit dieselbe Forderung. König Wilhelm aber verlangte nach wie vor eine Vereinbarung der deutschen Fürsten. Er bestritt der Nationalversammlung das Recht, Österreich aus Deutschland auszuschließen, und behauptete, Preußen selbst bemühe sich um eine Vereinbarung der Regierungen, so daß Württemberg keineswegs im Zugzwang sei.[127]

Am 20. April sprach sich die Kammer der Abgeordneten mit überwältigender Mehrheit für die Anerkennung der Reichsverfassung aus. Lediglich zwei Abgeordnete, Joseph von Linden, der in den Monaten zuvor mit Mut und Besonnenheit immer wieder nachdrücklich die Rechte der Krone verteidigt hatte, und der Tübinger Professor Kühn, stimmten dagegen.[128] Am 21. April trug eine Abordnung der Kammer dem König den Beschluß vom Vortag vor und bat ihn, doch nicht länger die Anerkennung der Reichsverfassung hinauszuzögern. Doch der Monarch blieb unnachgiebig. Er wiederholte seinen bekannten Standpunkt: »Dem Hause Hohenzollern unterwerfe ich mich nicht, ich bin dies meinem Lande, meiner Familie und mir selbst schuldig... Die deutsche Verfassung werde ich in meinem Lande durchführen, wie ich die Grundrechte zuerst eingeführt habe. Ich gebe Ihnen mein Wort. Aber dem Hause Hohenzollern unterwerfe ich mich nicht, mein Gewissen, meine Überzeugung lassen es nicht zu. Dem Kaiser von Österreich, wenn er gewählt worden wäre, da ich die Überzeugung habe, daß es für Württemberg vorteilhaft gewesen wäre, würde ich mich unterworfen haben.«[129] Nur dann, wenn alle deutschen Fürsten den preußischen König als deutschen Kaiser anerkennen würden, werde er gebrochenen Herzens auch dieses Opfer bringen. Werde er aber dazu durch die Revolution gezwungen, so sei sein Wort kein freies. Auf die Bemerkung des Präsidenten der Kammer, daß beim Beharren des Monarchen auf seiner ablehnenden Haltung die Kammer außerstande sei, Ruhe und Ordnung im Land aufrechtzuerhalten, erwiderte er, darauf müsse man es ankommen lassen. Sein Vorschlag, einen Diplomaten nach Berlin zu schicken, um zu erfahren, was Preußen nun eigentlich wolle, wurde von der Deputation zu Recht als Versuch gesehen, Zeit zu gewinnen.[130] Die äußerste Linke in der Zweiten Kammer, die entschiedensten Demokraten, die aus ihrer republikanischen Einstellung keinen Hehl machten, namentlich aber der hitzige Johannes Scherr, zeigten sich für den Fall, daß der König nicht nachgebe, entschlossen, eine vorläufige Landesregierung einzusetzen.[131]

Angesichts der drohenden Gefahr eines gewaltsamen Aufbegehrens der unbedingten Befürworter der Reichsverfassung in der Bevölkerung schlug König Wilhelm einen neuen Weg zur Beschwichtigung seiner Untertanen ein. Am 23. April erließ er einen unmittelbar an das Volk gerichteten Aufruf, der als Sonderblatt im »Schwäbischen Merkur« in 12 000 Exemplaren verbreitet wurde. In dem Aufruf erklärte er, auch er wolle ein einiges und starkes Deutschland, aber dazu sei eine Verständigung über die Reichsverfassung unerläßlich. Das Volk möge ihm doch Vertrauen schenken und nicht den Ehrgeizigen und Wühlern, die sich selbst und andere ins Verderben stürzten.[132] Da ihm Stuttgart zu unsicher erschien und er sich seine uneingeschränkte Handlungsfähigkeit bewahren wollte, wich König Wilhelm in die Soldatenstadt Ludwigsburg aus. Hier wollte er sich notfalls mit Hilfe seiner Truppen politischer Erpressungsversuche erwehren. Doch er hatte sich getäuscht. Das Ministerium Römer besaß auch im Militär hohes Ansehen und einen starken Rückhalt, ihm traute man ein erfolgreiches Krisenmanagement zu. Für seine Ablösung zum jetzigen Zeitpunkt hatten die Soldaten so wenig wie die Zivilbevölkerung Verständnis. In Ludwigsburg erörterte König Wilhelm mit den Kommandeuren die Lage. Auf seine Frage, ob er sich auf sie verlassen könne, wenn er sich an ihre Spitze stelle, bekam er das erwartete Ja zu hören. Allein, während der anschließenden Besprechung beim Korpskommandeur Prinz Friedrich von Württemberg, dem Neffen und Schwiegersohn des Königs, wurden gewichtige Bedenken laut, und diese verstärkten sich noch, als der Prinz andeutete, die Truppen müßten im Fall eines Aufstandes in Stuttgart vorübergehend Stellungen bei Cannstatt oder Schwieberdingen beziehen, oder sie müßten gar das Land weitgehend räumen, um es dann mit Unterstützung bayerischen und österreichischen Militärs von Ulm aus zurückzuerobern. In einer schriftlichen Stellungnahme, die auch dem König zugeleitet wurde, erklärten die Kommandeure, bei der Beliebtheit des Ministeriums Römer und bei dem Gewissensernst der auf die Landesverfassung vereidigten Soldaten leiste die Truppe sicherlich unbedingten Gehorsam, solange auf verfassungsmäßigem Weg verharrt werde. Würde von diesem Weg abgegangen, sei für die Zuverlässigkeit der ihnen untergebenen Offiziere, Unteroffiziere und Soldaten nichts zu garantieren. Sie rieten deshalb dringend, die zwischen Krone und Ministerium bestehenden Meinungsverschiedenheiten aus der Welt zu schaffen.[133]

In seltener Einigkeit von links bis rechts, Demokraten, Liberale, ja selbst Konservative und politisch bislang nur wenig interessierte Bürger, stand das Land zur Reichsverfassung. Der tiefe Graben, der Demokraten und Liberale politisch voneinander trennte, schien zugeschüttet. Die Presse übernahm einen bedeutsamen agitatorisch-aufklärerischen Part. Sogar der Stuttgarter Gemeinderat, der sonst so zahme Stadtschultheiß Gutbrod voran, gab seine seitherige Zurückhaltung auf. Auf seine Veranlassung versammelte sich eine riesige Menschenmenge zu einer eindrucksvollen Kundgebung auf dem Marktplatz. Wenige Tage darauf gelobte an gleicher Stelle die Bürgerwehr Stuttgarts feierlich, »die Reichsverfassung anzunehmen und ihr Gehorsam zu verschaffen«. In der Bevölkerung steigerten sich Unzufriedenheit und Ungeduld fortwährend. Eine gewaltsame Entladung mit unabsehbaren Folgen schien kaum noch vermeidbar.[134]

Die Kammer der Abgeordneten tat alles, um dem Land den

inneren Frieden zu bewahren. Auf ihre Initiative fuhren die Minister und der von König Wilhelm besonders geschätzte konservative Abgeordnete Freiherr Joseph von Linden wiederholt nach Ludwigsburg und rangen dem Monarchen nach zweitägigen Verhandlungen am 25. April die Annahme der Reichsverfassung einschließlich der Billigung des Kapitels über das Reichsoberhaupt ab. Der württembergische Gesandte in Frankfurt wurde umgehend von dem Einlenken des Königs unterrichtet. Ferner wurde er zur Abgabe der Erklärung ermächtigt, die württembergische Regierung habe nichts dagegen einzuwenden, wenn der preußische König, der das Erbkaisertum nicht annehmen wolle, sich für jetzt an die Spitze Deutschlands stelle. In Stuttgart rief die Nachricht von der uneingeschränkten Zustimmung König Wilhelms zur Reichsverfassung am Abend des 25. April einen »unglaublichen Lärm« hervor, wie Freiherr von Linden in seinem Tagebuch festhielt, also überlaute Freudebekundungen. Die Kammer der Abgeordneten ließ zu ihrer Sitzung eine Menge von Deputationen zu, um das große Ereignis angemessen zu feiern. Der Abgeordnete Murschel sprach im Überschwang der Gefühle von einem »welthistorischen Tag«[135]. Nüchterner, mit einem pessimistischen Unterton kommentierte der »Schwäbische Merkur« die Einigung von Krone und Ministerium in Ludwigsburg: »Möge das Vorbild der Schwaben Sachsen, Bayern, Preußen nach sich ziehen, und wir freuen uns der Kämpfe der letzten Tage für Deutschlands Einheit.«[136]

Am 30. April ermahnte die Regierung in einem Aufruf die Bevölkerung nachdrücklich zur Aufrechterhaltung von Ruhe und Ordnung. Sie drohte, gegen jede »Ungesetzlichkeit« unnachsichtig einzuschreiten. Dennoch war dem König die Stimmung in Stuttgart noch zu explosiv, er blieb deshalb vorläufig in Ludwigsburg.[137] Politisch naiv mutet es an, daß die Regierung, ungeachtet der abweisenden Haltung des Königs, ernsthaft und mit der Rückendeckung durch die Kammer der Abgeordneten erwog, einer Aufforderung Braunschweigs nachzukommen und sich an die Spitze der rund ein Viertel Deutschlands repräsentierenden Staaten, die die Reichsverfassung anerkannt hatten, zu stellen. Das harte Nein von Österreich, Preußen und Bayern zur Reichsverfassung bewahrte Württemberg vor einem gefährlich-voreiligen Schritt.[138] Resigniert stellte nach der endgültigen Zurückweisung der Kaiserkrone durch den preußischen König Gustav

Rümelin, Mitglied der Abordnung der Nationalversammlung, die König Friedrich Wilhelm am 3. April die Kaiserkrone angeboten hatte, fest: »Seine Antwort [die des preußischen Königs] ist die schlimmste und ungenügendste unter allen möglichen. Wenn die Sache in die Hand der Fürsten gegeben wird, so ist sie für jetzt und vielleicht für lange Zeit aufgegeben und verloren.«[139] Rümelin sollte recht behalten.

König Wilhelm empfand es als schwere Demütigung, daß er sich am 25. April dem Druck von Ministerium und Abgeordnetenkammer sowie zugleich dem Druck der Straße, wie er es sah, hatte beugen müssen. Seinen fürstlichen Standesgenossen gegenüber kam er sich lächerlich vor, war ihm doch zu Ohren gekommen, daß König Friedrich Wilhelm IV. von Preußen dem bayerischen Gesandten in Berlin erklärt hatte, wenn der König von Bayern die Reichsverfassung ablehne, tue er ihm den größten Gefallen, denn auch seine Regierung erkenne die Reichsverfassung nicht an.[140] Noch bitterer stieß ihm dann wenige Tage später auf, daß er tatsächlich der einzige Fürst eines der größeren deutschen Staaten gewesen war, der die Reichsverfassung akzeptiert hatte und daß er dies hatte tun müssen, um eine Volkserhebung zu verhindern und damit seinem Land chaotische Zustände zu ersparen.[141]

Das Ende der Revolution

Nach der endgültigen Zurückweisung der Kaiserkrone durch den preußischen König und angesichts der beinahe geschlossenen Ablehnungsfront der größeren deutschen Fürsten gegenüber der Reichsverfassung zerbrach in Württemberg das Zweckbündnis zwischen Demokraten und Liberalen.[142] Die extreme Linke rief in ihren verschiedenen Zeitungen zum Anschluß an die revolutionäre Aufstandsbewegung auf. Der Landesausschuß der demokratischen Volksvereine, dessen Publikationsorgan der »Beobachter« war, übte an der gemäßigten Haltung des Ministeriums Römer heftige Kritik. Am 11. Mai verkündete er: »Wir müssen uns rüsten, denn wir wissen nicht, wie weit die preußisch-russische Verschwörung gehen wird. Es ist möglich, daß wir im eigenen Land angegriffen werden, es ist möglich, daß die Bruderpflicht uns in die Nachbarländer zur Hilfe ruft.« In den Bürgerwehren, auch in den politisch gemäßigten, schrieb man im Frühjahr 1849 den Schutz und die

Verteidigung der Reichsverfassung aufs Panier. In den Städten lebten die zeitweilig vernachlässigten Waffenübungen wieder auf.[143]

In einem Brief an Kronprinz Karl, der seit Jahresanfang mit seiner Frau Olga in St. Petersburg weilte, gab König Wilhelm am 16. Mai aus seiner Sicht einen Bericht über die Ereignisse der letzten Wochen. Als es um die Anerkennung der Frankfurter Verfassung gegangen sei, schrieb er, habe er sein ganzes Ministerium, die Kammer und »das ganze feige Publikum in Stuttgart« gegen sich gehabt, außerdem hätten »die gefährlichen Vereine« alles Gesindel aus dem ganzen Land zusammengetrieben. Das Ministerium habe er nicht entlassen können, weil sich niemand habe finden lassen, der »in der Gefahr die Geschäfte habe übernehmen wollen«. Seine Truppen seien weit verstreut gewesen, in Baden, in Schleswig und im Land selbst, so auch in Ludwigsburg, wohin er sich wegen des dortigen Arsenals zurückgezogen habe. Leider gehorchten sie, seitdem sie auf die Landesverfassung vereidigt seien, nur den Befehlen des Kriegsministers, und dieser sei gleichfalls gegen ihn im Komplott gewesen. Unter dem Zwang der Verhältnisse habe er schließlich nachgegeben, gezwungenermaßen, wie er auch erklärt habe, die Reichsverfassung anerkannt. Hätte er das Land verlassen, hätte eine bereits ernannte provisorische Regierung die Macht übernommen, und über das Land wie über seine Familie wäre das schlimmste Unglück hereingebrochen. Jetzt herrsche dem Schein nach wieder Ruhe und Ordnung. Doch sei die Lage nach wie vor explosiv. Inzwischen sei in Baden der offene Aufruhr aufgelodert, das ganze Militär sei aufgelöst, die Festung Rastatt in den Händen der Aufrührer, der Großherzog geflohen. Ähnlich katastrophal sehe es in der bayerischen Rheinpfalz aus. »Die ganze revolutionäre Versammlung in Frankfurt« erteile ständig unausführbare Befehle und fördere dadurch die ungesetzliche Unruhe. Als König »befehle« er dem Sohn, in Anbetracht der soeben geschilderten chaotischen Verhältnisse in Deutschland vorläufig in Rußland zu bleiben, um besonders wegen des großen Hasses gegen Rußland Kronprinzessin Olga nicht unnötiger Gefahr auszusetzen, zumal er im Augenblick außerstande sei, die Schwiegertochter zu schützen. Schließlich sei es aber auch gut, wenn sich Karl dem derzeitigen politischen Schauplatz Deutschland fernhalte, er bleibe dann unbelastet und könne die württembergische Krone übernehmen, falls er, Wilhelm, sich doch noch zur Abdankung gezwungen sehen sollte.[144]

Die gewaltsame Erhebung in Baden beunruhigte König Wilhelm. Er rechnete mit einem Übergreifen des revolutionären Feuers auf sein Land und auf seine Truppen. Dem Fürsten von Hohenlohe-Kirchberg schrieb er am 17. Mai nach St. Petersburg, er werde, wenn sich die Gefahr steigere, seine Familie nach Tirol bringen lassen, er selbst aber werde das Kommando über seine Armee übernehmen, um sich so lange wie möglich im Land zu behaupten. Wenn Preußen und Bayern nicht mehr Aktivität entwickelten, kämpfe er, zumal Österreich im Augenblick gelähmt sei, auf verlorenem Posten, denn nur mit einer starken Kriegsmacht seien Anarchie und Revolution zu überwinden.[145] Daß jetzt mancherorts Mittel für Waffenkäufe bereitgestellt wurden, die in einem krassen Mißverhältnis zu der wirtschaftlichen Leistungsfähigkeit der Gemeinden und Bezirke standen, kritisierte der Monarch scharf, so als beispielsweise die Amtsversammlung Göppingen die exorbitante Summe von 40 000 fl für die Volksbewaffnung bewilligte. Dagegen zeigte er Verständnis dafür, daß sich Landgemeinden – dies war weithin der Fall – nach wie vor der Bildung örtlicher Bürgerwehren widersetzten und das »Soldätlesspielen« den Städten überließen.[146]

Seit Mitte Mai näherte sich die aufrührerische Stimmung in Teilen des Landes dem Siedepunkt. Die extreme Linke rief zu bewaffneter Solidarität mit Baden und mit der Rheinpfalz auf. Demokratische Wortführer in einer größeren Zahl von Städten gewannen bestimmenden Einfluß auf die Bürgerwehren. Etliche hundert Leute, vor allem Handwerksgesellen, machten sich nach Baden auf, um sich dort der revolutionären Streitmacht anzuschließen.[147]

Für Pfingsten, den 27. und 28. Mai, schrieb der Landesausschuß der württembergischen Volksvereine eine Delegiertenkonferenz und zugleich eine Volksversammlung nach Reutlingen aus. In einem Aufruf an die als sehr gemäßigt geltende Stuttgarter Bürgerwehr beschwor Theodor Griesinger die dem Vaterland drohende Gefahr. Das Volk, so ließ er sich vernehmen, sei rings von Verrat umgeben. Die süddeutschen Staaten würden von den Bajonetten des Absolutismus bedroht. Die Entscheidungsschlacht nahe. Die Bürgerwehren müßten zeigen, ob sie des Vertrauens würdig seien, das ihnen Baden und die Pfalz in banger Hoffnung entgegenbrächten. Die Regierung Römer warnte am 26. Mai die Teilnehmer der Reutlinger Versammlung öffentlich vor extremen Beschlüssen.

Mit dem Hinweis, daß es dem badischen Regentschaftsausschuß gar nicht um die Durchführung der Reichsverfassung gehe, ließ sie keinen Zweifel, daß sie niemals einem Schutzbündnis mit Baden und mit der Rheinpfalz zustimmen werde.

Zu der Delegiertenkonferenz fanden sich am 27. Mai mehr als 400 Abgeordnete von Volksvereinen, Gemeindekollegien und Bürgerwehren in Reutlingen ein. Ungeachtet der Warnung der Regierung einigten sich die Delegierten auf eine Reihe radikaler Forderungen:

1. Anerkennung und Durchführung des Schutz- und Trutzbündnisses mit Baden und der Rheinpfalz,

2. die sofortige Zurückberufung des württembergischen Heeres aus seiner Angriffsstellung gegen Baden; Nichteinlassung und Verweigerung des Durchmarsches von Truppen durch Württemberg, die die Reichsverfassung nicht beschworen hatten, insbesondere Verbot für solche Truppen, die Reichsfestung Ulm zu betreten,

3. umgehende und allgemeine Bewaffnung des Volkes,

4. sofortige öffentliche und feierliche Vereidigung des Heeres sowie der geistlichen und weltlichen Beamten auf die Reichsverfassung,

5. Amnestie für alle aus politischen Gründen angeschuldigten Zivilisten und Militärpersonen.

Die Delegierten beschlossen ferner, eine aus ihrer Mitte zu wählende Deputation von 50 bis 60 Mann nach Stuttgart zu schicken, um die Kammer der Abgeordneten und dann die Regierung zur Annahme ihrer Forderungen zu veranlassen. Schließlich kamen sie überein, an die Nationalversammlung mit dem Ersuchen heranzutreten, sie solle einen Vollziehungsausschuß ernennen und diesen beauftragen, den Reichsfeind Preußen aus den »Reichsmarken« zu vertreiben.[148]

In der Volksversammlung am Pfingstmontag – nach Presseberichten kamen 20 000 bis 25 000 Männer – billigten diese die Beschlüsse der Delegiertenversammlung vom Vortag. Außerdem erhoben sie noch folgende Forderungen: Unverzügliche Einberufung einer Verfassunggebenden Landesversammlung, allgemeines und gleiches Wahlrecht, umgehende Erfüllung der den Staatsbürgern gemachten Zusagen, namentlich entschädigungslose Abschaffung der Feudallasten und Ersatz ausfallender Staatssteuern durch eine gestaffelte reine Einkommensteuer, umfassende

Verminderung der Staatsausgaben durch Vereinfachung des Staatshaushalts, Streichung der Apanagen, Abschaffung der Pensionen, vom Volk gewählte Bezirks- und Kreisausschüsse anstelle des Beamtenheeres in der Verwaltung und unbedingte Selbständigkeit der Gemeindeverwaltungen, eine alsbaldige Volksbewaffnung anstelle des stehenden Heeres. In einem von Ludwig Pfau verfaßten und von der Versammlung einstimmig gebilligten Entwurf wurden die württembergischen Soldaten aufgefordert, sich nicht als Brudermörder ihrer badischen und anderer Kameraden, die für die Reichsverfassung kämpften sowie Recht und Freiheit gegen die Verräterei in Schutz nahmen, mißbrauchen zu lassen.[149]

Die radikalen Wortführer der Versammlung ließen keinen Zweifel an ihrer Entschlossenheit, den Badenern zu Hilfe zu eilen, aber auch die in Reutlingen gefaßten Beschlüsse mit Gewalt durchzuführen, falls sich die Regierung in Stuttgart ihnen versagte. Doch behielten die Gemäßigten im demokratischen Lager eine starke Position; sie scheuten die Konfrontation mit den legitimen Gewalten im Land und auf gesamtdeutscher Ebene. Ende Mai fiel in Frankfurt eine grundlegende Entscheidung, die schlagartig die politischen Verhältnisse in Württemberg tiefgreifend veränderte.[150]

Die Zurückweisung der Kaiserkrone durch den preußischen König und die Ablehnung der Reichsverfassung durch alle größeren deutschen Fürsten mit Ausnahme des württembergischen Königs bedeutete den Anfang vom Ende der Nationalversammlung. Österreich und Preußen riefen ihre Abgeordneten aus Frankfurt zurück, der Austritt des größten Teils der politisch nach rechts oder nach der Mitte hin orientierten Abgeordneten schloß sich an. Übrig blieben in einer Art Rumpfparlament vor allem Repräsentanten der politischen Linken. Reichsverweser Erzherzog Johann entließ das seitherige Ministerium und bildete trotz des Protests der Mehrheit des schrumpfenden Parlaments ein neues mit konservativer Prägung.[151] Die in Frankfurt verbliebenen Abgeordneten der Nationalversammlung fühlten sich brüskiert. Sie wollten den Erzherzog nicht länger in seinem Amt dulden und hielten nach einem neuen Reichsverweser Ausschau. Zahlreiche Persönlichkeiten wurden genannt. Viele Abgeordnete schlugen König Wilhelm vor, etliche andere Friedrich Römer.[152] Zu einer Entscheidung kam es nicht. Ende Mai beschloß die lediglich noch gut hundert Abgeordnete zählende Nationalversammlung die Übersiedlung nach Stuttgart.[153]

Das Ministerium Römer war nicht bereit, sich durch den Landesausschuß der Volksvereine und durch radikale Demokraten das Gesetz des politischen Handelns diktieren zu lassen. Unter allen Umständen wollte es die Zügel der Regierung in der Hand behalten. Römer empfing die Deputierten der Reutlinger Delegiertenversammlung äußerst kühl. Auch die Kammer der Abgeordneten lehnte die Reutlinger Forderungen ab.[154] Die Kammer der Standesherren gab kein Votum mehr ab, sie löste sich am 29. Mai auf, lief also im Augenblick der Gefahr auseinander und überließ alles weitere der Kammer der Abgeordneten, die nun keine »Bremserin« gegen übereilte Beschlüsse mehr zu fürchten hatte.[155]

König Wilhelm war empört, daß sich der ungeliebte Regierungschef überhaupt auf Verhandlungen mit der »verbrecherischen Deputation« eingelassen hatte. In einem sehr scharfen Schreiben an Römer erklärte der Monarch, er könne die Revolutionäre nicht unterstützen und lasse es auf das Äußerste ankommen. Die Verantwortung für die dem Land verderblichen Folgen lastete er dem Ministerium an. Römer mußte und wollte Zeit gewinnen. Durch eine Vereidigung des württembergischen Heeres auf die Reichsverfassung hoffte er, die hochgehenden politischen Wogen vorläufig besänftigen zu können. Dieser Forderung widersetzte sich der König. Ein Bruch zwischen Staatsoberhaupt und Regierung schien unabwendbar. Der Plan des Monarchen, sich an die Spitze der Truppen zu stellen und die aufrührerische revolutionäre Bewegung mit Waffengewalt abzuwehren, scheiterte, weil ihm die Offiziere sagen mußten, auf die Soldaten sei kein Verlaß, wenn etwas Verfassungswidriges von ihnen verlangt, wenn sie gegen die Kammer der Abgeordneten und die Regierung Römer eingesetzt würden. König Wilhelm drohte jetzt mit dem Verlassen des Landes, wobei er die ganze Verantwortung für den weiteren Gang der Dinge der Regierung aufbürden wollte. Doch gelang es Römer mit der Bemerkung, daß er sich nicht für unentbehrlich halte, den König bei einer Besprechung in Ludwigsburg am 1. Juni zu einem gewissen Einlenken zu bewegen. Wilhelm zweifelte nicht daran, daß der Rücktritt des populären Politikers Württemberg in ein Chaos stürzen mußte. Die Entscheidung über die Vereidigung des Heeres auf die Reichsverfassung wurde um acht Tage aufgeschoben. Der König wollte während dieser Frist ein Gutachten des Geheimen Rats einholen und von diesem sein weiteres politisches Handeln abhängig machen.[156] Doch noch ehe die acht Tage verstrichen waren, beendete die Übersiedlung des Rumpfparlaments nach Stuttgart die Konfrontation von Krone und Ministerium. An ihre Stelle trat unter dem Zwang der Verhältnisse eine enge Interessengemeinschaft zwischen König Wilhelm und Friedrich Römer.[157]

Am 6. Juni nahm das Rumpfparlament in Stuttgart seine Arbeit auf. Von der Mehrheit der Bevölkerung wurde es recht kühl empfangen. Die Hoffnung auf Fortschritte in der Frage der deutschen Einigung war angesichts der republikanischen Erhebungen in Baden und in der Rheinpfalz sowie der Reutlinger Volksversammlung, die mit ihren Beschlüssen ein Gleiches für Württemberg anstrebte, weitgehend geschwunden. Man befürchtete nicht zu Unrecht, daß das Rumpfparlament neue Unruhe ins Land bringen werde. Indes meisterte das Ministerium Römer die nunmehrige brisante Situation, weil es durch seine maßvolle Politik, die am Prinzip der deutschen Einigung in Freiheit festhielt, die realen Möglichkeiten richtig einschätzte und sich im Volk somit hohes Ansehen erworben hatte. Rasch wurde offenkundig, daß das Rumpfparlament das Sprachrohr der badischen und pfälzischen Erhebung war. Als sein Exekutivorgan wählte das Gremium eine fünfköpfige Reichsregentschaft, die bisherige Reichszentralgewalt setzte es ab. Seine Forderung, Württemberg solle den Anordnungen der Reichsregentschaft uneingeschränkt Folge leisten, wies Römer als unzumutbar zurück.

Die württembergische Regierung, für die das nur noch ein Sechstel der Mitgliederzahl der Nationalversammlung umfassende Rumpfparlament nicht mehr die legitime Vertretung des deutschen Volkes bildete, warf der neuetablierten Reichsregentschaft vor, sie beginne ihre Wirksamkeit damit, daß sie sich die Befehlsgewalt über die Heere aller deutschen Staaten anmaße und Württemberg zumute, sein Gut und Blut in einem brudermörderischen und gegenüber den größeren deutschen Staaten ganz ungleichen Kampf zu vergeuden. In einer öffentlichen Erklärung verweigerte das Ministerium Römer der Reichsregentschaft das Recht, ohne seine Zustimmung für Württemberg bindende Entscheidungen zu treffen, insbesondere über die Streitkräfte und Finanzen des Landes zu verfügen. Heer und Bürgerwehren rief es auf, streng an

Gesetz und Ordnung festzuhalten und sich nicht zum Treubruch verleiten zu lassen.[158]

Der König und der ihm unbedingt ergebene General von Miller, der von der Reichsregentschaft als Befehlshaber der württembergischen Reichstruppen abgesetzt wurde, weil er ihre Anordnungen nicht befolgt hatte, wünschten gewaltsame Maßnahmen gegen Rumpfparlament und Reichsregentschaft. Doch Römer entschied sich im Hinblick auf die gereizte Stimmung im Land für ein behutsames Vorgehen. Dem König versicherte er, von einer Anerkennung des Rumpfparlaments und der von diesem eingesetzten Exekutive durch die württembergische Regierung könne keine Rede sein. Nun behandelte die Reichsregentschaft das Ministerium Römer wie ein ihr nachgeordnetes, weisungsgebundenes Exekutivorgan. Am 10. Juni unterrichtete sie die Landesregierung davon, daß der Beschluß der Nationalversammlung über ihre Wahl und Einsetzung im Reichsgesetzblatt veröffentlicht worden sei, dies bedeute, daß sie nunmehr die Reichsregierung übernommen habe. Württemberg solle seinen Bevollmächtigten in Frankfurt abberufen und bei ihr in Stuttgart beglaubigen. Ferner solle es dem Heer und der Bürgerwehr die Einsetzung der Reichsregentschaft in feierlicher Form bekanntgeben. Am Tag darauf befahl die Reichsregentschaft dem Ministerium Römer, das württembergische Heer einschließlich Landwehr und Bürgerwehr umgehend auf die Reichsverfassung zu vereidigen und ihr vom Vollzug Bericht zu erstatten. Auf der anderen Seite protestierte das Reichsministerium in Frankfurt bei der württembergischen Regierung gegen die Usurpation der Zentralgewalt durch das Rumpfparlament. Doch diese Rechtsverwahrung kümmerte Römer wenig, da er auch das Reichsministerium nicht mehr als Träger der Reichsexekutive anerkannte.[159]

Die Lage in Württemberg spitzte sich immer mehr zu. Eine Reihe von Bürgerwehren stellte sich offen auf die Seite des Rumpfparlaments und der Reichsregentschaft. Keinen Zweifel ließen diese Bürgerwehren daran, daß sie sich der Volkserhebung in Baden anschließen und Württemberg in den Strudel des gewaltsamen revolutionären Aufbegehrens gegen die Feinde der Reichsverfassung hineinziehen wollten. Das Ministerium behielt das Heft in der Hand. Mit dem Militär unterdrückte es unblutig in Heilbronn und Umgebung, ebenso im Süden des Landes, vor allem in Riedlingen und Buchau, aufflackernde

Unruhen. Die daran beteiligten Bürgerwehren wurden entwaffnet.

Am 13. Juni befahl die Reichsregentschaft der württembergischen Regierung, unverzüglich ein großes Truppenkontingent nach Rastatt und Landau in Marsch zu setzen, um diese beiden Festungen gegen reichsfeindliche, insbesondere preußische Truppen zu verteidigen. Das Ministerium Römer wies dieses Ansinnen brüsk zurück und forderte die Reichsregentschaft auf, umgehend Württemberg zu verlassen, um dem Land weiteres Unheil zu ersparen. Die Reichsregentschaft mißachtete diese Aufforderung. Unter Hinweis darauf, daß ihr Sitz dort sei, wo sich die Nationalversammlung befinde, wiederholte sie ihre Anordnung. Am 14. Juni erklärte Römer in der Kammer der Abgeordneten, es gebe keine anerkannte Zentralgewalt in Deutschland. Das in Stuttgart versammelte Parlament stelle nur eine »Koterie« der Nationalversammlung dar. Es sei unmöglich, nach staatsrechtlichen Gesichtspunkten zu handeln, wenn lediglich noch politische in Betracht kämen. Jeder Staat müsse zum gegenwärtigen Zeitpunkt an sich selbst denken. Die Mehrzahl der Abgeordneten stimmte Römer zu.[160]

Am 16. Juni beschloß das Rumpfparlament die Bildung einer deutschen Volkswehr. Diese sollte aus dem stehenden Heer als erstem Aufgebot sowie aus den übrigen wehrfähigen Männern im Alter von 16 bis 50 Jahren als zweitem bis viertem Aufgebot bestehen. Daß Württemberg als erstes Land diese neue Wehrorganisation einzuführen hatte, war keine Frage. Das Ministerium Römer widersetzte sich. Dabei war ihm bewußt, daß die Anhänger der demokratisch-republikanischen Partei auf seine Weigerung, diesen Beschluß des Rumpfparlaments zu vollziehen, mit gewaltsamen Protesten reagieren würden. Es verstärkte deshalb sofort die schon getroffenen Sicherheitsvorkehrungen für den Bereich der Landeshauptstadt, die es durch Freischaren von außen bedroht sah. Durch Patrouillen ließ es die wichtigsten Straßen überwachen.[161]

Indes stand das Ministerium Römer unter einem kaum noch erträglichen außenpolitischen Druck. Am 15. Juni wurden die Gesandten Frankreichs und Großbritanniens vorstellig, Württemberg solle die Nationalversammlung und die Reichsregentschaft ausweisen, damit Preußen keinen Vorwand zum Einschreiten bekäme und dann durch die Beunruhigung Frankreichs der europäische Friede gefährdet würde. Am gleichen Tag forderte der preußische Gesandte die württembergische Regierung auf, der aufrührerischen Versammlung ein Ende zu bereiten. Für den Fall, daß Württemberg nicht aus eigener Kraft mit den Revolutionären fertig werde, sei Preußen bereit, es militärisch zu unterstützen. Wenn jedoch die württembergische Regierung gegen das revolutionäre Treiben in ihrem Land nichts unternehme, dann werde sich Preußen die ihm geeignet erscheinenden Maßnahmen im Interesse seiner eigenen Sicherheit und der Ruhe Deutschlands vorbehalten. Dies war ein Ultimatum. Württemberg antwortete, es sei stark genug, sich selbst zu schützen.[162] Am 17. Juni richtete das Ministerium Römer an Rumpfparlament und Reichsregentschaft die Aufforderung, das Land zu verlassen. General von Miller erhielt den Befehl, Zwangsmaßregeln zu treffen.

Am Morgen des 18. Juni wimmelte Stuttgart von Truppen. Die erste Feldbrigade hatte ihre Stellung an der badischen Grenze verlassen und sich um die Landeshauptstadt konzentriert. Soldaten zerstörten befehlsgemäß die Inneneinrichtung des Fritzschen Reithauses, des Tagungsgebäudes des Rumpfparlaments. Starke Truppenabteilungen besetzten die wichtigsten Punkte der Stadt und sperrten die Hauptstraßen. Der gegen 3 Uhr nachmittags von

Die Sprengung des Rumpfparlaments in Stuttgart 1849.

den Abgeordneten der Nationalversammlung unternommene Versuch, in einem Protestzug das Fritzsche Reithaus zu erreichen und dort nochmals eine Sitzung abzuhalten, wurde durch eine Kavallerieschwadron vereitelt, die dem Zug den Weg versperrte und ihn zur Umkehr zwang. Die Zuschauer verhielten sich ruhig; außer Hochs auf die Nationalversammlung und einzelner gegen die Soldaten gerichteter Schmähruſe geschah kaum etwas Ordnungswidriges. Die Stuttgarter Bürgerwehr stand bewaffnet bereit. Das Ministerium Römer rechtfertigte in einer in der Presse veröffentlichten und zugleich als Flugblatt in 64000 Exemplaren verbreiteten Ansprache an das württembergische Volk die Sprengung des Rumpfparlaments als eine zwingende Notmaßnahme, die das Land vor drohendem unabsehbarem Übel bewahrt habe, es stellte aber auch klar, daß seine Regierung gegen Aufruhr und sonstiges gesetzwidriges Treiben unnachsichtig einschreite.[163]

Wie erwartet bildete die Nachricht vom traurigen Ende der Nationalversammlung in Stuttgart und verschiedenen Landesteilen, besonders im württembergischen Schwarzwald, das Fanal zu bewaffneten Erhebungen. Doch das Militär stellte rasch die Ordnung wieder her. Die Bürgerwehren, die sich rebellisch gebärdet hatten, wurden entwaffnet. Zu Widerstand kam es nirgendwo. Auch scheiterten die badischen Revolutionäre mit ihren Flugblättern und Agitatoren, die in Württemberg die Bevölkerung aufzuputschen und zum bewaffneten Kampf für die Reichsverfassung gewinnen sollten. Joseph Fickler, Mitglied der provisorischen badischen Regierung in Karlsruhe, der an der Reutlinger Pfingstversammlung teilgenommen hatte und nun als Propagandist für die badische Revolution tätig werden wollte, wurde von der Regierung Römer bereits am 2. Juni in Feuerbach verhaftet und auf dem Hohenasperg festgesetzt[164]. Damit war die Absicht Ficklers vereitelt, nach Ulm zu reisen und dort die Bevölkerung sowie die große Garnison aufzuwiegeln. Glücklicherweise erübrigte sich damit von der Wilhelmsburg aus ein Bombardement der Stadt, das König Wilhelm unter Umgehung des Chefs des Kriegsdepartements, General von Rüpplin, dem Gouverneur der Festung, Graf Sontheim, insgeheim für den Fall befohlen hatte, daß die Ulmer gemeinsame Sache mit dem Agitator machten und daß Teile der Garnison meuterten. Die nach Baden gezogenen Württemberger, die vom Feuer der revolutionären Erhebung angesteckt waren, wurden in den Strudel der Niederlage der badischen Streitkräfte gegen die übermächtigen preußischen Truppen hineingerissen. Sie wurden bei ihrer Rückkehr in die Heimat im allgemeinen recht milde behandelt. Die einfachen Wehrmänner gingen in der Regel straffrei aus – nach Überprüfung ihrer Personalien durften sie nach Hause. Manche stärker Belasteten wurden bald amnestiert. Nur die Führer wurden strafrechtlich verfolgt und mußten soweit man ihrer habhaft wurde, längere Freiheitsstrafen verbüßen. Besonders harte Urteile ergingen gegen Abwesende. So wurde Adolf Majer, Apotheker in Stettenfels, der sich als einer der rührigsten württembergischen Agitatoren für die badische Sache betätigt hatte, zu einer lebenslänglichen Haftstrafe verurteilt.[165]

König Wilhelm tadelte das Ministerium Römer wiederholt scharf, weil es sich seiner Ansicht nach gegenüber den Teilnehmern der Reutlinger Pfingstversammlung, gegenüber Rumpfparlament und Reichsregentschaft sowie auch gegenüber republikanischen Aktivisten zu lasch und zu zögerlich verhielt. Er verlangte von der einigermaßen sicheren Garnisonsstadt Ludwigsburg aus ein rasches und unnachsichtiges Vorgehen. Am 14. Juni erklärte er, er werde Stuttgart nicht mehr betreten, solange sich dort die sogenannte Nationalversammlung und die Reichsregentschaft aufhielten. Zwei Tage später forderte er das Ministerium nochmals dringend auf, endlich dem unleidlichen Zustand ein Ende zu machen und Rumpfparlament sowie Reichsregentschaft schleunigst aus Württemberg auszuweisen. Die Drohung Preußens, notfalls in dem kleinen Königreich Ordnung zu schaffen, hatte ihn schwer getroffen.[166] Römer schätzte die Situation sicher richtiger und zutreffender ein. Er wollte keinesfalls die Bewegung, die auf gesetzlichem Wege Einheit und Freiheit des deutschen Volkes anstrebte – und ihr gehörte er auch selbst an –, gewaltsam abwürgen. Sie sollte möglichst nicht in den verhängnisvollen Sog des politischen Radikalismus geraten. Dies war eine äußerst schwierige Gratwanderung, und sie gelang zumindest für Württemberg, für das sich Römer als Regierungschef verantwortlich fühlte. Gerichtsverfahren, die Angehörige der Reichsregentschaft und des Rumpfparlaments gegen ihn und seine Kabinettskollegen anstrengten, weil die württembergische Regierung das Rumpfparlament auflöste – was als »Angriff auf die Souveränität der deutschen Nation« bezeichnet wurde –, wurden abgewiesen oder endeten mit Freispruch.[167]

Am 2. Juli 1849 kehrte König Wilhelm nach mehr als zweimonatiger Abwesenheit nach Stuttgart zurück.[168] Hier tagte noch immer die Kammer der Abgeordneten; sie verabschiedete bis zu ihrer Auflösung am 11. August 1849 eine Reihe wichtiger Gesetze, um die württembergische Gesetzgebung mit den deutschen Grundrechten und der Reichsverfassung, die für sie wie für das Ministerium nach wie vor uneingeschränkt gültig waren, in Einklang zu bringen: die Gesetze über die Ablösung der Zehnten, die Aufhebung der Patrimonialgerichtsbarkeit und des befreiten Gerichtsstands sowie der Jagd- und Bannrechte, ferner die Gesetze über die Beseitigung der Todesstrafe und der Strafe der körperlichen Züchtigung sowie über die Einführung der Schwurgerichte.[169]

Daß nach der Auflösung des Rumpfparlaments, dem Zusammenbruch der badischen Erhebung und der durch den Zusammenbruch erleichterten Wiederherstellung von Ruhe und Ordnung in allen württembergischen Landesteilen die Tage des Ministeriums Römer gezählt waren, konnte kaum zweifelhaft sein. König Wilhelm mißtraute Römer und dessen Kabinettskollegen zutiefst. Auch verwand er die Demütigungen nicht, die er durch das ihm im März 1848 aufgezwungene Ministerium direkt oder indirekt erlitten hatte. Offensichtlich hatte er schon einige Tage vor der Sprengung des Rumpfparlaments, erbost über die ihm unverantwortlich erscheinende Untätigkeit Römers, einen Regierungswechsel geplant. Ein Glück, daß ihn General von Bangold, der noch immer sein besonderes Vertrauen besaß, vor einem solch riskanten Unternehmen gewarnt hatte. Zu Recht hatte Bangold auf den starken Rückhalt hingewiesen, über den das Ministerium Römer in der Öffentlichkeit verfügte, und so erreicht, daß der Monarch von seinem Plan Abstand genommen hatte.[170]

Bei der Wahl zur Verfassungsrevidierenden Landesversammlung am 1. August 1849 vermochte die demokratische Linke rund zwei Drittel der Stimmen auf sich zu vereinigen. Damit verschlechterte sich die Situation des Ministeriums Römer grundlegend.[171] Da aber selbst konservative Politiker wie Freiherr Joseph von Linden meinten, Römer sei noch am ehesten imstande, sich mit der neugewählten Versammlung auf eine Revision der Verfassung zu einigen[172], behielt das Land seinen bewährten Regierungschef. Ende Oktober 1849 jedoch nahm der König eine politische Zwistigkeit innerhalb des Ministeriums, die Römer nicht für gravierend hielt, zum Anlaß, um ein ihm genehmes konservatives Ministerium zu berufen, dessen Leitung der langjährige frühere Minister Schlayer übernahm. Mit der Entlassung des Ministeriums Römer verlor Württemberg nicht nur eine Regierung, die sich um Land und Volk große Verdienste erworben hatte, sondern auch die einzige parlamentarische Regierung, die es bis dahin besessen hatte. Der Staatsrechtler Robert von Mohl war zuversichtlich. Württemberg werde, so glaubte er, bald wieder zum parlamentarischen Regierungssystem zurückkehren. Er täuschte sich. Eine neue parlamentarische Regierung erhielt Württemberg erst 69 Jahre später, am Ende des Ersten Weltkriegs.[173] König Wilhelm wahrte die Form. Er erkannte mit Dank die Dienste an, die Römer in gefahrvollen Zeiten »durch Eifer, Treue, Umsicht und Entschlossenheit« der Krone, der Dynastie und dem Land geleistet hatte, und erlaubte dem entlassenen Regierungschef, sich mit Anliegen stets unmittelbar an ihn zu wenden. Freilich, insgesamt war und blieb für ihn der Kopf des Märzministeriums ein unangenehmer Zeitgenosse, ein politischer Widersacher. Wilhelm forderte deshalb Ende 1850 die Briefe zurück, die er ihm nach Frankfurt 1848/49 und dann im Frühjahr 1849 von Ludwigsburg aus nach Stuttgart geschrieben hatte. Römer fiel die Rückgabe dieser Briefe schwer, waren sie doch Beweisstücke, die sein Verhältnis zu König Wilhelm und seine Politik gegenüber Schmähungen und publizistischen Angriffen ins rechte Licht rückten. Doch er konnte sich dem Verlangen des Monarchen, dessen Unwillen er vermutlich erneut durch seine Opposition im Bereich der Deutschlandpolitik erregt hatte, nicht widersetzen.[174] Wolfgang Menzel hat das wohl zutreffendste Urteil über Friedrich Römer und seine Kabinettskollegen gefällt: »Keiner dieser würdigen Männer nahm weder einen Orden noch auch nur eine Pension an. Sie wollten ganz uneigennützig dem Vaterlande gedient haben. Ohne sie würde der König während der Revolution eine viel schlimmere Stellung gehabt haben. Sie deckten ihn mit Mut und Klugheit, wobei sich der praktische Römer das Hauptverdienst erwarb. Sie zogen sich dadurch die bitterste Feindschaft der Demokratie zu und ernteten auch von oben wenig Dank.«[175]

Nach dem Scheitern der Revolution von 1848/49, diesem großartigen, aber leider vergeblichen Versuch, dem vorübergehend ins Wanken geratenen monarchischen System Einheit und Freiheit des deutschen Volkes abzutrotzen, gab sich König Wilhelm am 31. Juli 1849 in einer Denkschrift über den »gegenwärtigen Zustand in Deutschland« Rechenschaft.[176] Für ihn war die Ruhe, die nach dem gewaltsamen Niederwerfen der Erhebungen in Sachsen und Baden eingekehrt war, trügerisch. Die alten Parteien, so die der »roten Republikaner«, für die er nur Verachtung übrig hatte, und die Erbkaiserlichen, bestanden seiner Ansicht nach fort, und mit ihnen auch die Gefahr neuer politischer Turbulenzen. Der zündende Funke für alle bisherigen europäischen Revolutionen sei von dem »großen Pestspital in Paris« ausgegangen, und dies werde auch künftig so sein, wenn nicht die »kräftigsten Maßregeln« dagegen ergriffen würden. Daß Deutschland 1848 so rasch dem »Pestfieber« anheimgefallen sei, habe an verschiedenen Ursachen gelegen, einmal im alten verfaulten Feudalsystem, den Standesvorrechten, der Ausübung der Justiz durch den Adel und in den drückenden Gefällabgaben der Bauern, sodann in der »Zerstückelung« Deutschlands in 38 Staaten. Die kleinen Staaten, ohne geographische Grenzen, aus Zufall um eine Hauptstadt gruppiert und ohne hinlängliche Mittel zur Erfüllung des Staatszwecks, seien das Eldorado der Revolutionsmänner, der Sammelpunkt aller Unzufriedenen. Hierzu komme als besonders schlimmes Übel die Zusammensetzung des Bundestags in Frankfurt. In diesem, einer »mißglückten Fiktion des Wiener Kongresses«, hätten der Kaiser von Österreich und der Fürst von Liechtenstein, der König von Preußen und der Fürst von Hechingen die gleichen Rechte gehabt. Die kleinen Staaten, »ohne Selbständigkeit, ohne politische Ansichten, ohne Würde und Haltung«, hätten sich stets willenlos allen Vorschriften, dem Einfluß des mächtigsten Bundesstaats gebeugt. So sei während 34 Jahren im deutschen Interesse weder etwas für den Handel, die Industrie, das Münzwesen oder die Gesetzgebung noch für die äußere Würde des Deutschen Bundes geschehen. Dies habe es den Revolutionsmännern und auch den »echten Patrioten Deutschlands« leicht gemacht, die Mißstände aufzudecken.

Im zweiten Teil seiner Denkschrift zeigte der König die Mittel auf, die seiner Ansicht nach eine »Wiedergeburt Deutschlands« ermöglichten. Daß er hier sein altes »Rezept«, Mediatisierung der kleinen Staaten, detailliert und mit rücksichtsloser Offenheit formulierte, nimmt kaum wunder: »Außer Österreich, Preußen und den vier Königreichen Bayern, Sachsen, Hannover und Württemberg müssen alle anderen Staaten in ihrer Selbständigkeit verschwinden.« Da Sachsen neben Baden durch die Revolution am meisten unterwühlt worden sei, sollte die sächsische Regentenfamilie »überrheinische«, linksrheinische, Provinzen als neues Königreich zugewiesen bekommen. Für den Verlust dieser Provinzen sollte Preußen den Rest des durch den Wiener Kongreß ohnehin schon zerstückelten Sachsens erhalten. Bei einer Verminderung der Zahl der deutschen Staaten auf sechs ließen sich der Bund und seine Einrichtungen durch Ausschüsse der Ständeversammlungen dieser wenigen Staaten sehr einfach organisieren. Die kleinen Staaten würden in der Weise mediatisiert, daß sie jeweils dem seine Souveränität behaltenden Staat einverleibt würden, dem sie geographisch und stammesmäßig angehörten. Die inneren Verhältnisse der sechs Staaten sollten im Hinblick auf Verfassung, Gesetzgebung, Handels-, Gewerbe- und Zollangelegenheiten, Münzwesen, Maße und Gewichte, Post sowie Militärorganisation möglichst einheitlich gestaltet werden. Die Leitung der Außenpolitik wäre dem Kaiser von Österreich zu übertragen, dem die fünf Könige mitbestimmend und beratend zur Seite stünden. Die Reichsversammlung – durch Ausschüsse der Ständeversammlungen der Einzelstaaten gebildet – sollte jährlich jeweils für kürzere Zeit tagen. Sie würde mit dem Kaiser von Österreich und den Königen »die allgemeinen Angelegenheiten« regeln. Die speziellen Belange der einzelnen Staaten fielen in die Zuständigkeit ihrer Landstände. Komme es freilich zu keiner Mediatisierung der kleinen Staaten, blieben sie der »Tummelplatz aller Revolutionsmänner«. Weil sich nach sicheren Nachrichten – der König verfügte auch jetzt über Informanten im Ausland, wie Berichte beweisen[177] – die geheimen Gesellschaften in Sachsen und Baden bereits wieder fest und nach den Erfahrungen der Niederlage effektiver organisierten, müsse in vier bis fünf Jahren mit einem weit furchtbareren Ausbruch als dem diesjährigen gerechnet werden, wenn nicht die Zahl der deutschen Staaten in der vorgeschlagenen Weise drastisch vermindert werde. Abschließend bezeichnete es König Wilhelm als »heilige Pflicht« der an der Spitze der Regierungen stehenden Staatsmänner, alles zu tun, um solch eine »unheilvolle Zukunft für unser Vaterland« unmöglich zu machen.

Erstmals wich König Wilhelm in der Denkschrift von seiner Triasidee ab und bezog die beiden deutschen Großmächte voll in einen föderativen deutschen Gesamtstaat ein. Als erfahrener Politiker machte er sich sicherlich keine Illusionen darüber, daß die Interessen Österreichs und Preußens schwerlich mit denen der vergrößerten vier Königreiche Bayern, Sachsen, Hannover und Württemberg zur Deckung gebracht werden konnten. Die Denkschrift trug der augenblicklichen politischen Situation und der preußenfeindlichen Stimmung des Königs Rechnung: Wenn sich schon eine Einbindung der beiden Großmächte in eine deutsche Föderation nicht vermeiden ließ, dann sollte auf alle Fälle eine solche beider Mächte und nicht bloß die Preußens erfolgen. Vorrang hatte für König Wilhelm indes die Mediatisierung der kleinen Staaten. Wenn diese mit Hilfe Österreichs und Preußens erreicht war, dann würde rasch offenkundig, daß die europäischen Interessen der beiden Großmächte und die enger begrenzten Interessen der vier kleineren Königreiche sehr unterschiedlich waren, so daß sich schließlich doch die Triasidee durchsetzte. Ein Indiz für diese Gedanken dürfte sein, daß König Wilhelm Preußen durch die Einverleibung Sachsens bei gleichzeitigem Verlust seiner Rheinprovinzen im Osten arrondieren wollte, wie dies Österreich ja seit dem Wiener Kongreß schon war. Mit der Entfernung Preußens aus dem rheinischen Deutschland wurden die vier kleineren Königreiche zu einem geschlossenen deutschen Kernstaat, der im Osten an die Großmächte Österreich und Preußen grenzte.

Das Scheitern der Verfassungsrevision

Am 1. Dezember 1849, vier Monate nach ihrer Wahl, trat die Verfassungberatende Landesversammlung zu ihrer konstituierenden Sitzung zusammen. Präsident wurde entsprechend der Mehrheitsverhältnisse der Demokrat Adolf Schoder. Daß die Regierung durch Notverordnung in dem von den Abgeordneten zu leistenden Eid den Bezug auf die Reichsverfassung gestrichen hatte, empörte die demokratische Mehrheit. Sie pochte auf die unbedingte Gültigkeit der Reichsverfassung. Dies lehnte die konservative Regierung Schlayer ab. Für sie bestand der Deutsche Bund fort. Da die Revolution gescheitert war, hatte sich an dem früheren Rechtszustand in Deutschland nichts geändert. Eine harte Konfrontation zwischen Kammer und Ministerium war vorprogrammiert. Zu einer Beratung des von der Regierung vorgelegten

Verfassungsentwurfs fand sich lediglich die liberale Minderheit bereit. Ein erster noch vom Märzministerium ausgearbeiteter Entwurf war, nachdem ihn bereits der Geheime Rat verworfen hatte, überhaupt nicht zur parlamentarischen Beratung gelangt. Der nunmehrige Schlayersche Entwurf beschränkte sich auf die Revision des Abschnitts über den Landtag und vermied damit die Übernahme der Grundrechte in die Landesverfassung. Er ging wieder von zwei Kammern aus, in denen neben den gewählten Abgeordneten auch Repräsentanten der Höchstbesteuerten, der Amtsversammlungen, der Zentralstelle für Landwirtschaft und Gewerbe Aufnahme finden sollten. Eine Einigung über diesen eigenartigen Entwurf war von vornherein ausgeschlossen. Am 22. Dezember 1849 löste der König die Versammlung wieder auf.[178]

Nach der Entlassung des Ministeriums Römer wurden zahlreiche politisch mißliebige Angehörige des öffentlichen Dienstes »gemaßregelt«; sie wurden strafversetzt oder entlassen. Unter anderen wurde der demokratische Abgeordnete der Nationalversammlung, Wilhelm Zimmermann, Professor für Geschichte und Deutsche Sprache am Stuttgarter Polytechnikum, seines Lehramts enthoben.[179] Nicht wenige Beamte reagierten auf ihre »Maßregelung«, soweit sie Juristen waren, durch die Eröffnung von Anwaltspraxen, oder sie wandten sich anderen Berufen zu. Gleichzeitig verstärkten sie die Reihen der politischen Opposition, so Schoder, Seeger, Hölder, Österlen, Probst, Ammermiller, Reyscher, Schnitzer, Süskind. Besonders gerne machte die Regierung bei politisch mißliebigen Abgeordneten im Staatsdienst von den Mitteln der Strafversetzung und der Urlaubsverweigerung Gebrauch. Allerdings erreichte sie damit gewöhnlich das Gegenteil des beabsichtigten Zwecks. Die »gemaßregelten« Abgeordneten verzichteten auf ihren Beamtenstatus und übernahmen als Widersacher der Regierung eine noch entschiedenere Position.[180]

Bei der Wahl zur Zweiten Verfassungberatenden Versammlung erlangten die Demokraten mit 48 Sitzen eine Dreiviertelmehrheit, sie profitierten von der mit 66 Prozent höchsten Wahlbeteiligung jener Jahre.[181] Am 15. März 1850 eröffnete König Wilhelm die Versammlung feierlich mit einer Thronrede, ungeachtet der für ihn höchst unerfreulichen Mehrheitsverhältnisse. In ihr bezeichnete er den von der Frankfurter Reichsverfassung vorgesehenen Einheitsstaat als das gefährlichste aller Trugbilder und nannte das preußische Dreikönigsbündnis vom 26. Mai 1849 einen künstlichen Sonderbundsversuch. Dagegen pries er den am 27. Februar 1850 geschlossenen Vertrag, das sogenannte Vierkönigsbündnis von Österreich, Bayern, Sachsen und Württemberg, da dieses Bündnis eine deutsche Föderation vorsehe. Der einzig politisch gangbare und rechtlich unanfechtbare Weg für Deutschland sei der föderalistische. Wenn Preußen dies nicht einsehe, werde es die Feindschaft der anderen deutschen Staaten auf sich ziehen. Die preußische Regierung empfand die gegen ihre Deutschlandpolitik gerichtete scharfe Attacke des württembergischen Königs als eine schlimme Brüskierung und rief ihren Gesandten aus Stuttgart ab.[182]

Über die Maßen verärgert war der König über die Einverleibung der beiden hohenzollerischen Fürstentümer in den preußischen Staat, die durch den Staatsvertrag vom 7. Dezember 1849 rechtsverbindlich geregelt worden war. Vermutlich hatte er gehofft, daß er die hohenzollerischen Lande, diese Herde revolutionären Aufbegehrens 1848/49, zu günstigen Bedingungen seinem Königreich eingliedern könnte.[183] Eine gewisse Genugtuung für ihn war es dann wohl, daß ihm Fürst Schwarzenberg um diese Zeit gewisse Zusagen machte, Württemberg durch das politisch ungefestigte Baden zu vergrößern und daß der französische Gesandte in Berlin seinem württembergischen Kollegen Hügel, dem nachmaligen Außenminister, eröffnete, Frankreich heiße solche »Arrondierungen« grundsätzlich gut.[184] Allerdings kam Fürst Schwarzenberg bis zu seinem frühen Tod 1852 nie mehr auf diese Zusage zurück.

In seiner Thronrede verteidigte König Wilhelm mit Blick auf Württemberg die von ihm seit dreißig Jahren beachtete konstitutionelle Staatsordnung. Sie beruhe, erklärte er, auf den nach dem Grund- und Kapitalvermögen gestaffelten Rechten der Bürger. Einen im Mai 1850 der Versammlung vorgelegten Teilentwurf über die Landstände hielt die Mehrheit der Abgeordneten nicht einmal einer Diskussion für würdig. Um der Regierung keine Handhabe zu einer Auflösung zu geben, bewilligte die Versammlung die Forterhebung der Steuern nur monatsweise. Dies mußte das Ministerium als Mißtrauensbeweis und als seine Arbeit gefährdende Drohung mit der Steuerverweigerung betrachten. Ihren Höhepunkt aber erreichten die Spannungen von Verfassungberatender Versammlung und Regierung mit der Anklage gegen Außenminister von Wächter-Spittler, weil dieser vor der

Versammlung die Gültigkeit der Grundrechte anerkannt, andererseits aber mit Österreich Verträge geschlossen hatte, mit denen das Fortbestehen der Grundrechte unvereinbar war. Indes scheiterte diese erste und einzige Ministeranklage der königlichen Zeit. Der Staatsgerichtshof entschied im September 1850 auf Freispruch.[185] König Wilhelm sah mit der Anklage der Versammlung gegen Minister von Wächter-Spittler keine Basis mehr für eine gedeihliche Zusammenarbeit zwischen diesem parlamentarischen Gremium und der Regierung. Er verlangte die Auflösung der Zweiten Verfassungberatenden Versammlung. Schlayer hatte jedoch Bedenken. Er fürchtete, eine solche Maßnahme könnte eine Steuerverweigerung zur Folge haben und trat mit seinem Ministerium zurück. Der König übertrug Freiherr Joseph von Linden die Bildung eines neuen Ministeriums. Freilich ahnte damals niemand, daß die Ära Linden bis zum Tod Wilhelms, also volle 14 Jahre, währen sollte. Freiherr von Linden besaß seit langem das Vertrauen seines Monarchen, war liebenswürdig und zeichnete sich durch Mut, Tatkraft und Zielstrebigkeit aus. Auch verfügte er über eine ausgeprägte Rednergabe. Die Wiederherstellung des Deutschen Bundes war ihm ein Anliegen, ebenso die Befriedung der inneren Verhältnisse. Bei Störungen der öffentlichen Ordnung griff er hart durch, doch trat er auch für eine beschränkte bürgerliche Freiheit ein, die mit den Bundespflichten sowie mit den Rechten der Krone und der Regierung in Einklang zu bringen war.[186]

Bei der Übernahme seines Amtes fand Freiherr von Linden im Land eine bedrückende Atmosphäre vor. König, konservative Kreise und Behörden fürchteten neue revolutionäre Anschläge, sie witterten die Verbreitung neuer gefährlicher Unruhen, die Aufwiegelung Unzufriedener. Verbindungen zur alten Heimat, besonders die Korrespondenz von Emigranten in der Schweiz, in Frankreich, England und in den USA wurden überwacht, verdächtige Personen im Land bespitzelt, durchreisende Fremde, so Handwerksburschen, »beschattet«. Die Oberämter hatten alle vierzehn Tage nach Stuttgart zu berichten, ob »Umtriebe« stattfanden oder ob sich politisch mißliebige Untertanen in regierungsfeindlichem Sinne äußerten oder betätigten. Freiherr von Linden empfand diese polizeilichen »Observationen«, für die er letztlich die Verantwortung trug, als lästig und war froh, daß die Revolutionshysterie nicht allzu lange anhielt.[187]

Eine der ersten Entscheidungen des Ministeriums Linden war die vom König verlangte Auflösung der Zweiten Verfassungberatenden Landesversammlung und das Ausschreiben von Neuwahlen wiederum nach dem Wahlgesetz vom 1. Juli 1849. Die mit 30 Prozent sehr niedrige Wahlbeteiligung offenbarte nicht nur eine ausgesprochene Wahlmüdigkeit, was bei der Wahl von drei Landesversammlungen im Verlauf eines guten Jahres nicht weiter verwunderlich war, sondern auch ein wachsendes politisches Desinteresse, eine starke Entpolitisierung der Bevölkerung nach dem großartigen politischen Frühling 1848 und nach der Enttäuschung über das Scheitern des freiheitlichen nationalstaatlichen Einigungswerks der Frankfurter Paulskirche.[188] Ihrer parteimäßigen Zusammensetzung nach unterschied sich die am 4. Oktober 1850 einberufene Dritte Verfassungberatende Landesversammlung nur wenig von der Zweiten. Die Regierung legte diesmal einen vollständigen Verfassungsentwurf vor, und dieser bedeutete tatsächlich einen wichtigen Schritt nach vorn. Der Entwurf behielt das Zweikammersystem bei. Der Ersten Kammer sollten künftig die Prinzen und Standesherren nicht mehr angehören. Die 43 Mitglieder dieser Kammer waren durch dieselben Wahlmänner zu bestimmen, die auch die Abgeordneten der Zweiten Kammer wählten. Doch mußten die Abgeordneten der Ersten Kammer wenigstens 40 Jahre alt sein und mindestens 100 fl Staatssteuern entrichten, auch waren für die Erste Kammer größere Wahlbezirke als für die Zweite vorgesehen. Die Zweite Kammer sollte künftig eine reine Volkskammer sein. Ihre Mitglieder mußten das dreißigste Lebensjahr vollendet haben und irgendeine direkte Steuer bezahlen. Der Entwurf stellte die Religionsbekenntnisse gleich, verbriefte die Pressefreiheit, das Vereins- und Versammlungsrecht, die Zivilehe, ersetzte den Geheimen Rat durch ein Gesamtministerium (Staatsministerium).

Ein von der Versammlung vorgelegter Entwurf ähnelte dem der Regierung. Wiederum kam es wegen der deutschen Frage zum Eklat. Die Versammlung weigerte sich, zusätzliche Finanzmittel für Rüstungszwecke zu bewilligen, weil sie fürchtete, das mit diesen Mitteln auf Kriegsfuß gebrachte Heer könnte gemäß dem mit Österreich in Bregenz abgeschlossenen Vertrag gegen Preußen eingesetzt werden.[189] König Wilhelm und das Ministerium machten kurzen Prozeß. Die Versammlung wurde am 6. November 1850 mit der Begründung aufgelöst, die Verweigerung der beantragten Mittel für Rüstungszwecke sei mit der Stellung des Königs im Deutschen Bund unvereinbar, außerdem bestehe nur geringe Aussicht auf eine Einigung zwischen ihr und der Regierung in der Frage der Verfassungsrevision. Dieser Teil der Begründung mutet eigenartig an, hatte sich doch das Plenum der Versammlung noch gar nicht mit dem Verfassungsentwurf der Regierung befaßt, zudem lagen nicht einmal Kommissionsberichte zu allen seinen Teilen vor. Möglicherweise hatte die Regierung ihr großzügiges Angebot für eine Verfassungsrevision nicht ernst gemeint, oder aber hatte sie dem wachsenden Druck Österreichs, das die Rückkehr zu den vorrevolutionären Verhältnissen verlangte und das den Entwurf des Ministeriums Linden für indiskutabel gehalten hatte, nachgegeben. Es kam zu einer harten Konfrontation. Die von der Regierung verfügte Aktivierung des Ausschusses, der noch am 10. August 1849 vom Langen Landtag, einen Tag vor dessen Auflösung, gewählt worden war, scheiterte an der Ablehnung der meisten Mitglieder des Ausschusses zur Mitarbeit. Die Mitglieder betrachteten nämlich diesen Ausschuß als rechtlich nicht mehr bestehend. Andererseits verwehrte die Regierung dem von der Dritten Verfassungberatenden Landesversammlung gewählten Ausschuß gewaltsam jede Betätigung. Der König bestimmte durch Notverordnung zur Verwaltung der nach der Verfassung dem Ständischen Ausschuß obliegenden Staatsschulden eine Kommission aus früheren Stände- und Ausschußmitgliedern. Ebenso erließ er eine Notverordnung, die die Forterhebung der nicht verabschiedeten Steuern über den Dezember 1850 hinaus sicherstellte.[190]

Die Presse wurde jetzt stärker kontrolliert. Eine königliche Notverordnung vom 25. Dezember 1850, sarkastisch als »Christgeschenk« bezeichnet, unterwarf die Presse einer Reihe vorbeugender Beschränkungen. So wurde den Redaktionen zur Pflicht gemacht, von jeder Zeitungsnummer das erste Exemplar der Polizei zu übergeben. Die Beschlagnahmeverfügungen bei oppositionellen Blättern häuften sich, dagegen wurden die reaktionären Zeitungen recht nachsichtig behandelt.[191] 1850 gründete die Regierung, einem alten Anliegen des Königs Rechnung tragend, den »Staatsanzeiger« als offizielles Regierungsorgan. Die erste Nummer erschien bereits am 1. Januar. Monarch und Ministerium wollten ihre Politik der Bevölkerung publizistisch erläutern und sie für ihren Standpunkt gewinnen. Die seitherigen Versuche der Regierung, mittels unterschiedlicher Presseorgane, so des um politische Ausgewogenheit bemühten »Schwäbischen Merkur«, Öffentlichkeitsarbeit durch offiziöse Beiträge zu leisten, hatten nicht befriedigt. Erleichterung empfand deshalb die Redaktion des führenden württembergischen Blattes, die der Regierung nicht als Sprachrohr dienen wollte, darüber, daß sich der ursprüngliche Plan der Regierung zerschlug, den »Staatsanzeiger« als Beilage des »Schwäbischen Merkur« herauszubringen. Mit dem Erscheinen des »Staatsanzeigers« erlangte der »Schwäbische Merkur« die seit langem angestrebte volle publizistische Unabhängigkeit.[192]

König Wilhelm machte gerne von der Möglichkeit Gebrauch, im »Staatsanzeiger« den Untertanen in der ihm politisch zweckmäßig erscheinenden Weise seine Vorhaben und Ziele wie seinen Standpunkt zu bestimmten Fragen darzulegen. So gab er unmittelbar nach Auflösung der Zweiten Verfassungberatenden Landesversammlung im »Staatsanzeiger« vom 6. Juli 1850 in recht summarischer Weise und relativ nichtssagend die Intentionen bekannt, die er mit einer Revision der Landesverfassung verfolgte. Er schrieb: »Unser Wunsch ist kein anderer, als uns über die berechtigte Revision der Verfassung in einer Weise zu vereinbaren, welche geeignet ist, allen Klassen unseres Volkes zum wahren Wohl zu dienen, aber auch die unveräußerlichen Rechte der Krone nicht preiszugeben.« Nach diesen Ausführungen konnte kein Zweifel mehr darüber herrschen, daß der Monarch eine Minimalrevision der Verfassung für ausreichend hielt, füllte doch schon die bestehende Verfassung im wesentlichen den hier von ihm gesteckten Rahmen aus. Gelegen war ihm an einer kooperativen Kammer. Deshalb konnte er sich auch – und dies war eines der wenigen Zugeständnisse, die er machen wollte – mit einem nahezu allgemeinen und gleichen Wahlrecht durchaus einverstanden erklären, zumal ein solches Wahlrecht die Rechte der Krone nicht schmälerte.[193] Der »Staatsanzeiger« blieb übrigens trotz seines niedrigen Bezugspreises und trotz der Verteilung von vielen Gratisnummern ein wenig ansprechendes Presseorgan. Zeitgenossen bezeichneten ihn als langweilig und schwunglos.[194]

Das Gesetz vom 1. Juli 1849, das den Weg für eine Verfassungsreform wies, ließ offen, was zu geschehen hatte, wenn eine solche Reform nicht zustande kam. Im damaligen Landtag überwog die Meinung, der Abschnitt der Verfassung von 1819 über die Landstände sei aufgehoben und Verfassungberatende Landesversammlungen hätten bis zu einer Neuregelung zu tagen. Der Geheime Rat dagegen vertrat die Auffassung, wenn eine Einigung über eine Verfassungsrevision nicht erreicht werde, seien wiederum die Bestimmungen der bisherigen Verfassung rechtsverbindlich. König Wilhelm machte sich die Interpretation des Geheimen Rats zu eigen, zumal sie ihm den damals engen politischen Schulterschluß mit Österreich erleichterte. Im März 1851 ordnete er Wahlen zur Kammer der Abgeordneten nach dem Wahlverfahren von 1819 an. Trotz prinzipieller Bedenken hinsichtlich der Gesetzmäßigkeit dieses Wahlverfahrens entschieden sich Konstitutionell-Liberale und Demokraten für eine Beteiligung an der Wahl, und am 6. Mai 1851 wurde nicht nur die Kammer der Abgeordneten, sondern auch die Kammer der Standesherren, die es seit zwei Jahren nicht mehr gab, einberufen. Die verfassungspolitische Restauration schien perfekt.

Indes hatte König Wilhelm den Plan einer Verfassungsrevision noch nicht aufgegeben. Im Juni 1851 legte die Regierung der Ständeversammlung einen Verfassungsentwurf vor – es war der sechste seit 1849. Er ähnelte den vorausgegangenen Entwürfen. Da die Erste Kammer wieder einberufen worden war, obwohl sich dies mit den noch immer geltenden Grundrechten des deutschen Volkes nicht vereinbaren ließ, mußte der Adel berücksichtigt werden. Nachdem Württemberg die Grundrechte im März 1852 durch Gesetz aufgehoben hatte, setzte die aus 35 Abgeordneten bestehende »Mittelpartei« Friedrich Römers, die die grundsätzliche Opposition der 20 Demokraten für verderblich hielt, in der Auseinandersetzung mit der Regierung durch, daß sich diese bereit erklärte, »das wirklich Gute und Ausführbare« der Grundrechte in Landesgesetze zu übernehmen. Allein, die Chance für eine Verfassungsreform war, nachdem sich auf Bundesebene die vorrevolutionären Verhältnisse verfestigt hatten, endgültig vertan. Im April 1852 zog die Regierung ihren letzten Entwurf mit der Begründung zurück, »für eine Totalrevision bestehe kein Bedürfnis mehr«[195].

Der langjährige Außenminister Hügel vertraute kurz vor seinem Tod dem großherzoglich-hessischen Minister Dalwigk an, König Wilhelm habe nach dem Scheitern der drei Verfassungberatenden Versammlungen beabsichtigt, die Verfassung von 1819 außer Kraft zu setzen. Er habe aber dem Monarchen dringend davon abgeraten, und dieser habe daraufhin seine schon gedruckte Verordnung zurückgezogen.[196] Die Erfahrungen mit den Parlamenten auf gesamtdeutscher wie auf württembergischer Ebene während der Revolutionsjahre hatten dem König politische Volksvertretungen, gleichgültig welcher Art, suspekt gemacht. Wiederholt äußerte er sich sehr mißfällig und geringschätzig über sie.[197] Besonders aufschlußreich sind seine aus der Zeit um 1850 stammenden »Bemerkungen über die Ständeversammlungen in Deutschland und Vorschläge über die Art ihrer Verbesserung«[198].

Einleitend stellte er fest: Die Volkssouveränität sei eine der verkehrtesten und eine der in ihren Folgen verderblichsten Theorien, die in der letzten Zeit in Deutschland entstanden seien. Sie mache eine allgemeine Stimmberechtigung, also Wahlberechtigung, zur Bedingung. Schon die gegenwärtigen Ständeversammlungen beruhten auf irreführenden Voraussetzungen. Es sei eine Fiktion, daß das Volk allgemein mündig geworden sei, daß es die Intelligenz und den guten Willen besitze, stets die besten Männer in die Ständeversammlungen zu wählen. Eine zweite Fiktion sei es, daß diese Ständeversammlungen stets vom besten Willen und von der einsichtsvollsten Intelligenz geleitet würden. Zunächst gelte es, das Volk vom »periodischen Fieber« der Wahlen zu befreien. Die Wahlen sollten künftig »in die Hände der Gemeindevorsteher und ihrer Glieder gelegt« werden. Diese wählten entsprechend den »Lokalitäten und den Interessen ihrer Gemeinden« Wahlversammlungen, die dann die Ständevertreter zu bestimmen hätten. Die Wahlen wären auf Grundsteuerzahler zu beschränken, also auf die steuerpflichtigen Grund- und Hausbesitzer sowie Gewerbetreibenden. Finanz- und andere Gesetze dürften künftig nur die von den Ständeversammlungen gebildeten Kommissionen mit den zuständigen Ministern diskutieren. Dem Plenum der Ständeversammlungen dagegen »sei lediglich noch gestattet, in öffentlichen Sitzungen Gesetze im allgemeinen« zu verwerfen oder anzunehmen. Werde das Finanzgesetz (gesetzlich festgelegter Staatshaushalt) von den Ständen abgelehnt, gelte das alte Budget so lange weiter, bis es zu einer Einigung komme.

Das ständische Reformkonzept König Wilhelms bedeutete die Entpolitisierung der Ständevertretungen. Für den württembergischen Monarchen war Politik die Sache der Regenten und der von ihnen eingesetzten Regierungen. Unterschiedliche oder gar gegensätzliche politische Gruppierungen sollten von den Ständeversammlungen ferngehalten werden. König Wilhelm machte sich sicher keine Illusionen darüber, daß dies nicht mehr möglich war. Dennoch setzte er nach den Erfahrungen der Revolution Volkssouveränität und Wahlen zu Ständeversammlungen nach politischen Gesichtspunkten mit Anarchie gleich. Für das an den wiedererstarkten alten Gewalten gescheiterte große Werk der Frankfurter Paulskirche hatte er leider nur Verachtung übrig. In sein politisches Konzept paßte, daß die Vereidigung des Heeres auf die Verfassung durch bloße Verordnung 1851 abgeschafft, daß die Tübinger Burschenschaft wegen »Mißbrauchs zu politischen Zwecken« aufgelöst und daß die noch bestehenden politischen Vereine, vorab die Volksvereine, deren Aktivität schon nach der Sprengung des Rumpfparlaments und dem Ersticken der letzten Unruhen in Württemberg weitgehend erloschen war, im Februar 1852 verboten wurden.[199]

Rückkehr zum Deutschen Bund

Mit dem Scheitern der Nationalversammlung in Frankfurt ergriff Preußen die Initiative für die Schaffung eines deutschen Bundesstaats auf der Grundlage der Reichsverfassung, aber mit Ausschluß von Österreich. Am 26. Mai 1849 schloß es mit Sachsen und Hannover das »Dreikönigsbündnis«. Der »Union« traten nach und nach auch alle anderen deutschen Staaten mit Ausnahme von Bayern und Württemberg bei, ebenso fand diese die Unterstützung der Führer der erbkaiserlichen Partei. Das von dem Bündnis ausgeschlossene Österreich erlangte erst im August 1849, nachdem es mit russischer Hilfe den ungarischen Aufstand niedergeschlagen hatte, seine politische Handlungsfähigkeit zurück. Sofort machte es sich daran, den verlorenen Einfluß in Deutschland wieder zu gewinnen. Doch Preußen ließ sich von dem eingeschlagenen Weg nicht abbringen, und obwohl Hannover und Sachsen aus der Union ausschieden, berief es Anfang 1850 ein Unionsparlament nach Erfurt ein, das dann am 20. März eröffnet, allerdings bereits am 29. April vertagt wurde. Diesem Parlament gehörten meist Mitglieder der früheren erbkaiserlichen Partei an.

Österreich reagierte darauf im Mai 1850 mit der Wiederberufung des Bundestags nach Frankfurt und forderte die Regierungen zu Verhandlungen über dessen Neugestaltung auf. Neben einer

Anzahl kleiner Staaten traten ihm die vier Königreiche Bayern, Hannover, Sachsen und Württemberg zur Seite. Reichsverweser Erzherzog Johann hatte übrigens erst am 20. Dezember 1849 sein längst zur Farce gewordenes und in Vergessenheit geratenes Amt offiziell aufgegeben. Am 2. September 1850 nahm der Bundestag seine Tätigkeit auf. Preußen war nicht vertreten. Ein bewaffneter Konflikt drohte. In Kurhessen, einem Mitgliedsstaat der Union, begehrte das Volk gegen den Bruch der Verfassung durch den Regenten und dessen gewalttätigen Minister Hassenpflug auf. Der Kurfürst und sein schlimmer Ratgeber mußten aus dem Land fliehen. Sie riefen den Beistand des Bundestags an, und dieser sagte seine Hilfe zu. Vom 10. bis 14. Oktober 1850 trafen sich der Kaiser von Österreich sowie die Könige von Bayern und Württemberg in Bregenz und einigten sich auf die Besetzung Kurhessens durch ein bayerisch-österreichisches Heer.

In Warschau erhielt Kaiser Franz Joseph kurz darauf die politische Rückendeckung durch Zar Nikolaus. Diesmal gab Preußen nicht klein bei. König Friedrich Wilhelm IV. folgte dem Rat seines Bruders Wilhelm und einer Minderheit seiner Minister, ordnete am 6. November die Mobilmachung der Streitkräfte an und ließ Truppen in Kurhessen einrücken. Bei Bronzell stießen das bayerisch-österreichische und das preußische Heer aufeinander. Doch kam es nur zu einem harmlosen Schußwechsel, bei dem ein Schimmel getötet wurde. Die ganze Geschichte endete kläglich. Preußen beugte sich einem österreichischen Ultimatum. Am 29. November 1850 unterzeichnete der preußische Ministerpräsident und Außenminister Freiherr Otto von Manteuffel die Punktation von Olmütz: Preußen verzichtete auf die Union, räumte Baden und Kurhessen, stimmte der Entwaffnung Schleswig-Holsteins und damit der Preisgabe der beiden Herzogtümer an Dänemark zu. Österreich hatte sein Ziel erreicht: die vollständige Restaurierung der vorrevolutionären politischen Verhältnisse in Deutschland. Am 30. Mai 1851 wurde der Bundestag wieder eröffnet. Sämtliche Mitgliedsstaaten hatten ihre Vertreter entsandt.[200]

Das Dreikönigsbündnis vom Mai 1849 lehnten in Württemberg der König und ebenso neben den Demokraten die Konstitutionell-Liberalen, so Friedrich Römer, ab. Andererseits fehlten auch die Stimmen nicht, die den Anschluß des Landes an das Bündnis forderten. Beispielsweise sprachen sich zahlreiche Tübinger Professoren für den Anschluß aus, ferner so namhafte Persönlichkeiten wie Friedrich Theodor Vischer, Prälat Sixt Kapff und Paul Pfizer.[201] Am 4. Oktober 1849 warnte König Wilhelm in einem Gespräch mit dem preußischen Thronfolger, Prinz Wilhelm, Preußen davor, sich die deutschen Staaten einzuverleiben, denn ihr Untergang ziehe mit der Zeit den des preußischen Staates nach sich. Sollte Österreich die deutschen Staaten ihrem Schicksal überlassen, bleibe diesen nur die Allianz mit Frankreich. Geschickt flocht der König auch die Bemerkung ein, Zar Nikolaus sei kein Freund der gegenwärtigen preußischen Deutschlandpolitik.[202]

Am 6. Januar 1850 berichtete der französische Gesandte in Stuttgart seiner Regierung, daß sich König Wilhelm sehr um freundschaftliche Beziehungen zu Frankreich bemühe, um gegenüber den beiden deutschen Großmächten einen politischen Rückhalt zu haben.[203] Der König wollte verhindern, daß sein Land das Objekt der Politik Österreichs und Preußens wurde und er keinen eigenen Entscheidungsspielraum mehr besaß. Dabei erschienen ihm allerdings die von Preußen ausgehenden Gefahren die weitaus bedrohlichsten. In einer Denkschrift stellte er fest: Die preußische Regierung will keine Wiederherstellung der bisherigen Bundesverfassung, sie will aber ebensowenig die Errichtung eines neuen, alle Bundesglieder in gleicher Weise einschließenden Föderativbündnisses, sie hält an der Union fest, um die kleinen Staaten mediatisieren zu können. Preußen ist zu groß für Deutschland und zu klein für Europa. Es gibt verschiedene Möglichkeiten für einen »föderativen Staatenbund«, und notfalls sind zwei staatliche Bündnisse, die sich »in gegenseitiger Stärke und Einigkeit halten und tragen«, immer noch besser als die gegenwärtige politische Zerrissenheit und Gesetzlosigkeit des Gesamtvaterlandes oder gar die Rückkehr zum Bund in seiner früheren Gestalt. Man sollte den Versuch machen, sich mit Preußen über die neue staatliche Form zu einigen, um seinem Ehrgeiz und seiner Machtbesessenheit möglichst enge und starke Grenzen zu setzen. Jedenfalls sollte die Schaffung eines neuen Föderativsystems im Geist der bisherigen Bundesverfassung, »dieser Grundsäule des Europäischen Gleichgewichts, dieser Schutzwehr der Freiheit und des Friedens der Europäischen Staatenrepublik«, erfolgen.[204] In seiner bereits erwähnten Thronrede vom 15. März 1850 anläßlich der Eröffnung der Zweiten Verfassungberatenden Landesversammlung erklärte König Wilhelm mit Blick auf Preußen, der Traum vom deutschen

Einheitsstaat widerspreche den besten deutschen Überlieferungen und der Vielfalt der deutschen Kultur.[205]

Beim Treffen von Kaiser Franz Joseph mit den Königen von Bayern und Württemberg im Oktober 1850 in Bregenz, an dem auch die leitenden Minister der drei Staaten, Fürst Felix zu Schwarzenberg, Ludwig von der Pfordten und Freiherr Joseph von Linden, teilnahmen, begrüßte Franz Joseph beim Festbankett seine beiden königlichen Gäste als seine »treuen Alliierten«. Aufsehen erregte der Trinkspruch, den König Wilhelm wohlbedacht so formulierte: »Seine Majestät der Kaiser hat mir erlaubt, das Wohl der österreichischen Armee auszubringen. Ein alter Soldat macht nicht viel Worte, aber folgt dem Ruf des Kaisers, wohin es auch sei. Den besten Wunsch der Armee bringe ich aus, indem ich sage: Es lebe der Kaiser!«[206] Wilhelm wollte mit seinem Trinkspruch zum Ausdruck bringen, daß er voll und ganz hinter der Politik Österreichs stehe und, wie vereinbart, ebenso wie Bayern den Kaiserstaat bei dem drohenden bewaffneten Konflikt mit Preußen unterstütze. Die Erwiderung des Kaisers war entsprechend emphatisch: »Im Namen der ganzen Armee danke ich, es kann mir und der Armee nur zur großen Ehre gereichen, und sie wird stolz sein, mit so tapferen Kameraden vor den Feind zu gehen.«

Am 18. August 1850 gab König Wilhelm seiner Besorgnis im »Staatsanzeiger« Ausdruck, daß die Wiederherstellung des Bundestages in seiner alten Struktur eine neue gewaltsame revolutionäre Eruption zur Folge haben könnte. Dieser Gefahr konnte seiner Ansicht nach durch ein aus den Landtagen der Bundesstaaten gewähltes gesamtdeutsches Parlament begegnet werden. In einem Brief vom 18. Januar 1851 suchte er Fürst Schwarzenberg für die Schaffung eines solchen gesamtdeutschen Parlaments zu gewinnen: »Wenn wir der Nation den ihr gebührenden Selbstanteil an den obersten Angelegenheiten ihres staatlichen Gesamtlebens vorenthalten, so dürfen wir nicht hoffen, sie mit der Bundesverfassung auszusöhnen und ebensowenig die Revolution in Deutschland zum Stillstand zu bringen.«[207] Der König wünschte keinesfalls eine Neuauflage der Frankfurter Nationalversammlung, sondern »die Zusammenfassung der einzelnen, zersplitterten, unfruchtbaren und verwirrenden Kräfte der verschiedenen Ständekammern in ein einiges oberes Nationalparlament«[208].

Ähnlich wie König Wilhelm dachten auch die Regenten von Bayern, Hannover, Baden und Hessen-Darmstadt. Freilich, so einfach wie sich der württembergische Monarch die Etablierung einer solchen ständischen Einrichtung beim Bund dachte, war sie nicht. Fragen drängten sich auf: Würden sich die beiden preußischen Kammern einer solchen Bundesversammlung unterordnen? War ein solches Parlament mit der Gesamtverfassung des aus verschiedenen Völkern bestehenden Einheitsstaats Österreich vereinbar? Konnte ein solches Parlament mit einem aus souveränen Staaten bestehenden Staatenbund überhaupt in Einklang gebracht werden?[209] Wilhelm wollte die Kompetenz dieser gesamtdeutschen Ständevertretung im wesentlichen auf unpolitische Bereiche beschränken, auf Gesetze und auf finanzielle Angelegenheiten. Die Politik sollte Sache der Regierungen bleiben. Allein, auch eine derartige Beschränkung schien zweifelhaft, gelang dies doch trotz aller Restriktionen nicht einmal auf Landesebene. Einen wichtigen Pluspunkt versprach sich der König von einem gesamtdeutschen Parlament: Zu kritischen Fragen der Bundespolitik brauchten die Regierungen der Einzelstaaten ihren Ständekammern nicht mehr Rede und Antwort zu stehen. Dafür war künftig eben diese gesamtdeutsche ständische Vertretung zuständig.[210]

Auf den im Februar 1851 stattfindenden Dresdner Konferenzen, die den Weg zur Rückkehr zum alten Bundestag endgültig freimachten, hatten der alte und der neue württembergische Außenminister, Freiherr von Linden und Freiherr von Neurath, den Auftrag, die Forderung ihres Monarchen nach einer Volksvertretung beim Bund gegenüber Fürst Schwarzenberg zu vertreten. Doch für den österreichischen Ministerpräsidenten war ein solches parlamentarisches Gremium kein Thema. Die Bitte Lindens um eine Antwort auf den Brief seines Königs vom 18. Januar 1851 wischte er mit der verletzenden Bemerkung vom Tisch: »Wozu? Daß es in den Zeitungen kommt?« Der König war enttäuscht und unzufrieden darüber, daß seine Initiative von seiten Österreichs kurzerhand abgeblockt worden war.[211] Eines freilich hatte er erreicht – und dies war sicher ein ihm willkommener und wahrscheinlich auch von vornherein beabsichtigter Nebeneffekt: Sein »offener Brief« hatte ihn wieder als »liberalen Musterfürsten« in das öffentliche Bewußtsein gebracht.[212]

Mit Sorge verfolgte König Wilhelm 1851 die politische Entwicklung in Frankreich. Er rechnete mit neuen revolutionären

Unruhen und gewaltsamen Entladungen. Den Staatsstreich des Prinzen Napoleon im Dezember 1851 und die Annahme des Kaisertitels durch den seitherigen Prinz-Präsidenten ein Jahr später begrüßte er, weil damit auch Frankreich wieder mit starker Hand regiert werde. In Paris nahm man von dieser freundschaftlichen Geste gerne Kenntnis, und Napoleon III. stand nicht an, dem Verwandten in Stuttgart seine besondere Verbundenheit zu bekunden.[213] In einem Briefwechsel von Anfang Januar 1852 pflichtete Fürst Schwarzenberg König Wilhelm bei, daß die Machtübernahme durch Prinz Napoleon für Europa einen günstigen Effekt habe. Nach der tiefen Demütigung Preußens im November 1850 in Olmütz strebte Fürst Schwarzenberg jetzt einen »Ausgleich« an. Er ließ König Wilhelm wissen, daß er gegen die bevorstehende Erneuerung des Deutschen Zollvereins nichts einzuwenden habe, er denke vielmehr, daß diese den Anknüpfungspunkt für die weitere »Einigung« – wohl die Einigung Österreichs mit Preußen – bilde.[214]

Das seit Frühjahr 1850 zerrüttete Verhältnis – wesentlich durch König Wilhelm verschuldet – zwischen Preußen und Württemberg, das sich in den abgebrochenen diplomatischen Beziehungen dokumentierte, wollte der württembergische Monarch schon mit Blick auf die Erneuerung des für sein Land so wichtigen Zollvereins bereinigen. Deshalb entsandte Wilhelm seinen langjährigen Agenten für solch heikle Missionen, Staatsrat von Klindworth, nach Berlin. Am 5. Juni 1852 schrieb er dem Agenten, die Fortsetzung des Zollvereins sei erstrebenswert. Allerdings ziehe er eine Trennung vor, falls Preußen Württemberg Bedingungen aufbürde, die gegen seine Unabhängigkeit und seine finanziellen Interessen gerichtet seien. Klindworth solle dies bei seinen Besprechungen mit Ministerpräsident Manteuffel und, wenn ihm eine Audienz gewährt werde, auch gegenüber König Friedrich Wilhelm IV. unmißverständlich zum Ausdruck bringen.[215]

Dem Agenten gelang es, der preußischen Regierung den Standpunkt seines Monarchen nahezubringen und wohl auch zur Beseitigung der Mißstimmung zwischen beiden Staaten beizutragen. Im Sommer 1852 wurden die diplomatischen Beziehungen Berlin–Stuttgart wieder normalisiert.[216]

VII

Der Nestor unter den europäischen Fürsten

Wachsende Vereinsamung

1851 charakterisiert die Hofdame von Kronprinzessin Olga, Eveline von Massenbach, König Wilhelm als einen »Mann der Tat, der Politik, der Waffen«. Der »Verkehr«, der Umgang, mit ihm sei anregend, aber nicht anheimelnd. Man erwarte ihn immer mit einer Art Beklemmung.[1]

Das Verhältnis des alternden Monarchen zu den nächsten Familienangehörigen, ganz besonders zu seiner Frau Pauline, war sehr distanziert, um nicht zu sagen, abweisend. Nach außen wahrte er indes nach wie vor streng die Form. Bei offiziellen Anlässen stand ihm seine Frau als oberste Repräsentantin des Landes zur Seite, er behandelte sie respektvoll und zuvorkommend. Menschlich verband die beiden Ehegatten kaum noch etwas, sie lebten nebeneinander her. Die Königin litt ungleich mehr als der König unter ihrer zerrütteten Ehe. Als vernachlässigte Frau suchte sie Trost in einem freudlos-engen pietistischen Christentum und in der übertriebenen Fürsorge für ihre bereits erwachsenen Kinder. Den Sohn Karl bemutterte sie zu sehr und zu lange. Ihr besonderer Liebling war ihre ältere Tochter Katharina. Am 18. April 1848 schrieb sie in einem Dankesbrief für Glückwünsche zur Geburt ihres Enkels, des nachmaligen Königs Wilhelm II.: »Dieses liebe Kind, welches ein Lichtpunkt in der dunklen Gegenwart und Zukunft ist.«[2] Für sie war es eine große Freude, daß Katharina seine Mutter war und daß diese die Schwangerschaft und Entbindung ohne gesundheitliche Probleme überstanden hatte.

Für seinen Sohn Karl hatte König Wilhelm wenig übrig. Vater und Sohn waren gegensätzliche Naturen, die Welten, in denen sie lebten, völlig voneinander verschieden. Wilhelm Realist, Pragmatiker, Verstandesmensch, Karl dagegen »ganz Gemüt und Idealist«. Seine kluge, weltgewandte Schwiegertochter Olga, der fürstliche Repräsentation im Blut lag, schätzte der König sehr. Doch an die Stelle anfänglicher Zuneigung trat bald eine gewisse Entfremdung. Olga hatte Schwierigkeiten, zu dem allzu nüchternen Verstandesmenschen, der, jeder Gefühlsregung abhold, sich oft zynisch gab, eine vertrauensvolle Basis zu finden. Hinzu kam, daß sie allzu oft zwischen ihm und ihrem Mann vermitteln, Wege wechselseitigen Verstehens suchen mußte. Sie tat dies, wie ihre Hofdame bestätigt, »lang mit Mut und Zartgefühl nach beiden Seiten«[3]. König Wilhelm scheint schon damals davon überzeugt gewesen zu sein, daß Karl regierungsunfähig sei und das Land binnen kurzem ins Chaos stürze. Er besitze zwar, so meinte der König in einem Gespräch mit dem späteren Außenminister, Freiherr von Varnbüler, einiges Talent, aber er sei durch die Schuld der Mutter zu weich erzogen worden, habe zu wenig Härte und Stehvermögen, sei deshalb den eitlen Verführungen des höfischen Getriebes beinahe hilflos ausgeliefert. Da ein Schwacher einer mächtigen Stütze bedürfe, habe er die Heirat mit der russischen Großfürstin Olga gefördert. Leider habe diese Verbindung nicht gehalten, was er sich von ihr versprochen habe. Während Karl im Geheimen Rat leicht hochfahre, stehe er andererseits unter der Kuratel seiner Frau. Sorge bereiteten dem König auch die homosexuellen Neigungen des Sohnes; sie hielt er für »die Ursache mancher Verwirrung«[4].

Als ein Grundübel des Kronprinzen bezeichnete Eveline von Massenbach 1858, daß er zwar ernste Lektüre, vor allem klassische, liebte, daß er aber dennoch nicht viel mit seiner Zeit anzufangen wußte, »desouvriert« (beschäftigungslos) war, wie sie sich ausdrückte, und daß er zudem »eine wenig passende Umgebung« habe.[5] Die Hofdame wollte damit sagen, daß er keine Menschen um sich hatte, die ihn zu sinnvoller, seiner künftigen Stellung förderlichen Arbeit, zu verantwortungsbewußtem Handeln und strenger Pflichterfüllung anhielten. Freilich an der »Beschäftigungslosigkeit« des Sohnes trug König Wilhelm erhebliche Mitschuld. Er hätte ihn sehr viel mehr, als er es tat, zur Erledigung von Regentenaufgaben heranziehen, ihn sehr viel mehr mit Regierungsgeschäften betrauen müssen. Das Mißtrauen und die »Sprachlosigkeit« des Vaters haben die Minderwertigkeitsgefühle und den Hang zum In-den-Tag-Hineinleben bei Karl verstärkt. Im Sommer 1848 wünschte Kronprinzessin Olga, daß der König ihrem Mann die Befugnis einräume, die Offiziere bis zum Hauptmann selbständig ernennen zu dürfen. König Wilhelm lehnte dieses Ansinnen schroff ab. Zu General von Rüpplin, dem Chef des Kriegsdepartements, sagte er: »Sie wissen ja selbst, daß der Kronprinz von diesen Dingen nichts versteht, davon kann nicht die Rede sein.«[6]

Kronprinzessin Olga, die 1846 mit hohen Erwartungen nach Stuttgart gekommen war, wurde sich schon bald schmerzlich bewußt, daß ihr die Ehe mit dem württembergischen Thronfolger nicht die erhoffte menschliche Erfüllung gewährte, daß sie kaum Freunde gewann, gewissermaßen eine Fremde blieb und daß sie bei dem gespannten Vater-Sohn-Verhältnis zum Schwiegervater auf Distanz gehen mußte. Schon 1850 verlor sie mit der Abberufung von Fürst Gortschakow, seit 1841 russischer Gesandter in Stuttgart, einen vertrauten Ratgeber und einen Landsmann, der ihr den Kontakt zur fernen Heimat erleichterte.[7] Die Mutter, Zarin Alexandra, suchte die Verbindung zu ihr aufrechtzuerhalten. Sie wählte deshalb nach dem Tod ihres Mannes, des Zaren Nikolaus I., 1856, 1857 und 1860 Wildbad jeweils für mehrwöchige Badekuren. Während ihres Aufenthalts wurde das württembergische Badestädtchen eine Art russische Nebenresidenz. Fürsten, so namentlich Angehörige der württembergischen Königsfamilie, doch auch zahlreiche Russen, die in Deutschland weilten, machten der Zarin ihre Aufwartung.[8] 1853 konnte die im Renaissancestil erbaute Villa Berg feierlich eingeweiht werden; damit besaß das Kronprinzenpaar in reizvoller landschaftlicher Lage ein Landhaus, das es ihm ermöglichte, sich wenigstens zeitweise der kalten Stuttgarter Hofatmosphäre zu entziehen. Unter den Gästen des prächtigen Festes befand sich auch Prinz Napoleon, der Neffe König Wilhelms. Ein Jahr später, 1854, bezogen Karl und Olga das neuerbaute stattliche Kronprinzenpalais am Schloßplatz.[9] Mit diesem Palais wollte König Wilhelm vor allem der Schwiegertochter, der standesbewußten russischen Großfürstin und stolzen Zarentochter, nach der bereits 1851 eine Straße benannt worden war[10], ein repräsentatives Zuhause bieten, das sie ein wenig mit dem bescheidenen Alltag des Stuttgarter Hofs aussöhnte.

1851 heiratete die jüngste Tochter König Wilhelms, Auguste, einer Herzensneigung folgend, Prinz Hermann von Sachsen-Weimar, den Sohn des niederländischen Statthalters von Java. Hermann stand seit einigen Jahren im württembergischen Militärdienst. Der König war von der Wahl der Tochter, die Eveline von Massenbach als ein häßliches, aber sehr aufgewecktes und gescheites Mädchen porträtiert, nicht sonderlich angetan, auch wenn der Prinz »von angenehmem Äußeren« war und sich tadellos betrug. Scherzhaft fragte er die Tochter, für die er besonders viel übrig hatte: »Aber, Gustchen, ist er denn gescheit?« Diese antwortete schlagfertig mit der Gegenfrage: »Lieber Papa, welcher von Ihren Schwiegersöhnen ist gescheit?«[11] 1858 schenkte König Wilhelm der Tochter und ihrem Mann das in den vorausgegangenen vier Jahren von Leins erbaute Palais an der Neckarstraße, später bekannt unter dem Namen Palais Weimar.[12]

Sorge bereiteten dem König die Ehestreitigkeiten seiner Tochter Sophie, der Gemahlin von König Wilhelm III. der Niederlande. Im Juli 1851 schickte er seinen nachmaligen Außenminister Freiherr von Hügel als außerordentlichen Gesandten nach Den Haag mit dem Auftrag, alles zu tun, um eine Scheidung, die zweifellos peinliches Aufsehen in der Öffentlichkeit erregen würde, zu vermeiden. Mit einiger Mühe gelang dies. Hügel gab beiden Seiten Schuld an dem Zerwürfnis. Im August 1851 wurde dem Königspaar ein dritter Sohn geboren. Im Monat darauf reiste König Wilhelm nach Den Haag, um die Eltern zu dem Familienzuwachs zu beglückwünschen. Leider kam es zwischen den Ehegatten zu keiner völligen Aussöhnung. Alle drei Söhne starben übrigens, ohne Nachkommen zu hinterlassen. Nach dem Tod Sophies 1877 heiratete Wilhelm ein zweites Mal.[13]

Unglücklich war auch die Ehe der ältesten Tochter König Wilhelms, Marie, mit Graf Alfred Neipperg, obwohl dies eine Liebesheirat gewesen war. Die intelligente und als Mädchen liebenswürdige Prinzessin, die nach der Ausdrucksweise von Kronprinz Karl in gleicher Weise das (Zuneigungs-)»Monopol« ihres Vaters besaß wie ihre Stiefschwester Katharina das »Monopol« ihrer Mutter, wandelte sich im Lauf der Jahre zu einer verbitterten und sich schroff absondernden Frau. Sie tat aber viel für ihre wenigen Freunde und engagierte sich in vorbildlicher Weise in der Armenfürsorge.[14]

Am 16. April 1852 starb in Paris Prinz Paul.[15] Der Bruder König Wilhelms hatte 35 Jahre in der französischen Hauptstadt gelebt und dort am gesellschaftlichen Leben lebhaften Anteil genommen. Nach dem Tod seiner ersten Frau, von der er viele Jahre getrennt gelebt hatte, hatte er eine aus Spanien stammende katholische Engländerin, Lady Suttingham, geheiratet. Aus einer außerehelichen Verbindung besaß er eine Tochter, die später den Grafen von

Montessuy heiratete. Prinz Paul wurde nach einer langwierigen Krankheit gänzlich taub, dies beeinträchtigte allerdings seine geistigen Fähigkeiten nicht. Doch am 11. April 1852 trat eine akute Verschlechterung seines Zustands ein; bereits drei Tage später war er ohne Bewußtsein. Sein Schwager, Marschall Jérôme Napoleon, der einstige König von Westfalen, und dessen beide Kinder Prinz Napoleon Bonaparte und Prinzessin Mathilde sowie eine Anzahl anderer Persönlichkeiten, unter ihnen der russische und der württembergische Gesandte, hatten sich in der Wohnung des Prinzen versammelt, als der päpstliche Nuntius Antonio Garibaldi in feierlichem Ornat erschien. Die Überraschung war groß, galt doch Paul bis dahin als Protestant. Die Tochter, Gräfin Montessuy, erklärte, der Prinz sei zum katholischen Glauben übergetreten. Der Nuntius bestätigte dies und ergänzte, die Konversion sei schon am 30. Januar 1852 erfolgt, als Paul noch bei vollem Bewußtsein gewesen sei. Nach dem Tod von Prinz Paul am 16. April 1852 protestierte sein Enkel Herzog Nikolaus von Nassau gegen die dem Schwerkranken abgenötigte Konversion, hatte damit aber keinen Erfolg. Prinz Paul hatte sich unter dem Einfluß seiner katholischen Geliebten und späteren Frau, Lady Suttingham, für den Konfessionswechsel entschieden. König Wilhelm war darüber empört, legte er doch größten Wert darauf, daß sich sämtliche Angehörige seines Hauses zur evangelisch-lutherischen Konfession bekannten. Prinz Paul wurde in der katholischen Abteilung der Familiengruft im Ludwigsburger Schloß beigesetzt. Das Hausgesetz von 1828 sah erbrechtliche Nachteile für die Söhne Prinz Pauls – nach Kronprinz Karl die nächsten Anwärter auf den württembergischen Thron – bei einem Konfessionswechsel ihres Vaters vor. Diese Klausel setzte König Wilhelm jedoch durch eine entsprechende Erklärung außer Kraft.[16]

Als im Oktober 1837 Herzog Alexander, ein Vetter König Wilhelms, Prinzessin Marie, die Tochter von König Louis Philippe von Frankreich und dessen Frau Marie Amélie, heiratete, ging Wilhelm davon aus, daß die Kinder aus dieser Ehe evangelisch getauft und erzogen würden. Am 30. Juli 1838 wurde dem Ehepaar ein Sohn geboren, der nach dem Großvater den Namen Philipp erhielt. Marie war zum Zeitpunkt der Geburt des Sohnes bereits krank, sie starb am 2. Januar 1839. Auf ihren Wunsch nahmen die Großeltern Louis Philippe und Marie Amélie den von einer deutschen Pflegerin betreuten kleinen Philipp in ihre Obhut. Herzog Alexander hatte der katholischen Taufe und Erziehung des Sohnes ausdrücklich zugestimmt. Da er jedoch wußte, daß König Wilhelm auf der evangelisch-lutherischen Taufe und Erziehung der Mitglieder des Königshauses bestand, verheimlichte er in Stuttgart die römisch-katholische Konfession seines Sohnes.[17] Im Oktober 1860 ernannte König Wilhelm Herzog Philipp, nachdem er volljährig war, zum Major seiner Reiterei und verlieh ihm den württembergischen Hausorden. Inzwischen hatte der König die Zugehörigkeit des jungen Vetters zur katholischen Kirche erfahren. Bei der Audienz anläßlich der Verleihung des Hausordens sagte er dem Prinzen, wie sehr es ihn geärgert habe, daß ihm Herzog Alexander dies so lange verschwiegen habe. Er selbst sei ein protestantischer Monarch, der Chef einer protestantischen Familie und das Oberhaupt der protestantischen Kirche seines Landes, dennoch liege es ihm fern, einen Prinzen seines Hauses an der freien Religionswahl zu hindern.

Freilich, so liberal in religiösen Dingen, wie es hier scheinen mag, war Wilhelm bei Angehörigen seines Hauses keineswegs. Als ihn im November 1861 Herzog Philipp von seiner Absicht unterrichtete, um die Hand der Herzogin Sophie von Bayern anzuhalten und hierzu die königliche Genehmigung erbat, ließ der König seinen Verwandten wissen, daß er eine solche Heirat sehr begrüße, aber seine Zustimmung von der Bedingung abhängig mache, daß die Kinder aus dieser Ehe im evangelisch-lutherischen Glauben erzogen würden. Dazu war Philipp nicht bereit; doch auch König Wilhelm blieb unnachgiebig. Auf die zweite Bitte Philipps um die königliche Zustimmung, allerdings ohne die konfessionelle Klausel, begründete der Monarch seine ablehnende Haltung mit der besonderen Rücksicht, die er derzeit auf die evangelische Bevölkerungsmehrheit nehmen müsse. Diese beobachte nämlich die Verhandlungen über die Regelung der Verhältnisse der katholischen Kirche in Württemberg äußerst mißtrauisch.[18]

Der Vater Philipps, Herzog Alexander, reagierte enttäuscht und verstimmt. Er schrieb dem Sohn: »Da Du katholisch bist, kann ja Deine Verehelichung mit einer Katholikin nicht im mindesten befremden. Deine Unterredung mit dem König mag keine angenehme gewesen sein, und Du wirst wohl gesehen haben, wie eigensinnig dieser Herr ist. So trefflich er als Regent ist, so herrschsüchtig und tyrannisch ist er mit seiner Familie.« Da Philipp noch keinen direkten Kontakt zur Familie Sophies von Bayern aufgenommen hatte, und die Reaktionen der Familie auf seine indirekten Sondierungen nicht ganz seinen Erwartungen entsprachen, gab er seinen Heiratsplan auf.[19] 1865, ein Jahr nach dem Tod König Wilhelms, heiratete er Marie Therese, die Tochter des Erzherzogs Albrecht von Österreich.[20] Im Gegensatz zu der Bitte Philipps um Heiratserlaubnis genehmigte übrigens König Wilhelm im April 1862 das Gesuch des Vetters um Eintritt in das österreichische Heer umgehend und ohne jede einschränkende Bedingung.[21]

Herzog Alexander fühlte sich durch die Behandlung, die König Wilhelm ihm selbst, aber auch seinem Sohn zuteil werden ließ, verletzt. Trotzdem ließ er Wilhelm als Regenten stets Gerechtigkeit widerfahren. Als er im September 1863 von der schweren Erkrankung des Königs hörte, bezweifelte er, daß ein Regierungswechsel für Württemberg vorteilhaft sei: »Der Kronprinz mag liebenswerte Eigenschaften haben, er kann aber die humane Regierung seines Vaters keinem Tadel unterziehen, denn der König ist beliebt und das Land zufrieden.« Er selbst werde, wenn es zu einem Regierungswechsel komme, schwerlich nach Stuttgart übersiedeln, denn dorthin ziehe ihn nichts. Dann kam Alexander darauf zu sprechen, daß er seit seiner Heirat mit Marie d'Orléans im Jahr 1837 vom König viel habe »einstecken« müssen. Vor allem wegen des katholischen Glaubensbekenntnisses des Sohnes sei er bitter gekränkt worden. Deshalb habe er sich vom Hof in Stuttgart auch ganz zurückgezogen, er betrachte sich als »Exilierten«. Sein Wunsch sei, daß es dem Sohn gelingen möge, den Titel »Königliche Hoheit« zu bekommen. Auch in dieser Hinsicht habe er traurige Erfahrungen gemacht.[22]

Bei nichtebenbürtigen Angehörigen seines Hauses verhielt sich König Wilhelm großzügig. 1863 erkannte er den Kindern von Herzog Alexander (1804–1885), dem Sohn seines Onkels Ludwig, und der ungarischen Gräfin Claudine von Rhédey (1812–1841) die Titel Fürst (Herzog) und Fürstin von Teck zu. Die Anregung zu dieser Standeserhöhung ging von seinem Außenminister und Minister des Königlichen Hauses Freiherr von Hügel aus, der mit Herzog Alexander freundschaftlich verbunden war und dessen Neffe Freiherr Paul von Hügel 1863 eines dieser Kinder, Amalie Josephine Henriette, heiratete. Die Enkeltochter von Herzog Alexander, Fürstin Mary Augusta, wurde 1893 die Frau von Herzog Georg von York, seit 1910 König Georg V. von Großbritannien.[23]

König Wilhelm war auch weiterhin bestrebt, seinen Besitz und sein Vermögen zu mehren. Während er in den ersten Jahrzehnten seiner Regierung immer wieder Domänen gekauft hatte, ging er seit 1852 fast ganz davon ab. Rentabilitätsberechnungen der Hofdomänenkammer hatten eine sinkende Verzinsung des für den Gütererwerb eingesetzten Kapitals ergeben, weil Baukosten, Steuern, sowie der Verwaltungsaufwand für die Domänen die Rendite sinken ließen. Der König entschloß sich daher, lediglich noch besonders attraktive Güter zu kaufen oder durch Grundstückserwerb die Domänen zu arrondieren, die bereits im Besitz der Hofdomänenkammer waren. Auf den Rat seiner Wirtschaftsexperten verlegte er sich jetzt auf den Erwerb von Wertpapieren, die einen wesentlich höheren finanziellen Gewinn erbrachten.[24] Bei den Angehörigen seiner Familie sah er auf Sparsamkeit. War seine Frau ihren Kindern und Enkeln gegenüber finanziell zu großzügig, verlangte er darüber detailliert Rechenschaft.[25]

Der Stuttgarter Hof hatte nach der Revolution von 1848/49 einen noch bescheideneren Zuschnitt als zuvor. Den eintönigen, ja langweiligen Alltag unterbrachen vor allem im Winter Konzerte, Bälle, Soireen, Familienfeiern wie Taufen, Hochzeiten oder auch Trauerfeiern von Angehörigen des Königshauses, so 1857 die Trauerfeier für die allseits beliebte und geschätzte Herzogin Henriette, die Mutter von Königin Pauline. Zu den Höhepunkten des Hoflebens zählten die Hofbälle. So wurden zum Hofball am 16. Februar 1858 beispielsweise 250 Personen eingeladen. Einen kleineren Kreis umfaßten die Einladungen des Diplomatischen Korps. Am 26. Februar 1853 nahmen am Diner lediglich 16 Persönlichkeiten teil. Wie früher nutzte König Wilhelm häufig die Tafel, um mit Ministern, Geheimen Räten, Generalen, Diplomaten usw. Regierungsangelegenheiten, politische, militärische, wirtschaftliche und soziale Fragen zu erörtern. Deshalb wechselte der Kreis der zum Diner Geladenen häufig. Wilhelm wollte durch solche Einladungen natürlich auch seine persönliche Wertschätzung für Männer kundtun, die auf den verschiedenen Lebensgebieten Herausragendes leisteten. Ab und zu stellten sich fürstliche Herrschaften zu Besuch ein. Während des Aufenthalts dieser Herrschaften entfaltete der Hof repräsentativen Glanz. Im Oktober 1852 kamen der König und die Königin von Hannover zu Besuch, im April 1859 der König von Bayern, im Monat darauf Königin Sophie von Holland, im August 1863 ihr Mann, König Wilhelm III., sodann Kaiser Franz Joseph von Österreich sowie König Max von Bayern.[26]

König Wilhelm erfreute sich weit über das 70. Lebensjahr hinaus einer verhältnismäßig guten Gesundheit. Zu schaffen machte ihm allerdings eine zunehmende Schwerhörigkeit, die schließlich, nachdem er sich den Achtzigern näherte, zur beinahe vollständigen Taubheit führte. Bereits im August 1860 beklagte Eveline von Massenbach »die schreckliche Taubheit« des Monarchen. Auch fand sie ihn sehr gealtert.[27] Doch noch immer liebte es der greise König, seinen leichten zweisitzigen, von zwei Schimmeln gezogenen Wagen selbst zu lenken. Oft sahen ihn die Stuttgarter auf dem Fahrweg für herrschaftliche Equipagen in den königlichen Anlagen. Voraus ritt ein Bereiter, hinten auf dem Wagen saß ein Leibjäger oder ein Hoflakai. Gerne säumten die Kinder den Weg, zogen ihre Mützen und riefen »Hoch!«, wenn der König vorüberfuhr. Mit der rechten Hand winkend, grüßte er freundlich zurück.[28]

Anfang Januar 1858 befiel König Wilhelm eine heftige Grippe mit hohem Fieber und Husten. Gut vierzehn Tage mußte er das Bett hüten. Nach einem knappen Monat war die Krankheit überwunden. Allerdings hatte sie stark an den Kräften des 77jährigen gezehrt, eine körperliche Schwäche blieb zurück.[29] Im Juni 1858 unterzog sich der König einer Kur in Baden-Baden.[30] Um nicht den Unbilden des harten heimatlichen Winters ausgesetzt zu sein, verbrachte er die Zeit von Ende November 1858 bis Ende März 1859 in Nizza. Wie wohl schon früher befanden sich Amalie von Stubenrauch und sein Kabinettschef Freiherr Emil von Maucler in seiner Begleitung. Aus den Briefen, die Amalie von Stubenrauch dem befreundeten Schriftsteller Friedrich Wilhelm Hackländer schrieb, wissen wir Näheres über den viermonatigen Aufenthalt des Königs an der Riviera. Am 6. Januar 1859 berichtete sie, daß die Gesundheit »des Herrn« so gut sei wie seit Jahren nicht mehr, und sie fügte hinzu: »Der Herr ist wie eine Pflanze, welche der Luft und der Sonne bedarf.« Der Husten und die Verschleimung, unter denen der König sonst ständig leide, seien wie weggeblasen. Im Gegensatz dazu bekam Amalie das Klima in Nizza gar nicht; sie litt unter »Nervenverstimmung«. Wilhelm hatte seiner Geliebten eine Freude machen und den Karneval in Rom verbringen wollen, und Amalie hatte gehofft, bei dieser Gelegenheit dem Heiligen

Vater vorgestellt zu werden – in ihren Augen »das größte Ereignis für eine Katholikin« – doch dann hatte der König aus gesundheitlichen Gründen von einer solchen Reise abgesehen. Amalie hatte schweren Herzens diese Entscheidung akzeptiert, weil sie alles für die Erhaltung des »teuren Lebens« ihres »Herrn« tun wollte.[31]

Eine Nachricht vom 20. Januar 1859 bestätigt, daß es dem König weiterhin gutgehe. Gefreut hatte ihn der Besuch seines Neffen, des Prinzen Napoleon, der ihm seine beabsichtigte Heirat anzeigte. Herzlich dankte der König seinem elfjährigen Enkel Wilhelm, dem späteren König Wilhelm II., für dessen französischen Brief. Er lobte seine Fortschritte in der französischen Sprache und belehrte ihn, wie wichtig die Beherrschung dieser Weltsprache sei. Der Brief des königlichen Großvaters ist freundlich, doch sehr förmlich, ein Beweis dafür, wie schwer es dem alten Mann fiel, den elfjährigen Enkel anzusprechen.[32] Bei seiner Rückkehr nach Stuttgart begrüßten die Bürger den Landesherrn – wie es Amalie gewünscht hatte – mit einem Fackelzug, beim ersten Theaterbesuch mit Ovationen.[33]

Während eines Italienaufenthalts – möglicherweise war es 1858/59 – geriet König Wilhelm bei einem Schiffsausflug in Lebensgefahr. Er meisterte aber, wie berichtet wird, die bedrohliche Situation auf See mit Mut und Kaltblütigkeit.[34] Im Sommer 1859 und im Jahr darauf wählte der König Baden-Baden für einen mehrwöchigen Kuraufenthalt. 1862 reiste er nach Wildbad[35]. Da ihn neben einigen seiner Hofbediensteten stets sein Kabinettschef, einige andere Ratgeber und wohl auch Amalie von Stubenrauch begleiteten, waren solche Kuraufenthalte sehr aufwendig. So kosteten zwei Monate Baden-Baden 1860 die stattliche Summe von 15 337 fl 13 kr, Wildbad 1862 den Betrag von 10756 fl 50 kr.[36]

Am 27. September 1861 feierte König Wilhelm seinen 80. Geburtstag. Zur Gratulation erschienen sein Enkel, der Prinz von Oranien, der Stiefsohn Prinz Peter von Oldenburg sowie Herzog Philipp von Württemberg. Im Hoftheater wurde in der Galavorstellung »Faust« gegeben. Zum anschließenden großen Diner versammelte sich die königliche Familie im Weißen Saal des Residenzschlosses.[37]

Der Gesundheitszustand des greisen Monarchen gab im Herbst zu wachsender Besorgnis Anlaß. Schwindelanfälle häuften sich. Ende Oktober rechnete der Leibarzt Dr. Ludwig mit einer »baldigen Krisis«. An der Krönung von König Wilhelm I. von Preußen in Königsberg am 18. Oktober 1861 nahm anstelle seines Vaters Kronprinz Karl teil.[38] Im Februar 1862 überfiel den König ein Lungenkatarrh, den er erstaunlich rasch überwand, so daß er im August eine achttägige Reise nach Den Haag zur Tochter Sophie unternahm.[39] Zur Feier seines 81. Geburtstags reisten 1862 Königin Sophie der Niederlande und deren Sohn an.[40] Beinahe fünf Monate, von Mitte November 1862 bis Anfang April 1863, hielt sich der König im Weltbad Nizza auf. Amalie von Stubenrauch berichtete nach Stuttgart, »der gute Herr« sitze einsam am Meer. Er sei »nicht so wohl und kräftig«, um sich täglich zu Pferd zu zeigen, »vegetiere er doch seiner Gewohnheit nach«[41]. Amalie meinte damit wohl, der beinahe taube Greis lebe weithin ohne menschlichen Kontakt – den mit seiner nächsten Umgebung ausgenommen – vor sich hin. Bei seiner Heimkehr von diesem, seinem letzten Kuraufenthalt in Nizza, wurde König Wilhelm von den Stuttgartern aufs festlichste begrüßt.[42]

Bereits im Mai suchte ihn ein ungewöhnlich starker Husten heim, der glücklicherweise rasch abklang.[43] Am 13. Mai 1863 schrieb Amalie: »Ich finde den armen Herrn heute weniger gut als gestern … Gott lasse bald eine Besserung eintreten, sonst schwinden die Kräfte mehr und mehr.«[44] Am 31. Mai dankte sie Friedrich Wilhelm Hackländer, seit 1859 Chef (seit Januar 1860 Direktor) der Bau- und Gartendirektion[45], daß er ihr einen Rollstuhl besorgt habe. Sie bat, er möge veranlassen, daß der Stuhl spätestens bis zum nächsten Vormittag in ihrem Hause sei. Leider werde ihn »der arme Herr« nicht so rasch benutzen können. Der König habe eine schlechte Nacht gehabt und sei recht schwach. Einige Tage später hatte sich der Zustand des Monarchen gebessert. Den Rollstuhl hatte Amalie in die Wilhelma geschickt, wo Wilhelm ihn auch sofort benutzte. In einem undatierten Brief, der möglicherweise einige Zeit früher geschrieben wurde, vielleicht während eines Kuraufenthalts in Baden-Baden, klagte Amalie: »Der Herr ist leidlich wohl, jedoch sehr herabgestimmt, da … der Körper nicht mehr gleichen Schritt mit dem Geiste hält.« Mit der ungewohnten Kost, dem schlechten Wetter, das einen meist ins Zimmer bannte, war Amalie sehr unzufrieden. Beim Mangel an Gesprächspartnern, stellte sie fest, »gingen ihre Sprechwerkzeuge zugrunde«.[46]

Im September 1863 kam es nach einer besorgniserregenden Verschlimmerung der altersbedingten Leiden des Königs zu einer vorübergehenden Besserung. Doch waren auch weiterhin Schwindelanfälle häufig. Im Februar 1864 verschlechterte sich der Zustand des Monarchen erneut: Brustbeklemmung, Atemnot, ein schwacher Puls machten dem 82jährigen schwer zu schaffen. Zudem war ein rascher Kräfteverfall zu beobachten. Wilhelm sah sich gezwungen, mit der Erledigung der bislang von ihm wahrgenommenen Staatsgeschäfte das Ministerkollegium unter Vorsitz des Kronprinzen zu beauftragen. Doch behielt er sich bei einzelnen besonders wichtigen Angelegenheiten die Entscheidung vor. Im Mai besserte sich sein Befinden. Die Ärzte versprachen sich eine günstige Wirkung von der wärmeren Witterung. Mit einem baldigen Tod des Königs rechnete trotz seines geschwächten Zustands niemand.[47]

Ein schwieriger Regent

Der Regierung des alternden Königs haftete eine gewisse Schwerfälligkeit und Bedächtigkeit an. Sich auf den in früheren Jahren geschaffenen und erprobten Staatsapparat stützend, tat sie sich bei der Übernahme neuer Aufgaben schwer.[48] König Wilhelm selbst war leicht reizbar und auch im Umgang mit seinen nächsten Ratgebern schwierig. Seine selbstherrlich-autokratischen Neigungen verstärkten sich. Widerspruch ertrug er nur schwer. Seine Minister mußten, wenn sie ihm Vorschläge für Neuerungen oder Veränderungen unterbreiten wollten oder wenn sie ihm unangenehme Wahrheiten zu sagen hatten, einen günstigen Augenblick abwarten.[49] Auf rechtlichem Gebiet, doch auch in anderen Bereichen, restaurierte er in seinen Augen Bewährtes, das durch die Revolution abgeschafft worden war. Am 10. April 1852 verfügte er die Wiedereinführung der Prügelstrafe. Er begründete dies mit der dringenden Notwendigkeit, die körperliche Züchtigung gegen »verdorbene Subjekte« anzuwenden. Im wirklichen Leben könne man mit »unpraktischen Humanitätstheorien« nichts anfangen.[50] Ein hartes Durchgreifen gegen solche »Subjekte« sollte auch das am 2. Mai 1852 erlassene Gesetz über die Errichtung einer polizeilichen Beschäftigungsanstalt für Männer in Vaihingen an der Enz und einer solchen für Frauen in Rottenburg am Neckar ermöglichen. In diese Zwangsanstalten sollten Arbeitsscheue, wegen gewerbsmäßiger Unzucht bestrafte Mädchen und Frauen, allerdings auch entlassene Strafgefangene, sofern diese es wünschten, sowie Ausländer bis zur Abschiebung eingewiesen werden.[51] Auch die Todesstrafe wurde 1853 durch Gesetz wieder eingeführt. Sie stand auf Hochverrat, wenn dieser einen Angriff auf die Person des Königs oder des Reichsverwesers einschloß, auf einer mit Vorbedacht zugefügten Mißhandlung des Königs oder Reichsverwesers sowie auf Mord. Die Hinrichtung eines rechtskräftig zum Tod Verurteilten hatte durch Enthaupten in einem geschlossenen Hofraum zu erfolgen.[52]

Leitender Minister während der letzten 14 Regierungsjahre von König Wilhelm war Freiherr Joseph von Linden. Neben dem Innenministerium, dessen Chef er in dieser ganzen Zeit war, verwaltete er von 1850 bis 1851 und von 1854 bis 1855 das Ministerium der Auswärtigen Angelegenheiten. Er war kein serviler Charakter, freilich betont konservativ, ja reaktionär. Wenn er sich das Vertrauen des Königs bewahren konnte, dann deshalb, weil er dessen politische Ansichten aus Überzeugung teilte und weil er schnell mit der empfindlichen Psyche des Monarchen umzugehen lernte.[53] Der nationalliberale Politiker Julius Hölder nannte das Ministerium Linden 1858 ein »Rückwärtsministerium reinsten Wassers«. Dieses harte Urteil trifft natürlich im Vergleich mit dem Märzministerium Römer zu, ist aber nur zum Teil für die ausgehenden fünfziger und die beginnenden sechziger Jahre berechtigt. In jenen Jahren verlor die Politik des Ministeriums Linden an reaktionärer Schärfe und dies vor allem deshalb, weil sich König Wilhelm jetzt unter dem Eindruck der sich wandelnden politischen Situation auf Bundesebene liberaler gab und seinem Ministerium mehr Freiheit ließ. Übrigens prallten jetzt wie auch schon früher alle Mißtrauensanträge der Zweiten Kammer an Linden ab. Gegen den starken Rückhalt, den er beim König besaß, war wenig auszurichten.[54]

Nach den demütigenden Erfahrungen, die er während der Revolution 1848/49 gemacht hatte, als nicht mehr er, sondern das parlamentarische Ministerium maßgeblich den Kurs der Landespolitik bestimmte, behielt König Wilhelm in den fünfziger Jahren die Zügel der Regierung fest in der Hand. Die Minister hatten sein politisches Konzept zu realisieren, seine Anordnungen auszuführen, aber sie sollten möglichst wenig Eigeninitiative entwickeln. Er schätzte deshalb besonders Männer, die umfassende Sachkenntnis und ein hervorragendes Organisationstalent besaßen, gleichzeitig aber gefügig waren und kein eigenes politisches

Profil gewinnen wollten. Es nimmt deshalb nicht wunder, wenn die meisten Minister seiner letzten anderthalb Lebensjahrzehnte relativ farblos blieben.[55] Als 1860 der österreichische Außenminister Graf Rechberg dem württembergischen Gesandten in Wien gegenüber es als Verdienst von Außenminister Hügel bezeichnete, daß die Beziehungen zwischen Wien und Stuttgart so freundschaftlich seien, schickte Hügel den Bericht an den Gesandten mit der Bemerkung zurück, er halte es nicht für ratsam, dieses Schreiben dem König vorzulegen, weil »Höchstderen Empfindlichkeit über alles, was entfernt der Idee, daß Er nicht alles und ausschließlich selbst zustande gebracht, Ihnen wohl hinreichend bekannt sein dürfte«[56].

Einer der wenigen Minister, die wider den Stachel löckten, war Freiherr Konstantin Franz Justus von Neurath, der von 1851 bis 1854 das Ressort der Auswärtigen Angelegenheiten leitete. Neurath, eine charaktervolle Persönlichkeit mit Stehvermögen, die auch ihrem Landesherrn gegenüber unerschrocken auf ihrem Standpunkt beharrte, befürwortete während des Krimkriegs im Gegensatz zu König Wilhelm den Beitritt Württembergs zum Allianzvertrag von Österreich und Preußen. Nachdem ihm der König zunächst schriftlich seine Haltung erläutert hatte, fuhr er ihn in einem Handschreiben am 9. Juli 1854 hart an: »Übrigens ist Mir in höchstem Grade aufgefallen, daß... Sie Mir Ihre Meinung vorschreiben wollen.« Erbost war der Monarch insbesondere darüber, daß sich Neurath über eine Erklärung, die König Wilhelm ohne Wissen des Ministers am 5. Juli im »Staatsanzeiger« veröffentlichen ließ, kritisch geäußert und eine Berichtigung verlangt hatte. Als Regent, so ließ er seinen Außenminister wissen, könne er, ohne jemand zu fragen, Artikel in den »Staatsanzeiger« einrücken lassen, ein Minister hingegen nur mit seiner Einwilligung. Wäre es anders, bewiese dies, daß er von seinen Ministern bevormundet würde. Wenn er, Neurath, von fremden Gesandten auf den Artikel angesprochen werde, so sei die beste Antwort, die er darauf geben könne, die, »daß es in Württemberg etwas Höheres gibt als Minister« und daß der Artikel auf besonderen königlichen Befehl im »Staatsanzeiger« publiziert worden sei. Freiherr von Neurath wußte, was er zu tun hatte. Er forderte und erhielt seine Entlassung aus dem Ministeramt.[57]

Justizminister von Plessen und Kultminister von Wächter-Spittler schlossen sich ihm an. Dies hatte es in Württemberg noch nicht gegeben: Drei Minister weigerten sich, sich dem Diktat des Königs zu beugen. In einer mutigen Erklärung vom 12. Juli 1854 begründete Wächter-Spittler seine Entscheidung damit, daß es der König abgelehnt habe, die Forderung des Außenministers zu erfüllen, eine Berichtigung des im »Staatsanzeiger« veröffentlichten politisch bedenklichen Artikels zu publizieren, und daß bei diesem Anlaß unmißverständlich der Grundsatz ausgesprochen worden sei, dergleichen aus dem königlichen Kabinett ausgehende öffentliche Kundgebungen stünden »außer dem Bereiche jeder Einwendung von seiten der beteiligten Minister«. Empörend fand Wächter-Spittler vor allem, daß der König den Anspruch der zuständigen Minister, sie vor einer Veröffentlichung vom Inhalt solcher »Kundgebungen« zu unterrichten, strikt verneint hatte. Sein Resümee: »Mit dem Bestehen dieses Grundsatzes ist die Führung des Amtes eines verantwortlichen Ministers geradezu unvereinbar und eine gedeihliche Wirksamkeit in solchem Amte unmöglich.«[58]

Karl Eugen von Hügel (1805–1870).

Der Rücktritt Neuraths erregte großes Aufsehen. Der österreichische Außenminister Graf Buol-Schauenstein bedauerte das Ausscheiden seines württembergischen Kollegen aus »dem so ehrenvoll geführten Amt« und übermittelte diesem für sein »Wirken« Dank und Anerkennung. Ebenso gab der Großherzog von Hessen in einem Schreiben seinem Bedauern über den Rücktritt Neuraths Ausdruck, und der leitende hessische Minister Dalwigk ergänzte: »Möchte Seine Majestät der König von Württemberg nicht zu spät bereuen, der Stimme eines Mannes von Ihrem Werte kein volles Gehör geschenkt zu haben.«[59]

König Wilhelm betrachtete seit Beginn seiner Regierung die Außenpolitik als seine ureigenste Domäne. Hier konnte er keinen Minister brauchen, der eigene Ideen hatte, eigene Vorstellungen zu verwirklichen suchte. Nach dem Sturz Neuraths übertrug er deshalb interimistisch die Leitung des Außenministeriums dem gefügigeren, für die Innenpolitik zuständigen Freiherrn von Linden, um dann 1855 den versierten Diplomaten Freiherr Karl

Eugen von Hügel, zuvor württembergischer Gesandter in Wien, damit zu betrauen. Hügel kannte seinen König. Er sah seine Hauptaufgabe darin, den impulsiven Monarchen von unbedachten, mitunter riskanten oder gar falschen Entscheidungen abzubringen und dafür zu sorgen, daß die württembergische Außenpolitik berechenbar blieb. Dank seines Einfühlungsvermögens in die Psyche des eigenwilligen und zunehmend mißtrauischer werdenden alten Herrn gelang ihm dies. In den letzten Lebensjahren Wilhelms kam es allerdings zu Spannungen. Hügel vertrat in wichtigen außenpolitischen Fragen eine von der seines Königs abweichende Position. Auch warf ihm dieser vor, er gebe dem »verhaßten Geschwätz der Volksversammlungen« zu viel nach.[60]

Um zu demonstrieren, daß er nach wie vor die Zügel der Regierung seines Landes fest in Händen hielt, leitete König Wilhelm, wenn er in Stuttgart anwesend war, die Sitzungen des Geheimen Rats gewöhnlich selbst. Hier im vertrauten Kreis der engsten Ratgeber des Monarchen konnten die Mitglieder ein freieres Wort wagen, ein abweichendes Votum einbringen. Es spricht für König Wilhelm, daß er den unbequemen Freiherrn von Neurath nach der Entlassung aus dem Ministeramt nicht »in die Wüste schickte«, sondern daß er ihn, auf seinen Rat, sein kritisches Urteil Wert legend, gewissermaßen noch »beförderte«. Er ernannte ihn zum Präsidenten des Geheimen Rats, und in dieser Stellung blieb der charaktervolle, hochbefähigte Mann über den Tod seines Königs hinaus bis zum Jahr 1867.[61] Mit zunehmendem Alter vermochte sich König Wilhelm immer weniger an neue Gesichter zu gewöhnen. Er hielt deshalb selbst an Ministern und anderen Ratgebern fest, deren Ablösung durchaus angezeigt gewesen wäre. So beließ er auch den seiner Aufgabe nicht mehr gewachsenen Bundestagsgesandten von Reinhard auf seinem Posten.[62]

Trotz der vielen emphatischen Ergebenheits- und Treuebekundungen von Untertanen[63], hatte der Monarch mit seinem reaktionären politischen Kurs auch Feinde. Zu öffentlichen Mißfallensäußerungen kam es jedoch nicht. Auch blieb eine schriftliche Morddrohung glücklicherweise nur auf dem Papier.[64] Noch immer rechneten die Regierungen der deutschen Staaten mit gewaltsamen Unruhen, angezettelt durch extrem revolutionäre Gruppen. Auf entsprechende Nachrichten in der ersten Hälfte der fünfziger Jahre reagierte die württembergische Regierung relativ gelassen.[65] 1858 ordnete König Wilhelm eine umfassende

Polizeifahndung nach dem angeblich von England über Deutschland nach Italien reisenden Revolutionär Giuseppe Mazzini an, da vermutet wurde, daß Mazzini seinen Reiseweg durch Württemberg nahm. Kabinettschef Freiherr von Maucler ließ Innenminister Linden, in dessen Zuständigkeit Polizeiangelegenheiten fielen, wissen, der König lege Wert auf größte Diskretion. Er habe veranlaßt, ein Foto von Mazzini zu ermitteln und Abzüge sämtlichen mit der Fahndung befaßten Stellen, besonders den Polizeidienststellen, zuzuleiten. Dies war wohl das erste Mal, daß in Württemberg bei einer Polizeiaktion von der fotografischen Technik Gebrauch gemacht wurde. Die Fahndung blieb allerdings erfolglos. Nach dem Orsini-Attentat auf Kaiser Napoleon III. im Januar 1858 befürchtete man auch in Deutschland den Ausbruch einer gesamteuropäischen Revolution.[66] Damit hing vermutlich auch zusammen, wenn damals in Württemberg von bisher im Land unbekannten Widerstandsaktivitäten gegen den monarchischen Staat gesprochen wurde.[67] Anfang der sechziger Jahre ebbte die Revolutionsfurcht ab. 1863 amnestierte König Wilhelm Ludwig Pfau, Karl Mayer und Julius Haußmann sowie andere führende demokratische Politiker, die nach dem Scheitern der Revolution 1848/49, zum Teil in Abwesenheit, zu hohen Freiheitsstrafen verurteilt worden waren. Soweit die Amnestierten seither im Ausland im Exil gelebt hatten, kehrten sie nach Württemberg zurück.[68]

König Wilhelm hat in den fünfziger Jahren kein positives Verhältnis mehr zu den Ständen gefunden. Er bekundete ihnen gegenüber Desinteresse und Mißachtung und überließ es seinem parlamentarisch erfahrenen, auf dem Boden des konstitutionellen Staates stehenden Innenminister Linden, sich mit ihnen auseinanderzusetzen. So ließ er sich gewöhnlich bei Landtagseröffnungen durch Linden vertreten.[69] Seinen Zorn erregte zweifellos die auf Antrag von August Ludwig Reyscher von der Kammer der Abgeordneten 1851 beschlossene Streichung der Mittel für das Königliche Kabinett. Reyscher hatte seinen Antrag damit begründet, daß das Kabinett teils die Privatkanzlei des Staatsoberhaupts, teils die Mittelstelle zwischen diesem und den Ministern sei. Als Privatkanzlei, so hatte Reyscher argumentiert, habe die Staatskasse zu dem vom Königlichen Kabinett verursachten Aufwand nichts beizutragen, als Mittelstelle zwischen Monarch und Ministern aber sei es mit der »Idee einer konstitutionellen Regierung«

unvereinbar. Der König verzichtete, wie zu erwarten gewesen war, nicht auf sein Kabinett, dessen Chef damals Freiherr Emil von Maucler, der Sohn seines bis zur Revolution einflußreichen Jugendfreundes Eugen von Maucler, war. Wilhelm finanzierte das königliche Kabinett fortan aus Mitteln der Krone.[70] Ähnlich begegnete der Monarch den Versuchen der Kammeropposition, den Etat für die württembergischen Gesandtschaften zu vermindern oder notwendige finanzielle Mehranforderungen, etwa Gehaltserhöhungen für Gesandte, zu verweigern. Er zahlte die Differenzbeträge teils aus seinen privaten Mitteln, teils aus dem Vermögen seines Hauses.[71]

In der Kammer der Abgeordneten zwang die reaktionäre Regierungspolitik die Demokraten nicht nur zur Aufgabe ihrer doktrinären Starrheit, sondern auch zum Zusammengehen mit den lange erbittert bekämpften Konstitutionell-Liberalen.[72] Die gemeinsame politische Frontstellung, die sich seit der Mitte der fünfziger Jahre vor allem gegen die preußischen Hegemoniebestrebungen in Deutschland richtete, hatte 1861 – übrigens nach preußischem Vorbild – die Vereinigung der beiden Gruppierungen zur »Fortschrittspartei« zur Folge. Dieser Zusammenschluß entsprach jedoch noch nicht der Bildung einer politischen Partei im heutigen Sinn. Die »Fortschrittspartei« entwickelte zwar ein Aktionsprogramm für die bevorstehende Landtagswahl, ein eigentliches Parteiprogramm besaß sie aber nicht, konnte sie auch nicht besitzen, denn in der damals brennendsten politischen Frage, der deutschen Frage, vertraten ihre Anhänger höchst unterschiedliche Standpunkte. Ähnlich wie in der Zeit des Vormärz handelte es sich bei der »Fortschrittspartei« um eine linksorientierte freiheitliche Sammlungsbewegung, die sich gegen die »konservative Partei«, die Partei der Regierung, richtete.[73]

Sehr verärgert reagierte König Wilhelm auf die ersten Versuche zur Bildung politischer Parteien in Deutschland. Namentlich der 1859 gegründete »Nationalverein«, der eine Einigung Deutschlands unter preußischer Führung ohne Österreich propagierte, erregte seinen Unwillen. Am 10. Dezember 1859 schrieb er im »Staatsanzeiger«: »Mögen die ehrgeizigen, aufrührerischen Parteien in Deutschland, die unser gemeinsames Vaterland in Unruhe zu setzen suchen, ein Beispiel erkennen, daß das gegenseitige Band der Treue und des Vertrauens zwischen Regenten und Untertanen auf festen Grundlagen beruht und Geschichte und Erfahrung den aufgestellten hohlen Theorien widersprechen.« Doch beließen es Monarch und Regierung bei verbalen Drohungen und Ermahnungen. Von reaktionären Repressionsmaßnahmen sahen sie ab.[74]

Zu einer harten Konfrontation zwischen Regierung und Kammer der Abgeordneten kam es 1855. Die Kammer lehnte die Beratung einer Gemeindeordnung ab, durch die eine staatliche Bestätigung der Gemeinderäte eingeführt, dem Staat, der Hofdomänenkammer und den Körperschaften Wahlrecht, ja Sitz und Stimme im Gemeinderat gewährt werden sollte. Sie strich die geforderten Gehaltserhöhungen für Gesandte und Minister, setzte die Präsenzzeit der Soldaten herab und nahm ein Gesetz über den befreiten Gerichtsstand nur mit Einschränkungen an. Sie leistete gegen die Nachtragsentschädigung des Adels für die 1848/49 abgelösten Feudallasten zähen Widerstand. Andererseits erkannte sie aber das vom Innenminister bestrittene Recht der Gemeinderäte zu Eingaben an die Kammer an. Schließlich forderte sie mit großer Mehrheit die Neugestaltung der öffentlichen Verhältnisse Deutschlands im Sinne der Einheit und der aktiven Beteiligung des Volkes an politischen Entscheidungen auf gesamtdeutscher Ebene. Minister Linden, der seine politische Aktivität gefährdet sah, setzte bei dem schwer verärgerten König die Auflösung des Landtags durch. Er hoffte, mit diesem »Kraftakt« den Widerstand der Kammer durch die Entfernung (d.h. die Nicht-Wiederwahl) der aus Grundsatz opponierenden Abgeordneten brechen zu können.[75] Allein, trotz Zeitungsbeschlagnahmungen und anderer die Wahl im Sinne der Regierung beeinflussenden Maßnahmen sowie trotz Urlaubsverweigerungen für oppositionelle Abgeordnete, die sich im Staatsdienst befanden, war die neue Kammer um keinen Deut gefügiger. Die recht lebhafte Wahlagitation selbst war in der Presse als »erfrischende Arznei« empfunden worden. Linden blieb in der Schußlinie der Kammeropposition. Freilich scheiterten alle Mißtrauensanträge und -voten gegen ihn, weil König Wilhelm in ihm seine Politik am entschiedensten vertreten sah.[76]

Nach 1850 wandte sich das Bürgertum unter dem Eindruck der reaktionären Politik in Land und Bund enttäuscht von politischen Zielsetzungen ab, sein politischer Reformwille erschlaffte. Priorität räumte man jetzt der Verbesserung der wirtschaftlichen Verhältnisse ein. Auch im Landtag und in der Presse wurde nunmehr ein starkes Gewicht auf die Lösung wirtschaftlicher Probleme gelegt. In der Öffentlichkeit verloren die Exponenten des Liberalismus und der Demokratie erheblich an Resonanz.[77] In der Zeit des Vormärz hatten Staatshaushalt und Steuerlast weitgehend konstant gehalten, die Ertrags- und Einkommensteuer sogar gesenkt werden können. Dies änderte sich durch die Mißernten der Jahre 1846 und 1847 sowie die Wirtschaftskrise der beginnenden fünfziger Jahre. Der Haushalt wurde defizitär, weil die Erträge der Kammergüter rapide sanken und die Steuereinnahmen dies nicht auszugleichen vermochten. Gleichzeitig erhöhte die Regierung bewußt das Haushaltsvolumen; sie betrieb damit nach unserem heutigen Sprachgebrauch eine antizyklische Wirtschaftspolitik, die für das Königreich im Frühstadium der Industrialisierung mittelfristig von Vorteil war.[78]

Gegen Ende der fünfziger Jahre erlangte die lange verdrängte Deutsche Frage im Stuttgarter Landtag wieder eine zentrale Bedeutung. Die Opposition war sich darüber klar, daß ohne eine Lösung dieser Frage auch im Land keine politischen Fortschritte zu erwarten waren. Am 4. August 1858 erinnerte die Kammer der Abgeordneten die Regierung an ihre vor sieben Jahren bei der Wiederherstellung des Deutschen Bundes gegebene Zusage, auf die Schaffung einer Volksvertretung beim Bund hinzuwirken. Im Jahr darauf wiederholte sie ihre Forderung nach Bundesreform und Nationalvertretung.[79] Einen ersten Erfolg bei ihrem Kampf um die Erweiterung der Grundrechte erzielten die Stände mit dem Verfassungsänderungsgesetz vom 31. Dezember 1861. Dieses Gesetz bestimmte: »Die staatsbürgerlichen Rechte sind unabhängig von dem religiösen Bekenntnisse«. Damit waren jedem Württemberger und nicht bloß den Angehörigen der drei großen christlichen Konfessionen (evangelisch-lutherische, reformierte und römisch-katholische Konfession) die uneingeschränkten staatsbürgerlichen Rechte zuerkannt.[80]

Außenpolitischer Kurs des Monarchen

Als »homo politicus« hatte König Wilhelm stets die gesamteuropäische politische Szene im Auge. Mit seismographischer Empfindlichkeit registrierte er kleinere oder größere Erschütterungen, die das Machtgleichgewicht störten. Beeindruckt zeigte sich Vladimir Pawlowitsch Titow, ein sehr gebildeter Diplomat und in Stuttgart äußerst beliebt, der von 1854 bis 1856 und von

1858 bis 1865 als russischer Gesandter am württembergischen Hof akkreditiert war, von den Audienzen, die der König den Gesandten befreundeter Staaten gewährte. Diesen Empfängen gab der Monarch meist den Charakter einer »tour d'horizon« durch die gesamte europäische Politik.[81] Sein Hauptanliegen war, bewaffnete Konflikte, gleichgültig ob nun Württemberg direkt von ihnen betroffen war oder nicht, tunlichst zu vermeiden. Der Krieg bedeutete für ihn ohne Frage eine Art Bankrotterklärung der Politik. Von gekrönten wie von ungekrönten Staatsmännern und damit auch von sich verlangte er, bei widerstreitenden Interessen Wege des friedlichen Ausgleichs zu finden und nur im äußersten Notfall die Waffen sprechen zu lassen. Dabei war er alles andere als ein Pazifist, aber er besaß ein realistisches Bild vom Krieg: Tod von unzähligen Menschen, Not und Elend, Zerstörung des Volkswohlstands.

Die Sorge um die politische Zukunft Deutschlands veranlaßte ihn immer wieder zur Niederschrift seiner Grundthesen, die im wesentlichen stets die gleichen waren. Vom Januar 1853 ist eine solche Denkschrift überliefert.[82] In ihr geht der Monarch auf die Geschichte Deutschlands seit dem Wiener Kongreß ein. Seine Schlußfolgerung: Der derzeitige Zustand Deutschlands ist trostlos. Dieser läßt sich nicht dadurch überwinden, daß man Österreich, Preußen und das ganze übrige Deutschland zu einem Reich vereinigt. Eine solche Vereinigung ist, vom europäischen wie vom deutschen Standpunkt aus betrachtet, unmöglich. Die Aufteilung Deutschlands in ein österreichisches Süddeutschland und ein preußisches Norddeutschland ist gleichfalls unmöglich. Eine solche Aufteilung würde zu einem ewigen Bürgerkrieg führen, und hätte wahrscheinlich für ganz Europa die gefährlichsten Folgen. Als einzige sinnvolle Lösung, die die Zukunft Deutschlands sichert und dadurch Europa Frieden und Ruhe verschafft, bietet sich an:

»a) Konzentrierung Preußens mit den anstoßenden deutschen Provinzen und seine Trennung von den Rheinprovinzen;

b) Konzentrierung der übrigen vier Königreiche mit den neben ihnen liegenden Ländern;

c) Aufhebung aller übrigen kleineren Staaten und freien Städte;

d) Immerwährende Allianz zwischen Österreich, Preußen, den vier deutschen Königreichen, Holland und Dänemark.«

König Wilhelm war in seiner Politik konsequent. Wenn er

immer wieder Geheimagenten beschäftigte, verdeckte Wege ging und sich unüblicher, oft recht anfechtbarer Methoden bediente, so änderte dies hieran nichts. Übrigens pflegte er bei öffentlichen Auftritten, etwa bei Audienzen, Bällen oder Hofveranstaltungen, seine politischen Ansichten offen darzulegen. Die Politik, die er betrieb, entsprach stets seiner Überzeugung und Einsicht. Fremden Einflüssen oder gar Einflüsterungen gegenüber war er im Gegensatz zu seinem bayerischen Standesgenossen, König Max II., unzugänglich. Auch war er Realpolitiker. Er kannte und beachtete die Grenzen des Möglichen. Mit fortschreitendem Alter mischten allerdings bei seinem politischen Handeln Skepsis und Mißtrauen mit, Entscheidungen fielen ihm jetzt schwerer. Bitter empfand er stets, daß er als Regent eines kleinen Landes keine gewichtige Stimme in der Politik Deutschlands und Europas besaß. Seine ungewöhnliche politische Begabung und seine jahrzehntelangen Erfahrungen im politischen Geschäft machten ihn dennoch zu einer staatsmännischen Autorität, zum begehrten Ratgeber. Selbst dem Papst war sein Urteil wichtig.[83] König Friedrich Wilhelm IV. von Preußen rühmte das auf einer klaren Grundanschauung basierende, zielgerichtete politische Handeln Wilhelms.[84] Umgekehrt konnte der württembergische König dem auf dem Feld der Politik dilettierenden preußischen Vetter freilich kein entsprechendes Lob zurückgeben.

Strikte Neutralität während des Krimkriegs

1853 kam es, ausgehend vom Schutz der Heiligen Stätten in Palästina, zu starken Spannungen zwischen Rußland und dem Türkischen, dem Osmanischen Reich. Rußland suchte die Schwäche der Türkei zu nutzen, um sich auf dem nördlichen Balkan eine feste Machtbasis zu schaffen. Es besetzte die Donaufürstentümer und entfesselte dadurch den Krieg. Doch die Türkei stand nicht allein. England und Frankreich, die keinesfalls eine Expansion Rußlands in Richtung Mittelmeer hinnehmen wollten, leisteten ihm politischen und, nachdem Rußland die Räumung der Donaufürstentümer abgelehnt hatte, seit Frühjahr 1854 auch militärischen Beistand. Rußland erwartete nun, daß Österreich und Preußen auf seine Seite treten würden. Doch Preußen beharrte trotz der leidenschaftlichen Parteinahme der ultra-konservativen Kreise für das Zarenreich auf der Neutralität, und Österreich, das die Besetzung der Donaufürstentümer durch russische Truppen tief beunruhigte und eigene Interessen tangiert sah, näherte sich den Westmächten. Im Dezember 1854 schloß es mit England und Frankreich sogar einen Allianzvertrag. In ihm wurde festgelegt: »Europäische Garantie der staatsrechtlichen Stellung der Donaufürstentümer an Stelle des russischen Protektorats, freie Schiffahrt in den Donaumündungen, Beschränkung der russischen Macht im Schwarzen Meer, Verbesserung der Stellung der Christen im Türkischen Reich ohne Beeinträchtigung der Souveränität des Sultans«. Zu einer aktiven Beteiligung am Krieg gegen das Zarenreich fand sich Österreich trotz massiver militärischer Drohgebärden jedoch nicht bereit. Dagegen trat das von Österreich stets bedrohte Piemont nicht nur dem Bündnis der Westmächte bei, sondern leistete auch einen ansehnlichen militärischen Beitrag. Nach heftigen, ungemein blutigen Kämpfen, besonders während der fast einjährigen Belagerung von Sewastopol auf der Krim, schloß Rußland am 30. März 1856 in Paris mit seinen Kriegsgegnern Frieden, wobei es im wesentlichen die im Allianzvertrag der Westmächte mit Österreich formulierten Bedingungen akzeptieren mußte.[85]

König Wilhelm sah keinen Anlaß für eine Beteiligung der deutschen Staaten am Krieg der Türkei und der Westmächte gegen Rußland. Ihre Interessen waren von diesem militärischen Konflikt nicht betroffen. Dabei gehörten seine Sympathien Rußland, schon wegen seiner engen verwandtschaftlichen Beziehungen zum Zarenhaus.[86] Am 21. Juli 1853 schrieb er dem württembergischen Gesandten in Wien, Freiherrn von Hügel, Deutschland gingen diese orientalischen Angelegenheiten nichts an, und Österreich sollte »aus Gründen der Dankbarkeit und der Politik durchaus neutral bleiben«[87]. Mit dem Hinweis auf die Dankbarkeit, die Österreich Rußland schulde, wollte er an die militärische Hilfe erinnern, die das Zarenreich Österreich 1849 bei der Niederwerfung des Aufstands in Ungarn geleistet hatte.

Im Oktober 1853 kam Prinzregent Friedrich von Baden, der nachmalige Großherzog Friedrich I., nach Stuttgart.[88] Bei den Gesprächen zwischen den beiden Fürsten dürfte die orientalische Krise eine Rolle gespielt haben. Zur gleichen Zeit reiste auch Prinz Napoleon (Plonplon), nach Stuttgart.[89] Er hatte mit Sicherheit eine beruhigende Botschaft Kaiser Napoleons III. für den »cher oncle« im Reisegepäck. Wilhelm mißtraute dem neuen Kaiser der Franzosen. Er fürchtete, Napoleon plane eine Annexion der linksrheinischen Gebiete, und werde zuvor die Länder, die er dem französischen Machtbereich einverleiben wolle, mit revolutionären Mitteln unterwühlen, zumal ihm die europäische Ordnung und die monarchische Legitimität nichts bedeuteten. Schon im Mai 1852 hatte König Wilhelm dem österreichischen Außenminister gegenüber geäußert: »Die wahre Zeitgefahr liegt heute für uns alle im Westen.«[90] Nicht im Widerspruch dazu stand, wenn er glaubte, daß das Kaisertum Napoleons über keine feste Basis verfüge, und wenn er die Gefahr einer erneut von Frankreich ausgehenden revolutionären Erschütterung höher einschätzte als die napoleonische Expansion.[91] Er empfing jedenfalls den Neffen mit großer Herzlichkeit und behandelte ihn zugleich als einen hochrangigen Staatsgast.[92]

Freilich, an seinem Argwohn gegenüber Napoleon und dessen Politik änderten auch die Gespräche mit dem nahen Verwandten nichts. Er war sich bewußt, daß Württemberg bei einem Angriff der Franzosen diesen hilf- und schutzlos ausgeliefert war, es sei denn, die beiden deutschen Großmächte trafen zur Verteidigung der deutschen Westgrenze ausreichend Vorsorge. Dies war aber zumindest bis jetzt nicht der Fall. Es blieb ihm deshalb nichts anderes übrig, als mit Napoleon in gutem Einvernehmen zu stehen. Auch sah er bei einer erfolgreichen französischen Invasion keine andere Möglichkeit als eine Allianz mit dem großen westlichen Nachbarn, wenn er seinem Land Schlimmeres ersparen wollte. Doch von der Neuauflage eines Rheinbunds, mit der Napoleon liebäugelte, ja die er insgeheim anstrebte, waren er und sein Außenminister Neurath weit entfernt, und dies keineswegs bloß deshalb, weil die öffentliche Meinung in Deutschland gegen eine Rheinbundpolitik entschieden Front machte.[93] Freilich gebärdete sich die deutsche politische Publizistik auch recht feindselig gegenüber dem autokratischen russischen Zarenreich[94], das im politischen Kalkül König Wilhelms eine positive Schlüsselfunktion innehatte. Der württembergische König setzte nach wie vor auf die russische Schutzmacht, zumal er wußte, daß für Frankreich, aber auch für die beiden deutschen Großmächte, denen er jetzt noch mehr als in früheren Jahrzehnten mißtraute, der russische Schutzschild das politische Gewicht des kleinen südwestdeutschen Königreichs nicht unerheblich erhöhte. Ohne die engen verwandtschaftlichen Beziehungen des Hauses Württemberg zum Haus Romanow hätte dieses Schutzschild indes schwerlich Bestand gehabt. Für Wilhelm war dies keine Frage. Dabei konnte von einem persönlich herzlichen Verhältnis zwischen ihm und der Zarenfamilie keine Rede sein. Offen gab er zu, daß er den seit 1855 regierenden Zaren Alexander II. so wenig leiden könne wie dieser ihn, auch für dessen Vater Nikolaus I. hatte er nicht viel übrig.[95]

Daß der österreichische Präsidialgesandte Prokesch am 10. November 1853 im Bundestag eine Neutralitätserklärung für den Kaiserstaat abgab, befriedigte den württembergischen König sehr. Eine strikte Neutralität Österreichs und Preußens, ebenso eine solche des gesamten Deutschen Bundes schien ihm wichtig, um nach außen die politische Einigkeit Deutschlands zu demonstrieren und dadurch den Expansionsgelüsten Frankreichs kraftvoll entgegenzutreten.[96] Für seine Politik strikter Neutralität bemühte sich König Wilhelm um einen engen Schulterschluß mit Bayern. Max von Neumayr war der bayerische Gesandte in Stuttgart, ein kluger und vielseitig gebildeter Diplomat, mit einem erfrischenden Humor, der die Spielregeln seines Berufs in seltener Perfektion beherrschte und dessen »vorzügliche Geschäftsgewandtheit« Wilhelm sehr zu schätzen wußte. Über den Gesandten liefen die Fäden zu Freiherr Ludwig Karl Heinrich von der Pfordten, dem bayerischen Außenminister, und von diesem zu König Max II. Trotz der klaren Konzeption Pfordtens, der in beschränktem Maß für eine Stärkung des Deutschen Bundes eintrat, aber keinesfalls die bayerische Eigenständigkeit einer preußischen oder österreichischen Vorherrschaft opfern wollte, war der Kurs der bayerischen Politik in den fünfziger und noch Anfang der sechziger Jahre ein unsicherer Schlingerkurs. Die Schuld lag bei König Max II., der keinen eigenen Standpunkt besaß und Einflüsterungen leicht zugänglich war. Persönlichkeiten, die Einblick in die bayerische politische Szene hatten und über ein sicheres Urteil verfügten, bezeichneten ihn gar als politisch unfähig. König Wilhelm mußte hier schmerzliche Erfahrungen machen.[97]

Auch König Max II. hatte seine Vorstellung von einer Lösung der deutschen Frage. Er wünschte, falls eine gesamtdeutsche Lösung nicht möglich war, neben Österreich und Preußen die Zusammenfassung der übrigen deutschen Länder in zwei straff organisierte und regierte Bundesstaaten, wobei in einem dieser Staaten Bayern eine beinahe unbeschränkte Führungsposition eingeräumt werden sollte. Falls sich auch diese Lösung als undurchführbar erwies, war er mit der Trias einverstanden, wie sie König Wilhelm propagiert hatte: gemeinsames Handeln der Mittelstaaten, allerdings unter bayerischer Führung. Beide Lösungsmodelle waren für König Wilhelm indiskutabel. Eine Hegemonie Bayerns über Württemberg, gleichgültig welcher Art sie war, lehnte er kategorisch ab.[98]

Schon Anfang 1854 stand Österreich nicht mehr auf dem Boden seiner Neutralitätserklärung vom 10. November des Vorjahres. Die russische Forderung nach unbedingter Neutralität lehnte es ab. Anfang Februar 1854 befahl Kaiser Franz Joseph die Aufstellung eines mobilen Armeekorps in Südungarn. Weitere Rüstungen folgten.[99] König Wilhelm war empört. Ihm kam es jetzt darauf an, daß wenigstens Preußen und die Mittelstaaten ihren strikten Neutralitätskurs beibehielten.[100] Dem württembergischen Gesandten von Hügel in Wien trugen die unbeirrbare und unerschrockene Neutralitätspolitik seines Monarchen sowie seine Kontakte zu dem dortigen russischen diplomatischen Vertreter eine abweisende und feindselige Behandlung durch den österreichischen Außenminister ein.[101]

Nachrichten über französische Rüstungen lösten zu Jahresbeginn 1854 in Stuttgart ernste Besorgnis aus. König Wilhelm vermutete, daß Frankreich einen Angriffskrieg gegen Deutschland vorbereitete. Eine übereinstimmende Politik der beiden deutschen Großmächte und der übrigen deutschen Staaten hielt er für ein Gebot der Stunde.[102] Seinen Gesandten in Wien beauftragte er, sich raschestens Informationen darüber zu beschaffen, welche Maßnahmen das österreichische Kabinett zu ergreifen beabsichtige, um die süddeutschen Staaten zu schützen, die als erste einer französischen Invasion ausgesetzt waren. Beschwörend schrieb er: »unsere ganze Existenz steht auf dem Spiel, denn wenn Louis Napoleon einen Krieg anfängt, führt er ihn mit allen revolutionären Mitteln«[103]. Daß König Wilhelm ungeachtet seiner fast 73 Jahre für den Fall eines Kriegs mit Frankreich den Oberbefehl über das VIII. Bundesarmeekorps anstrebte, verwundert kaum, etwas deplaziert wirkte jedoch – und auch sein Außenminister Neurath empfand dies so –, daß er gerade jetzt mit Gebietsforderungen zu Lasten von Baden und Hohenzollern hervortrat.[104] Dem französischen Gesandten in Stuttgart mißfiel die enge Anlehnung Württembergs an Rußland. Als sehr ärgerlich, ja als anmaßend empfand er, daß ihn König Wilhelm bei einer Audienz unter Hinweis auf die Weiten Rußlands, die er, der König, im Feldzug von 1812 kennengelernt habe, vor einem Angriff auf das Zarenreich warnte.[105] Im Frühjahr 1854 intensivierte der württembergische Monarch seine Geheimkontakte zu Preußen. Er bediente sich dabei seines Neffen Prinz August von Württemberg, der im preußischen Militärdienst stand und gute Kontakte zu König Friedrich Wilhelm IV. besaß, ebenso seines altbewährten Agenten Klindworth. Wilhelm ging es, nachdem sich Österreich der rußlandfeindlichen Allianz angenähert hatte, darum, wenigstens das aus seiner politischen Passivität kaum heraustretende Preußen auf Neutralitätskurs zu halten, damit die deutschen Mittelstaaten in ihm über einen politisch-militärischen Rückhalt verfügten. Am 18. Mai 1854 brachte er sein außenpolitisches Programm auf die knappe Formel: »die österreichische Aktions[lust] möglichst durch die preußische Unschlüssigkeit zu paralysieren, die russischen Interessen möglichst zu fördern«[106].

Die öffentliche Meinung sah nach wie vor im Zarenreich die erzreaktionäre Macht, die sich allen freiheitlichen Bestrebungen in Deutschland widersetzte. In Stuttgart galt vor allem der Kronprinz als rußlandhörig. Großen Unwillen rief es hervor, wenn er »in seiner wunderlich ausstaffierten Kosaken-Droschke« durch die Straßen fuhr, auf dem Bock ein bärtiger Russe im langen Kaftan. Der Kronprinz seinerseits war über die rußlandfeindlichen Berichte und Kommentare in der Presse sehr ungehalten. Der Schriftleitung des »Schwäbischen Merkur«, der in die gleiche Kerbe hieb, machte er heftige Vorwürfe.[107] Glücklicherweise wurde in der Öffentlichkeit nicht bekannt, daß Kronprinz Karl im Frühjahr 1854 in die russische Armee eintreten wollte, um dem Zarenreich auf solche Weise seine Ergebenheit zu bekunden. König Wilhelm hatte dem Vorhaben des Sohnes offensichtlich nicht zugestimmt.[108]

Nachdem sich Österreich seiner Ansicht nach leichtfertig in das politische Schlepptau der Westmächte hatte nehmen lassen, wehrte sich der württembergische König vehement dagegen, daß der Deutsche Bund in seiner Gesamtheit in den Konflikt hineingezogen wurde. Seinem Gesandten in Wien schrieb er am 18. Mai 1854: »Wir haben keinen Grund, uns in diese orientalischen

Wirren einzulassen, und es ist gegen unsere Pflicht, von unseren Ländern Menschen- und Geldopfer zu verlangen, da weder durch den Krieg noch durch den Frieden irgendwelcher Nutzen für Deutschland entstehen kann.«[109] Bereits Ende Januar hatte Württemberg eine Konferenz der Mittelstaaten zur Abstimmung ihrer Interessen gegenüber den Großmächten angeregt. Sein maßgebender Beweggrund war die Furcht vor einer französischen Invasion gewesen. Doch war seine Initiative weithin auf Ablehnung gestoßen. König Max von Bayern hatte beispielsweise gemeint, eine solche Ministerkonferenz gebe nur zu Mißtrauen Anlaß.[110] Der Abschluß des österreichisch-preußischen Schutzbündnisses im April 1854 verärgerte König Wilhelm schwer, weil den Mittelstaaten davon erst im nachhinein Kenntnis gegeben worden war. Er wollte ihm deshalb auch nicht beitreten. Und als sich die auf Veranlassung der leitenden Minister von Bayern und Sachsen einberufene Bamberger Konferenz der Mittelstaaten (25. bis 30. Mai 1854) für einen solchen Anschluß aussprach, rang er sich nur höchst widerwillig zu einem Ja durch. Dagegen lehnte er wie ein Großteil der Souveräne der in Bamberg vertretenen Staaten periodische Ministerzusammenkünfte ab.[111]

Am 22. Juli 1854 besuchte der württembergische Monarch München. Der äußere Anlaß war eine Industrieausstellung. Da sich gleichzeitig auch König Friedrich Wilhelm IV. von Preußen in Begleitung des Bundestagsgesandten Otto von Bismarck in der bayerischen Hauptstadt aufhielt, kam es zu etlichen Begegnungen zwischen dem bayerischen, dem preußischen und dem württembergischen Souverän und damit zu einer Art inoffizieller süddeutsch-preußischer Konferenz. Während der Zar auf dieses Fürstentreffen sehr positiv reagierte, stellte der österreichische Gesandte mit Bedauern eine Annäherung zwischen den Königen von Bayern, Preußen und Württemberg fest, und dem war auch so. Die drei Souveräne und später auch noch ihre Außenminister einschließlich des sächsischen Ministers Beust einigten sich über die Österreich gegenüber einzunehmende Haltung.[112]

Mit großem Unwillen verfolgte König Wilhelm die zunehmende Frontstellung Österreichs gegen Rußland.[113] Am 18. Oktober 1854 schrieb er dem Freiherrn von Hügel: »Die Politik Österreichs, welche immer weiter zu einer engen Verbindung mit Frankreich hinzuneigen scheint, bringt Süddeutschland in eine sehr gefährliche Lage. Merkwürdig ist die Kurzsichtigkeit Österreichs, das nicht einsehen will, daß jeder Vorteil, den ihm Frankreich an der Donau einräumen wird, Österreich mit einem Teil von Italien bezahlen muß. Dennoch hat sich der österreichische Gesandte hier nicht gescheut, uns im Namen seiner Regierung zu erklären, daß sich Österreich ganz an Frankreich anschließen werde, um Deutschland zu zwingen, in seine Allianz zu treten.« Nachdrücklich befürwortete der König eine bewaffnete Neutralität Preußens und der übrigen deutschen Staaten.[114] Die Mobilisierung der österreichischen Streitkräfte am 22. Oktober verschärfte noch die politische Situation der Mittelstaaten; die Mobilisierung wurde allerdings einen Monat später zurückgenommen. Die Spannungen zwischen Stuttgart und Wien verstärkten sich. Der österreichische Außenminister warf dem seitherigen württembergischen Gesandten Hügel in Wien vor, er habe eine systematische Opposition gegen die Politik der kaiserlichen Regierung betrieben. König Wilhelm fühlte sich tief verletzt, zumal er in dem Schreiben des österreichischen Außenministers indirekt selbst sowie die »Russenfreunde« am Stuttgarter Hof angegriffen wurde. In Paris kritisierte man den strikten Neutralitätskurs des württembergischen Königs scharf, es kam zu unmißverständlichen Drohungen.[115]

Der Abschluß des Bündnisses zwischen Österreich und den Westmächten am 2. Dezember 1854 schlug überall, so in München und in Stuttgart, wie eine Bombe ein. König Wilhelm war außer sich. Keine Nachricht, so erklärte er, habe ihn seit 1848 so erschüttert, wie die von diesem Allianzvertrag. Doch sein Zorn richtete sich nicht nur gegen Österreich, sondern auch gegen das ewig unschlüssige Preußen. Er fürchtete, Preußen werde im entscheidenden Augenblick wieder umfallen, also vom Kurs einer bewaffneten Neutralität abweichen. Trotz seines Argwohns gegen das bonapartistische Frankreich suchte er jetzt insgeheim erste vorsichtige Kontakte zu Paris zu knüpfen.[116] In Berlin verfehlte übrigens seine konsequente Politik nicht ihren Eindruck. Anfang 1855 äußerte König Friedrich Wilhelm IV. anerkennend: »Der König von Württemberg befolgt eine Politik, es ist vor ihm niederzuknien.«[117]

Im Sommer 1855 deutete König Wilhelm dem Freiherrn von Hügel an, daß er in absehbarer Zeit an einen privaten Besuch in Paris denke. »So fest ich«, schrieb er, »an der Friedenspartei in Deutschland hänge, so sehr habe ich bisher gesucht, die persönlichen Verhältnisse zu dem Kaiser der Franzosen auf einem persönlich zuvorkommenden Fuß zu erhalten.«[118] Als er dann im Sommer 1855 seinen Besuch in Paris absagte und dies mit der langen Dauer des Landtags sowie einer Kur in Baden-Baden begründete, zeigte sich Napoleon sehr verärgert. Der Kaiser der Franzosen wertete die Absage Wilhelms als Beweis, daß dieser nach wie vor auf russischer Seite stand. Indes störte der unterlassene Besuch nur vorübergehend die zurückhaltende Kontaktpflege zwischen Paris und Stuttgart.[119]

Am 27. September 1855 besuchte der württembergische Monarch König Friedrich Wilhelm IV. von Preußen auf Schloß Stolzenfels am Rhein. Diese Gelegenheit nutzten die beiden Könige sowie der gleichfalls anwesende Prinzregent von Baden zu einer Kleinkonferenz. An ihr nahmen auch der preußische Bundestagsgesandte von Bismarck sowie die preußischen Gesandten in Paris und London von Hatzfeldt und von Bernstorff teil. Gesprächsthemen waren die orientalische Frage, die Annäherung Süddeutschlands an Preußen sowie das besondere Anliegen Wilhelms, nämlich die Frage, ob Preußen im Kriegsfall Süddeutschland vor einer französischen Invasion bewahren könne.[120] Offensichtlich kam es zu einer weitgehenden Übereinstimmung über die aus der derzeitigen politischen Situation zu ziehenden Konsequenzen.

Es scheint, daß König Wilhelm bei dieser »Kleinkonferenz« der ungewöhnliche politische Sachverstand des preußischen Bundestagsgesandten Bismarck auffiel. Als dieser am 17. Dezember 1855 auf dem Rückweg von München den württembergischen Außenminister Hügel in Stuttgart besuchte, lud ihn der Monarch sofort zu sich aufs Schloß ein. In einem mehrstündigen intensiven Meinungsaustausch befaßten sich die beiden Politiker mit einer breiten Palette von Themen.[121] Bismarck fand das Gespräch mit dem »gescheiten alten Herrn« ungemein anregend und bedeutsam. Umgekehrt zeigte sich dieser hocherfreut, daß der Gesandte nicht nur im Urteil über die gegenwärtige politische Lage, sondern auch über die zu ziehenden Schlüsse weitgehend mit ihm übereinstimmte. Ausdrücklich bestätigte der König die Ansicht Bismarcks, daß bei den derzeitigen orientalischen Verwicklungen keine deutschen Interessen auf dem Spiel stünden. Und er fuhr dann fort: »Ich bin entschlossen, so gut wie jeder andere, die Verbindlichkeiten einzuhalten, die ich eingegangen bin. Aber hüten Sie sich, die Menschen anders zu beurteilen als sie sind. Geben Sie uns Straßburg, und wir werden einig sein für alle Eventualitäten. Solange Straßburg aber ein Ausfallstor ist für eine stets bewaffnete Macht, muß ich befürchten, daß mein Land überschwemmt wird von fremden Truppen, bevor mir der Deutsche Bund zu Hilfe kommen kann. Ich werde mich keinen Augenblick bedenken, das harte Brot der Verbannung in Ihrem Lager zu essen, aber meine Untertanen werden an mich schreiben. Sie werden von Kontributionen erdrückt werden, um auf Änderung meines Entschlusses zu wirken. Ich weiß nicht, was ich tun werde, ich weiß nicht, ob alle Leute fest genug bleiben werden. Aber der Knotenpunkt liegt in Straßburg, denn solange das nicht deutsch ist, wird es immer ein Hindernis für Süddeutschland bilden, sich der deutschen Einheit, einer deutschen nationalen Politik ohne Rückhalt hinzugeben.«[122]

Nach dem Pariser Friedensschluß der Westmächte und der Türkei mit Rußland am 30. März 1856 äußerte König Wilhelm: »Nun wird auch eine russisch-französische Allianz nicht mehr lange auf sich warten lassen.«[123] Schon Anfang März 1856, also noch vor dem Friedensschluß, wurde der König nach Paris eingeladen. Die Einladung hatte sein Neffe Prinz Napoleon übermittelt. Er ließ ihn wissen, daß der Besuch des »cher oncle« Kaiser Napoleon große Freude bereiten würde. Zudem wäre, so meinte er, diese Reise ein geschickter politischer Schachzug König Wilhelms, zumal sie, da der Friedensschluß bevorstehe, nicht als ein antideutsches Vorpreschen ausgelegt werden könne. Der württembergische Monarch tat so, als habe er sich zunächst gegen die Fahrt nach Paris gesträubt und habe erst auf französisches Drängen nachgegeben. Dennoch gab es vor allem aus München tadelnde Stimmen. Nur der früh in die Pläne König Wilhelms eingeweihte bayerische Außenminister von der Pfordten zeigte Verständnis. Besonders verärgert reagierte man in Wien auf die Reise des Königs. Man unterstellte ihm, er wolle mit Napoleon über die Mediatisierung der deutschen Kleinstaaten und über eine Vergrößerung seines eigenen Landes sprechen. Wilhelm wies solche Verdächtigungen entrüstet zurück.[124] In Stuttgarter Hofkreisen bezeichnete man den Besuch des Landesherrn bei Napoleon III. als einen Akt der politischen Klugheit.[125]

König Wilhelm reiste incognito. Er wollte seinem Besuch in Paris den Charakter eines Familientreffens geben. Deshalb unterblieben alle offiziellen Vorstellungen und Empfänge. Sein zehntägiger Aufenthalt in der französischen Hauptstadt vom 3. bis 13. Mai 1856 begründete eine enge Freundschaft zwischen Paris und Stuttgart. Napoleon war von dem württembergischen Souverän sehr angetan und bezeugte ihm hohen Respekt. Wilhelm kehrte tief befriedigt nach Hause zurück. Daß Napoleon die Verbindung zum Stuttgarter Hof für enge Kontakte zu Rußland nutzen wollte, hatte Prinz Napoleon schon im März angedeutet.[126]

Kurz vor der Reise König Wilhelms nach Paris ernannte Zar Alexander II. Fürst Gortschakow als Nachfolger von Graf Nesselrode zum russischen Außenminister. Gortschakow hatte schon als russischer Gesandter in Stuttgart enge Kontakte zu König Wilhelm unterhalten und am Zustandekommen der Ehe von Kronprinz Karl mit Großfürstin Olga einen wesentlichen Anteil gehabt. Er bezeichnete sich geradezu als Schüler König Wilhelms auf dem Feld der Politik. Dem württembergischen Geschäftsträger in St. Petersburg, von Lobstein, versicherte er, daß ihm die Pflege guter Beziehungen zwischen der russischen und der württembergischen Regierung ein vorrangiges Anliegen sei. Er trat für ein freundschaftliches Einvernehmen zwischen St. Petersburg und Paris ein und begrüßte deshalb auch die Vermittlerrolle König Wilhelms. Um die Kontakte zu Württemberg und damit indirekt auch zu Rußland weiter auszubauen, schickte Napoleon III. Prinz Napoleon und dessen attraktive Schwester Mathilde, die Kinder von Wilhelms Schwester Katharina, der einstigen Königin von Westfalen, im Herbst nach Stuttgart.[127] Für den württembergischen König waren jetzt freundschaftliche Beziehungen zum mächtigen Frankreich ein Gebot der Stunde. Gleichzeitig hielt er aber an der traditionellen Verbindung mit dem Zarenreich fest. Falls es zu der von Napoleon angestrebten Allianz zwischen Frankreich und Rußland kam, besaß Württemberg sogar zwei Schutzmächte. So konnte König Wilhelm die feindselige Haltung des österreichischen Kaiserstaats gelassen ertragen. Freilich, gewisse Vorbehalte und Ängste, ein gewisses Unbehagen gegenüber dem zweiten französischen Kaiserreich, vermochte der württembergische Monarch nicht zu überwinden.[128]

Mit Preußen stand König Wilhelm weiterhin in einem guten politischen Einvernehmen. Daß König Friedrich Wilhelm IV. den Besuch des württembergischen Königs in Paris tatsächlich als

»Kratzfuß-Machen vor dem Parvenue-Kaiser« bezeichnet hatte, wie dies Varnhagen von Ense überliefert[129], der allerdings in seinen alten Tagen kein gutes Haar an König Wilhelm ließ, ist bei der launenhaften, unsteten Wesensart des preußischen Monarchen nicht ausgeschlossen, doch keineswegs sicher. Jedenfalls stattete König Friedrich Wilhelm IV. in Begleitung von Ministerpräsident von Manteuffel dem König von Württemberg im Juni 1856 in Stuttgart einen dreitägigen Besuch ab. König Wilhelm bereitete dem erlauchten Gast einen glanzvollen Empfang. Ministerpräsident von Manteuffel verlieh er das Großkreuz des Ordens der württembergischen Krone. Im Oktober desselben Jahres erwiderte er den Besuch Friedrich Wilhelms im preußischen Hechingen, und wenige Tage darauf stellte sich der Prinz von Preußen, der spätere Kaiser Wilhelm I., zu einem gleichfalls dreitägigen Besuch in Stuttgart ein.

Das Zweikaisertreffen in Stuttgart

Napoleon III. legte großen Wert auf freundschaftliche Beziehungen zu König Wilhelm. Ende 1856 lud er ihn erneut nach Paris ein.[130] Auch mit dem Briefwechsel, den Napoleon und seine Frau Eugenie mit Königin Sophie der Niederlande 1856/57 aufnahmen, verfolgte das Kaiserpaar nicht zuletzt die Absicht, über Sophie günstig auf deren Vater einzuwirken.[131] Andererseits war der württembergische König bemüht, mit Napoleon im Gespräch zu bleiben. Mitte Januar 1857 rühmte er gegenüber dem französischen Gesandten in Stuttgart, dem Marquis de Ferrière, die Mäßigung und Weisheit, die der Kaiser der Franzosen bei der Lösung schwieriger politischer Fragen an den Tag lege – ein Lob, das man in Paris gerne hörte.[132]

Die politische Isolierung, in die Österreich durch seine unglücklichen politischen Aktivitäten während des Krimkriegs geraten war und die für den Kaiserstaat fatale Auswirkungen hatten, veranlaßten Kaiser Franz Joseph im Frühsommer 1857 König Wilhelm zu bitten, er möge zwischen ihm und Napoleon vermitteln. Und obwohl Wilhelm von Wien wegen seiner Annäherung an Frankreich zum Teil übel gescholten und einer Neuauflage des Rheinbunds bezichtigt worden war, versuchte er dies – leider ohne Erfolg.[133]

Ende Juli 1857 unterbrach König Wilhelm in Paris seine Reise zu einer Badekur nach Biarritz für ein kurzes Wiedersehen mit Napoleon, und am 18. August besuchte ihn der Kaiser der Franzosen mit seiner Frau Eugenie in seinem Kurdomizil. Zu einem politischen Gespräch kam es am 19. August, als Napoleon – diesmal allein – den König ein zweites Mal traf und ihm seinen Wunsch mitteilte, nach Stuttgart kommen zu wollen. Gerne würde er den Zeitpunkt für seine Stuttgart-Reise so wählen, daß er mit Zar Alexander II. am württembergischen Hof zusammentreffe. Der russische Kaiser habe seinen Besuch in Stuttgart bereits avisiert. König Wilhelm zeigte sich erfreut und erklärte sich bereit, mit dem Zaren die gewünschte Terminabsprache zu treffen. An Wilhelms 76. Geburtstag, dem 27. September 1857, kam dann das Treffen der beiden Kaiser, die »Entrevue« von Stuttgart, zustande. Nun hat der württembergische König wohl kaum den Anstoß zu dieser Begegnung gegeben, und er hat sicher nicht den für ihn besonders ehrenvollen Termin – seinen Geburtstag – bestimmt, denn schon am 3. August 1857 hatte ihm Zar Alexander II. mitgeteilt, er habe für den 25. bis 27. September mit Napoleon eine Zusammenkunft in Stuttgart verabredet und angefragt, ob dies dem Onkel angenehm sei.[134] Die ersten Sondierungen wegen der »Entrevue« sind sehr wahrscheinlich vom russischen Außenminister Fürst Gortschakow ausgegangen, dem sehr an einer Verständigung des Zarenreiches mit Frankreich lag. Möglicherweise hat König Wilhelm mit den verschiedenen Besuchern aus St. Petersburg, so den Großfürsten Michael und Konstantin, als diese zu Beginn des Jahres nach Stuttgart gekommen waren, aber auch mit der Zarenmutter Alexandra, die sich im Juni in Wildbad aufhielt, ein solches Treffen besprochen oder dies über das Kronprinzenpaar Zar Alexander bei seinem Aufenthalt in Wildbad vorgeschlagen.[135]

Der 24. bis 29. September 1857 waren glanzvolle Tage für Stuttgart. Die württembergische Haupt- und Residenzstadt stand im politischen Rampenlicht. Ganz Europa blickte auf Württemberg. Vierzehn Tage vor diesem spektakulären Ereignis berichtete der französische Gesandte in Stuttgart nach Paris, die bevorstehende »Entrevue« beunruhige nicht nur die Geister mit liberalen oder demokratischen Ideen, sondern auch »die deutschen Instinkte befürchteten, daß die Umarmung Rußlands und Frankreichs Deutschland ersticke«. Insbesondere aber die bürgerlichen und adligen Kreise stünden der Begegnung der beiden Kaiser reserviert gegenüber, wenn die Fürsten dem Souverän Frankreichs ihre Huldigungen darbrächten. So hätten es Neurath und Cotta, die geachteten Freunde Österreichs, bedauert, daß aus einem Treffen von Kaiser Franz Joseph mit Kaiser Napoleon nichts werde.[136]

Am 24. September reiste Zar Alexander II. mit der Bahn an. Er verließ aber bereits in Feuerbach den Zug und fuhr zur Villa Berg, wo er bei seiner Schwester Olga und seinem Schwager Karl abstieg. Am Tag darauf kam Napoleon III. mit einem Sonderzug auf dem alten Stuttgarter Hauptbahnhof in der heutigen Bolzstraße an. Er wurde von König Wilhelm höchst ehrenvoll begrüßt und fuhr durch ein von der Stadtgarde zu Pferd und vom Militär gebildetes Spalier zum Residenzschloß, wo ihm ein Wohntrakt als standesgemäße Unterkunft reserviert war. Beide Kaiser waren von Prinzen und Prinzessinnen, von ihren Außenministern, von

Das Kaisertreffen – die »Entrevue« – in Stuttgart im September 1857 war ein spektakuläres Ereignis.

Diplomaten, Generalen und Hofbediensteten begleitet. Der Glanz dieses Treffens wurde noch vermehrt durch Zarin Marie, Königin Sophie der Niederlande, Königin Amalie von Griechenland, eine Verwandte des Zarenhauses, und Großfürstin Helene von Rußland. Einschließlich des württembergischen Königspaars hatte Stuttgart für wenige Tage sieben gekrönte Häupter in seinen Mauern. Daß ein solches säkulares Ereignis unzählige Schaulustige aus nah und fern anlockte, nimmt nicht wunder. Der »Schwäbische Merkur« schrieb, so viele Menschen seien in Stuttgart noch nie beisammen gewesen. Sämtliche Gasthäuser, auch die der Nachbarorte, waren hoffnungslos überfüllt. Die Journalisten der international bekannten Zeitungen, unter anderen der »Times«, belagerten die Telegrafenbüros.

Für Außenstehende war die »Entrevue« ein bunter Reigen gesellschaftlicher Ereignisse. Es gab gegenseitige Höflichkeitsbesuche, Festessen, Ausflüge zu den königlichen Gestüten Weil,

Auf dem Weg zum Cannstatter Volksfest: die beiden Kaiser Napoleon III. und Alexander II., in ihrer Mitte König Wilhelm.

Scharnhausen und Kleinhohenheim, auf die Solitude und den Rotenberg sowie Opern- und Theateraufführungen. Auf besonderen Wunsch von Kaiser Napoleon III. wurde am 28. September im Hoftheater »Der Freischütz« von Carl Maria von Weber gegeben. Bei einer Abendveranstaltung in der Villa Berg waren die Park- und Gartenanlagen mit über 10 000 farbigen Lampions beleuchtet. Am folgenden Abend erstrahlten die Gärten der Wilhelma gleichfalls in herrlichem Lichterglanz. Am Geburtstag von König Wilhelm wurden die erlauchten Gäste am Morgen mit Glockengeläut, Kanonenschüssen und von Musikkapellen begrüßt. Nachmittags fand im Weißen Saal des Residenzschlosses ein Essen statt; unter den 200 geladenen Gästen befanden sich auch Vertreter der Stuttgarter Bürgerschaft. Der Abend klang aus mit einem imposanten Feuerwerk. Am 28. September ritten die beiden Kaiser, der agile, jünger wirkende 76jährige König von Württemberg in ihrer Mitte, von Stuttgart zum Volksfest nach Cannstatt, vor ihnen die Stadtgarde zu Pferd und die Prinzen, hinter ihnen im Wagen die Zarin und die drei Königinnen. Recht leutselig gab sich Napoleon. Er nahm während einer Programmpause »ein Bad in der Menge«, besichtigte die Stuttgarter Innenstadt und unterhielt sich ungezwungen mit Passanten.[137]

Hinter verschlossenen Türen wurden politische Gespräche geführt. Die beiden Außenminister, Fürst Gortschakow und Graf Walewski, ein unehelicher Sohn Napoleons I., konferierten, obwohl Graf Walewski stark erkältet war und an den gesellschaftlichen Veranstaltungen kaum teilnehmen konnte, wiederholt miteinander. Auch Kaiser Napoleon III. besprach sich gerne mit Fürst Gortschakow. Einige Male unterhielten sich die beiden Kaiser unter vier Augen miteinander. Sehr verärgert war König Wilhelm, als die zwei Kaiser in der Villa Berg gemeinsam das Déjeuner einnahmen, ohne daß er dazu geladen war. Er gab die Schuld daran Sohn und Schwiegertochter und ließ sie diese »Zurücksetzung« noch lange spüren.[138] Am 28. September reiste Kaiser Alexander II. wieder ab, am Tag darauf Napoleon.[139]

Der politische Ertrag des Kaisertreffens von Stuttgart war bescheiden. Die einzige einigermaßen konkrete Absprache betraf Italien. Alexander II. sagte Napoleon zu, er werde Österreich bei einem Konflikt in Italien nicht unterstützen und gab damit dem Kaiser der Franzosen freie Hand. Die Außenminister vereinbarten mündliche Konsultationen in wichtigen politischen Fragen, gemeinsames Handeln im Orient, gegenseitige Verständigung im Falle der Auflösung des Türkischen Reichs. Bedeutsam war indes die »Entrevue« als spektakuläre politische Demonstration: Zwei Kaiser bekundeten mit ihrer Zusammenkunft ihre Solidarität gegenüber Dritten. Dies war ein Alarmsignal. Ein Krieg in Italien, auf das Napoleon III. derzeit sein Hauptinteresse konzentrierte, war vorprogrammiert. Andererseits hatte Rußland die Isolierung durchbrochen, in die es während des Krimkriegs geraten war, und Napoleon brauchte sich nicht länger das Etikett »Parvenue-Kaiser« gefallen zu lassen.[140] Obwohl er nicht allen Gesprächen der beiden Kaiser beigewohnt hatte, begriff König Wilhelm sofort, daß der »Freibrief für Italien«, den Napoleon vom Zaren erhalten hatte, für Deutschland verhängnisvolle Folgen haben konnte. Er alarmierte über den Verleger Cotta die Presse. Darauf erschien in der »Allgemeinen Zeitung« in Augsburg erstmals der Satz, daß der Rhein am Po zu verteidigen sei. Dieser Satz machte in den folgenden anderthalb Jahren immer wieder als Warnung schriftlich und mündlich die Runde.[141]

König Wilhelm war sehr ungehalten über Fürst Gortschakow, weil dieser abgereist war, ohne sich bei ihm zu verabschieden. So konnte er nichts Näheres über die politischen Gespräche erfahren, die der Fürst geführt hatte. Ärger hatte auch das russische Gefolge verursacht, weil es ziemlich rücksichtslos aufgetreten war. Fürst Gortschakow entschuldigte sich später in aller Form, er zeigte sich von der »Revue« sehr angetan. Kaiser Napoleon schickte König Wilhelm ein eigenhändiges Dankschreiben.[142] Sehr gelegen war dem König weiterhin an einem engen, vertrauensvollen Verhältnis zu Rußland. 1858 wies er seinen Gesandten in St. Petersburg an, sich durch taktvolles und zurückhaltendes Benehmen das Wohlwollen der russischen Regierung zu bewahren. Daß die Kammer der Abgeordneten 1858 einen Antrag auf Aufhebung des Gesandtschaftspostens in St. Petersburg mit überwältigender Mehrheit (74 zu 6 Stimmen) ablehnte, nahm er zweifellos mit Genugtuung zur Kenntnis. Die Kammer hatte sich der Ansicht des Antragstellers Roediger nicht anzuschließen vermocht, die Gesandtschaft am russischen Hof sei »mehr eine Familienambassade als eine Ambassade für das Land«[143].

1858 war ein verhältnismäßig ruhiges Jahr – König Wilhelm dürfte es mit »Ruhe vor dem Sturm« überschrieben haben. Im

April kam Großherzog Friedrich I. von Baden zu Besuch nach Stuttgart, im Juni König Max II. von Bayern.[144] Am 4. August 1858 erinnerte die Kammer der Abgeordneten die Regierung an die Erfüllung der vor sieben Jahren bei der Wiederherstellung des Deutschen Bundes gemachten Zusage, eine deutsche Volksvertretung beim Bund zu errichten. Doch obgleich sich König Wilhelm selbst wiederholt für eine solche Volksvertretung ausgesprochen hatte, blieb der Antrag ohne zustimmendes Echo. Auch in den folgenden Jahren blieben entsprechende »Mahnungen« erfolglos.[145] 1858 wollte sich Bayern einer Bundesreform unterwerfen, wenn dies auch Österreich und Preußen täten, denn, so erklärte Minister von der Pfordten, »einer Zentralgewalt, welcher sich diese beiden Mächte unterordneten, könne sich der König unbedenklich ebenfalls unterordnen«[146]. König Wilhelm war skeptisch. Als der bayerische Gesandte im November 1857 in einem Gespräch geäußert hatte, daß man entweder dem Bund zu mehr Ansehen verhelfen und ihn zu einem brauchbaren Instrument deutscher Politik machen oder ihn sofort auflösen sollte, hatte der Monarch geäußert: »Nein, nein!... Nur keine Gewaltschritte! Ich bin für das stille Fortvegetieren. Das ist das Beste! Nur hübsch fortvegetieren!«[147]

Krieg in Italien

König Wilhelm behielt recht: Der wohlwollenden Neutralität Rußlands sicher, machte sich Napoleon daran, Österreich aus Italien zu verdrängen und die Machtbasis Frankreichs zu vergrößern und damit die bisherige politische Ordnung Europas zugunsten seines Landes zu verändern. Zu diesem Zweck verband es sich mit Piemont und der italienischen Nationalbewegung, die allein gegen den habsburgischen Kaiserstaat nichts auszurichten vermochten. Seine Außenpolitik nahm den von König Wilhelm befürchteten revolutionären Charakter an. Der meisterhaften Diplomatie des piemontesischen Staatsmanns Graf Cavour gelang es, Österreich zum Krieg zu provozieren. Nachdem Piemont ein Ultimatum Wiens wegen seiner militärischen Rüstungen hatte verstreichen lassen, eröffneten österreichische Truppen am 29. April 1859 die Feindseligkeiten. In zwei blutigen Schlachten, am 4. Juni bei Magenta und am 24. Juni bei Solferino, siegten die französisch-piemontesischen Streitkräfte. Österreich mußte sich aus der Lombardei zurückziehen.

Daß alle dem Deutschen Bund angehörenden Staaten von Anfang an von dieser kriegerischen Auseinandersetzung betroffen waren, konnte keine Frage sein. Auch wenn der Krieg Italien zum Schauplatz hatte, standen doch deutsche Interessen auf dem Spiel. Eine Schwächung Österreichs bedeutete zwangsläufig auch eine Schwächung des Deutschen Bundes. Wenn Frankreich am Po siegte und dadurch einen erheblichen Machtzuwachs erlangte, verstärkte sich auch sein Expansionsdrang in Richtung Rhein. Die Solidarität Preußens und der anderen deutschen Staaten mit Österreich konnte das Schlimmste verhindern. Das deutsche Volk erwachte aus zehnjähriger politischer Apathie und Lethargie. Weite Kreise forderten in enthusiastischer nationaler Aufbruchsstimmung die militärische Unterstützung Österreichs. Dieses hatte gleich am Anfang der Krise vom Bund neben der Garantie seiner italienischen Provinzen eine solche Unterstützung verlangt. Doch Preußen legte sich quer. Es setzte im April 1859 ein Festhalten des Bundes an der Neutralität durch und erklärte sich lediglich zu einer defensiven Mobilisierung seiner Streitkräfte bereit. Ihm lag an einem eigenständigen politischen Handeln. Einen bedingungslosen Anschluß an Österreich lehnte es ab. Gleichzeitig distanzierte es sich aber von Frankreich und von dessen Politik. Dem bedrängten habsburgischen Kaiserstaat stellte es Bedingungen: Gleichstellung am Bundestag, Oberbefehl am Rhein, politischer und militärischer Primat in Norddeutschland. Wien war aber dieser Preis zu hoch.

Überraschend kam es zum Vorfrieden von Villafranca zwischen Frankreich und Österreich am 11. Juli 1859. Österreich trat die Lombardei an Napoleon ab, die dieser an Piemont weitergab. Beide Kontrahenten bewogen gewichtige Gründe, den Krieg rasch zu beenden. Der Kaiser der Franzosen schreckte vor der für ihn ungünstigen politisch-militärischen Eskalation bei einer Fortdauer des Krieges zurück, und Österreich zog territoriale Verluste in Italien einer Preisgabe seiner hegemonialen Stellung in Deutschland und einem politischen Triumph Preußens vor.[148]

Zu Beginn des Jahres 1859 herrschte in Württemberg angesichts der wachsenden französisch-österreichischen Spannungen die Meinung vor, diesmal sei eine Neutralität fehl am Platze, es gelte für die deutsche Sache einzustehen. König Wilhelm, der sich seit

November in Nizza aufhielt, machte sich keine Illusionen über den Ernst der Lage. Anfang Januar riet er auf diplomatischem Wege Österreich, sich zu mäßigen und keinesfalls zu provozieren, er sei sicher, daß dann auch Frankreich stillhalte. Um diese Zeit besuchte Prinz Napoleon den König in dessen Urlaubsdomizil. Kabinettschef Maucler behauptete zwar, es sei bei diesem Besuch vor allem um Familienangelegenheiten gegangen[149], daß der Prinz mit dem Onkel aber nur von seiner bevorstehenden Heirat sprach und nicht auch über brennende politische Fragen, ist wenig wahrscheinlich. Möglicherweise hat Kaiser Napoleon dem jungen Vetter eine Botschaft anvertraut, war dieser doch schon früher als gewichtiger Briefbote aufgetreten.[150] König Wilhelm war wie etliche Jahre zuvor während des Krimkriegs für strikte Neutralität. Er wollte möglichst nicht in die italienischen Wirren hineingezogen werden.[151]

In Stuttgart war die Regierung gleichsam ohne politischen Kopf. Außenminister Hügel nannte die Abwesenheit des Königs lähmend.[152] Doch der greise Monarch hatte durchaus keine Eile. Im Gegenteil, er zögerte seine Rückkehr in die Heimat Woche für Woche hinaus. Die allgemeine Kriegslust und die deutschpatriotische Begeisterung der Bevölkerung mißfielen ihm. Er suchte sie zu dämpfen. Solange er sich in Nizza aufhielt, konnte er eine öffentliche Parteinahme vermeiden.[153] Endlich Ende März trat er die Rückreise an. In Lyon erreichte ihn eine Einladung seiner kaiserlichen Verwandten nach Paris. Daß er sie ablehnte, rechnete man ihm sogar in Wien hoch an. Am 2. April wieder in Stuttgart, äußerte er als seine feste Überzeugung, daß Napoleon den Krieg wolle und dessen Entfesselung nur noch so lange hinauszögere, bis er hinreichend gerüstet sei. Er habe bei der Durchfahrt an der französisch-italienischen Grenze starke Truppenansammlungen beobachtet. Allein, auch jetzt wünschte er, daß der Deutsche Bund Österreich keinesfalls einen Blankoscheck für eine militärische Unterstützung in Italien ausstelle. Die Händel Österreichs in Italien berührten Deutschland nicht unmittelbar, und eine übertriebene Willfährigkeit gegenüber dem habsburgischen Kaiserstaat könne Deutschland nur schaden. Dem bayerischen Gesandten gegenüber äußerte König Wilhelm, das württembergisch-österreichische Verhältnis beschränke sich auf den Schutz der beiderseitigen Interessen.[154]

Andererseits war ihm klar, daß bei der derzeitigen aufgeheizten nationalen Stimmung jeder Rheinbund-Gedanke von vornherein ausscheide. Im April 1859 wagte es die katholische Gemeinde Stuttgart nicht, wie in den vorausgegangenen Jahren Napoleon III. an seinem Geburtstag am 20. April mit dem üblichen Tedeum zu ehren. Dem französischen Gesandten Reculot gegenüber ließ der König in einem Gespräch keinen Zweifel darüber, daß im Falle eines französischen Angriffs auf Österreich der Deutsche Bund schwerlich werde neutral bleiben können. Er hielt durch das Spiel Napoleons mit dem revolutionären Feuer Deutschland für nicht minder bedroht als Österreich. Allerdings schien ihm durch das Paktieren mit der Revolution der Kaiserthron Napoleons selbst gefährdet. Sofort nach seiner Rückkehr aus Nizza befahl er, die württembergischen Truppen kriegsbereit zu machen. Doch die Mobilisierung des Heeres kam nur schleppend voran. Viele bislang mehr oder minder geschickt kaschierten Versäumnisse und Mängel traten jetzt ans Tageslicht. Während die preußische Armee in drei Wochen kriegseinsatzfähig war, benötigten die Streitkräfte Bayerns und Württembergs dazu drei Monate[155] – ein schwer zu verantwortendes Zeitlupentempo. Die Kammer der Abgeordneten bewilligte sämtliche Rüstungsanträge der Regierung, den von ihr geforderten Kredit sogar einstimmig. Dagegen lehnte sie mit 67 Nein-Stimmen gegen 24 Ja-Stimmen den Antrag von Julius Hölder ab, die Krise zur Errichtung einer allgemeinen deutschen Volksvertretung zu nutzen.[156] König Wilhelm sprach sich zwar jetzt für eine Stärkung des Deutschen Bundes und für einen politischen Schulterschluß der Mittelstaaten aus. Eine solche Stärkung sollte jedoch nicht im Zusammenhang mit der Verteidigung außerdeutscher Interessen Österreichs stehen. Daß eine Schwächung des habsburgischen Kaiserstaats auch die Stellung des Bundes gefährdete, schien ihn dabei wenig zu stören.[157]

Besorgt war er über die erregte Stimmung in Süddeutschland, die weitverbreitete Angst vor einer französischen Invasion. Seiner Ansicht nach konnten Truppenbewegungen zur Beruhigung der Bevölkerung beitragen.[158] Er war davon überzeugt, daß Napoleon nach dem Sieg oder der Niederlage in Italien den Rhein zum Ziel der französischen Machtexpansion wählte.[159] Dennoch hielt er vorläufig an der Neutralität des Deutschen Bundes fest. Der russische Gesandte Titow, der am Stuttgarter Hof eine privilegierte Stellung einnahm, bezeichnete dies als richtig. Er sprach von der »sagesse du vieux Roi«, von der Klugheit des alten Königs.[160]

Obwohl sich König Wilhelm mit seinem Neutralitätskurs Preußen annäherte, mißtraute er Berlin. Er wußte, daß dieses die Bedrängnis Österreichs nutzen werde, um sich eine Hegemonialposition in Deutschland zu schaffen und dies nicht nur auf Kosten des habsburgischen Kaiserstaats, sondern auch der anderen deutschen Staaten.

Nach einem Brief, den Amalie von Stubenrauch am 16. Juni 1859 an Friedrich Wilhelm Hackländer richtete, hatte der König aus sicherer Quelle erfahren, daß sich Frankreich zu einem Krieg mit Deutschland rüste und dazu bis Ende Juli 1859 bereits ein Heer von 280 000 Mann zur Verfügung habe.[161] »Schöne Aussichten!« kommentierte Amalie. Wilhelm besprach offensichtlich zumindest gelegentlich politische und militärische Fragen mit seiner Geliebten. Am 18. Juni 1859 wußte Amalie schon von der Niederlage der Österreicher bei Magenta. Nach Einschätzung des Königs hatte sich damit die Kriegsgefahr für Deutschland erhöht.[162] Am 25. Juli 1859, dem Tag nach dem Sieg des französisch-piemontesischen Heeres über die Österreicher bei Solferino, drängte Preußen auf die Aufstellung eines Observationskorps aus dem VII. und VIII. Bundesarmeekorps unter bayerischem Oberbefehl am Oberrhein. Dieses Korps sollte in Verbindung zu den am Mittelrhein aufmarschierten preußischen Truppen treten. König Wilhelm akzeptierte dies. Nach der österreichischen Niederlage kam nur noch Preußen als militärisch-politischer Schutzschild in Betracht. Enttäuscht war er, daß man die Frage der Ernennung eines Bundesfeldherrn auch jetzt stillschweigend überging, eine Position, die er nach wie vor anstrebte.[163]

Der übereilte Vorfriede von Villafranca wirkte ernüchternd auf die deutschpatriotisch gestimmten Bevölkerungskreise. Man mußte zur Kenntnis nehmen, daß es weder Österreich noch Preußen um Deutschland ging, sondern daß beide Großmächte ausschließlich ihre eigenen Interessen verfolgten.[164] Allein, gerade diese bittere Einsicht und bedrückende Erfahrung verstärkte im Volk das politische Engagement vor allem für eine Lösung der deutschen Frage. Der Bürger ließ sich nicht länger von der Politik fernhalten. Er forderte Anteil an politischen Entscheidungen, mehr Mitverantwortung für das Gemeinwohl, fand sich nicht mehr mit dem bestehenden Partikular- und Obrigkeitsstaat ab, sein politisches Engagement hatte vielmehr den National- und Verfassungsstaat im Blick.[165]

Die öffentliche Meinung zeigte sich nach Villafranca am meisten von Preußen enttäuscht. Seine Politik hatte die Hilfe des Deutschen Bundes für Österreich verhindert und durch militärische Passivität den Triumph Napoleons ermöglicht. In Stuttgart gaben sich Regierungs- und Hofkreise preußenfeindlich. Verärgerung löste vor allem auch die Erklärung Preußens aus, die Bundesverfassung tauge nichts. König Wilhelm, der pragmatische Politiker, reagierte zurückhaltend. Er bemühte sich, vermittelnd und ausgleichend, gewissermaßen friedenstiftend zu wirken. Der Kaiserin Eugenie ließ er durch seinen Gesandten zum Friedensschluß gratulieren, andererseits rügte er die scharfe Attacke der bayerischen Regierung auf Preußen in einem Bericht an die Ständekammer. Vorsichtig näherte er sich Österreich. Diese Annäherung wurde durch Graf Rechberg, der im Mai 1859 als österreichischer Außenminister Graf Buol abgelöst hatte, erleichtert. Graf Rechberg entstammte einem schwäbischen Adelsgeschlecht, sein Bruder war Präsident der württembergischen Ersten Kammer. Er sagte nicht nur das Festhalten an Bund, Bundesverfassung und Bundesprinzipien zu, sondern er bekräftigte auch die Verwirklichung der im kaiserlichen Manifest vom 15. Juli 1859 versprochenen inneren Reformen Österreichs.[166]

Als große Genugtuung empfand es König Wilhelm, daß jetzt der sächsische Ministerpräsident Freiherr Friedrich Ferdinand von Beust den Triasgedanken aufgriff, dem Wilhelm noch immer anhing. Allerdings wich diese Konzeption in manchem von seinen Ideen ab, so daß er sie nicht uneingeschränkt unterstützen konnte. Beust schlug eine immerwährende Koalition des Dritten Deutschlands vor; sie sollte als dritte »Macht« gleichberechtigt neben die beiden Großmächte Österreich und Preußen treten, die Souveränität der Mittelstaaten vornehmlich gegenüber Preußen schützen und sich ein Parlament aus Vertretern der Landtage der Einzelstaaten schaffen. Doch Bayern widersetzte sich. Ministerpräsident Freiherr von der Pfordten forderte für sein Land eine herausgehobene Position. Er hatte gleichfalls eine Dreiteilung Deutschlands im Auge, die jedoch von der Beustschen Konzeption stark abwich: Österreich, Preußen einschließlich der norddeutschen Mittel- und Kleinstaaten, Bayern sowie die süddeutschen Länder.[167]

Daß eine Bundesreform notwendig sei, darüber waren sich alle deutschen Staaten einig. Doch über die Art der Reform gingen die Ansichten weit auseinander. Die Mobilmachung von 1859 hatte gezeigt, daß die Bundeskriegsverfassung gründlicher Änderungen und Verbesserungen bedurfte. Auf der Konferenz der Mittelstaaten in Würzburg im November 1859 wurde bemängelt, daß es bislang keine Bestimmungen über den Oberbefehl bei den aus Streitkräften verschiedener Staaten bestehenden Armeekorps gab, ebensowenig solche über die Sammlung und Aufstellung der Truppen der verschiedenen Staaten im Kriegsfall in einem organischen Verbund, um eine rasche und effektive militärische Einsatzbereitschaft zu gewährleisten. Die Konferenzteilnehmer einigten sich darauf, beim Bundestag auf die Ernennung ständiger Korpskommandeure und ihrer Stäbe bei den gemischten Armeekorps hinzuwirken. Dagegen fand sich bei ihnen keine Mehrheit für die Ernennung eines Bundesfeldherrn in Friedenszeiten. Man wünschte keine ständige Kontrolle der Militäreinrichtungen der Einzelstaaten.[168]

Nach der Niederlage Österreichs in Italien verlangte Preußen eine gleichberechtigte Stellung im Bund. Zweckmäßig erschien es ihm, diese dualistische Hegemonie territorial aufzuteilen: Der Machtbereich Preußens sollte Norddeutschland, der Österreichs Süddeutschland umfassen. Beide Großmächte verfügten in ihrem Bereich über die Militärhoheit. Österreich, obwohl bestrebt, seine führende Stellung in Deutschland möglichst zu behaupten, sah in dem preußischen Vorschlag zunächst einen positiven Aspekt: Wenn Preußen den Territorialbestand des Kaiserstaats in Italien garantierte – und dazu war Preußen im Sommer 1860 bereit –, dann besaß Österreich einen starken Bundesgenossen. Es kam zu einer Annäherung beider Mächte, doch schon bald drehte sich in Wien der politische Wind. Österreich schreckte vor einer Art Schutz- und Trutzbündnis zurück; es befürchtete für sich gravierende Nachteile, die nicht zuletzt in der wachsenden Macht Preußens und in dessen zunehmender Begehrlichkeit ihre Ursache hatten. Im Frühjahr 1861 standen sich beide Mächte wieder distanziert gegenüber. Der preußische Teilungsplan war Makulatur.[169]

Zu Jahresbeginn 1860 rechnete König Wilhelm trotz der herzlichen Glückwünsche, die ihm Napoleon III. übermittelt hatte, und trotz der großen Liebenswürdigkeit, mit der dieser seinen Kabinettschef Maucler in den Tuilerien empfangen hatte, mit einem französischen Angriff am Rhein.[170] Er gab sich angesichts der damals in Württemberg herrschenden Franzosenpanik sehr kämpferisch. Wenn deutsches Gebiet gegen französische Annexionslust zu verteidigen sei, werde er zu Pferde steigen[171], der 78jährige wollte also ins Feld ziehen und dies möglichst als Feldherr an der Spitze der deutschen Armeen. Deshalb hatte er überraschenderweise zunächst auch nichts gegen den preußischen Teilungsplan einzuwenden. Er forderte lediglich, daß den aus Kontingenten verschiedener Staaten gebildeten Armeekorps wie dem VIII. Bundesarmeekorps die Entscheidung darüber, welchem der beiden Hauptheere sie sich anschließen wollten, überlassen bleibe. Mit dem scheinbaren Eingehen auf den preußischen Teilungsplan hoffte er, rasch ein starkes Heer aus den Streitkräften der mittel- und süddeutschen Staaten mobilisieren zu können, das imstande war, ohne preußische Hilfe den drohenden französischen Angriff abzuwehren. Der preußische Gesandte traute seinen Ohren nicht, als ihm Außenminister Hügel eröffnete, sein König wolle einen Teil seiner Souveränität opfern, um in dem zu erwartenden Krieg eine gewisse Einheit in das Bundesheer zu bringen.

Der preußische Außenminister Schleinitz, der die Hintergedanken des württembergischen Königs nicht ahnte, dankte postwendend für den »edlen patriotischen Sinn des erfahrenen und scharfblickenden Königs« und säumte nicht, dieses positive Votum zum preußischen Teilungsplan allen Regierungen mitzuteilen. Dies empfanden Wilhelm und sein Außenminister als sehr ärgerlich und peinlich, zumal Bayern ihre Haltung heftig kritisierte. »Viel lieber Trias als Dualismus«, war aus München zu hören. Hügel dementierte sofort. Es habe sich lediglich um eine unverbindliche Willensäußerung seines Königs gehandelt, der dies ausdrücklich bedauere. Dem sächsischen Ministerpräsidenten Beust, der mit seinem Tadel nicht zurückgehalten hatte, versprach König Wilhelm, sich künftig bei solchen wichtigen Fragen mit Bayern und Sachsen abzustimmen.[172] Kriegsminister Miller hatte wenig Verständnis für die anfängliche preußenfreundliche Reaktion seines Königs. Er sah in dem Vorschlag Berlins, die Zuständigkeit für die Bundesarmee zwischen Preußen und Österreich aufzuteilen, einen ersten Schritt auf dem Wege zur Einverleibung Deutschlands in den preußischen Staat. Er verlangte eine einheitliche Organisation des Bundesheeres mit einem Bundesfeldherrn, einem entsprechenden Stab und der Umwandlung des defensiven Bundesheeres in eine Armee mit möglichst großer Offensivkraft. Sorgsam achtete König Wilhelm darauf, daß er keiner Rheinbund-Tendenzen bezichtigt werden konnte. Gegenüber beruhigenden Depeschen der französischen Regierung verhielt er sich mißtrauisch. Wie die öffentliche Meinung sah auch er die deutsche Westgrenze durch französische Expansionsgelüste noch immer gefährdet.[173]

Im Februar 1860 trat Herzog Bernhard von Sachsen-Meiningen mit einem neuen Triasplan hervor. Der Herzog forderte eine Zentralgewalt, die aus jeweils einem Vertreter Österreichs, Preußens und der übrigen deutschen Staaten bestehen sollte. Der Vertreter der Mittel- und Kleinstaaten war von sämtlichen deutschen Fürsten mit Ausnahme des österreichischen Kaisers und des preußischen Königs auf drei Jahre aus dem Kreis der Könige von Bayern, Sachsen, Hannover und Württemberg zu wählen. Neben der Zentralgewalt, deren Zuständigkeit sämtliche auswärtigen Angelegenheiten, Kriegs- und Militärsachen umfaßte, blieb nach der Vorstellung des Herzogs die derzeitige Bundesversammlung bestehen. Die Streitkräfte der Mittel- und Kleinstaaten sollten eine einheitliche Organisation bekommen, so daß es künftig drei große »Armeekörper« gab: einen österreichischen, einen preußischen sowie einen der Mittel- und Kleinstaaten.

König Wilhelm zeigte sich von dem Plan des Herzogs von Sachsen-Meiningen außerordentlich angetan.[174] Auch Beust verfolgte seinen Plan zur Reform des Deutschen Bundes im Sinne des Triasgedankens weiter. Die Publizistik griff seinen Plan auf. Persönlichkeiten vom Rang eines Heinrich von Gagern, eines Julius Fröbel und später eines Konstantin Frantz setzten sich beredt für eine politische Dreigliederung Deutschlands ein und verschafften so Beust eine entsprechende Resonanz in der Öffentlichkeit. Indes war auf dem Feld der Politik die Trias-Euphorie kurz. Die Mittel- und Kleinstaaten kamen sich politisch und militärisch nicht näher. Die Konferenz in Würzburg endete wie das Hornberger Schießen. Die beiden deutschen Großmächte aber beharrten gegenüber den anderen Staaten auf ihrer Vorrangstellung. Daß Österreich nach der Niederlage in Italien kurzfristig Triasbestrebungen unterstützte, war politisches Kalkül.[175] König

Wilhelm hielt sich trotz seines zustimmenden Votums zu dem Plan des Herzogs Bernhard von Sachsen-Meiningen zurück. Die Beustsche Trias war nicht seine Trias. Er war sich bewußt, solange es bei der großen Zahl von Kleinstaaten im Deutschen Bund blieb, ließ sich an den derzeitigen Machtverhältnissen in Deutschland wenig ändern, und den gegenwärtigen Zustand zog er einem Großpreußen vor, das sich die Mittel- und Kleinstaaten einverleibte.[176] Sicher war ihm auch nicht verborgen geblieben, daß im Ausland die Trias gelegentlich mit einer Neuauflage des Rheinbunds gleichgesetzt wurde. So hatte der preußenfreundliche Prinz Albert, der Gatte der Königin Victoria von Großbritannien, schon beim ersten Auftauchen der militärischen Triasidee, die König Wilhelm befürwortete, im Januar 1860 von Rheinbund-Intentionen gesprochen.[177]

Im Juli 1860 traf Kaiser Napoleon in Baden-Baden mit Prinzregent Wilhelm von Preußen zusammen. Die Initiative hierzu war vom Kaiser der Franzosen ausgegangen. Nach der Mitteilung des Prinzregenten machte ihm der Kaiser dabei ein verführerisches Angebot: Überlassung des Herzogtums Schleswig-Holstein an Preußen gegen ein entsprechendes territoriales Äquivalent an Frankreich. Doch der Prinzregent lehnte jedes Übereinkommen ab, das zu Lasten der deutschen Fürsten und Staaten ging. Um den Verdacht eines französisch-preußischen politischen Intrigenspiels von vornherein auszuschließen, lud Prinzregent Wilhelm auch die deutschen Könige und anderen Fürsten nach Baden-Baden ein. König Wilhelm hatte zunächst etwas gezögert, weil wegen der frankreichfeindlichen Stimmung in der Bevölkerung der Eindruck entstehen konnte, man gebe außenpolitischen Fragen vor brennenden innerdeutschen Fragen den Vorrang. Andererseits hatte es ihm geschmeichelt, daß ihm der Prinzregent hatte sagen lassen, er lege großen Wert darauf, seine Meinung zu hören. Es lag dem König fern, bei den Gesprächen politische Probleme stillschweigend zu übergehen. Im Gegenteil: Schon bei der ersten Unterredung mit dem Namensvetter ließ er keinen Zweifel, daß er die Zweiteilung Deutschlands durch Österreich und Preußen für verhängnisvoll halte. Er gab dafür aber, diplomatisch geschickt, die Begründung, eine solche Zweiteilung gebe Süddeutschland einem französischen Angriff schutzlos preis und zwinge es wie in den Kriegen am Anfang des Jahrhunderts in die Gefolgschaft des großen westlichen Nachbarn. Diese Begründung nahm der Prinzregent sehr interessiert auf, und er bat den König, Napoleon deutlich zu machen, daß sich Frankreich bei einem Angriff Deutschland in vollster Einigkeit gegenübersehen werde. König Wilhelm scheute sich dann auch nicht, bei der halbstündigen Unterredung Napoleon zu sagen, daß die ständige Bedrohung Deutschlands durch die französische Armee Industrie und Handel lähme.

Für den Kaiser der Franzosen war das Fürstentreffen in Baden-Baden enttäuschend. Statt, wie er gehofft hatte, einen Keil zwischen die deutschen Staaten zu treiben und so die Voraussetzungen für eine Expansion zum Rhein schaffen zu können, sah er sich einer mit einer Zunge sprechenden Phalanx gegenüber. Indes ließ er sich die politische Niederlage, die er erlitten hatte, nicht anmerken. Er verkündete vielmehr in Paris, Baden-Baden habe seine Erwartungen übertroffen. Eins aber war zu diesem Zeitpunkt sicher – und der württembergische Gesandte in Paris bestätigte es –, Frankreich verfolgte fortan keine kriegerischen Absichten gegen Deutschland. Die Angst vor einer französischen Invasion verebbte jetzt auch in Württemberg.[178]

Nach der Baden-Badener Fürstenzusammenkunft entwickelte König Wilhelm einen militärischen Triasplan, der auf seinen alten Vorstellungen basierte: Bei einer Mobilisierung der Streitkräfte des Deutschen Bundes gegen Frankreich die Vereinigung der aus den Truppen der Mittel- und Kleinstaaten gebildeten Armeekorps unter einem Oberkommando, die preußischen und österreichischen Truppen davon getrennt, gleichfalls unter einem eigenen Oberkommando. Die Armee des Dritten Deutschlands sammelt sich bei Kaiserslautern, da Süddeutschland durch die Festungen Rastatt, Germersheim und Landau gegen den ersten Ansturm gesichert ist. Im Zusammenwirken mit der von Norden heranrückenden preußischen und der vom Osten kommenden österreichischen Armee kann sie dann zur Offensive antreten. In Dresden gelang es Außenminister Hügel, die Vertretungen der Mittelstaaten für den Plan seines Königs zu interessieren. Eine mittelstaatliche Militärkonferenz sollte über die praktische Durchführung des Planes beraten.[179]

Daß Großherzog Friedrich von Baden eine militärische Trias ablehnte und für den militärischen wie den politischen Anschluß an Preußen eintrat, nahm König Wilhelm sehr verärgert zur Kenntnis. Schon im Vorjahr hatte er, als der badische Großherzog den Staaten, die die Würzburger Konferenz getragen hatten, Sonderbündelei vorwarf, seinen alten Ressentiments gegen Baden Ausdruck gegeben, das dem württembergischen Ausdehnungsdrang nach Westen im Wege stehe: »Dieser Staat, der immer zwischen der Furcht vor Frankreich und Preußen schwankt, ist keiner deutschen Gesinnung fähig und würde uns an den verraten, der ihm am meisten Nutzen bringt.«[180] Doch trotz seiner Orientierung nach Preußen blieb Großherzog Friedrich um ein gutes nachbarliches Verhältnis zu Württemberg bemüht. Im November 1860 besuchte er die königliche Familie in Stuttgart.[181] Zur gleichen Zeit traf Kaiser Franz Joseph in der württembergischen Haupt- und Residenzstadt ein. Es war dies sein erstes Treffen mit König Wilhelm nach der historisch bedeutsamen Bregenzer Zusammenkunft, die bereits zehn Jahre zurücklag. Sein Besuch sollte zum Ausdruck bringen, daß die jahrelangen Spannungen zwischen den Höfen von Wien und Stuttgart endlich beigelegt waren. Den Besuch hatte der österreichische Außenminister Graf Rechberg vorbereitet. In diplomatischen Kreisen munkelte man, der Kaiser habe den König um eine Vermittlung mit Frankreich gebeten, ferner seien Absprachen über eine Garantie für Venetien und für die Aufstellung eines österreichischen Armeekorps in Tirol im Kriegsfall getroffen worden. Außenminister Hügel bestritt dies.[182]

Daß der 1859 gegründete Nationalverein, der für einen gesamtdeutschen Staat unter Führung Preußens und unter Ausschluß Österreichs eintrat, auch in Württemberg im liberalen Lager zunehmend Anhänger gewann, beunruhigte König Wilhelm. In einem von ihm selbst verfaßten Artikel im »Staatsanzeiger« vom 2. Februar 1861 warnte er vor dieser politischen Gruppierung. Er unterstellte ihr eine demokratische Tendenz, weil in ihr Männer ohne bestimmtes Mandat die bestehenden staatlichen Strukturen zerstören und sie durch andere ersetzen wollten. Die Regierungen, so schrieb der Monarch, würden sich solchen die Unabhängigkeit der Völker bedrohenden Umsturzplänen mit aller Macht widersetzen. Daß es der König nicht bei Worten bewenden ließ, zeigte sich daran, daß die württembergische Regierung Anhänger des Nationalvereins aus dem öffentlichen Dienst ausschloß. Mit Blick auf den Nationalverein verstieg sich der Monarch bei einer Audienz, die er dem Berliner Hofprediger Wilhelm Hoffmann, einem gebürtigen Württemberger, gab, zu dem aufsehenerregenden Satz: »Lieber der Bundesgenosse Frankreichs als der Vasall Preußens!« Ein nach den Grundsätzen des Nationalvereins organisiertes Preußen war seiner Ansicht nach eine größere Gefahr als das französische Kaiserreich. Das Nationalgefühl, von dem alle deutschen Stämme durchdrungen seien, würde Frankreich, so meinte er, nämlich das Festsetzen auf deutschem Boden oder gar die Vernichtung der politischen oder faktischen Existenz eines deutschen Staates, selbst des kleinsten, niemals gestatten.[183]

An seinen militärischen Triasplänen hielt König Wilhelm fest. Angesichts der wachsenden Macht Preußens bezeichnete er die Zusammenfassung der militärischen Kräfte der Mittelstaaten als ein Gebot des Selbsterhaltungswillens. Im Frühjahr 1861 bewarb er sich trotz seiner annähernd 80 Jahre um die Stelle des Oberbefehlshabers des rein deutschen Heeres. Dabei war er sich bewußt, daß dieser Posten eigentlich Bayern, dem größten Mittelstaat, zukomme. Großherzog Ludwig III. von Hessen-Darmstadt und König Georg V. von Hannover zeigten sich höchst erfreut über den patriotischen Sinn des alten Herrn. Das sächsische Kabinett sollte sich in München für die Zustimmung zu der Bewerbung des württembergischen Monarchen einsetzen. Beust war die Geschichte höchst peinlich, deshalb wandte er ein, die Ernennung eines Oberbefehlshabers bei abebbender Kriegsgefahr könnte als eine Art Sonderbündelei verstanden werden. Er lehnte es ab, im gewünschten Sinn auf Bayern einzuwirken. Bayern umgekehrt schlug Prinz Karl als Oberbefehlshaber vor, was Württemberg verständlicherweise recht reserviert zur Kenntnis nahm.[184]

Am 22. Mai 1861 wollten Bevollmächtigte der Staaten des Dritten Deutschlands in Würzburg über die Angleichung der Organisation und über die »Schlagfertigkeit« der vier von ihnen gebildeten Armeekorps beraten. Dabei sollten auch die Korpskommandanten bestimmt sowie Festlegungen über die Hauptquartiere und Stäbe getroffen werden. Baden, das ebenso wie Mecklenburg-Schwerin die Konferenz boykottiert hatte, warf den »Würzburgern« selbstsüchtigen Partikularismus vor.

Die Würzburger Konferenz im Mai 1861 klammerte die strittige Frage des Oberfeldherrn aus. Nach publizistischen Angriffen auf König Wilhelm verhielt sich die württembergische Seite zurückhaltend, und König Max II. von Bayern sprach sich gegen eine Feldherrnwahl aus. So beschränkte sich das Ergebnis der vierwöchigen Beratungen in Würzburg auf Organisationsedikte, und auch dieses Ergebnis war ohne Belang, da der Wille fehlte, die Edikte tatsächlich auszuführen. König Wilhelm zeigte sich enttäuscht und gab zu dem mageren Resultat seine Zustimmung.[185]

Große Entrüstung in Stuttgart rief um diese Zeit eine preußische Denkschrift hervor. In ihr wurde unmißverständlich festgestellt, daß bei einem Krieg, in dem Preußen, Österreich und Deutschland beteiligt seien, keine Bundeskriegsverfassung und keine Konvention helfe, daß hier einzig und allein durch die Monarchen von Österreich und Preußen sowie durch die tatsächlichen Machtverhältnisse eine Entscheidung herbeigeführt werde. König Wilhelm nannte in einer Stellungnahme den preußischen Plan unmilitärisch, unreif und furchtsam. Die Gegenargumente, die er vorbrachte, waren nicht neu. Die königlichen Bemerkungen blieben aus gutem Grund geheim, lediglich der bayerische König und dessen Minister Schrenk bekamen sie zu sehen. Doch auch von einer Veröffentlichung der preußischen Denkschrift sah man in Stuttgart ab. Man begnügte sich damit, ein technisches Gutachten des Kriegsministers, der den Würzburger Vereinbarungen entschieden den Vorzug gab, nach Berlin zu schicken. In der Kammer der Abgeordneten erklärte Kriegsminister Miller, die Würzburger Konferenzen richteten sich keineswegs gegen Preußen.[186]

Die Aufregung über die preußische Denkschrift war noch kaum abgeflaut, da trat der sächsische Ministerpräsident Beust mit seinem Bundesreformplan hervor. Beust schlug vor, den Bundestag durch einen halbjährigen Gesandtenkongreß mit wechselndem österreichischem und preußischem Vorsitz zu ersetzen und diesem eine Delegiertenversammlung zur Seite zu stellen. Da dies eine Gleichstellung Preußens mit Österreich bedeutete, befürwortete Graf Rechberg wohl unter dem Einfluß Fröbels den Triasgedanken. Daraufhin fügte Beust eine trialistische Exekutive in den sonst dualistischen Entwurf ein. Indes fand dieser Reformplan auch jetzt an den Höfen in Wien, Berlin und München wenig Gefallen. König Wilhelm distanzierte sich gleichfalls von ihm. Er nannte ihn oberflächlich und phrasenhaft. Der gegenwärtige Zustand Deutschlands, so erklärte er, sei für derartige weitreichende Änderungen ungeeignet.[187] Im Jahr zuvor hatte er sich gleichfalls über die Fortschritte bei der Lösung der deutschen Frage sehr skeptisch geäußert. Alle grundlegenden Probleme gesamtdeutscher Gesetze und Wirtschaftseinrichtungen, hatte er gesagt, würden ebenso wie die Probleme der Bundeskriegsverfassung einem langwierigen und dornigen Ausschußverfahren überliefert, so daß weder die gegenwärtige noch die nächste Generation ihre Lösung erlebten.[188] Ungleich pessimistischer sah König Wilhelm Ende 1862 in die Zukunft. Er fürchtete, die Rechtsordnung Europas werde nach und nach ganz aufgelöst, und von dieser Auflösung würden nicht nur die kleineren, sondern schließlich auch die großen Staaten ergriffen, zuletzt werde es zu Zuständen kommen, bei denen nicht nur die Interessen der Dynastien, sondern auch die Wohlfahrt der Völker gefährdet seien.[189]

Angesichts des desolaten Zustands des Deutschen Bundes bemühte sich König Wilhelm trotz seiner unterschwellig stets vorhandenen Furcht vor den französischen Expansionsgelüsten jetzt vermehrt um gute Beziehungen zu Frankreich. Bei der Verabschiedung des französischen Gesandten Reculot im Oktober 1861 sprach er davon, daß er das vollste Vertrauen in die Weisheit des Kaisers Napoleon III. und in dessen gute Absichten gegenüber dem Deutschen Bund habe. Deshalb habe er in den vergangenen Jahren alles getan, um Mißtrauen zu beseitigen. Wenn diese Beziehungen zwischen beiden Ländern nicht so herzlich seien, wie es ihr wechselseitiges Verhältnis erfordere, so liege die Schuld daran bei den extremen Parteien.[190] Obwohl er gesundheitlich angeschlagen war und immer mehr an wichtigen Regierungsgeschäften den Ministern übertrug, suchte er doch in der Außenpolitik die Zügel möglichst in der Hand zu behalten.[191]

Am 20. Dezember 1861 schlug der preußische Außenminister Graf Bernstorff, auf den preußischen Unionsplan nach dem Scheitern der Revolution von 1848/49 zurückgreifend, einen engeren Bund der deutschen Staaten unter preußischer Führung vor. König Wilhelm war über diesen Vorschlag derart empört, daß er es zunächst ablehnte, einen württembergischen Prinzen zu der bevorstehenden Krönung von König Wilhelm I. von Preußen in Königsberg zu entsenden. Außenminister Hügel konnte ihn mit Mühe von einer solchen offenkundigen Kränkung Preußens abbringen, und Kronprinz Karl durfte fahren. Doch bestand Wilhelm auf einem gemeinsamen Protest Württembergs, Bayerns und Sachsens in Berlin. Er fand dafür aber in Dresden keinerlei Bereitschaft. Erst als sich Österreich der Sache annahm, wurde dem Verlangen des württembergischen Monarchen durch identische Protestnoten der Regierungen Österreichs und der Mittelstaaten (mit Ausnahme von Sachsen) vom 2. Februar 1862 Rechnung getragen.[192]

Am 22. Januar 1862 regte Kaiser Franz Joseph gemeinsame Schritte der gleichgesinnten Souveräne Deutschlands in der deutschen Frage an. Das Ziel dieser Bemühungen sollte eine »möglichst bestimmte Vereinbarung über die zum Schutz der deutschen Bundesverfassung und der Unabhängigkeit der deutschen Souveräne anzunehmende Haltung« sein. König Wilhelm begrüßte die Initiative des Kaisers. Seiner Auffassung nach fanden die deutschen Fürsten »im engeren Anschluß an Österreich die Sicherung ihrer Unabhängigkeit«. Sie sollten deshalb gemeinsam die drohende Gefahr abwenden.[193] Andererseits lehnte er wie die anderen Souveräne, deren Streitkräfte dem VIII. Bundesarmeekorps angehörten, den Antrag des preußischen und des hannoverschen Bevollmächtigten ab, das Bundesheer zu verstärken. Für Württemberg hatten nunmehr verfassungs- und zollpolitische Reformen in einem großdeutschen Rahmen und im Bund mit Österreich Vorrang.[194]

König Wilhelm erkannte, daß man die weitverbreitete und von Berlin propagandistisch wirksam vertretene Meinung, Österreich und die Mittelstaaten dächten gar nicht ernsthaft an eine Bundesreform, nur widerlegen konnte, wenn man diese Reform vorantrieb. Ähnlich wie die Regierungen von Sachsen, Hessen-Darmstadt und Hannover drängte er auf konkrete Maßnahmen, damit man auch die jetzt noch zögernden Staaten wie Bayern gewinnen könne.[195] Dann wieder, vor allem wenn er während eines Kuraufenthalts Zeit zu längerem Grübeln hatte, neigte er dazu, die Dinge treiben zu lassen. So ließ er sich in den ersten Monaten des Jahres 1863 aus Nizza hören, alle Reformbestrebungen führten doch zu nichts, es werde nur »leeres Stroh gedroschen«[196].

Sehr besorgt blickte er in die Zukunft, als sich im April 1863 die Gegensätze zwischen Österreich und Preußen verschärften. Ihm schien die Gefahr groß, daß die kleineren Staaten zwischen den beiden Großmächten »zerrieben« würden. Mit allem Nachdruck forderte er eine Verständigung zwischen Österreich und Preußen sowie ein Zusammenhalten sämtlicher deutscher Regierungen. Er erinnerte an den obersten und ursprünglichsten Zweck des Deutschen Bundes: Wahrung der inneren und äußeren Sicherheit Deutschlands sowie der Unabhängigkeit und Unverletzbarkeit der einzelnen Staaten.[197]

Im Sommer 1863 ergriff Österreich die Initiative zu einer Reform des Deutschen Bundes. Seine Vorschläge: Dem Staatenbund werden bundesstaatliche Elemente eingefügt vor allem mit dem Zweck, Kompetenzen und Funktionsfähigkeit der Bundesexekutive zu stärken; als Organe sind vorgesehen: ein fünf- oder sechsköpfiges Direktorium, dem der Kaiser von Österreich, die Könige von Preußen und Bayern sowie zwei oder drei weitere Fürsten (die Könige von Sachsen, Hannover und Württemberg) angehören sollen, eine Fürstenversammlung und ein mit geringen Rechten ausgestattetes Bundesparlament, das aus den Landtagen gewählt wird. Im August 1863 lud Kaiser Franz Joseph die deutschen Fürsten zur Beratung des österreichischen Reformplans nach Frankfurt ein.[198] Da er wahrscheinlich davon ausging, daß der 82jährige württembergische Monarch aus gesundheitlichen Gründen an dem Frankfurter Fürstentag nicht teilnehmen werde, besuchte er ihn zusammen mit König Max II. von Bayern in Stuttgart. Es war ihm wichtig, den greisen König für den Plan zu gewinnen. In Stuttgart versprach man sich von der österreichischen Initiative Großes. Kaiser Franz Joseph, der mit einer schwarz-rot-goldenen Schärpe seine deutschpatriotische Gesinnung demonstrierte, wurde mit Jubel begrüßt.[199] Wie erwartet, ließ sich König Wilhelm auf dem Fürstentag durch Kronprinz Karl vertreten, den Außenminister Hügel und der Präsident des Geheimen Rats, Neurath, begleiteten.[200] In Frankfurt scharte Kaiser Franz Joseph alle souveränen deutschen Fürsten um sich. Lediglich König Wilhelm von Preußen fehlte. Sein Ministerpräsident Bismarck, nach dessen Urteil die Reform nur auf eine Stärkung Österreichs im Bund hinauslief, hatte ihn buchstäblich gezwungen, dem erlauchten Kreis gekrönter Häupter fernzubleiben.[201] König Wilhelm von Württemberg, der dem großpreußischen Kurs der Bismarckschen Politik, ebenso wie der in Deutschland wachsenden Einfluß gewinnenden »Demokratie« zutiefst mißtraute, setzte trotz mancher Vorbehalte jetzt auf Österreich. Er versicherte Kaiser Franz Joseph emphatisch, er bleibe ihm bis an sein Lebensende treu ergeben.[202] Freilich, eine solche überschwengliche Willensbekundung gerade aus seinem Mund wirkte wenig überzeugend, sie wirkte beinahe peinlich.

Daß sich Bayern den dritten Platz im Direktorium gesichert hatte, wogegen die zwei weiteren Direktoriumsplätze an die Regenten anderer Mittelstaaten (wohl Könige) fallen sollten, ohne daß diese Staaten bestimmt waren, erfüllte König Wilhelm, wie er seinem Außenminister schrieb, »mit dem größten Mißtrauen und Ärger«. Er wies Hügel an, alles zu tun, damit Württemberg »die gehörige Stellung im neuen Bund erhalte«. Außerdem entschied er, daß sein Königreich, falls sich Preußen vom Bund trenne, nur mit Österreich allein einen Bund schließe. Befriedigt äußerte er sich über die Mitteilung des Außenministers, daß sich sein Sohn in Frankfurt gut aufführe, er hatte sich darüber Sorgen gemacht. Der Kronprinz, so meinte er, könne dort für seine Zukunft lernen, was Deutschland sei. Im nächsten Schreiben fragte er, ob denn sein Sohn in der Diskussion gesprochen habe.[203]

Daß das Fürstentreffen in Frankfurt wie das Hornberger Schießen ausgehe, darüber machte er sich schon jetzt keine Illusionen mehr. Er beklagte den offenkundigen Mangel an politischem Gespür und gesundem Menschenverstand. Die Entsendung des Königs von Sachsen nach Berlin, um den König von Preußen doch noch zur Teilnahme an dem Treffen zu bewegen, hielt er für »eine ganz irrige Maßregel«. Er war davon überzeugt, daß sie zu nichts führen werde und daß es zu einer »gänzlichen Scheidung« Preußens vom Bund komme. Am 21. August forderte er die feste Teilnahme Württembergs an der Exekutivgewalt. Die Hauptsache sei, instruierte er seinen Außenminister, etwas Bestimmtes zustande zu bringen, damit das »große Publikum«, also die öffentliche Meinung, zufriedengestellt und »die bösen Elemente durch die Einmütigkeit im Gehorsam erhalten werden«[204]. Den weiteren Verlauf der Beratungen in Frankfurt empfand er als niederschmetternd. »Ich sehe«, schrieb er am 24. August, »daß etwas ganz Unhaltbares herauskommen wird, das die Regierungen bei allen denkenden Menschen in weiteren Mißkredit bringen muß. In der ganzen Sache ist kein fester Gang, der weder auf die gegenwärtigen Verhältnisse noch auf die Menschen berechnet ist. Gott weiß, wo uns das hinführen wird. Wie danke ich Gott, daß ich keinen Teil genommen an diesem Unsinn, der uns unvermeidlich zu einer Revolution führen wird, die freilich nicht durch hochfürstliche Durchlauchten, sondern durch Advokaten durchgeführt werden wird. Denken Sie daran, daß ich es vorausgesagt habe.«[205]

Wenige Monate nach dem ergebnislosen Ende des Frankfurter Fürstentreffens gewann mit dem Tod von König Friedrich VII. von Dänemark am 15. November 1863 und der strittigen Erbfolge in den Elbherzogtümern die schleswig-holsteinische Frage neue Aktualität. In Deutschland entfachte diese Frage die nationalen Leidenschaften. Nachdrücklich forderte die öffentliche Meinung im Einklang mit den Regierungen der Mittel- und Kleinstaaten die Loslösung der Herzogtümer von Dänemark und die Einsetzung Friedrichs von Augustenburg als Herzog von Schleswig-Holstein. Doch Österreich und Preußen setzten sich über das Votum der mindermächtigen Bundesstaaten hinweg. Am 14. Januar 1864 kündigten sie ein eigenständiges Vorgehen an. Die Mittel- und Kleinstaaten wollten dies nicht hinnehmen. Eine starke Bewegung trat für den Zusammenschluß dieser Staaten des Reinen, des Dritten Deutschlands ein, um mit ganzer Volkskraft die Elbherzogtümer von der Fremdherrschaft zu befreien. Die Mehrheit der württembergischen Kammer der Abgeordneten sprach sich für die Berufung eines gemeinsamen Parlaments des Dritten Deutschlands aus. Nochmals lebte die alte Triasidee auf.[206] Freilich, ihr jahrzehntelanger Vorkämpfer, König Wilhelm, hielt sie in der derzeitigen politischen Situation und mit den von ihren Wortführern genannten Absichten nicht für durchführbar. Obwohl krank und bereits körperlich recht hinfällig, hatte er den Mut, den österreichischen Außenminister vor einer Lösung der Großmächte von der Politik des Bundes zu warnen. Dieser antwortete verletzend: Die kleinen Herren sollten die Hände von der hohen Politik lassen. Auf der anderen Seite verbat sich der König energisch Belehrungen von Untertanen. Als ihn eine Volksversammlung in einer Eingabe ersuchte, doch ja in der Unterstützung des Augustenburgers nicht nachzulassen, erwiderte er hochfahrend, er habe keine Lust, sich mit Privatpersonen in die Erörterung von Dingen einzulassen, von denen sie nichts verstünden. Er erwarte vielmehr »Vertrauen darin, daß er zum Wohle des deutschen wie des württembergischen Vaterlandes zu handeln wisse«.[207]

Die plötzliche Unterstützung der Politik der Mittelstaaten durch Liberale und Demokraten aller Richtungen war dem Monarchen suspekt, ja unheimlich. Er wollte sich keinesfalls vor ihren Karren spannen lassen. Obwohl er sich für die Rechte Herzog Friedrichs von Augustenburg aussprach, hatte er gegen das im Einvernehmen mit Rußland erfolgende gemeinsame Vorgehen Österreichs und Preußens im Grunde wenig einzuwenden. Das Zusammenwirken der drei konservativen Großmächte begrüßte er, weil diese damit in seinen Augen einen festen Damm gegen die Flut des revolutionären Umsturzes errichteten.[208] Und der Bau eines solchen Damms erschien ihm ein dringendes Erfordernis. Im »Staatsanzeiger« vom 24. Januar 1864 war zu lesen: Der gegenwärtige Zustand sei peinlich; man müsse sehen, wie man mit den beiden Großmächten in ein Verhältnis komme, welches den Fortbestand des Bundes möglich mache.[209]

Am 18./19. Februar 1864 tagten in Stuttgart die Mittelstaaten, um über gemeinsame Schritte gegen die beiden Großmächte zu beraten. König Wilhelm versprach sich von einer derartigen Konferenz nichts, und er behielt recht. Unmißverständlich erklärte er, er werde keinen einzigen Soldaten nach Schleswig-Holstein schicken.[210] Inzwischen hatte er sich zu der Überzeugung durchgerungen, daß die einzig sinnvolle Lösung der schleswig-holsteinischen Frage die Eingliederung der Herzogtümer in das Königreich Preußen war. Österreich würde, so meinte er, dadurch zwar keine neue Provinz bekommen, wohl aber eine Garantie seiner italienischen Besitzungen durch Preußen. Nach seinem Urteil war dies für Österreich die entschieden bessere Lösung. Wenn der preußische Ministerpräsident im April 1864 mit Blick auf Schleswig-Holstein äußerte, Österreich wird für sich keine Provinz, dafür aber die preußische Armee gewinnen, so war dies auch die Meinung des württembergischen Königs. Den Staaten des Dritten Deutschlands riet König Wilhelm, sich im eigenen Interesse mit einer solchen Lösung abzufinden.[211]

Das Ende der im Februar 1864 begonnenen kriegerischen Auseinandersetzungen zwischen Dänemark und den Großmächten Österreich und Preußen erlebte König Wilhelm nicht mehr. Er starb am 25. Juni 1864, einen guten Monat vor dem Abschluß des Vorfriedens und vier Monate vor der Besiegelung des Sieges von Österreich und Preußen durch den Frieden von Wien am 30. Oktober 1864. Anfang März 1864 erkrankte der Monarch schwer. Ein Regierungsrat unter dem Kronprinzen übernahm die Regierungsgeschäfte, und er versah sie bis zum Tod des fast 83jährigen.[212] Auf dem Feld der deutschen und der europäischen Politik hinterließ »der gescheite alte Herr«, wie ihn Bismarck respektvoll nannte, eine schmerzliche Lücke.

Seit Herbst 1863 verschlechterte sich der Gesundheitszustand König Wilhelms zunehmend. Nach einem raschen Kräfteverfall erholte er sich überraschenderweise im Frühjahr wieder so weit, daß er sich mit einzelnen wichtigen staatlichen Leitungsaufgaben selbst befassen und auch Ausflüge in die Umgebung unternehmen konnte.[213] Zu seiner Familie hatte er kaum noch Kontakt. Außer seinen Adjutanten, seinem Leibarzt sowie den wenigen Bediensteten, befand sich Amalie von Stubenrauch, die ihr Leben ganz auf ihn ausgerichtet hatte, sehr besorgt um ihn war, ihm menschliche Wärme und liebevolle Zuneigung schenkte, gewöhnlich in seiner Nähe. Ein enges Vertrauensverhältnis hatte er auch zu dem Schriftsteller Friedrich Wilhelm Hackländer; mit ihm führte er oft längere Gespräche.[214]

Die Sorge, daß nach seinem Tod unliebsame Dinge über ihn und seine Familie an die Öffentlichkeit gelangten, bewogen ihn in seinen letzten Lebensmonaten zu einigen vorbeugenden Maßnahmen. Am 31. Mai 1864 bat er die Erben des verstorbenen Oberstkammerherrn und Generalleutnants von Spitzemberg Papiere zurückzugeben, die sich auf ihn und seine Angehörigen bezogen.[215] Er hat sodann dieses Schriftgut, das er sehr wahrscheinlich zurückerhielt, zusammen mit einem Großteil seiner Privatpapiere umgehend vernichten lassen.[216]

Am 1. März 1864 hatten die »städtischen Körperschaften« der Stadt Lüben in Schlesien beschlossen, dem greisen Monarchen das Ehrenbürgerrecht zu verleihen. Diese Ehrung nahm König Wilhelm am 6. Juni an, bat aber, mit Rücksicht auf seinen »noch leidenden Zustand« von der Entsendung einer Deputation abzusehen. Die Stadt Lüben hatte bereits im Mai 1838 am Geburtshaus Wilhelms, dem »ansehnlichsten Haus der Stadt«, das württembergische Wappen angebracht, und der König hatte sich mit einer Stiftung von 1 200 fl zugunsten der dortigen Armen revanchiert.[217]

Begleitet von Graf Taubenheim, seinem Oberststallmeister, der zu den wenigen ihm näherstehenden Menschen gehörte, besuchte König Wilhelm am 23. Juni 1864 das Gestüt Weil. Der Blick über das frühsommerliche Land stimmte ihn wehmütig, er wandte sich Graf Taubenheim zu und sagte – so wird überliefert – es schmerze doch sehr, von einem so schönen und guten Lande scheiden zu müssen.[218] Er wußte, daß sich sein Leben rasch dem Ende zuneigte. Im Schloß Rosenstein, mitten in einer herrlichen Landschaft über dem Neckar gelegen, suchte er wie unzählige Male zuvor Ruhe und Erholung. Dort überraschte ihn in der Morgenfrühe des 25. Juni 1864 ein sanfter Tod. Kein Mitglied seiner Familie war anwesend, er hätte dies wohl auch kaum gewünscht. Lediglich sein Leibarzt Dr. Karl Elsässer und sein Kammerdiener Dannecker waren bei dem Sterbenden. Außerdem befand sich der königliche Adjutant Gronsfeld im Schloß. So abgesondert von seiner Familie wie König Wilhelm gelebt hatte, war er jetzt auch gestorben. Dr. Elsässer hatte die Tochter Marie (Gräfin Neipperg), den Schwiegersohn Prinz Friedrich sowie die Tochter Auguste mit ihrem Mann Prinz Hermann zu Sachsen-Weimar vom kritischen Zustand des Königs benachrichtigt. Sie kamen aber zu spät. Das Kronprinzenpaar hielt sich gerade zur Kur in Bad Kissingen auf; es kehrte auf die telegrafische Todesnachricht sofort nach Stuttgart zurück.[219]

Die Stuttgarter »Bürger-Zeitung« unterrichtete am Morgen des 25. Juni in einem Extrablatt ihre Leser über den Tod König Wilhelms: »König Wilhelm, der Nestor der europäischen Fürsten, der Vielgeliebte seines Volkes, ist nicht mehr. Diesen Morgen um 5 U[hr] 10 M[inuten] ist der beste der Könige auf dem Schlosse Rosenstein entschlafen. Bis zum letzten Augenblicke hell und stark im Geiste, war die gebrechliche irdische Hülle wiederholten Krankheitsanfällen erlegen. Und doch kommt die schmerzliche Trauerkunde dem Lande überraschend und wie ein Blitz aus heiterem Himmel. Kaum erst von einer schweren Krankheit wieder erstanden, war der höchstselige König auf das Schloß Rosenstein übergesiedelt, um sich in dem Parke und den Gärten desselben wieder an die frische Luft zu gewöhnen und nächsten Dienstag nach Wiesbaden abzureisen, um dort eine Brunnenkur zu gebrauchen. Da kam gestern nachmittag die Nachricht, daß S[eine] K[önigliche] M[ajestät] von einem erneuten schweren Krankheitsanfall ergriffen, in größter Schwäche sich befinde … Soeben, 8 Uhr, ertönen alle Glocken der Stadt, um ihr das traurige Ereignis zu verkünden. Alle Läden der Hauptstraßen sind geschlossen. Vorerst ist angeordnet, daß mittags 12 Uhr und abends, 6 Uhr je eine halbe Stunde geläutet werde.«[220]

Am Vortag des Todes von König Wilhelm hatte im Hoftheater das Lustspiel Friedrich Wilhelm Hackländers »Zur Ruhe setzen« auf dem Spielplan gestanden. Dieser zufälligen Theater-Programmgestaltung legten abergläubische und empfindsame Gemüter im nachhinein eine schlimme Vorbedeutung bei.[221] In den Kirchen des Landes fanden Trauergottesdienste statt. Bischof Lipp gedachte des Verstorbenen in einer Messe an die heilige Dreifaltigkeit. Hierbei würdigte er die Verdienste, die sich König Wilhelm um ein friedliches Verhältnis zwischen Staat und katholischer Kirche erworben hatte.[222]

Im Lauf des 25. und 26. Juni trafen die nächsten Angehörigen des Toten von auswärts in Stuttgart ein, unter ihnen Königin Sophie der Niederlande und ihr Sohn, der Prinz von Oranien, sowie der Stiefsohn König Wilhelms, Prinz Peter von Oldenburg.[223] In seinem Testament hatte Wilhelm detaillierte Anweisungen gegeben, was nach seinem Ableben zu geschehen hatte und wie er sich seine Beisetzung wünsche. Sein Leichnam, so hatte er verfügt, dürfe »nach eingetretenem Tod« nur noch von seiner Familie gesehen werden, falls sie dies wünsche, sowie von den Ärzten und »dem sonst dienenden Personal«. Wenn es die Ärzte für nützlich hielten, könne eine Obduktion vorgenommen werden. Mit der Begründung, es sei ihm im Leben nichts widerwärtiger gewesen als Zeremonien und Etikette, verbat er sich eine feierliche Ausstellung sowie irgendwelches Gepränge bei seinem Leichenbegängnis. Die Beisetzung hatte auf dem Rotenberg an der Seite seiner frühverstorbenen Frau Katharina zu erfolgen. Der Sarg mit seinem Leichnam sollte nach seinem Wunsch »in nächtlicher Stille« das Schloß verlassen, lediglich begleitet vom Hofprediger, vom Hofmarschall und von einem diensttuenden Adjutanten. Das Geleit des Trauerzugs hatte die Garde zu übernehmen. Die Fahrt war so einzurichten, daß »ich mit dem ersten Sonnenstrahl auf dem Rotenberg ankomme, ein einziger Kanonenschuß soll das Ende des Begräbnisses andeuten, nur ein kurzes Gebet bei Einsenkung des Sarges gesprochen werden. Ich will ruhen in dem schon vor Jahren erbauten Grab neben meiner verewigten Gemahlin Katharina, wie ich es ihr versprochen habe.« Die Landestrauer wünschte der König, der in seinem Testament vom 20. April 1844 ausdrücklich feststellte, daß er als Christ sterbe, auf drei Monate zu beschränken, das Trauergeläut auf zehn Tage.[224]

Der Sohn, König Karl, glaubte trotz der gegenteiligen ausdrücklichen Bestimmung im Testament auf eine öffentliche Aufbahrung des Toten nicht verzichten zu können. Doch verhinderte der rasch einsetzende Verwesungsprozeß dies im offenen Sarg. Am

28. Juni defilierten dann Tausende im Marmorsaal des Neuen Schlosses an dem geschlossenen Eichensarg und nahmen so Abschied von ihrem toten Landesvater. Der Sarg war mit rotem Samt überzogen und trug das Königswappen.[225]

Am 30. Juni, wohl bald nach Mitternacht, verließ der Leichenzug bei Fackelschein das Schloß und langte, wie es der Verstorbene gewünscht hatte, mit dem ersten Sonnenstrahl auf dem Rotenberg an. Der kurzen Trauerfeier und der anschließenden Versenkung des Sarges wohnten lediglich der Sohn und Nachfolger König Karl, der Stiefsohn Prinz Peter von Oldenburg, die Schwiegersöhne Prinz Friedrich von Württemberg sowie Prinz Hermann zu Sachsen-Weimar bei, schließlich der noch besonders zugelassene Graf Taubenheim. In dem Marmorsarkophag, der bereits die sterblichen Überreste von Königin Katharina barg, fand jetzt auch König Wilhelm seine letzte Ruhestätte. Einige Stunden später versammelten sich die verwitwete Königin Pauline, Königin Olga, die Töchter des Verstorbenen, Königin Sophie der Niederlande, Prinzessin Katharina von Württemberg und Prinzessin Auguste zu Sachsen-Weimar, ferner Großfürst Konstantin von Rußland und

Prinz Peter von Oldenburg in der Grabkapelle auf dem Rotenberg zu einem Trauergottesdienst.[226]

Prinz Peter von Oldenburg bat auf dem nächtlichen Ritt zum Rotenberg seinen Stiefbruder, König Karl, um die Erlaubnis, eine von ihm komponierte Oper wohl zu Ehren des Verstorbenen im Hoftheater aufführen zu dürfen, fand dafür aber allem Anschein nach bei Karl kein Gehör.[227] Eine von Peter verfaßte Elegie auf den Tod König Wilhelms, die er an der königlichen Gruft niederlegte, findet sich in den Akten. Sie rühmt den Kriegshelden im Kampf gegen Napoleon und – wichtiger noch – den Regenten, der »den Segen des Friedens förderte«: Ackerbau, Wissenschaft, Kunst. Der Schluß der Elegie lautet:

»Freisinnig waltete er und gerecht fast ein halbes Jahrhundert,
Kirchen und Schulen zum Schutz, Armen und Kranken zum Trost.
Hat mir das herbe Geschick schon frühe den Vater entrissen,
Warst wie ein Vater Du stets liebend und freundlich für mich:
Laß mich die Tränen des Dankes, genetzet mit Tränen der Wehmut,
Niederlegen auf's Grab, das mit der Mutter Dich eint.«[228]

Wie es König Wilhelm gewünscht hatte, wurde sein Leichnam in der Nacht des 30. Juni 1864 zur Grabkapelle auf dem Rotenberg überführt.

Schwer gekränkt war Königin Pauline, weil sie der Verstorbene in seinem Testament überhaupt nicht bedacht hatte. Ihre Versorgung war zwar durch »das Wittum des Landes« hinreichend gesichert, dennoch hatte sie gehofft, daß der Gatte wenigstens in seinem Letzten Willen zu einer versöhnlichen Geste gefunden hätte. Gerne verließ sie deshalb das Residenzschloß. Vorübergehend zog sie sich nach Friedrichshafen ins dortige

Schloß zurück, um dann im Stuttgarter Kronprinzenpalais Wohnung zu nehmen. Als Sommerresidenz wies ihr der Sohn Ludwigsburg zu, außerdem ließ er für sie die Villa Argena am Bodensee herrichten.[229]

Nicht vergessen hatte Wilhelm seine einstigen Geliebten. So hatte er Therese von Abel und Baronin Blanche de La Flèche geheime Pensionen ausgesetzt. Auch wenn er seit langem zu ihnen keine Verbindung mehr hatte, sollten doch die zwei schon recht betagten Frauen während ihrer letzten Lebensjahre keine materiellen Sorgen haben.[230] Indes starben beide Frauen schon bald: Blanche de la Flèche Oktober 1864, Therese von Abel im Mai 1866.

Daß sich Amalie von Stubenrauch während vieler Jahre in der Gunst König Wilhelms hatte behaupten können, daß sie ihm bis zu seinem Tod eng verbunden blieb, hatte Königin Pauline als bittere Zurücksetzung und empörendes Unrecht empfunden. Haß und Mißgunst gegen die in ihren Augen leichtlebige, bösartige und selbstsüchtige Geliebte ihres Mannes erfüllten sie. Auch ihr Sohn Karl und ihre Schwiegertochter Olga sahen in Amalie eine kokette Verführerin, die nur auf ihren Vorteil bedacht war. Mit dem Tod König Wilhelms kam die Stunde der Abrechnung. Amalie mußte Württemberg überstürzt verlassen und in ihre bayerische Heimat zurückkehren. Sie ließ sich in Tegernsee nieder, wo sie bereits 1862 ein kleines Gut und eine Villa erworben hatte. Auch ihre Verwandten und Freunde traf der »allerhöchste«, der königliche Bannstrahl. Der Schwager Amalies, Oberst Friedrich von Bayer-Ehrenberg, wurde zwangspensioniert, der mit ihr befreundete Friedrich Wilhelm Hackländer, seines Postens als Bau- und Gartendirektor enthoben. Dabei konnten ihm keine Verfehlungen zur Last gelegt werden, allenfalls ein etwas großzügiger Umgang mit den ihm zur Verfügung stehenden Geldern im Hinblick auf von König Wilhelm gutgeheißene Projekte. Hof und Stadt hatten von seiner Tätigkeit profitiert: Stuttgart war schöner geworden. Sogar Eveline von Massenbach fand die Entlassung Hackländers ungerecht.[231]

Amalie von Stubenrauch gab in ihren Briefen an Hackländer ihrem Schmerz über den »Heimgang des Herrn« beredten Ausdruck. Am 18. Juli 1864 sprach sie von ihrem »schmerzlichen Heimweh«, von ihrer »Sehnsucht nach dem seligen Herrn«. Sie wünschte, daß die letzten Worte des Königs »Auf Wiedersehn!« für sie bald in Erfüllung gingen. »Oft glaube ich«, schrieb sie,

»beim Erwachen, einen bösen Traum geträumt zu haben. Ich habe den himmlischen Frieden auf dem teuren Antlitz, den Sie mir beschrieben, nicht gesehen, ich wollte das lebende Bild behalten.« Sie bat den Freund um ein Foto von dem Toten, hoffte auf einen Abguß von der Totenmaske.[232] Am 29. Juli klagte sie, daß ihr der Schmerz über den Tod des Königs manchmal die Brust zu zersprengen drohe. Als schreiendes Unrecht empfand sie die jetzt gegen sie erhobene Anschuldigung, sie habe sich auf Kosten des Königs bereichert. Wenn es ihr verhältnismäßig gut gehe, erklärte sie, dann deshalb, weil sie sich immer bemüht habe, »sparsam, aber anständig zu leben«, und daß sie sich weiterhin an diesen Grundsatz halte, sei sie dem Andenken des Königs schuldig. Ein Vermächtnis des »Herrn«, zu dessen Erfüllung dieser seine beiden Töchter Königin Sophie und Prinzessin Marie verpflichtet habe, habe sie erst nach einigem Zögern angenommen, und dies nur deshalb, weil ihr der Letzte Wille des Königs teuer sei und weil sie die beiden Damen nicht in Verlegenheit habe bringen wollen. Eindringlich bat sie Hackländer, doch nach Kräften über ihre verletzte Ehre zu wachen. »Tun Sie es für das Andenken des höchstseligen Königs, man kann mich nicht angreifen, ohne das teure Andenken zu schmähen.« Ihren Brief schloß Amalie mit dem bitteren Bekenntnis: »Mein Leben ist zwecklos, meine Geschwister und ihre Familien bezeugen mir viel Liebe und Teilnahme, aber es heißt doch nur von Almosen leben.«[233] Am 20. August 1864 klagte sie, der König habe vor Jahren von ihr verlangt, wenn er einmal auf dem Rotenberg ruhe, solle sie ihn dort besuchen und »ihm ein Blümchen und eine Träne weihen«. Die »Pietät« seines Sohnes habe dies unmöglich gemacht.[234] Am 22. September wünschte sie aufs neue, Hackländer möge ihr doch ein Foto von dem teuren Verstorbenen zukommen lassen. Sie wies auf ihre 34jährige Freundschaft, »ein geopfertes Leben«, hin, meinte dann aber, wenn es nicht möglich sei, begnüge sie sich »mit der ehrenden Erinnerung, Dienste habe leisten dürfen«. Von allen Seiten höre sie, wie sich bei Hofe die Stimmung gegen sie feindlich gestaltet habe, wie sie mit Haß und Groll verfolgt werde, ohne daß sie durch ihre Handlungen dazu Anlaß gegeben habe. Sie wiederholte ihre frühere Bitte, Hackländer möge wegen der Lügengeschichten über sie in »Schmutzblättern« doch ein wenig über ihre Ehre wachen. Dabei wolle sie nicht, daß er »in irgendeiner Weise eine Polemik« gegen sie »einleite«.[235]

In ihrem Dankesbrief für die Neujahrswünsche des Freundes vom 12. Januar 1865 teilte sie mit, daß sie ihr Haus in Stuttgart inzwischen verkauft habe, doch noch immer könne sie nicht mit Ruhe Stuttgarts gedenken. Der Schmerz am Ende des unglücklichen Jahres 1864 habe sie fast zur Verzweiflung gebracht. Am 17. Juli 1865 klagte sie, ihr verwundetes Gemüt scheue den Umgang mit Menschen.[236]

Niemand, der sich eingehender mit dem Leben von Amalie von Stubenrauch und mit ihrem Verhältnis zu König Wilhelm beschäftigt, wird behaupten können, Amalie sei der böse Geist des Königs gewesen. Das Gegenteil trifft zu. Amalie war eine kluge, einfühlsame und warmherzige Frau, wobei nicht zu leugnen ist, daß sie ein starkes allerdings keineswegs übersteigertes Selbstbewußtsein und Geltungsbedürfnis besaß. Auf ihren königlichen Geliebten übte sie einen günstigen Einfluß aus. Sie nahm an seinen Sorgen und Nöten Anteil, doch mischte sie sich nicht in politische Angelegenheiten ein. Dem König hat sie menschlich viel bedeutet und umgekehrt er ihr, und dies dürfte auch der Grund gewesen sein, warum die Bindung zwischen diesen beiden nach Herkunft, Stand und Wesensart so unterschiedlichen Menschen ein Leben lang hielt. Trotz des Fiaskos seiner drei Ehen, namentlich aber der ersten und der dritten, wird man daher schwerlich sagen können, Wilhelm sei zu einer festen Herzensbindung an eine Frau unfähig gewesen.

Bei der Vorliebe für künstlerische Darstellungen des nackten weiblichen Körpers sammelte König Wilhelm Zeichnungen, Bilder und Skulpturen, darunter auch manches Fragwürdige, und vereinte diese in der von Karl Ludwig Zanth im maurischen Stil erbauten Wilhelma zu einer Galerie. Die Wilhelma, sein privatester Bereich, war nur wenigen auserwählten Personen zugänglich. Auch Schloß Rosenstein stattete er zu einem Teil mit entsprechenden Bildern und Skulpturen aus. Bismarck, dem er 1855 diese Sammlungen zeigte, berichtet: »Eine ähnliche Sammlung von weiblichen Nuditäten, wie die Bildergalerie dort [in der Wilhelma] und auf dem Rosenstein sie darbietet, findet sich schwerlich irgendwo wieder.« Ähnlich urteilte Prinzessin Mathilde Bonaparte, die ihren Onkel um diese Zeit besuchte und der er gleichfalls die Wilhelma zeigte. Mathilde erinnerte sich, daß ein Teil der Aktbilder hinter Vorhängen diskret verborgen gewesen sei. Der Onkel habe die Vorhänge zurückgezogen und so die »Nuditäten« enthüllt.[237]

Nach dem Tod König Wilhelms erhielten nahe Familienangehörige Zugang zu diesen Räumen der Wilhelma und des Schlosses Rosenstein. So zeigte Königin Olga ihrer Hofdame Eveline von Massenbach am 23. Januar 1866 »die intimen Zimmer« des verstorbenen Königs in der Wilhelma. Kommentar der Hofdame beim Anblick der »Miniaturen«: »Unmöglich!«[238]

Indes war König Wilhelm nicht nur ein leidenschaftlicher Sammler von Frauenakten in Bild- und Skulpturform gewesen, er hatte sich bis ins hohe Alter auch für Porträtbilder schöner Mädchen und Frauen interessiert. Nach einem offiziellen Besuch in München im Herbst 1860 hatte er den württembergischen Gesandten am bayerischen Hof gebeten, ihm das Foto von einem Fräulein von Redwitz – allerdings »ohne alles Aufsehen« – zu beschaffen, damit er es seiner Sammlung einfügen könne. Er hatte seinen Wunsch damit begründet, daß ihm schon lange keine »Gesichtsbildung« so gut gefallen habe wie die der jungen Frau.[239]

Anfang Mai 1868 berichteten Münchner Zeitungen über Bilder aus dem Besitz des verstorbenen württembergischen Monarchen, die demnächst versteigert werden sollten. Der »Münchner Tages-

Schloß Wilhelma.

Anzeiger« vom 3./4. Mai 1868 gab seinem Bericht die hämische Überschrift: »Ein königliches Erbe«. Die Zeitung schrieb: »In den kleinen Gemächern des Glaspalastes sind zur Zeit (natürlich nur für die engsten Künstlerkreise) die Bilder ausgestellt, welche der jetzige König von Württemberg in dem Nachlasse seines Vaters vorgefunden, sie aber in seinem Hause nicht länger zu dulden Lust hat. Der verstorbene König war nämlich ein großer Freund von obszönen Bildern, wenn dieselben gut gemalt waren, und die ganze aus mehr als 200 Bildern bestehende Sammlung wird in der nächsten Woche versteigert.« Eine andere Zeitung – vermutlich war es die Nummer 18 des »Punsch«, den Amalie von Stubenrauch in diesem Zusammenhang nennt – brachte die recht peinliche Angelegenheit in einer Notiz auf den Punkt: »Bei dieser geheimen Kunstausstellung ist zweierlei zu verwundern: erstens, daß für derlei Artikel gerade München der geeignete Markt sein soll und daß man sich in Stuttgart nicht scheut, um der paar hundert Gulden willen, die für den Quark vielleicht gelöst werden, den alten König noch im Grabe zu blamieren.«[240]

Amalie von Stubenrauch war empört, als sie aus der Presse von der bevorstehenden Versteigerung erfuhr. Sie schrieb Hackländer: »Ich bin außer mir… Wäre es möglich, daß sich unter dem Nachlaß des seligen Herrn dergleichen, wie hier erwähnt, befunden hat und worüber doch nur König Karl allein zu verfügen hat? Ich erinnere mich wohl, daß sich auf dem Rosenstein eine kleine Galerie, wie er mir sagte, von antiken Bildern, zwar nur Kopien befunden hat, welche der selige Herr aber nicht zeigte. Wären es etwa diese? Eine Sammlung von Kopien alter Meister, dann müßte man die Leute darüber verständigen. Meinen Sie nicht auch? Ich bitte Sie, teilen Sie diese neue Beschimpfung des Höchstseligen dem Grafen Taube mit, er hat für das Andenken des seligen Herrn Pietät. Entschuldigen Sie mein aufgeregtes, eiliges Schreiben, denn nicht nur meine Augen, mein Herz weint.«[241] Es scheint, daß die Versteigerung der Bilder aus dem Nachlaß König Wilhelms in München ohne weiteres größeres Aufsehen über die Bühne ging. Für König Karl und seine Berater aber war diese höchst unerfreuliche Geschichte kein Ruhmesblatt.

Königin Pauline, ebenso König Karl und Königin Olga bezichtigten auf Grund bösartiger Gerüchte die verhaßte Geliebte König Wilhelms neben anderen üblen Machenschaften der schamlosen Bereicherung. Doch der gegen Amalie von Stubenrauch angestrengte Prozeß mußte bereits nach kurzer Zeit wegen Mangels an Beweisen niedergeschlagen werden. Der Stuttgarter Hof und die württembergische Finanzverwaltung blamierten sich mit diesem leichtfertig inszenierten Gerichtsverfahren schwer. Amalie von Stubenrauch führte bis zu ihrem Tod am 14. April 1876 in ihrer Villa am Tegernsee ein zurückgezogenes Leben.[242] Ihr Vermögen mit etwa 350 000 Mark hinterließ sie ihren Geschwistern, Neffen und Nichten sowie den Kindern einer Kusine. Auch bedachte sie in ihrem Testament ihre Bediensteten mit Legaten. Ferner stiftete sie kirchlichen und karitativen Einrichtungen, so der katholischen Pfarrkirche Tegernsee, dem Krankenhaus Tegernsee, der katholischen Kirche in Stuttgart, den Barmherzigen Schwestern in Schwäbisch Gmünd, dem Diakonissenhaus in Stuttgart, jeweils zwischen 100 und 200 fl, dem Witwen- und Waisenfonds sowie dem Orchesterfonds des Hoftheaters 300 und 200 fl, dem Schillerverein in Stuttgart 100 fl.[243]

Daß Königin Pauline, »eine gutmütige, geistlose, in ihrer Jugend sehr schöne Frau«, wie sie Robert von Mohl charakterisiert, nur mit Verbitterung an den verstorbenen Gatten denken konnte, ist durchaus verständlich. Viele Jahre hatte sie unter seiner Gleichgültigkeit, seiner »Sprachlosigkeit«, ja seiner Abneigung, Geringschätzung, um nicht zu sagen Verachtung, gelitten.[244] Daß auch sie an seiner Kälte nicht ganz schuldlos war, wurde ihr wohl gelegentlich bewußt; doch ihre Bemühungen, den Gatten wieder für sich zu gewinnen, blieben unbeachtet. Und da war die Fremde, die Katholikin, die Schauspielerin, sie hatte ihr den Mann entfremdet. Jetzt nach dem Tod Wilhelms überkam sie der Schmerz über eine mißglückte Ehe, über unzählige Demütigungen erst recht. Es dürfte Absicht gewesen sein, daß Pauline und ihre Töchter am ersten Jahrestag des Todes von König Wilhelm dem Gedenkgottesdienst fernblieben.[245] Ihre Lebenserfüllung fand Königin Pauline in der Sorge für Kinder und Enkel sowie in einem ungewöhnlichen Engagement auf karitativem Gebiet. Noch heute bestehende Einrichtungen wie die Paulinenhilfe in Stuttgart oder die Paulinenpflege in Winnenden tragen ihren Namen. Königin Pauline starb am 10. März 1873.[246] Ihre letzte Ruhestätte fand sie in der Familiengruft im Ludwigsburger Schloß.[247]

König Wilhelm: Persönlichkeit und Lebenswerk

Im Frühjahr 1865, neun Monate nach dem Tod König Wilhelms, erregte in der englischen und französischen Presse ein Plan über eine Neuorganisation des Deutschen Bundes großes Aufsehen. Der Verfasser war bald festgestellt: der verstorbene württembergische König. Es handelte sich um dessen undatiertes, vermutlich Anfang der fünfziger Jahre niedergeschriebenes »Politisches Testament für den künftigen Zustand Deutschlands«. Dieses Testament enthielt Vorschläge zu einer politischen Neuordnung Deutschlands, die König Wilhelm seit dem berühmt-berüchtigten »Manuskript aus Süddeutschland« in unterschiedlichen Variationen wiederholt durch Mittelsmänner hatte publizieren lassen oder die er auch in eigenen Denkschriften entwickelt hatte.

Der Zustand des Deutschen Bundes, so legte er einleitend dar, müsse dringend geändert werden, lähme er doch jede Kraft und jeden Aufschwung. Eine solche Änderung geschehe am zweckmäßigsten dadurch, daß sich die vier Königreiche Bayern, Sachsen, Hannover und Württemberg die kleineren Staaten eingliederten. Die vier Königreiche allein repräsentierten die deutsche Gesinnung, »alle anderen Teile des Vaterlandes seien durch kleinliche Intrigen und Verwirrungen gelähmt«. Auch bildeten die vier Königreiche »den alten Stamm von Deutschland«. Ihre fortdauernde Verbindung »würde eine Macht von konservativen und monarchischen Grundsätzen bilden«. Zu diesen vier Königreichen sollte ein fünfter Staat mit dem Mittelpunkt Mainz treten, der die beiden preußischen Rheinprovinzen sowie Mannheim mit seinem Territorium, Hessen-Darmstadt, Hamburg, Nassau und Frankfurt umfaßte. Dieser fünfte Staat übernähme als »Kanzler des Reichs alle Eingaben, Vermittlungen und Geschäfte«, ehe sie an den Bund kämen. Die Fürsten der mediatisierten kleineren Staaten sollten durch steuerfreie Apanagen oder Renten abgefunden werden. Die Vergrößerung der vier Königreiche stellte sich der König folgendermaßen vor: Sachsen erhält Weimar, Meiningen, Coburg-Gotha und Altenburg, die Fürstentümer Schwarzburg und einen Teil von Reuß (der nicht an Bayern fällt). Hannover bekommt Oldenburg, Braunschweig, Bremen, Waldeck und einen Teil von Kurhessen sowie die Fürstentümer Lippe. Bayern gliedert sich die übrigen Teile von Kurhessen und Reuß ein. Württemberg fallen das nicht dem Mainzischen Staat zugewiesene Gebiet von Baden sowie Hohenzollern zu.

König Wilhelm versprach sich von einer solchen Neugliederung des Dritten oder des Reinen Deutschlands – diese Bezeichnung vermied der König jedoch –, daß das Volk alle Vorteile eines zusammenhängenden Verkehrs genießen und »von selbst auf Einigkeit geführt« werde. Sein Fazit: Die vier Königreiche »bildeten... eine feste Masse von konservativen und monarchischen Grundsätzen, die sich gern an gleichdenkende größere Staaten anhängen würde. Sie brauchte also in Friedenszeit kein Bündnis mit Österreich und Preußen und ebensowenig mit Holland oder Belgien; sie würde aber eine gute Stütze sein, wenn eine dieser Mächte die andere mit Unrecht angriffe«. Da Preußen bei der vorgesehenen Neuordnung Deutschlands auf seine Rheinprovinzen verzichten müßte, sollte es als Ersatz die Herzogtümer Schleswig-Holstein bekommen, und falls dies nicht möglich wäre, sollte es mit Hamburg, Mecklenburg, den Anhaltischen Häusern nebst Eutin und Lübeck entschädigt werden.[1]

König Wilhelm hat dieses »Politische Testament« später durch kein anderes ersetzt. Es blieb unverändert bei den Akten. Daß sich der Monarch bis zu seinem Tod mit ihm identifizierte, dafür spricht die Außenpolitik, die er während seiner letzten zehn Regierungsjahre betrieb und ebenso die Tatsache, daß seine Tochter Sophie, die Königin der Niederlande, die er in politischen Fragen gerne ins Vertrauen zog und der er auch eine Mehrfertigung dieses Testaments überließ, diese Mehrfertigung 1864 Kaiser Napoleon III. zum Lesen gab.[2] Der Kaiser der Franzosen nahm von dem Plan einer politischen Neuordnung Deutschlands, wie sie König Wilhelm vorgeschwebt hatte, sicher mit Interesse Kenntnis, hätte doch dessen Verwirklichung die beherrschende Stellung Frankreichs auf dem europäischen Kontinent gesichert. Freilich, es war lediglich eine Konzeption, und ihr Urheber war inzwischen verstorben. Die politische Entwicklung Mitteleuropas ging in eine Richtung, die König Wilhelm zeitlebens hatte verhindern wollen. Preußen war dank der zielstrebigen Politik von Ministerpräsident Bismarck im Begriff, Österreich aus Deutschland zu verdrängen und zur Führungsmacht in einem kleindeutschen Bundesstaat aufzusteigen. Ein gnädiges Geschick hatte es König Wilhelm erspart, sich dem Führungsanspruch Preußens unterwerfen und damit eine Art Mediatisierung seines Landes akzeptieren zu müssen. Wir wissen nicht, welchen Weg er eingeschlagen hätte, um sich und sein Land vor diesem Schicksal zu bewahren. Wahrscheinlich hätte er auf verlorenem Posten gestanden, doch von vornherein klein beigegeben hätte er sicher nicht. Seine Tochter Sophie äußerte 1869, ihr Vater, der so deutsch gewesen sei, wie man nur deutsch sein könne, habe die von Preußen ausgehende Gefahr gesehen. Am Ende seines Lebens habe er deshalb seine politische Marschroute auf den knappen Nenner gebracht: »Lieber französisch als preußisch!« Eine Anlehnung an Frankreich schien ihm erträglicher als eine Unterwerfung unter Preußen. Das eine, so pflegte er zu sagen, wäre vorübergehend, das andere bleibend.[3] Ob er tatsächlich so gehandelt hätte, bleibt indes gleichfalls eine Frage.

Man hat nach der Gründung des Bismarckreichs sein Konzept einer Lösung der deutschen Frage als wirklichkeitsfremd und völlig verfehlt bezeichnet.[4] Heute sehen wir dies anders. Das 1871 geschaffene Bismarckreich hat die Machtbalance in Europa, wenn nicht zerstört, so doch in hohem Maß gefährdet. Es hat in Deutschland den monarchischen Obrigkeitsstaat preußischer Prägung zur Herrschaft gebracht. Daran ändert auch die Tatsache nichts, daß sich in den süddeutschen Staaten ein liberalerer Geist als in Preußen behaupten konnte. Ein politischer Rückschritt war es in jedem Fall. In gewissem Sinn bildete das kleindeutsche Kaiserreich ein Großpreußen. In der Konzeption König Wilhelms war der kulturellen und politischen Pluralität Deutschlands ungleich mehr Rechnung getragen als in dem nunmehr etablierten Bismarckreich. 1859 sagte der Monarch zu dem russischen Gesandten Titow: »Deutschland ist keine Nation. Es ist ein großes Volk, gebildet aus Stämmen (races), von denen jeder seine Geschichte, seine Physiognomie und seine unterschiedlichen Bedürfnisse (nécessités distinctes) hat.«[5]

Der föderative Gedanke, der in unserem heutigen deutschen Staat, der Bundesrepublik Deutschland, verwirklicht ist, war im

Prinzip bereits im Plan des württembergischen Königs für das »Dritte, das Reine Deutschland« vorhanden: ein Bund aus einer beschränkten Zahl politisch und wirtschaftlich stabiler Mittelstaaten. Sicher wäre der Weg bis zur Verwirklichung eines solchen Bundesstaats noch weit und beschwerlich gewesen, und wir wissen nicht, inwieweit König Wilhelm wie auch andere Bundesfürsten bereit gewesen wären, Souveränitätsrechte auf diesen Staat zu übertragen, deren Preisgabe zugunsten eines deutschen Gesamtstaats unerläßlich gewesen wäre. Aber da gab es neben dem »Dritten Deutschland« noch Österreich und Preußen, die sich primär als deutsche Mächte verstanden, obwohl – und dies traf vor allem für Österreich zu – fremde Nationen ihrem Staatsverband angehörten und ihre politischen Interessen mehr europäisch als deutsch waren.

König Wilhelm hielt eine Auflösung der beiden Großmächte und die Angliederung ihrer deutschen Provinzen an einen deutschen Bundesstaat für gefährlich. Österreich und Preußen waren europäische Mächte mit europäischen Ordnungsfunktionen. Ihre Zerstörung hätte Europa politisch destabilisiert und kriegerische Verwicklungen zur Folge gehabt. Das Hinausdrängen Österreichs aus Deutschland nach dem Krieg von 1866 hat sich auch nach dem Untergang des Kaiserstaats Österreich-Ungarn im Gefolge des Ersten Weltkriegs und die Reduktion Österreichs auf einen kleinen deutschen Reststaat nicht mehr rückgängig machen lassen. Dagegen hat sich Westdeutschland nach der Auflösung Preußens durch das Gesetz des Alliierten Kontrollrats vom 25. Februar 1947 eine bundesstaatliche Struktur geben können, wie sie skizzenhaft bereits König Wilhelm in der Mitte des 19. Jahrhunderts im Auge gehabt hatte, und diese Struktur konnte dann auch nach dem Zusammenbruch der Deutschen Demokratischen Republik, der DDR, im Jahr 1990 auf Ostdeutschland ausgedehnt werden. Die seit Jahrzehnten diskutierte Neugliederung des Bundesgebiets mit dem Ziel, die Zahl der deutschen Länder zu verringern und nach Gebietsumfang, Einwohnerzahl und Wirtschaftskraft ähnlich strukturierte neue politische Einheiten zu schaffen, entspräche durchaus dem Konzept des württembergischen Monarchen.

König Wilhelm übertraf die meisten seiner fürstlichen Standesgenossen durch seine ungewöhnliche politische Begabung. Während seiner 48 Jahre umfassenden Regierungszeit spielte er nicht nur in der deutschen, sondern auch in der europäischen Politik eine bedeutsame Rolle. Wenn er seine politischen Vorstellungen nicht verwirklichen konnte, so hing dies damit zusammen, daß er als Souverän nur über ein kleines Land gebot. Sein Votum erhielt deshalb häufig nicht das Gewicht, das es verdient hätte. Mehr als einmal, am gewaltsamsten 1823/24, brachten die Großmächte den aufmüpfigen Kleinkönig zur Räson. Die Tragik seines Lebens war, daß das kleine Württemberg – es besaß nur ein gutes Drittel der Einwohner des Nachbarstaats Bayern und nur ein 27stel der Einwohner des Deutschen Bundes – in einem krassen Mißverhältnis zu seinem politischen Wollen und Können stand. Wie oft mußte er erfahren, daß seine Einsichten von Österreich und Preußen nicht ernstgenommen wurden, daß seine Warnungen ungehört verhallten.

Um wenigstens besonders wichtige politische Ziele durchsetzen zu können, bediente er sich ungewöhnlicher Wege: geheime Direktkontakte zu den Regenten und Ministern anderer Staaten hinter dem Rücken seiner eigenen Minister und Gesandten, Privatkorrespondenzen mit führenden Politikern der Großmächte und der Mittelstaaten in politischen Fragen, Übertragung von brisanten Aufträgen und Missionen an Geheimagenten. Heinrich Ritter von Srbik wird aber Wilhelm in keiner Weise gerecht, wenn er ihn folgendermaßen charakterisiert: »herzenskalt, mißtrauisch, undankbar und rücksichtslos, unaufrichtig und ein Meister des doppelten Spiels und der krummen Wege… stets geneigt, hinter dem Rücken seiner Minister seine eigene Linie zu verfolgen«.[6] Die Grundtendenzen der Politik Wilhelms waren klar, und sie blieben über Jahrzehnte hinweg mehr oder weniger dieselben, so namentlich sein Konzept einer politischen Neugliederung Deutschlands. Die Wege, die er ging oder – zutreffender – die er als Regent eines kleinen Staates gehen mußte, waren oft undurchschaubar, verschlungen. Kein Politiker kommt ohne ein gewisses Maß an Mißtrauen aus. Deshalb kann man ihm sein Mißtrauen nicht vorwerfen. Unaufrichtig war er aber nicht, eher verschwiegen, dazu empfindsam und leider auch nachtragend.

Zeitlebens fühlte sich König Wilhelm als Soldat. Seine Fronterfahrungen in den beiden Feldzügen gegen Napoleon 1814 und 1815 umgaben ihn mit einer Aura des Heldenmütigen, und nicht zuletzt sorgte er selbst dafür, daß sie nicht verblaßte. Er schrieb sich auch das Talent eines Feldherrn zu, obwohl er dieses nie hatte unter Beweis stellen können. Seine militärische Rolle 1814

König Wilhelm –
Nestor unter den europäischen Fürsten.

und 1815 war die eines Generals gewesen, der für die ihm unterstellten Truppen allenfalls taktische Anweisungen zu erteilen, keinesfalls aber strategische Entscheidungen zu treffen gehabt hatte. Indes war Wilhelm kein Militarist. Den Primat der Politik gegenüber der Kriegführung hat er stets anerkannt und praktiziert. Bewundernswert ist, wie er in schwierigen politischen Situationen, die die Gefahr einer kriegerischen Eskalation in sich bargen, alle Chancen zu einem friedlichen Ausgleich nutzte und vermöge seines großen politischen Geschicks – manchmal auch auf krummen Wegen – damit in der Regel Erfolg hatte. Nicht nur Deutschland, ganz Europa hatte ihm, dem Vorkämpfer für die friedliche Bereinigung brisanter politischer Probleme, viel zu danken.

Als Wilhelm 1816 den Thron bestieg, ging ihm der Ruf eines deutschpatriotischen, liberalen Fürsten voraus. Mit seinem Namen verbanden sich große Hoffnungen. Anfänglich schien es auch, als würde er diese Erwartungen erfüllen. Er schloß nach langen Querelen mit den Ständen einen Verfassungsvertrag, die erste und einzige Verfassung in Vertragsform im Deutschland der Zeit der Restauration und des Vormärz. Dazuhin stellte er sich an die Spitze der liberalen Bewegung und bot den jede freiheitliche Regung unterdrückenden Großmächten Widerpart. Dies verschaffte ihm in ganz Deutschland hohes Ansehen. Allein, er konnte dem massiven Druck der Großmächte nicht lange standhalten. Gedemütigt mußte er auf deren repressiven politischen Kurs einschwenken. In der Folgezeit wagte er nur noch vorsichtig wider den Stachel zu löcken. Dennoch hatte der monarchische Obrigkeitsstaat in Württemberg auch in der zweiten Hälfte der zwanziger Jahre eine gemäßigtere Ausprägung als anderswo.

Die Julirevolution von 1830, das starke Anwachsen der liberalen Bewegung, die Revolution 1848/49, in deren Gefolge es zu der Abspaltung einer radikalen demokratischen Richtung von der gemäßigt- oder konstitutionell-liberalen Bewegung kam, das Verlangen nach Einheit und Freiheit des deutschen Volkes und vor allem das Pochen der revolutionären Kräfte 1848/49 auf die Volkssouveränität stellten den von König Wilhelm vertretenen konstitutionell-monarchischen Staat in Frage. Der König fürchtete auch nach dem Scheitern der Revolution, die ihn zu manchen schmerzlichen Konzessionen gezwungen hatte, daß radikale politische Kräfte erneut das Heft in die Hand bekämen und die mühsam restaurierte vorrevolutionäre Staats- und Gesellschaftsordnung zerstörten und die Völker ins Chaos stürzten. Gemäßigte Reformen der konstitutionellen Monarchie erschienen ihm notwendig, und sie befürwortete er im Land wie im Bund, doch rüstete er sich zu härtestem Widerstand gegen den revolutionären Umsturz. Deshalb seine seismographische Empfindlichkeit während der letzten anderthalb Jahrzehnte seiner Regierung gegen alle radikalen Tendenzen und Bestrebungen. Seiner Ansicht nach war die Politik Sache des Landesherrn, der von ihm berufenen Minister und allenfalls noch der mit sehr begrenzten Rechten ausgestatteten Landstände. Ihnen oblag es, die Rahmenbedingungen für eine gedeihliche Entwicklung des Staates zu schaffen, Recht und Ordnung zu gewährleisten. Das Betätigungsfeld der in ihrer Privatsphäre weitgehend freien Bürger waren die Wirtschaft, das kulturelle und geistige Leben, das Schul- und Bildungswesen. Mitverantwortung für die staatliche Gemeinschaft übernahmen die Bürger im Bereich der Kommunen und indirekt über ihre Ständevertreter auch im staatlichen Bereich. Eine politische Organisierung und Aktivierung der Bürger in Parteien hielt König Wilhelm dagegen für verderblich. Auch hier stand ihm das Schreckgespenst der Volkssouveränität und damit des revolutionären Umsturzes vor Augen.

Einige Zeitgenossen haben König Wilhelm, den sie persönlich gekannt haben, mehr oder minder einfühlsam porträtiert. Gustav Rümelin, Chef des Departements des Kirchen- und Schulwesens von 1856 bis 1861, nennt Wilhelm »einen durchaus modernen und praktisch denkenden, einsichtigen, einem mäßigen Liberalismus mit Überzeugung zugetanen Mann«. Er habe keineswegs eine stärkere machiavellistische Ader gehabt, als sonst in der Politik zumal im Kampf des Schwächeren gegen den Stärkeren häufig genug vorkomme.[7] Albert Schäffle (1831–1903), der berühmte Nationalökonom, der den König Anfang der sechziger Jahre näher kennenlernte, schreibt in seinen Lebenserinnerungen[8]: »Wilhelm I. war jeder Zoll ein König. Bei aller Vornehmheit war er dennoch leutselig und für geziemend geäußerten Humor sehr empfänglich. Er hatte Sinn für das Kleinste, das er aus dem Leben kennenlernte. Die bürgerlichen Zustände seines Volkes studierte er im Verkehr mit Angehörigen jeden Standes, und während er die Leitartikel der schwäbischen Blätter ignorierte, vergaß er keinen Tag, aus den Anzeigen die kleinen Anliegen der Bevölkerung kennenzulernen.« Schäffle rühmt das hervorragende Personengedächtnis des Königs, dessen Großmut gegenüber jungen politischen Heißspornen, die wie er selbst während der turbulenten Wochen im Frühjahr 1849 am badischen Volksaufstand teilnahmen. Hoch rechnet ihm Albert Schäffle an, daß er sich nicht, wie zuvor im württembergischen Herzogs- und Königshaus üblich, mit auswärtigen Günstlingen umgab, daß er ein Feind der tiefverwurzelten schwäbischen Vetterleswirtschaft war und daß er das altwürttembergische Schreiberunwesen beseitigte. Wenn König Wilhelm württembergische Politik gemacht habe, stellte Schäffle fest, sei dies sein gutes Recht gewesen, und wenn er es vorgezogen habe, mit den beiden deutschen Großmächten »im Bunde zu bleiben als sich einer derselben untergeordnet anzuschließen«, so sei ihm daraus gleichfalls kein Vorwurf zu machen. Schäffle hatte hier den Widerstand Wilhelms gegen die Schaffung eines von Preußen beherrschten kleindeutschen Bundesstaats im Blick. Bei einem langen Gespräch, das er mit dem König etwa ein Jahr vor dessen Tod über den preußisch-französischen Handelsvertrag hatte, beeindruckte den jungen Nationalökonomen an dem über Achtzigjährigen »die frische, tiefeindringende Sachkenntnis, die große staatsmännische Auffassung, welche niemals den Überblick im Detail verlor«. Schäffle fand das Urteil des Verlegers Cotta bestätigt: »Der König hat schon so viel los, daß es zum Verwundern ist, jedenfalls mehr als seine Minister.«

Ein sehr detailliertes Charaktergemälde von König Wilhelm zeichnet der Staatsrechtler Robert von Mohl (1799–1875).[9] Er hatte Gelegenheit den König kurz vor dessen Tod nochmals zu sehen und zu sprechen. Dieser letzte Besuch erschütterte ihn. Er traf einen hinfälligen stocktauben Greis an, der allerdings noch im Vollbesitz seiner intellektuellen Fähigkeiten war. König Wilhelm sei, urteilt er rückblickend, »unzweifelhaft ein bedeutender Mann« gewesen. Zu den geistreichen Menschen habe er nicht gehört. Niemand in seiner Umgebung könne sich an eine außergewöhnliche, etwa witzige Äußerung von ihm erinnern. Dagegen habe ihm niemand einen gesunden, praktischen Verstand, einen weiten Blick und große Menschenkenntnis absprechen können. Mohl attestiert Wilhelm eine umfassende geistige Bildung. »Zu aller Zeit las er viel, namentlich französische geschichtliche Werke und kriegswissenschaftliche Schriften; seine Privatbibliothek wurde allmählich sehr reich an dieser Literatur. Englisch verstand er nicht. Mit den bildenden Künsten beschäftigte er sich viel und verwendete große Summen in ihrem Gebiete, namentlich für Bauwerke und deren Ausschmückung. Daß er einen besonders reinen Geschmack gezeigt hätte, will ich freilich nicht behaupten. Musikalisch scheint er nicht gewesen zu sein.« Mohl lobt sodann den Fleiß des Königs und seine Gewissenhaftigkeit in allen mit seinem Regentenamt zusammenhängenden Aufgaben. »Er war wirklich der Mittelpunkt des Staates... Er kannte das Land und die Personen besser als irgend jemand, da er viel reiste, ohne allen Apparat, oft ganz ohne alles Gefolge, selbst sein arabisches Zweigespann lenkend, dabei mit einem vorzüglichen Gedächtnis ausgerüstet. Im regelmäßigen Leben verkehrte er allerdings nur mit den Spitzen der Behörden. Eine sehr dankenswerte und nutzbringende Eigenschaft war sein humaner Sinn und seine zivilisierte Auffassung und Behandlung der menschlichen und bürgerlichen Verhältnisse. Obgleich er sich gern als Soldat dachte und sich für einen großen Feldherrn hielt, war doch keine Spur von einem Säbelregiment und von verletzender Bevorzugung des Militärs. Ich glaube nicht, daß unter seiner ganzen Regierung ein Fall von militärischer Überhebung oder Gewalttätigkeit vorgekommen ist. Jeder wußte, daß ein solches Benehmen auf das schärfste geahndet werden würde«.

Alles habe der König getan, schreibt Mohl weiter, um »die erwerbenden Klassen zu heben und zu fördern«. Bei seinem Regierungsantritt habe in Württemberg von einem höheren Gewerbe keine Rede sein können. Dies habe sich im Lauf der folgenden Jahrzehnte grundlegend verändert, und hieran habe er ein wesentliches Verdienst. Persönlich habe er sich für jede »neue Anlage« interessiert, sie besichtigt, die Unternehmer ausgezeichnet. Sein Engagement in der Landwirtschaft sei Liebhaberei gewesen. Seine angenehmste Erholung habe er in seinen Gestüten gefunden. Gleich zu Beginn seiner Regierung habe er die großartige Landwirtschaftliche Lehranstalt in Hohenheim geschaffen. Er habe die auf Grund und Boden ruhenden Lasten beseitigt, die zuvor verachtete bäuerliche Bevölkerung zu einem ehrenwerten Stand gemacht, die Beschäftigung in der Landwirtschaft zu einer für jeden Untertanen »ziemenden« Erwerbstätigkeit erhoben. Nicht vergessen werden dürfe, daß Wilhelm ein »sehr guter Hausvater« gewesen sei. Er habe »für seine Person äußerst mäßig und einfach, ohne allen Prunk« gelebt. Der »Hofhalt« sei zwar für geeignete Gelegenheiten königlich eingerichtet, dazuhin vortrefflich organisiert und streng beaufsichtigt gewesen. Bei aller Sparsamkeit sei er nicht geizig gewesen. Er habe gelegentlich ein Gut gekauft, dessen Lage ihm gefallen habe oder auf dem er eine Musterwirtschaft habe einrichten wollen. »Seine Gestüte waren in ganz Europa berühmt wegen ihrer arabischen Zucht; er besaß die schönste Stammschäferei im Lande und vorzügliche Rindviehstämme. Für Kunstwerke verwendete er viel... Namentlich baute er viel und groß, teils für seinen eigenen Gebrauch wie die Wilhelma, ein Traum von 1001 Nacht, den Rosenstein oder zu öffentlichem Gebrauche, so den Königsbau, die Markthallen in Stuttgart.«

Zu den Fehlern, die König Wilhelm angehaftet hatten, zählte Mohl – und hier urteilte er zum Teil recht einseitig und oberflächlich – seine Unaufrichtigkeit, seinen Gefallen an politischen Intrigen, die von ihm hinter dem Rücken seiner Minister und Gesandten betriebene Geheimdiplomatie, seine Eitelkeit auf seinen Regentenruhm, seine Überempfindlichkeit gegen Tadel. Eine Abstimmung in der Ständeversammlung gegen irgendeinen Regierungsvorschlag habe er als persönliches Mißtrauensvotum betrachtet. Für eine nationaldeutsche Politik habe er keinen Sinn gehabt. Die Erhaltung der Unabhängigkeit seines Hauses und Landes sei sein höchstes Ziel gewesen. Mohl schrieb dies nach der Gründung des Bismarckreichs, das seinen politischen Wunschvorstellungen entsprach. Deshalb vermochte er für die politischen Zielvorstellungen Wilhelms kein Verständnis aufzubringen und diesem auch nicht zuzugestehen, daß er als Staatsmann nicht nur das Wohl Württembergs, sondern stets auch das Deutschlands im Auge gehabt hatte.

Gleichfalls eingehend mit der Persönlichkeit, dem Leben und Wirken König Wilhelms hat sich der Theologe David Friedrich Strauß (1808–1874) befaßt.[10] Seine Beobachtungen und Feststellungen stimmen in vielem mit denen von Robert von Mohl überein. »König Wilhelm«, so äußert sich Strauß, »hatte in seinem Wesen unstreitig verschiedene der Eigenschaften, welche zur Grundlage einer tüchtigen Regentennatur gehören. Er war ein Mann von hellem Verstande, nüchterner Sinnesart, mäßigen Leidenschaften, beharrlicher, zäher Willenskraft. Er war arbeitsam, ordnungsliebend, wirtschaftlich, in seinem täglichen Leben von soldatischer Einfachheit, ein Feind von Prunk und Repräsentation, und, ein paar kostspielige Liebhabereien abgerechnet, auf das Solide, Nützliche gerichtet. War er in diesen Eigenschaften ein echter Sohn des Volksstamms, zu dessen Herrscher er berufen war, so waren zwei andere Gaben, die sonst gleichfalls zu der Naturausstattung dieses Stammes gehören, Gemüt und Phantasie, ihm nur in verkürztem Maße zuteil geworden. Bewahre der Himmel jedes Volk vor einem Fürsten, bei dem es sich umgekehrt verhält!« Strauß meint allerdings, daß der »vorzugsweise Verstandes- und Willenskräftige« leicht zum engherzigen Egoisten werde, »der im niedern Kreise des Zweckmäßigen und Nützlichen tüchtig, gegen jede ideale Anforderung sich mehr und mehr verschließt«. Nun war König Wilhelm beileibe kein engherziger Egoist. Dem Zweckmäßigen und Nützlichen räumte er zwar in seinem Denken und Handeln einen vorrangigen Platz ein, aber es gab für ihn durchaus auch andere gewichtige Anstöße für seine persönliche Lebensgestaltung wie für die Bewältigung der ihm obliegenden Regentenaufgaben. Er besaß Gemüt und Phantasie, nur waren beide, wie Strauß selbst erkennt, durch bittere Jugenderfahrungen gewissermaßen verschüttet. Sein verwundetes Gemüt erschloß sich nur wenigen engen Freunden, so besonders seiner langjährigen Geliebten Amalie von Stubenrauch. Auch das von ihm geschaffene, streng abgeschirmte romantische Refugium, die in maurischem Stil erbaute Wilhelma mit ihren Sammlungen, die der weiblichen Schönheit huldigten, ebenso seine Leidenschaft für herrliche Araberpferde bezeugen, daß er Gemüt und Phantasie besaß, beide als Privatissimum pflegte und daß er ihrer als Ausgleich bedurfte, um den Streß des Regentenamtes durchhalten zu können.[11]

Seine nüchterne Sinnesart, die Gefühlsregungen bei öffentlichen Auftritten unterdrückte, ließ ihn, wie Strauß richtig beobachtet hat, trotz des hohen Respekts, der ihm von allen Bevölkerungsklassen entgegengebracht wurde, »nie eigentlich populär« werden. »Sah man ihn auch in den Straßen der Residenz schlicht und ohne Gefolge umherwandeln, bei Feuersbrünsten noch als hohen Siebziger in Sturm und Regen stundenlang zu Pferde anordnend auf dem Platze halten, versäumte er auch nie ohne Not, dem Cannstatter Volksfest beizuwohnen und beeiferte sich besonders in den späteren Jahren (wo es freilich zugleich galt, jeden Gedanken an die immer näher rückende Sterblichkeit bei sich selbst und anderen niederzuschlagen), in Werkstätten und gewerbliche[n] Etablissements bürgerfreundlich einzutreten, wozu in der allerletzten Zeit noch verschiedene freigebige Spenden und Stiftungen kamen, gleichwohl blieb er immer dem Volke fern, weil er es nicht anzusprechen verstand, und nie ist ein gemütliches oder scherzendes Wort, das er an jemand gerichtet hätte, im Umlauf gewesen.«

Anerkennend stellt Strauß fest: »Das Gute indessen, das in der Art Wilhelms lag, hat Württemberg reichlich zu genießen gehabt. Ein Geist der Ordnung, der Nüchternheit und der Besonnenheit geht durch seine ganze Regierung ... Die Staatsfinanzen sind unter ihm, nachdem sie aus der anfänglichen Zerrüttung mit schwerer Anstrengung herausgearbeitet waren, stets in guter Ordnung gewesen. Der Volkswohlstand hat sich, wenn auch vor allem durch die Gunst der Natur und der Verhältnisse, doch vielfach gefördert durch die Regierung des Königs, trotz einzelner Rückfälle im ganzen ständig gehoben. Die Verwaltung ist zweckmäßiger eingerichtet ... Die Rechtspflege hat sich, einige Zwecke politischer Prozesse abgerechnet, vorwurfsfrei gehalten.«

Ähnlich wie Mohl lobt Strauß die »Neigung des Königs zu Viehzucht und Landwirtschaft«. Das Landwirtschaftliche Institut in Hohenheim wie das jährliche Landwirtschaftliche Fest in Cannstatt werden »den Namen des Begründers noch lange in verdientem Andenken erhalten«. Sodann hebt Strauß die Förderung von Gewerbe und Handel durch den Monarchen hervor, ebenso dessen Eintreten für den bayerisch-württembergischen und dann für den deutschen Zollverein – und dies gegen manche Vorurteile auch im liberalen Lager. Beim Eisenbahnbau habe König Wilhelm mit Blick auf die von ihm intensiv betriebene Schaffung eines leistungsfähigen Straßensystems anfänglich gezögert, nachdem er aber die Nützlichkeit des neuen Verkehrsmittels erkannt habe, ihn mit Nachdruck betrieben.

Defizite der Regierung König Wilhelms sieht Strauß im Volksunterricht und der Wissenschaft. Er erkennt zwar an, daß der König auch hier manches zuwege gebracht hat, doch es hätte entschieden mehr geschehen können. Eindeutig vernachlässigt habe Wilhelm die wissenschaftliche Forschung. Kein Verständnis habe er für die Landesuniversität gehabt. Er sei gegen sie voll Mißtrauen gewesen. Jede freiere Regung unter den Studierenden und Professoren habe er mit revolutionärem Aufbegehren gleichgesetzt und unnachsichtig durchgegriffen. Widerwillig gibt Strauß jedoch zu, daß König Wilhelm die Unterbringungsverhältnisse der

Universität wesentlich verbesserte. Ein weiteres Defizit sieht Strauß auf den Gebieten der Kunst und Kultur. Er spricht Wilhelm ein »tieferes Bedürfnis und Verständnis« für sie ab. Daß er sich auch politisch mit dem Regenten, der schon bald seiner liberalen Gesinnung untreu wurde und im Blick auf die Lösung der deutschen Frage nur noch auf die ungeschmälerte Erhaltung der Souveränität seines Staates Wert legte, sehr kritisch auseinandersetzt, ist verständlich, da Strauß hier als Mann der liberalen Opposition gewissermaßen als Parteimann, spricht. Dies trifft in ähnlicher Weise auch für seine Ausführungen über das Verhältnis des Königs zu den Kirchen zu. Er wirft Wilhelm in recht gehässiger Weise vor, er habe die Religion als »Leitband für die Menge«, als bequemes und sicheres Regierungswerkzeug benutzt und sich von »protestantischen Jesuiten« – Strauß meint strenge Pietisten – in seiner Umgebung gegen freiere Bestrebungen in Theologie und Philosophie einnehmen und zu Maßregeln verleiten lassen. Daß Strauß dabei auch an das harte Vorgehen gegen ihn, den Verfasser des »Lebens Jesu«, denkt, liegt auf der Hand. Seinen Zorn erregt ferner, daß König Wilhelm die katholische Kirche von jeher »mit delikater Zurückhaltung, ja leider mit ängstlicher Schonung« behandelte. Eine gewisse Schadenfreude merkt man ihm an, wenn er erwähnt, daß der Monarch die Konvention mit der Kurie auf den Einspruch der Stände rückgängig machen mußte. Vielleicht, so schreibt er, sei dem König ein Licht aufgegangen, daß er für »die trügerische Hoffnung dankbaren Beistandes von seiten des katholischen Klerus höchst wichtige Regierungsrechte preisgegeben« habe.

Der Generalstabsoffizier Eduard von Kallee zeichnet ein sehr positives Bild des Königs[12], dessen unehelicher Sohn er möglicherweise war.[13] Seine allgemeine Charakterschilderung unterscheidet sich im Grundsätzlichen nur wenig von den Porträts, die die bereits zitierten Zeitgenossen skizziert haben. Doch seine sehr persönlichen Beobachtungen bereichern diese durch einige zusätzliche Farbtöne. Kallee räumt ein, daß König Wilhelm nicht ganz frei von Standesvorurteilen gewesen sei. »Er war König und wollte es sein. Bei aller Einfachheit war er immer vornehm, und sein Hofhalt war bescheiden, aber würdig. Er fuhr nie aus ohne Spitzenreiter, obwohl er fast täglich selbst kutschierte. Auf Reisen speiste er ganz allein an einem Tisch, der mitten im Zimmer oder Saal stand. Das Gefolge hatte draußen Marschallstafel. Fuhr er über Land, so konnte er sich unterwegs mit dem Adjutanten oder wer mit ihm sonst fuhr, angeregt unterhalten, ein andermal sprach er stundenlang kein Wort. Er konnte recht heiter sein bei Tische oder sonst, da konnte man feine Bemerkungen hören, aber die Würde ließ er nie außer acht. Witze und Spässe machte er nicht.« Daß er Kallee auf die Schulter klopfte, als ihm dieser seinen Entschluß mitteilte, Offizier zu werden (und nicht Maler), empfand der so Ausgezeichnete als einen ganz ungewöhnlichen Gunstbeweis, denn »der König berührte nicht leicht jemanden, selbst Prinzen konnten sich nur selten rühmen, daß er ihnen die Hand reichte«.

König Wilhelm war ein Mensch mit seinen Widersprüchen. Neben charakterlichen Stärken besaß er auch Schwächen. Sein Regentenamt hat der intellektuell hochbegabte, seines königlichen Rangs stets bewußte Fürst verantwortungsvoll zum Wohl seiner Untertanen verwaltet. Er war ein Glücksfall für Württemberg und, schaut man auf seine Zeit mit ihren Herausforderungen, auch für Deutschland. Zeitlebens hat er sich für den äußeren und inneren Frieden engagiert und mit Erfolg eingesetzt. Wenn er in seinem Testament sagt, er habe für die Einigkeit, die Selbständigkeit und den Ruhm von Deutschland gelebt und sein Württemberg über alles geliebt, so war dies keineswegs ein Lippenbekenntnis. Er lebte in der Tat für Deutschland, für ein eigenständiges, föderatives Deutschland, das die Achtung seiner Nachbarn genoß. Daß er Württemberg über alles geliebt hat, daran gibt es keinen Zweifel.[14]

Anmerkungen

I. Kindheit und Jugendjahre

1 Sauer, Zar S. 47–57.
2 Ebd. S. 57.
3 AHW: Familienmitglieder 268/1.
4 Sauer, Zar S. 57
5 Ebd. S. 60–67.
6 Für das Folgende: Sauer, Zar S. 69–99.
7 Ebd. S. 97.
8 Ebd. S. 99–108.
9 Ebd. S. 87 f.
10 Hölzle, Das Alte Recht und die Revolution S. 309.
11 HStAS: G 243 Bü 78.
12 HStAS: G 268 Bü 8.
13 HStAS: G 243 Bü 45 und 78.
14 HStAS: G 237 Bü 18.
15 Im Dienst des Fürstenhauses und des Landes Württemberg S. 86 und 93.
16 HStAS: G 243 Bü 45.
17 HStAS: G 243 Bü 96.
18 HStAS: G 243 Bü 75.
19 Nick, S. 3; Elias, König Wilhelm I. S. 307.
20 HStAS: G 268 Bü 8.
21 Ebd.
22 Im Dienst des Fürstenhauses und des Landes Württemberg S. 7.
23 Ebd. S. 7 und 74.
24 Ebd.
25 Ebd. S. 80 f.
26 HStAS: G 243 Bü 45.
27 HStAS: G 243 Bü 2, 34 und 95.
28 HStAS: G 243 Bü 94 und G 268 Bü 9; Grauer, Wilhelm I. S. 78.
29 Ebd.; HStAS: G 268 Bü 9.
30 HStAS: G 268 Bü 10.
31 Nick S. 3; Elias, Wilhelm I. S. 307.
32 HStAS: G 268 Bü 10; Grauer, Wilhelm I. S. 79 f.
33 Hölzle, Das Alte Recht und die Revolution S. 204.
34 HStAS: G 268 Bü 10; Mögle-Hofacker, S. 5.
35 HStAS: G 243 Bü 66.
36 HStAS: G 245 Bü 18.
37 HStAS: G 268 Bü 10; Mögle-Hofacker S. 5.
38 HStAS: G 243 Bü 95 und G 268 Bü 10; Grauer, Wilhelm I. S. 81.
39 HStAS: G 268 Bü 10.
40 Grauer, Wilhelm I. S. 80 f.
41 Palm, Ernstes und Heiteres S. 26.
42 HStAS: G 268 Bü 10.
43 Im Dienst des Fürstenhauses und des Landes Württemberg S. 93.
44 Ebd. S. 102; Lebensabriß des verewigten Königs Wilhelm von Württemberg (1864); Nick, S. 3 f.
45 HStAS: G 243 Bü 48 und G 245 Bü 18.
46 Hölzle, Das Alte Recht und die Revolution S. 313.
47 Ebd.; HStAS: G 268 Bü 10 (Äußerungen von Phull-Rieppur, dem Freund Friedrich Wilhelms).
48 Im Dienst des Fürstenhauses und des Landes Württemberg S. 103.
49 Hölzle, Das Alte Recht und die Revolution S. 313.
50 Sauer, Zar S. 170–176.
51 Hölzle, Das Alte Recht und die Revolution S. 313.
52 Literarische Beilage des Staatsanzeigers 1902 S. 418 f.
53 Korrespondenz Karl Friedrichs Bd. VI S. 192.
54 Vermutlich der Unteroffizier, der vor dem Palais des Kurprinzen den Wachdienst versah.
55 Politische Korrespondenz Karl Friedrichs Bd. VI S. 190 f.
56 HStAS: G 268 Bü 23.
57 HStAS: G 243 Bü 49; Hölzle, Das Alte Recht und die Revolution S. 313 f.
58 HStAS: G 243 Bü 49; G 245 Bü 19.
59 HStAS: G 268 Bü 10.
60 Ebd. (Brief Ernst von Phull-Rieppur an seine Frau vom 22. September 1803).
61 Hölzle, Das Alte Recht und die Revolution S. 314.
62 Ebd.; HStAS: G 268 Bü 10.
63 Korrespondenz Karl Friedrichs Bd. IV S. 443.
64 HStAS: G 243 Bü 49 (Kurfürst Friedrich an die Gattin am 22. und 24. Oktober 1803).
65 HStAS: G 268 Bü 10.
66 Ebd.
67 Ebd.
68 HStAS: G 243 Bü 49 und G 245 Bü 19.
69 HStAS: G 268 Bü 10.
70 Seine Großonkel Carl Eugen und Ludwig Eugen von Württemberg waren (Carl Eugen in zweiter Ehe) mit nichtstandesgemäßen

Frauen verheiratet gewesen, ebenso hatte sich Kurfürst Karl Friedrich von Baden nach dem Tod seiner ersten Gattin für die Ehe mit einer nichtstandesgemäßen Frau entschieden.

71 HStAS: G 268 Bü 10.
72 HStAS: G 243 Bü 49.
73 Ebd.
74 HStAS: G 268 Bü 11.
75 Hölzle, Das Alte Recht und die Revolution S. 315.
76 Ebd.
77 HStAS: G 268 Bü 14.
78 Ebd.
79 Hölzle, Das Alte Recht und die Revolution S. 316 ff.
80 Ebd. S. 318 ff.; HStAS: G 268 Bü 14.
81 Literarische Beilage des Staatsanzeigers 1903 S. 49.
82 HStAS: G 268 Bü 14.
83 Hölzle, Das Alte Recht und die Revolution S. 324.
84 HStAS: G 268 Bü 49.
85 Hölzle, Das Alte Recht und die Revolution S. 324.
86 Ebd. S. 325; HStAS: G 268 Bü 14.
87 Sauer, Zar S. 211 f.
88 Literarische Beilage des Staatsanzeigers 1903 S. 321; Korrespondenz Karl Friedrichs Bd. V S. 136.
89 HStAS: G 268 Bü 14.
90 Ebd.
91 Heyd, Bibliographie der Württ. Geschichte Bd. II S. 298; Alberti, Bd. I S. 1.
92 Ebd.; HStAS: E 56 Bü 6 und E 157 Bü 385.
93 Freundliche Mitteilung von Dr. Holub, Stadtarchiv Weinstadt; Lothar Reinhard, Großheppach S. 170-179.
94 Decker-Hauff, Frauen S. 242.
95 AHW: Familienmitglieder G 268, 17.
96 SAS: Stuttgarter Adreßbücher 1839 bis 1866.
97 Pfeiffer, S. 48; Stuttgarter Zeitung 17. April 1965.
98 Sauer, Zar S. 213.
99 HStAS: G 268 Bü 10.
100 HStAS: G 245 Bü 20.
101 HStAS: G 268 Bü 10.
102 Hölzle, Das Alte Recht und die Revolution S. 328 f.
103 Ebd. S. 329.
104 HStAS: G 268 Bü 14.
105 Hölzle, Württemberg S. 138 ff.
106 Ebd.
107 Im Dienst des Fürstenhauses und des Landes Württemberg S. 124 f. und 129; Krauß, Schwäbische Literaturgeschichte Bd. I S. 328.
108 Hügel und Schmidt, S. 19 f.; Grauer, Wilhelm I. S. 89; Elias, Wilhelm I. S. 308.
109 HStAS: G 245 Bü 18; Hölzle, Württemberg S. 137.

II. Schwierige Rolle des Thronfolgers

1 Sauer, Heiraten aus Staatsräson S. 45.
2 Hölzle, Jérôme mit Katharina S. 360 ff.
3 Die Feststellung Eugen von Mauclers, daß Napoleon zunächst Friedrich Wilhelm seine Adoptivtochter Stephanie Beauharnais, die nachmalige Großherzogin von Baden, zugedacht hatte (Im Dienst des Fürstenhauses und des Landes Württemberg S. 128), dürfte kaum zutreffen, da Napoleon über eine Eheverbindung mit dem badischen Fürstenhaus bereits Anfang 1806 im wesentlichen einig war.
4 Hölzle, Jérôme mit Katharina S. 365; Hölzle, Württemberg S. 16 und 35.
5 Grauer, Wilhelm I. S. 99 f.
6 Hölzle, Jérôme mit Katharina S. 367.
7 Im Dienst des Fürstenhauses und des Landes Württemberg S. 128 f.
8 HStAS: G 269 Bü 2.
9 Ebd.; Grauer, Wilhelm I. S. 106.
10 Montgelas, Denkwürdigkeiten S. 164 f.
11 HStAS: G 269 Bü 1.
12 Ebd.; Im Dienst des Fürstenhauses und des Landes Württemberg S. 129 f.
13 HStAS: G 269 Bü 1 und 2.
14 HStAS: G 269 Bü 1.
15 Ebd.
16 HStAS: G 269 Bü 2; Im Dienst des Fürstenhauses und des Landes Württemberg S. 130.
17 HStAS: G 269 Bü 2.
18 HStAS: G 269 Bü 1.
19 HStAS: G 269 Bü 2.
20 HStAS: G 269 Bü 2 und 4.
21 Ebd. Bd. 1 und 2. – Im königlichen Reskript vom 9. Juni 1808 ist irrtümlich vom König von Großbritannien die Rede.
22 Faerber S. 231: Das Palais wurde 1926 abgebrochen und an seiner Stelle der Mittnachtbau errichtet.
23 HStAS: G 269 Bü 1 und 2.
24 Sauer, Zar S. 383.

25 Grauer, Wilhelm I. S. 102.
26 HStAS: G 269 Bü 2.
27 HStAS: G 268 Bü 10.
28 Ebd.
29 Hügel/Schmidt S. 20.
30 Im Dienst des Fürstenhauses und des Landes Württemberg S. 139 und 148.
31 Kircheisen S. 112 f.
32 Ebd. S. 82 und 117–121; Grauer, Wilhelm I. S. 89.
33 Sauer, Zar S. 272–277.
34 Schneider, Württembergische Geschichte S. 450; Hölzle, Württemberg S. 39.
35 Pfister, Rheinbund S. 21.
36 Sauer, Zar S. 301 ff.
37 Pfister, Rheinbund S. 23.
38 Ebd. S. 44 ff.
39 Ebd. S. 47 ff.
40 Ebd. S. 50 f.
41 Sauer, Zar S. 303 f.
42 Pfister, Rheinbund S. 52 f.
43 Ebd. S. 54.
44 Ebd. S. 55; Grauer, Wilhelm I. S. 92.
45 Pfister, Rheinbund S. 55 f. und 64.
46 Ebd. S. 55 und 62.
47 Ebd. S. 58 f.
48 Ebd. S. 60 f.
49 Im Dienst des Fürstenhauses und des Landes Württemberg S. 149.
50 Elias, Bonapartismus S. 738.
51 Hölzle, Württemberg S. 46.
52 Pfister, Rheinbund S. 60.
53 Im Dienst des Fürstenhauses und des Landes Württemberg S. 149 f.; Hölzle, Württemberg S. 139.
54 Ebd. S. 148.
55 Ebd. S. 140.
57 Elias, Wilhelm I. S. 308 f.
58 Pfister, Verbündete S. 26 f.; Grauer, Wilhelm I. S. 92.
59 Schneider, Württembergische Geschichte S. 463; Pfister, Verbündete S. 73 f.
60 Schneider, Württembergische Geschichte S. 463; Pfister, Verbündete S. 102–105.
61 Ebd. S. 126 ff. und 141–145; Schneider, Württembergische Geschichte S. 464.
62 Pfister, Verbündete S. 149.
63 Ebd. S. 149 f.
64 Ebd. S. 161.
65 Elias, Bonapartismus S. 726.
66 Pfister, Verbündete S. 171.
67 Ebd. S. 163 f.; Sauer, Zar S. 404.
68 Pfister, Verbündete S. 172.
69 Ebd. S. 198 f.; Schneider, Württembergische Geschichte S. 464.
70 Ebd.; Pfister, Verbündete S. 213 f.
71 Ebd. S. 222; Schneider, Württembergische Geschichte S. 464.
72 Pfister, Verbündete S. 227 ff.
73 Ebd. S. 210 f.
74 Ebd. S. 251; Schneider, Württembergische Geschichte S. 465; Reyscher S. 19.
75 HStAS: E 14 Bü 24, G 268 Bü 16.
77 Sauer, Zar S. 408 f.
78 Pfister, Verbündete S. 375; Hartmann S. 209; Im Dienst des Fürstenhauses und des Landes Württemberg S. 155.
79 Pfister, Verbündete S. 365.
80 Ebd. S. 376 ff.; Schneider, Württembergische Geschichte S. 468 f.
81 Pfister, Verbündete S. 393.
82 Ebd. S. 398.
83 Ebd. S. 378.
84 Ebd. S. 402.
85 Elias, Wilhelm I. S. 309.
86 Im Dienst des Fürstenhauses und des Landes Württemberg S. 151.
87 Wolfgang Menzel's Denkwürdigkeiten S. 253.
88 900 Jahre Haus Württemberg S. 551.
89 Hölzle, Jérôme mit Katharina S. 368.
90 Pfister, Verbündete S. 463.
91 900 Jahre Haus Württemberg S. 457.
92 Schneider, Württembergische Geschichte S. 465; Pfister, Verbündete S. 393 Anm. 1.
93 Elias, Wilhelm I. S. 309; Bourgoing S. 171.
94 Schneider, Württembergische Geschichte S. 466;
Ritter, Stein S. 497.
95 Hölzle, Württemberg S. 166 Anm. 18.
96 Ebd. S. 165 f.
97 Schneider, Württembergische Geschichte S. 466; Pfister, Verbündete S. 393 Anm. 1.
98 Reyscher S. 263.
99 Hölzle, Württemberg S. 165; Bourgoing S. 257.
100 Ebd. S. 268.
101 Im Dienst des Fürstenhauses und des Landes Württemberg S. 155.
102 Bourgoing S. 370 f.
103 Ebd.
104 Ebd. S. 372; Ritter, Stein S. 492 f.
105 Bourgoing S. 372.
106 Ebd.
107 Ebd. S. 367; Burg S. 54.
108 Elias, Wilhelm I. S. 309 f.

109 Pfister, Verbündete S. 272 f.
110 Ebd. S. 300.
111 HStAS: E 1 Bü 53; Sauer, Zar S. 425 ff.
112 Faerber S. 231.
113 Montgelas S. 533.
114 Grauer, Wilhelm I. S. 107; HStAS: G 265 Bü 22.
115 Sauer, Zar S. 444.
116 Ebd. S. 444 f.
118 Montgelas S. 533 f.
119 HStAS: G 269 Bü 4.
120 HStAS: G 243 Bü 50, G 245 Bü 23.
121 Ebd.; Hölzle, Württemberg S. 164.
122 HStAS: G 269 Bü 4.
123 Ebd.
124 Sauer, Zar S. 446.
125 Ebd. S. 446 f.; HStAS: G 269 Bü 4; Elben, Lebenserinnerungen S. 2.
126 HStAS: G 269 Bü 4 und 5; Montgelas, S. 594; Im Dienst des Fürstenhauses und des Landes Württemberg S. 152.
127 Bourgoing S. 137; Montgelas S. 389; Literarische Beilage des Staatsanzeigers (Hartmann vor hundert Jahren) S. 363.
128 HStAS: G 269 Bü 5 und 6.
129 HStAS: G 269 Bü 5.
130 HStAS: G 269 Bü 12.
131 HStAS: G 253 Bü 67.
132 Ebd.
133 HStAS: G 269 Bü 7.
134 Ebd.
135 Ebd.
136 Ebd.
137 Ebd.
138 Ebd. und Bü 6.
139 HStAS: G 269 Bü 6.
140 HStAS: G 269 Bü 9.
141 HStAS: G 269 Bü 6.
142 HStAS: G 269 Bü 7.
143 HStAS: G 269 Bü 6 und 7.
144 HStAS: G 269 Bü 7.
145 Ebd.
146 HStAS: G 269 Bü 8 und 10.
147 Grauer, Dynastien S. 260.
148 Grauer, Wilhelm I. S. 110; Montgelas S. 534.
149 HStAS: G 245 Bü 4.
150 Grauer, Wilhelm I. S. 110.
151 Reyscher S. 64.
152 Sauer, Zar S. 444.
153 Hans-Martin Maurer S. 207 Anm. 19.
154 Ebd. S. 207.
155 Schumann S. 15.
156 Rehm S. 11.
157 Merkle S. 35; Correspondance S. XXI.– Im Gegensatz zu Correspondance XXI, wonach Katharina gut Russisch sprach und schrieb, bezeichnet Merkle ihre Russischkenntnisse in Wort und Schrift als unvollkommen.
158 Rehm S. 12 und 19.
159 Catharina Pawlowna-Ausstellung S. 32 f.
160 Schumann S. 36.
161 Correspondance S. 227 f.
162 Elias, Bemerkungen S. 607.
163 Schumann S. 14.
164 Merkle S. 13 f.
165 Ebd. S. 11 f.; Schumann S. 14 f.; Merkle behauptet, Katharina sei genauso wie ihr Bruder Alexander gegen eine Ehe mit Kaiser Franz I. gewesen, Schumann dagegen meint, sie wäre nicht ungern österreichische Kaiserin geworden.
166 Merkle S. 9; Hans-Martin Maurer S. 207; Rehm S. 10 f.; Grauer, Dynastien S. 261.
167 Elias, Bemerkungen S. 606.
168 Merkle S. 20; Hans-Martin Maurer S. 207; Elias, Bemerkungen S. 607 f.
169 Ebd.; Hans-Martin Maurer S. 207.
170 Catharina Pawlowna-Ausstellung S. 33.
171 Rehm S. 11.
172 Merkle S. 38.
173 Elias, Bemerkungen S. 607 f.
174 Merkle S. 31 f.
175 Ebd.
176 Correspondance S. 37.
177 Ebd. S. 47.
178 Ebd. S. XXIV.
179 Schumann S. 30.
180 Ebd.; Correspondance S. 111; Rehm S. 13.
181 Correspondance S. 113.
182 Decker-Hauff, Katharina S. 24; Schieckel S. 262 f.; Elias, Bemerkungen S. 608.
183 Correspondance S. 129; Schumann S. 31.
184 Hans-Martin Maurer S. 208.
185 Schumann S. 31 f.
186 Correspondance S. 145 ff.
187 Schumann S. 32 f.
188 Ebd. S. 33 f.
189 HStAS: G 270 Bü 1.
190 Correspondance S. 161 ff.; Rehm S. 18; Schumann S. 35 ff.
191 Rehm S. 23.
192 Merkle S. 55 f.
193 Rehm S. 17.
194 HStAS: G 270 Bü 1; Catharina Pawlowna-Ausstellung S. 36.
195 Correspondance S. 229 und 232 f.
196 Ebd. S. 164.
197 Schieckel S. 270; Schumann S. 37.
198 Schieckel S. 270.
199 Correspondance S. IX f. und 227–230.
200 Ebd. S. 236.
201 Ebd. S. 233.
202 HStAS: G 270 Bü 1.
203 Correspondance S. IX f.
204 Ebd. S. 241.

205 Grauer, Wilhelm I. S. 94.
206 Rehm S. 56.
207 Correspondance S. 234; Pfister, Verbündete S. 264.
208 Grauer, Wilhelm I. S. 113.
209 Merkle S. 61 f.
210 Correspondance S. 192 f.
211 Elias, Bemerkungen S. 608 f.
212 Merkle S. 61 f.
213 Ebd.
214 Catharina Pawlowna-Ausstellung S. 39.
215 Elias, Bemerkungen S. 601.
216 Ebd. S. 596.
217 Ebd. S. 598.
218 Schumann S. 41.
219 Elias, Bemerkungen S. 602.
220 Elias, Wilhelm I. S. 310; Schumann S. 39.
221 Karl Griewank, S. 120; Bourgoing S. 26, 63 f. und 194.
222 HStAS: G 270 Bü 1.
223 HStAS: G 268 Bü 16.
224 Ebd.
225 Bourgoing S. 38 f.
226 Catharina Pawlowna-Ausstellung S. 38 f.
227 Ebd. S. 38.
228 Bourgoing S. 362.
229 HStAS: G 270 Bü 1; Im Dienst des Fürstenhauses und des Landes Württemberg S. 155; Hartmann S. 209.
230 Merkle S. 64 f.
231 Elias, Zwischen Politik und Kunst S. 1.
232 Catharina Pawlowna-Ausstellung S. 37; HStAS: G 270 Bü 1.
233 Correspondance S. 198.
234 HStAS: G 270 Bü 1.
235 Ebd.
236 Ebd.; G 243 Bü 27.
237 HStAS: G 270 Bü 1; Schumann S. 42. – Die entscheidende Begegnung in Frankfurt hat nicht im September, wie Schumann schreibt, sondern im Oktober 1815 stattgefunden.
238 HStAS: G 270 Bü 5.
239 HStAS: G 270 Bü 1; Correspondance S. 214.
240 HStAS: G 270 Bü 1; Im Dienst des Fürstenhauses und des Landes Württemberg S. 156.
241 Reinbeck S. 31 f.
242 Schieckel S. 270 f.; Literarische Beilage des Staatsanzeigers 1914 S. 286; Im Dienst des Fürstenhauses und des Landes Württemberg S. 160.
243 HStAS: G 270 Bü 5.
244 HStAS: G 270 Bü 2 und 4. (Nach dem in der »St. Petersburger Senats-Zeitung« Nr. 5 vom 29. Januar 1816 veröffentlichten Ukas übernahmen bereits jetzt der Zar sowie der Herzog von Schleswig-Holstein-Oldenburg die Vormundschaft. Diese Vormundschaft schloß aber die Erziehung der beiden Prinzen nicht ein, die im Fall eines vorzeitigen Todes Katharinas ihrem Oldenburger Schwiegervater übertragen werden sollte.)
245 Faerber S. 231; Hartmann S. 209 f.
246 Wahrscheinlich dem Königstor (vor dem heutigen Hauptbahnhof).
247 HStAS: G 270 Bü 5; Schieckel S. 271.
248 HStAS: G 270 Bü 5.
249 Schumann S. 45 und 48.
250 Merkle S. 67.
251 Ebd. S. 66.
252 Ebd. S. 68; Grauer, Wilhelm I. S. 121.
253 Rehm S. 22.
254 HStAS: G 268 Bü 17; Merkle S. 76.

III. Die ersten Regierungsjahre König Wilhelms

1 Sauer, Zar S. 451 f.; Schieckel S. 275.
2 HStAS: G 268 Bü 10.
3 Gerber S. 232.
4 Schneider, Württembergische Geschichte S. 480.
5 Grauer, Wilhelm I. S. 125.
6 Sauer, Zar S. 451 f.
7 Hartmann S. 211.
8 Nick S. 18 f.
9 Richard Kallee S. 213 f.
10 Reyscher S. 55.
11 Nick S. 15.
12 Sauer, Revolution und Volksbewaffnung S. 36 und 38.
13 Schieckel S. 275 f.
14 Im Dienst des Fürstenhauses und des Landes Württemberg S. 162.
15 Hölzle, Württemberg S. 213.
16 Sauer, Zar S. 452.
17 AHW: G 275 Bü 22.
18 Ebd.
19 Ebd.; Elias, Bemerkungen S. 609 f.
20 Merkle S. 76.
21 Schumann S. 58 f.
22 Rehm S. 62.
23 Hans-Martin Maurer S. 206.
24 Rehm S. 58.
25 Catharina Pawlowna-Ausstellung S. 58.
26 Ebd. S. 52.
27 Elias, Bemerkungen S. 605.
28 Fritz, Wilhelm und Katharina S. 164.
29 Correspondance S. 207 f.

30 Fritz, Wilhelm und Katharina S. 163.
31 Sauer, Zar S. 400.
32 Ebd. S. 455.
33 HStAS: G 268 Bü 8.
34 Fritz, Hofdomänenkammer S. 10 f.
35 HStAS: G 275 Bü 11.
36 Correspondance S. 205 f.
37 HStAS: J 5 Bü 2.
38 AHW: G 275 Bü 49.
39 Rieg S. 291.
40 Wintzingerode S. 74 f.
41 AHW: G 275 Bü 12 und 49.
42 AHW: G 275 Bü 12.
43 AHW: G 275 Bü 49; Schwäbischer Merkur Nr. 120/20. Mai 1819.
44 AHW: G 268 Bü 17.
45 Fritz, Wilhelm und Katharina S. 162.
46 Ebd. S. 163.
47 Hermelink, Evangelische Kirche S. 298.
48 Fritz, Wilhelm und Katharina S. 163.
49 AHW: G 275 Bü 22.
50 Fritz, Wilhelm und Katharina S. 162.
51 Ebd. S. 158 f.
52 Merkle S. 72 f.
53 Fritz, Wilhelm und Katharina S. 161.
54 Speidel S. 14 f. und 26–32.
55 Ebd. S. 45 f.
56 HStAS: G 270 Bü 6.
57 AHW: G 275 Bü 22 (Sekretär Huber an Prinz Paul von Ende November 1816).
58 AHW: G 275 Bü 22 (Sekretär Huber an Prinz Paul vom 17. Februar 1817).
59 AHW: G 275 Bü 22 (Sekretär Huber an Prinz Paul von Ende November 1817).
60 AHW: G 275 Bü 22 (Sekretär Huber an Prinz Paul vom 6. Dezember 1817).
61 HStAS: G 270 Bü 6.
62 Elias, Wilhelm I. S. 319 f.
63 Hartmann S. 220.
64 Elias, Lindner S. 166.
65 Speidel S. 16 f
66 Ebd. S. 19.
67 Ebd. S. 17 f.
68 Ebd. S. 39.
69 Ebd. S. 39, 49 und 53.
70 Bach S. 110
71 Hartmann S. 212.
72 Bach S. 99.
73 Elias, Wilhelm I. S. 324.
74 Gerber S. 232.
75 Elias, Zwischen Politik und Kunst S. 2.
76 Hölzle, Württemberg S. 258.
77 Elias, Bonapartismus S. 726.
78 Rehm S. 65 f.
79 Elias, Wilhelm I. S. 314; Mann, Württemberg (Regierungen) S. 32 und 35 f.
80 Elias, Wilhelm I. S. 311 f.; Hoffmann, Diplomatische Beziehungen S. 40; AHW: G 275 Bü 33 (Sekretär Huber an Prinz Paul vom 19. Februar 1819); Wintzingerode S. 4.
81 Fritz, Wilhelm und Katharina S. 159.
82 HStAS: E 6 Bü 24.
83 Elias, Zwischen Politik und Kunst S. 3 f.
84 Elias, Bonapartismus S. 726.
85 Elias, Lindner S. 163.
86 Elias, Zwischen Politik und Kunst S. 3 f.
87 Mann, Württemberg (Regierungen) S. 234; Kircheisen, S. 80; Elias, Bonapartismus S. 727.
88 Elias, Bemerkungen S. 613; Mästle S. 37.
89 Brandt S. 28 f.
90 Hölzle, Württemberg S. 258–261.
91 Elias, Außenpolitik S. 43 Anm. 3.
92 ADB 20 S. 687 f.; Nachtrag ADB 26 S. 830.
93 Brandt S. 454 f.
94 Ebd. S. 455.
95 Schneider, Regierungsantritt S. 105 f.; Grube S. 500 f.
96 Schneider, Aus der württ. Geschichte S. 139.
97 Hartmann S. 214.
98 Elias, Außenpolitik S. 43.
99 Gerber S. 231.
100 HStAS: E 6 Bü 24.
101 Elias, Außenpolitik S. 46.
102 Elias, Bemerkungen S. 602.
103 Rieg S. IX.
104 Grauer, Wilhelm I. S. 127.
105 Rieg S. 290 f.
106 Hölzle, Württemberg S. 271.
107 Gehring, Wirtschaftsleben S. 200.
108 Sauer, Geschichte Stuttgarts Bd. 3 S. 17 f.
109 Hartmann S. 218.
110 Festschrift Cannstatter Volksfest S. 7.
111 Seybold S. 127.
112 Gehring, Wirtschaftsleben S. 200; Schmierer S. 77; Sauer, Geschichte Stuttgarts Bd. 3 S. 17 f.
113 Elias, Bemerkungen S. 603 f.
114 Rehm S. 26–31; Schumann S. 50–55.
115 Schmierer S. 76.
116 Schumann S. 55.
117 Rehm S. 40.
118 Ebd. S. 26–31; Henninger, S. 121.
119 Gehring, Wirtschaftsleben S. 219 f.
120 900 Jahre Haus Württemberg S. 507.
121 Rehm S. 31.
122 Hartmann S. 212.
123 Rehm S. 36–39; Schumann S. 56–61.
124 Gehring, Wirtschaftsleben S. 208.

125 Ebd. S. 208 f.
126 Seybold S. 23 ff.; Hans-Martin Maurer S. 211; Grauer, Wilhelm I. S. 132.
127 Moltmann S. 175 f.
128 Große Hoffnungen – kleine Schritte S. 45–52.
129 Merkle S. 68; Rehm S. 73.
130 Hartmann S. 217.
131 Ebd.
132 Schieckel S. 281.
133 Grauer, Dynastien S. 263.
134 Elias, Bonapartismus S. 727; Elias, Bemerkungen S. 610 ff.
135 Grauer, Dynastien S. 263.
136 Prof. Dr. Werner Fleischhaue äußerte wiederholt, daß General Kallee der uneheliche Sohn König Wilhelms I. gewesen sei, habe früher in Stuttgart jedermann gewußt bzw. für selbstverständlich gehalten. Ähnlich äußerte sich auch Prof. Dr. Hansmartin Decker-Hauff.
137 Mein Kollege Wolfgang Läpple hat mir die einschlägigen Standesregister und sonstigen Familienpapiere Kallee im Stadtarchiv Ludwigsburg zugänglich gemacht, und mein Kollege Dr. Franz Mögle-Hofacker die Personalunterlagen des Generals Eduard von Kallee im Hauptstaatsarchiv Stuttgart. Beiden danke ich für ihre Hilfe sehr herzlich. – s. a. Eduard von Kallee, Biedermeierzeit.
138 Fritz, Wilhelm und Katharina S. 164 f.
139 Ebd. S. 165; Elias, Bemerkungen S. 614 f.; Catharina Pawlowna-Ausstellung S. 79.
140 HStAS: E 14 Bü 23; Elias, Bemerkungen S. 613.
141 Schieckel S. 289 f.
142 Rieg S. 260.
143 HStAS: E 14 Bü 23.
144 Elias, Bemerkungen S. 613 f.
145 Reyscher S. 45; Nick S. 36.
146 Fritz, Wilhelm und Katharina S. 165; Krauß, Stuttgarter Hoftheater S. 152; Speidel S. 46 f.
147 Rehm S. 69; Schumann S. 76 und 78.
148 Elias, Bemerkungen S. 614.
149 Rehm S. 68.
150 900 Jahre Haus Württemberg S. 551.
151 Catharina Pawlowna-Ausstellung S. 77; Decker-Hauff, Katharina S. 12.
152 AHW: G 275 Bü 33.
153 Decker-Hauff, Katharina S. 12 ff.
154 AHW: G 275 Bü 33.
155 Palm, Ernstes und Heiteres S. 70.
156 AHW: G 275 Bü 33.
157 Schieckel S. 289 f.
158 HStAS: E 14 Bü 33.
159 Freundliche Mitteilung meines Freundes und Kollegen Archivdirektor a. D. Dr. Friedrich Wilhelm Schaer, Oldenburg.
160 Speidel S. 46.
161 Elben, Schwäbischer Merkur S. 48 f.
162 Schukraft S. 134 f.
163 Speidel S. 47 f.
164 Gerber S. 237.
165 Speidel S. 51.
166 Hagel S. 2.
167 Speidel S. 65 f.; Merkle S. 67.
168 Rehm S. 83.
169 Gerner S. 357 f.
170 Ebd. S. 109.
171 Hölzle, Württemberg S. 213.
172 Schneider, Württembergische Geschichte S. 481; Grube S. 499.
173 Gerner S. 360.
174 Hölzle, Württemberg S. 214 f.; Grube S. 499.
175 Gerner S. 362–365.
176 Ebd. S. 376 f.
177 Ebd. S. 376.
178 Reinöhl S. 24 f.
179 Hölzle, Württemberg S. 214.
180 Ebd. S. 217.
181 AHW: G 275 Bü 49; Schwäbischer Merkur 1817 Beil. Nr. 103/16. Mai 1817.
182 Hartmann S. 213.
183 Gerner S. 407.
184 Ebd. S. 407 f.; AHW: G 275 Bü 49.
185 Gerner S. 407.
186 Ebd. S. 419 f.; Grube S. 500.
187 Gerner S. 419–429.
188 Schneider, Aus der württ.Geschichte S. 105.
189 Gerner S. 435 f.; Hölzle, Württemberg S. 221.
190 Ebd. S. 244 f. und 255; Schneider, Aus der württ. Geschichte S. 105.
191 Hölzle, Württemberg S. 264.
192 Grube S. 501; Brandt S. 460.
193 Gerner S. 436 f.
194 Ebd. S. 444 f.
195 Grube S. 501; Gerner S. 487.
196 Ebd. S. 506.
197 Brandt S. 28; Schneider, Aus der württ. Geschichte S. 106.
198 Gehring, Friedrich List S. 154; Nicolin, Hegel S. 184 ff;, Von Stuttgart nach Berlin S. 66 und 68.
199 Hölzle, Württemberg S. 253; Grube S. 501.

200 Gerner S. 463.
201 Hartmann S. 219.
202 Schneider, Uhland S. 164.
203 Lexikon der deutschen Geschichte S. 624 f.; Gerner S. 487.
204 Hölzle, Württemberg S. 270; Brandt S. 31.
205 Gerner S. 493.
206 Ebd. S. 487–492.
207 Rieg S. 291 f.
208 Grube S. 505 f.; Sauer, Baden-Württemberg. Traditionen S. 23 und 54 f.
209 Grube S. 506 f.
210 Menzinger S. 10–17 und 22 f.
211 Mögle-Hofacker S. 10.
212 Elias, Wilhelm I. S. 312 f.
213 Gerner S. 507.
214 Mohl Bd. II S. 23.
215 Adam S. 6.
216 Ebd. S. 7.
217 Gerner S. 492.
218 Adam S. 2.
219 Nick S. 40 f.
220 Schneider, Württembergische Geschichte S. 489.
221 Ebd. S. 489 f.; Hölzle, Württemberg S. 269; Hartmann S. 219; Adam S. 1.
222 AHW: G 275 Bü 33.
223 Schneider, Württembergische Geschichte S. 489.
224 Grube S. 508.
225 Schneider, Aus der württ. Geschichte S. 132; Grauer, Wilhelm I. S. 161.
226 Grube S. 508.
227 Brandt S. 461; Wintzingerode S. 29.
228 Adam S. 1; Hartmann S. 219 und 221.
229 Adam S. 4 f.; Grube S. 511; Brandt S. 91.
230 Hoffmann, Diplomatische Beziehungen S. 50 und 59.
231 Elias, Außenpolitik S. 46; Rieg S. 397.
232 Elias, Außenpolitik S. 48.
233 Ebd. S. 43 f.
234 Ebd. S. 44 f.
235 Ebd. S. 43–46; Theodor Griewank S. 55.
236 Grauer, Wilhelm I. S. 128 f.; Grauer, Dynastien S. 270.
237 Sauer, Heer S. 63.
238 Burg S. 100.
239 Albrecht S. 11.
240 Ebd. S. 13.
241 Ebd. S. 25.
242 Linnebach S. 283 f.
243 Ebd. S. 284.
244 Sauer, Heer S. 64.
245 Albrecht S. 79 f.
246 Sauer, Heer S. 64 f.
247 Albrecht S. 60.
248 Linnebach S. 385.
249 Albrecht S. 93; Burg S. 149.
250 Pfister, Deutsche Zwietracht S. 28.
251 Fuchs S. 4 f.
252 Albrecht S. 101; Burg S. 118 f. und 149.
253 Mästle S. 35.
254 Elias, Bonapartismus S. 730; Burg S. 150.
255 Burg S. 149 f.
256 Rieg S. 119 und 123.
257 Ebd. S. 393 f.
258 Ebd. S. IX.
259 Hartmann S. 214.
260 Brandt S. 464.
261 Waibel S. 162.
262 Albrecht S. 180.
263 Rieg S. 135 ff.
264 Brandt S. 463 ff.
265 Rieg S. 132.
266 Gollwitzer S. 54 ff. und 63 f.

IV. Oberhaupt des Herrscherhauses und des Staates

1 Hackländer Bd. I S. 201 f.
2 Eduard von Kallee S. 46.
3 Hackländer Bd. I S. 201.
4 Mögle-Hofacker S. 49.
5 Hermelink, Kirche und Schule S. 175 und 195.
6 Gehring, Wirtschaftsleben S. 199.
7 Aus der Zeit König Wilhelms I. S. 138
8 AHW: Hofdiarien 1834.
9 Aus der Zeit König Wilhelms I. S. 138.
10 AHW: Hofdiarien 1823–1834.
11 AHW: Hofdiarien 1833 und 1834.
12 Friedrich Maurer S. 19–24, 38 und 106 f.
13 AHW: Königliche Oberhofkasse, Dispositionsfonds.
14 HStAS: E 14 Bü 17.
15 Schumacher S. 49; Palm, Pauline S. 50 f.
16 HStAS: G 271 Bü 2; AHW: Familienmitglieder 271, 3.
17 Decker-Hauff, Katharina S. 26.
18 Decker-Hauff, Frauen S. 274–279.
19 Palm, Pauline S. 78.
20 Decker-Hauff, Frauen S. 271.
21 AHW: G 275 Bü 33; Palm, Pauline S. 54.
22 Grauer, Wilhelm I. S. 144. – Da König Friedrich bereits 1806 Krone und Szepter hatte anfertigen lassen, handelte es sich wahrscheinlich um ergänzende Kroninsignien, so um ein Diadem für Königin Pauline.
23 Hartmann S. 221; Palm, Pauline S. 58.
24 HStAS: G 271 Bü 2.
25 AHW: Hofdiarium 6. März 1823; Hartmann S. 223 f.
26 Nick S. 42.
27 AHW: Hofdiarium 21. März 1823; Hartmann S. 224.
28 HStAS: G 271 Bü 2; Hartmann S. 226.
29 HStAS: G 271 Bü 1.
30 AHW: Hofdiarien 1823–1828.
31 HStAS: E 6 Bü 25 und 26.

32 HStAS: G 268 Bü 18.
33 Palm, Pauline S. 79.
34 AHW: Hofbehörden, Schloßverwaltung Stuttgart 32/9.
35 AHW: Hofdiarium 27. April 1828; G 275 Bü 35; Hartmann S. 222.
36 AHW: Hofdiarien 1823–1848.
37 Elias, Bemerkungen S. 612.
38 Grauer, Wilhelm I. S. 263.
39 Palm, Pauline S. 65.
40 Hermelink, Kirche und Schule S. 195.
41 AHW: Hofdiarien 1828–1848.
42 Hackländer Bd. I S. 263.
43 Nach den Unterlagen des Standesamts Tegernsee, wo sie am 14. April 1876 starb, muß sie schon 1803 und nicht erst, wie in der Literatur allgemein angegeben, 1805 geboren sein.
44 SAS: Dokumentation über Amalie von Stubenrauch.
45 Palm, Ernstes und Heiteres S. 176.
46 Hackländer Bd. I S. 184.
47 Ebd. Bd. I S. 183 und 264.
48 Krauß, Stuttgarter Hoftheater S. 169.
49 Ebd.
50 Stuttgarter Neues Tagblatt 16. August 1930.
51 SAS: Dokumentation über Amalie von Stubenrauch.
52 Stuttgarter Neues Tagblatt 16. August 1930.
53 Decker-Hauff, Frauen S. 273; SAS: Autographen 6152. – Brief Amalie von Stubenrauchs an Hackländer vom 22. September 1864: »... und wäre Konstanze meine Tochter, ich wäre stolz darauf, brauchte nicht von Liebesalmosen meiner Geschwister zu leben«.
54 Stuttgarter Neues Tagblatt 16. August 1930. – Der einzige mir bekannt gewordene Hinweis darauf, daß Konstanze die Tochter Amalies war, findet sich bei Adolf Palm »Ernstes und Heiteres«, S. 93. Dort ist für die Zeit nach 1840 von der »heranwachsenden Tochter Amalies« (aus ihrer Münchner Zeit) die Rede, »welche gleichfalls im Hause als ihre Schwester galt«.
55 Palm, Pauline S. 81 f.
56 AHW: G 275 Bü 34 (Brief des Sekretärs Huber an Prinz Paul vom 18. März 1823).
57 AHW: Hofdiarium 6. März 1824.
58 Palm, Pauline S. 82 f.
59 Elben, Lebenserinnerungen S. 7 ff.
60 Grauer, Wilhelm I. S. 225.
61 Hackländer Bd. I S. 265 ff.; Schumacher S. 68.
62 Hartmann S. 237.
63 Eduard von Kallee S. 48 f.
64 HStAS: G 313 Bü 4; Grauer, Wilhelm I. S. 224 f.
65 Mohl Bd. I S. 182.
66 Hackländer Bd. II S. 23.
67 Decker-Hauff, Frauen S. 272 ff.
68 Ebd. S. 274 f.; HStAS: E 14 Bü 22.
69 AHW: Hofdiarien 1823–1848.
70 AHW: G 275 Bü 53.
71 Grauer, Wilhelm I. S. 173.
72 AHW: G 275 Bü 3 und Familienmitglieder 271,1.
73 AHW: G 275 Bü 43.
74 Hans-Martin Maurer S. 213 f.
75 HStAS: G 268 Bü 18.
76 Schumacher S. 48 f.
77 HStAS: G 268 Bü 18 (König Wilhelm an den Gesandten in St. Petersburg vom 15. Februar 1830).
78 900 Jahre Haus Württemberg S. 402.
79 Pfister, Verbündete S. 245 f.
80 Grauer, Dynastien S. 259.
81 Grauer, Wilhelm I. S. 103.
82 Schumacher S. 55–59.
83 Ebd. S. 64 f.
84 AHW: Hofdiarien 1838 ff.
85 Hartmann S. 239.
86 AHW: Hofdiarien 1834.
87 Kircheisen S. 212 f.; AHW: Hofdiarien Dezember 1835.
88 HStAS: G 268 Bü 18.
89 AHW: Hofdiarien 1823–1828.
90 Schumacher S. 43 und 45.
91 Fritz, Hofdomänenkammer S. 11.
92 Friedrich Maurer S. 51 f.
93 AHW: Hofdiarium 8. Oktober 1828.
94 Grauer, Wilhelm I. S. 171.
95 HStAS: G 268 Bü 18.
96 AHW: Hofdiarium 19. März 1840; Hackländer Bd.I S. 245; Palm, Pauline S. 52 f.; August Hagen Bd. II S. 98; Grauer, Dynastien S. 268.
97 AHW: Hofdiarien 18. und 19. Juni 1839.

98 AHW: Königliche Oberhofkasse
99 Tamse S. 175.
100 Ebd. S. 178 f.
101 Ebd. S. 179 f.
102 Ebd. S. 183 ff.
103 Ebd. S. 188.
104 Ebd. S. 186 ff.
105 Ebd. S. 175 f.
106 Ebd. S. 189–205.
107 Koenig-Warthausen, Hügel S. 306.
108 Hackländer Bd. II S. 66.
109 Koenig-Warthausen, Hügel S. 307.
110 Hackländer Bd. I S. 293; Fischer S. 317.
111 Decker-Hauff, Frauen S. 284.
112 Koeppel S. 338 Anm. 4.
113 Decker-Hauff, Frauen S. 284 f.; Grauer, Wilhelm I. S. 276.
114 Traum der Jugend S. 133.
115 Martenson S. 13; Württembergisches Staatshandbuch 1847 S. 33.
116 Traum der Jugend S. 226.
117 Ebd. S. 151 f.
118 Hackländer Bd. II S. 88 f.
119 Ebd. Bd. II S. 108 f.
120 Traum der Jugend S. 229.
121 Ebd. S. 238.
122 Hartmann S. 247.
123 Traum der Jugend S. 234.
124 HStAS: E 6 Bü 33.
125 Traum der Jugend S. 240 ff.
126 AHW: Hofdiarien 23. und 25. September 1846; Hartmann S. 247.
127 Traum der Jugend S. 243 f.
128 Martenson S. 15 und 17; Hans-Martin Maurer S. 215.
129 Grauer, Dynastien S. 267.
130 Ebd.; Decker-Hauff, Frauen S. 286.
131 Hackländer Bd. II S. 183; Martenson S. 14 und 17 f.; Hans-Martin Maurer S. 215.
132 Decker-Hauff, Frauen S. 286.
133 Hackländer Bd. I S. 317 und Bd. II S. 78 f. und 246; Fischer S. 317 ff.
134 Hartmann S. 247.
135 Grauer, Dynastien S. 269.
136 Elias, Bonapartismus S. 739 f. Anm. 80.
138 AHW: G 275 Bü 53.
139 HStAS: G 268 Bü 18.
140 Grauer, Dynastien S. 271 f.; Eduard von Kallee S. 47.
141 AHW: Hofdiarium 9. Juli 1844; Krauß, Schwäbische Literaturgeschichte Bd. II S. 120–123.
142 AHW: Hofdiarien 1823–1848; HStAS: E 6 Bü 21.
143 Nick S. 42 f.
144 HStAS: E 6 Bü 23.
145 AHW: Hofdiarium 30. August 1839.
146 AHW: Hofdiarium 2. Oktober 1839.
147 Ein liberaler Theologe S. 98.
148 AHW: Hofdiarium 29. Januar 1838.
149 AHW: Hofdiarien 1823–1848.
150 HStAS: E 6 Bü 24.
151 Eduard von Kallee S. 24.
152 HStAS: E 6 Bü 26 und 27.
153 HStAS: E 6 Bü 21.
154 AHW: Hofdiarien 1834.
155 HStAS: E 6 Bü 21.
156 Hackländer Bd. I S. 202.
157 AHW: Hofbehörden/Schloßverwaltung Stuttgart 32/9; HStAS: E 14 Bü 29.
158 AHW: Hofbehörden/Schloßverwaltung Stuttgart 32/9; Hofdiarien 1845 und 1846.
159 Gerber S. 230.
160 Speidel S. 24, 89 f. und 96; Wolfgang Menzel's Denkwürdigkeiten S. 538; Hartmann, S. 223 und 228.
161 Gerber S. 230.
162 Speidel S. 89 f.; Gerber S. 229.
163 Herdt S. 392.
164 Ebd. S. 221 ff.
165 Ebd. S. 227 ff.
166 Fritz, Hofdomänenkammer S. 14.
167 Herdt S. 225 f.
168 Speidel S. 38.
169 Fritz, Hofdomänenkammer S. 17.
170 Ebd. S. 10 f.
171 Wolfgang Menzel's Denkwürdigkeiten S. 214.
172 HStAS: E 46 Bü 6 Nr. 6 und 8.
173 AHW: Hofdiarium 6. August 1829.
174 Hartmann S. 233; AHW: Hofdiarien September 1836 und April 1840.
175 Grauer, Wilhelm I. S. 225.
176 AHW: Hofdiarien März 1839 und April 1840.
177 HStAS: E 46 Bü 2 Nr. 9.
178 Herdt S. 249 f.
179 Sauer, Hof und Hofgesellschaft S. 119 f.
180 HStAS: E 6 Bü 88.
181 Herdt S. 337 ff.
182 Württembergisches Regierungsblatt 1821 S. 749 ff.
183 Ebd. 1818 S. 537 ff.
184 Ebd. 1830 S. 1 ff.
185 Schneider, Personaladel.
186 Württembergisches Regierungsblatt 1821 S. 749 ff.
187 HStAS: E 46 Bü 2 Nr. 15; Herdt S. 276 und 347 ff.
188 Ebd. S. 264.
189 HStAS: E 46 Bü 2 Nr. 15.
190 Herdt S. 260 f.
191 Ebd. S. 277.
192 Hartmann S. 226 f.

193 AHW: Hofdiarien 1823–1848; Grauer, Wilhelm I. S. 206 f.; Fritz, Wilhelm und Katharina S. 164.
194 Fritz, Mundelsheim S. 382; AHW: Hofdiarium vom 14. Oktober 1839.
195 Herdt S. 394 ff.
196 Ebd. S. 400.
197 Ebd. S. 396.
198 Grube, S. 511.
199 Palm, Ernstes und Heiteres S. 25.
200 Grauer, Wilhelm I. S. 163.
201 Gehring, List S. 362; Adam S. 16.
202 Grube S. 511.
203 Brandt S. 500.
204 Gehring, List S. 362.
205 Brandt S. 498 ff.
206 Elben, Schwäbischer Merkur S. 53.
207 Gehring, List S. 354.
208 Mann, Württemberg (Regierungen) S. 33 ff.
209 Ebd. S. 35–39.
210 Ebd. S. 44 ff.; Gehring, List S. 34.
211 Brandt S. 457 und 469.
212 Koenig-Warthausen, Hügel S. 310.
213 Fleischhauer S. 247 f.
214 Mann, Württemberg (Regierungen) S. 238; ADB Bd. 54 S. 86–89.
215 Dehlinger, Weckherlin S. 575–602; Brandt S. 467.
216 Schwäbischer Merkur 1853 S. 1479 f.; Grauer, Wilhelm I. S. 140.
217 Waibel S. 463.
218 Fleischhauer S. 280 f.; Dehlinger, Weckherlin S. 589.
219 Mann, Württemberg 1800–1866 S. 271 f.
220 Schneider, Uhland S. 156.
221 Fleischhauer S. 260 f.
222 Gehring, List S. 363.
223 Mann, Württemberg (Regierungen) S. 37.
224 Adam S. 11.
225 Mögle-Hofacker S. 194.
226 Moersch S. 70–73.
227 Gehring, List S. 344.
228 Schön S. 54 ff. und 65; Elben, Der Schwäbische Merkur S. 62; Bolay S. 67.
229 Gehring, List S. 199 f., 260 f., 334 f., 344 ff. und 355; Moersch S. 84–97; Bolay S. 65 ff.; Schneider, Württembergische Geschichte S. 496.
230 Elias, Wilhelm I. S. 325.
231 Grube S. 512 und 515.
232 Mann, Württemberg 1800–1866 S. 295.
233 Schneider, Württembergische Geschichte S. 502.
234 Koenig-Warthausen, Linden S. 225.
235 Brandt S. 724.
236 Mästle S. 78.
237 Wolfgang Menzel's Denkwürdigkeiten S. 491.
238 Brandt S. 528.
239 Dehlinger, Staatswesen Bd. II S. 828 und 840 f.; Langewiesche, Liberalismus S. 32 f.
240 Ebd. S. 77.
241 Adam S. 70 f.; Menzinger S. 29; Brandt S. 608 f. und 803 f.
242 Adam S. 71.
243 Haering S. 453; Mann Politische Kultur S. 34.
244 Schneider, Württembergische Geschichte S. 507; Adam S. 67.
245 Schneider, Württembergische Geschichte S. 507; Adam S. 70; Langewiesche S. 74.
246 Hartmann S. 227 f.
247 Adam S. 74.
248 HStAS: G 268 Bü 22.
249 Schneider, Württembergische Geschichte S. 506 f.; Sauer, Im Namen des Königs S. 43 und 120 f.
250 Ebd. S. 44 und 125.
251 Ebd. S. 45 f.
252 Ebd. S. 109.
253 Ebd. S. 112.
254 Ebd. S. 151.
255 Nick S. 56.
256 Mann, Politische Kultur S. 29 bis 38 f.
257 Ebd. S. 31.
258 HStAS: G 268 Bü 22 und 23; Hartmann S. 239 f.
259 Hackländer Bd. I S. 241.
260 Hartmann S. 240; Grauer, Wilhelm I. S. 262.
261 Mann, Politische Kultur S. 37.
262 Ebd. S. 30 f.; HStAS: Q 3/11 Bü 282.
263 HStAS: G 268 Bü 22; SAS: Zeitungsausschnittssammlung.
264 Zeller S. 23.
265 Mann, Politische Kultur S. 31.
266 Ebd. S. 32 f.
267 Ebd. S. 39 f
268 Mann, Politische Kultur S. 31 f.
269 Ebd. S. 31; Taddey, Herwegh S. 203 f.
270 Walter S. 207.
271 Nick S. 63 f.
272 Pfaff Bd. II S. 299; Wais, S. 433–436; Eduard von Kallee S. 46 f.
273 Adam S. 75.
274 Mohl Bd. II S. 15 f.
275 Sauer, Heer S. 52 f.
276 HStAS: G 268 Bü 22.
277 HStAS: G 313 Bü 5.
278 Adam S. 77.
279 Waibel S. 122.
280 Adam S. 78; Elben, Lebenserinnerungen S. 60.
281 Adam S. 75.
282 Ebd. S. 79.
283 Mohl Bd. II S. 3–14; Schneider, Württembergische Geschichte S. 508.
284 Ein liberaler Theologe S. 100.
285 Adam S. 76–81.

286 Ebd. S. 76; Rieg S. IX.
287 Köhler S. 34 f.
288 Ebd. S. 92.
289 Adam S. 79.
290 Sauer, Revolution und Volksbewaffnung S. 63–73.
291 Schwäbische Kronik 5. Mai 1847; Adam S. 80; Waibel S. 359 ff.
292 Ebd. S. 361.
293 Friedrich Maurer S. 100.
294 Waibel S. 361.
295 Friedrich Maurer S. 100.
296 Ebd. S. 101.
297 Schneider, Württembergische Geschichte S. 510.
298 HStAS: G 268 Bü 18.
299 Karl Gerok Lebensbild S. 289 ff.
300 AHW: Familienmitglieder 271, 2.
301 Adam S. 80 f.
302 Langewiesche, Liberalismus S. 131.
303 Adam S. 80 f.; Köhler S. 96; Schneider, Württembergische Geschichte S. 509 f.; Waibel S. 362–366.
304 Elias, Lindner S. 155–160.
306 Ebd. S. 161; Elias, Außenpolitik S. 44.
307 Elias, Lindner S. 161 f.
308 Ebd. S. 163; Reyscher S. 68 f.
309 Elias, Lindner S. 165–168.
310 Rieg S. 126 f.
311 Ebd. S. 144.
312 Ebd. S. 139.
313 Ebd. S. 145 f.
314 Wintzingerode S. 68 f.
315 Elias, Lindner S. 168.
316 Ebd. S. 168 ff.
317 Ebd. S. 272.
318 Burg S. 181 f.
319 Elias, Lindner S. 174–182.
320 Brandt S. 242.
321 ADB Bd. 43 S. 505 ff.; Rieg S. 127.
322 Albrecht S. 6.
323 ADB Bd. 43 S. 507.
324 Rieg S. 127.
325 Elias, Politik und Kunst S. 3 und ders., Außenpolitik S. 50.
326 Ebd. S. 41 ff.
327 Mann, Württembergs Politische Kultur S. 25–41.
328 Mann, Württemberg 1800–1866 S. 280.
329 Schneider, Zensur S. 142.
330 Elias, Außenpolitik S. 43 ff.
331 Mästle S. 216.
332 Hölzle, Württemberg S. 271.
333 AHW: Familienmitglieder 268, 4; Elias, Bemerkungen S. 612 f.
334 HStAS: E 14 Bü 23.
335 HStAS: E 14 Bü 17.
336 Mästle S. 216.
337 Elias, Bonapartismus S. 719–729; Elben, Schwäbischer Merkur S. 52.
338 Mästle S. 21.
339 Jäger Bd. I S. 56.
340 Burg S. 163.
341 Rieg S. 150.
342 Burg S. 165.
343 Rieg S. 151 f.
344 Grauer, Wilhelm I. S. 142.
345 Jäger Bd. I S. 57.
346 Burg S. 171.
347 Ebd. S. 226.
348 Mästle S. 42 f.
349 Wintzingerode S. 82.
350 Ebd.; Mästle S. 44.
351 Grauer, Dynastien S. 274.
352 Grauer, Wilhelm I. S. 189 f.
353 Mästle S. 47 f.
354 Ebd. S. 51.
355 Elias, Bonapartismus S. 730.
356 Rieg S. 415.
357 Elias, Bonapartismus S. 730 f.; Mästle S. 56–60; Burg S. 177.
358 Ebd. S. 175.
359 Albrecht S. 159.
360 Elias, Bonapartismus S. 731.
361 Ebd.; Albrecht S. 165; Mästle S. 55; Gerhardt S. 192.
362 Mästle S. 60.
363 Wintzingerode S. 97 f.
364 Schneider, Württembergische Geschichte S. 495.
365 Albrecht S. 165.
366 Mästle S. 60; Schneider, Württembergische Geschichte S. 495.
367 Reyscher S. 70.
368 Rieg S. 417; Burg S. 177.
369 Hölzle, Württemberg S. 272.
370 Schneider, Zensur S. 143.
371 Palm, Pauline S. 69.
372 Rieg S. 162 f.; Mann, Württemberg (Regierungen) S. 230; NDB Bd. 2 S. 145; Mästle S. 62 f.
373 Richter S. 411.
374 Schneider, Zensur S. 142.
375 Rieg S. 145 ff.; Grauer, Wilhelm I. S. 188 f.
376 Schneider, Zensur S. 143.
377 Brandt S. 466 f.
378 AHW: Hofdiarium 28. Juli 1824.
379 Burg S. 228.
380 HStAS: G 268 Bü 18.
381 Elben, Schwäbischer Merkur S. 52.
382 HStAS: G 268 Bü 18.
383 Ebd.
384 Grauer, Wilhelm I. S. 191.
385 Mästle S. 65 f.
386 Sauer, Heer S. 67
387 Rieg S. 152–157.
388 Ebd. S. 159.
389 Ebd. S. 158.
390 Haering S. 447.
391 Burg S. 268.
392 Hölzle, Württemberg S. 273.
393 Hartmann S. 228.
394 Wolfgang Menzel's Denkwürdigkeiten S. 267.

395 Schneider, Württembergische Geschichte S. 501.
396 Rieg S. 168–172; Sauer, Heer S. 74 f.; Burg S. 231 ff.; Mästle S. 72 f.
397 Ebd. S. 73.
398 Rieg S. 172 f.
399 Burg S. 233; Mästle S. 73; Elias, Bonapartismus S. 731 f.
400 Ebd.
401 Burg S. 238 und 250.
402 Ebd. S. 269 f.
403 Rieg S. 174 f.
404 Ebd. S. 175.
405 Burg S. 233.
406 Mästle S. 74.
407 Ebd. S. 80 f.
408 Ebd. S. 82.
409 Elben, Schwäbischer Merkur S. 59; Wolfgang Menzel's Denkwürdigkeiten S. 370 f.
410 Brandt S. 101; Mästle S. 75 f.
411 Brandt S. 102 f.
412 HStAS: G 268 Bü 18.
413 Mästle S. 75 f.
414 Ebd. S. 85.
415 Rieg S. 166 f.
416 Albrecht S. 166 ff.; Gerhardt S. 192 f.; Burg S. 200.
417 Adam S. 35.
418 Brandt S. 520.
419 Burg S. 262.
420 Elben, Schwäbischer Merkur S. 59.
421 Haering S. 447 f.
422 Rieg S. 193.
423 Sauer, Revolution und Volksbewaffnung S. 49 f.
424 Adam S. 38 f.
425 Ebd. S. 34 f.
426 Sauer, Baden-Württemberg. Traditionen S. 86.
427 Reinöhl S. 92 f.
428 Grauer, Dynastien S. 274.
429 Adam S. 43.
430 Ebd. S. 43–53; Sauer, Baden-Württemberg. Traditionen S. 86 f.
431 Rieg S. 184–188.
432 Sauer, Baden-Württemberg. Traditionen S. 87.
433 Köhler S. 2 f. und 9; Taddey, Römer S. 365.
434 Adam S. 54 f.
435 Ebd. S. 60 f.
436 Ebd. S. 62.
437 Wenn bei den späteren Prozessen einige der Verschwörer behaupteten, es sei ihre Absicht gewesen, nach einem politischen Umsturz den König von Württemberg an die Spitze Deutschlands zu stellen, so erhofften sie sich dadurch möglicherweise eine mildere Strafe. Eine späte Saat des »Manuskript aus Süddeutschland«, wie Otto-Heinrich Elias (Bonapartismus S. 731) meint, war es wohl kaum.
438 Sauer, Heer S. 70; Schön S. 68; Schneider, Württembergische Geschichte S. 504 f.
439 Schön, S. 72 ff.
440 Ebd. S. 69 ff.
441 Ebd. S. 68.
442 Rieg S. 201 und 311 f.
443 Köhler S. 15.
444 Mästle S. 85.
445 Ebd. S. 85 f.; Hans-Martin Maurer, S. 213.
446 Adam S. 63.
447 HStAS: G 268 Bü 22.
448 Mästle S. 85.
449 Rieg S. 421; Theodor Griewank S. 15 Anm.
450 Sauer, Heer S. 86.
451 Rieg S. 426.
452 HStAS: G 268 Bü 18.
453 Theodor Griewank; S. 15 Anm. und S. 76.
454 Mästle S. 92 f.
455 Grauer, Wilhelm I. S. 268.
456 So die Vorlage.
457 Reyscher S. 141.
458 Srbik Bd. I S. 308.
459 Hölzle, Württemberg S. 273; Mögle-Hofacker S. 42.
460 Mästle S. 93.
461 Hartmann S. 242.
462 Rieg S. 253.
463 Ebd. S. 260.
464 HStAS: G 268 Bü 22.
465 Koenig-Warthausen, Hügel S. 307.
466 Theil S. 270 f.
467 Grauer, Dynastien S. 271.

V. Straffe obrigkeitliche Führung zum Wohl des Landes

1 Seybold S. 22.
2 Klein S. 93 f.
3 Seybold S. 28.
4 Klein S. 96.
5 Seybold S. 17.
6 Grube S. 521.
7 Klein S. 96.
8 Gehring, Wirtschaftsleben S. 245.
9 Hartmann S. 248 f.
10 Langewiesche, Liberalismus S. 66.
11 Seybold S. 23 f.
12 Bassler S. 118.
13 Gehring, Wirtschaftsleben S. 248 f.
14 Schmierer S. 29.
15 Koenig-Warthausen, Linden S. 260.
16 Rieg S. 561; Cordes S. 561.
17 Ebd. S. 562 f.
18 Rieg S. 301.
19 Cordes S. 564.
20 Ebd. S. 564 f.
21 Rieg S. 308.
22 Ebd. S. 302 f.
23 Bassler S. 139–144.
24 Schneider, Württembergische Geschichte S. 497.
25 Henninger S. 118 f.
26 Ebd. S. 137.
27 Hartmann S. 242.
28 HStAS: E 6 Bü 22; Klein S. 115.

29 Gehring, Wirtschaftsleben S. 203.
30 Schmierer S. 80; 900 Jahre Haus Württemberg S. 506.
31 Nick S. 54.
32 AHW: Hofdiarium vom 10. Juni 1834.
33 Nick S. 54.
34 Hartmann, S. 226 f.
35 Seybold, S. 125 ff.
36 Gehring, Wirtschaftsleben S. 239 f.
37 Seybold S. 126 f.
38 Nick S. 184.
39 Seybold S. 128; Gehring, Wirtschaftsleben S. 240; Klein S. 98; Bürkle S. 41 ff. und 88–93.
40 Seybold S. 130; Hippel S. 538; Gehring, Wirtschaftsleben S. 240.
41 Nick S. 132.
42 Seybold S. 132; Gehring, Wirtschaftsleben S. 241.
43 Käfer S. 36.
44 Gehring, Wirtschaftsleben S. 241 f.
45 Ebd. S. 242; Grube S. 522 f.
46 Ebd.; Herrmann S. 179 und 183 f.
47 Gehring, Wirtschaftsleben S. 242.
48 Herrmann S. 202.
49 Gehring, Wirtschaftsleben S. 243.
50 Ebd. S. 243 f.
51 Schwäbischer Merkur vom 5. Oktober 1845 Nr. 272; Schwäbische Kronik vom 7. Oktober 1845 S. 1093.
52 Schwäbischer Merkur vom 28. November 1845 Nr. 326.
53 Mann, Württemberg 1800–1866 S. 320.
54 Das Königreich Württemberg Bd. I (1904) S. 223.
55 Gehring, Wirtschaftsleben S. 249 f.
56 AHW: Hofdiarium vom 8. August 1862.
57 Käfer S. 36.
58 AHW: Familienmitglieder 268, 15.
59 Adam S. 75 f.; Grube S. 524.
60 Koenig-Warthausen, Linden S. 259.
61 Gehring, Wirtschaftsleben S. 198 f.
62 Ebd. S. 199.
63 Klein S. 111 f.
64 Seybold S. 166; Klein S. 113 f.
65 Ebd. S. 115; Gehring, Wirtschaftsleben S. 204.
66 Ebd. S. 246.
67 Hartmann S. 256.
68 Gehring, Wirtschaftsleben S. 247; 900 Jahre Haus Württemberg S. 514.
69 Gehring, Wirtschaftsleben S. 210.
70 Seybold S. 50 f.; Langewiesche, Liberalismus S. 53; Klein S. 102.
71 Klein S. 107; Herrmann S. 188.
72 Gehring, Wirtschaftsleben S. 254.
73 Koenig-Warthausen, Linden S. 259.
74 Langewiesche, Liberalismus S. 54.
75 Gehring, Wirtschaftsleben S. 254.
76 Ebd. S. 227; Klein S. 84 f.
77 Gehring, List S. 481 Anm. 593.
78 Albrecht S. 135.
79 Moersch S. 61; Reyscher S. 65.
80 Seybold S. 164; Klein S. 112.
81 Burg S. 345.
82 Seybold S. 164; Langewiesche, Liberalismus S. 33 f.; Burg S. 352; Moersch S. 62 f.
83 Burg S. 349.
84 Köhler S. 16.
85 Burg S. 351 f., Anm.
86 Adam S. 58.
87 Elben, Schwäbischer Merkur S. 90; Srbik Bd. II S. 193.
88 Handbuch der Historischen Stätten Baden-Württembergs S. 859.
89 Gehring, Wirtschaftsleben S. 236; Seybold S. 39.
90 Ebd. S. 37 und 40; Gehring, Wirtschaftsleben S. 236.
91 Stuttgarter Nachrichten Nr. 202 vom 1. September 1995 S. 30.
92 Klein S. 90; Seybold S. 43 ff.
93 Bürkle S. 94 ff.; Hartmann S. 216 f.
94 Gehring, Wirtschaftsleben S. 200; Seybold S. 151; Fritz, Mustergut S. 616.
95 Schneider, Aus der württembergischen Geschichte S. 115.
96 Fritz, Hofdomänenkammer S. 27.
97 Adam S. 65.
98 Fritz, Hofdomänenkammer S. 27.
99 Stroheker S. 44.
100 Ebd. S. 45; Koenig-Warthausen, Linden S. 257.
101 Henninger S. 126.
102 Nick S. 71 f.
103 Fritz, Hofdomänenkammer S. 21 f.
104 Grauer, Wilhelm I. S. 202.
105 Fritz, Mustergut S. 618 ff.
106 Nick S. 73.
107 Fritz, Hofdomänenkammer S. 27.
108 Seybold S. 135 f.
109 Fritz, Mustergut S. 620; ders., Hofdomänenkammer S. 25.
110 Fritz, Mustergut S. 620.
111 Fritz, Hofdomänenkammer S. 28.
112 Gehring, Wirtschaftsleben S. 213.
113 900 Jahre Haus Württemberg S. 658.
114 Seybold S. 137.
115 Nick S. 74.

116 Gehring, Wirtschaftsleben S. 213; Fritz, Hofdomänenkammer S. 27 f.; 900 Jahre Haus Württemberg S. 684; AHW: Hofdiarien 1838 und 1839.
117 Hügel und Schmidt S. 30 f. und 51 f.
118 Gehring, Wirtschaftsleben S. 230 und 235.
119 Fritz, Hofdomänenkammer S. 24 f.
120 Ebd. S. 31.
121 Grauer, Wilhelm I. S. 215, Anm. 35.
122 Hartmann S. 242; 900 Jahre Haus Württemberg S. 658.
123 Fritz, Mundelsheim S. 381.
124 Ebd. S. 382; Fritz, Hofdomänenkammer S. 30 f.; 900 Jahre Haus Württemberg S. 658.
125 Hartmann S. 227.
126 Fritz, Mundelsheim S. 378 f.
127 Fritz, Hofdomänenkammer S. 30. – Im Schwäbischen wird das Wort Esper gewöhnlich anstelle von Esparsette verwendet.
128 Ebd. S. 30 f.
129 Hügel und Schmidt S. VII.
130 Langewiesche, Liberalismus S. 61.
131 Schmierer S. 32.
132 Gehring, Wirtschaftsleben S. 246.
133 Adam S. 125.
134 Rieg S. 391 ff.
135 Seybold S. 14.
136 Ebd. S. 13 f.; Menzinger S. 34.
137 Kollmer S. 60.
138 Seybold S. 71; Kollmer S. 66 f.
139 Herrmann S. 179; Seybold S. 72.
140 Gehring, Von List bis Steinbeis S. 424.
141 Langewiesche, Liberalismus S. 32; Seybold S. 151 f.
142 Klein S. 116.
143 Gehring, Wirtschaftsleben S. 215.
144 HStAS: E 6 Bü 22.
145 Gehring, Von List bis Steinbeis S. 417 und 419; Langewiesche, Liberalismus S. 39.
146 Gehring, Wirtschaftsleben S. 222.
147 Seybold S. 119.
148 Ebd. S. 141; Gehring, Wirtschaftsleben S. 221.
149 Seybold S. 172.
150 Kollmer S. 64; Seybold S. 46.
151 Gehring, Wirtschaftsleben S. 221.
152 Seybold S. 167.
153 Ebd.; Gehring, Wirtschaftsleben S. 233.
154 Megerle S. 330.
155 Ebd. S. 330 f.; Seybold S. 28.
156 Megerle S. 332 f.; Klein S. 125.
157 Seybold S. 32 f. und 48 f.; Gehring, Von List bis Steinbeis S. 423.
158 Seybold S. 28.
159 HStAS: E 6 Bü 23.
160 Gehring, Wirtschaftsleben S. 235; Koenig-Warthausen, Hügel S. 305 f.
161 Gehring, Wirtschaftsleben S. 239.
162 Ebd. S. 235; Gehring, Von List bis Steinbeis S. 428.
163 Gehring, Wirtschaftsleben S. 250 f.
164 Gehring, Von List bis Steinbeis S. 427; Klein S. 103.
165 Gehring, Wirtschaftsleben S. 252 f.
166 Ebd. S. 253.
167 Ebd. S. 234.
168 Langewiesche, Liberalismus S. 241.
169 Gehring, Wirtschaftsleben S. 255; Langewiesche, Liberalismus S. 238.
170 Kollmer S. 62. – Die Zahlen Kollmers weichen von denen Megerles und Kleins ab (vgl. S.360).
171 Langewiesche, Liberalismus S. 27.
172 Sauer, Im Namen des Königs S. 216.
173 Adam S. 132; Nick S. 175; Koenig-Warthausen, Linden S. 260.
174 Kollmer S. 62.
175 Gerber S. 232 f.
176 Wolfgang Menzel's Denkwürdigkeiten S. 364 f.
177 Elben, Lebenserinnerungen S. 59.
178 Hartmann S. 250.
179 Schneider, Württembergische Geschichte S. 550.
180 Müller S. 654.
181 Faerber S. 330 f.
182 Ebd. S. 265, 291 und 338 ff.
183 Stuttgart-Handbuch S. 231 f. und 354; Grauer, Wilhelm I. S. 342 f.
184 Hartmann S. 265.
185 Palm, Ernstes und Heiteres S. 56.
186 Bach S. 273.
187 Hackländer Bd. I S. 239.
188 Grauer, Wilhelm I. S. 336.
189 Bach S. 304.
190 Grauer, Wilhelm I. S. 338 f.
191 Bach S. 302, 304 und 315.
192 Kopf S. 86 ff., 99 und 107.
193 Grauer, Wilhelm I. S. 252 ff.
194 Fleischhauer S. 269 f.
195 HStAS: G 268 Bü 22; Bach S. 161 und 172.
196 Krauß, Schwäbische Literaturgeschichte Bd. II S. 407.
197 Bach S. 105.
198 Ebd. S. 148.

199 Hartmann S. 236; Bach S. 231.
200 Fleischhauer S. 229–283.
201 Ebd. S. 236 f.
202 Ebd. S. 246 f. und 265.
203 Ebd. S. 266 f.
204 Ebd. S. 267 f.
205 Ebd. S. 272–280.
206 Ebd. S. 283; Bach S. 133 f.
207 Faerber S. 300.
208 Bach S. 116.
209 Friedrich Maurer S. 125.
210 Hartmann S. 258.
211 Grauer, Wilhelm I. S. 348.
212 75 Jahre Verschönerungsverein S. 9.
213 Bach S. 240 ff.
214 Krauß, Stuttgarter Hoftheater S. 150 f.
215 Ebd. S. 152 f.
216 Ebd.
217 Ebd. S. 158 f.; Wolfgang Menzel's Denkwürdigkeiten S. 294.
218 Krauß, Stuttgarter Hoftheater S. 179 f.
219 Ebd. S. 180 und 199; Wolfgang Menzel's Denkwürdigkeiten S. 295 ff.
220 Krauß, Stuttgarter Hoftheater S. 181 f.
221 Ebd. S. 177 und 180; Palm, Ernstes und Heiteres S. 63 ff.
222 Krauß, Stuttgarter Hoftheater S. 207; Palm, Ernstes und Heiteres S. 93 f., 96 f., 111 und 155.
223 Krauß, Stuttgarter Hoftheater S. 186 f.
224 Wolfgang Menzel's Denkwürdigkeiten S. 295.
225 Krauß, Stuttgarter Hoftheater S. 241.
226 Ebd. S. 208.
227 Palm, Ernstes und Heiteres S. 189 f.
228 Krauß, Stuttgarter Hoftheater S. 229.
229 Palm, Ernstes und Heiteres S. 120 f. und 142.
230 Elben, Schwäbischer Merkur S. 50.
231 Hartmann S. 224.
232 AHW: Hofdiarium 29. September 1845.
233 Fleischhauer S. 252 f.
234 Zeller S. 10.
235 Mann, Württembergs Politische Kultur S. 35 f.
236 Wolfgang Menzel's Denkwürdigkeiten S. 364 f.
237 900 Jahre Haus Württemberg S. 551.
238 Wolfgang Menzel's Denkwürdigkeiten S. 478.
239 Palm, Ernstes und Heiteres S. 70; Krauß, Schwäbische Literaturgeschichte Bd. II S. 428 f.
240 Zeller S. 22.
241 Krauß, Schwäbische Literaturgeschichte Bd. II S. 55; Walter Hagen S. 167.
242 Krauß, Schwäbische Literaturgeschichte Bd. II S. 148.
243 Hartmann S. 263; Elben, Lebenserinnerungen S. 132 f.; Elben, Schwäbischer Merkur S. 83; Pfister, Deutsche Zwietracht S. 9.
244 Krauß, Schwäbische Literaturgeschichte Bd. II S. 437.
245 HStAS: G 313 Bü 4.
246 Wolfgang Menzel's Denkwürdigkeiten S. 494; Rieg S. 102.
247 Bach S. 219 f.
248 Grauer, Wilhelm I. S. 356 f.
249 Schneider, Zensur S. 142.
250 Richter S. 402.
251 Ebd. S. 409.
252 Schneider, Zensur S. 144.
253 Ebd. S. 145 f.
254 Richter S. 413 ff.
255 Ebd. S. 418 f.
256 Ebd. S. 411 f.
257 Ebd. S. 446; Schäffle Bd. I S. 41; Brand S.528.
258 Hülle S. 162.
259 Richter S. 403 und 408.
260 Elben, Lebenserinnerungen S. 125 f.
261 Schneider, Zensur S. 125 f.
262 Richter S. 421 und 423 ff.
263 Schäffle Bd. I S. 40.
264 Elben, Schwäbischer Merkur S. 85.
265 Hermelink, Kirche und Schule S. 192; Hermelink, Geschichte der Evangelischen Kirche S. 395 f.; Grauer, Wilhelm I. S. 248 f.; Adam S. 65.
266 Schmierer S. 34.
267 Mann, »Organisations-Kommission« S. 525.
268 Hermelink, Kirche und Schule S. 192; Geschichte des evangelischen Volksschulwesens S. 373–377.
269 Hermelink, Kirche und Schule S. 192 f.
270 Grauer, Wilhelm I. S. 245.
271 Mögle-Hofacker S. 27.
272 Hermelink, Kirche und Schule S. 193; Gehring, Von List bis Steinbeis S. 429 f.
273 Hermelink, Kirche und Schule S. 193; ders., Geschichte der Evangelischen Kirche S. 395.
274 Catharina Pawlowna-Ausstellung S. 57.
275 Fritz, Wilhelm und Katharina S. 160.
276 Schumann S. 65.
277 Hermelink, Kirche und Schule S. 193 f.
278 Hartmann S. 213.
279 Schneider, Aus der württembergischen Geschichte S. 113.

280 Hartmann S. 218.
281 Bach S. 100 ff., 142 f. und 145–148.
282 Gehring, Von List bis Steinbeis S. 429.
283 Nick S. 172.
284 Hermelink, Kirche und Schule S. 194; 900 Jahre Haus Württemberg S. 614 ff.
285 Gehring, Friedrich List S. 179 f.; Brandt S. 478.
286 Schneider, Aus der württ. Geschichte S. 112.
287 Gehring, Wirtschaftsleben S. 212; Schneider, Aus der württembergischen Geschichte S. 115.
288 Gehring, Von List bis Steinbeis S. 409 f., 413 und 415.
289 Catharina Pawlowna-Ausstellung S. 64.
290 AHW: Hofdiarium 17. März 1838.
291 Gehring, Wirtschaftsleben S. 226.
292 Schneider, Württembergische Geschichte S. 111.
293 Mohl S. 87 f
294 Ebd. S. 164; Hermelink, Kirche und Schule S. 190.
295 Ebd. S. 189 f.
296 Rieg S. 336.
297 August Hagen Bd. I S. 335.
298 Hermelink, Kirche und Schule S. 190; Schäfer S. 96.
299 Hermelink, Kirche und Schule S. 190 ff.
300 900 Jahre Haus Württemberg S. 613; Sauer, Baden-Württemberg. Traditionen S. 87.
301 900 Jahre Haus Württemberg S. 617 ff.
302 Pfister, Deutsche Zwietracht S. 80 f.
303 Hollenberg S. 130 f.; Grauer, Wilhelm I. S. 135 f.
304 900 Jahre Haus Württemberg S. 620 f.
305 Karl Gerok Lebensbild S. 246.
306 Hartmann S. 260; Krauß, Schwäbische Literaturgeschichte Bd. II S. 436.
307 Hermelink, Geschichte der Evangelischen Kirche S. 391.
308 900 Jahre Haus Württemberg S. 613 f.
309 Hermelink, Geschichte der Evangelischen Kirche S. 386.
310 Ebd. S. 285 f. und 295.
311 900 Jahre Haus Württemberg S. 492 f.; Hermelink, Kirche und Schule S. 189.
312 Hermelink, Geschichte der Evangelischen Kirche S. 333 und 408.; 900 Jahre Haus Württemberg S. 493; Lehmann S. 210. – Nach Hermelink (S. 408) sei König Wilhelm von vornherein für diese milde Bestrafung gewesen, um so die Ästhetikprofessur Vischers zu sichern.
313 Hermelink, Kirche und Schule S. 175.
314 Hermelink, Geschichte der Evangelischen Kirche S. 392.
315 Ebd. S. 391 ff.
316 Ebd. S. 387.
317 August Hagen Bd. I S. 453 f.
318 Hartmann, Chronik S. 243.
319 August Hagen Bd. I S. 454.
320 Hermelink, Geschichte der Evangelischen Kirche S. 286; Der Kreis Ludwigsburg S. 136.
321 Ziegler S. 28–34; Hermelink, Geschichte der Evangelischen Kirche S. 286.
322 Ebd.
323 Ziegler S. 49 f. und 68 f.
324 Hermelink, Geschichte der Evangelischen Kirche S. 286.
325 Ebd. S. 361 und S. 371.
326 Hermelink, Geschichte der Evangelischen Kirche S. 183.
327 900 Jahre Haus Württemberg S. 492 ff.
328 Reyscher S. 247; Adam S. 129 ff.; Hermelink, Geschichte der Evangelischen Kirche S. 393 ff.
329 Ebd. S. 403; Hermelink, Kirche und Schule S. 189.
330 Sauer, Uns rief das Heilige Land S. 40 f.
331 Hermelink, Kirche und Schule S. 176; August Hagen Bd. I S. 203 f. und 210: Willburger und Tüchle S. 75 f.
332 Hollenberg S. 124 ff.
333 Hermelink, Geschichte der Evangelischen Kirche S. 387; August Hagen Bd. I S. 467.
334 Grauer, Wilhelm I. S. 252.
335 Blickle S. 370 f.
336 AHW: Familienmitglieder 268, 8.
337 Hermelink, Geschichte der Evangelischen Kirche S. 387.
338 Grauer, Wilhelm I. S. 306; Feller S. 17 ff.; (vgl. auch S. 516 f.)
339 Hermelink, Geschichte der Evangelischen Kirche S. 387.
340 Hermelink, Kirche und Schule S. 176; 150 Jahre Diözese Rottenburg. Ausgewählte Dokumente S. 16.
341 Burg S. 209 f.
342 Hermelink, Kirche und Schule S. 176 f.; 150 Jahre Diözese Rottenburg. Ausgewählte Dokumente S. 16.

343 August Hagen Bd. I S. 244; Hollenberg S. 117 f. – Die Behauptung Hollenbergs, Wessenberg sei auch beim schwäbischen Klerus sehr angesehen gewesen, widerlegt Hagen mit Umfrageergebnissen.
344 Ebd.; August Hagen Bd. I S. 245; Miller S. 383 f. und 399.
345 Ebd. S. 399 f.
346 Grauer, Wilhelm I. S. 236 f.
347 August Hagen Bd. I S. 548.
348 Ebd. S. 248.
349 150 Jahre Diözese Rottenburg. Ausgewählte Dokumente S. 17.
350 August Hagen Bd. I S. 256 f.
351 900 Jahre Haus Württemberg S. 490 f.
352 Hermelink, Geschichte der Evangelischen Kirche S. 285; ders., Kirche und Schule S. 177 f.
353 August Hagen Bd. I S. 263 Anm. 293.
354 Hermelink, Kirche und Schule S. 178.
355 Blickle S. 377.
356 August Hagen Bd. I S. 496 und 546.
357 Hermelink, Kirche und Schule S. 178 f.
358 August Hagen Bd. I S. 275 f.
359 August Hagen Bd. I S. 461 Anm. 422.
360 Ebd. S. 502; Hermelink, Geschichte der Evangelischen Kirche S. 387 f.
361 August Hagen Bd. I S. 507 f.; Hermelink, Kirche und Schule S. 179.
362 August Hagen Bd. I S. 510 ff.
363 Ebd. Bd. I S. 513–534 und 539 ff.; Hermelink, Geschichte der Evangelischen Kirche S. 388; Hermelink, Kirche und Schule S. 179 f.
364 August Hagen Bd. II S. 26 ff.; Hermelink, Geschichte der Evangelischen Kirche S. 389.
365 HStAS: Q 3/11 Bü 14; August Hagen Bd. II S. 42.
366 Hermelink, Geschichte der Evangelischen Kirche S. 389.
367 Ebd.; Hermelink, Kirche und Schule S. 181; August Hagen Bd. II S. 24 und 44–49; Koenig-Warthausen, Linden S. 260 ff.
368 August Hagen Bd. II S. 49 f.
369 Cordes S. 566.
370 Der im Regierungsblatt 1857 S. 109 veröffentlichte Vertrag führt in der deutschen Fassung die Bezeichnung »Vereinbarung«, im lateinischen Text heißt es »Conventio«. Ein Konkordat war er nicht, da die Kurie Konkordate nur mit Staatsoberhäuptern schloß (vgl. Koenig-Warthausen, Linden S. 262).
371 August Hagen Bd. II S. 34 f. und 51–60.
372 Koenig-Warthausen, Linden S. 263.
373 Ebd.
374 August Hagen Bd. II S. 45.
375 Ebd. S. 85–89; Hermelink, Kirche und Schule S. 181; Karl Gerok. Lebensbild S. 377 f.
376 HStAS: E 14 Bü 17.
377 Adam S. 128.
378 Ebd.; August Hagen Bd. II S. 90 f.; Schneider, Württembergische Geschichte S. 546.
379 Adam S. 128 f.; Koenig-Warthausen, Linden S. 264.
380 Ebd.
381 Brandt S. 648 ff.; Schäffle Bd. I S. 80 f.
382 Koenig-Warthausen, Linden S. 265 f.; Schäffle Bd. I S. 81.
383 August Hagen Bd. II S.95 ff.; Adam S. 129; Hermelink, Kirche und Schule S. 182; Grube S. 540; Koenig-Warthausen, Linden S. 265.
384 August Hagen Bd. I S. 578 ff.
385 August Hagen Bd. II S. 128 f.
386 August Hagen Bd. I S. 588 f.
387 Ebd. S. 462 und 568.
388 Adam S. 132; Grube S. 540.
389 Sauer, Jüdische Gemeinden S. 4–9.
390 Ebd. S. 34.
391 Ebd. S. 76.
392 Zapf S. 31–38.
393 Sauer, Heer S. 22 f.
394 Fritz, Wilhelm und Katharina S. 164.
395 Sauer, Heer S. 117.
396 Ebd. S. 27–48.
397 Pfister, Verbündete S. 437 f. und 441.
398 Sauer, Heer S. 26.
399 Ebd. S. 30.
400 Ebd. S. 29, 36 f., 60–64.
401 Ebd. S. 49 und 55.
402 Ebd. S. 55.
403 Köhler S. 23.
404 Sauer, Heer S. 58 f.
405 Ebd. S. 53. – Die Tatsache, daß bis 1848 jeder Offizier vom Rang eines Hauptmanns aufwärts und bei der Leibgarde sogar jeder Offizier den Personaladel erhielt und seinem Familiennamen ein »von« voranstellen durfte und auch später noch der Personaladel mit bestimmten Orden

verbunden war, hat zu dem falschen Schluß verleitet, bürgerliche Offiziere habe es in größerer Zahl lediglich bei den Subalternoffizieren gegeben.
406 Sauer, Heer S. 53.
407 Ebd. S. 53 f.
408 Ebd. S. 83.
409 Ebd. S. 84.
410 Ebd. S. 59.
411 HStAS: E 6 Bü 22.
412 AHW: Hofdiarium 14. Juni 1834.
413 Sauer, Heer S. 41; Hartmann S. 241–246.
414 900 Jahre Haus Württemberg S. 698.
415 Taddey, Georg Herwegh S. 189–212.
416 Sauer, Heer S. 60 ff.
417 Ebd. S. 106.
418 Ebd. S. 64 ff.
419 Ebd. S. 88 ff.
420 Albrecht S. 92 f.
421 Mann, Württemberg 1800–1866 S. 269.
422 Mästle S. 214.
423 Sauer, Heer S. 146.
424 Ebd. S. 150 f.
425 Ebd. S. 157.
426 Ebd. S. 157 f.
427 Ebd. S. 160.
428 Ebd. S. 163.
429 Ebd. S. 169.
430 Ebd. S. 171; Pfister, Deutsche Zwietracht S. 70.
431 Pfister, Pfarrers Albert S. 160 f.
432 Pfister, Deutsche Zwietracht S. 51.

VI. Die Revolution von 1848/49 und ihre Nachwirkungen

1 Wolfgang Menzel's Denkwürdigkeiten S. 394; Langewiesche, Liberalismus S. 205.
2 Mästle S. 100.
3 Grauer, Dynastien S. 275.
4 Reyscher S. 121; Adam S. 82.
5 Ebd. S. 83.
6 Theil S. 273 f.
7 Koenig-Warthausen, Linden S. 225 f.
8 Hartmann S. 251.
9 Ebd.; Sauer, Revolution und Volksbewaffnung S. 74 ff.
10 Gollwitzer S. 61 und 94.
11 Stadelmann S. 79 f.
12 Ebd. ; Sauer, Revolution und Volksbewaffnung S. 77–80; Friedrich Maurer S. 111.
13 Köhler S. 101 und 105.
14 Brandt S. 624; Boldt, S. 54.
15 Grube S. 527.
16 Sauer, Baden-Württemberg. Traditionen S. 39.
17 Langewiesche, Liberalismus S. 145 und 147.
18 Stadelmann S. 74 f.
19 Langewiesche, Liberalismus S. 166 und 169.
20 Elben, Schwäbischer Merkur S. 77.
21 Eduard von Kallee S. 9.
22 Wolfgang Menzel's Denkwürdigkeiten S. 405 f.; Schneider, Württembergische Geschichte S. 514.
23 Wolfgang Menzel's Denkwürdigkeiten S. 410.
24 Eduard von Kallee S. 10 f. und 28.
25 Sauer, Heer S. 109–113.
26 Ebd. S. 113–121.
27 Boldt S. 35.
28 Wolfgang Menzel's Denkwürdigkeiten S. 407.
29 Boldt S. 29 f.
30 Brandt S. 617.
31 Schneider, Württembergische Geschichte S. 517.
32 Ebd. S. 515.
33 Reyscher S. 174 f.; Schneider, Frankfurter Reichsverfassung S. 175; Elias, Wilhelm I. S. 314.
34 Hackländer Bd. II S. 230.
35 Mann, »Organisations-Kommission« S. 526.
36 Wolfgang Menzel's Denkwürdigkeiten S. 411.
37 Mann, »Organisations-Kommission« S. 526.
38 Sauer, Revolution und Volksbewaffnung S. 122–131; ders., Gottlieb Rau.
39 Sauer, Revolution und Volksbewaffnung S. 129.
40 Hartmann S. 253.
41 Nick S. 89.
42 Mohl Bd. II S. 27 f.
43 AHW: Hofdiarien 1848/49.
44 Mögle-Hofacker S. 56.
45 Nick S. 80 f.; Schneider, Württembergische Geschichte S. 513 f.
46 Stadelmann S. 48.
47 Reinöhl S. 178.
48 Zeller S. 11.
49 Elias, »Der alte Eisenkopf« S. 5.
50 Palm, Pauline S. 101.
51 Schneider, Frankfurter Reichsverfassung S. 178.
52 Koenig-Warthausen, Hügel S. 308.
53 Schneider, Frankfurter Reichsverfassung S. 173 f.
54 Ebd. S. 173.
55 Ebd.; Mögle-Hofacker S. 74 und 130.
56 HStAS: G 268 Bü 24; – Aufzeichnungen König Wilhelms über seinen Besuch beim Reichsverweser im Juli 1848 in Frankfurt; Köhler S. 143 ff.; Schneider, Frankfurter Reichsverfassung S. 174; Hartmann, S. 252; Wolfgang Menzel's Denkwürdigkeiten S. 413.
57 Diese Ansicht vertrat übrigens auch Wolfgang Menzel (Denk-

würdigkeiten S. 420 f.). Menzel stellte fest, das Großherzogtum Baden mit seiner unglücklichen Gestalt sollte nicht existieren, da es »eigentlich regierungsunfähig« sei.

58 Elias, Außenpolitik S. 50 f.; Schneider, Frankfurter Reichsverfassung S. 174.

59 Elias, Außenpolitik S. 51 f.

60 Eduard von Kallee S. 47.

61 Gönner S. 113.

62 Schneider, Frankfurter Reichsverfassung S. 174.

63 Sauer, Baden-Württemberg. Traditionen S. 35; Kallenberg S. 165.

64 HStAS: G 268 Bü 18.

65 Hackländer Bd. II S. 223–228.

66 Eduard von Kallee S. 22.

67 Hartmann S. 252

68 Eduard von Kallee S. 22.

69 Ebd.

70 Brandt S. 624.

71 Sauer, Heer S. 124; Repetitorium der Deutschen Geschichte, Neuzeit S. 110.

72 Eduard von Kallee S. 21; Theodor Griewank S. 156.

73 Nipperdey S. 634–651.

74 Schneider, Frankfurter Reichsverfassung S. 175.

75 Hackländer Bd. II S. 226 f.

76 Adam S. 90.

77 Mögle-Hofacker S. 55.

78 Köhler S. 148.

79 Elben, Schwäbischer Merkur S. 79.

80 Mästle S. 110 und 112; HStAS: G 268 Bü 18.

81 Sauer, Revolution und Volksbewaffnung S. 112 und 116 f.

82 Köhler S. 162.

83 Adam S. 85; Ritter, Staatskunst und Kriegshandwerk Bd. I S. 229–237.

84 Schneider, Frankfurter Reichsverfassung S. 175 f.

85 Eduard von Kallee S. 47.

86 Schneider, Klindworth S. 202.

87 Ebd. S. 203 f.; Srbik, Bd. III S. 165 ff.

88 Schneider, Klindworth S. 203 f.

89 Mit der Verleihung des Ritterkreuzes des Kronenordens war der persönliche Adel verbunden. Deshalb hier: »Herr von Klindworth«.

90 HStAS: G 268 Bü 18.

91 Möglicherweise war es bereits im Sommer 1848 während eines Kuraufenthalts Wilhelms in Meran – und nicht erst im Herbst, wie Mästle meint (S. 115) – zu einem persönlichen Meinungsaustausch zwischen dem bayerischen und dem württembergischen Monarchen gekommen, bei dem deutschlandpolitische Fragen eine zentrale Rolle spielten.

92 Schneider, Klindworth S. 205.

93 Elias, Außenpolitik S. 52.

94 HStAS: G 268 Bü 18; Schneider, Klindworth S. 205 ff.; Rieg S. 363. Wenn Reyscher in seinen Lebenserinnerungen (S. 140 f.) schreibt, König Wilhelm habe König Friedrich Wilhelm IV. durch Klindworth einen Fürstenbund ohne Österreich vorgeschlagen, so trifft dies nicht zu. Einen solchen kleindeutschen Bundesstaat hätte Wilhelm allenfalls akzeptiert, wenn sich Österreich gegen eine engere Bindung an die anderen deutschen Staaten entschieden hätte.

95 Schneider, Klindworth S. 207 ff.

96 Rieg S. 369 f.

97 Schneider, Klindworth S. 209–216.

98 HStAS: G 268 Bü 18; Mästle S. 115.

99 Rieg S. 351.

100 Ebd. S. 368 f.; Schneider, Frankfurter Reichsverfassung S. 176.

101 Nipperdey S. 645 f.

102 Köhler S. 148; Stadelmann S. 128.

103 Köhler S. 150.

104 Schneider, Frankfurter Reichsverfassung S. 176 f.

105 HStAS: G 268 Bü 18.

106 Ebd.; Mästle S. 115.

107 HStAS: G 268 Bü 18; Mögle-Hofacker S. 52.

108 Mästle S. 115–120. – Die hier vorgeschlagenen Truppenzusammenziehungen hatte König Wilhelm auch früher schon in seinen Verhandlungen mit dem bayerischen und preußischen König vorgeschlagen (vgl. S. 467).

109 Nipperdey S. 652; Köhler S. 182; Schneider, Frankfurter Reichsverfassung S. 177.

110 Elben, Lebenserinnerungen S. 118.

111 Köhler S. 183 f.; Grube S. 529.

112 HStAS: G 268 Bü 18; Mögle-Hofacker S. 53.

113 HStAS: G 268 Bü 18.

114 Mästle S 121.

115 HStAS: G 268 Bü 24.
116 Köhler S. 181; Mögle-Hofacker S. 55.
117 Nipperdey S. 652 f.
118 Mögle-Hofacker S. 51.
119 Schneider, Frankfurter Reichsverfassung S. 177.
120 Stadelmann S. 130; Nipperdey S. 659.
121 Langewiesche, Julius Hölder S. 156.
122 Elben, Schwäbischer Merkur S. 80; Rümelin S. 172–193.
123 Schneider, Frankfurter Reichsverfassung S. 178.
124 Jäger, Bd. I S. 128 f.; Nipperdey S. 660 f.
125 Schneider, Frankfurter Reichsverfassung S. 178.
126 HStAS: G 268 Bü 18; Mögle-Hofacker S. 54.
127 Schneider, Frankfurter Reichsverfassung S. 179 f.
128 Koenig-Warthausen, Linden S. 228 und 237.
129 Zitiert nach Mögle-Hofacker S. 59.
130 Schneider, Frankfurter Reichsverfassung S. 180 f.
131 Schneider, Württembergische Geschichte S. 521.
132 Schneider, Frankfurter Reichsverfassung S. 181.
133 Ebd.; Schneider, Das württembergische Heer.
134 Elben, Lebenserinnerungen S. 121 f.
135 Schneider, Frankfurter Reichsverfassung S. 183 f.; Köhler S. 193; Koenig-Warthausen, Linden S. 228 f.
136 Elben, Schwäbischer Merkur S. 80.
137 Köhler S. 194.
138 Schneider, Frankfurter Reichsverfassung S. 184.
139 Elben, Schwäbischer Merkur S. 80.
140 Schneider, Frankfurter Reichsverfassung S. 183 f.
141 Sauer, Revolution und Volksbewaffnung S. 134; Grube S. 530.
142 Langewiesche, Liberalismus S. 139, 177 und 190.
143 Sauer, Revolution und Volksbewaffnung S. 134 f.
144 HStAS: G 268 Bü 24.
145 HStAS: G 268 Bü 18.
146 Sauer, Revolution und Volksbewaffnung S. 96 und S. 191.
147 Langewiesche, Liberalismus S. 209. – Langewiesche spricht von 870 bis 880 Württembergern, die nach Baden zogen.
148 Sauer, Revolution und Volksbewaffnung S. 139 f.
149 Ebd. S. 141 ff.
150 Ebd. S. 143 f.
151 Ebd. S. 144; Nipperdey S. 661.
152 Reinöhl S. 211 f.
153 Nipperdey S. 661.
154 Sauer, Revolution und Volksbewaffnung S. 144.
155 Adam S. 90.
156 Schneider, Frankfurter Reichsverfassung S. 184 ff.
157 Sauer, Revolution und Volksbewaffnung S. 145.
158 Ebd. S. 145 f.
159 Schneider, Frankfurter Reichsverfassung S. 190 f.
160 Ebd. S. 191 f.
161 Sauer, Revolution und Volksbewaffnung S. 157.
162 Schneider, Frankfurter Reichsverfassung S. 194 ff.
163 Sauer, Revolution und Volksbewaffnung S. 158 f.
164 Ebd. S. 159–169.
165 Eduard von Kallee S. 30 und S. 169–177.
166 Köhler S. 216 und 220.
167 Adam S. 91 f.
168 Hartmann S. 255.
169 Schneider, Württembergische Geschichte S. 527 f.
170 Schneider, Frankfurter Reichsverfassung S. 201.
171 Von der Ständeversammlung zum demokratischen Parlament S. 138.
172 Koenig-Warthausen, Linden S. 229.
173 Adam S. 98 f.
174 Schneider, Württembergische Geschichte S. 529; Köhler S. 236 f.; Langewiesche, Liberalismus S. 178 f.
175 Wolfgang Menzel's Denkwürdigkeiten S. 419.
176 HStAS: G 268 Bü 24.
177 Rieg S. 233–242. – Die hier zitierten Geheimberichte an König Wilhelm stammen vom September/Oktober 1849 und nicht, wie Rieg meint, von 1847/48.
178 Von der Ständeversammlung zum demokratischen Parlament S. 138 f.
179 Koenig-Warthausen, Linden S. 237; 900 Jahre Haus Württemberg S. 620.
180 Elben, Lebenserinnerungen S. 125.
181 Von der Ständeversammlung zum demokratischen Parlament S. 139.
182 Schneider, Württembergische Geschichte S. 530 f.; Adam S. 104; Mögle-Hofacker S. 75 f.; Grube S. 536.

183 Schneider, Württembergische Geschichte S. 530; Adam S. 104; Grube S. 535; Sauer, Baden-Württemberg. Traditionen S. 35.
184 Koenig-Warthausen, Hügel S. 350 f.
185 Von der Ständeversammlung zum demokratischen Parlament S. 139.
186 Adam S. 109 f.
187 Koenig-Warthausen, Linden S. 236 f.
188 Von der Ständeversammlung zum demokratischen Parlament S. 139; Langewiesche, Liberalismus S. 191.
189 Schneider, Württembergische Geschichte S. 533 f.; Von der Ständeversammlung zum demokratischen Parlament S. 139.
190 Adam S. 110 ff.
191 Ebd.
192 Elben, Lebenserinnerungen S. 126; Richter S. 421; Mögle-Hofacker S. 138 Anm. 980.
193 Zitiert nach Mögle-Hofacker S. 82.
194 Koenig-Warthausen, Linden S. 244.
195 Adam S. 116–120; Grube S. 536; Von der Ständeversammlung zum demokratischen Parlament S. 140 f.; Menzinger S. 33.
196 Koenig-Warthausen, Hügel S. 311.
197 Brandt S. 625.
198 HStAS: G 268 Bü 24.
199 Adam S. 123; Langewiesche, Liberalismus S. 143.
200 Jäger Bd. I S. 131–138; Nipperdey S. 670–673.
201 Elben, Schwäbischer Merkur S. 82 ff.; Srbik Bd. II S. 29; Langewiesche, Liberalismus S. 197.
202 HStAS: G 268 Bü 24.
203 Theil S. 274.
204 HStAS: G 268 Bü 24.
205 Koenig-Warthausen, Hügel S. 310.
206 Reyscher S. 197 f.; Grauer, Wilhelm I. S. 300 f. (Zitat nach Grauer).
207 Reyscher S. 210 f.; Adam S. 117.
208 Schneider, Württembergische Geschichte S. 537.
209 Srbik Bd. II S. 108; Hoffmann S. 45.
210 Brandt S. 626.
211 Koenig-Warthausen, Linden S. 232 f. – König Wilhelm hat noch kurz vor seinem Tod gegenüber Wolfgang Menzel behauptet: »Der Kerl [Fürst Schwarzenberg] hat mir nicht geantwortet.« Dem widerspricht Hoffmann (Die diplomatischen Beziehungen S. 45); er merkt an, daß die Antwort Schwarzenbergs in den Zeitungen verbreitet worden sei. Wahrscheinlich war es eben diese Bemerkung gegenüber Freiherr von Linden, die in entsprechender Form publiziert wurde.
212 Elias, Wilhelm I. S. 323.
213 Theil S. 276–278.
214 HStAS: G 268 Bü 24.
215 HStAS: J 5 Bü 3.
216 Koenig-Warthausen, Hügel S. 310.

VII. Der Nestor unter den europäischen Fürsten

1 Eveline von Massenbach S. 14.
2 AHW: Familienmitglieder 271.
3 Eveline von Massenbach S. 14.
4 Brandt S. 729.
5 Eveline von Massenbach S. 113.
6 Eduard von Kallee S. 20 f.
7 Mann, Württemberg 1800–1866 S. 318.
8 Hans-Martin Maurer S. 215 f.
9 Hartmann S. 259.
10 Ebd. S. 257.
11 Ebd.; Eveline von Massenbach S. 25.
12 Palm, Pauline S. 102.
13 HStAS: G 268 Bü 18; Koenig-Warthausen, Hügel S. 309.
14 Eveline von Massenbach S. 24 und 134.
15 Schwäbischer Merkur 1852 S. 454.
16 AHW: Familienmitglieder 271, 2; Schwäbischer Merkur 1852 S. 454; Nekrolog der Deutschen 1852 S. 256–261; Grauer, Wilhelm I. S. 306 f.
17 Feller S. 13 und S. 17.
18 Ebd. S. 18 f.
19 Ebd. S. 19.
20 900 Jahre Haus Württemberg S. 404.
21 Feller S. 19 und 21.
22 Ebd. S. 21.
23 Koenig-Warthausen, Hügel S. 309; 900 Jahre Haus Württemberg S. 410.
24 Fritz, Hofdomänenkammer S. 23.
25 Eveline von Massenbach S. 134.
26 AHW: Hofdiarien 1852–1863; HStAS: E 14 Bü 28. – Zur Enthüllung des Eberhard-im-Bart-Standbilds auch Albert Pfister, Deutsche Zwietracht S. 32 f.
27 Eveline von Massenbach S. 138.
28 Richard Kallee S. 170.
29 AHW: Hofbehörden,

Schloßverwaltung Stuttgart 32/9; Hofdiarien 1858.
30 AHW: Hofdiarien Juni 1858.
31 SAS: Autographen 6135.
32 HStAS: G 268 Bü 8.
33 Hartmann S. 262; Eveline von Massenbach S. 133.
34 Nick S. 191.
35 AHW: Hofdiarien 1859, 1860 und 1862.
36 HStAS: E 14 Bü 28.
37 Eveline von Massenbach S. 158.
38 Ebd.
39 AHW: Hofdiarien Februar und August 1862.
40 Eveline von Massenbach S. 165.
41 SAS: Autographen 6143.
42 Hartmann S. 265.
43 AHW: Hofbehörden, Schloßverwaltung Stuttgart 32/9.
44 SAS: Autographen 6144.
45 Fischer S. 321.
46 SAS: Autographen 6145, 6146 und 6136.
47 HStAS: E 14 Bü 30 (Lebensabriß König Wilhelms 1864); AHW: Hofdiarien und Hofbehörden, Schloßverwaltung Stuttgart 32/9.
48 Schneider, Württembergische Geschichte S. 550.
49 Theodor Griewank S. 21 und 160.
50 Sauer, Im Namen des Königs S. 167.
51 Nick S. 134 f.
52 Sauer, Im Namen des Königs S. 168.
53 Mann, Württemberg (Regierungen) S. 41 und 234; Koenig-Warthausen, Linden S. 219.
54 Ebd. S. 236 und 268; Brandt S. 725; Adam S. 131 f.
55 Theodor Griewank S. V.
56 Mästle S. 215.
57 HStAS: Q 3/11 Bü 86; Mann, Württemberg (Regierungen) S.235 f.; Brandt S. 732.
58 HStAS: Q 3/11 Bü 86.
59 HStAS: Q 3/11 Bü 87 und Bü 203.
60 Theodor Griewank S. 160.
61 HStAS: Q 3/11 Bü 87 und 204.
62 Theodor Griewank S. 132; Rapp S. 56.
63 HStAS: G 268 Bü 22.
64 Koenig-Warthausen, Linden S. 247.
65 HStAS: Q 3/11 Bü 202.
66 Siemann S. 551.
67 Koenig-Warthausen, Linden S. 260.
68 Adam S. 131.
69 Brandt S. 199, 626 und 628 ff.
70 Reyscher S. 173.
71 Brandt S. 387 f.
72 Langewiesche, Liberalismus S. 251.
73 Sauer, Baden-Württemberg. Traditionen S. 39 f.; Brandt S. 804 f.
74 Pfister, Deutsche Zwietracht S. 32; Theodor Griewank S. 68.
75 Schneider, Württembergische Geschichte S. 541; Adam S. 126; Grube S. 538 f.; Fuchs, S. 65 f.
76 Adam S. 127 und 130 ff.
77 Langewiesche, Liberalismus S. 225, 236, 238 und 245.
78 Ebd. S. 32 f.
79 Adam S. 130.
80 Menzinger S. 39 f.
81 Martenson S. 59.
82 HStAS: G 268 Bü 24.
83 Hoffmann, Diplomatische Beziehungen S. 40, 29 und 118 f.
84 Mögle-Hofacker S.197 f.
85 Jäger Bd. II S. 10–18; Nipperdey S. 687–692.
86 Krusemarck S. 7.
87 Hoffmann, Diplomatische Beziehungen S. 60; Koeppel S. 333 f.
88 Hartmann S. 259.
89 Eveline von Massenbach S. 55.
90 Krusemarck S. 7; Hoffmann, Diplomatische Beziehungen S. 61.
91 Mästle S. 216.
92 Theil S. 280 f.
93 Hoffmann, Diplomatische Beziehungen S. 55.
94 Martenson S. 37.
95 Hoffmann, Diplomatische Beziehungen S. 54 f.
96 Krusemarck S. 10 f.
97 Hoffmann, Diplomatische Beziehungen S. 26, 29, 31 f. und 38 f.
98 Ebd. S. 39, 44 und 47 f.
99 Krusemarck S. 20 f.
100 Hoffmann, Diplomatische Beziehungen S. 58 und 61.
101 Martenson S. 40.
102 Krusemarck S. 20.
103 Koeppel S. 335.
104 Fuchs S. 29 f.
105 Theil S. 281.
106 HStAS: Q 3/11 Bü 87; Hoffmann, Diplomatische Beziehungen S. 67 und 76.
107 Ebd. S. 71 f.; Elben, Lebenserinnerungen S. 128 f.
108 Eveline von Massenbach S. 70.
109 Koeppel S. 336 f.; Koenig-Warthausen, Hügel S. 312 f.
110 Fuchs S. 30 f.
111 Krusemarck S. 41 f. und 104 f.; Hoffmann, Diplomatische Beziehungen S. 4 f., 77 f. und 80; Fuchs S. 41 f. und 50.

112 Hoffmann, Diplomatische Beziehungen S. 84 f.
113 Krusemarck S. 61 f.
114 Koeppel S. 337 f.
115 Krusemarck S. 68, 73–79 und 77 ff.
116 Koeppel S. 338 f.; Hoffmann, Diplomatische Beziehungen S.97.
117 Krusemarck S. 83 f.
118 Koeppel S. 340.
119 Mästle S. 173.
120 Ebd. S. 175.
121 Hartmann S. 260; Mögle-Hofacker S. 1.
122 Zitiert nach Reyscher S. 221. – Auch wenn nicht alle Äußerungen König Wilhelms so gefallen sind – manche finden sich in den ersten Berichten nicht – entsprechen sie doch exakt dem, was der König damals zum Ausdruck bringen wollte (Elias, Außenpolitik S. 48 f.).
123 Hoffmann, Diplomatische Beziehungen S. 113.
124 Ebd. S. 121; Theil S. 285; Krusemarck S. 94.
125 Eveline von Massenbach S. 88.
126 HStAS: G 268 Bü 25 (Notizbuch König Wilhelms über seinen Pariser Aufenthalt); Krusemarck S. 94 ff.; Grauer, Wilhelm I. S. 367 f.
127 Krusemarck S. 97; Martenson S. 48.
128 Krusemarck S. 93 f.; Martenson S. 46.
129 Varnhagen von Ense, Tagebücher Bd. 13 S. 20.
130 Krusemarck S. 98.
131 Tamse S. 195.
132 Krusemarck S. 99.
133 Hoffmann, Diplomatische Beziehungen S. 126.
134 Ebd. S. 126.
135 Ebd. S. 126 f.; Martenson S. 61.
136 Theil S. 286 f.
137 Hans-Martin Maurer S. 217 f.; Krauß, Stuttgarter Hoftheater S. 230; Richard Kallee S. 161; Hoffmann, Diplomatische Beziehungen S. 126; Mästle S. 180; Martenson S.65.
138 Eveline von Massenbach S. 112; Mästle S. 180; Hans-Martin Maurer S. 218.
139 Hartmann S. 261.
140 Mästle S. 180; Hoffmann, Diplomatische Beziehungen S. 130.
141 Schäffle Bd. I S. 55 f.
142 Krusemarck S. 102; Martenson S. 75.
143 Ebd. S. 74.
144 Hartmann S. 262.
145 Adam S. 130.
146 Fuchs S. 124.
147 Hoffmann, Politik Württembergs und Bayerns S. 215.
148 Nipperdey S. 693 ff.
149 Hoffmann, Politik Württembergs und Bayerns S. 221 f.
150 Theodor Griewank berichtet (S. 14), der König habe mit dem Prinzen in großer Offenheit gesprochen.
151 Hoffmann, Politik Württembergs und Bayerns S. 223.
152 Theodor Griewank S. 14.
153 Ebd. S. 21 f.; Hoffmann, Diplomatischen Beziehungen S. 28 f.
154 Hoffmann, Politik Württembergs und Bayerns S. 226 und 248 f.; Theodor Griewank S. 22.
155 Ebd. S. 22 f.; Theil S. 288.
156 Theodor Griewank S. 27.
157 Ebd. S. 56; Hoffmann, Politik Württembergs und Bayerns S. 229.
158 Ebd. S. 264.
159 Theodor Griewank S. 32.
160 Martenson S. 87.
161 SAS: Autographen 6138.
162 SAS: Autographen 6139.
163 Hoffmann, Politik Württembergs und Bayerns S. 285.
164 Schäffle Bd. I S. 57.
165 Langewiesche, Liberalismus S. 246.
166 Theodor Griewank S. 50.
167 Srbik Bd. III S. 287; Fuchs S. 142–147.
168 Theodor Griewank S. 66 f.
169 Nipperdey S. 705 f.
170 Theodor Griewank S. 71 und 83.
171 Srbik Bd. III S. 301 und 309.
172 Ebd. S. 309; Theodor Griewank S. 70–73.
173 Ebd. S. 75. und 84 f.
174 Fuchs S. 177–180.
175 Ebd. S. 182–188.
176 Ebd. S. 174–177; Srbik Bd. III S. 319.
177 Theodor Griewank S. 122, Anm. 1.
178 Ebd. S. 83–91; Srbik Bd. III S. 314.
179 Theodor Griewank S. 91 ff.
180 Ebd. S. 69.
181 Hartmann S. 264.
182 Ebd.; Theodor Griewank S. 104.
183 Pfister, Deutsche Zwietracht S. 25 f.; Schneider, Württembergische Geschichte S. 546 f.
184 Theodor Griewank S. 117 f.
185 Ebd. S. 123 f.
186 Ebd. S. 128 f.
187 Ebd. S. 130–133.
188 Srbik Bd III S. 291.
189 Mästle S. 218.

190 Theil S. 289.
191 Koenig-Warthausen, Linden S. 268; Mann, Württemberg 1800–1866 S. 329.
192 Theodor Griewank S. 133; Srbik Bd. III S. 376; Koenig-Warthausen, Hügel S. 317 f.
193 HStAS: G 268 Bü 24.
194 Theodor Griewank S. 135 ff.
195 Srbik Bd. III S. 420.
196 Theodor Griewank S. 145 f.
197 Mästle S. 204.
198 Nipperdey S. 707 f.
199 Hartmann S. 266; Grauer, Dynastien S. 275.
200 Eveline von Massenbach S. 170.
201 Nipperdey S. 708.
202 Srbik Bd. IV S. 32 und 47.
203 HStAS: Q 3/11 Bü 29.
204 Ebd.
205 HStAS: Q 3/11 Bü 124.
206 Theodor Griewank S. 154.
207 Schneider, Württembergische Geschichte S. 549; Rapp S. 74.
208 Theodor Griewank S. 156; Grauer, Dynastien S. 276.
209 Rapp S. 74.
210 Srbik Bd. IV S. 121.
211 Mästle S. 213; Srbik Bd. IV S. 167.
212 HStAS: E 14 Bü 30; Schneider, Württembergische Geschichte S. 549; Koenig-Warthausen, Linden S. 268; Brandt S. 727.
213 HStAS: E 14 Bü 30 (Lebensabriß König Wilhelms).
214 Hackländer Bd. II S. 340 f.; Fischer S. 321.
215 HStAS: E 14 Bü 17.
216 Grauer, Dynastien S. 263.
217 HStAS: E 14 Bü 17; Klose S. 476.
218 Gerber S. 242.
219 Eveline von Massenbach S. 186 f.
220 HStAS: Q 3/11 Bü 143.
221 Palm, Ernstes und Heiteres S. 155; Krauß, Stuttgarter Hoftheater S. 210.
222 Hermelink, Geschichte der Evangelischen Kirche S. 391.
223 Eveline von Massenbach S. 187.
224 HStAS: G 268 Bü 25.
225 Schukraft S. 138.
226 Ebd.; Eveline von Massenbach S. 188; Staatsanzeiger für Württemberg vom 2. Juli 1864.
227 Eveline von Massenbach S. 189.
228 HStAS: G 268 Bü 27.
229 Eveline von Massenbach S. 188.
230 AHW: Familienmitglieder 268, 17 Geheime Pensionen.
231 Hackländer Bd. II S. 340 f.; Palm, Ernstes und Heiteres S. 155.
232 SAS: Autographen 6149.
233 SAS: Autographen 6150.
234 SAS: Autographen 6151.
235 SAS: Autographen 6152.
236 SAS: Autographen 6153 und 6154.
237 Elias, Zwischen Politik und Kunst S. 8.
238 Eveline von Massenbach S. 213.
239 HStAS: G 268 Bü 18.
240 SAS: Autographen 6160.
241 Ebd.
242 Stuttgarter Neues Tagblatt vom 16. August 1930.
243 Ebd.; Staatsarchiv München: Amtsgericht Tegernsee Nr. 1876/24: Testament der Amalie von Stubenrauch vom 3. Juli 1873 (Eine Kopie des Testaments hat das Staatsarchiv München dem Verfasser freundlicherweise zur Verfügung gestellt).
244 Mohl Bd. II S. 19.
245 Eveline von Massenbach S. 204.
246 Sauer, Wilhelm II. S. 51.
247 Schukraft S. 140.

König Wilhelm: Persönlichkeit und Lebenswerk

1 HStAS: G 268 Bü 24; Schneider, Das politische Testament König Wilhelms I. S. 218–221.
2 Tamse S. 196.
3 Ebd.
4 Schneider, Das politische Testament König Wilhelms I. S. 220 f.
5 Martenson S. 105.
6 Srbik Bd. III S. 188.
7 Schneider, Aus der württembergischen Geschichte S. 121.
8 Schäffle Bd. I S. 106 f. und 125 ff.
9 Mohl Bd. II S. 16–20.
10 Strauß, König Wilhelm von Württemberg.
11 Dieser Interpretation meines Kollegen Dr. Otto-Heinrich Elias (Zwischen Politik und Kunst S. 8) schließe ich mich gerne an.
12 Eduard von Kallee S. 39 und 45 f.
13 Hölzle, Württemberg S. 279.

Quellen und Literatur

Ungedruckte Quellen

ARCHIV DES HAUSES WÜRTTEMBERG, ALTSHAUSEN (AHW)

Familienarchiv

G 268 König Wilhelm I. (1781–1864)
G 269 Prinzessin Charlotte Auguste (1792–1873)
G 270 Königin Katharina Pawlowna (1788–1819)
G 271 Königin Pauline (1800–1873)
G 275 Prinz Paul (1785–1852)
G 313 König Karl (1823–1891)
G 314 Königin Olga (1822–1892)

Hofdiarien 1823–1864

Oberhofkasse

Schloßverwaltung Stuttgart 32/9

HAUPTSTAATSARCHIV STUTTGART (HSTAS)

Altwürttembergisches Archiv
A 21 Oberhofmarschallamt

Ministerialarchiv

E 1–13 Königliches Kabinett I
E 14 Königliches Kabinett II
E 46 Ministerium der Auswärtigen Angelegenheiten III
E 56 Ministerium der Auswärtigen Angelegenheiten, Adelssachen
E 143 Ministerium des Innern II
E 157 Ministerium des Innern, Adelsmatrikel-Kommission

Württembergisches Hausarchiv

G 237 Herzogin Friederike Dorothee Sophie (1736–1798)
G 243 König Friedrich (1754–1816)
G 245 Königin Charlotte Auguste Mathilde (1766–1828)
G 248 Herzogin Henriette (1780–1857)
G 268 König Wilhelm I. (1781–1816)
G 269 Kronprinzessin Charlotte Auguste (1792–1873)
G 270 Königin Katharina Pawlowna (1788–1819)
G 271 Königin Pauline (1800–1873)
G 275 Prinz Paul (1785–1852)
G 313 König Karl (1823–1891)
G 314 Königin Olga (1822–1892)

Sammlungen

J 5 Sammlung zur Geschichte des Königlichen Hauses Württemberg

Nachlässe und Fremdarchive

Q 1/3 Handakten Ignaz von Jaumann (1778–1862)
Q 3/11 Familienarchiv Neurath

Stadtarchiv Stuttgart (SAS)
Autographen: u.a. Briefe von Amalie von Stubenrauch an Friedrich Wilhelm Hackländer
Zeitungsdokumentation zur Personengeschichte
Bibliothek: Regierungsblätter, Zeitungen (Schwäbischer Merkur, Staatsanzeiger), Adreßbücher

Staatsarchiv München
Amtsgericht Tegernsee Nr. 1876/24 (Testament der Amalie von Stubenrauch)

Stadtarchiv Ludwigsburg
Familienpapiere über den württembergischen General Eduard von Kallee

Gedruckte Quellen und Literatur

Abkürzungen: ZWLG = Zeitschrift für Württembergische Landesgeschichte
ADB = Allgemeine Deutsche Biographie
NDB = Neue Deutsche Biographie

Adam, Albert Eugen: Ein Jahrhundert Württembergischer Verfassung. Stuttgart 1919.

Alberti, Otto von: Württembergisches Adels- und Wappenbuch, Bd. I und II. Stuttgart 1889–1916.

Albrecht, Curt: Triaspolitik des Freiherrn Karl August von Wangenheim (Darstellungen aus der Württ. Geschichte, Bd. 14). Stuttgart 1914.

Aus der Zeit König Wilhlems I. von Württemberg. Hrsg. vom Württ. Evangelischen Lehrer-Unterstützungs-Verein. Stuttgart o. J. [1913].

Bach, Max: Stuttgarter Kunst 1794–1860. Nach gleichzeitigen Berichten, Briefen und Erinnerungen. Stuttgart 1900.

Bassler, Gerhard A.: Auswanderungsfreiheit und Auswanderungsfürsorge in Württemberg 1815–1855. In: ZWLG 1974 S. 117–160.

Benz, Lina: Eduard Süskind (1807–1874), Pfarrer, Volksmann, Visionär (Europäische Hochschulschriften Reihe III: Geschichte und ihre Hilfswissenschaften, Bd. 668). Frankfurt am Main 1995.

Blickle, Peter: Katholizismus, Aristokratie und Bürokratie im Württemberg des Vormärz. In: Historisches Jahrbuch 88. Jg./1968, S. 369–406.

Bolay, Theodor: Der Hohenasperg. Vergangenheit und Gegenwart, 2. Aufl. Bietigheim 1972.

Boldt, Werner: Die württembergischen Volksvereine von 1848 bis 1852 (Veröffentlichungen der Kommission für geschichtliche Landeskunde in Baden-Württemberg, Reihe B, 59. Bd.). Stuttgart 1970.

Bourgoing, Jean de: Vom Wiener Kongreß, 2. Aufl. Wien 1964.

Brandt, Hartwig: Parlamentarismus in Württemberg 1819–1870. Anatomie eines deutschen Landtags (Handbuch der Geschichte des deutschen Parlamentarismus). Düsseldorf 1987.

Bürkle, Fritz: Karl August Friedrich von Duttenhofer (1758–1836). Pionier des Wasserbaus in Württemberg (Veröffentlichungen des Archivs der Stadt Stuttgart, Bd. 41). Stuttgart 1988.

Burg, Peter: Die deutsche Trias in Idee und Wirklichkeit: Vom Alten Reich zum Deutschen Zollverein (Veröffentlichungen des Instituts für Europäische Geschichte Mainz, Bd. 136). Stuttgart 1989.

Catharina Pawlowna Königin von Württemberg 1816–1819. Einflüsse – Leben – Leistungen. Eine Ausstellung der Universität Hohenheim/Universitätsarchiv vom 9. bis 28. September 1993 im Schloß Hohenheim. Katalog.

Cordes, Günter: Die württembergischen Konsuln – Kaufleute im Dienste des Staates. In: ZWLG 1981, S. 561–579.

Correspondance de l'Empereur Alexandre Ier avec sa soeur la Grande-Duchesse Cathérine, Princesse d'Oldenbourg, puis Reine de Wurtemberg 1805–1818. Publiée par le Grand-Duc Nicolas Mikhaïlowitch. St.-Petersburg 1910.

Decker-Hauff, Hansmartin: Frauen im Hause Württemberg (Maschinenschriftliches Manuskript von 1984/85 im Archiv des Hauses Württemberg).
Decker-Hauff, Hansmartin: Katharina von Rußland, Königin von Württemberg und ihr Hospital (Veröffentlichungen des Archivs der Stadt Stuttgart, Bd. 31). Stuttgart 1980.
Dehlinger, Alfred: Ferdinand Heinrich August Weckherlin, Finanzminister (1767–1828). In: Schwäbische Lebensbilder, Bd. III. Stuttgart 1942, S. 575–602.
Dehlinger, Alfred: Württembergs Staatswesen in seiner geschichtlichen Entwicklung, Bd. I und II. Stuttgart 1951 und 1953.
Denkwürdigkeiten des Bayerischen Staatsministers Maximilian Grafen von Montgelas (1789–1817). Stuttgart 1887.
Ein liberaler Theologe und Schulmann in Württemberg. Erinnerungen von Dr. Gustav v. Binder 1807–1885. Hrsg. von Dr. Max Neunhöffer (Lebendige Vergangenheit, Bd. 6). Stuttgart 1975.
Elben, Otto: Geschichte des Schwäbischen Merkurs 1785–1885. Stuttgart 1885.
Elben, Otto: Lebenserinnerungen 1823–1899 (Darstellungen aus der Württembergischen Geschichte, 22. Bd.). Stuttgart 1931.
Elias, Otto-Heinrich: »Der alte Eisenkopf«. König Wilhelm I. und sein außenpolitisches Konzept. In: Beiträge zur Landeskunde 1985, Nr. 6, S. 1–8.
Elias, Otto-Heinrich: Die Außenpolitik König Wilhelms I. von Württemberg. In: Württemberg um 1840. Beiträge zum 150jährigen Bestehen des Württembergischen Geschichts- und Altertumsvereins (Lebendige Vergangenheit, 18. Bd.). Stuttgart 1994, S. 41–55.
Elias, Otto-Heinrich: Bemerkungen zur Biographie Königin Katharinas von Württemberg. In: Aus südwestdeutscher Geschichte. Festschrift für Hans-Martin Maurer. Dem Archivar und Historiker zum 65. Geburtstag. Stuttgart 1994, S. 595–615.
Elias, Otto-Heinrich: Das Bild des Kaisers. Literarischer und politischer Bonapartismus in Württemberg. In: Baden und Württemberg im Zeitalter Napoleons. Ausstellung des Landes Baden-Württemberg, Band 2: Aufsätze. Stuttgart 1987, S. 717–741.
Elias, Otto-Heinrich: Georg Ludwig Lindner. Arzt, Geheimrat, Publizist (1772–1845). In: Lebensbilder aus Schwaben und Franken, 15. Stuttgart 1983, S. 155–202.
Elias, Otto-Heinrich: König Wilhelm I. (1816–1864). In: 900 Jahre Haus Württemberg. Stuttgart 1984, S. 306–327.
Elias, Otto-Heinrich: Zwischen Politik und Kunst. König Wilhelm I. als Bauherr. In: Beiträge zur Landeskunde 4/August 1995, S. 1–8.
Faerber, Paul: Nikolaus Friedrich von Thouret. Ein Baumeister des Klassizismus. Stuttgart 1949.
Feller, Ilse: Herzog Philipp von Württemberg (1838–1917). In: Feller, Ilse und Eberhard Fritz: Württemberg zur Königszeit. Die Photographien des Herzogs Philipp von Württemberg (1838–1917). Stuttgart 1990, S. 13–32.
Festschrift 150 Jahre Cannstatter Volksfest s. Stroheker, Hans-Otto.
Festschrift zu der Jubelfeier der 25jährigen Regierung Seiner Majestät des Königs Wilhelm von Württemberg. Ludwigsburg 1841.
Fischer, Heinrich: Friedrich Wilhelm Ritter von Hackländer. Schriftsteller, Direktor der Königlichen Bauten und Gärten (1816–1877). In: Lebensbilder aus Baden-Württemberg, Bd. XVIII. Stuttgart 1994, S. 310–329.
Fleischhauer, Werner: Die Boisserée und Stuttgart. In: ZWLG 1986, S. 229-283.
Frei, Helmut: Stolz auf komfortable Amerikaner. Vor 150 Jahren fuhr die erste Eisenbahn zwischen Cannstatt und Untertürkheim. In: Amtsblatt der Landeshauptstadt Stuttgart Nr. 42 vom 19. Oktober 1995, S. 4 f.
Fritz, Eberhard: Die Besitzungen des Hauses Württemberg in Mundelsheim. In: Mundelsheim, Weinort am Neckar. Geschichte. Landschaft. Menschen. Mundelsheim 1995, S. 375–392.
Fritz, Eberhard: Die Hofdomänenkammer im Königreich Württemberg. Zur Vermögensverwaltung des Hauses Württemberg. Noch unveröffentlichtes maschinenschriftliches Manuskript (dem Verfasser am 14. August 1995 von Herrn Fritz in Altshausen freundlicherweise zur Auswertung überlassen).

Fritz, Eberhard: König Wilhelm und Königin Katharina von Württemberg. Studien zur höfischen Repräsentation im Spiegel der Hofdiarien. In: ZWLG 1995, S. 157–177.
Fritz, Eberhard: Vom landwirtschaftlichen Mustergut zum Golfplatz. Die Domäne Schaichhof im Besitz des Hauses Württemberg. In: Aus südwestdeutscher Geschichte. Festschrift für Hans-Martin Maurer. Dem Archivar und Historiker zum 65. Geburtstag. Stuttgart 1994, S. 616–629.
Fuchs, Walther Peter: Die deutschen Mittelstaaten und die Bundesreform 1853–1860 (Historische Studien, Heft 256). Berlin 1934.
Gehring, Paul: Friedrich List. Jugend- und Reifejahre 1789–1825. Tübingen 1964.
Gehring, Paul: Das Wirtschaftsleben unter König Wilhelm I. (1816–1864). In: ZWLG 1949/50, S. 196–257.
Gehring, Paul: Von List bis Steinbeis. Aus der Frühzeit der württembergischen Industrialisierung. In: ZWLG 1943, S. 405–444.
Gerber, Helmut: König Wilhelm I. von Württemberg als Bauherr und Regent. Zum 150. Todestag des Hofbaumeisters Giovanni Salucci. In: Schwäbische Heimat 1995/3, S. 228–243.
Gerhardt, Kurt: Karl August von Wangenheim. Württembergischer Kultusminister und Bundestagsgesandter (1773–1850). In: Lebensbilder aus Baden-Württemberg, Bd. XVIII. Stuttgart 1994, S. 179–194.
Gerner, Joachim: Vorgeschichte und Entstehung der württembergischen Verfassung im Spiegel der Quellen (1815–1819). (Veröffentlichungen der Kommission für geschichtliche Landeskunde in Baden Württemberg, Reihe B, 114. Bd.). Stuttgart 1989.
Gönner, Eberhard: Die Revolution von 1848/49 in den hohenzollerischen Fürstentümern und deren Anschluß an Preußen (Arbeiten zur Landeskunde Hohenzollerns, Heft 2). Hechingen 1952.
Gollwitzer, Heinz: Die Standesherren. Die politische und gesellschaftliche Stellung der Mediatisierten 1815–1918. Ein Beitrag zur deutschen Sozialgeschichte. Göttingen 1964.
Grauer, Karl-Johannes: König Wilhelm I. von Württemberg und die europäischen Dynastien. In: ZWLG 1956, S. 253–278.
Grauer, Karl-Johannes: Wilhelm I. König von Württemberg. Ein Bild seines Lebens und seiner Zeit. Stuttgart 1960.
Griesinger, Theodor: Wilhelm I., König von Württemberg. Sein Leben und Wirken. Ein Gedächtnis für das schwäbische Volk. Stuttgart 1864.
Griewank, Karl: Der Wiener Kongreß und die europäische Restauration 1814/15. Leipzig 1954.
Griewank, Theodor: Württemberg und die deutsche Politik in den Jahren 1859–1861. Mit einem Überblick bis zum Thron- und Regierungswechsel von 1864. Philosophische Dissertation Universität Rostock 1934.
Große Hoffnungen – Kleine Schritte im 19. Jahrhundert. Lesebuch zur Geschichte der Evangelischen Landeskirche in Württemberg. Hrsg. von Konrad Gottschick und Gerhard Schäfer. Bd. III. Stuttgart 1989.
Grube, Walter: Der Stuttgarter Landtag 1457–1957. Von den Landständen zum demokratischen Parlament. Stuttgart 1957.
Hackländer, Friedrich Wilhelm: Der Roman meines Lebens. Band I. und II. Stuttgart 1878.
Haering, Johannes: Württemberg unter dem Einfluß der Julirevolution. Mitgeteilt von Hermann Haering. In: ZWLG 1937, S. 446–454.
Hagel, Jürgen: Der König legte den Grundstein. Vor 175 Jahren begann der Bau der Grabkapelle auf dem Württemberg. In: Amtsblatt der Landeshauptstadt Nr. 20/18. Mai 1995, S. 2.
Hagel, Jürgen: So soll es seyn. Königliche Randbemerkungen und Befehle zur Stadtgestaltung in Stuttgart und Cannstatt in der ersten Hälfte des 19. Jahrhunderts (Veröffentlichungen des Archivs der Stadt Stuttgart, Bd. 70). Suttgart 1996.
Hagen, August: Geschichte der Diözese Rottenburg. Band I und II. Stuttgart 1956 und 1958.

Hagen, Walter: Justinus Kerner. Arzt und Dichter (1786–1862). In: Lebensbilder aus Schwaben und Franken, Bd. IX. Stuttgart 1963, S. 145–173.
Hartmann, Julius: Chronik der Stadt Stuttgart. Sechshundert Jahre nach der ersten denkwürdigen Nennung der Stadt (1286). Stuttgart 1886.
Hegel s. Nicolin, Friedhelm.
Henninger, Margarete: Friedrich Jakob Philipp Heim 1789–1850, Gründer der Paulinenpflege Winnenden. Ein Beitrag zur Frühgeschichte der Diakonie in Württemberg. Winnenden 1990.
Herdt, Gisela: Der württembergische Hof im 19. Jahrhundert. Studien über das Verhältnis zwischen Königtum und Adel in der absoluten und konstitutionellen Monarchie. Göttinger Philosophische Dissertation 1970.
Hermelink, Heinrich: Geschichte der Evangelischen Kirche in Württemberg von der Reformation bis zur Gegenwart. Das Reich Gottes in Wirtemberg. Stuttgart und Tübingen 1949.
Hermelink, Heinrich: Kirche und Schule unter der Regierung König Wilhelms I. von Württemberg. In: ZWLG 1949/1950, S. 175–195.
Herrmann, Klaus: Die Württembergische Eisenbahn-Gesellschaft 1836–1838. In: ZWLG 1978, S. 179-202.
Heyd, Wilhelm: Bibliographie der Württembergischen Geschichte, Bd. II. Stuttgart 1896.
Hippel, Wolfgang von: Wirtschafts- und Sozialgeschichte 1800 bis 1918. In: Handbuch der Baden-Württembergischen Geschichte, Bd. 3. Stuttgart 1992, S. 477–784.
Hölzle, Erwin: Das Alte Recht und die Revolution. Eine politische Geschichte Württembergs in der Revolutionszeit 1789–1805. München und Berlin 1931.
Hölzle, Erwin: Die Verbindung Jérômes mit Katharina im Zusammenhang der Rheinbundpolitik. In: Württembergische Vierteljahreshefte für Landesgeschichte 1932, S. 360–368.
Hölzle, Erwin: Württemberg im Zeitalter Napoleons und der Deutschen Erhebung. Eine deutsche Geschichte der Wendezeit in einzelstaatlichem Raum. Stuttgart 1937.
Hoffmann, Peter: Die diplomatischen Beziehungen zwischen Württemberg und Bayern im Krimkrieg und bis zum Beginn der Italienischen Krise (1853–1858). (Veröffentlichungen der Kommission für geschichtliche Landeskunde in Baden-Württemberg, Reihe B, 23. Bd.). Stuttgart 1963.
Hoffmann, Peter: Die Politik Württembergs und Bayerns während des Italienischen Einheitskrieges 1859. In: ZWLG 1970, S. 213–293.
Hollenberg, Gisela und Günter: Die katholische Kirchenpolitik der württembergischen Kultusbürokratie unter Freiherrn von Wangenheim. Ein Beispiel gouvernementalen Liberalismus in den deutschen Mittelstaaten nach dem Wiener Kongreß. In: ZWLG 1977, S. 114–131.
Hügel, Freiherr J. von und G. F. Schmidt: Die Gestüte und Meiereien Seiner Majestät des Königs Wilhelm von Württemberg. Stuttgart o. J. [1861].
Hülle, Dieter E.: Herzog Karl Eugen und einige seiner Zeitgenossen. In: ZWLG 1981, S. 161–175.
Im Dienst des Fürstenhauses und des Landes Württemberg. Die Lebenserinnerungen der Freiherren Friedrich und Eugen von Maucler (1735–1816). Bearbeitet von Paul Sauer (Lebendige Vergangenheit, 9. Bd.). Stuttgart 1985.
Jäger, Oskar: Geschichte des 19. Jahrhunderts Bd. I und II. Leipzig 1906.
75 Jahre Verschönerungsverein Stuttgart. Stuttgart 1936.
150 Jahre Diözese Rottenburg. Ausgewählte Dokumente. Ausstellung. Katalog. Hrsg. und bearbeitet von Alois Seiler und Paul Kopf. Ludwigsburg 1978.
900 Jahre Haus Württemberg. Leben und Leistung für Land und Volk. Hrsg. von Robert Uhland. Stuttgart 1984.
Käfer, Armin: Ein Drache, welcher Feuer speit. Seit 150 Jahren fahren Züge in Württemberg. In: Stuttgarter Zeitung Nr. 244 vom. 21. Oktober 1995, S. 35.
Kallee, Eduard von: Aus der politischen Biedermeierzeit. Erinnerungen und Erlebnisse des Generals im württembergischen Generalstab… Hrsg. und vermehrt von Richard Kallee. Stuttgart 1921.

Kallee, Richard: Aus dem alten Würtemberg, I-III. In: Literarische Beilage des Staatsanzeigers für Württemberg 1923, S. 161–170, 185–192 und 209–219.
Kallenberg, Fritz (Hrsg.): Hohenzollern. Schriften zur politischen Landeskunde Baden-Württembergs. Bd. 23. Stuttgart 1996.
Karl Gerok. Ein Lebensbild aus seinen Briefen und Aufzeichnungen. Zusammengestellt von Gustav Gerok. Stuttgart 1892.
Kircheisen, Friedrich M.: König Lustig. Napoleons jüngster Bruder. Berlin 1928.
Klein, Ernst: Die Anfänge der Industrialisierung Württembergs in der ersten Hälfte des 19. Jahrhunderts. In: Forschungs- und Sitzungsberichte der Akademie für Raumforschung und Landesplanung, Bd. XXXIX: Historische Raumforschung 6, Raumordnung im 19. Jahrhundert, 2. Teil. Hannover 1967, S. 83–137.
Klose, Konrad: Beiträge zur Geschichte der Stadt Lüben. Lüben in Schlesien 1924.
Köhler, Jutta: Friedrich Römer als Politiker. Stuttgart 1929.
Das Königreich Württemberg. Eine Beschreibung nach Kreisen, Oberämtern und Gemeinden. Hrsg. von dem Kgl. Statistischen Landesamt, Bd. I. Stuttgart 1904.
Koenig-Warthausen, Wilhelm Freiherr von: Josef Freiherr von Linden. Württembergischer Minister des Innern (1804–1895). In: Lebensbilder aus Schwaben und Franken, Bd. IX. Stuttgart 1963, S. 218–276.
Koenig-Warthausen, Wilhelm Freiherr von: Karl Eugen Freiherr von Hügel. Württembergischer Minister des Auswärtigen (1805–1870). In: Lebensbilder aus Schwaben und Franken, Bd. IX. Stuttgart 1963, S. 302–333.
Koeppel, Ferdinand: König Wilhelm I. von Württemberg und der Krimkrieg. Briefe aus dem Nachlaß des Freiherrn von Hügel. In: Württembergische Vierteljahreshefte für Landesgeschichte 1935, S. 332–340.
Kollmer-v. Oheimb-Loup, Gert: Tendenzen industriellen Wachstums in Württemberg in der ersten Hälfte des 19. Jahrhunderts. Kritische Anmerkungen zum Forschungsstand. In: Württemberg um 1840. Beiträge zum 150jährigen Bestehen des Württembergischen Geschichts- und Altertumsvereins (Lebendige Vergangenheit, 18. Bd.). Stuttgart 1994, S. 57–70.
Kopf, Josef von: Lebenserinnerungen eines Bildhauers. Stuttgart und Leipzig 1899.
Krauß, Rudolf: Das Stuttgarter Hoftheater von den ältesten Zeiten bis zur Gegenwart. Stuttgart 1908.
Krauß, Rudolf: Schwäbische Literaturgeschichte, Bd. I und II. Freiburg 1897 und 1899.
Krusemarck, Götz: Württemberg und der Krimkrieg (Ausgewählte Hallische Forschungen zur Mittleren und Neuen Geschichte. Hrsg. von Otto Becker und Robert Holtzmann, Heft 6). Halle/Saale 1932.
Langewiesche, Dieter: Julius Hölder (1819–1887). Zur Geschichte des württembergischen und deutschen Liberalismus im 19. Jahrhundert. In: ZWLG 1977, S. 151–166.
Langewiesche, Dieter: Liberalismus und Demokratie in Württemberg zwischen Revolution und Reichsgründung. Hrsg. von der Kommission für Geschichte des Parlamentarismus und der politischen Parteien (Beiträge zur Geschichte des Parlamentarismus und der politischen Parteien, Bd. 52). Düsseldorf 1974.
Lebens-Abriß des verewigten Königs Wilhelm von Württemberg. Zur Verlesung in den Kirchen des Landes am Sonntag, den 24. Juli 1864. Stuttgart 1864.
Lehmann, Hartmut: Pietismus und weltliche Ordnung vom 17. bis zum 20. Jahrhundert. Stuttgart 1969.
Linnebach, Karl: (Hrsg.): Deutsche Heeresgeschichte. Hamburg 1935.
Mästle, Theodor: Württemberg und die Großmächte vom Wiener Kongreß bis zum Tode König Wilhelms I. (1815–1864). Tübinger Philosophische Dissertation 1951.
Mann, Bernhard: Das Königreich Württemberg 1816-1918. In: Die Regierungen der deutschen Mittel- und Kleinstaaten 1815–1933. Büdinger Forschungen zur Sozialgeschichte 1980, hrsg. von Klaus Schwabe (Deutsche Führungsschichten in der Neuzeit, Bd. 14). Boppard 1983, S. 31–46 und 230–243.
Mann, Bernhard: Württemberg 1800 bis 1866. In: Handbuch der Baden-Württembergischen Geschichte, 3. Bd. Stuttgart 1992, S. 235–331.
Mann, Bernhard: Die württembergische »Organisations-Kommission« von 1848. In: ZWLG 1981, S. 519–546.

Mann, Bernhard: Württembergs Politische Kultur zwischen deutscher Nation und Königreich im Spiegel der Jubiläen der 1840er Jahre. In: Württemberg um 1840. Beiträge zum 150jährigen Bestehen des Württ. Geschichts- und Altertumsvereins (Lebendige Vergangenheit, 18. Bd.). Stuttgart 1994, S. 25–40.
Manuscript aus Süd-Deutschland, Hrsg. von George Erichson. 2. Aufl. London 1821.
Martenson, Sten: Württemberg und Rußland im Zeitalter der deutschen Einigung 1856–1870. Die diplomatischen und dynastischen Beziehungen eines deutschen Mittelstaates (Göppinger Akademische Beiträge, Nr. 4). Göppingen 1970.
Massenbach, Eveline von s. Tagebuch.
Maurer, Friedrich: Elend und Aufstieg in den Tagen des Biedermeier. Erinnerungen und Tagebuchblätter. Hrsg. von Walter Meyer (Lebendige Vergangenheit, 5. Bd.). Stuttgart 1969.
Maurer, Hans-Martin: Das Haus Württemberg und Rußland. In: ZWLG 1989, S. 201–221.
Megerle, Klaus: Der Beitrag Württembergs zur Industrialisierung Deutschlands. In: ZWLG 1975/76, S. 324–357.
Menzinger, Rosemarie: Verfassungsrevision und Demokratisierungsprozeß im Königreich Württemberg. Ein Beitrag zur Entstehungsgeschichte des Parlamentarischen Regierungssystems in Deutschland (Veröffentlichungen der Kommission für geschichtliche Landeskunde in Baden-Württemberg, Reihe B, 56. Bd.). Stuttgart 1969.
Merkle, J.: Katharina Pawlowna, Königin von Württemberg. Beiträge zu einer Lebensbeschreibung der Fürstin besonders nach neueren russischen Quellen. Stuttgart 1889.
Miller, Max: J. H. Frhr. von Wessenberg als württembergischer Bischofskandidat i. J. 1822. In: Württembergische Vierteljahreshefte für Landesgeschichte 1932, S. 369–400.
Mögle-Hofacker, Franz: Zur Entwicklung des Parlamentarismus in Württemberg. Der »Parlamentarismus der Krone« unter König Wilhelm I. (Veröffentlichungen der Kommission für geschichtliche Landeskunde in Baden-Württemberg, Reihe B, 97. Bd.). Stuttgart 1981.
Moersch, Karl: Sperrige Landsleute. Wilhelm I. und der Weg zum modernen Württemberg. Leinfelden-Echterdingen 1996.
Mohl, Robert von: Lebenserinnerungen. Erster und zweiter Band. Stuttgart und Leipzig 1902.
Moltmann, Günter: Aufbruch nach Amerika. Friedrich List und die Auswanderung aus Baden und Württemberg 1816/17. Dokumentation einer sozialen Bewegung. Tübingen 1979.
Montgelas, Maximilian Graf von s. Denkwürdigkeiten.
Müller, Roland: Standort und Funktion. Zur Geschichte des Hauptstaatsarchivs und der Stuttgarter Kulturmeile im 19. Jahrhundert. In: Aus südwestdeutscher Geschichte. Festschrift für Hans-Martin Maurer. Dem Archivar und Historiker zum 65. Geburtstag. Stuttgart 1994, S. 653–672.
Naujoks, Eberhard: Der »Staatsanzeiger« und die württembergische Regierungspresse in der Krise der Reichsgründungszeit (1864–1871). In: ZWLG 1991, S. 271–304.
Nick, Friedrich: Wilhelm I. König von Württemberg und seine Regierung. Ein vaterländisches Geschichtsbild. Stuttgart 1864.
Nicolin, Friedhelm: Hegel 1770–1970. Leben – Werk – Wirkung. Eine Ausstellung des Archivs der Stadt Stuttgart. Stuttgart 1970.
Nicolin, Friedhelm: Von Stuttgart nach Berlin. Die Lebensstationen Hegels (Marbacher Magazin, Sonderheft 56/1991. Marbach 1991.
Nipperdey, Thomas: Deutsche Geschichte 1800–1866. Bürgerwelt und starker Staat. München 1994.
Palm, Adolf: Briefe aus der Bretterwelt. Ernstes und Heiteres aus der Geschichte des Stuttgarter Hoftheaters, 2. Aufl. Stuttgart 1881.
Palm, Adolf: Königin Pauline von Württemberg, Gemahlin Wilhelms I. Ein Lebensbild. Stuttgart 1891.

Paul (Karl Friedrich August) Prinz von Württemberg. In: Nekrolog der Deutschen 1852, S. 256–261.
Pfaff, Karl: Geschichte der Stadt Stuttgart, Bd. II. Stuttgart 1846.
Pfeiffer, Berthold: Der Hoppenlau-Friedhof in Stuttgart. Eine Studie zum Heimatschutz. Stuttgart 1912.
Pfister, Albert: Aus dem Lager der Verbündeten 1814 und 1815. Stuttgart/Leipzig 1897.
Pfister, Albert: Aus dem Lager des Rheinbundes 1812 und 1813. Stuttgart/Leipzig 1897.
Pfister, Albert: Deutsche Zwietracht. Erinnerungen aus meiner Leutnantszeit 1859–1869. Stuttgart 1902.
Pfister, Albert: Pfarrers Albert. Fundstücke aus der Knabenzeit. Stuttgart 1901.
Politische Korrespondenz Karl Friedrichs von Baden 1783–1806. Hrsg. von der Badischen Historischen Kommission. Bearbeitet von Karl Obser, Bd. I–VI. Heidelberg 1885–1915.
Rapp, Adolf: Die Württemberger und die nationale Frage 1863–1871 (Darstellungen aus der Württembergischen Geschichte, Bd. 4). Stuttgart 1910.
Rehm, Max: Königin Katharina von Württemberg. Ihr Leben und Wirken nach Selbstzeugnissen und im Spiegel der Zeitgenossen. Stuttgart 1868.
Reinbeck, Georg von: Catharina, Königin von Württemberg. Ein Musterbild für gekrönte Frauen. Stuttgart 1842.
Reinöhl, Walther: Uhland als Politiker (Beiträge zur Parteigeschichte. Hrsg. von Adalbert Wahl, Bd. 2). Tübingen 1911.
Reyscher, A. L.: Erinnerungen aus alter und neuer Zeit (1802–1880). Freiburg und Tübingen 1884.
Richter, Gregor: Der Staat und die Presse in Württemberg bis zur Mitte des 19. Jahrhunderts. In: ZWLG 1966, S. 394–425.
Rieg, Gisbert: Die württembergische Außenpolitik und Diplomatie der vormärzlichen Zeit. Münchener Philosophische Dissertation. Maschinenschriftlich 1954.
Ritter, Gerhard: Staatskunst und Kriegshandwerk. Das Problem des »Militarismus« in Deutschland. Erster Band: Die altpreußische Tradition (1740–1890). München 1954.
Ritter, Gerhard: Stein. Eine politische Biographie, 4. Aufl. Stuttgart 1981.
Rümelin, Gustav: Über die Reichsoberhauptsfrage. Frankfurt 1849. In: Reden und Aufsätze, Bd. I. Freiburg o. J. [1875], S. 172–193.
Sauer, Paul: Baden-Württemberg. Bundesland mit parlamentarischen Traditionen. Dokumentation. Hrsg. vom Landtag von Baden-Württemberg. Stuttgart 1982.
Sauer, Paul: Geschichte der Stadt Stuttgart, Bd. 3: Vom Beginn des 18. Jahrhunderts bis zum Abschluß des Verfassungsvertrags für das Königreich Württemberg. Stuttgart 1995.
Sauer, Paul: Gottlieb Rau und die revolutionäre Erhebung in Württemberg im September 1848. In: Württembergisch Franken 1978, S. 93–143.
Sauer, Paul: Heiraten aus Staatsräson. Napoleon und seine Beziehungen zu den Regentenhäusern Badens, Württembergs und Hohenzollerns. In: Baden und Württemberg im Zeitalter Napoleons, Bd. 2. Stuttgart 1987, S. 55–80.
Sauer, Paul: Im Namen des Königs. Strafgesetzgebung und Strafvollzug im Königreich Württemberg 1806 bis 1871. Stuttgart 1984.
Sauer, Paul: Die Jüdischen Gemeinden in Württemberg und Hohenzollern (Veröffentlichungen der Staatlichen Archivverwaltung Baden-Württemberg, Bd. 18). Stuttgart 1966.
Sauer, Paul: Revolution und Volksbewaffnung. Die württembergischen Bürgerwehren im 19. Jahrhundert, vor allem während der Revolution von 1848/49. Ulm 1976.
Sauer, Paul: Der schwäbische Zar. Friedrich, Württembergs erster König. Stuttgart 1984.
Sauer, Paul: Uns rief das Heilige Land. Die Tempelgesellschaft im Wandel der Zeit. Stuttgart 1985.
Sauer, Paul: Das württembergische Heer in der Zeit des Deutschen und des Norddeutschen Bundes (Veröffentlichungen der Kommission für geschichtliche Landeskunde in Baden-Württemberg, Reihe B, 5. Bd.). Stuttgart 1958.

Sauer, Paul: Der württembergische Hof in der ersten Hälfte des 19. Jahrhunderts. In: Hof und Hofgesellschaft in den deutschen Staaten im 19. und beginnenden 20. Jahrhundert (Büdinger Forschungen zur Sozialgeschichte. Hrsg. von Karl Möckl. Boppard 1991, S. 93–127.
Schäfer, Volker: Der Tübinger Ausschuß der Studierenden von 1821 bis 1825 – der erste AStA in Deutschland. In: Württemberg um 1840. Beiträge zum 150jährigen Bestehen des Württembergischen Geschichts- und Altertumsvereins (Lebendige Vergangenheit, Bd. 18). Stuttgart 1994, S. 85–98.
Schäffle, Albert Eberhard Friedrich: Aus meinem Leben, Bd. I. Berlin 1905.
Schieckel, Harald: Aus dem Umkreis der Königin Katharina von Württemberg. Erinnerungen der Katharina Römer geb. Buschmann an Petersburg und Stuttgart. In: ZWLG 1992, S. 255–293.
Schmierer, Wolfgang: Von der Arbeiterbildung zur Arbeiterpolitik. Die Anfänge der Arbeiterbewegung in Württemberg 1862/63–1878 (Schriftenreihe des Forschungsinstituts der Friedrich-Ebert-Stiftung. B. Historisch-politische Schriften). Hannover 1970.
Schneider, Eugen: Aus der württembergischen Geschichte. Vorträge und Abhandlungen. Stuttgart 1926.
Schneider, Eugen: Das politische Testament König Wilhelms I. von Württemberg. In: Schneider, Eugen: Aus der württembergischen Geschichte. Stuttgart 1926, S. 218–221.
Schneider, Eugen: Die Sendung des geheimen Agenten Klindworth nach Berlin. In: Schneider, Eugen: Aus der württembergischen Geschichte. Stuttgart 1926, S. 202–217.
Schneider, Eugen: Ludwig Uhland als Patriot. In: Schneider Eugen: Aus der württembergischen Geschichte. Stuttgart 1926, S. 155–171.
Schneider, Eugen: Wilhelm I. und die Entstehung der Verfassung. In: Schneider, Eugen: Aus der württembergischen Geschichte. Stuttgart 1926, S. 120–135.
Schneider, Eugen: Das württembergische Heer und die Frage der Frankfurter Reichsverfassung. In: Schwäbischer Merkur Nr. 437 v. 19. Sept. 1925 (Sonntags-Beilage).
Schneider, Eugen: Württemberg beim Regierungsantritt Wilhelms I. In: Schneider, Eugen: Aus der württembergischen Geschichte. Stuttgart 1926, S. 104–119.
Schneider, Eugen: Württemberg und die Frankfurter Reichsverfassung. In: Schneider, Eugen: Aus der württembergischen Geschichte. Stuttgart 1926, S. 172–201.
Schneider, Eugen: Württembergische Geschichte. Stuttgart 1896.
Schneider, Eugen: Die Zensur und die Presse. In: Schneider, Eugen: Aus der württembergischen Geschichte. Stuttgart 1926, S. 136–154.
Schön, Theodor: Die Staatsgefangenen auf dem Hohenasperg. Stuttgart 1899.
Schukraft, Harald: Die Grablegen des Hauses Württemberg. Stuttgart 1989.
Schumacher, Tony: Aus frühster Jugendzeit. Erzähltes und Erlebtes. Stuttgart 1923.
Schumann, Hans: Königin Katharina von Württemberg. Stuttgart o. J. [1993].
Seybold, Gerhard: Württembergs Industrie und Außenhandel vom Ende der Napoleonischen Kriege bis zum Deutschen Zollverein (Veröffentlichungen der Kommission für geschichtliche Landeskunde in Baden-Württemberg, Reihe B, 74. Bd.). Stuttgart 1974.
Siebertz, Paul: Ferdinand von Steinbeis. Ein Wegbereiter der Wirtschaft. Stuttgart 1952.
Siemann, Wolfram: Giuseppe Mazzini in Württemberg? Ein Fall staatspolitischer Fahndung im Reaktionssystem des Nachmärz. In: ZWLG 1981, S. 547–560.
Speidel, Wilhelm: Giovanni Salucci, der erste Hofbaumeister König Wilhelms I. von Württemberg. Sein Leben und Schaffen bis zu seinem Ausscheiden aus dem Hofdienst im Jahre 1828. Ein Beitrag zur Geschichte des Klassizismus in Schwaben (Darstellungen aus der Württembergischen Geschichte, 26. Bd.). Stuttgart 1926.
Srbik, Heinrich Ritter von: Deutsche Einheit. Idee und Wirklichkeit vom Heiligen Reich bis Königgrätz. Bd. I–IV. München 1935–1942.
Stadelmann, Rudolf: Soziale und politische Geschichte der Revolution von 1848. München 1948.

Stälin, Paul: König Wilhelm von Württemberg. Separat-Druck aus der Zeitschrift für Allgemeine Geschichte etc. 1885, Heft V, S. 1–15 und Heft VI, S. 1–18.
Stälin, Paul: Zum Gedächtnis König Wilhelms von Württemberg. In: Besondere Beilage des Staatsanzeigers für Württemberg 1881, S. 337–349.
Strauß, David Friedrich: König Wilhelm von Württemberg. Geboren den 27. September 1781, gestorben den 25. Juni 1964. In.: David Friedrich Strauß: Gesammelte Schriften, Bd. I (1876), S. 217–235.
Stroheker, Hans Otto: Festschrift zum 150. Cannstatter Volksfest. Stuttgart 1995.
Stuttgart-Handbuch. Hrsg. von Hans Schleuning. Stuttgart 1985.
Taddey, Gerhard: Georg Herwegh und Württemberg. Ideologisches Wunschbild und Wirklichkeit. In: ZWLG 1970, S. 189–212.
Taddey, Gerhard: Zur Biographie des Märzministers Römer. In: ZWLG 1972, S. 361–366.
Das Tagebuch der Baronin Eveline von Massenbach. Hofdame der Königin Olga von Württemberg. Hrsg. von Robert Uhland. Stuttgart 1987.
Tamse, C. A.: Eine württembergische Prinzessin auf dem niederländischen Thron. Königin Sophie der Niederlande (1818–1877). In: ZWLG 1980, S. 165–205.
Theil, Bernhard: Württemberg und Frankreich im ersten Jahrzehnt der Regierung Napoleons III. Beobachtungen an diplomatischen Quellen in Paris und Stuttgart. In: ZWLG 1989, S. 269–290.
Traum der Jugend goldner Stern. Aus den Aufzeichnungen der Königin Olga von Württemberg. Pfullingen 1955.
Varnhagen von Ense, Karl August: Denkwürdigkeiten des eignen Lebens. Die Karlsruher Jahre 1816–1819. Neuausgabe mit Einleitung von Hermann Haering. Karlsruhe 1924.
Varnhagen von Ense, Karl August: Tagebücher, 14 Bände. Leipzig 1861–1870. Registerband 1905.
Von der Ständeversammlung zum demokratischen Parlament. Die Geschichte der Volksvertretungen in Baden-Württemberg. Hrsg. von der Landeszentrale für politische Bildung Baden-Württemberg. Stuttgart 1982.
Waibel, Raimund: Frühliberalismus und Gemeindewahlen in Württemberg (1817–1855). Das Beispiel Stuttgart (Veröffentlichungen der Kommission für geschichtliche Landeskunde in Baden-Württemberg, Reihe B, Forschungen, 125. Bd.). Stuttgart 1992.
Wais, Gustav: Alt-Stuttgarts Bauten im Bild. Stuttgart 1951.
Walter, Karl: Rudolf Lohbauer. Burschenschafter, Redakteur des »Hochwächter«, Professor der Militärwissenschaft in Bern (1802–1873). In: Lebensbilder aus Schwaben und Franken, Bd. IX. Stuttgart 1963, S. 188–217.
Wehl, Theodor: Fünfzehn Jahre Stuttgarter Hoftheater-Leitung. Ein Abschnitt aus meinem Leben. Hamburg 1886.
Willburger, August und Hermann Tüchle: Geschichte der katholischen Kirche in Württemberg. Rottenburg 1954.
Wintzingerode, Wilko Graf: Graf Heinrich Levin Wintzingerode, ein Württemberger Staatsmann. Gotha 1866.
Wolfgang Menzel's Denkwürdigkeiten. Hrsg. von dem Sohne Konrad Menzel. Drei Bücher in einem Band. Bielefeld und Leipzig 1877.
Wunder, Bernd: Der württembergische Personaladel. In: ZWLG 1981, S. 494–518.
Zapf, Lilli: Die Tübinger Juden. Eine Dokumentation, 2. Aufl. Tübingen 1978.
Zeller, Bernhard: »Der Freiheit eine Gasse«. Schwäbische Dichter um 1840. In: Württemberg um 1840. Beiträge zum 150jährigen Bestehen des Württembergischen Geschichts- und Altertumsvereins (Lebendige Vergangenheit, Bd. 18). Stuttgart 1994, S. 9–23.
Ziegler, Johannes: Wilhelmsdorf. Ein Königskind. Die Geschichte der Brüdergemeinde Wilhelmsdorf, erzählt für meine Söhne, 4. Aufl. Wilhelmsdorf 1929.

Personenregister

Kursiv gesetzte Zahlen verweisen auf Abbildungen.

Bildnachweis

Archiv für Kunst und Geschichte, Berlin: 38, 65, 89, 107
Hauptstaatsarchiv Stuttgart: 256, 442, 491, Vorsatz (hinten)
Landesbildstelle Württemberg, Stuttgart: 10, 31, 49, 63, 148, 155, 168, 169, 208, 309, 332, 336, 362, 363, 367, 396, 397, 444, 547, 548
Stadtarchiv Stuttgart: 2, 77, 133, 205, 219, 228, 229, 429, 453, 574, 579, 587
Städtisches Museum Ludwigsburg: 16, 53, 125, 527
Christa Freifrau von Tessin, Schloß Kilchberg bei Tübingen: 25

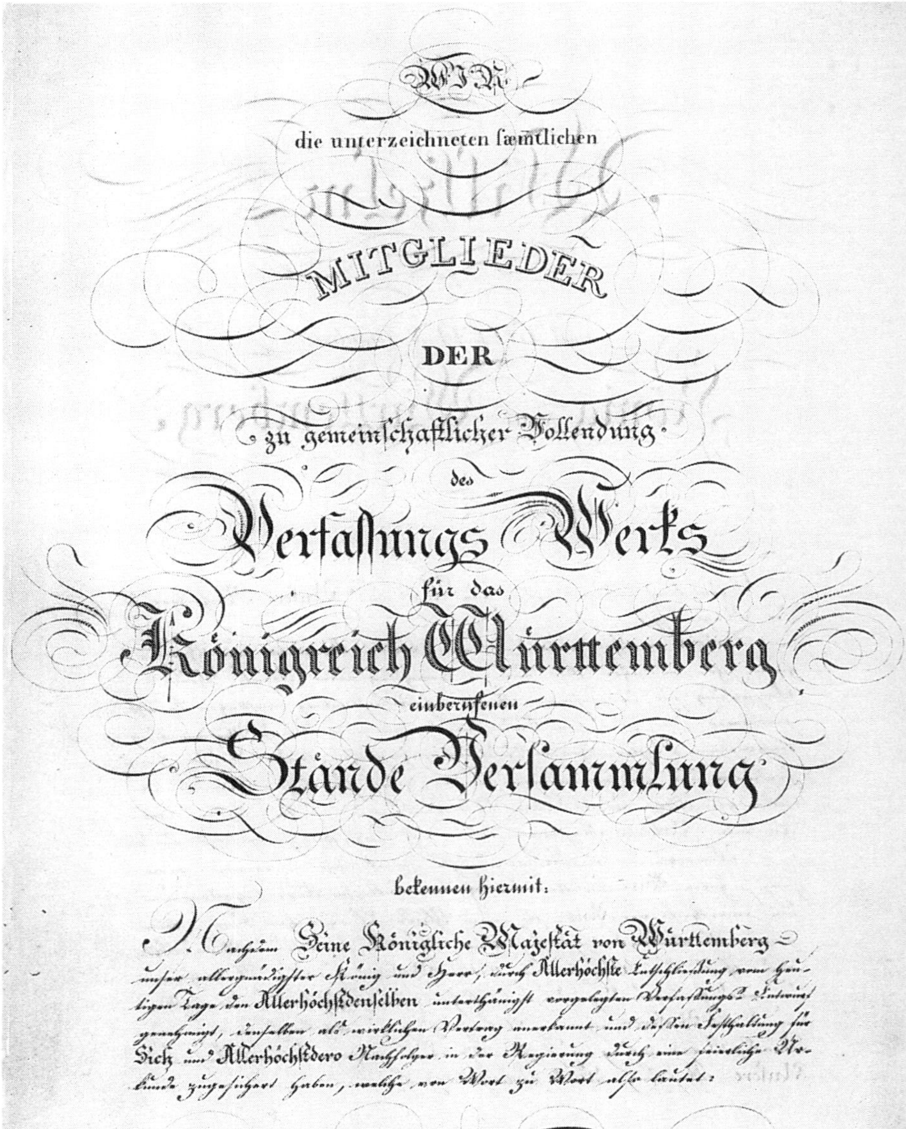

Wir

die unterzeichneten sæmtlichen

MITGLIEDER

DER

zu gemeinschaftlicher Vollendung

des

Verfassungs Werks

für das

Königreich Würtemberg

einberufenen

Stände Versammlung

bekennen hiermit:

Nachdem Seine Königliche Majestät von Württemberg
unser allergnädigster König und Herr, durch Allerhöchste Entschließung vom heu-
tigen Tage den Allerhöchstdenselben unterthänigst vorgelegten Verfassungs-Entwurf
genehmigt, denselben als wirklichen Vertrag anerkannt und dessen Festhaltung für
Sich und Allerhöchstdero Nachfolger in der Regierung durch eine feierliche Ur-
kunde zugesichert haben, welche von Wort zu Wort also lautet: